# 踔厉奋发 和县印记

安徽省和县档案馆◎编

中国文史出版社

# 《踔厉奋发　和县印记》编审委员会

主　　任：马　永

副 主 任：刘凌晨　张　扬

主　　编：常　挥

副 主 编：李永东　洪宗梅　丁　政

执行主编：金绪道　金　林

编　　辑：薛从军　张必潮

编　　务：骆启全　仲立海　蒋　玮　王　晶

提供资料人员名单：（按姓氏笔画排序）

马　丽　王永峰　王　琦　王瑞云　方　陈　仝开俊

冯德海　汲兴春　朱晓玲　邢　俊　光　艳　李　平

李长发　李伦凤　杨先兵　张国升　张金发　张　鑫

陈　亮　陈高进　金义东　孟治木　偰　奎　章文蕊

谢　平　谢生文　蔡　玲　潘　鹏

摄　　影：陈其才　薛华勇　张尚彪　撒忠毅　姜功龙　邢东风
　　　　　 及有关单位提供

和县猿人头盖骨（距今41.2万年）

和县猿人遗址

和阁（公元555年，南朝梁与北齐在历阳议和，于历阳之上置和州，此为和阁的来历）

陋 室

镇淮楼

文昌塔

鸡笼山

中共和县第一个支部建立场景复原

中共和县支部书记禹子鬯

1942 年，含和独立团部分指挥员合影。左起：赵鹏程、徐志明、杨杰英、顾鸿、马长炎

西梁山人民英雄纪念碑

和县经济开发区

和县国家现代农业产业园

航天英雄杨利伟参观和县霸王祠

世界名模品尝和县蔬菜瓜果

半月湖风光

安徽青少年赛艇训练基地落户香泉湖

乌江镇江山片区 8 个村串珠成链，构成全域旅游路线，有力推动乡村振兴

和城航拍

和县政务新区

马鞍山长江大桥

林散之草书《东方欲晓》

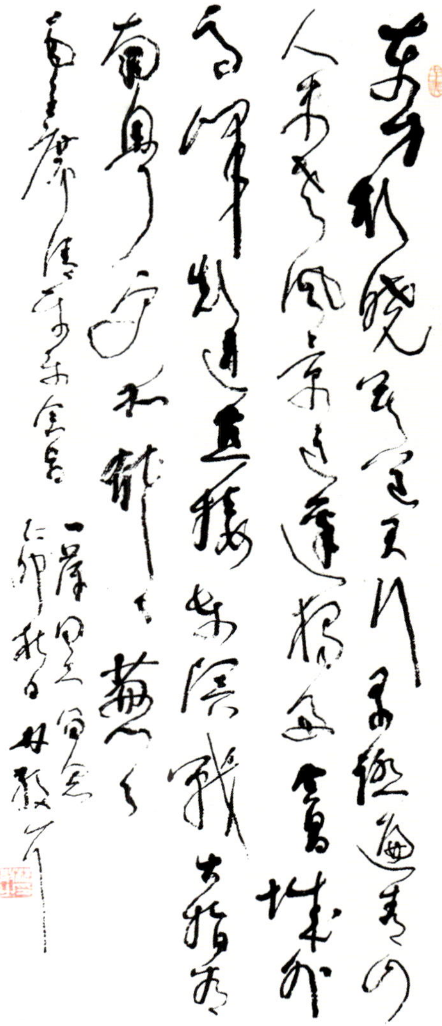

仝开健楷书《陋室铭》

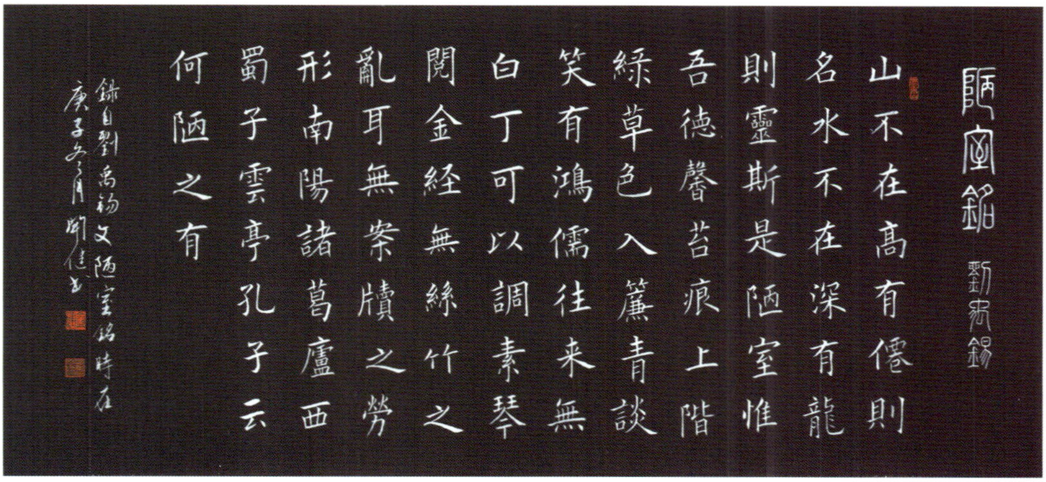

陋室銘

山不在高有僊則
名水不在深有龍
則靈斯是陋室惟
吾德馨苔痕上階
綠草色入簾青談
笑有鴻儒往來無
白丁可以調素琴
閱金經無絲竹之
亂耳無案牘之勞
形南陽諸葛廬西
蜀子雲亭孔子云
何陋之有

錄自劉禹錫文陋室銘時在
庚子六月仝健書

鲍加油画《淮海大捷》（与张法根合作）

鲍诗度年画《挥笔写心声》

穆庆东国画《大美黄山》

安良发国画《玉珠》

田恒浩羽毛画《奔驰》

徐石生剪纸《福到了》

吴忠鑫剪纸《动物世界》

# 前　言
## 回眸百年奋斗路　踔厉奋发新征程

恰值中国共产党百年华诞之际，回眸和县百年奋斗路，踔厉奋发新征程，赓续红色血脉，弘扬光荣传统，很有必要。

百年风雨，百年沧桑。1919 年五四运动爆发，和县人民在禹子鬯、齐坚如等进步人士的组织下，成立和县"五四运动后援会"，发动群众举行了声势浩大的声援游行。五四运动后，马克思主义在中国广泛传播。中国共产党早期政治活动家恽代英在皖南宣城、芜湖一带进行革命活动。旅居芜湖的和、含两县学生受到革命思想的熏陶，组织了和含同学会，创办会刊，邀请恽代英撰写《序言》。恽代英号召和、含两县青年学生，"少做场面上的事，多做骨子里的事"，要和含同学会"成为中国乡土运动的一个模范团体"，给和、含两县广大进步青年以极大的鼓舞。1920 年，芜湖组织了马克思主义研究会，旅居芜湖的和县青年禹子鬯参加了这一组织，成为该会最早会员之一。

1926 年 4 月，中共芜湖特支成立，直属中共中央领导。俞昌淮任特支书记，禹子鬯、杨士彬等为委员。为争取共产党的领导地位，1927 年 4 月 2 日，禹子鬯根据中共芜湖特支的意见，偕同曹重堪到和县组建成立中共和县支部，禹子鬯兼任书记。中共和县支部隶属芜湖特支领导。

中共和县支部成立后，通过国民党（左）和县县党部，进一步发挥中共在和县革命运动中的核心领导作用，组织工农群众反对土豪劣绅，大力宣传孙中山先生"联俄、联共、扶助农工"的三大革命政策，全县上下呈现出一派生机勃勃的革命景象。中共和县支部的建立，将和县人民的革命斗争向着纵深方向推进。

1937年7月，日本侵略者挑起七七事变，悍然发动全面侵华战争。日军侵占和县不久，中国共产党及其所领导的新四军的几支部队渐次进入和县，主要领导人有孙仲德、张恺帆、马长炎、张铚秀、顾鸿、赵鹏程、闻杰、林岩、陈仁洪、黄浩、后奕斋、肖习琛、黄火星、时生、李岩等，组织带领和县人民抗击日本侵略军，打击卖国投敌的伪军和国民党顽固派，创建了香泉、南义两个抗日红色根据地，并在根据地内发展党的组织，建立抗日民主政权，实行减租减息，广泛开展参军、扩军运动，组织生产建设，加强文化教育，使和县的抗日救亡运动开展得如火如荼。在党的领导下，和县人民捐粮腾房、搜集传递情报，掩护我党政军干部、战士顺利通过封锁线，为七师与二师军部的联系作出了积极的贡献，为皖中敌后抗日根据地的创建和发展立下了很大的功劳。

解放战争时期，留在和县党的地下工作者，面对白色恐怖，不顾艰难险阻，机智勇敢地同敌人展开顽强斗争，使党的组织深深扎根于群众之中。淮海战役打响前后，华东野战军派先遣纵队南下和县，和地方党组织一起着手进行瓦解敌人力量，消灭地方伪武装，摧毁伪政权，收复根据地，掌握敌人动态，迎接大军渡江。激烈的西梁山战斗，许多先烈抛头颅、洒热血，舍生忘死，前仆后继，以血的代价千方百计牵制国民党顽固派的江防兵力，使中国人民解放军三野九兵团主力从荻港、三山突破长江天堑首渡成功，为中国人民解放事业建立了丰功伟绩。

新中国成立后，在党的领导下，和县进行镇反、肃反、土地改革，1953年，党提出过渡时期的总路线，实施发展经济的五年计划，确立了社会主义的基本制度。1978年12月召开的党的十一届三中全会，作出把党和国家的工作重心转移到经济建设上来的决定。这是新中国成立以来党的历史上具有深远意义的伟大转折，开启了改革开放和社会主义现代化的伟大征程。

改革开放，极大地调动了人民群众的积极性，掀起了富民强国的建设高潮，其时和县不仅成为全国商品粮、商品猪生产基地县，全国油料百强县，而且于 80 年代被称为长江中下游最大的菜园子，2013 年被授予"中国蔬菜之乡"称号。

除此以外，和县先后获国家级荣誉有 18 次。1989 年，和县土地管理局被国家土地局授予全国土地监察先进单位；1992 年，和县房管会被国家建设部评为全国房地产管理先进单位；1996 年，卫生部、联合国儿童基金会及世界卫生组织授予和县人民医院爱婴医院称号；1997 年，和县被评为全国"两基"工作先进县；1998 年，和县被评为全国科技工作先进县；同年 5 月 18 日，和县被评为全国文化先进县；2003 年，农业部认定和县为 2001—2002 年全国无公害农产品（种植业）生产示范基地县先进单位；2004 年，和县被评为全国科普示范县、全国科技进步先进县；是年，和县档案馆（局）被评为"十五"期间全国档案系统巾帼建功"双十佳"先进集体；2005 年，和县被评为全国计划生育协会工作先进县；2014 年，再次被评为全国文化先进县；2015 年，被授为国家农产品质量安全县创建试点单位；2019 年，和县"花月大道"获评全国美丽乡村路；2020 年 9 月第二届全国美丽农村路建设与产业融合发展研讨会在和县举行，是年被授予国家园林县城；2021 年，被中共中央、国务院授予全国脱贫攻坚先进集体；同年，荣获全国信访工作"三无"县称号，并获评全国"四好农村路"示范县。

使命召唤担当，奋斗铸就辉煌。党的十八大以来，中国特色社会主义进入了新时代，和县县委、县政府带领和县人民，以坚韧不拔的意志、昂扬向上的姿态，创新创造，快速发展；扶贫济困，实现小康；生态建设，改善环境；抗击新冠疫情，服务人民大众，成果丰硕。尤其是"十三五"，既是和县夺取现代化建设新成就的五年，又是和县社会稳定、人民安康的五年。

百年和县，既是一部重整河山的革命史，也是一部改天换地的奋斗史，还是一部催人奋进的成长史。

奋进新征程，建功新时代。和县人决心在以习近平同志为核心的党中央领导下，坚持走中国特色社会主义道路，在全面实现小康的基础上，围绕农业农村现代化，全面推进乡村振兴，向第二个百年奋斗目标踔厉奋发，砥砺前行，努力为实现中华民族伟大复兴的中国梦作出应有的贡献。

# 目　录

上编　艰难岁月　光辉历程

**一、红色记忆篇 / 3**

燎原星火　曙光初露
　　　　——中共和县支部建立前后 / 3

同仇敌忾　奋起抗日
　　　　——记新四军前期在和县的抗日活动 / 9

转战皖江　英勇歼敌
　　　　——记含和支队在和县的抗日活动 / 25

中流砥柱　持久发展
　　　　——全民族抗日战争期间和县党组织概况 / 46

丹心碧血　转战异乡
　　　　——和县籍革命战士在解放战争中英勇奋战 / 55

前赴后继　一往无前
　　　　——解放战争时期和县党组织概况 / 83

血洒天门　支援渡江
　　　　——记渡江战役前的西梁山战斗 / 87

改天换地　喜迎新生
　　　　——记和县解放经过 / 99

## 二、基础建设篇 / 106

兴修水利　造福人民
———记和县水利建设 / 106

修路架桥　四通八达
———记和县交通建设 / 121

城乡建设　今非昔比
———和县城乡建设述要 / 133

大兴电力　保障发展
———记和县电力建设 / 154

## 三、文化教育篇 / 166

教育复兴　"两基"先行
———和县创建全国"两基"工作先进县 / 166

历史名城　文化昌盛
———和县获全国文化先进县 / 173

## 四、邮政广电篇 / 193

信系万家　讯达天下
———和县邮政电信移动联通发展简述 / 193

办好广电　传播佳音
———和县广播电视事业发展历程 / 207

## 五、医疗保健篇 / 213

疫病防治　医疗保障
———和县医疗事业的发展与成就 / 213

## 六、改革发展篇 / 243

农业改革　转型发展
———和县特色农业"三棚＋一塘" / 243

由弱到强　逐步提升

　　——和县工业发展历程简述 / 251

科技创新　推动发展

　　——和县创建全国科技先进县纪实 / 270

招商引资　发展工业

　　——和县"十三五"招商引资专记 / 282

扶贫攻坚　实现小康

　　——和县争创扶贫脱困先进县记 / 292

成绩瞩目　开局良好

　　——和县"十四五"首年亮丽登场 / 300

## 下编　初心不改　群星璀璨

**一、功臣篇** / 309

投身革命　尽忠报国

　　——赵鹏程的传奇人生 / 309

杰出的爱国者　卓越的科学家

　　——记中国科学院学部委员侯学煜 / 329

中国奥运零的突破

　　——记中国第一枚奥运金牌获得者许海峰 / 333

**二、英烈篇** / 340

青山有幸埋忠骨

　　——张智锦喋血香泉晓山记 / 340

寒凝大地发春华

　　——记共产党人傲怀镭 / 351

闪光的青春

　　——模范共青团员胡业桃记 / 357

"我是党员，让我下！"

    ——记抗洪烈士李正勇 / 362

坚守党性　以民为贵

    ——记人民调解员曹发贵 / 366

## 三、代表篇 / 381

脚踏实地的县委书记

    ——记中共十大代表马健 / 381

铁人精神　公仆风范

    ——记中共十一大代表洪银洲 / 387

山的女儿

    ——记第七届全国人大代表吴翠兰 / 392

十佳教师　巾帼模范

    ——记中共十五大代表吕绍英 / 396

不忘初心　牢记使命

    ——记中共十九大代表郑李龙 / 397

## 四、模范篇 / 406

开发庭院经济的引路人

    ——记全国劳动模范马仁祥 / 406

商海弄潮儿

    ——记全国劳动模范洪必钊 / 413

马蹄声声赤子心

    ——记全国民族团结模范马仁俊 / 420

创办一个林园　带动一方致富

    ——记全国绿化劳动模范严守兰 / 425

创建"金箔王国"的领头人

    ——记全国五一劳动奖章获得者江宝全 / 428

好钢是这样炼成的

      ——记全国五一劳动奖章获得者林晓东 / 439

初心鼓舞　奋斗不止

      ——记全国五一劳动奖章获得者许传华 / 447

书写辉煌的人

      ——记全国优秀民营企业家庆祖森 / 453

三尺讲台的坚守者

      ——记新中国最美奋斗者叶连平 / 464

"小巷总理"

      ——记中国好人潘策香 / 471

心中有爱　行者无疆

      ——记中国好人刘琴 / 478

后　记 / 483

上　编

# 艰难岁月　光辉历程

# 一、红色记忆篇

## 燎原星火　曙光初露
### ——中共和县支部建立前后

### 中共和县支部的建立

和县地处华东腹地，与南京、芜湖隔江相望。早在 19 世纪初，帝国主义的魔爪就侵入境内，他们大量倾销商品，疯狂进行经济掠夺，使和县民族工业受到了极大的摧残，一些行业被迫破产倒闭，有的不得不沦为帝国主义的附庸。

五四爱国运动，是一次彻底的反帝反封建运动，它一开始就得到广大人民的热烈响应。在初步具有共产主义思想的知识分子禹子邕和进步知识分子齐坚如的组织下，成立了和县"五四运动后援会"，声援北京五四爱国运动，发动群众举行多次示威游行，喊出了"打倒帝国主义""打倒卖国贼"的口号，同全国人民一起，在新民主主义革命的征途中，迈出了第一步。

五四运动后，马克思主义在中国广泛传播。1921 年，中国共产党早期政治活动家恽代英在皖南宣城、芜湖等地进行革命活动。旅居芜湖的和、含两县学生受到革命思想的熏陶，组织了和含同学会，并创办了会刊。恽代英为其写了《序言》，号召和、含两县青年学生，"少做场面上的事，多做骨子里的事"，"要成为中国乡土运动的一个模范团体"，给和、含两县广大进步青年以极大的鼓舞。

1922 年，中国社会主义青年团一大召开后，团中央派卢春山来到芜湖，开始筹建芜湖地方组织。在王坦甫和禹子邕等人的大力协助下，1923 年 1 月 5 日，中国社会主义青年团芜湖地方执行委员会正式成立，芜湖团组织成立后，积极组织青年学习宣传马克思主义，发起组织成立了马克思主义研究会，禹子岜就在这一时期先后加入了社会主义青年团组织和马克思主义研究会，并成为研究会的核心力量。禹子岜，原名禹诚旺，回族，1885年生于和县城。1911年前毕业于两江优级师范学堂，毕业后，在芜湖萃文书院任教。当时，芜湖为我国对外开放较早的一个城市，工业和交通都比较发达，陈独秀、高语罕、恽代英等我党早期的一些负责人，都在这里进行过革命活动。是时，马克思主义思想开始在知识界中传播，其中，对禹子岜影响最深的就是高语罕。

在中共芜湖特别支部成立之前，团组织就成为当时芜湖共产主义革命运动的领导核心，禹子岜多次在芜湖及和县两地组织爱国民主革命运动。

1923年6月12日至20日，中国共产党第三次全国代表大会通过了《关于国民运动及国民党问题的决议案》，正式确定了建立国共合作统一战线的策略方针，决定共产党员以个人身份加入国民党，共同进行和发展国民革命运动。

1923年8月20日至25日，中国社会主义青年团第二次全国代表大会亦决定社会主义青年团团员以个人身份加入国民党。

1924年春，柯庆施在芜湖加入国民党组织，并宣布芜湖全体社会主义青年团员加入国民党组织。5月11日，芜湖团组织召开会议，对执行委员会进行改组，并决定芜湖团员新老同志46人一律加入国民党，并在两个星期内组织成立国民党芜湖区党部。禹子岜、温亚伯就是这一时期加入国民党的。

温亚伯（又名温万驹），和县白渡桥人，生卒年代不详。早年在芜湖读书，接受了反帝反封建的爱国主义思想教育，参加了社会主义青年团。禹子岜来和县组建国民党和县执行委员会时，温亚伯是其中筹备人员之一，并在国民党和县执行委员会中任职，后转为中国共产党员。

1925年春，中共党员李筠仙（湖南人）从上海来和县从事革命活动。5月，帝国主义在上海制造了五卅惨案，帝国主义以极其凶恶的面目，在中国国土上屠杀中国人民，引起了上海及全国人民的愤怒，由我党领导的五卅反帝爱国运动在全国蓬勃兴起。和县人民积极响应党的号召，在李筠仙会同禹子岜、齐坚如等进步人士的组织下，人民群众进行了声势较大的示威游行。通过检查、登记，抵制了帝国主义货物在和县的销售。

1925年1月，曹宣天开始在中国社会主义青年团芜湖地方执行委员会工作。曹宣天（1901—1979），别名曹重堪、曹震寰，和县人。1918年至1921年在宣城省立第四师范学校读书，1923 年考入南京国立东南大学。1924 年 6 月在汉冶萍煤矿公司俱乐部工作，9 月调江西安源路矿工人俱乐部，由江声远（即李合林）、黄五一介绍加入中国共产党。曹重堪在芜湖工作至 10 月，又奉芜湖团地委负责人曹国云派遣到旌德梅村协助梅大栋开展农运，建立党组织，为支部负责人。

1925 年 5 月，从安源来芜的曹国云先后介绍周心抚、刘芳钰等入党。同年秋，王坦甫也经重返芜湖工作的高语罕介绍加入中国共产党。禹子鬯也是在这一时期加入中国共产党。

1925 年 10 月 22 日，中国国民党芜湖市党部正式成立，由禹子鬯等 8 人组成执行委员会，禹为执委会委员兼组织部长，除胡浩川、陶枕秋二人外，其他 5 人均系中共党员。

1926 年 3 月下旬，中共中央总书记陈独秀亲召中共党员、时任芜湖团地委书记周范文赴上海。据周范文回忆："上海回来后，即在芜湖建立中共特支，我任书记，始得党组织与团组织在组织上的划分。"中共芜湖特支 1926 年 4 月成立，书记周范文，直属中央管辖。至 1926 年 6 月有党员 27 人。中共芜湖特支成立不久，周范文任国民党安徽省部特派员，去了安庆，由王培吾接任书记。随后，王培吾又被中共中央派赴苏联留学，由俞昌淮任特支书记，禹子鬯、杨士彬、佘文烈、朱麻为委员。

邓贤良，字凤冈，1903 年 6 月 18 日出生，和县姥桥镇黄蒲村人。1922 年春，邓贤良随其表兄彭基相到北京，被录取在大同中学高中二年级学习。1924 年国共第一次合作形成后，邓贤良经彭基相、张叔明（即张亮）两人介绍参加了国民党组织。在北京读书期间，邓贤良先后参加苏联公使加拉罕在北大第三院举办的演讲会，参加李大钊、鲁迅等在北大第二院组织的纪念日本共产党首领《红旗报》发起人大杉荣氏逝世周年会，受到共产党人和进步人士的思想引领，觉悟有所提高，倾向马克思主义。1926 年暑假期间，邓贤良经中共党员李筠仙介绍入党。邓贤良入党后，与李筠仙同属上海党组织。

曹重堪于 1926 年夏从旌德调回芜湖，随后同禹子鬯见了面，禹向曹介绍了筹备组建国民党和县执行委员会的情况，要曹重堪参与。曹重堪在芜湖居住大半年时间，往返于芜湖、和县之间，与齐坚如、温亚伯等人协商，根据中共芜湖特支的指导意见，以芜湖市国民党执行委员会的名义确定了和县国民党执行委员会的人选。

1926 年冬，国民党安徽省临时党部组织部长沈子修介绍共产党员禹子邕、曹重堪到和城，找到进步人士齐坚如商量和县国民党执行委员会筹建事宜。据齐坚如回忆："那时的和县还是北洋军阀统治地区，国民党活动还不能公开，因此，在我们会面的时候，他们一面取出装在雪花膏瓶里的介绍信交给我，一面口头转达了省临时党部要我筹备国民党和县临时党部的意见。"

1927 年 2 月，北洋直鲁军阀以及北伐军的桂系部队和安徽地方军阀陈调元的军队在安庆、芜湖一带展开了拉锯式的战争。趁此机会，禹子邕和曹重堪便来往于和县与芜湖之间，积极开展和县国民党执行委员会的筹建工作。

1927 年初，由于得到了中国共产党的支持，国民革命军北伐战争进展十分迅速，直鲁军阀吴佩孚、孙传芳等反动势力基本上被消灭。

是年 3 月 6 日，北伐军第六军先遣部队先派参谋卢达祺到芜湖接洽，3 月 8 日上午 6 时，国民革命军江右军总指挥兼第六军军长程潜率部抵芜。当时和县县长兼戒严司令范少渔、北洋军阀褚玉璞部下旅长张继善都住在和城。李筠仙在和城内与邓贤良往来书信被敌人侦知，面临被捕。县一高校长王卓甫得知此事，托范良忱找范少渔弄了一张护照，李筠仙这才出城脱险，避难到安庆。

事隔不久，李筠仙写信告诉邓贤良，和县国民党县党部成立，让邓贤良到芜湖与共产党员、时任国民党芜湖市组织部长禹子邕接头。这说明李筠仙虽然离开和县，但却依然通过书信方式参与指导和县的革命活动。

4 月 1 日，江左军由裕溪口、西梁山分两路向和城挺进，当天即占领和城。北伐军第六军代理军长杨杰和第十军军长王天培还在和城住了两天，随即率部向北追击残敌。

北伐军到达和县后，由于暂时摆脱了北洋军阀政府的统治，国民党和县执行委员会得以及时成立。中共和县支部亦同一天在县城夫子庙东侧明伦堂秘密成立，成员有曹重堪、李筠仙、邓贤良等。根据党章规定，支部党员未超过 7 人，没有成立支部干事会，只设一名支部书记，由禹子邕兼任。

邓贤良回忆说："1927 年 4 月 2 日（农历三月初一），是中共和县支部成立的日子，我永远不会忘记。"

"国民党和县县党部执行委员会正式成立，由齐坚如任执行委员会的常务委员，曹重堪为委员兼组织部长。有时县党部例会，我亦列席。"

当时，国民党芜湖市执行委员会的 7 个负责人中有 5 个是共产党员，禹子邕在其中任组织部长，同时也是中共芜湖特支主要负责人之一；国民党和县执行委员会的主要筹备人也是共产党员和共青团员。

国民党和县党部建立以后，首先在几个主要集镇建立了区党部。濮集区党部负责人是王尧锋、西埠区党部负责人是尹邦锋、姥桥区党部负责人是邓贤良。

## 中共和县支部的革命活动

中共和县第一个支部建立后，能执行中共中央的规定：各支部每星期至少开会一次。并以国民党和县执委会的名义，多次召开群众大会，其中规模较大的有两次：第一次是在夫子庙东首体育场上召开的，参加人数有1500多人。第二次2000余人参加，地点也是在体育场。濮集、西埠、姥桥3个区党部也组织了一些人参加了这次会议。禹子邕代表中共芜湖特支和国民党芜湖市党部在会上讲了话，他着重宣讲拥护孙中山先生"联俄、联共、扶助农工"的三大政策的精神。

根据中共芜湖特支的指示，游行时贴出的标语和呼喊的口号有"拥护孙中山先生联俄联共扶助农工三大政策""打倒贪官污吏""铲除土豪劣绅""打倒帝国主义""取消治外法权""收回租界""抵制敌货""要求关税自主"等。

中共和县支部还以县党部的名义，函请县政府下令通缉和县范培柯、夏锦熙、孟可封、蓝建斋、王大煜、王捷三、朱云湘等10大劣绅。迫使他们敛迹他乡，不在地方上为非作歹，广大人民十分高兴。

在中共和县支部的努力下，和县当时还建立了工会、商会筹委会，这些群众团体在反帝、反封建、支援北伐战争中起了一定作用。如工会筹委会建立起来以后，把城里的200多织布工人全部组织了起来，帮助县执委会做了不少工作，几次开大会都是他们带头组织工人呼喊口号，帮助执委会张贴标语，北伐军到达和县时，也是工会组织带领工人去欢迎北伐军的。商会成立后，立即召开会议废除了旧商会，在北伐军到达和县时，积极为北伐军筹备粮草和给养。有的区党部，还在农村组织了农会。姥桥就组织了有几百人参加的农会组织。当时和县的革命形势十分高涨，显示出一派生机勃勃的景象。

## 中共和县支部的解散

1927年4月12日，以蒋介石为首的国民党新右派在上海发动反对国民党左派和共产党的武装政变，大肆屠杀共产党员、国民党左派及革命群众。经过四一二反革命政变，国民党基层组织基本瘫痪，依托其中的中共秘密组织也随之消散。

1927 年 4 月 18 日，蒋介石在南京建立代表大地主、大资产阶级利益的国民政府，与保持国共合作的武汉国民政府相对抗。在北京，还存在奉系军阀张作霖政权，全国出现 3 个政权互相对峙的局面。就在这一天，国民党右派分子、芜湖公安局局长高东澄，奉蒋介石严厉镇压革命运动的密令，指使流氓崔由桢等人雇佣 80 多名反动分子，于当日捣毁了国民党左派市、县党部和进步群众团体，逮捕共产党员和国民党左派 17 人，制造了四一八反革命事件。事后，成立了国民党右派市总工会、县农会、妇女协会、农工商学妇联合会办事处等反动团体。

事变发生之前，中共芜湖地方党组织为掌握国民党右派反共阴谋，曾派李克农、钱杏邨、鲍仓等人打入芜湖青帮组织，事先得知蒋介石指使芜湖国民党右派和青帮在芜湖发动政变的消息。4 月 16 日晚，俞昌淮和禹子岜等分别在蒲草堂团地委机关所在地和大舞台召集芜湖团员和党员骨干会议，要求他们立即在 4 月 18 日前离开芜湖，并发给每人 20 元路费。一批国民党左派人士也接到中共党员的通知，在芜湖长源春旅馆集合后撤离芜湖。李克农、禹子岜亦同时撤离芜湖。

据中共安徽省委党史工作委员会，安徽省档案馆编撰的《安徽早期党团组织史料选》载："安徽安庆发生三二三反革命事件、芜湖发生四一八反革命事件后，因反动派之压迫，各地组织，均无形消灭。"

虽然中共和县支部在 4 月 18 日后和上级组织失去联系，支部书记禹子岜也隐蔽于武汉，但是还有部分党团员继续隐蔽于国民党和县党部里进行革命活动。据安徽省大事记载："1927 年 5 月 11 日，南京政府北伐军第二路前敌总指挥陈调元率第三十七军由马鞍山渡江，占领西梁山。次日，攻克和县。鲁军第十军杜凤举、第七军许琨等部退往全椒县。"证明孙传芳大约在 4 月底或 5 月初又重新占领和县。国民党（左派）和县党部应当就是在这个时候被捣毁。党部的委员们先逃到姥镇（现姥桥镇），后又和邓贤良一起逃往芜湖。随后，国民党右派势力又在和县相继成立了"中国国民党和县县党部改组委员会"和"国民党和县清党委员会"。在和县的国民党（左派）县、区党部被彻底破坏。

4 月 18 日，中共芜湖特支解散以后，隐蔽在和县地区的部分党员与支部书记及上级组织彻底失去联系，中共和县支部亦随之解散。

是年 8 月上旬，中共和县通讯处成立，隶属于省临委直接领导。由坚持在和县秘密进行革命活动的共产党员温亚伯（又名温万驹）担任通讯员。温亚伯不顾自己的安危，勇敢地担起了党组织交给的重任。

是年12月，中共中央决定暂时解散安徽省临委，中共和县通讯处亦随之解散。

"星星之火，可以燎原。"中共和县支部的成立，对于在和县地区传播马列主义、发展党的组织、推动革命运动，起到了奠基性的作用。虽然成立半个月后就被迫解散，但它播下的革命火种，像灯塔一样照亮了许多后来者的革命之路。

# 同仇敌忾　奋起抗日
## ——记新四军前期在和县的抗日活动

在和县地区开展抗战的新四军队伍先后有：新四军四支队东北流亡抗日挺进队、四支队八团一大队、赵鹏程抗日游击大队、新四军江北指挥部江北游击纵队一大队、江北游击纵队新编第七团、江北游击纵队含和独立连、新四军七师含和指挥部、七师含和独立团、七师含和支队。其中，赵鹏程带领一批又一批和县英雄儿女，自1937年开始举起抗日大旗，转战南北，坚定不渝，赤胆忠心，直至1945年日本无条件投降，为和县乃至整个皖中地区取得抗战胜利立下赫赫战功。

## 东北流亡抗日挺进队

东北流亡抗日挺进队的基本力量，原是东北军六十七军的部分官兵；淞沪抗战昆山之役，东北军六十七军被击溃。当时，在六十七军工作的中共党员、政治教官刘冲同志，团结、联系了一批中下层军官和士兵来到武汉，找到了八路军办事处，要求奔赴前线。周恩来副主席、叶剑英参谋长亲切地接见了他们的代表，介绍他们到新四军四支队去，归四支队建制。

1938年3月，他们由武汉来到四支队驻地湖北省黄安县七里坪。经过短暂休整，将其改编为一支抗日游击队，定名为"东北流亡抗日挺进队"。随后，挺进队由黄安经庐江到达巢县。

1937年底，冯文华（冯玉祥将军的侄孙）在巢县元山举办了抗日干部训练班，动员、组织群众奋起抗日，保家卫国。张恺帆受中共皖中工委的委托，以干训班教官的名义作掩护，从事开辟皖中地区党的工作。

1938 年 3 月，挺进队来到巢县后，就主动联系抗日干部训练班，当时挺进队不过百余人，大多数是手提花枪、驳壳枪，步枪很少，武器装备比较好。张恺帆请刘冲给干训班学员作了政治形势报告，同时也向刘冲介绍了巢县、和县、含山、全椒、定远、滁县一带的情况。他们在巢县停留的时间很短，就到和县、含山、全椒等地去了。

东北流亡抗日挺进队在皖中的第一仗是打管家坝。管家坝是全椒县的一个集镇。以原国民党八十八师的排长彭志友为首，纠集了 30 多个散兵游勇，修筑碉堡，霸占一方，聚赌抽头，拦路抢劫，奸污妇女，无恶不作。挺进队曾派人去争取他们共同抗日，不要当土匪，他们根本不听，继续为非作歹。1938 年 5 月，挺进队一举歼灭了这批土匪，缴获了全部武器。紧接着，在滁全公路上伏击了日军，击毁了军车 1 辆，缴获了一批军用物资；并采取夜晚偷袭等游击战术，打得日军不得安宁，被迫撤出全椒县城。此后，东北流亡抗日挺进队就活跃在全椒谭墩、石沛桥和和县善厚集等地。

正当皖中地区抗日斗争蓬勃发展的时候，全椒县长王宗正坚持顽固立场，镇压抗日武装，监视抗日游击队的活动。挺进队在全椒地下党王永、童苏群和一些革命群众的配合下，兵分两路，里应外合，迅速击溃了王宗正的武装，共缴获重机枪 7 挺、高射机枪 1 挺、轻机枪 24 挺、步枪约千支。武器装备有了较大的扩充，部队也由小到大，由弱到强，从原来百把人发展到 1400 多人。为了适应当时对敌斗争的需要，挺进队扩编为"东北流亡抗日挺进纵队"，由东北的军官韦郁周任纵队司令，刘冲为政治处主任；下辖 3 个支队。

挺进纵队建立了纵队党委会，高志荣任党委书记，刘冲、周复生、张恺帆等任党委委员。纵队党委下设 3 个党支部，张恺帆等任支部书记。

同年 9 月，新四军四支队八团东进抗日，在肥东石塘桥和挺进队会师。根据四支队的决定，将"挺进纵队"改名为"挺进团"。挺进团的装备比较好，战斗力也较强，当时八团的装备比较差，挺进团还支援了八团几挺机枪和部分弹药。挺进团在皖中地区多次打击日伪军，清剿了土匪，还在油坊集消灭地主胡载之的反动武装，取得了新的战绩。

1938 年 11 月，由于当时对挺进团缺乏正确的政治分析以及其他方面的原因，四支队将挺进团解散改编。回顾东北流亡抗日挺进队的活动，时间虽然只有 9 个月，但他们在皖中地区却战绩赫赫。他们以鲜血和生命生动地证明了：中国人民不可侮，中华民族是一个具有极强凝聚力的民族，不怕流血牺牲，不畏艰难险阻，誓死捍卫祖国的独立，拯救民族的危亡。这种高尚的爱国主义精神，是中华民族的国魂！

## 四支队八团一大队

1939 年春，新四军四支队八团二营和巢县民众抗日游击大队（简称"巢抗大队"）奉命进入和县北乡，开展抗日游击活动。

新四军成立以后，由高敬亭领导的鄂豫皖边区红军游击队编为第四支队，辖七、九两个团，不久，豫南抗日独立团编为第八团，团长周骏鸣，政委林恺、参谋长兼主任赵启民，八团下辖 3 个大队和团直属队，朱绍清在二大队任大队长，胡定千任教导员。

1938 年 4 月巢县沦陷，冯玉祥的侄儿马忍言、侄孙冯文华按照冯玉祥事先的嘱托，召集人员组成了黄山抗日游击队，并借重冯玉祥的威望，动员群众共同抗日。许多开明地主、士绅把家里自卫枪支主动地献给了游击队，有些农民还把子女送到游击队。不到一个月，黄山抗日游击队发展到 200 人，扩编为巢县民众抗日游击大队。冯文华任大队长，张恺帆任政委。游击大队下设两个支队。10 月，吴华夺被调任"巢抗"大队长，张恺帆任教导员，罗兆年任副大队长。当时，"巢抗"任务是加强部队训练与作战锻炼，老部队调来一批骨干，力求把"巢抗"锻炼成主力。经 3 个多月的努力，在四支队八团带动下，部队渐渐可以单独执行任务，距主力水平不远了。

1939 年初，新四军参谋长张云逸在八团驻地梁园镇，准备组建新四军江北指挥部，商定将"巢抗"编入八团。

1939 年春，中共皖东工委书记刘顺元为贯彻中共中央关于"向南巩固，向东作战，向北发展"的指示，命冯文华率部分游击队东进和含地区进行抗日活动。冯文华受命之后，遂偕同张恺帆、朱绍清将巢抗大队和八团二营组编成八团一大队，相当团的建制，冯文华任大队长，朱绍清任政委，童浩生是政治处主任。大队下辖两个营：原巢抗大队编为一营，吴华夺任营长，张恺帆任教导员；原八团二营仍为第二营，朱绍清兼任营长，谭克诚任教导员。大队部设在香泉钟太三村。八团一大队虽是团级建制，但由于是个临时军事指挥机构，因而在组织方面仍属八团领导。

当时，为了加强巢抗（一营）、八团二营两支部队的领导，全面推动抗日工作的开展，根据中共皖东工委的指示，成立了和含地区临时前委，由政委朱绍清任临时前委书记。前委成立后，下设民运工作组，与地方党组织在一起开展活动。如召开群众座谈会，找群众个别谈心，在社会青年中间交朋友，物色对象，秘密发展党的组织。每次群众座谈会，主要内容是宣传中国共产党的抗日政策，宣传共产党领导的新四军等抗日军队，同群众是兄弟关系。

一大队在和县北乡时，一营（原巢抗大队）和二营（原八团二营）活动是分开进行的。

和县北乡，地处敌伪、顽、新四军三角斗争地带。这一带地区的特点，一是每个村庄皆有刀会、帮会，封建势力很强；二是国民党在从南京退却后，部分枪支丢失在老百姓手里（有的老百姓连重机枪都有）。一大队初进入和县北乡，群众由于受到国民党顽固派以及反动的刀会、帮会头目的反共宣传的影响，是不大敢接近新四军部队的。为了打开这种局面，一营和二营的干部战士，深入群众中去，和群众拉家常，促膝谈心去培养感情。经过一段时间抗日政策的宣传，群众那种敬而远之的现象逐渐得到克服，党群干群军民的关系日渐好转起来。

## 赵鹏程抗日游击大队

1937年七七事变后，日本展开对中国全面大规模侵略。和县地处南京和芜湖之中，位于大江北岸，形势重要，政局一片混乱。8月，面对日军侵略，赵鹏程怀着满腔热血，精忠报国，义无反顾在家乡举起了抗日的大旗，以原有的武装队伍，并利用青帮师徒关系发动群众，同时收编国民党的溃军，很快就建立了和县抗日游击大队，自任大队长，在和县及无为地区进行抗日游击活动。

1939年4月间，朱绍清率四支队八团一大队二营离开和含，前往津浦路东，一大队建制仍存在，政委由童浩生接任，张恺帆为政治处主任。二营刚离开和县，为了扩大抗日武装力量，张恺帆同志就以大队政治部主任的身份亲自到无为县与赵鹏程联络，随后一起带着三四百人的队伍连夜开赴和县香泉钟太三村接受改编。整编后，大队共有三个营，一营长还是吴华夺，二营长赵鹏程，三营长范培珉，赵鹏程带领部队活动在张集一带。

1939年7月，新四军江北部队再次进行整编，一大队奉命开往津浦路西的定远，以赵鹏程部改编的二营，除留少数人参加三营范培珉部留守和县外，其余的人悉数开往路西。对于这支刚刚编入新四军序列的地方游击武装，不能不是一个考验，一些人思想发生动摇，有人甚至要求赵鹏程把他们带走，脱离新四军部队，另谋出路。由于赵鹏程态度坚定，稳定了部队思想，使部队顺利开往目的地。

一大队经改编加入五支队以后，组织上派赵鹏程回来指挥范培珉部队。后来，范培珉把部队拉走，公开叛变了；由于事先得到消息，没有造成伤亡。不久，和江（和县、江浦合称）中心县委书记祁式潜接受上级的派遣，前来解决范培珉事件。他们把从范培珉部跑回来的人和赵鹏程身边的武装人员重新组织起来，成立了由赵鹏程任大队长的游击队，公开名称为赵鹏程抗日游击大队，队伍开到南乡的前后唐和无为东乡一带，通过发动群众，队伍逐渐扩大，并从伪军那里缴获了一些枪，从地主家也搜集了一些枪。1939 年 11 月，新四军江北游击纵队一大队来和县活动，赵鹏程抗日游击大队和一大队密切配合，积极开展抗日游击战争。

## 江北游击纵队一大队

1939 年 4 月底，新四军第二支队四团一营，随军长叶挺、政治部副主任邓子恢等由皖南军部动身，5 月上旬过江到庐江县东汤池。6 月下旬，新四军江北指挥部前委对在江北活动的各个新四军地方游击武装，统一整编为江北游击纵队。纵队司令员孙仲德、政委黄岩，下辖 2 个大队。7 月底，四团一营编入江北游击纵队序列，这时整个游击纵队下辖 3 个大队，四团一营被编为一大队，余龙贵为大队长，廖成美为教导员。大队下辖 3 个连队，第一连连长陈勇，第二连连长陈德三，第三连连长陈高顺。

11 月，在江北游击纵队参谋长桂逢洲率领下，从驻地无为开城桥出发，越过淮南铁路，到达和含地区的陶厂、南义一带。主要任务：一是建立抗日游击根据地；二是沟通皖南新四军军部与江北新四军指挥部的联系；三是发展游击武装，扩大部队。

和含地区是皖东的军事要地，是江北指挥部通往皖南军部的重要交通线。它东临长江，西接巢湖，北抵滁河，南依淮南铁路南段，是皖江抗日根据地的重要组成部分。

一大队进入和含地区时，日军为实现西侵的战略进攻，占领并控制了津浦铁路和淮南铁路的沿线。面对日军的进犯，国民党军队不战而退，而一大队则迎着日军的枪炮挺进，打击日军，镇压汉奸，开展敌后游击战争，建立抗日根据地，故受到当地人民的热烈欢迎。为了团结抗日，一大队在和、含两县南乡，积极宣传中国共产党的抗日纲领，宣传党的抗日民族统一战线政策，打日军，除汉奸，扩大了新四军的影响。11 月下旬，一大队挺进到县东乡，袭击了被顽固派控制的大刀会总部，抓了1名会长，缴了一些枪支、弹药，并获轻机枪1挺。1939年冬，江北游击纵队一大队进入和含南乡，与正在这里进行游击活动的赵鹏程部队密切配合，积极开展敌后抗日游击战争。

一大队在赵鹏程游击队配合下，袭击了淮南铁路线上的裕溪口和铜城闸等日伪军据点，帮助组织群众破坏铁路，争取了伪军邢士富10余人反正（后顽军进攻紧张时，又跑到顽方去了）。1940年初的一个夜间，又奔袭乌江范培珉部。范培珉，原受新四军东北抗日流亡挺进队收编，任第三营营长，后由于皖东形势变化，便将自己的部队拉走。一大队和游击大队到达乌江，突然袭击范培珉的老巢，缴获了10支驳壳枪，20支长枪，在乌江一带影响很大，敌人如惊弓之鸟，惶惶不可终日。新四军的军威大震，提高了人民群众的抗日积极性和胜利的信心，建立了以陶厂、南义、功剩桥、东耿一带为中心的东至姥桥、白渡桥，西至清溪西峰庵，北至张公桥、含山县城以南，南至淮南铁路的和含抗日游击区。

## 新编第七团

1939年底，国民党政府政治上进一步逆转，摩擦开始。根据中共津浦路西省委指示，省三十、三十五工作团以及地方游击队，迅速转移到和县南义江北游击纵队一大队驻地。1940年2月底至3月初，省三十工作团、省三十五工作团、省委托二十三工作团、含山县动委会和工作团、和县动委会和工作团、黄山游击队、梅山游击队，以及在各地影响很大的同志400多人，先后到达南义。为适应斗争的需要，江北指挥部将江北游击纵队一大队、赵鹏程游击大队以及铜关游击队，合编组成江北游击纵队新编第七团，1940年3月12日，在和县南义附近的西李村果园召开了成立大会。

纵队政委黄岩、政治部主任王集成到会讲了话。新七团团长余龙贵，政委廖成美，政治部主任祁式潜，副主任邓庆和。下辖3个营：一营营长陈德三，教导员舒桐；二营营长赵鹏程，副营长陈高顺，教导员张信炳；从皖西调来一个游击大队编为三营，营长谢著，副营长贺新奎，教导员左英。全团共有1200多人。新七团成立时，黄山游击队改编为七连，梅山游击队改编为九连。所有转移到南义的省工作团、县动委会和工作团人员，除调20余人到无为县教导队学习外，其余合并组成七八个工作队，随部队做地方工作。上级还决定将中共含北县委归并到中共含和工委，含山来了刁筠寿、赵卓、张克林、马齐彬、江洪涛、杜少安、蔡传云、张建等同志。上级指定刁筠寿参加含和工委。不久，改含和工委为含和中心县委。中心县委公开名义是新七团民运工作队，全队有几十人，队长徐平，副队长刁筱寿。工作队员一般都穿军装，随军活动。

新七团成立后，与中心县委一起将民运工作队分成若干个小组，每组5至8人，派到各区去。他们的任务是根据实际情况有所侧重，有的是宣传抗日，组织农民自卫队，发动妇女、儿童站岗放哨；有的是了解情况，侦察敌情，传送情报；有的是开展减租减息、借粮筹款，禁烟、禁赌等。先后在大李村、螺蛳滩、东城村、新桥区、陶厂镇、清林区等地搞了减租减息，筹借了一些粮食，也搞了禁烟禁赌。开展工作中，人民看到真正抗日的新四军部队来了，都以真诚的感情，热情地欢迎这支部队。新七团大部分同志来自闽南红军游击队，他们有着红军的光荣传统，从他们对待人民亲切的表情上，不急不躁的说话语气中，老乡们就感到亲切，加上他们受过严格的"三大纪律八项注意"教育，待人接物言行举止，处处表现出人民子弟兵的本色，同群众过去所见到的国民党军队有着本质的区别。他们事事能为群众着想，虽然住在老百姓家里，所用的铺草、床板、锅碗脸盆都要向房东借用，不仅做到不给群众多添麻烦，还尽可能地为群众干些活，如挑水、扫地等，群众倒觉得住了自己的部队，有了安全感，村里也热闹起来。真是军民亲如一家。

在和含地区，国民党第十支队、保安第六团也常在这里活动。他们怕日本军，都驻扎在含山县仙踪、昭关及和县北乡善厚集等地。1940年春，新七团驻在和县功剩桥前后唐、耿华、大小徐家等村庄，孙家口子一带的村民派代表带来了大红帖，邀请新四军部队到他们庄上去住。当时还不了解乡亲们的意思，后来经过了解才知道，原来，国民党安徽省第十游击纵队要从含山北乡到这一带驻扎。打前站号房子的官兵，还没有到达那里，乡亲们害怕他们来了不得安宁，特来请新四军部队到他们庄上去住。为了安定群众情绪，新七团就按乡亲们的意见，以排、班、组为单位，分散到各村，在那里做群众工作，当部队进驻新的村庄时，男女老少都跑出来欢迎，有的还敲锣打鼓，燃放鞭炮。

为了扩大军队，发展武装，江北游击纵队指示新七团要在和县、含山、巢县以及合肥一带开展军事行动，扩大影响，牵制国民党的2个保安团，尽可能地吸引在古河的国民党桂军主力，以减轻顽固派对定远、凤阳、滁县一带的军事压力，从此，新七团军事活动就更加频繁。

1940年3月下旬，曾在国民党安徽省财政厅任视察员的共产党员后奕斋，以白渡区区长的身份，准备把全区国民党联保主任的枪缴下来，送到新四军根据地。

正在行动的时候，这些国民党联保主任去古河告状，后奕斋偕同倪则耕机智勇敢地脱离"虎口"，到达南义新七团驻地及工委机关司王村。经过祁式潜、廖成美、后奕斋和工委的紧急会议讨论，由后奕斋和倪则耕给国民党和县县长朱以防写信，动员他带领县保安队到南义和新四军合作抗日。当朱以防发现后奕斋、倪则耕奔向新四军，心中十分恐慌；接着又收到后奕斋、倪则耕的来信，思想有所动摇。这时，朱又听到国民党为后奕斋一事要撤他的职，便拿定主意投靠新四军。4月2日，朱以防投奔南义，并向新七团提出攻打和县城的要求，把他的妻子和大印接出来。为了使朱以防能长期安心留在根据地工作，新七团答应了朱的要求。4月4日，新七团由一营主攻，攻打和县城，一举消灭了和县城里的2个保安中队，缴获了一批枪支和弹药。新七团在城里停留了2个小时，随后接出了朱以防的妻子吴幼芝，并带回来和县县政府铜质大印。根据皖中军政委员会书记何伟指示，正式组建和县县政府，县长仍由朱以防担任。下设财政、民政两科，后奕斋为财政科科长，倪则耕为民政科科长，刘芳为县政府秘书。

接着就用和县县政府大印出布告张贴各地，宣布和县县政府"迁治南义"。随后，县政府各项工作开展得轰轰烈烈，其中税收工作搞得也很突出。税收工作一开始，部队只派几个人到南义赶集收税。后来上级决定赵鹏程兼抓税收工作，任命他为货检处长。这时税收工作基本走向正轨，先后在和县南乡等地成立十几处收税机构，不仅收工商税，还在交通要道设点收物资进出口税，经济收入相当可观。

4月中旬，新七团第二次打进含山县城，并在含山驻了一夜。第二天准备召开群众大会宣传共产党和新四军的政策，这时国民党安徽省主席李品仙密令在古河的桂军派部分军队与柏承君部以及保安四团、保安八团围攻含山城，企图包围新七团，为保存有生力量，新七团二、三营部队同时撤出含山城，护送俘虏和枪支，先突围，留一营主力在含山城，掩护二、三营撤离。一营边打边突围，大部分指战员都突围出去，有部分指战员壮烈牺牲了。

4月下旬的一个夜晚，新七团一营三连突袭驻和含地区的敌人指挥部，攻打和县白渡桥敌人，因当天晚上敌情变化，新七团部转移到全椒、滁县地区活动，三连不清楚，第二天仍向和县东南转移，同国民党桂军、保安四团和保安八团遭遇，战斗了一下午，新七团5个连决定趁太阳还未下山抢过淮南铁路，直插裕溪口和运漕镇之间，离铁路5里路宿营，准备次日找民船渡河到无为东乡活动。宿营地点离日伪军很近，第二天下午，日伪军从裕溪口和运漕镇下来2000多人分路包围，将新七团包围得水泄不通，新七团一营三连为掩护兄弟连队迅速突围，指战员们顽强作战，打退了敌人多次进攻，打死打伤敌军多人。新七团一营三连因敌方军力火力强大，加之阵地地势不利，洪连长等大部分壮烈牺牲，剩下三四十人突围到无为东乡。这一仗虽然失利了，但三连战士（大部是闽南老红军）面对强敌，敢于拼杀、勇于战斗的英雄事迹，将永远铭刻在和含人民的心中。

朱以防投奔南义后，王凤池当上了国民党和县县长，这时，国民党和县县政府迁到了善厚集。新七团为了扩大军事影响，于5月4日晚，由政委廖成美、二营营长赵鹏程、教导员张信炳带了四、五、六三个连，兵分两路突袭善厚集。经过一夜隐蔽行军，拂晓袭击，迅速占领了善厚集，歼敌1个中队，缴轻机枪1挺及一批军用物资，其余敌人仓皇逃去，从而牵制了陈家市、古河方面的兵力。

为了从各方面打乱敌人的军事部署，新七团又配合四支队七团在古城集以北地区孙家山与国民党桂军作战三昼夜，打得敌人首尾不能相顾。

新七团的军事行动，引起了敌人极大的恐慌，他们千方百计地妄图消灭这支抗日武装，曾6次"围剿"新七团，尤其在第6次"围剿"战斗中，敌人几乎将所有外出的道路口都严密地把守起来，情况十分紧急。在地下党员和当地群众的协助下，新七团从小路穿过淮南铁路去无为县，后又迂回转移含山陶厂，出敌不意包围了南义，打了一个大胜仗。6月，国民党顽固派和伪军大举进攻和县南义、含山陶家厂一带，和含的党政领导机关和新四军江北游击纵队新七团奉命转移，留下半湖乡游击队就地坚持斗争。

新七团的建立，不仅使军队本身不断壮大发展，战斗素质和战斗力不断提高，还牵制了敌人的兵力，减轻了定远一带的军事压力，有力地配合了四、五支队坚持津浦路西，发展路东抗日根据地。所有这一切，都是在中共扩大的六届六中全会精神的正确指引下，中国共产党独立自主地放手组织人民抗日武装，建立政权，把主要工作放在敌后的重大胜利，为共产党建立和扩大抗日根据地奠定了坚实的基础。

## 含和独立连

1940年初，中共含（山）和（县）中心县委在和、含两县南乡发动群众，建立抗日武装，开辟抗日根据地，建立抗日民主政权。当时，被派遣到含山清林区搞民运工作的朱立群等同志组建了一个地方抗日游击武装。定名为"含山县半湖乡游击队"，有战士一二十人，队长刘正长，副队长宫汉臣。游击队配合新四军江北游击纵队新七团，在和含南乡一带开展了抗日游击活动。

1940 年 7 月初，林岩随胡德荣的手枪队南下，在巢南陈家山口成立了中共和（县）含（山）巢（县）无（为）中心县委，开始恢复巢（县）无（为）中心区与和（县）含（山）游击区的工作。半湖乡游击队在胡德荣手枪队的帮助下，再次进行整顿，不久，便奉命开赴无为县石涧山区。此时，游击队已发展到 80 多人。8 月，半湖乡游击队更名为含和独立连，江文任连长，刘云任指导员。

1941 年 9 月，含和独立连完成了配合和含巢无中心县委恢复巢无中心区的任务，奉命随新成立的中共含（山）和（县）巢（县）县委返回和含地区，开辟根据地。当独立连越过天河，进入淮南路旁的都胜圩地区时，在这里自发组织起来的王德宏游击队、钱昌彬游击队要求参加独立连，经请示上级批准，同意并入。至此，含和独立连共有 3 个排 8 个班，原连长江文，已任县委委员、军事部长，代表县委领导含和独立连，刘云任连长，张建任指导员。经过整顿的含和独立连，越过铁路，绕过敌伪军哨岗，回到了和含。战士们高高兴兴，乡亲们更是喜出望外，纷纷前来问寒问暖，诉说别后一年所受的苦难，怒斥敌伪顽的暴虐罪行。

独立连在开辟和含抗日游击区中，还到处做抗日宣传工作，扩大武装，打击敌、伪、顽、特，扩大了新四军的影响，鼓舞了军心，提高了群众的抗日情绪。当时晨袭过巢（县）城，夜袭过清溪镇，到淮南路上铜城闸鬼子据点张贴标语，伏击巴巴店敌人，活捉陶厂西山口的伪军等等。仗不大，到处打，弄得敌伪经常日夜不安。

1942 年 4 月，新四军第七师师部决定撤销含和指挥部，成立第七师含和独立团。含和独立连编入该团，改番号为独立团一连。

## 含和指挥部

1941 年九十月间，七师政委曾希圣代表皖江区党委和七师，找五十六团副团长顾鸿谈话，命顾鸿率五、七连到和含去，和先于到达该地、在小庙岗一带活动的陈仁洪所在的老三连，加上江文、刘云的含和独立连，组建含和指挥部。为领导整个和含地区工作，成立一个军政委员会，陈仁洪任书记，李岩任副书记，顾鸿为委员。由陈仁洪兼任指挥，顾鸿兼任副指挥。并说，所以称作指挥部，是为了迷惑敌人，不暴露兵力，也不明白是哪一级的架子。

顾鸿到了和含地区，了解到该地战略地位之重要。它前临长江，可扼制宁芜咽喉之要道；背依巢湖和丛山，系天然之屏障；向北直达皖北，与苏鲁接壤；向南横跨淮南沿线两侧，其间丘陵起伏，水网纵横，物产极为丰富，大有英雄用武之地。如果说，此地是皖中的战略要地，那么战斗在这里的人民子弟兵，恰似一把钢刀直插在敌人的脊梁骨上。从全局来看，开辟和含，建立敌后根据地，不仅给七师的活动开拓了较大的回旋余地，而且对发展华中抗战局势有极重要的意义。部队到达和含后，首先是利用各种有利时机，向干部、战士进行形势与任务的教育，说明战略意义的重要，总是同战斗任务的艰巨伴随而来。含和指挥部立足的小庙岗这一带，仅是一块方圆不足 10 华里的荒岗地，而四邻却是虎视眈眈的敌群。西边淮南线上的巢县、东关、林头、铜闸等地，有日寇重兵驻守；东南边的巴巴店、陶家厂、关门镇、螺蛳滩、百旺市等地，有伪军据点；全椒是国民党安徽省府第五专署驻地，桂系李本一之老巢；加上各地的土顽，其局面是日、伪、顽碉堡林立，穿插其间，犬牙交错，虽然常驻兵力不等，多则一个连，少则一个班，但分布很广，流窜活动，是阻碍含和指挥部游击活动和秘密工作的钉子，要在和含地区立足，首要的任务就是拔钉子，除障碍，缩小敌占区，扩大根据地。

分析了日、伪、顽三股敌人在和含地区的分布状况，便开始了对敌态势和行踪的侦察。除了侦察班、排的积极，还派出一部分战士化装成老百姓，从含山的小庙岗到和县的西太基，在中银凹、关门镇、太湖寺等地进行秘密活动。既探索敌人的兵员、装备，又找了老乡询问，摸敌人活动的规律。当知道关门镇上敌人不多，陶厂的伪军每天晚上都聚在碉堡里打麻将、玩骰子，他们并不警惕，是进攻的良机。含和指挥部决定偷袭陶厂，再向关门镇扩展。

为了不打无把握之战，不打无准备之仗，行动的当夜，再一次进行了侦察。趁伪军在碉堡里狂赌狼嚎之时，新四军部队已悄悄地包围在它的四周，一部分担任警戒，一部分则冲上炮楼，大声喝令："不准动，缴枪不杀！"由于这里的伪军向来横行霸道，为所欲为，猛听得新四军威严声响，猝不及防，惊得丈二和尚摸不着头脑。顽抗的伪军试图拿枪还击，新四军战士已跃入其中，使其束手就擒。前后 10 多分钟，20 多伪军被俘，六七支枪被缴。这一袭击，关门镇的敌人已觉岌岌可危，仓皇出逃。但由于早已部署兵力潜伏，10 多个伪兵也束手就擒。与此同时，含和指挥部另一支部队奇袭了和县戚桥伪警察所。这个警察所有 30 多人，经常窜入四乡，骚扰百姓，掠夺民财，也是在和含东乡的一个钉子。一天，新四军一部分战士伪装成老百姓挑草赶集，一部分战士佯装上集做生意。然后，全部向伪警察所方向集中，借故闹事，闯入警所。当警所人员调解时，战士们个个像猛虎一样，擒拿警所逃跑之敌，奇袭速战速决，干净利落，俘敌 30 多个，缴获枪支 20 多支。

这几次立足之战，打得敌人晕头转向。新四军士气大振，老百姓也眉开眼笑，说"我们的队伍到了"。所以又打出了群众基础，创造了部队生存和发展的条件。活动的范围逐渐展开了。以小庙岗为中心，向南占据了陶厂、关门镇、祁首岗、西太基等地；向东占据了竹园李、娘娘庙、望江集、戚桥一带，拔掉据点10多个。基本上是拔掉一个据点，占一个村庄，争一处地盘。在比较巩固的村镇里，指战员们发动群众，培养积极分子，发展党的组织。张什一、小庙岗、方山口桂花村等地先后建立了党支部。群众基础比较好的村庄，还在部队的帮助下，摧毁了保甲制度，建立抗日民主临时政权，使党的秘密工作和游击战争活动，得以广泛地开展。地方政权帮助军队筹粮筹款，军队保护政权，帮助地方组织游击队，开展抗日活动。由于军队和地方、军队和老百姓互相支持，克服困难，渡过了艰苦的1941年。子弟兵也从此如鱼得水，站稳了脚跟，为打开和含新局面，缩小敌占区，扩大根据地奠定了基础。

含和指挥部，在和含地区初步立足之后，便开展了隐蔽发展开辟敌后根据地的活动，从而引起了敌人的惊恐和注意。他们一面觊觎一旁，窥测势态，一面迅速调兵遣将到处修筑工事。1942年初，日寇在淮南沿线各重镇增加兵力；在含山、和县、香泉等地增设据点；汪伪绥靖第八师在陶厂以东的南义、姥桥等地驻扎；曹亮文控制了螺蛳滩、百旺市、后港桥、白渡桥等地；仙踪、昭关等北乡，直至古河、全椒、赤镇、半边月、草窝子又都有柏承君的土顽二支队在骚扰。这种形势说明敌人的胃口不小，他们妄图把含和指挥部在这块小小的基地上挤走乃至吞噬。面对严峻的困难和考验，为迅速打开和含局面，新四军七师决定将含和指挥部扩编成含和独立团。

## 含和独立团

1942年4月，新四军七师根据华中战略形势的发展，审时度势，为迅速建立和扩大抗日根据地，一步不停地向江全地区推进，沟通与二师、军部的交通联系，决定以含和指挥部为基础，扩建成立含和独立团，实现在军事上的统一指挥，派马长炎任团长。将原来由林岩、陈仁洪、顾鸿、赵鹏程等同志率领的部队和一部分游击队编成一、三、五、七4个连，共300多人，统一行动。同时，确定了今后一段时间内的斗争原则：对顽军采取守势，对敌伪军采取攻势。而对于敌伪，又采取避强打弱、分别对待的方针，即对陶厂、南义等据点的伪军主力部队，暂时采取麻痹、松懈其斗志的办法；对于螺蛳滩等地的伪军，则常以小部队袭扰，助长其骄傲情绪，到战机成熟时，便从这里打响第一炮。

为了避免过早暴露独立团的实力，遵照师首长的指示，部队对外都以"赵营长的部队"名义活动，并命闻杰带五连向仙踪、昭关、夏阁一带活动；顾鸿同志带七连向范桥、望江集一带活动；马长炎和赵鹏程带三连在圩区、功剩桥、兰花桥一带隐蔽活动；刘云同志带一连随团部在清林区活动，分散敌人注意力，以便收声东击西之效。

含和独立团首战螺蛳滩，向和含地区南线出击。螺蛳滩，坐落在和县以南，是含和独立团向南发展，攻占百旺市、五显集的必经要道。

罗应安和夏复初是伪军团长曹亮文的两个主力大队长，有600多人，配有轻重机枪，据守螺蛳滩据点。他们筑有两座大碉堡和一些小地堡，能用火力封锁四方。碉堡外是一块平原和两里路长的水田地带，只有一条跨河的通路。据点外围，还有后港桥、白渡桥、功剩桥、百旺市等据点相呼应。这些据点离螺蛳滩远则18里，近则三四里，显然是个易守难攻的地方。伪军头目常坐在碉堡楼上说："赵营长那几个毛兵算什么！"还提出了"活捉赵鹏程，消灭新四军"的口号。

马长炎带了几个干部和侦察员，化装成种田农民，到螺蛳滩对面的孙家大桥去观察地形和了解情况。留下侦察员和游击队，在孙家大桥一带日夜袭扰。伪军一听到枪响，就成群地冲出来；游击队一见他们来了，就分散隐蔽。这样反复多次，独立团决定采取调虎离山之计，把伪军引出来再彻底消灭。随后，部队连夜集中起来，准备投入战斗。

第二天下午，一切部署就绪。采取老办法，枪一响，伪军果然又像疯狗一样争先恐后地冲杀出来。游击队打了几枪，装着败走，伪军毫无顾忌地追了500多米，等伪军全部进入伏击圈，相隔只有几十米时，独立团的指挥所突然吹起了嘹亮的冲锋号。号音一起，隐蔽在孙家大桥的伏击部队随即猛扑上去，一下子把敌人打得晕头转向。伪军的重机枪手还没来得及把枪架好，独立团已杀到。他们把机枪向河里一推，掉头就跑。伪军的后续部队向东南溃逃，企图占领小汤家阵地负隅顽抗，又遭到小汤家伏击部队杀伤，伪军又折回来。这样四处乱窜，死的死，伤的伤。

伪军企图窜回碉堡顽抗，独立团除留下少数部队分守桥头渡口外，其余部队立即从几个方向冲了上去，一直冲过螺蛳滩，焚毁了碉堡。

螺蛳滩一仗，极大地削弱了伪军曹亮文部，鼓舞了人民群众的斗争情绪。独立团在圩区有了新立足点，建立了税收机关，为解决部队给养创造了条件。

独立团打下螺蛳滩后，驻在百旺市的曹亮文两个排，颇有唇亡齿寒之感。他们提心吊胆地日夜加修工事，壕沟里布满铁钉和竹竿，壕外布满鹿寨和各种障碍物，白天警戒森严，晚上吊桥高挂。伪军以为百旺市外面是开阔地，独立团无重火器，不能攻坚，他们可以缩在乌龟壳里藏身。

螺蛳滩与百旺市相距仅五六里，独立团要继续发展，必须攻下百旺市。攻击百旺市，当然有许多客观困难。但是，有利条件也很多：独立团对百旺市的敌情、地形已很熟悉；由于伪军内部矛盾重重，一个外乡人的班长因长期受到排挤决定起义，成了内应；伪军碉堡靠近民房，只要能占领民房，就容易接近；特别是独立团士气旺盛，又有群众支持。这样，胜利还是有把握的。

6月30日晚，独立团对百旺市伪军据点发起攻击。当晚风紧云密，部队背着梯子、稻草、竹竿，带着土硝、洋油和火把迅速向百旺市运动。敌人发觉后，便对部队猛烈射击，五六个战士负了伤。团长马长炎的右腿也被打穿了，鲜血直流，依着个坟堆，咬紧牙关，继续指挥战斗。

战斗非常激烈，独立团很快取得胜利，战斗很快结束。独立团高举火把，清查战果，伪军两个排被全歼，躲在碉堡附近地区的伪保甲长也全部被俘。独立团严格地执行了党的政策，对俘虏进行教育，然后释放。不久，雍家镇以北、沈家巷以南地区的伪保甲长为给自己留条后路，纷纷找独立团接头。独立团领导们进一步教育他们：应该爱民族，为自己今后几十年命运和子孙后代着想，不准走漏新四军消息，要经常给新四军送情报；不准在根据地区收税催粮，要保护根据地税收人员的安全；环境紧张时，要负责掩护新四军伤病员；要做好瓦解伪军的工作，组织他们拖枪反正，回到人民怀抱。

打胜百旺市这一仗，独立团不但可以深入和含南乡的圩区水网地带活动，被分割的几块小根据地也连成一片了。但是伪军盘踞在和含根据地的腹部，还有一个大钉子——和县南义镇上伪军一个连，必须坚决歼灭。

含和独立团副团长顾鸿，自接受消灭南义镇敌人的战斗任务后，日夜思索，决定首先要摸清敌情和伪据点地形。

1942年7月中旬的一个上午，顾鸿亲自率领担任攻击任务的三、五两个连的排以上干部和侦察员，到南义镇北面观察敌人碉堡和周围情况。了解敌情后，决定迅速消灭敌人。凌晨1时左右，顾鸿亲自率领三、五两个连队从东北和西方向，将南义镇包围起来，由三连连长彭司宝指挥突击队逼近敌碉堡担任进攻，指导员钟大湖组织火力掩护突击队进攻，五连连长王志树和指导员闻杰指挥部队，向敌碉堡作佯攻配合行动。突击队神不知鬼不觉地越过铁丝网和壕沟，向敌碉堡摸去，先摸进敌连部，将敌连长活捉，一些睡在露天的伪兵还未来得及翻身就被俘虏。碉堡和营房里的敌人负隅顽抗时，被独立团突击队冲进去当场击毙30余人，活着的敌人全部生俘。这一仗计歼灭敌人百余人，缴获长短枪66支及物资全部。

南义敌据点被攻克后，和含地区东西长约200华里、南北10多华里连成一片，和含抗日民主根据地又得到进一步巩固和发展，新四军七师和二师、军部的交通线，从此开始较为顺利地通过了。

正当含和独立团予伪军以严重打击，和含地区抗日民主根据地出现新局面时，盘踞在全椒县古河镇的国民党反动派桂顽一七一师李本一部队和占驻古河外围的全椒、和县和含山三县结合部一些集镇的安徽省保安团柏承君部队，对新四军二师与七师实施分割、封锁交通，经常对含和地区侵犯、摩擦。顽军不去打日本鬼子和伪军，专门袭击含和独立团和抗日游击队。安徽省省长李品仙还专电国民党第三战区司令顾祝同，要消灭和含新四军第七师含和独立团及地方游击队。

1942年9月14日，为配合新四军二师反摩擦斗争，在新四军第七师代师长傅秋涛直接指挥下，由团长马长炎、副团长顾鸿率领含和独立团一、三、五、七四个连队，从驻地含山县小庙岗星夜急行军，向含山县北部大孔村前进。驻扎大孔村的顽军，是古河顽军大本营对根据地的前哨阵地，可以控制草窝子、半边月和昭关等地，阻碍七、二师和军部之间交通要道。

战斗至上午9时胜利结束。这一仗除打死敌人10余名外，被独立团生俘82人，缴获轻机枪3挺、步枪63支、驳壳枪3支、子弹3000余发、手榴弹40多枚等军用物资。

1942年8月，含和独立团攻打和县南义后合影

独立团攻克大孔村后，群众欢欣鼓舞，自动地送茶送水，热情慰问负伤战士，感谢新四军为民除害。下午，新四军转移新的战场时，男女老幼依依不舍。

大孔村顽敌被消灭后，驻扎在半边月和附近一线山头上的敌人，闻风丧胆，很快向古河方向逃窜。从此，新四军第七师和二师与军部的交通线上的障碍基本扫除，顽敌也不敢到和含地区北边骚扰了。

在有利的形势下，独立团一鼓作气连续作战，军政攻势齐下，四战戚桥，五战高庙，屡战屡胜，扫清了南义水网地区的伪军据点。整个和含地区，除陶厂、姥桥等几个孤立据点之外，全部连成一片。和含地区已经打开，接着独立团将发展矛头指向江全地区。

江全地区是和含公路以北、全椒以南、江浦以西地区，面对南京，是七师和二师的结合部。南京失守后，国民党溃军在这里丢下很多武器，有的为群众收藏，有的被土匪掌握，当地民性强悍，曾抗缴国民党钱粮。刀会、三番等组织很普遍，有广泛的群众基础，他们不仅有大刀，而且有长短枪和手榴弹。这一切情况，比和含地区更加复杂。为了打开江全局面，独立团对上述情况做了认真研究，认为开辟江全地区的首要问题，是如何做好争取刀会、三番的工作。对于这个工作，准备分三步走：

第一步，派地方党员，利用社会关系，以各种社会职业作掩护，到那里去了解情况，发展地下组织，开展交朋友工作。

第二步，派侦察参谋吴瑞生和许海清、郭大海等同志共20多人，组成一个侦察队，把大刀会的坛主王世喜抓了起来，对王世喜进行教育，说明新四军是抗日救国的军队，是帮助他们防匪保家的；希望他们共同抗日，灭匪保民。并要求给新四军送情报和做向导。他乐意地接受了这些条件，并愿向其他刀会宣传解释。不久，他就要求加入新四军部队，成立了一支游击队。

第三步，独立团部队伸展过去。部队先到大小李家、李家凹一带山区落脚。这一带没有大的村庄，只有一些零星的人家，群众生活很苦，完全靠砍柴卖维持生活。部队初到这里，群众有些害怕，但新四军部队纪律严明，秋毫无犯，自己带油、盐、菜、米，不仅烧柴按价给钱，而且对没有饭吃的群众还进行救济，帮助他们生产劳动，宣传共产党和新四军的主张，群众的顾虑很快就打消了，都说："从来没有见过这样好的军队。"以后，在基本群众中发展党员，建立了党组织。接着，部队推进到石灰张、八大禁一带，摧毁了杨石巷的伪乡政权，瓦解了石村庙的伪军据点，在八大禁建立了抗日民主政权和税收机关，成立了中共江全县委，控制了官渡河口，很快就与二师打通了。和含地区的后方也更加巩固。

1942 年冬，新四军第七师师部派龚杰、李元、李胜明、李胜祥和谢长华等同志，率领两个连，护送 200 民工挑着银圆、白布、油布和雨衣等军用物资到军部，并命令含和独立团团长马长炎等率领三、五、七连负责护送。这批民工目标大，在淮南路长岗集过敌伪封锁线时被敌人发现，敌人很快从南京乌江一线敌据点调集四五百日本兵，妄图在和县北部花山一带阻截，把这批军用物资劫去。天快亮时，护送部队到达花山脚下石灰张村，这时三、五、七连和日本兵同时乘蒙蒙夜色抢占制高点。当独立团部队先到达制高点时，敌人发觉后就向制高点进行炮击，接着就用轻重机枪扫射，隆隆爆炸声和密集的机枪子弹尖叫声，似山崩地裂。

残酷的战斗，从清晨一直打到傍晚，敌人伤亡惨重，仓皇丢弃几十具尸体狼狈地溃逃。独立团也付出了重大的代价。但这一仗狠狠地打击了日军的猖狂气焰，大振了新四军的军威，胜利完成了护送军用物资的任务。

1943 年初，和含地区的局面已完全打开，并与二师连成了一片。敌人企图利用新四军各师驻地分散的弱点，对新四军采取分进合击、各个击破的阴谋，完全破产了。1943 年 3 月，新四军七师奉命整编，成立了含和支队，含和独立团被改编并入。

# 转战皖江　英勇歼敌
## ——记含和支队在和县的抗日活动

1943 年 2 月中旬，七师政治委员曾希圣从华中局开会回到无为七师总部，立即召开干部会议，传达中共中央和华中局关于实施一元化领导和精兵简政的指示，决定由曾希圣任皖中区党委书记，直接领导沿江、和含、皖南 3 个地委，巢北工委与无为一个直属县委。部队整编为含和、沿江、皖南、巢北（时间稍后）4 个支队。含和支队兼含和军分区，全民族抗日战争后期，新四军第七师含和支队从浴血奋战中成长壮大起来，和含地区的英雄儿女们用鲜血和宝贵生命，巩固和发展了和含抗日根据地。

## 健全机构 增强军力

含和支队于 1943 年 3 月在和县耿家油坊成立。它是以含和独立团为骨干与五十五团一部分组编的。支队长、政委由师参谋长孙仲德兼任。不久，黄火星任政委，副支队长马长炎，参谋长张铚秀，政治部主任杨汉林。支队下辖 1 个独立大队，3 个地方大队，1 个特务连，1 个教导队。当时的序列为：

**独立大队**，大队长陈仁洪，副大队长陈金生，教导员陈棣华。原五十五团 5 个较强的连队编成 4 个中队。这是和含地区的主力，由支队直接指挥，实施机动作战。这个大队武器较好，战斗力较强，不少干部都是红军老战士。和含地区的许多大仗、硬仗都是以这个大队为主打的。

**江全大队**，大队长顾鸿，政委时生，教导员易飞。由含和独立团编成 3 个中队。该大队活动于和县北、全椒、江浦一带，处于二师、七师的交通干线上，战斗频繁。既要掩护七师向二师、军部运送物资和护送来往干部，又要和敌伪顽争夺这块地区，发展当地的人民政权，任务是很重的。

**含巢大队**，大队长吴生茂（1944 年叛变），副大队长刘云，教导员彭布。由五十五团、含和独立团各一部组成 3 个中队。该大队活动于含山、巢县以东一带山区，处于支队与师部的主要交通干线上，常与敌伪周旋战斗。

游击大队后改为和西大队，大队长赵鹏程，副大队长李胜民，教导员王荣森。由赵鹏程同志领导的原地方游击队编成两个中队。活动于和县以西地区，主要担负支队至江全地区的交通安全任务，同时防御北面顽军袭扰。

支队刚成立时共 1000 多人（不包括区乡武装、地方游击队），支队的主要任务是进一步巩固扩大和含根据地，继续开辟江浦、全椒两县游击区，确保七师与二师的交通联系。

含和支队作为和含抗日根据地的主力部队，还必须得到当地地方武装、民兵的配合与支持。特别是在日伪频繁"扫荡"，顽军不断"蚕食"的包围、夹击之中，没有地方武装和民兵的发展，单靠支队主力部队是难以独立支撑局面的，即使开辟了根据地也难以得到巩固和发展。为此，在武装力量的编组中，支队除直接掌握独立大队这个拳头外，其他各大队都属双重领导，既归支队领导指挥，又归所属县委领导指挥。每个区组建了两个区中队，每个乡成立了警卫队，村村都有民兵组织。这种编制，就是把主力部队、地方武装和民兵紧密地结合起来，使主力部队地方化，深深扎根于人民群众之中，军民融合成一体，充分发挥人民群众在抗战中之伟力。

支队指挥机关是以五十五团的司、政、后机关扩编而成。根据精简机关、充实战斗部队的原则，机关人员少而精，各部队的编制不统一。司令部编有参谋处、机要股、电台队、管理科；直属分队有特务连、教导队、卫生队。值得一提的是，这个卫生队是和含地区比较好的一个"医院"，重伤员能在这里动手术。在战争岁月里他们挽救了不少伤员的生命。政治部，设组织、宣传、保卫、民运等科，每个科也只有个把干事，还有一个宣传队。后期地委机关同政治部合并办公。供给处的单位和人员比较多，除各业务股之外，下属不少工厂。这些单位和人员是逐步发展起来的。

孙仲德

司令部参谋处不设科、股，只配几个参谋和工作干部，属参谋长管理，负责作战、侦察、通信、测绘、人事、地方武装等项军事业务工作。参谋人员有的是原五十五团司令部留下来的，有的是师部、二师调来的，有的是长期在和含地区打游击的。每个同志不但能够独当一面，而且能够互相代替。例如在很长一段时间内，侦察参谋黄大本（黄诚）和通信参谋胡仁达分别到香泉区、西太区兼任区委书记，这两项主要业务都由作战参谋沙林同志代管，有时亦由其他同志兼管，一个人做几个人的工作。同时，还常派出人员随支队领导深入战斗第一线工作。就是在这种条件艰苦、战斗频繁、军情繁忙的情况下，参谋处的每个干部在工作中任劳任怨，不怕苦、不怕死，圆满地完成了赋予他们的各项任务。司令部的其他部门亦做了大量工作。含和支队打了许多大胜仗，与司令部各部门干部的辛勤工作是分不开的。

## 发展党员 壮大组织

随着含和支队同时成立的和含地委是在和含中心县委的基础上成立的。以后又成立了和含行政专员公署。新四军七师参谋长孙仲德兼和含地委书记、含和支队支队长，林岩任副书记兼组织部长（后由黄浩接任），宣传部长袁牧华（后由马守一接任），社会部长姚士章。地委成员除孙仲德和林岩以外，先后有马长炎、黄火星、黄浩、杨汉林、魏今非等同志参加。专员魏今非。根据当时斗争形势的需要，1943 年 5 月，建立了交通情报总站，总站长由孙仲德兼，副总站长沈有泽，属地委直接领导。地委建立时，辖 3 个县，即和含县委，后改为和县县委，先由林岩兼书记，江文为副书记，后由金文萍、贾世珍先后担任书记；含巢县委，书记贾世珍，后由江文担任；江和全县委，书记时生。1944 年 6 月，在和县西部建立了和西县委，书记杨汉林。

根据区党委的指示，和含地区当时主要任务是：充分发动群众，发展武装力量，建立巩固的敌后抗日根据地，确保新四军七师、二师与军部的交通联络畅通。这一时期的工作，主要有以下几个方面：

**1. 加强党的建设**。党的组织有了很大的发展。县委、区委以及党的支部都相继建立健全起来，按照党章要求，党员数量发展得也很快，有 270 多人。全区各个角落党的组织都建立起来了，一些与含和支队交界的敌占区也有了地下党员。当时含和支队党组织和广大党员，真正的起到了战斗堡垒和先锋模范作用。为了党的事业，为了抗日斗争，他们不怕困难、不怕牺牲，战斗在各个工作岗位上。含和支队很多工作，也都是通过党的组织去组织落实的。如扩大发展根据地，收集传递情报，进行交通联络以及扩军参军等，都首先由党的组织去动员部署，广大党员积极带头模范完成的。遇到敌人“扫荡”和侵袭，广大党员就成了含和支队的“堡垒户”，帮助含和支队隐蔽干部，安置伤病员。

1944 年以后，含和支队在根据地相继建立了一些军工民用工业，发展了商业、金融，遇到特殊情况，广大党员还为含和支队保管和疏散物资。含和支队的兵工厂没有仓库，生产的手榴弹、子弹，装箱以后都编了号，分散存放在党员家里。多年来，不管遇到什么情况，包括敌人的大规模“扫荡”，含和支队的党员冒着生命危险，保护好这些物资，从来没有发生过一次失误。正像毛泽东讲的，“是真正的铜墙铁壁，是任何敌人也攻不破的”。

党员的思想教育抓得比较扎实。根据毛泽东的建党学说，含和支队十分重视党员的思想教育。在入党时认真做好教育工作，成熟一个发展一个，解决好党员在思想上入党的问题。含和支队采取的主要方法是举办党员学习班，组织党员学习。地委和县、区各级都办。地委办的学习班，参加的主要是区委一级的党员干部；县委办的学习班，参加的主要是乡、村一级的党员干部；区、乡办的学习班，主要是讲党的性质，讲革命理想，讲党员的作用，讲支部如何开展工作。这一工作，主要由地委组织部、宣传部去抓，林岩有时也去地委办的学习班讲讲课，使党的组织具有很强的战斗力和组织纪律性。1945 年 5 月，由地委宣传部根据当时形势，编印了一本《怎样做一个共产党员》的小册子，分发到各个支部，要求各支部用一个月的时间进行学习，对广大党员进行一次普遍的教育，收到了很好的效果。

积极培养党的地方干部，壮大党的力量。和含地区在抗战初期，虽然有含和支队党的组织，党领导的抗日军队在这里活动过，但很快就撤出了。1942年以后，含和支队重新进入这一地区，基本上是属于新开辟的地区，地方干部较少。为了改变这种局面，含和支队一方面采取了组织青年工作团、文艺宣传队的形式，广泛吸收青年积极分子，其中大部分是有一定文化程度的农村知识分子参加工作，像卞平、王恒、何林等几十个青年，都是这样参加工作的。他们热情高，工作很有生气，以后绝大部分成了含和支队的区、乡干部的骨干力量；另一方面，在群众斗争中，进行锻炼和培养地方干部，通过党的各项工作的考验，把其中优秀分子吸收进来。例如唐九奎、孙贤树等同志，他们对农村情况熟悉，阶级觉悟高，在扩军参军、征粮纳税以及减租减息工作中，都起到很大的作用。通过以上做法，使地方干部很快地成长了起来，为根据地的发展和巩固创造了条件。

2. **积极开展根据地建设**。1943年以后，含和支队军事斗争，已经推进到江和全地区。和县、含巢地区，形成了一块比较稳定的后方，使含和支队有可能集中力量，加强根据地建设工作。减租减息是含和支队全民族抗日战争时期农村工作的基础，它不仅可以减轻农民的过重负担，改善他们的经济条件，更重要的是组织含和支队的阶级力量，在农村树立起贫下中农的阶级优势。1943年秋，根据区党委的部署，含和支队就在和含地区，开展了这一工作，地委先在和县陶运区试点，以后全面推开，工作进行得比较顺利。有些地主，由于封建势力较强，也曾发生过一些明减暗不减的现象，但一经发现立即就得到了纠正。由于这个工作是在党的领导下，由农抗理事会全面组织广大贫下中农参加的，所以对农村基层干部也是一次很好的锻炼，运动中涌现了不少积极分子，为以后的民主建政打下了基础。

3. **开展文化教育工作**。全民族抗日战争期间，含和支队是把文化教育工作与宣传抗日、动员民众结合在一起的。党委对这一工作十分重视。地委组织了文工团，庆胜担任团长，还有亚明也是文工团的成员。有一支20多人的队伍，非常精干。他们常年在农村演出，有时也到部队去演出，比较有影响的有《放下你的鞭子》和《国母骂蒋》。《国母骂蒋》这个戏，据说是庆胜根据京剧《击鼓骂曹》的调子编的。因为它通俗易懂，符合当时实际，所以很受群众欢迎。除了地委文工团外，各地还组织了不少歌咏队，活跃在根据地的各个角落，宣传群众、组织群众，成了含和支队党联系群众的一个桥梁。在教育上比较突出的是冬学（也叫识字班）。说是冬学，实际上也不限于冬季，农闲时，或阴雨天，都是学习的时间。地方组织以此为阵地，确实是生气勃勃的，与沦陷区和国民党统治区比较起来，真是另一个世界。

为了加强对全区工作的领导，建立宣传舆论阵地，1944 年以后，先后创办了《山猴子报》《和含党刊》，反映根据地的各方面工作情况，交流工作经验，宣传党的政策。虽然由于条件的限制，都是油印的，但内容很丰富，受到了各方面的欢迎。

## 精心布局　勇猛歼敌

和含地区在皖江乃至整个华中敌后游击战场中，有着重要的战略地位。师部给含和支队划分的作战区域规定：从巢县至裕溪口段淮南路以北、南京至芜湖长江沿岸、江浦和全椒的滁河以南，在这样一个东西 50 公里，南北 80 公里的范围内，"钻空子"，坚持敌后斗争，把已具雏形的游击区和根据地逐步扩大为稳固的抗日根据地。

含和支队成立没几天，敌人便对皖江根据地发动一次规模空前的大"扫荡"。日军投入 6000 余人的兵力，纠合部分伪军，于 1943 年 3 月 17 日开始，从东、西、南三方合击巢无中心区。企图一举消灭党政军领导机关和七师主力。

师部命令各支队积极出击，寻机歼灭敌人，开展反"扫荡"。含和支队从东面向敌人侧后进军，破坏淮南铁路，截断敌人的交通运输线；袭击巢县、林头、东关等敌伪据点。日军在第七师各支队沉重打击下，丢下百余具尸体撤退了。

巢无反"扫荡"还未结束，皖东国民党顽军就乘机向新四军二师根据地进犯。

4 月中旬，为配合二师反"摩擦"作战，含和支队迅速抽调独立大队一、五中队和江全大队，向国民党"江（浦）和（县）全（椒）联合办事处"所在地善厚集进军。在进军途中的华阳伏山上，有一座碉堡，据事先所获情报，驻守的是第十挺纵二支队的一个连，他们只在白天待在那里，晚上就撤回山下村庄宿营。支队下令江全大队抢先于天亮前占领这个山头，不料那天顽军提前进入碉堡，一、五中队到达华阳伏山下名为草窝子村旁边的一片开阔地时，江全大队尚未占领这个山头。支队当即布置一中队占领草窝子村西南的戴虎山，五中队就地隐蔽待命。江全大队立即发起进攻，战斗打响后才知据守碉堡的不是土顽二支队，已换上桂顽一七一师部队，配有重机枪和迫击炮，且远不止是一个连的兵力。江全大队仰攻困难，对方倚仗有利地势反扑下来，情况相当危急。五中队长闻杰带领队伍从隐蔽地突然出击，几把冲锋号同时吹响，一中队长关日辉也带领战士从戴虎山上猛扑过来。在含和支队几路夹攻下，顽军溃逃了，随即摧毁了这座碉堡。

"草窝子"战斗后不久，日军纠合了伪军刘子清等部，于6月上旬对和含根据地进行分区"扫荡"。合击清林区的敌人由巢县、淮南路上的林头、东关、含山的巴巴店、清沙等据点出动，分数路向大司家圩、陈夏家进犯，妄图歼灭含巢大队。由于事先掌握了敌军动态，含巢大队已先行转移隐藏，敌人扑了一个空。这几路敌人兵力虽多，但多数是伪军，害怕被分割各个击破，不敢宿营。于当日黄昏分路退回原据点。向司王庄、耿家油坊中心地区进犯的敌人，由含山、和城、姥桥等地出动，以日军为主妄图奔袭含和支队党政军领导机关，寻找含和支队主力决战。支队留下独立大队五中队与敌人周旋，其余部队转向外线打击敌人，敌人除烧杀抢掠外一无所获，被迫撤退。

和含地区反"扫荡"还在进行的时候，顽军对根据地的进攻又开始了。一天，独立大队大队长陈金生带领一中队、七中队在张家集附近的老鸦窝突然遭到顽军一个大队的袭击，当马长炎、顾鸿同志带领江全大队一部，从石村庙附近大乔家轻装赶到老鸦窝时，七中队指导员吴亚古、一中队副中队长李之南已经牺牲了。战士也有伤亡。江全大队立即投入战斗，战士们满腔怒火，狠狠打击敌人。敌人遭到惨重伤亡后向百姓塘据点逃跑，江全大队奋力追击，一鼓作气攻进了百姓塘，摸黑同顽军展开激烈的巷战。最后，除部分顽军趁天黑冒雨逃跑外，其余全部被歼灭，缴获长短枪多支。

含和支队和广大人民群众用鲜血和生命开辟和保存下来的敌后抗日根据地，国民党顽军想侵占。日伪军被含和支队"吃"掉了，赶走了，他们便纷纷出笼，扬言要从含和支队手里"收复失地"。是可忍，孰不可忍。含和支队根据有理、有利、有节的原则，对顽军的进攻给予坚决的反击。1943年7月中、下旬，江全地区日伪军在含和支队不断打击和袭扰下，先后撤出了田家渡、石村庙、孟姜高、张家集等据点。顽军企图抢占这些地方，切断新四军二师、七师的交通联系，含和支队独立大队主力和江全大队在马长炎同志指挥下，打击进犯根据地的顽军，并接应七师代师长谭希林率领二师六旅十六团南下归七师建制。与此同时，为配合二师和江全地区反顽作战，张铚秀率领独立大队一部和含巢大队，于9月25日提前奇袭昭关附近顽军阵地，吸引和牵制了顽军北调和东援，有力地配合二师的战役行动和策应十六团南下江全地区，攻克敌人的据点，粉碎敌人的"扫荡"和挫败顽军的进攻。犹如一盘围棋，含和支队吃掉敌人的这些"子"，根据地的"眼"就做活了，而且地盘越来越大，越来越巩固。

1944年10月，日伪对和含地区又开始新的"扫荡"。这一次敌伪"扫荡"的计划比以前更狡猾，出动的兵力增加了一倍，敌人先秘密将增至乌江、和城的兵力运动到濮集、西埠等据点，故意向北开去。扬言进攻国民党军盘踞区，以迷惑含和支队。然后又趁夜黑偷偷地撤回。增兵到巢县及其以南淮南路各据点的敌人，故意在裕溪河上架浮桥，扬言进军巢南，实为"声西击东"。

28日凌晨，敌伪共3000余人分别从和县戚桥、姥桥、黄山寺、沈家巷，含山铜城庙、东关、林头、半湖、清溪等地出发，分多路向根据地进犯，企图一举消灭含和支队。敌人所到之处烧杀抢掠，飞机进行狂轰滥炸。鉴于敌强我弱的形势，支队命令各大队一面监视敌人动向，一面分散行动，保护群众利益，保卫根据地建设，伺机打击敌人，粉碎敌人的"扫荡"。独立大队七中队在夏万家一带，守卫碉堡，阻击敌人。独立大队一、五中队在敌人从杨山头进入陶厂的途中，趁敌人疲惫的时候，进行出击。和西大队在范桥一带修筑工事，阻击敌人。含巢大队一中队与进犯金鸡岭的敌人展开了激战。由于含和支队采取了灵活机动、时分时合、避敌主力、寻机作战的方针，全支队大部跳出了敌人的包围圈，并向敌人的外线据点出击。独立大队一部袭击南义。和西大队一部袭击西埠。支队部带领独立大队三中队和教导队、特务连袭击姥桥、山凹坊等敌伪据点。由于和含地区的军民团结奋战，这次日伪"扫荡"又被含和支队彻底粉碎了。

含和支队在全民族抗日战争最后的三年中，同敌伪顽的作战400多次。在组织指挥战斗的程序上，一般的连以下分队战斗由县委、大队组织实施。大队以上的作战行动，一般是由支队统一实施。由于当时通信工具落后，连一部实用的电话机都没有，所以首长司令部研究好情况，作出行动计划，由支队领导分别带领个把参谋和司号员亲临第一线和战斗部队在一起实施战场上的直接指挥。取得了对敌作战的胜利，打开并巩固了含和抗日根据地的局面，含和支队进一步积累和总结了坚持敌后游击战争的经验。

在敌人的空隙和夹缝中如何"钻空子"，"占地盘"，立足生根发展壮大？这就需要把"吃子"与"做眼"结合起来，集中兵力吃掉敌人关键的"子"，攻毁它的点，切断它的线，做成有利于我军而不利于敌的"活眼"，积小胜为大胜，才能把敌占区变为游击区，逐步变游击区为巩固的根据地。含和支队要在这个"活眼"

的基础上，逐步扩展地盘，关键是要在兵力使用上适时地做到分散、集中和变换。"兵之胜负，不在众寡而在分合"。"分散"用以发动群众，扩展地盘，建立抗日政权，对敌形成反包围；"集中"用以歼敌之弱点，攻毁其据点，逐步缩小敌占区范围；"变换"则是因势利导，适应情况的变换战术手段和变更战术部署，保证我军吃掉敌人一颗"子"或我军投下一颗"子"，就能搞垮敌人一小片，避免与敌人下平局棋，打消耗战。

在主力部队地方化以后，大队不离县，区中队不离区，警卫队不离乡，扎根于群众之中。他们在已做"活"的那块地盘上，充分利用对本县本区本乡的地形熟悉这个特有的优势，同敌人周旋。主力部队和地方武装能够做到行军不用向导，即使在狂风暴雨之夜，也不致迷失方向。打不用地图，能够牵着敌人的鼻子打转转，有时走大路，有时走小路，有时穿山傍水，有时过村串户，而敌人像瞎子和聋子一样，捕捉不到含和支队踪影。我要打他，打得着，吃得掉；他要打我，摸不着，打不到。就是这样，敌人一个"子"一个"子"地被我军"吃掉"，一块地方一块地方地被我方"做活"。

## 情报准确 保障交通

含和支队参谋长张铚秀曾在新四军先遣支队做过侦察工作，对游击战争中的情报交通工作有着切肤之感。"兵家之有采探，犹人身之有耳目。耳目不具则为废人，采探不设则为废军。"张铚秀更深深地感到，含和支队要在和含地区立稳足，必须彻底打破敌伪顽对支队之分割封锁，使他们企图在这块土地上窒息含和支队生存的妄想破灭。正是这种生存危机，使含和支队不得不以极大的努力扩展各方面的联系，准确地掌握敌人的动向，牢牢掌握游击战场的主动权。含和支队成立之后，领导班子立即把情报交通工作当作抗日根据地军事斗争和军事建设的基本任务来抓，成为在敌后游击战争中赖以生存的重要条件之一。是年5月中旬，在含和地委、支队开始建立了情报、敌工、交通三位一体的联络总站，由地委书记、支队长孙仲德兼任总站站长。

孙仲德早在1938年就任江北游击纵队司令员，一直在皖江地区活动。他对巢无、和含地区的社会情况，民情风俗，敌伪顽的活动非常熟悉，与社会各阶层人士有着广泛的联系，是一位见识广阔、深思熟虑和具有组织指挥才能的军事指挥员。他在部队里，在地方党内、在社会上层人士中，都享有很高的威望。他兼任联络总站站长，能更好地形成党政军民一起动，各条渠道一起用的新局面。

在地委成员和支队领导中，张铚秀同地委副书记林岩具体分管这方面工作。林岩同志长期从事地方党的工作，有丰富的地方工作经验。张铚秀和林岩一起住在含和支队驻地驼唐黄村，两人经常促膝谈心，张铚秀通过林岩了解很多含和地方上的情况，林岩也特别热心支持部队的工作。

联络总站内分设情报、敌工、交通3个组，总站以下县设大站，区设分站，重要敌伪据点设点站。联络总站建立以后，含和支队耳目一新，情报来源路子广了，速度快了，主要有四条渠道：

一是地方各级党组织负责人，亲自组织和领导在敌人据点内或据点附近的党员监视敌人，搜集敌人活动情况，及时向组织汇报。各县委书记、区委书记都把搜集情报，掌握动向作为自己日常的一项重要工作。

二是重要的点站设有专门情报人员，潜伏于敌人据点和敌军内部。这些情报人员有我中共地下党员，有帮会成员，也有支持含和支队的敌伪人员。如铜城闸火车站工作人员，芜湖宪兵司令部内的坐探，陶家厂和白渡桥伪镇长等。

张铚秀

三是依靠帮会组织成员。含和支队统一战线的一个重要任务是争取团结，利用他们复杂的社会关系为含和支队提供情报，他们不少人在敌顽据点内当坐探，很多重要情况是通过他们传来的。

四是争取敌伪人员为我方提供情报。经过含和支队地方党、各大队以及敌工人员的艰辛工作，争取了如黄山寺的伪巡官，和县伪自卫团的中队长，宝应集的女中队长，号称鬼子的"妈妈"以及日军的翻译等。含和支队通过他们的家属、朋友与其发生联系。在紧急情况时，他们还掩护我方干部和人员的活动。对于伪乡长、保长含和支队则直接与他们建立关系，使其为含和支队办事。

司令部的各项军事业务工作，从某种程度上来说，都是围绕敌情侦察、分析、传递这个中心来展开的。那时候，张铚秀常对参谋处的同志讲，参谋工作最重要的任务是掌握敌情，"知己知彼，百战不殆"。没有周密的侦察、准确的情况、迅速的联络，含和支队就无法掌握游击战场上的主动权，就要陷入被动挨打的局面。因此，大家进一步认识到"知彼"的重要性，人人关注这项工作，侦察参谋不在位，其他同志主动代管。

为了摸清京芜路中段通往六师这条干线的情况，1944 年 5 月初，因侦察参谋到地方兼职，张铚秀找了人事参谋汪默知同志，交代他："你带一个侦察队，过江到当涂附近了解这一带通往苏南六师这条干线的情况。人员由特务连侦察排加上西太区熟悉那边情况的警卫队部分人员组成，具体组织你和沙林同志研究一下。"汪默知愉快地接受了这项艰巨的任务，于 5 月 8 日夜，东渡长江，深入敌人腹地，侦察清楚敌情、地形和民情之后，打掉了敌人一个据点，俘敌 20 余人，缴枪 11 支，胜利地完成了侦察任务。汪默知同志，含山人，后来在解放战争的鲁南战役中光荣牺牲。

和含地区建立了稳固可靠的情报交通网，敌伪的情况源源不断地汇集到司令部来，一般情况下，参谋处同志边看边整理，尔后转呈领导。记得那时候每天晚上，张铚秀都要仔细地看一看从各种渠道汇集来的敌情报告，有时看到深夜。他常把其中最重要的部分挑出来放一边，供支队长和政治委员阅。如遇紧急情况，含和支队领导和有关参谋人员参加研究，果断地作出决断。

作战指挥中的上情下达、下情上达和敌人情况的迅速传递，离不开通信联络。可是当时含和支队的通信工具比较落后，司令部仅有两部电台，对上沟通与师部的联系，对下与江全、含巢两大队联络。而更大量、更经常的是依靠分布在整个和含地区的交通联络站。交通站的任务有三条：及时传递情报；护送人员和物资通过敌人封锁线；递送公文和函件。

含和地区交通线，对外部主要有两条：一条通往师部，这是主要的也是经常的，由含巢大站通过淮南路林头附近敌人封锁线；一条是通往二师，联接军部，由江全大站经过全椒附近进入二师地区。此外，还有南面淮南路上的沈家巷和间或使用的长岗集两条线通往无为东乡根据地。东渡长江，进入当涂地域可与苏南六师取得联系。加上和含地区内部地委（支队）到各县委（大队），县委至各区委以及点、站，这样就形成了纵横交错的交通网络，交通员配置在总站和分站，平时总站每天派交通员到交通干线上的分站往返一次，若有重要情报，分站随到随送总站。交通站护送人员和物资通过封锁线，一般都在夜间行动，重要领导同志通过都派遣部队护送，并组织封锁线两侧联络站的人员和地下党员站岗放哨，监视敌人的动静。含和支队的情报交通网络就是在人民群众掩护下，依靠群众建立和稳固起来的，因此，能够做到信息灵通，情报准确，传递迅速，安全可靠。这里凝聚着和含地区广大人民群众的巨大功绩。

## 培训干部　提高素质

主力军地方化之后，含和支队面临的一个紧迫问题，就是如何在坚持敌后游击战争中巩固、发展和壮大自己的队伍，不断提高部队的军事素质和战斗力，使之真正成为含和抗日根据地的中坚和柱石。支队成立以后，部队发展是很快的，当地人民参军参战热情激增，新战士大量入伍，壮大了队伍，同时，也使部队训练与干部培养的任务更加繁重。当时部队分散在含和中心区、江全、含巢3个被敌伪据点分割的地域活动，部队不可能进行完全正规、集中、统一的训练，司令部根据军事、政治斗争任务，不断下达阶段性的训练指示，提出总的训练内容和要求，由各个大队根据本地域和部队的具体情况，利用战斗和生产间隙，组织部队的军事训练。为适应部队发展和战斗之需要，1943年5月，组建了支队教导队。

含和支队插在敌伪顽的夹缝之中，部队之分散，战局之紧张，斗争之艰苦，可谓"养兵千日，用兵千日"。部队的军事训练实质上是练兵与用兵紧密结合在一起的。为与当时和含地区抗日游击战争的一些特点相适应，含和支队在组织部队训练上，有这样的特点，"仗怎么打，兵就怎么练"，坚持练用一致的原则，根据敌后游击战的需要，加强技术和战术训练。技术训练基本内容是射击、投弹、刺杀三大技术，后来又发展到使用炸药、地雷、破坏铁丝网，攻击敌人据点、碉堡等；战术训练特别重视基础战斗动作与小战斗群的训练，以适应游击战中化整为零的麻雀战、破袭战、骚扰战、地雷战。那时候，部队边打边练，打仗就是最实际的训练。入伍的新兵一般经历几次战斗也就摔打出来了。在支队兵员扩充，大量发展的情况下，加强对部队的管理教育显得尤为重要。1943年，和含地区大的战斗较少，利用这个间隙，司令部下达了加强部队整训的指示，强调抓好部队的养成教育，使主力部队在实行地方化以后，仍然继承和发扬含和支队的优良传统和战斗作风。同时指出：每一仗打下来，班、排、连都要开"诸葛亮会"，及时总结利弊得失，"不占糊涂便宜，不吃糊涂亏"，做到吃一堑，长一智，打一仗，进一步。对地方武装和民兵的军事训练，含和支队是非常重视的。因为各区都有几十人或百余人的区中队和大量的警卫队及民兵，这是主力部队一个很大的后备力量和后备兵员。所以含和支队经常派遣地方武装参谋，有时派教导队的干部到地方去，指导和帮助他们训练。教导队不但代训地方武工队游击队的干部民兵骨干，而且还帮助地方训练民兵。含和支队还同含和行政公署武装部共同办了好几期民兵训练班，主要讲游击战术、小分队活动战术，鼓励民兵敢于同敌伪顽周旋、斗争，充分发挥民间鸟枪、大刀、长矛、手榴弹、土炮的作用，讲解地雷、手榴弹的构造、性能、威力和使用方法，训练民兵在敌人据点外围埋地雷；敌人"扫荡"时在重要的院落埋设地雷，重要的房屋设置手榴弹。从而不断地提高了地方武装和民兵的战术和技术水平。如 1943 年 6 月 10 日，日伪军 500 余人向和含抗日根据地中心区南义镇"扫荡"。含和支队派民兵在镇上重要院落埋设了地雷，在房屋内挂置了手榴弹，敌人进入南义，闯进这些地方，遭到了重大的杀伤。

由于巢无中心区处于敌伪顽斗争的尖锐地带，军事斗争频繁，回旋余地不大，因此，师部决定把师教导大队的几个队分散到所属各支队地区，作为训练干部的骨干。这批干部到了和含地区，含和支队以此为基础，组建了自己培养干部的学校——教导队。这个教导队是为培养班、排、连基层干部和骨干而创办的，是含和支队和根据地培养干部的摇篮和熔炉。在教学内容上突出练为战的思想，实际斗争需要什么，学员就学什么、教员就教什么。在时间安排上。每期一两个月，最多两三个月，以适应斗争的需要。

当时，含和支队领导同志大都到教导队给学员讲课。张铚秀给教导队学员讲课，主要是结合在红军时期和抗战中的切身感受，阐述毛泽东关于游击战争的思想，重点讲的是"敌进我退、敌驻我扰、敌疲我打、敌退我追"这十六字诀。给学员们分析了含和支队的作战特点及指导原则。含和支队四面受敌，根据地被分割为 3 块，回旋余地很小，既有日伪，亦有国民党顽军，作战对象不同，打法也就不一。战术上要结合当地地理条件主要是水网和丘陵地特点，开展多种形式的游击战。但游击战万变不离其宗，无非是"游"与"击"的结合"术"，也就是打与走的正确处置。打，一般都是采取袭击、伏击，出敌不意，打其措手不及，有时采取攻坚的办法，夺取敌人的据点，打下一个地方，巩固一个地方，波浪式地向前发展，逐步扩大游击区，缩小敌占区，巩固和扩大基本根据地。走，当敌较大规模"扫荡"时，含和支队则采取敌集我散，化整为零，以部分兵力阻敌行动，主力分散深入敌后，跳出敌人的合围圈，同敌人兜圈子，迫敌不能长时间滞留根据地中心区。张铚秀根据当时和含地区游击战的经验，专门给武工队、游击队骨干讲过"麻雀战"的问题。含和支队领导在教导队的一些讲课，后来在支队军报《山猴子报》上刊载出来。基层的同志形象地说："山猴子，山中王，东一跳，西一闯，串公路，下长江，打得鬼子没法想。"

含和支队的教导队在培养和训练干部上真正做到了训练与实战紧密结合，练为战的思想非常明确。训练除课堂讲解，操场示范，野外实习，更重要的是结合实际战斗任务锻炼干部。这样边训练、边战斗的方法，是敌后游击战中集中培养干部的一大特色，也是很管用的。从1943年上半年到1945年部队北撤时，这个教导队为含和支队培养了数百名班、排、连干部和地方武工队、游击队骨干，学员们回到部队既能组织指挥战斗，又能训练和管理部队。他们中间许多人后来成为建军治军和带兵打仗的中坚和骨干。

## 自力更生　解决军需

含和支队成立初始，物资供应是个大问题。因为国民党一再掀起反共高潮，早已断绝了对含和支队的一切供应，而且敌后抗日游击战争与国内革命战争有很大的不同，缴获的数量很少。部队的吃饭、穿衣、枪炮、弹药、医药、器材等等，都要靠含和支队根据地自己解决。

如何战胜困难，渡过难关，打破敌人封锁，解决部队物资供应上的难题呢？和含人民为含和支队提供了一个巨大而可靠的供给部。随着根据地的巩固和发展，地方抗日民主政权的建立，减租减息的实行，发动了群众，解放了生产力，使含和支队真正有了"寓兵于农"的深厚基础。与此同时，为了减轻人民负担，部队根据党中央的号召，开展了大生产运动。在战争频繁、环境动荡中，含和支队利用一切战斗间隙，组织部队自己生产，解决支队自身物质需要，减轻人民的负担。自支队长以下亲自动手，仅1943年至1944年的一年中，开荒生产的种植面积达1100余亩。含和支队支队机关在耿家油坊四面的山岗上开辟了大量的荒山，种植了小麦和芝麻，同时机关干部还搞些个人的农副业，养鸡、养鸭、种菜等等。记得当时张铚秀就在自己的茅草屋前开了一块荒地，种了各种蔬菜，还养了一些鹅。和含地区在大生产运动中确实改变了面貌，它不但解决了部队给养问题，大大减轻了人民群众的负担，而且部队的大生产运动，推动了广大群众兴修水利，增产增收。1944年是根据地农业大丰收的一年。

从支队成立那一天起，张铚秀就用相当的精力注重后勤物资供应的解决。张铚秀对供给处主任杨继才和潘友宏同志说，"兵马未动，粮草先行"，这是人人皆知的道理。可是在现在的情况下，要做到这一点，并非易事，必须付出百倍的努力，扎扎实实地兴办一些急需的工厂，以满足军需民用，否则含和支队就不能在敌后游击战争中扎下根。这个问题，当时迫在眉睫。张铚秀爱人丁亚华在供给处任党支部书记，她知道当时供给处的担子特别重，在支部里动员和要求所有干部、战士、职工党员起模范带头作用，向组织献计献策，克服一切困难，把供给保障搞上去。由于供给处的各级领导和全体同志一致努力，在地方党和政府的协助下，用了不长的时间先后办起了被服、织布、弹花、毛巾、鞋袜、油漆等 6 个小工厂。尽量利用当地原料，收旧利废。有的需要通过关系，从敌占区购进。当时张铚秀曾亲自找汤家沟的商人帮助工厂买了布匹、医药、油漆材料。1943 年上半年，仅夏衣一项就生产了 4230 套，保证了全区党政军人员的穿着。这些工厂开始技术工人只有 20 多人，后来供给处主任换了方中林、胡芳远，他们找张铚秀想办法搞些技术人员。张铚秀告诉他们："自己办几期短训班，就可能解决。"后来他们办了两期短训班，培养出 30 多人。当时机器设备十分简陋，工人们大都是手工作业，他们的工作很辛苦，不但要加工制作，而且负责保管、储藏和发放工作。每个时期军需工厂生产出来的被服用品，就分片储存在某些村子里，部队来了就可以用，走到哪里，哪里都有含和支队的供应点。那些在工厂工作的同志们，不怕苦、不怕累、不怕死，经常在敌占区来回穿插，他们常常是趁着夜晚挑着衣物，绕道七八里到可靠的老百姓家把军需品隐藏起来，部队集中需要时又挑回来发放。

在敌后独立进行游击战争，部队武器弹药的来源和补充是一个大问题，中央军委在《关于抗日根据地军事建设的指示》中作出这样的分析："敌后抗战的武器补充日益困难；国民党已两年未发一颗子弹，将来发给的可能也很少；与日军作战弹药消耗很大，而缴获则较少（这与国内战争大不相同）；且日军'扫荡'频繁，后方不巩固，根据地财源日渐枯竭，故兵工生产日益不易。这种情形应当引起极大注意……"为了解决武器弹药，给部队提供有力的战斗保障，开始由张铚秀直接领导兵工厂的建设和生产。

含和支队的兵工生产，由因陋就简地兴建小型修械所，发展到能够翻造子弹，特别是大量生产手榴弹、地雷和维修各种兵器的兵工厂。后来由 1 个厂发展为 3 个分厂，共有四五百人，基本上能够保障部队战斗需要，同时也武装了根据地内的人民群众。他们使用手榴弹、土地雷、土枪、土炮配合主力部队袭扰敌人。正因为如此，含和支队的兵工厂成了敌人的眼中钉、肉中刺，成为敌伪"扫荡"的主要搜索目标。含和支队的兵工生产能够顽强地生存下来，发展起来，主要靠根据地民兵、警卫队和广大群众的警戒掩护，防奸防特，使敌人摸不清工厂具体情况，故在 1944 年大"扫荡"中，日伪军路过工厂附近到处搜索，而兵工厂在群众掩护下安然无恙。

兵工生产的机器和物资器材的原料，主要来源是通过和西大队长赵鹏程的关系，在敌占区建立了采购网。赵鹏程是和县南乡人，早年参加过帮会，收有部分

"学生"，长期在和含地区坚持抗日游击活动，后来加入了中国共产党。为充分发挥他对地方情况熟悉，社会联系广泛的优势，支队成立以后，除了情报工作由他那个渠道提供外，各类工厂需要购买的物资器材亦是由他的一部分"学生"从芜湖购进，后来由芜湖扩展到南京、上海。当时兵工厂急需部分机器，张铚秀同赵鹏程说，请他派人去敌占区购买一台车床及其部件。他立即派了胡鉴东去芜湖，打通关系，从南京订购了一台车床，从南京运至芜湖码头，接着转运到无为东乡根据地。最后支队又派部队接运，通过淮南路封锁线，中途多次遇险，采购人员机警地应付情况，终于化险为夷，运回和含根据地。含和支队多次采购的除车床外，还有炸药、无缝钢管、电台、收发机、布匹、药品、军号、望远镜等等。活动于敌占区的采购人员，经过艰苦细致的工作，勇敢机智的行动，争取一切朋友和可以利用的敌伪人员为含和支队服务，建立了可靠的地下采购网。他们为含和抗日根据地作出了很大贡献，也是这条战线上的无名英雄。

## 党委领导　建设政权

含和支队成立以前，和含地区的政权工作就有了较大发展，除新建了龙亢、新桥、梅山三个区政府外，重要的是开辟了江和全地区（和巢公路以北、滁河两岸、江浦西部）根据地。1943 年元月份，和含部队派了一个连，由李岩带了 10 多名干部随军进入和县北乡（江和全地区）配合行动，进行开辟工作。2 月，和含地委与含和支队成立后，江和全县委（由时生、李岩、顾鸿组成）也正式成立，增派了部队组建为江全大队，顾鸿任大队长，同时宣布成立江和全行政办事处，李岩为主任（1944 年 4 月，顾训方接任主任）。办事处内部配备：秘书陈炼九，财粮科长程效刚，货检处长先后为石楚玉、吴谷泉，文教科长江天玺。县以下划分为香南、香北两个区，前者王苏民、张翅先后为区长，后者杨铭、浦玉民为正、副区长。同年秋，又增建北山区（即埠庙区），赵文、徐皖东先后任区长。

和含地委成立以后，在党委一元化领导下，江和全政权机构的建立，在方式上，与和含办事处有所不同，这和当时该地区情况有关。其一，江和全境内敌伪据点林立，西部紧邻广西军与土顽二支队的统治区，国民党的几股特工队（政治土匪）经常窜扰，拉牛绑票，奸淫抢掠，无恶不作，群众苦不堪言。群众对含和支队仍存有疑虑，主要是怕含和支队"站不长"，"新四军走了，会遭到敌人迫害"。含和支队成立了县、区政府，经过宣传教育，群众心理逐渐转变了，窃窃相告："新四军放县长了"，"派了区长、乡长，看来不会走了"。商贩从含和支队的税收工作中也看出了"苗头"，增强了信心，认为含和支队按章收税，是作了长期打算，而不是临时筹款，更不是苛捐杂税，胡乱摊派，从而判断"新四军要扎根了，不会走了"。当然这也反映了人民的殷切期望。因此，民主政权的及时建立，大大安定了民心，使处在水火之中的人民群众感觉到：不是"无娘的孩子任人欺凌、无人爱了"。其二，刀会问题。江浦西部、和县北乡的刀会组织相当普遍，分属星甸庙的大龙王山与香泉的小龙王山两处"总堂"统辖，宗旨是"防匪保家"，为封建势力所把持，而广大会众多属基本群众，他们极易为敌伪顽各方所利用，又存在着尖锐矛盾。所以如何搞好刀会工作，成为开辟江全地区的首要任务。为此县、区党委和部队的同志，根据"团结教育、争取改造"的方针，都进行了必要的工作，也收到了很大的成效，但建立政权以后，以政府名义出现，则更为有利，因大量的基层组织工作需要区乡干部来做，必要时也可进行政府"干预"，经过几个月的工作，收效显著，如"总堂"表示了"严守中立，不与我为敌"；中心区几十个分堂公推区长杨铭为"联合堂长"。有不少会堂可以为含和支队传递信件和情报，掩护乡干部和个别活动人员的宿夜，起到了民兵作用，不过刀会的态度是随形势变化而变化的，决定的因素是力量（主要是军事力量）和政策。

1944年的政权建设工作，除新建了几个区之外，在组织建设上有了重大发展，1月份，成立了含巢行政督导处（1943年冬——编者注），杜少安为主任；4月间，和县以南沿江地带成立了西太区，区长胡仁达；江和全新建了桥林区（后改为星湖区），6月，以娘望区、香南区为基础组建了和西行政办事处，高艺林为主任。

同年8月，召开了和含参议会，并决议：以和含行政办事处为基础成立和含行政专员公署，推选魏今非为专员；成立和县县政府，推选张克林为县长；改含巢督导处为行政办事处，由江文、杜少安分任正、副主任。10月，魏今非由津浦路西来到和含，接任了办事处的工作，并着手成立专署的组织准备，年末，经皖中行政公署批准，和含专署正式成立，专员就职，与此同时，撤销了和西行政办事处，辖区分别划归和县、江和全县领导，和县县政府正式成立，县长张克林到任，高艺林调到专署工作。由此，专署下辖3个县级政权，即和县县政府、含巢行政办事处、江和全行政办事处，专署内部机构人员是：专员魏今非，秘书主任李岩，财粮科长张祚民。营管局长戴佛，贸易局长石楚玉，公安局长姚士章；另有直属单位两个，一是大江银行和含分行，一是和含中学（1945年3月成立）。

1945年夏，顽敌大举向得胜河以南中心地带进攻，为适应形势变化，地委和专署机关进行了精简，大部分工作人员随党、政主要领导同志撤到巢无地区。8月间，成立和含临时中心县委，准备长期坚持斗争。

## 发动群众　抗日救国

在巩固和发展根据地的斗争中，含和支队不但取得了对敌作战的胜利，而且把人民群众充分发动起来了。含和支队每打下一个地方，马上就把人民政权建立起来，把地方武装和民兵搞起来。群众看到了含和支队是抗日救国、保家为民的希望所在，把含和支队看成是他们的子弟兵。无论是敌人的"扫荡"或者是顽军的进攻，根据地的人民积极支援前线，努力生产，省衣节食，保障部队供应。部队行军打仗，他们传递情报，送茶送饭，站岗放哨，运送伤员。军爱民，民拥军，军民如同一家人。在含和这块鲜血浸透的热土上，和含人民为了民族解放作出了巨大的牺牲。

1943年春，和含地委成立，加快了群众工作的发展。秋收前，县、区、乡各级农抗会已全部成立，农抗领导成员作了充实和加强，妇抗会在各区也先后建立，有的区还建立了工抗、青抗。儿童团组织更是大小村庄都有。

1943年，和含根据地是农业大丰收之年，减租减息群众运动在秋收中展开了。广大农民在农抗会、妇抗会群众组织带动下，面对面地和不法地主、恶霸展开了说理斗争。各区乡召开的说理斗争大会，声势浩大，几百人说理斗争大会，算是小规模的活动，动辄上千人，甚至几千人大会说理斗争。不法地主和那些劣迹多端的恶势力、代表人物在广大群众有理有力的斗争面前，不得不低头认罪。减租减息群众运动，在各级党组织领导下，取得了圆满的成功。和县县委以金文萍为首的县委各成员，含巢县委以贾世珍、江文同志为首的县委各成员均分别深入基层，具体指导，是圆满成功的关键。

减租减息斗争的胜利，在经济上使农民得到自己应得的果实，更重要的是广大群众认识到只有依靠共产党，依靠群众组织起来的力量，才能在封建势力压迫下，翻过身来，摆脱苦难的日子。

大约在9月前后，和含地区抗联成立在双减斗争胜利的喜悦声中宣布召开，大会总结了双减斗争的胜利完成，提出进一步发展和健全各抗敌协会组织，努力搞好生产，办好民兵，做好拥军优属工作，为保卫胜利果实，保卫根据地而斗争。最后大会选举刁筠寿为和含地委抗联主任。

秋收季节过去之后，各县区开始在群众中进行备耕教育，并利用冬闲季节办冬学，办妇女识字班，办积极分子学习班，从中发展党员，以健全党组织和群众组织，动员群众踊跃地交纳公粮，保管公粮，以保证军需。

1944年春季到来，群众生产热情十分高涨，这也是很自然的。因为根据地农民负担轻（只有一次交公粮），又有减租减息，生活确有改善。同时部队和各机关为了减轻群众负担，自己开荒，种粮种菜，搞生产自救。党政军民大生产，一时形成了根据地生产高潮。生产中军民互助，使军民鱼水关系更为融洽。

1944年春夏之交，敌伪军多路出动，对和含地区抗日根据地进行"大扫荡"。这次敌人出动的规模比以往几次大，时间也比较长。为了反扫荡胜利，各群众组织在各级党委领导下，全部动员起来，配合部队进行反扫荡。县区领导人，带领县区武装，和当地民兵相结合，配合主力部队作战。村庄上的群众组织在党支部领导下，配合部队后勤和政府部门负责物资器材的转移、分散和保管；医院伤病员，由群众负责转移、掩护和生活照顾；分散保存在各村的公粮，由群众组织负责收藏、保管；还有部分非战斗人员和机关中老幼病残人员，必须依靠群众，在群众掩护下与敌人周旋。由于含和支队有充分准备，有军民一致的行动，敌人进入根据地如盲人瞎马，除挨打外一无所获，敌人气急败坏，最后放火焚烧了功剩桥驼塘黄等村庄，狼狈逃窜。

1944年秋收后，和含地区进行了一次大参军运动，这是几年来规模最大的一次参军运动，八九月间，地委部署开展参军运动后，为了掀起广泛的群众参军运动，在党组织领导下，以农抗会为主，吸收各界知名人士参加，组成县区乡各级参军委员会，在群众中展开参军运动。县委区委各负责同志分头深入区乡，具体帮助工作。参军工作经过一段宣传教育和组织发动，在共产党员和农民积极分子带头参军的鼓舞下，参军高潮很快地由点到面展开了。送子参军，送郎参军，集体报名参军，各区乡参军大竞赛，整天锣鼓喧天，捷报频传，动人事例很多。新桥区农会主任唐九奎同志带头参军，很快组成一个九奎中队；白度区农会主任孙贤树同志带头参军，带出他们村上青年40多人踊跃参军，各区乡参军场面都十分热烈。一个多月的参军运动，不仅扩大了主力部队，县区武装也充实了。参军运动之所以顺利，除党政军民一致努力外，根据地比较稳定，新四军在群众中影响好，这是重要因素。群众中流传着两句话："吃菜要吃白菜心，当兵要当新四军。"这些都是参军运动顺利开展的有利条件。

1943年地委成立，为了把和含建成名副其实的抗日民主根据地，决定在适当时期成立和含地区参议会，以便各方面群众有更好的参政议政的机会。于是在当年五六月间，决定成立和含参议会筹备会，由刁筠寿担任筹备会主任。1944年，和含地区抗日根据地中心区进行过民主建政活动，群众对民主权利已有一定认识，在这个基础上，又进行了以成立参议会为内容的民主宣传教育，然后开始在各区乡选举和含参议员。选举程序是先搞选民登记。凡在民主建政过程中，名列红榜的，有选举权和被选举权，凡名列白榜的，没有选举权和被选举权。选民登记后，由基层酝酿提出本区乡候选人，介绍候选人与选民见面，这是候选人向选民讲话表态的机会。正式选举，是在选民大会上，以差额选举，无记名投票方式进行。当选民进入选举会场时，每人发给染好颜色的豆子×粒（豆子的粒数要与选举名额相等），如果一个区选5位参议员，每个选民入场时，发给5粒豆子。选举大会开始后，候选人在大会台前列成一排坐下，每位候选人背后放一个大碗或面盆，选民顺序经过候选人背后，愿意选谁，就将手中豆子分别放在他的碗内，最后看谁的碗内豆子多就当选。根据地人民使用民主权利选举自己的代表，是高兴的而又是严肃认真的。大会秩序井然，当选者受到鼓舞，落选者也无怨言。1944年10月前后，和含参议会正式成立。大会决定成立和含专员公署，选举魏今非同志任专员。大会决定成立和含中学。大会还对农田水利等生产提出许多好建议。最后，大会选举马献龙为和含参议会议长，林岩为副议长，还选举了几位驻会参议员协助日常工作。

和含抗日根据地群众工作的开展，为根据地能够在日伪顽夹击下开辟、创建和发展，无疑起着极其重要的作用。

含和支队在成长和发展过程中，粉碎了日伪军多次"扫荡"，在江浦、全椒、和县、含山、巢县等地，先后攻克日伪大小据点70余个。同日伪顽大小战斗有400余次，歼敌4000余人，缴获轻重机枪20余挺，掷弹筒10余个，六〇炮1门，长短枪3000余支。可以说，含和支队是在战斗中成长和发展起来的。

至1945年北撤前，含和支队的活动范围扩大到东起江浦桥林，西至巢县柘皋，南至无为东乡，北至全椒花山，长100多公里，宽10至40公里不等，人口150多万的地区。

在这些地方发展了党组织，建立了民主政权。含和支队坚决完成了上级交给的巩固和含地区，开辟江全地区，确保七师与二师、军部交通联系的战略任务。

含和支队多次打垮日军、顽军的追堵拦截，粉碎了他们妄图切断这条交通线，达到分割、孤立、逼走、消灭含和支队的阴谋。完成了安全无误地接送曾山、郑位三、何伟、傅秋涛、曾希圣、谭希林等负责同志和其他干部的任务；按时顺利地完成了迎接二师十六团来无为，接送三师独立旅往返皖江、淮海的任务；多次圆满地完成了护送大批军用物资、钱款到二师、军部，接应二师、三师支援七师枪支、弹药的任务；多次顺利地完成了配合路西中心区和巢无中心区自卫反顽斗争，粉碎日伪军"扫荡"，保卫二、七师抗日根据地的任务。为伟大的全民族抗日战争作出了应有的贡献。北撤时，和含部队由1942年的300多人，1943年春含和支队成立时的1000多人，发展到5000多人。武器装备也有很大的改善，为尔后不久的部队改编奠定了基础。

含和支队之所以取得上述成绩，主要是含和支队在党的一元化领导下，坚决地执行党中央的方针政策和军部、师部的有关指示，从当时当地的实际情况出发开展斗争，战胜困难，夺取胜利。

## 抗战胜利　支队改编

1945年8月15日，日本投降的消息传来，根据地军民一片欢腾。全民族抗日战争胜利了！神圣的民族解放战争胜利了！但是，日伪军拒绝向含和支队投降缴枪，含和支队奉师部命令向淮南路进军，配合重建的五十五团、五十六团攻打雍家镇。

1945年10月中旬，为了争取和平，避免内战，根据毛主席去重庆谈判达成的协议，支队忍痛撤离皖江根据地。在北撤途中，含和支队到达天长县铜城镇时，奉命改编。含和支队和沿江支队一部合编为二十一旅，旅长马长炎，副旅长傅绍甫，政委黄先，副政委何志远，政治部主任杨汉林，参谋长陈仁洪。

旅以下的序列是：六十一团团长郑福生，政委温华贵，副政委时生，参谋长李胜明，政治处主任邓曼；六十二团团长周亚农，政委顾鸿，参谋长夏云；六十三团团长罗希林，政委王荣森，副政委江文，参谋长黄少臣，政治处主任陈崇华。

含和支队改编成二十一旅后，跨进了一个新的历史阶段，在后来的解放战争中作出了新的贡献。

# 中流砥柱　持久发展

## ——全民族抗日战争期间和县党组织概况

全民族抗日战争期间，由于斗争环境复杂，中国共产党组织和政权机构多半建在敌人统治力量相对薄弱的地区。和县地区的党组织机构多数就建在与含山、全椒、江浦等县的接壤处。甚至因特殊原因，将党组织驻地设在巢县。另外，因革命斗争形势需要，同一时期，在和县南北地区分别建立党组织，出现同时存在两个或三个县委的现象。自 1939 年 4 月至 1945 年 9 月，和县地区先后建立 1 个地级党组织、11 个县级党组织、2 个直属苏皖省委领导的基层区级党组织。

### 中共和（县）含（山）全（椒）县委员会

1939 年 4 月成立，1939 年 10 月撤销。

**驻　　地：** 定滁接壤薛家老屋（全椒古河，和县善厚集西头的一个村庄），后迁至善厚集南 3 里某村庄。

**书　　记：** 时　生（1939.4—10）

**县委委员：** 樊西曼（1939.4—10）　董毓华（1939.7—10）

李振农（1939.7—10）　刁筠寿（1939.7—10）

**组织部长：** 樊西曼（1939.4—10）

**上属组织：** 中共苏皖省委。

**下辖组织：** 中共善厚集区委，区委书记樊西曼兼。

**管辖区域：** 巢县尉子桥、汪家桥、柘皋、全椒古河，金城庙、绰庙集、杨石巷、鸡笼山以及含山仙踪。

**主要工作：** 开展抗日宣传，秘密进行党的组织建设。

### 中共和（县）江（浦）中心县委员会

1939 年 5 月成立，1939 年 7 月撤销。

**驻　　地：** 和县香泉钟太三村。

书　　　记：祁式潜（1939.5—7）

上属组织：中共苏皖省委。

管辖区域：和县北部地区和江浦县西部地区。

主要工作：争取并联络大刀会，收编地方武装，发展武装组织，扩大军事活动，牵制国民党对津浦路东地区的敌对行动，成立农会组织，发动群众开展向地主借粮运动，向群众进行抗日宣传活动，组织和教育地方青年知识分子和教育界人士参加抗日救亡活动。

## 中共善厚集区委员会

1939 年 10 月成立，1940 年 2 月撤销。

驻　　　地：和县善厚集南 3 里某村庄。

书　　　记：肖习琛（1939.10—1940.2）

上属组织：中共苏皖省委。1940 年 1 月划属中共皖东津浦路西省委领导。

下辖组织：善厚集、杨石巷、夹山关、八禁、香泉支部。

管辖区域：和县北部山区。

主要工作：广泛发动群众，秘密发展党员，争取大刀会的武装支持，巩固和发展农抗会、妇抗会和儿童团组织，建立了 5 个党支部，发展党员近 40 名。

## 中共香泉区委员会

1940 年 1 月成立，1940 年 2 月撤销。

驻　　　地：和县香泉镇。

书　　　记：肖习琛（兼）（1940.1—1940.2）

委　　　员：张智锦　梁先伦

上属组织：中共苏皖省委 1940 年 1 月划属中共皖东津浦路西省委领导。

管辖区域：和县香泉镇及周边地区。

主要工作：寒冬腊月，群众忙于春节，一面内部进行整训学习，一面进行调查了解情况，在香泉镇上做些宣传教育和统战工作。

## 中共含（山）和（县）工作委员会

1940 年 1 月成立，1940 年 2 月撤销。

驻　　　地：和县南义大李庄。

书　　记：徐　平（女）（1939.12—1940.2）

委　　员：刘　芳（女）（1940.1—2）　后奕斋（1940.1—2）

　　　　　曹树华（1940.2 在职）

组织部长：徐　平（兼）

宣传部长：刘　芳（女）（1940.1—2）

统战部长：后奕斋（1940.1—2）

上属组织：中共舒无地委（中共鄂豫皖边区委员会）。

管辖区域：和县南义、功桥、含山陶厂。

下辖组织：耿家嘴、耿油坊、汤家陈、坦盛汪等支部。

主要工作：举办党员培训班、讲解抗战形势和党的基础知识，秘密发展党的组织，成立农抗会、青抗会和妇抗会，建立基层党组织和抗日政权组织，做地方上的上层人士、商人、绅士、开明地主的统战工作，组织农民自卫队站岗放哨，配合一大队武装，先后 6 次粉碎国民党顽固派的进攻，发动农民向大地主借粮，教育地主、富商为全民族抗日战争多作贡献。广泛开展减租减息运动解决农民生活困难。

## 中共含（山）和（县）中心县委员会

成立于 1940 年 2 月，1940 年 6 月撤销。

驻　　地：和县南义大李庄。

书　　记：徐　平（女，1940.2—5）　林　岩（1940.5—7）

委　　员：刁筠寿（1940.2—7）　　　刘　芳（女，1940.2—6）

　　　　　后奕斋（1940.2—6）　　　曹树华（1940.2—6）

　　　　　曾子坚（女，1940.4—5）

组织部长：刁筠寿（1940.2—4）　曾子坚（女，1940.4—5）

　　　　　曹树华（1940.5—6）

宣传部长：刘　芳（女，1940.2—6）

统战部长：后奕斋（1940.2—6）

上属组织：中共舒无地委。

管辖区域：和县南部地区、含山南部地区。

下辖组织：南义区委，书记胡昌耕（1940.4—6）；螺蛳滩区委，书记肖习琛（1940.4—6）；清林区委；黄山区委。

**主要工作：**发动农民向地主开展借粮和减租减息斗争，禁烟禁赌，征收赋税，成立农会，发展党员，建立区乡政权，配合新七团进行反顽斗争，在和（县）城、含（山）城等地牵制顽军兵力，保证了大批过往干部的安全。

### 中共江（浦）和（县）全（椒）工作委员会

1940 年 5 月成立，1942 年 5 月，与全椒县委合并，成立中共江（浦）和（县）全（椒）县委员会。

驻　　　地：和县香泉镇。

书　　　记：胡克诚（胡泽润，1940.5—1943.2）

委　　　员：张智锦（1941.7—1942.11）　　浦玉民（1941.7—1943.2）

　　　　　　查苏屏（1942.5—1943.2）　　　肖习琛（1942.5—1943.2）

　　　　　　李朝松（1942.6—1943.1）

组织部长：张智锦（1942.春—5）　　　　查苏屏（1942.5—1943.2）

宣传部长：肖习琛（1942.5—1943.2）

上属组织：中共舒无地委，1941 年初暂属中共皖东津浦路东省委领导，1941 年 6 月隶属津浦路西区党委领导。

管辖区域：和县北乡，和县、江浦、全椒接壤地区。

下辖组织：中共香泉区委员会，书记张智锦（1941.7—1942.11），1942 年 11 月张智锦在执行任务返回途中，不幸被日军逮捕，惨遭杀害，香泉区委中止。

### 中共江（浦）和（县）全（椒）县委员会

1942 年 5 月成立。1942 年 10 月，驻地迁至全椒县花山，1943 年 2 月撤销。

书　　　记：刘　云（1942.秋—冬）

委　　　员：浦玉民（1942.秋—冬）　王苏民（1942.秋—冬）

　　　　　　胡　云（1942.秋—冬）

**主要工作：**加强组织，发展组织，动员党员及其周围的群众参加刀会，打击日军，保卫家乡。

### 中共和（县）含（山）巢（县）无（为）中心县委员会

1940 年 7 月成立，1941 年 7 月撤销。

驻　　　地：巢南陈家山口。

书　　　记：林　岩

委　　员：江　文　胡昌耕　刁筼寿　张世荣

组织部长：胡昌耕

宣传部长：刁筼寿

军事部长：江　文

民运部长：张世荣

上属组织：路西省委、巢湖地委（1940 年 6 月成立，1941 年 4 月巢湖地委改称无为地委，隶属于中原局、华中局），无为地委（舒无地委 1939 年 3 月成立，1940 年 9 月以后撤销，原辖归巢湖地委）。

下辖组织：巢南区委、西太区委、石涧埠区委、淮南路边区委、清林区委、龙亢区委、陶运区委等。

管辖区域：和县、含山南部地区，巢县、无为部分地区。

主要工作：以巢南、无为两个区为依托，积极争取、改造巢南大刀会，并向含山、和县及巢北地区开展工作，发展党的秘密组织，逐步建立地方抗日民主政权。建立了隐蔽可靠的游击根据地，发展壮大了党组织（党员达百余人），各游击区相继建立了武装（计 300 多人枪）。

### 中共含（山）和（县）巢（县）县委员会

1941 年 8 月成立，1942 年 4 月撤销。

驻　　地：巢南陈家山口，1941 年 9 月迁至含山县福山小庙岗。

书　　记：李　岩（1941.8—1942.4）

委　　员：刁筼寿　江　文

组宣部长：刁筼寿

军事部长：江　文

上属组织：中共无为地委（1942 年 4 月 27 日止）。

下辖组织：陶运区委、清林区委、黄山区委、龙亢区委。

管辖区域：巢南陈家山口附近，含山、和县南部地区。

主要工作：发展了地方党的组织，培养了大批地方干部，成立了区、乡政权和人民群众抗日团体，改造了大刀会。含山、和县等地的干部也站住了脚跟。

### 中共和（县）含（山）中心县委员会

1942 年 4 月成立，1943 年 3 月撤销。

驻　　　地：含山县福山小庙岗，后迁至和县南义。

书　　记：林　岩（1942.4—1943.2）

副 书 记：李　岩（1942.4—1943.2）

委　　　员：刁筠寿（1942.4—1943.2）

组织部长：林　岩（兼）

宣传部长：刁筠寿（1942.4—1943.2）

社会部长：沈有泽（1942.4—1943.2）

上属组织：中共皖鄂赣边区委员会（亦称皖中区党委）。

下辖组织：巢（县）北工委、和（县）北工委、和（县）含（山）工委、含（山）巢（县）工委，陶运区委、清林区委、黄山区委、娘望区委、白渡区委、南姥区委、龙亢区委。

管辖区域：和县、含山南部地区，1943 年 1 月，管辖和县、含山全境。

主要工作：积极向和县、江（浦）和（县）全（椒）地区开拓，进一步组织群众，开展减租减息、征粮收税、收集传递情报、扩充武装、培训区乡基层干部，积极发展党员，沟通七师与二师和军部的交通联络。基本形成了和（县）含（山）、含（山）巢（县）、江（浦）和（县）、全（椒）三片互相联系，又相对独立的统一的抗日根据地。武装力量（即含和独立团）由原来的 300 多人枪发展到 1000 多人枪，使原来的游击地区，逐步变成了较巩固的抗日根据地。同时，县委从军事和政治两个方面努力，使根据地逐步向北推进，缩小了敌占区，在各地建立了交通组织，保证了二师、七师交通线的畅通。开展了统一战线工作，争取了地方上有影响的绅士合作，为建立和巩固和含抗日根据地发挥了一定的作用。

## 中共和（县）含（山）地方委员会

1943 年 3 月成立，1945 年 9 月撤销。

驻　　　地：和县南义耿嘴村（耿家油坊）。

地委书记：孙仲德

副 书 记：林　岩

委　　　员：林　岩　马长炎　黄　浩　黄火星　杨汉林　魏今非

组织部长：黄　浩　林　岩　杨汉林

宣传部长：袁牧华

工作机构：交通联络总站站长孙仲德，社会部长姚士章，金库主任杨继才。

**上属组织：** 中共皖鄂赣边区委员会（亦称皖中区党委），1945年3月，改称中共皖江区委员会。

**下辖组织：** 和（县）含（山）县委、江（浦）和（县）全（椒）县委、含（山）巢（县）县委。1944年5月，和含县委改为和县县委，1944年6月成立和西县委。

**管辖区域：** 含山、和县、江浦、全椒及巢县以东地区。

**主要工作：** 加强抗日根据地的建设，适时地开展党内整风运动，加强对党员、干部的思想政治教育，推动全体党员在实际斗争中加强党性锻炼，积极发展党的组织，要求党员在扩大发展根据地、收集传递情报、扩军、参军、交通联络等工作中经受锻炼。开展减租减息运动，减轻农民过重负担，改善农民经济条件。组织变工队，引导农民互助合作，解决生产中的困难。开荒种地，开展大生产运动，改善群众和党政军干部战士的生活。积极培养党的地方干部，壮大党的力量。实行民主建政，确定贫下中农在农村中的政治优势，改变过去乡绅把持基层政权状况。

1944年下半年，所辖部分地区先后实行了县、区、乡三级民众普选，建立了县、区、乡政权，成立了全区人民代表机关——和含参议会。团结吸引了各界人士参加抗战工作，扩大了党的影响，发展和巩固了抗日民族统一战线。同时，武装建设也有了一定的发展，除支队主力部队以外，各县成立了大队，区建立了中队，乡建立抗日自卫队，皆有武器装备，形成了主力部队、地方武装和广大民兵相结合的武装力量。

1945年9月，党组织由抗战初期的一两个区委几十名党员，发展到拥有1个地委、3个县委、几十个区委、数千名党员；抗日民主政权从一两个区、乡发展到拥有1个专员公署、3个县级政权、几十个区级政权以及从地区到县、区级的民议机关参议会；抗日武装从1941年秋开辟和含抗日游击区时的几个连队数百人，发展到北撤途中编成1个旅、2个主力团，共5000多人，并拥有数万人的民兵、自卫队等群众武装。此外，各县还普遍建立了农民、青年、妇女等抗敌协会以及儿童团等。在党的领导下，全民参战，终于迎来了全民族抗日战争的胜利。

## 中共和（县）含（山）县委

1943年3月成立，1944年5月改称中共和县委员会，1945年9月撤销。

**驻　　地：** 和县功桥镇张谷彬村。

书　　　记：林　岩（兼）（1943.3—9）　金文萍（1943.9—1944.5）

委　　　员：何杰之（1943.3—10）　　　刁筠寿（1943.3—1945.9）

　　　　　　　郑　康（1943.8—1945.5）

1944 年 5 月，改称中共和县委员会。

书　　　记：贾世珍（1944.5—1945.9）

副 书 记：江　文（1943.3—11）　江洪涛（女，1943.9—1945.9）

　　　　　　王寄松（1943.11—1945.7）

组织部长：何杰之（1943.3—10）　王寄松 （1943.10—1945.7）

　　　　　　刁筠寿（1945.8—9）

副 部 长：江洪涛（女，1943.9—1945.9）

宣传部长：刁筠寿（1943.3—8）　郑康（1943.8—1945.5）

民运部长：刁筠寿（1943.9—1945.1）

交通联络大站站长：张克林（1944.11—1945.9）

上属组织：中共和（县）含（山）地方委员会。

下辖组织：新桥区委、娘望区委、白渡区委、南姥区委、西太区委、雍裕区委。

管辖区域：和县、含山南部地区。

主要工作：加强根据地建设，领导群众率先在区内开展减租减息，组织群众兴修水利，发展生产，打破了日伪军的经济封锁，改善了群众生活，激发了群众的抗日热情，进一步巩固了根据地，至 1944 年上半年，中心区域扩大了两倍以上。同年下半年起，县委进一步加强基层政权工作，在巩固区内，普遍开展民主选举，改造旧保甲制度，一大批抗日积极分子担任了区、乡干部，扩大和巩固了抗日民族统一战线。县委还通过各区、乡政府，组织了广大群众参军参战，拥军优属。1944 年秋冬，为壮大新四军第七师主力部队，县委在全县领导开展了参军运动，为子弟兵输送了一大批优秀青年。在根据地工作中，县委注重加强党的建设贯穿到各个方面。自 1943 年冬起，连续两年在全县开展了冬学运动，组织党员、群众通过学习文化启发阶级意识，提高思想觉悟，并经常举办党员训练班，不断对党员进行形势和思想教育，使广大党员在实际斗争中加强党性锻炼，同时还通过各项实际工作，发现和培养优秀分子参加党的工作，壮大党的队伍，全县党员由县委成立时的 100 多人发展到近 400 人。

## 中共江和（县）全（椒）县委

1943 年 3 月成立，1945 年 9 月撤销。

驻　　　地：和县石杨八禁，后迁至驷马山一带。

书　　　记：时　生（1943.3—1945.9）

副 书 记：李　岩（1943.3—1944.3）

委　　　员：顾　鸿（1943.3—8）　　　　　樊西曼（女，1943.8—1945.9）

秘　　　书：姜　景（兼）（1943.3—1944.3）　杨雪映（1944.3—1945.9）

组织部长：樊西曼（女，1943.3—1945.9）

宣传部长：姜　景（1943.3—1945.6）

军事部长：顾　鸿（1943.3—8）

交通联络大站站长：胡仁达（1943.3—1944.春）

　　　　　　　　　　徐皖东（1944.春—1945.9）

上属组织：中共和（县）含（山）地方委员会。

下辖组织：北山工委，香（泉）北、香（泉）南，北山、桥林、星湖、花浦、江心洲、陆郎、霍里区委。

管辖区域：和县北部地区、和县、江浦、全椒接壤地区。

主要工作：为了沟通二、七师交通联络站，在香泉以党支部为核心建立秘密的中心交通联络站，并在香泉南北建立了 20 多个交通站，围绕打通七师交通线的工作重点，经常派秘密交通员通过敌顽区传递党的秘密文件，派武装配合主力部队护送二、七师和军部的来往干部，运送经费、武器弹药和军用物资的人员。积极开展游击斗争。逐步建立抗日民主政权，发展地方组织、扩大武装力量，深入进行统一战线工作，争取大刀会拥护和参加抗日斗争，积极而又慎重地在何村、七星店、杨石巷、夹山关、香泉、绵庙集、旗杆村等地发展党员，使和县北部党的组织建设有了很大发展。

## 中共和（县）西县委员会

1944 年 6 月成立，1944 年 11 月撤销。

驻　　　地：娘娘庙附近某村庄。

书　　　记：杨汉林（1944.6—年底）

委　　　员：高艺林（1944.6—年底）　王荣森（1944.6—年底）

　　　　　　黄　诚（1944.6—年底）

**上属组织：**中共和（县）含（山）地方委员会。

**下辖组织：**娘望、香南、得胜区委。

**管辖区域：**娘望、香南、得胜。

**主要工作：**巩固和发展和县北部、含山县东北地区，确保七师和二师、军部的交通联络畅通。

# 丹心碧血　转战异乡
## ——和县籍革命战士在解放战争中英勇奋战

1945 年 8 月 15 日，日本天皇宣布无条件投降。9 月 2 日，日本在投降书上正式签字，全民族抗日战争取得彻底胜利。国民党反动集团妄图篡夺全民族抗日战争的胜利果实，发动全面内战。他们采取反革命的两手政策：一方面，加紧运兵，抢夺地盘，全力进行内战准备；另一方面，又玩弄阴谋，用和平谈判手段，要共产党交出军队和解放区的政权。中共中央一方面做好对付国民党军大举进攻的充分准备；一方面表明和平诚意，派出毛泽东、周恩来、王若飞赴重庆谈判，通过谈判，国共双方签订了"双十协定"。新四军七师于 1945 年 9 至 10 月陆续撤离皖江抗日根据地。七师首长指示马长炎率含和支队绕道无为、巢县横渡巢湖北撤，并掩护皖南沿江支队和师部及大批地方干部北撤后再撤离。含和支队全力坚守阵地，阻击敌人，直到皖南沿江支队和师部及地方干部全部安全地撤离后，含和支队经无为汤沟、巢县散兵等地，横渡巢湖，再越过淮南津浦线，北上苏鲁。

10 月中旬，在到达天长县铜城时，部队奉命进行改编，含和支队与沿江支队合编为新四军七师二十一旅，马长炎任旅长，黄先任政委，下辖第六十一、六十二、六十三团和旅特务营。原含和独立团，江全、和西、含巢独立大队合编为二十一旅六十一团。1946 年 1 月，又改编为山东野战军第七师二十一旅六十一团，顾鸿先被调到二十一旅六十二团任政委，后调到六十一团任团长，这个团绝大多数干部和战士都是和县籍。从此，这支部队跨进一个新的历史阶段，在后来的解放战争中，历经数十次血战，和县籍指战人员光荣牺牲近 500 人，英勇的和州儿女血洒异乡，为解放全中国立下赫赫战功。

## 首战枣庄

1946 年 6 月，二十一旅经苏北和山东的郯城、临沂，北撤到山东津浦铁路和临（城）枣（庄）铁路一线布防。六十一团布防在鲁南的枣庄外围。

枣庄是鲁南地区一个重镇，全国有名的煤矿之一。里面驻有拒绝向我军投降的伪军一个师，后被国民党编为"国军"。他们不断向我军开枪挑衅，六十一团与兄弟部队全体指战员，人人切齿痛恨这股摇身一变的所谓"国军"，对他们至今不但不向我军缴枪投降，反而无故开枪打死我军战士和群众，表示了极大的愤怒，纷纷向师部请战，讨伐歼灭敌人。师部和旅部的作战命令下达后，在"坚决攻克枣庄、活捉王继美"的战斗口号鼓舞下，六十一团和二十旅兄弟部队从两个方向共同执行攻坚任务。我军没有大炮，学习山东八路军攻城作战经验，采取坑道作业，战士们日夜轮番地完成挖掘 2 米宽 2 米多高的坑道，一直伸到敌人主碉堡脚下，然后将数千斤炸药捆放在一口棺材里，放到敌人碉堡脚下。一切准备好，只待一声令下。6 月 11 日 6 时，七师首长一声命令：放！团指挥所立即摇动电话机将炸药引爆，霎时发出雷鸣般的巨响，喷出数十丈高的火花，将敌人碉堡送上了百米高空。5 ～ 6 米高的城墙，顿时撕开 10 米宽的大口子，碉堡里的守敌，像坐飞机似的抛上天空，碉堡两侧的敌人，震死的震死，震昏的震昏。我军的突击部队，闪电般地发起冲击，占领敌人前沿阵地后，迅速冲进城内，连续不断地向负隅顽抗的敌人进行猛烈火力攻击，没被打死的敌人，一个个都像狗熊一样爬出地堡举起双手投降。一个高鼻子的美国代表，这时已无往日的高傲神气，向我军端着明晃晃刺刀的战士连声说："我投降，我投降。"

首战枣庄，全歼敌人王继美 1 个师，生俘敌人 3000 多人，缴获敌人大量武器弹药。乘着敌人还不明真相，我军命令被俘的敌报务员向徐州国民党行营主任薛岳发报，诱使敌人又派飞机给我们送来了大批食品、百余箱弹药。战士们编了个顺口溜：老蒋打内战，实在不像话。伪军改国军，一样都完蛋。送礼到枣庄，慰问我打蒋！

在这次战斗中，六十一团八连战士王进财是英勇的爆破手，战后组织上奖励他山东北海币 5000 元，以示鼓励。

## 固守渔沟

1946 年 7 月 30 日，山东野战军二师、七师和八师，在陈毅司令员率领下，从山东鲁南南下到安徽迎歼敌人。8月7日开始，攻打泗县城桂顽一七二师，因大雨连绵，遍地涨水，加上对敌方力量估计不足，泗城未能攻克，整个战役失利。随即向苏北宿迁方向转移。敌军整编七十四师等部队，则乘机经宿迁、泗县侧后向淮阴城进犯。8月中旬一天，陈毅司令员急电命令六十一团固守渔沟镇，阻击敌人西路军向淮阴城进犯，命令中说："你们要失了渔沟，立斩！立斩！"团长郑福生和顾鸿在接到命令后紧急动员，全团指战员立即进入阵地，严阵以待，誓与渔沟共存亡，坚决阻击进犯之敌。迅速构筑好工事，使敌人未能前进一步。翌日，敌人派数批飞机整天对渔沟阵地进行轰炸扫射，全团岿然不动。后来敌人一架大型侦察机飞临我军阵地上空，低空盘旋侦察时，被六十一团机关炮击中，拖着一条浓黑烟雾向西南方向逃窜，顿时阵地上指战员们高兴得鼓掌叫好。

全团在完成阻击敌人的任务后，奉命转移至渔沟北六塘河北岸进行防御，伺机出击歼灭敌人。

大部队撤至六塘河北岸后，六十一团一连奉命在河南岸一个村庄担任警戒。中午时分，敌人突然从青纱帐和草丛沟里向我军袭击，哨兵因来不及报告，立即向敌人连续开枪阻击。七连连长陈立正和指导员钱兰光，各指挥一个排，轮番阻击掩护全连撤退。在撤退过程中，一个绰号黑皮的年轻战士不幸负了重伤，趴在地上不能动，他向班长说："我不能走了，快把我的枪带走，给我几颗手榴弹，等敌人来抓我时，我要与敌人同归于尽。"当时战斗紧急，没有办法将他撤下来，大家都很伤心。当最后掩护的战士离开他有100米时，只听手榴弹爆炸声响了，这位年轻的战士就这样在消灭敌人的同时壮烈牺牲了。

六十一团在完成渔沟阻击敌军任务后，七师部队在江苏沭阳县六塘河北岸防御数日后，根据华东战场的形势变化，全师奉命进行整编。六十一团编入华东野战军第一师第二旅，番号改称六团。经过连续行军到达盐城以南，1946年12月7日参加围歼向盐城进攻的敌八十三师。六团担任对八灶集敌人的攻击，在八灶集外围我军俘敌40余人，缴获敌全部武器弹药。后因苏北涟水被敌七十四师攻占，华野总部命令各参加盐城战役的部队先后主动地撤出苏北地区，北上山东。六团亦与各部队日夜兼程急行军经盐城、阜宁、沭阳，跨过陇海路到达鲁南峄县，参加峄东战役。

部队在撤出苏北时，各连利用行军间隙时间，发动干部战士学习研讨毛主席关于"不争一城一地的得失，消灭敌人的有生力量"的打运动战的军事战略指导思想，使战士们在连续行军中不叫苦和累，保持了旺盛的战斗意志。战士在行军中边走边议论：我们日夜连续行军，打运动战呗！准是要包围消灭国民党哪个师。

## 兰陵阻击

　　1947 年元月初，六团进到鲁南峄县兰陵东 30 华里的一个村庄待命。4 日晚气温零度以下，滴水成冰，寒气袭人。华野一师司令员陶勇命令六团全部轻装跑步占领兰陵，堵住国民党二十六师和第一快速纵队的退路，命令说：要与兰陵共存亡。指战员们听说是要打歼灭战，十分兴奋，虽然跑得喘不过气来，全身上下内衣湿透，但没有一个人叫苦，也没有一个人掉队。大约午夜 11 点左右，全团就进占了兰陵城。进兰陵后，没有进房子找口水喝，全部上了兰陵城城墙上，抢挖战壕，挖断兰陵南北公路，设置障碍，阻击南边援兵和北边溃逃之敌。天刚蒙蒙亮，一片乌云伴随着一阵小雨雪，能见度很低。这时南逃之敌三三两两进到我军阵地前沿，一一被生俘。天大亮时，第一快速纵队战车、坦克车像一条黑龙似的，后面还跟着二十六师溃逃之步兵，顺着公路仓皇地向兰陵镇北阵地前沿冲来，妄图夺路逃到台儿庄。我军士气高涨，决心歼灭溃逃的二十六师和第一快速纵队。敌人坦克炮虽不断向兰陵西北角我团阵地发射，那只能是作垂死的挣扎。此时兰陵西北阵地上所有的轻重机枪、步枪向敌群里暴风雨似的射击，团长郑福生和顾鸿，一面命令炮连陈副连长向敌人开炮，一面叫团部号长调二、三营，离开战壕向敌人出击。英雄的战士们像猛虎下山一样，向敌人发起一次又一次的冲击，将敌人步兵打得晕头转向，横尸遍野。但敌人 10 多辆坦克战车却在继续顽抗，在一片小麦地里打转转，掩护溃逃之敌，并向我军出击部队进行冲压和扫射。英雄的战士们，把坦克包围起来，爬上坦克，准备用手榴弹向坦克车里塞。因为是首次打坦克，不知坦克哪边有洞能塞进手榴弹，没办法炸毁坦克，就趴在坦克上面跟着坦克一起跑。战士们看无可奈何了，只好跳下来，这批坦克逃到峄县附近沙河下被敌人扔在那里，后为兄弟部队缴获。与此同时，一营全体指战员，在南陵南面山上，击退了从台儿庄来增援的敌人一个团。

　　兰陵阻击战，共俘房敌人 1000 多，缴获大批武器弹药。在清查战俘身份时，有的战士问：你们纵队长蒋纬国跑到哪里去了？战俘回答说：蒋纬国早已借口到徐州开会带五辆坦克逃跑了。在清点缴获的武器时，战士们风趣地说："蒋介石是我们的运输大队长，把美国造的武器运到山东送给我们了，哈哈！真够朋友。"

　　歼灭国民党整编二十六师和第一快速纵队后，全团武器装备得到加强，不仅成立了"八二"迫炮连，有炮 9 门，而且各营都建立了重机枪排，英勇的战士们如虎添翼。高个子战士背上美国式的步枪，显得更加威武雄壮。

## 二打枣庄

峄枣战役消灭国民党二十六师和第一快速纵队后，紧接着华野与山野部队日夜兼程向峄县城与枣庄挺进。1947 年 1 月 14 日（农历腊月二十三）华野一师、六师及山野八师，将峄县城和枣庄之敌五十一师（军级师）全部包围。六团担负从枣庄南边的工人宿舍区和马扎孜向敌人攻击任务。战士们说："第一次打枣庄叫敌人坐飞机，这次打枣庄来个瓮中捉鳖！"野战军首长命令：打开枣庄歼灭敌人过新年。

参战部队经过七昼夜浴血奋战，城里发电厂被我军炮火击中，停止了发电，全城内外漆黑一团。敌人的 12 门榴弹炮也成了哑巴，不像开始那样疯狂打炮了。六团的英勇突击队，前仆后继，在轻重机枪火力掩护下，用炸药将敌人城墙炸开 20 多米宽，为攻击部队扫除了障碍，向敌人纵深发展。驻扎在枣庄城外 5 华里一个集镇上的敌人，一个团的兵力妄图撤到城里作最后挣扎，也被我军两面夹击和后面追击，将其大部杀伤在野外，横尸遍野。在这次战斗中，我军也付出了重大代价，六团一营教导员戎小坤、三营营长陈立正等 200 余名干部战士在战斗中英勇牺牲，其中，绝大多数英烈都是和县籍。

农历腊月三十晚上，参战部队全方位地开始发起总攻，终于将敌人吹嘘的"铜墙铁壁"的坚固工事摧毁了，全歼敌五十一师，活捉敌五十一师师长周毓英，实现了"打开枣庄过新年！"的预期目的。这次战斗共缴获敌人美式榴炮 12 门、大小军车 100 余辆，我军军威大振，敌人嚣张气焰顿时收敛。整个鲁南地区军民欢天喜地，纷纷敲锣打鼓，燃放鞭炮，庆祝人民解放军枣庄大捷！庆祝新春佳节！我团将这次战斗中捉到的俘虏补充到连队，扩大编为四个营，武器装备上又大大地得到加强。这两次战役获得全胜后，部队进行短期的休整，准备迎接新的更大战斗！

## 莱芜大捷

1947 年 2 月，华野、山野在鲁南峄（县）枣（庄）战役获得全胜后，国民党调动了大批兵力，派出陈诚亲自指挥，向鲁南地区进犯，由欧云率领 8 个整编师 20 多个旅，分左、中、右三路向山东解放区临沂城杀来，叫嚣要与野战军主力在鲁南会战。另一路 3 个军 9 个师由第二绥靖区副司令官李仙洲指挥，由胶济铁路明水、淄博段从北面向蒙阴进犯，妄图从南北两线夹击我军，消灭我军于鲁南和鲁中战场。我军将计就计，动员鲁南全体军民，作出与国民党军队在鲁南会战的态势，以迷惑敌人，同时，极其机密地做着于鲁北莱芜歼敌的准备。敌人每天都派多架美制侦察机在鲁南上空盘旋侦察，同时还派飞机散发大量传单进行欺骗宣传。正当国民党从各地向鲁南集结大量部队时，我野战大军，来个神不知鬼不觉，于大雪纷飞的夜晚，一连两夜神速地向北行动，第三天夜晚即将进犯到莱芜的敌军，从四面八方紧紧包围起来，待敌人发觉想跑已经来不及了。准备鲁南会战的国民党主力部队，此时改鲁南会战部署为全力增援莱芜敌军。

在早已部署好的华野二纵队和三纵队的坚决阻击下，敌军受挫无法前进，莱芜之敌成了瓮中之鳖，全部被歼。

三十三团（由一师六团改为华野四纵十一师三十三团）开始亦在鲁南前线，日夜开会动员全体指战员准备参加鲁南会战，战士们纷纷表决心，写请战书，订立功计划，摆打败国民党军队有利条件和需要克服的困难。2月中旬的一天，天空乌云密布，还飘着雪花，战士们吃罢晚饭，向群众宣传我军要与国民党军队在鲁南会战。就在这时，各连队几乎同时接到一个行动命令，急速向北进军，使大家一时迷惑起来，战士们都在发问和小声叽咕，怎么鲁南会战尽向北快速行军呢？团营领导也没有一个人知道底细，有的开玩笑说：这是军事秘密，能告诉你吗？有的说：不是学过了嘛！不争一城一地的得失，集中兵力，消灭敌人的有生力量，这回准是要在运动战中歼灭国民党大批军队。第二天晚上，我野战大军在鲁中沂蒙公路上汇成一个巨流，部队成十多行以排山倒海之势向莱芜前进。由于部队多，尘土飞扬，部队像看不见前后的黄龙，在公路上旋风式地向前滚动着。同是一个连的战士，因被泥土包起了全身，只有两只眼睛在转动，不讲名字谁也不认识谁，天亮后相互看着都发笑起来。

20日夜，战斗打响，我野战大军将敌人包围后，即向敌人开始攻击。三十三团受命攻击莱芜外围一个山头的守敌，经过一夜激战，进犯莱芜守备外围的敌军全部退缩到莱芜城，妄图顽抗，等待援军。在援军无望时，敌人开始突围，弃城夺路向北逃跑，后被我野战大军，从四面八方收缩式地将敌人全部包围在吐丝口一带，经过我军猛烈攻击后，敌5个军全部被消灭。国民党第二绥靖区副司令官李仙洲也被我军活捉。

莱芜空前大捷，鼓舞着全国和华东解放区全体军民，更加坚定了"我军必胜，蒋军必败"的信心。

# 大战孟良崮

国民党军队在莱芜战役中被全歼 5 个军后，国民党军队五大主力之一的整编七十四师（军级）从苏北涟水到鲁南占领山东解放区首府临沂后，接着又狂妄地长驱直入向鲁中地区进犯，企图找华东野战军主力决战。4 月下旬，三十三团与华野各纵队兵团先后从胶济铁路沿线火速南下至鲁中沂（水）蒙（阴）山区的公路两侧，隐蔽待敌。但狡猾的敌人发现我军进至沂（水）蒙（阴）山区公路两侧时，便进攻缓慢或停止前进。第三天天黑时，三十三团与其他兵团一样作了一夜的大踏步的后退 80 华里，当部队行军到凌晨时，突然接到命令：停止前进。不到半小时，所有部队在路上相互传达向后迅速返回原地。此时战士们口渴肚饿，但个个都明白这是要打歼灭战，没有一点怨言，在一条不到 1 华里宽 5 华里长的狭窄山凹里，只有头十个小村庄竟隐蔽着两个纵队（军）的部队，还要叫敌人的侦察机不能发现。白天敌人不断派侦察机、战斗机在空中侦察扫射，企图侦察在沂（水）蒙（阴）公路两侧是否有我军大部队埋伏。战士们睡在那里一动不动，发光的武器用草盖起来，骡马牵到老百姓的房子里，或拴在大树下叫敌人侦察不清。敌七十四师在白天由多批飞机掩护顺着沂（水）蒙（阴）公路，一面鸣枪，一面缓慢地前进。当敌前头部队进入我军大包围圈内后，华野的一、二、三、四、六、七、八、九、十等纵队，迅速从四面八方将敌人围得紧紧的，并切断其后路，分割其联系。5 月 13 日夜幕降临时，所有第一线参战部队向敌人发起攻击，三十三团亦向敌人正面进攻。夜晚敌人固守山头顽抗，第二天白天敌七十四师全部被我军压到孟良崮为中心的山上。晚上 7 时左右，四纵十一师师长谭知耕召集三十三团连以上军政干部开会，传达华野总部和纵队的作战命令，命令三十三团担任歼灭七十四师的主攻任务。当师长与营、团长在部署主攻方向线路时，坐在房子墙壁周围的连长、指导员都互相打趣地说："今晚看你们的喽。"有的连长则风趣地说："明天早上我们都一起向马克思汇报，三十三团完成了歼灭七十四师的主攻任务。"顿时大家都笑起来。接着谭师长又说："我现在宣布陈毅司令员的命令：一、不服从命令听指挥的斩；二、战场上畏缩不前者斩；三、……"一连宣布八个斩。谭师长又说："你们团向敌人发起主攻后，牺牲和负伤的同志都由后面部队负责处理，你们只管向敌人连续地发起冲击，叫敌人无喘息时间。"接受任务后，各营连干部迅速回部队作执行主攻任务的准备，等待主攻信号弹升起。后因战场情况变化，当夜未能发起主攻。

　　第三天白天，敌机一批接一批向我军阵地狂轰滥炸和扫射，被困在孟良崮山上的敌人，同时向四面山下的我军阵地和掩蔽部乱打炮。我军也不断地向孟良崮山上开炮，压制敌人的炮火，整个孟良崮山上及其周围枪炮声震耳欲聋，硝烟弥漫，昏天黑地。黄昏，包围孟良崮的大军都向孟良崮山脚周围集结，准备向敌人发起全面的总攻击时，团长周维生和顾鸿向团炮连连长张天修、指导员钱兰光命令将全连700发八二炮弹全部打到敌七十四师师部。接着顾鸿又传达华野粟裕副司令员的战斗号令："现在全华东的人民，全中国的人民，全世界的人民都在看着我们攻下540高地！"号令向战士们传达后，人人精神振奋，紧张地把炮架好后，12门炮用最快速度瞄准目标，700发炮弹全部命中。敌师部顿时一片火海，炸得敌人四处逃窜，鬼哭狼嚎，各兄弟纵队炮兵各口径炮弹也都劈头盖脸地倾泻到孟良崮山上，机枪千万道曳光划破长空黑夜，射向敌人阵地。副团长陈广德率领三营全体指战员与九纵队战士们一起向孟良崮的540高地敌人发起强大的攻击。战斗打到拂晓时，敌人重兵固守的540高地被三十三团攻占，三营营长庄家财命令排长祖树山重新组合一个排直接向敌师长张灵甫固守的700高地发起猛烈攻击，并很快占领。在搜索敌师长张灵甫时，发现他已经自毙了。后来，三十三团祖树山同志因攻占七十四师固守的最后一个高地——700高地立了功，被评为华东军区战斗英雄。

　　在孟良崮战斗中还有一些小插曲，很有意思：消灭680高地敌人后，部队千方百计巩固已占的阵地，准备向敌人纵深进攻。正在这时候，七连炊事班长送饭来了，他挑着饭向680高地走去，一边走一边喊着说："同志们！今天中午有'蛋'。"有的战士们说："在炮火连天中，老乡都不在家里，鸡也被国民党军队抢光了，哪里来的鸡蛋？"有的战士说："我们老班长又在跟我们开玩笑了。"说着说着，炊事班长挑着一担水桶到了战士们跟前。战士们问："鸡蛋在哪里？""不要急，听我讲。我刚才不是告诉你们了吗？送饭、有蛋，我没有说有蛋吃。事情是这样的，今天一大早，你们在向孟良崮敌人发起进攻时，我远远地看到你们已把山脚下敌人歼灭，剩下的敌人都上山了。你们在向山上敌人进攻时，我们炊事班的同志都在讲，你们一夜没有吃上饭，现在又在向山上的敌人进攻，肚子一定饿了，都想弄点好吃的东西给你们吃。这个小庄子只有两户人家，没见一个人，这两户人家既无任何粮食，也无其他东西，屋子里都是空空的，只有门前一个石尺子……怎么办？敌人飞机俯冲下来，投下一个炸弹，我们发现后，都立即跑离小庄分散隐蔽，几十分钟，炸弹却没有爆炸，估计它再不会爆炸了，我就去看看，原来，敌机把炸弹丢在水桶里了，把水桶都打碎了。我把炸弹拿起来一看，哪里是什么飞机炸弹呢？是个大迫击炮炮弹，没有引信。看来蒋介石飞机炸弹都放完了，现在没有法子拿迫击炮弹来代替，蒋介石快要'光弹了'！同志们，大家吃点小米饭，再狠狠地打击敌人。等到歼灭敌人后，我们炊事班晚上到宿营地煮顿好饭给你们吃。"这番话说得同志们一阵一阵大笑。

中午 12 点时，敌方不断派小飞机在孟良崮山顶上盘旋，在侯山四周转来转去，我军与敌军面对面距离只在两三百米，敌机既不敢空对地射击，更不敢投下炸弹，敌人地面部队对空联络的信号也失去作用。这时又飞来 8 架小飞机（战斗机），其中还有 2 架 3 个头的大飞机，这些小飞机围着个大飞机转圈子。转了几圈子后，就在高空向孟良崮山顶上投下一批一批降落伞，伞下还挂着一个什么东西，丢在山上都滚到山下我军阵地来了。战士们拿来打开一看，"是南京罐头板鸭、罐头烧鸡，还有饼干、关口水烟……"有的同志拿了一包烟，里边有十支烟，两支巧克力饼。战士们说："喂！这烟抽后吃块饼真不错，蒋秃头为我们想得真周到……"

美餐一顿后，同志们都说口渴得很。话说不久，几架大飞机照上次一样，在山顶上空转了两圈子后，又丢下许多东西，看去像个大炮弹，降落伞下面挂着个大洋油桶，大家用机枪、步枪等一起向它射击，片刻洋油桶里装的水直向下流。丢下后都顺山坡滚到山下来了，每班都派出一名战士，拿着军用水壶，把桶里剩余的水装在水壶里，背上来送给大家，大伙说："真解渴！蒋秃头怕我们吃了罐头板鸭烧鸡发渴，就送来了水给我们喝，真不错！"围歼国民党七十四师战斗胜利结束后，被俘敌军在我军押解下呈鸭子队形向后方转移。这时天已傍晚，突然乌云滚滚，下起大雨，天空的敌机亦仓皇发出凄惨声音向东南逃去。在暴风雨中不断响起炸雷声，战士们风趣地说："老天爷也在鸣炮为我们打胜仗祝贺咧！"

孟良崮战役全歼国民党七十四师，三十三团缴获敌人大量武器，俘虏了大批敌人，还活捉了敌七十四师一个旅长（陈虚云）。

国民党七十四师王牌军被我军用三天两夜的时间全部歼灭后，在我军全部转移至后方休整的日子里，当地政府和人民群众对从前线胜利归来的部队，表现了极大的热情和关怀，把最好的粮食面粉供给部队，杀猪宰羊慰劳我军。各村庄又组织妇女帮助战士们洗衣，还烧热水让战士们洗澡。战士们休整了 10 多天后，个个体力恢复，精神焕发，营房驻地歌声嘹亮，唱着歼灭敌七十四师的胜利战歌"……布下了天罗地网……三天两夜全消灭光……"

## 首歼地方镇

1947 年 2 月，国民党军二十六师第一快速纵队和五十一师在鲁南被歼灭；5 月中旬，国民党军队的王牌整编七十四师在鲁中孟良崮又被华野全部歼灭；华东战场斗争形势发生了重大变化。蒋介石为挽救他在山东战场上的败局，6 月份集中 40 个师的兵力，对山东解放区实行重点进攻，妄图与华东野战军在鲁中战场决战，以消灭华野部队，占领山东解放区。7 月 1 日夜晚，全团经过孟良崮南边山脚下，迅速穿过敌已控制的临（沂）蒙（阴）公路，向费县方向急速行军 180 华里，坚决拔掉费县地方镇上的钉子，打开外线出击前进道路上的重要障碍。

7 月 5 日，十一师师长谭知耕命令三十三团迅速攻占地方镇。该镇驻有国民党冯治安部一七七旅的一个营兵力，如能迅速占领地方镇歼灭其一个营，就可以阻击从曲阜、泗水和平邑方向增援费县城的敌人，保障攻打费城我军侧翼的安全。这时顾鸿担任了三十三团的团长兼政委。在团部召开的营连干部会上，顾鸿将这次军事行动的战略意图和攻打地方镇的具体作战计划向到会同志作了具体部署和动员后，同志们纷纷表示决心：坚决打下地方镇！接着谭师长风趣地说："那我就给你们开炮助威！"听师长这么一说，同志们频频点头，会场上发出阵阵笑声。说着说着，师部调来加强三十三团的两个"八二"迫击炮连的连长，急匆匆地跑来向谭师长报到。谭师长临走时，又一次向顾鸿嘱咐："老顾！你们是打过一些硬仗的，可这次是独立进行战斗，你们一定要在明天黎明前拔掉这个钉子，占领地方镇！"顾鸿当即说："请师长放心！"

7 月 7 日凌晨 1 时左右，全团快速行军至泼河西岸，迅速占领阵地，完成对地方镇上敌人的包围。一、三营在两个连的迫击炮轰击和暴风雨般的轻重机枪火力掩护下，发起强攻，突破敌人前沿阵地，很快攻进地方镇，同敌人小股部队进行巷战，多数敌人退缩到外有两丈深宽的壕沟，内有坚固地母堡内进行抵抗。一大批武装的还乡团，未来得及钻进地堡，全被我军火力杀伤在壕沟内，横七竖八地堆在一起。为了减少伤亡，顾鸿指挥部队对敌进行政治攻势。主攻连的同志一阵接一阵地向敌人喊话，"缴枪不杀，投降优待！"这时从巷道内暗处连续传来喊声："顾鸿在哪里？"顾鸿听此声音，知道是谭师长也来到第一线，立即回答："我在这里。"师长简要地了解敌情后随即领着第一线的主攻连，齐声向敌人喊话。但地堡里的敌人还不断地用机步枪向我军射击。谭师长看到战士们有急躁情绪，说："不要急嘛！你喊几句话，人家就相信你不杀他吗？我看，让'解放战士'喊喊看。"不一会儿，从不久前枣庄、莱芜、孟良崮解放过来的新战士大声喊起来，有的喊："我是孟良崮战斗中解放的，解放军对我们是缴枪不杀的。"有的喊："我是莱芜战斗中解放过来的！解放军优待俘虏。"有的喊："我是第一快速纵队解放过来的，你们放心，真的优待俘虏，你们投降后，愿意参加解放军的欢迎，愿意回家的发给路费。"经过这些"解放战士"的喊话，对敌人影响可大了。顷刻间，地堡里的敌人全都停止了射击，也听不到有别的动静。战士们叽叽咕咕地议论说："敌人停止了射击，但一个没有出来，在想什么鬼点子？"有的说："是不是想逃跑，大家注意点。"三营九连连长谷大海早已沉不住气了，呼的一声蹿上房顶，一气向敌人地堡甩了 3 颗手榴弹，并大声喊着："你们再不投降，我们就要用大炮轰击了！"谭师长一看这情况，对顾鸿说："这个同志很勇敢，很会掌握时机，这就是战斗中的政治工作，战场上的政治。"一会儿，一个矮个子敌人从地堡里钻出来，手摇白旗弯着腰不停地说："解放军长官们，你们千万别打了，我们营长正向贵军写投降书。"战士们听说敌人在写投降书，都哈哈大笑："新闻！新闻！"经过两个多小时的军事压力和政治攻势，黎明时分敌人个个从地堡里走出来，站好队，将枪支弹药全部放在地上，敌营长喊了声立正，没精打采地走过来向连长谷大海敬礼："报告长官，我是一七七旅 ×× 团第一营营长，现率全营 400 余人，'八二'迫击炮 3 门、重机枪 3 挺、轻机枪 29 挺、长短枪 260 支、各种弹药 6 万余发，收发报机 1 台，全营官兵花名册 1 份，向贵军投降，请长官查收。"说罢，捧着花名册恭恭敬敬地递给谷大海。此刻，谭师长和顾鸿看着谷大海的威严姿态和敌营长的狼狈样子，高兴地发出了胜利的笑声。

7 月 8 日清晨，旭日东升，逃到村外躲避国民党军队的群众听说解放军歼灭了敌人，纷纷赶回家，向解放军控诉敌人占领地方镇后的罪行，有的还当场要求参加解放军。妇女们忙着烧开水，送给解放军喝。战士们听到人民群众对国民党军队的控诉，受到一次生动的政治教育，更加痛恨国民党。指战员们勇敢杀敌的情绪更加高涨。

第二天上午 9 时左右，谭师长打来紧急电话：命令三十三团留一个营警戒枣庄方向敌人援兵，保障纵队攻打费县县城的安全，其余部队要在明日上午赶到费县的长青齿一带，接替皮旅（即皮定均旅）的任务，以阻击临沂方向可能向费县增援的敌人。稍顷，纵队政委王集成又打来电话指示："顾鸿同志，现在战局进展很快，要时刻注意去接皮旅防务路上可能出现意外的情况……"三十三团领导当即召开会议，下达战斗任务，留一营归谭师长指挥，顾鸿率领二、三、四营，于

9 日拂晓离开地方镇，奔赴新的战场，执行新的战斗任务。

## 全歼敌吉旅

1947 年 7 月 9 日清晨下着小雨，部队沿着崎岖的山路快速前进。前卫营的前锋部队刚进入长青岗山脚下，顾鸿就发现费县方向两条交错的小道上，踩有数不清可疑的人马脚印。立即命令通讯员把二、三、四营营长找来研究分析，认定这是有敌情的征候。这时顾鸿又从望远镜里看到在我军左侧约五华里地的山坳里，有几千人马在蠕动，正疲惫不堪地从长青岗主峰上的一条小道上翻过来向山坳里集中。显然，这批人马是敌人，不是皮旅。敌人看到费县城已被我军占领，想从这里撤逃回枣庄去。顾鸿随即命令部队进入战斗。

面对如此众多的敌人，必须趁敌不备，先敌展开，先敌开火。下午 1 时半左右，二、三、四营迅速占领长青岗主峰和西南、西北两侧有利地形，12 门迫击炮和全团的轻重武器集中向敌人开火，打得敌军人仰马翻，乱成一团，企图向枣庄方向逃跑。霎时间各营连居高临下向敌人出击，不断地向敌人发起冲锋，"缴枪不杀"的喊声震天动地，此起彼伏。战斗前后不到 3 小时，这支国民党冯治安部吉星文旅 3000 人全部被歼灭，旅长吉星文被俘虏。

## 三打枣庄

歼灭敌军吉星文旅后，三十三团和纵队兄弟部队于第三天向枣庄进发。当我军逼近枣庄时，敌人仓皇撤出枣庄向台儿庄逃跑。因为敌人知道前两次驻枣庄的国民党部队皆被我军完全彻底消灭，不敢再固守枣庄了。战士们风趣地说："《水浒》上有三打祝家庄，我们有三打枣庄，枣庄敌人不打自逃，孬种！真孬种！"

华野一、四两个纵队，为粉碎敌人对山东解放区的重点进攻，采取从内线跳出到外线，打到敌人后方的作战方针，7 月初从鲁中地区南下，势如破竹，直捣津浦铁路沿线之滕县、邹县等敌人据点。敌人为挽救后方城市失守和兵力被歼灭，随即将重点进攻山东解放区之兵力，调回 20 多个师沿津浦线向我军扑来，我军在粉碎敌人重点进攻之后，主动放弃对滕县、邹县等敌据点之攻击，向鲁西南地区转移。但敌人先头部队五十七师妄图堵住我军转移之通道——东郭集镇，消灭我军于津浦沿线一带。

1947 年 7 月中旬的一天，万里无云，天气炎热。三十三团经过一夜行军，在日出地平线时才到达宿营地，正准备做早饭时，忽接到上级的命令，要全团轻装跑步占领东郭集（镇），与东郭共存亡。这时部队一口水也没有喝，也没有得到休息，向老百姓一打听，知道东郭集离这里有 30 华里，二营跑在最前面，先进入东郭街道，发现敌人五十七师先头部队一个营也是刚进入东郭街头。我军战士立刻投入巷战，与敌人拼刺刀投掷手榴弹，将敌人赶到集外一个村庄。这时我各营也都先后跑步进入东郭镇，占领镇周围前沿阵地的自然掩体。稍顷，大批敌人在飞机和猛烈的炮火掩护下，向我军阵地发起强大攻势，三十三团全体指战员以大无畏的英雄气概，奋起反击，一营的战士们站在半掩体阵地上端起机枪、冲锋枪、步枪向敌人射击，六挺重机枪也像暴风雨似的射向敌人，炮兵连的炮弹也不断地在敌群中爆炸。团部立即发出命令，要二、三营向敌人出击，一场与东郭共存亡的阻击战展开了。不到 15 分钟，打退了敌人向我阵地多次集团性的冲击，顶住了敌人大炮轰击和多批飞机的轰炸扫射。在我军英勇的反冲击下，敌人后退几华里，伤亡惨重。我军也付出很大代价，正面阻击敌人的一连，指战员光荣负伤和牺牲的就有 42 人。连长罗常义、副连长钱富南也都英勇负伤。在一连和营机炮连正面，有一块 20 亩高粱地青纱帐，在敌我双方猛烈火力射击下，全被打倒，没剩下几根。一营机炮连指导员钱春木、六连连长赖炳辉、二营营长何国斌、三营教导员杨哲忠在率领部队向敌人出击时英勇牺牲，炮兵连副连长在指挥向敌人猛烈开炮时遭敌人炮火还击而光荣牺牲。全团在这次战斗中共伤亡 300 余人。激烈的战斗从上午一直持续到天黑，敌人没能够前进一步，我固守东郭镇稳如泰山。到夜里 12 时左右，待我一、四纵队全部从东郭北边公路上安全转移后，我团这时才接到命令分批撤退。整个团在炎热的暑天里战斗，一天没喝一口水，没吃一口饭，和敌人拼杀。一连是全团最后，按一个排一个班一个战斗组分批地、有秩序地撤出东郭镇。部队撤退时途经一条大沙河时，战士们个个都把头埋进水里，咕噜咕噜喝个饱，喝得肚皮鼓多大，一时走路都有困难，有的战士还开玩笑说："不要钱的水你们就不顾命地喝！"在烈日下战斗，又是一天两夜没有喝水吃饭，遇到这清澈的沙河水，你想这些不怕牺牲浴血奋战下来的战士们是多么的高兴啊！

我外线出击的一、四纵队 8 月上旬挺进到鲁西南，在华野四纵队连以上干部会议上，纵队政委王集成，站在大桌子上总结外线出击粉碎敌人重点进攻的讲话时，表扬了三十三团在东郭阻击战中出色地完成任务。他说：国民党在日本战犯冈村宁次的策划下制定"方块战术"，重点进攻我山东解放区，我一、四纵队胜利完成了外线出击任务，挺进到鲁西南。要是被堵住，这次胜利也是有问题的，付出的代价会更大。

# 挺进鲁西南

晋、冀、鲁、豫野战军（刘邓大军）8 月上旬越过陇海路，挺进大别山。为了拖住敌人的重兵不能尾追刘邓大军，华野一、四纵队在鲁西南曹县境内将国民党五大主力之一的整编第十一师拖住，伺机包围并歼灭之。8 月中旬的一天，华野总部命令四纵主攻敌整编十一师。三十三团奉师长命令担任歼灭敌整编十一师的主攻任务。一营营长巫希亮、教导员陈永泰向一连连长罗常义、指导员钱兰光交代担任歼灭敌整编十一师主攻任务后说："你们一连是华东野战军围歼敌整编十一师的主攻连，一定要很好地动员部队，坚决完成主攻任务。回连队后要立即对全连党员和班排干部分别作思想动员，组织好主攻班排力量，配备好武器弹药。"傍晚时，连部的通讯员、司号员和卫生员们一个个都把背包打开，将新衣服、新袜子全穿上，互相留下通讯地址，说：要是我牺牲了，请告诉我的父母亲人，我是为歼灭敌整编十一师光荣牺牲的。指导员见此情况大声说："同志们勇敢地战斗吧！你们在战场上立了功，我一定为你们请功表扬嘉奖。"这时整个连队都在为歼灭敌整编十一师紧张地做准备，炊事员们也在为今晚担任主攻任务的全连同志想方设法做一顿好吃的。同志们都心想，七十四师能消灭，我们一定能消灭整编敌十一师。

吃过晚饭，天空一片漆黑，接到营部的行动命令后，一连全体指战员走在全团的最前面，快速地向攻击目的地——木瓜园前进。快接近木瓜园时，主攻连以临战的动作，拉开距离，向攻击目标展开战斗队形，匍匐前进。稍顷，主攻排长报告："我排已越过第一道鹿寨防线，未发现敌人。"主攻连又报告给营部，营长巫希亮命令，迅速占领整个木瓜园阵地待命。

第二天拂晓，全连迅速向敌人方向挖防御工事，监视敌人动向。上午 8 时许，敌人在数辆坦克掩护下，数批飞机和 7 门大炮向一连阵地疯狂开炮扫射和猛烈攻击，全体指战员坚守阵地，英勇反击，打退敌人多次进攻，迫使敌人狼狈撤退。这天夜里，华野参战部队向敌十一师固守的村庄阵地进行分割包围，第三天夜晚向敌十一师发起总攻击。

三十三团担任阻击敌人援兵，团政治处主任吴乃木同志在这次战斗中不幸光荣负伤，后因感染破伤风无药治疗而牺牲。

华野部队完成拖住敌人主力部队尾追刘邓大军挺进大别山的任务后，便主动撤出对敌整编十一师的围攻，于 9 月份挺进豫、皖、苏地区，执行由内线作战转入外线作战的任务。

## 破击陇海路

我二野刘邓大军与三野陈粟大军外线作战取得中原地区伟大胜利后，我华东野战军于 10 月 7 日至 16 日挺进豫、皖、苏地区，对陇海路举行破击战，部队传达陈毅司令员的讲话：今天要破坏陇海铁路，就是为了明天更好地建设和使用陇海铁路。因为敌人靠铁路调运兵力和运输军用物资，把陇海铁路破坏了，敌人缺乏军用物资供应，打大仗就无法进行，这样就有利于人民解放军在运动中歼灭敌人。1947 年 11 月 9 日夜晚，三十三团三营向砀山县境内的陇海路上的杨集车站的守敌发起攻击，一、二营担任警戒并与民工们一起对杨集车站以西路段进行破坏。我军的攻击使敌人受到严重伤亡，残敌从车站南护路沟内向西逃窜。夜深时，全团指战员与民工们一起合力掀翻铁轨，将铁轨卷成麻花式的，掀翻几里路长，然后把铁轨一根一根地搬到护路沟内，用土盖好埋起来，叫敌人找不着。对路基也采取曲齿形式的挖掘。将枕木一堆一堆地架起，浇上煤油点火烧着，夜晚向西望去，整个陇海铁路沿线，火光冲天，烟雾弥漫，战士们和民工们都高兴地拍手叫喊："火烧陇海路给国民党送葬啦！"第二天的上午，从徐州方向派出来的国民党侦察飞机，一架一架地沿着被破坏的铁路向西飞去，战士们对着敌机嘲笑地说："你气死也不行了。"陇海铁路从砀山到郑州段遭到我华野大军的全线彻底破坏后，我华野大军实施外线作战就更加主动，胜利也更有把握了。

## 陈圩歼灭战

1948 年 2 月，华野首长决定对敌人后方派出数路坚强有力的游击队，深入敌后，打击敌人。我三十三团奉命先遣南下，为人民解放军战略反击和渡江作战作准备。

1947 年底至 1948 年元月，三十三团在河南羊陂城、牛集一带驻地，开展"三查三整"和"诉苦运动"，以提高部队的阶级觉悟，为先遣南下做了很好的政治思想准备。与此同时，团部还派一连，带了 40 多辆牛车到许昌城运回大量弹药，给每个战士配备子弹 200 发，重机枪配备子弹 2000 发，轻机枪配备子弹 1000 发，六〇炮和八二迫击炮也补充了很多炮弹，全团将士十分兴奋，真是兵强马壮弹药足，先遣南下志气高。

华野总部先是命令顾鸿，率三十三团 1 个加强营先遣南下。不多日，粟裕副司令又亲自约见顾鸿，指出："现在情况有变化，一个营兵力不足，稍缓南下，暂随总部行动。"过了几天，粟裕副司令又召见顾鸿说："现在你可以率全团南下了。番号是华东军区第三野战军南下先遣支队。你们到原抗日时期的新四军二师和七师地区，侦察长江两岸的敌情，随时电报总部，具体任务、行动日期由陶勇司令和王集成政委交代。"

到原新四军二、七师战斗过的地区，是战士们日日夜夜多么向往的家乡！那里有亲爱的父母、兄弟姐妹和乡亲们，那里是无数革命先烈们用鲜血换来的抗日民主根据地，那里是多么美好的山水和盛产鱼米的土地！当陶勇司令员和王集成政委将南下具体任务交代后，先遣支队在我的率领下，在梁从学司令和孙仲德政委直接领导下，告别了山东、河南的战场。

先遣支队经河南的永城，安徽的萧县、濉溪、涡阳、宿县，于一天夜晚从夹沟南越过津浦线，到达泗县马公店东青阳镇西一带宿营时，淮北军区请求，配合他们打一次歼灭战，以扩大和巩固淮北敌后根据地，支队答应了他们的请求。任务是由地方部队攻打青阳镇之敌，我部配合打从泗县出来的国民党暂编第二十四师一个团的增援之敌。

3月29日天亮前，先遣支队各营连吃好早饭，在泗县马公店至青阳镇的公路两侧隐蔽好，由地方武装向马公店方向派出一支游击队且战且退，诱敌人进入我埋伏圈。上午10时左右，敌人1个团兵力，果然顺着公路向青阳镇方向增援而来，游击队此时边战边退，敌人边打边追，待敌人前卫部队进入陈圩庄伏击圈内时，顾鸿遂即命令一、二营从正面出击，一连全连战士插上亮晃晃的刺刀，勇猛出击并将敌前卫营围住，三营全营跑步迂回追击敌人。接着"八二"迫击炮连续向进入陈圩庄的敌人猛烈轰击。此时淮北军区八十三团（团长吴忠太、政委李任之）开始向固守陈圩庄敌人发起攻击。军区副司令赵汇川英勇指挥，战斗时不幸腿部负伤。战斗持续到下午5时左右，敌人想乘黄昏时向泗县方向突围，先遣支队一、二营堵住敌人退路，几十挺轻重机枪和所有步枪、冲锋枪一齐像暴风雨般地向敌人猛烈开火，不到5分钟，敌人1个加强营，除打死打伤外，余敌营长以下300多人，全部跪在陈圩庄西一片空地里，举着双手缴枪投降。敌人后续的两个营兵力，在我军包围了它的前卫营后，见势不妙，狼狈地向泗县城逃窜。

由于先遣支队歼灭敌人增援部队一个营，保证了淮北军区地方部队攻打青阳镇之敌的安全，并取得战斗的完全胜利，被生俘的敌军一部和缴获的全部武器也都交给地方部队。从此，淮北敌后根据地得到了巩固和发展。

# 力拔敌据点

南下先遣支队于淮北泗（县）青（阳）公路上歼灭敌人一个营后，4月上旬南渡淮河进入嘉山县境，跨过津浦铁路，宿营于明光西北15里地一带村庄上，上午击退了明光一个营的敌兵以后，夜晚全支队即进入了定远县境。定远县是全民族抗日战争中新四军第二师的老根据地，自部队北撤到山东后，这里的还乡团和反动政权，对我烈军属和人民群众进行了残酷迫害，连抗日阵亡烈士纪念碑也被毁掉。支队进入定远后，每到一个村庄，群众便纷纷痛哭流涕地愤怒控诉国民党反动派的滔天罪行，战士们个个仇恨满胸膛。司令梁从学、政委孙仲德，命令支队长顾鸿、政委方志明说：定远的藕塘镇、池河镇，全民族抗日战争中都是新四军第二师的中心地区，北撤后，这里人民群众遭国民党还乡团残酷迫害和屠杀，为解救人民群众于水深火热之中，要坚决拔掉这里几个敌人据点，为坚持敌后的部队扫掉几个障碍。

一天晚上，支队兵分两路，一路负责歼灭藕塘镇之敌，一路负责打掉藕塘东大朱家两个大地主的土圩子。攻打藕塘之敌的部队没用多少时间就将敌人全歼。攻打地主的土圩子，却遇到地主武装的反抗，我军使用了炸药包，一声巨响，火光冲天，让守碉堡的狗腿兵坐飞机上天了，吓得老地主乖乖出来向我军投降。另一个大地主也在我军震慑下，将守炮楼的十多支长短枪，从炮楼里丢下来，缴枪投降。天亮后，对大地主家囤积的大批粮食实行"开仓济贫"，周围几里地的群众奔走相告，纷纷赶来，用肩扛人挑车拉，将粮食全部搬光。群众欢天喜地地说："当年的新四军又打回来啦！"

池河镇当年也是新四军第二师根据地中心区，离藕塘40华里地。盘踞在这个镇上的敌人是一批罪大恶极的还乡团，群众要求我军攻打池河镇，解放那里的人民。占领藕塘镇的第三天晚上，由顾鸿亲自率一营、三营前去攻打。天黑后，部队开始向池河镇进军，部队行至池河约5华里的一个村庄时，敌人派出的一个班在该庄对藕塘方向放哨，一连前卫班听到敌哨兵问干什么的，有个战士随即用冲锋枪向敌人扫了一梭子弹，接着全班冲进庄里，像捉小鸡似的将敌人全部俘虏。

枪声使池河的敌人发觉我军要攻打他们，便仓皇地从西边沙滩上逃跑了。镇上的乡长，左手拎着一大提包国民党的关金券，右手拎着一把盒子枪，像受惊的野兽一样想逃跑时，被一连在巷道里埋伏的战士抓获。天亮后，镇上居民纷纷开门欢迎我军，向战士们问长问短，诉说敌人残酷迫害的情况。

## 周旋津浦路

定远县的藕塘、池河两镇，都是靠近津浦铁路沿线的两个大集镇，被我军占领后，直接威胁着国民党津浦铁路交通的安全，震动了南京国民党反动政府和它的最高军事指挥部。4月4日上午，支队政工干部正在听取孙仲德政委讲话时，突然从藕塘镇方向传来枪声，孙仲德政委立即命令到会政工干部迅速返回部队，准备战斗。与此同时，顾鸿率领全支队连营主要军事干部和一个排兵力，向曲亭去侦察敌情，准备打曲亭镇。从津浦铁路上下来的敌人是一个师的兵力，分两路向我军驻地进攻。六连被敌人分割有被敌人打垮的危险。顾鸿迅速派通讯员进行联络，令郑佩指导员率领六连随顾鸿一道行动，由于敌人兵力过多，支队向藕塘西部边打边退，一时与梁从学、孙仲德首长失去了联系。与敌周旋几天后，直接向和含地区进军，开始新的战斗。

由司令梁从学、政委孙仲德率领的随军南下干部大队300多人，在定远、肥东两县结合部与敌人周旋了七八天后，向大别山地区转移，甩掉了敌人尾追的一个师的兵力。这期间，部队一天只吃一餐饭，日夜要行军100多里路，天亮枪响一直打到天黑，最后终于将敌人甩掉。

4月14日夜，部队在定远大李集集合后，经寿县下塘集到陶楼宿营，第二天上午敌人一个师又尾追至下塘集，我军到寿县双枣树一带宿营，当晚打掉八大家地主圩子，第三天下午，敌人又尾追至双枣树。敌人分析我军有向大别山行动的意图，便从六安调一个团兵力至六合公路上的南分路口，妄图截击我军。我军通过六合公路时，侦察员报告：敌人一个团正在大柏店向东行动，部队立即停止前进。过了一会侦察员又回来报告：敌人大批部队已走完，就是大柏店有个乡公所的乡警队，如我军通过大柏店时，他们会从炮楼里开枪射击，为避免损失和暴露我军行动方向，就要把这个乡公所的乡警队一枪不响地干掉。这个一枪不响地干掉敌乡警队的任务，由前卫连一连负责。副连长李同文命令前卫排，把解放过来的广西、湖南、四川等地战士临时组成一个班，配备好冲锋枪，并由当地一位老百姓走在前面向敌炮楼喊话："国军来了，你们乡公所和乡警队还不下来欢迎国军吗？"经喊话后，顽乡长和顽乡警队20多人一个个地下来表示欢迎。这时准备好的前卫班，一声口令："站好，不准动！"就这样一枪不响地解决了敌乡公所的全部乡警队，保证我军安全通过六（安）合（肥）公路的大柏店。

## 阻击黄土岭

敌人的一个师，一直跟着先遣支队进到大别山区舒城、霍山两县境内，妄图将南下先遣支队打垮。为了甩掉敌人尾追，4月26日，孙仲德政委、梁从学司令研究决定在舒城县黄沙冲黄土岭上部署一个营阻击敌人一天，使其不能继续尾追我军，这样就能有时间讨论支队行动方案并将方案发电报报告陈毅司令员。这个方案是将先遣支队兵力分成三支队伍，由梁从学司令带三营向淮北泗阳双沟方向转移；由孙仲德率领二营从大别山区经舒城、桐城、庐江到无为皖江地区；由支队政委方志明率领一营仍留在大别山区岳西县以迷惑敌人，待机去无为县与孙仲德会合。总部同意这个方案后，立即将团部与四营分散编到3个营里，并于当晚开始行动。由于采取分兵活动，敌人不明情况，一个师兵力很快就被甩掉了。

黄土岭战斗，先遣支队一营三连担任第一线阻击。上午，敌人炮火和轻重机枪火力，对三连实施猛攻，多次发起冲击，都被三连打退，敌人死伤惨重。这一仗虽是阻击敌人的消耗战，但保证了领导有时间坐下来讨论发电报给华野总部，从而保证先遣支队甩掉敌人重兵，安全转移到以无为为中心的皖江地区。

## 歼灭保六团

安徽保六团是驻防在巢（县）、和（县）、含（山）三县地方反动武装。团部常驻巢县城，部队驻地分散在三县境内，专门"围剿"我军北撤后留下的游击部队，破坏游击政权，到处欺压群众，抢劫老百姓财物，群众恨之入骨。先遣支队四、六两个连，在顾鸿率领下进入和含地区后，每到一个村庄都听到群众控诉保六团危害人民群众的罪行，战士们无不义愤填膺，人人发誓要狠狠地打击保六团，彻底消灭保六团！

1948年农历"立夏"节前后，顾鸿率领二营六连和三营副营长谷大海同志率领的一个排，从巢（县）无（为）山区与孙仲德政委会见后，回到含山县太湖寺龙门口南边宫拐庄宿营休息。宿营时虽然封锁了村庄，不准有人外出，但顽甲长怕国民党乡政府知道不报告要拿他是问，还是偷偷地溜走向敌人报告了。知道这一情况后，顾鸿立即召集排以上干部会议，分析敌人要来一定是在中午，可能是一个营兵力。第二天下午1时左右，果然保六团一个营兵力，在营长周庆德指挥下，分两路向我军驻地包围过来。此时，顾鸿命令部队佯装不理，迅速把饭吃完。宿营时，顾鸿已经将谷大海率领的一个排埋伏在龙门口山脚下的一片黑松林里，命令战士，听不到枪声，不准冲杀出来。向宫拐庄包围来的敌人，开始用重机枪向庄上射击时，我方仅有的一发六〇炮弹，正好将敌人重机枪打成了哑巴。这时谷大海率领的1个排、4挺轻机枪突然向敌人猛烈开火，接着战士们像猛虎下山一样向敌人发起冲击，吓得敌人乱成一团，四处逃窜。这时二营副教导员傅彤指挥四连全体指战员在猛烈火力掩护下，向敌人发起勇猛冲击。跑在后面的敌营长周庆德和40多名顽兵，吓得屁滚尿流，周身瘫软，全被我军俘虏。

这一仗后，顾鸿分析了敌人情况，向指战员们说：这支敌人没有战斗力，只要我们思想上时刻保持敌情观念，作好随时打仗的准备，就能打败敌人的进攻；顾鸿还说：有一条重要原则，就是要运用毛主席的机动灵活的战术，采取什么时候打什么仗，什么敌人打什么仗，什么地形打什么仗，是完全可以打胜仗的。这一仗是我们与保六团第一次接触战，使我们了解到这支队伍的战斗力是不强的，对这样的敌人今后不打则已，要打在战前就要有充分准备，枪一打响，勇猛向敌人冲杀，以排山倒海之势压倒敌人，一股作气地予以歼灭之。

我们对被俘的敌营长周庆德和士兵进行一番政策教育后，决定予以释放。释放时周庆德假惺惺地说：“你们真放我回去，我永远再不会拿枪了。”但放了不久，我们就得知周庆德仍回到保六团干营长去了。

1948年6月5日，根据侦察员和地方党组织及一位教书的王先生报告，说保六团有可能向我军驻地和县司常庄进犯。敌人行动规律是：只要我军在哪里宿营，它就定要在第二天来进攻我们。顾鸿在当天决定带两个连白天公开住在和县司常庄一带，夜晚去袭击和县城，连夜又返回原驻地给敌人以错觉。第二天中午，保六团果真来了，这时天气骤变，七八级西南风刮得天昏地暗，敌团长钟经林和三营长周庆德率领的四个连和一个机炮排，从西南方向避风而来，经竹园蒋向司常庄进犯。此时参谋陈善庆连续向支队报告，敌人向我军驻地进犯。下午1时左右，从抓住的2个俘虏口中得知，敌人是分两路来的，一路敌人从功剩桥方向来，过河用腰盆，需要2个小时才能渡过。另一路已逼近司常庄，根据这一情况，顾鸿决定先歼灭这一路敌人，伺机歼灭另一路敌人。在这关键时刻，他要六连有意撤出自己的阵地——全民族抗日战争时期我军在对敌斗争中筑的土碉堡，将它让给敌人。果然不出所料，敌人立即“抢占”了这个阵地，待敌人大部聚集在上面无顶，里面低洼，有一人多深的外壕，兵力和火力无法展开的“阵地”时，顾鸿立即命令二营营长庄家才、政教徐三营率领四、六连全体指战员在轻重机枪火力掩护之下，发起强攻，打得碉堡和外壕里的敌人不敢抬头，敌人顿时乱作一团；接着战士们又向外壕里连续投掷手榴弹，特别是六连排长吴起发，绰号"大洋马"，向 40 米外投掷手榴弹，个个甩在敌外壕里，炸得敌人死的死伤的伤，逃出碉堡外的敌人又被我方猛烈火力杀伤。这时顾鸿又率领谷大海一个排向敌发起冲击，在距敌 50 米处，看到敌团长钟经林用枪顶着三营长周庆德，要他向我军反击，刚一伸头就被我方战士用机枪点射将周庆德打死了。钟经林慌慌张张地还妄想亲自组织士兵反击，还没来得及就被我军战士俘虏了。至此，保六团团长钟经林以下敌人四个连和一个机炮排全被歼灭。

在歼灭敌团长率领一路之敌后，另一路敌人四个连，从功剩桥渡河时，摆渡老渔民有意"磨洋工"，一直到傍晚才全部渡过，集结后向司常庄进犯。顾鸿及时做出决定，将刚俘虏的保六团士兵编入我军连队班排，进行简短的政治教育，宣布了军队纪律，要求他们掉转枪口打保六团，在战场上立功；如有不服从命令的，或有不轨行为者，支队的每个干部战士都有权随时处置。同时将缴获的敌人号谱，由司号员调动第二路 4 个连的敌人。从望远镜里看到，敌人听到号令后，正向司常庄懒洋洋地靠拢。我军用了一个排轻装，绕到敌后面，从耿家油坊到甘家嘴一线，组织火力以防敌人逃跑。当敌人距离我军几十米处时，全军战士包括编入连队的原保六团士兵，突然向敌人开展猛烈的火力攻击，敌人还在懵懂中，已完全陷入我军包围之中，一个个地只好俯首就擒，做了俘虏。

夕阳西下，落日的余晖映红了大地。这一仗歼灭保六团 8 个连和 1 个机炮连，俘虏敌团长以下 1000 多人，前后只用了 4 个多小时。战斗结束后，顾鸿问被俘的敌团长钟经林有什么看法时，敌团长低声下气地说："知彼知己，百战百胜。"我军战士押着大批俘虏兵，扛着缴获的大批武器，向宿营地前进，战士们边走边唱："我是一个兵，来自老百姓，打败日本狗强盗，消灭蒋匪兵。"嘹亮歌声震撼着大地。当地广大人民群众看到了人民解放军打了大胜仗，无不欢欣鼓舞。区长孙贤树为支援取得战斗胜利的我军，日夜征集军粮，运送到部队，保障部队的后勤供应。

我军以两个连和一个排的兵力，干净利索地全歼国民党安徽省保六团，歼敌 1000 多人，缴获敌人 72 挺轻机枪，5 挺重机炮，一门"八二"迫击炮和大批步枪武器弹药，是向皖江地区人民的第一个献礼！对发展和（县）含（山）巢（县）无（为）地区的敌后斗争起到了重大作用。它是我先遣南下支队英勇健儿以少胜多歼灭敌人的光辉战例，为我大军南渡长江创造了有利条件。

## 重创杨麻子

先遣南下支队，远离解放区到皖江地区后，部队的一切生活用品和服装供应一时供应不上。到 7 月份的大热天，指战员们还穿着扒掉棉花的夹衣服，更不用说发津贴了，就连战士们油盐菜金也很难保证。为了解决部队的供应困难，率领先遣南下支队的政委孙仲德日夜都在考虑着。一天他得到情报说：国民党的"中国农民银行"用贬值的关金券，在合肥大量收购粮油等物资，准备经巢湖水路运到南京去。便决定拦截这批物资。领导把这个任务交给了一营一连来完成。

7 月上旬一天，天气晴朗，风和日丽，阳光照耀着巢湖水面，熠熠闪光。营部命令二连向巢县方向警戒，命令一连指导员钱兰光率领五个班战士，每班配 1 挺加拿大轻机枪，分乘 5 条民船在散兵镇河边待命。从望远镜里看到：敌人的 1 条拖轮，拖着 9 条有 3 个桅杆的大帆船，从姥山方向向东缓缓地驶来。这时 5 条民船上的战士迅速扬起风帆，支队参谋陈善庆率领的部队也分乘两条民船随后，在微微的东南风吹拂下，向敌拖轮驶去。拖轮上有一个排的敌人，见我方民船直接驶向拖轮，很快将 9 条木船并成 3 排，继续向东航行。我们的帆船越驶越靠近敌拖轮，敌拖轮察觉不妙，迅速将后面拖的 9 条满载粮油物资大船的拖绳砍掉，开足马力向我军冲来，妄图与我军在水上一战。我们见敌拖轮冲来，5 挺机枪和步枪一齐向敌拖轮猛烈射击，敌拖轮迅速掉转船头，开足马力，一溜烟沿着巢北的湖边，向巢县方向逃跑了。战士们高兴地说：陆地上我们能打败敌人，水面上同样能打败敌人。接着就将满载粮油物资的 9 条大船全部从散兵附近的水中，弄到高林桥镇河上。

缴获敌人大量的粮食物资后，上级决定除部队留下一部分自己吃用外，大部分在当地低价出售。一直出售到第二天上午，还有一小部分未售完时，国民党派来顽军杨创奇（即杨麻子）旅的两个团兵力，从无为严家桥方向向我军进攻，妄图把我军缴获的 9 条船的粮油物资再夺回去。我们顾及船主与工人的安全，要他们快从巢湖里逃走，免遭顽军迫害。

上午 10 点左右，大批敌人开始向我军固守在龙吼山的二营部队攻击，二营全体指战员英勇地与敌人展开激战，一次又一次地把敌人打退到山下，敌人伤亡惨重。三十三团作战参谋祖德彪、二营副营长谷大海、四连指导员胡蔺、五连副连长王再青等均在这次战斗中壮烈牺牲。战斗到下午，在给敌人以大量杀伤后，我军主动撤离龙吼山转移至巢南山区，在后续战斗中一营营长叶机祥又壮烈牺牲。

## 伏击保一团

安徽省保六团被我军歼灭后，对顽敌震动很大。驻防在庐江县盛家桥的保一团二营，随时提防与我军交战，但得知南下先遣支队去无为东乡袭击姚家沟敌人时，随即乘机向巢县沐家集一带初建的解放区进行骚扰。我军得知情报后，于1948年9月30日星夜急行军，赶到沐家集以南4里路的横龙山脚下，隐蔽在两个小村庄上，待命伏击敌人。进村后实行了战时戒严，一方面派出便衣侦察员，在敌人进犯时必经之路上警戒瞭望，一方面命令埋伏的各连队吃饭睡觉。顾鸿和两名通讯员，在伏击区外200米处用望远镜观察敌人的动静。上午11点左右，侦察员和地方党组织同志都来报告说：敌人1个营的先头部队已到大明堂村。不一会儿，敌人两个连就越过兆河，到达小明堂村，正向沐家集行进。当敌人接近沐家集时，我一营一连全体指战员，从埋伏庄上像猛虎下山一样跑步出击敌人，敌人见势不妙，一窝蜂似地向沐家集后的乱坟岗上退去，我军咬住敌人后卫部队，猛冲猛打，追击敌人至乱坟岗上，与敌人相互对峙起来，至下午1时左右，三营营长许海清、教导员徐峰率全营跑步跨过兆河，经过大、小明堂村庄，占领大烟墩、七里铺一带，切断敌人向盛家桥的退路，并阻击敌人援兵。这时，一营副教导员傅彤根据顾鸿的命令，指挥三连向敌人发起猛烈冲击，把敌人一下子压到兆河水边。一连同时也向左侧敌人阵地发起冲击，缴获轻机枪4挺，迫使敌人从兆河水里向西逃跑。在我军机枪一阵猛烈地扫射下，敌人被打死和淹死100多人，少数溃逃之敌也被三营生俘。敌人营长看到前面两个连被围后，带着一个后卫连死命地向盛家桥方向逃走。这一仗共歼灭敌人两个整连，打死敌人副营长，缴获了大量武器弹药。我军在这次战斗中连长张天修负重伤，九连连长柳良金英勇牺牲。战斗结束后，沐家集周围的群众，纷纷赶到部队里与战士们同欢，庆祝战斗胜利！有的群众说：自从新四军北撤后，我们老百姓被国民党残酷迫害的情况，三天三夜也说不完，你们回来了，我们老百姓又能过平安日子了。群众还挑着大桶大米干饭和非常可口的腌豆角，慰劳人民子弟军。战士们一边吃着老乡们送来的饭菜，一边与老乡们交谈，感谢人民群众对军队的支持、关怀。

## 为民除害

匪首夏静然原是巢湖西边的一个大土匪头子，后被国民党庐江县政府招安。名为招安队，实际上还是土匪兵，共百十人和六七十支长短枪，据点建在他的老巢邓家渡北边圣安圩里。夏静然的匪兵，一年四季，白天公开地向老百姓要粮要款，晚上到沿湖一带抢劫民众财物，强奸妇女，无恶不作，群众恨之入骨。当地群众有句顺口溜："夏静然，不讲理，捉到人，三石米，抓民工，修工事，白天要钱粮，晚上奸妇女……"

对于夏静然的罪恶，我军指战员无比愤怒，纷纷要求为民除害。顾鸿根据巢湖西边沿湖群众的要求，决定组织兵力消灭这支土匪兵。

1948年12月28日上午，顾鸿亲自写了一封信给匪首夏静然劝其投降。我们知道："扫帚不到，灰尘照例不会自己跑掉。"敌人是不会来投降的，但可以麻痹敌人和向敌人开展政治攻势。下午，部队正在作战斗动员和布置作战任务时，夏静然派人送信来，信上写道：顾司令钧鉴：来函敬悉，贵军如把庐江县城打掉了，我夏静然自然归顺……从夏静然信中看到，敌人是蔑视我军的。根本没想到我们就在当天晚上来个出其不意，攻其不备，兵分两路，一路由一营营长宛志远率领，西渡巢湖，向邓家渡的圣安圩北边碉堡，由北向南包围；一路由顾鸿率领三营，经金城寺、戴庄和金窝子，跨过邓家渡口，由南向北包围圣安圩——夏匪盘踞的指挥所。另派三营一个连，与地方游击队配合，警戒西边白石山和三河镇方向增援之敌。29日拂晓完成了对夏匪圣安圩据点的包围。当三营主攻部队枪打响后，顾鸿即命令从保六团缴获来的迫击炮，对夏匪指挥所进行轰击。此时从水路上来的一营部队也同时发起进攻。两路夹击，一小时后，夏匪指挥所周围的草房起火，恰遇南风，火趁风势，风助火威，敌人出不来，我军也进不去。趁火势混乱之际，我军沿河埂脚下，匍匐前进，越过火烧房屋，继续对夏匪固守的碉堡进行猛烈攻击，但夏匪仍不愿缴枪投降。此时三营营长许海清和教导员徐峰决定用炸药摧毁敌之地堡。英勇爆破手在火力掩护下，将炸药靠到敌碉堡墙上，轰的一声巨响，敌人惺了半天没有动静，紧接着顾鸿指挥侦通班同志对敌喊话，开展政治攻势。此时，夏匪在我军强大攻势面前已无可奈何了，不得不从地堡里伸出白旗，表示缴枪投降。这一仗共缴获步枪60余支，卡宾枪2支，驳壳枪3支及部分弹药等。

匪首夏静然被我军俘虏后，当地广大群众闻讯，从四面八方纷纷赶来，要看一看罪大恶极的匪首夏静然。由于夏静然的罪恶累累，群众一致呼声，要求将夏静然游斗示众。为了满足广大群众要求，第二天由地方党组织和军队一起，在夏匪的夏家大院庄上，召开了群众斗争大会。群众一见夏静然被绑到会场，顿时拳头、石块和棍棒一齐向夏静然身上打来，最后群众用钉耙、大锹把他砸死。夏匪得到了应有的下场，广大群众无不拍手称快，感谢人民解放军为民除了一个大害。

夏静然这股匪兵被消灭后，从此巢湖西南两岸没有土匪危害，数百年来人民群众第一次过着安居乐业的日子。

## 准备南渡

1948 年冬，南下先遣支队政委黄先率一营进军到桐（城）庐（江）无（为）三县交界三公山一带活动，侦察了解安庆以下敌人对长江两岸的布防情况。首先将庐江专桥一带数千大刀会解决，以扫除我军活动的障碍。接着又歼灭庐江矿矿顽乡公所，活捉顽乡长、乡队长以下 20 余人，缴获全部武器弹药。正当我军一、三营准备在 1949 年春节后攻打盘踞在枞阳县汤家沟、破呈镇的大土顽刘东雄时，先遣支队接到华东野战军首长指示：淮海战役即将全面结束，不要打沿江土顽敌据点了，可为大军南渡长江做准备，要将长江以北内河的民船全部封扣起来。

接华野总部电示后，一营部队负责从枞阳县白荡湖至庐江县罗昌河一带的河道封船任务，凡进到这条河道的民船，经过说服动员，使船上的老板表示不再离开内河，供解放军调用。我军在一个月左右，共封扣百艘以上民船，为 1949 年 4 月 20 日人民解放军南渡长江提供了有力的保证。

## 解放合肥

人民解放军取得辽沈、平津和淮海三大战役决定性胜利后，国民党反动派刘汝明兵团奉蒋介石命令，沿津浦线、淮南线和合安公路向南撤退，南下先遣支队二营与纵队特务连和友邻部队，在纵队副司令员孙仲德同志指挥下，与南逃的刘汝明部队在合肥以东激战数小时后，即挥师赶到合肥城外。

1949 年元月 21 日（农历十二月二十三），守城的国民党地方武装 1000 余人，见大势已去，由合肥县的顽县长与我方联系后，向我军投降。二营部队进城后，负责全城的警戒任务。至此，合肥市和平解放，人民群众欢天喜地，家家张灯结彩，迎接人民解放军入城，迎接解放后的第一个新春佳节！

合肥的敌人投降了，惯匪夏静然被歼灭了，三河镇的敌人惶惶不可终日，慑于人民解放军强大威力，派代表与我军南下先遣支队谈判投降。

## 解放三河镇

1949 年元月 25 日（农历腊月二十七）上午 8 时，顾鸿率领先遣南下支队二、三营全体指战员，迈着雄健和欢快的步伐，向三河镇进军，接受三河镇上国民党商团、自卫团等反动武装共 1300 余人向我军投降。我军在受降时，街道两旁挤满了欢迎人群，笑容满面，掌声雷动，楼台上下，张灯结彩，红旗飘扬，鞭炮齐鸣。英勇的南下先遣支队的指战员，挥手向人民群众敬礼，与群众共同欢庆胜利的到来。

我军是与解放了的三河镇人民一起共度 1949 年春节的。节日里，三河镇群众家家户户，在大门上贴上新对联，除夕前夜就开始放鞭炮，三天春节爆竹声连续不断。人民群众自动送鸡、送蛋和鱼肉慰劳解放军，我军士兵在连排干部的率领下有组织地，挨家挨户向驻地群众祝贺新春佳节。把缴获的粮食、衣服送给穷苦的无吃无穿的人民群众。军民互相拜年，互相慰问。这一年的春节过得喜气洋洋，兴高采烈。

## 大别山剿匪

1949 年 4 月 12 日，先遣支队被编为皖北军区警备第二旅，顾鸿任副旅长。星夜开赴六安县的麻埠镇，进行剿匪。

首先是建立剿匪的军事组织：六安军分区司令员曾庆梅兼任剿匪司令，顾鸿兼任剿匪副司令，进驻麻埠镇。时间不久，警二旅又改为华东步兵第九十师，第二次进山剿匪，扩大了剿匪地区和任务。剿匪的领导人重新调整，曾庆梅为司令，李国厚为第二司令，六安地委书记马芳廷兼政委，顾鸿为副司令，后勤司令刘征田，副司令田世五。在安徽皖北区党委（后为省委）领导下，进驻大别山的寿县、金寨、霍邱等县进行剿匪。

大别山地处安徽、河南、湖北三省交界。解放军横渡长江后，蒋介石为了稳定惶惶不可终日的军心，声称在大别山有 20 余万的后备军，实际上是国民党地方武装和一些土匪。国民党一个专员叫汪宪，是国民党溃退后留下来的，在大别山收编一些地方部队，七拼八凑了几万人的乌合之众，真正主力却寥寥无几。我们剿匪地区的主要匪首诨名叫岳葫芦（即岳岐山），带领 4000 余人，分布在寿县、霍山和金寨三个县内。这批土匪大多数是土生土长的，其中多数人是被迫当土匪的，但他们地形熟悉，易于隐蔽，给剿匪工作带来一定的困难。

大别山区的春季是美妙的季节，那秀丽的景色使人入迷。路边开满了不知名的野花，山坡上一面是茂密的马尾松，另一面是数不清的层层梯田，山有多高水就有多高，山顶上也是水田连片，到处葱绿。村庄大都在高大的树林和竹林掩映中。

我军最初进大别山区，山头上到处都是敌人的枪声，不绝于耳。敌人的枪声，像是为了给他们自己壮胆，我军听了，就像听到反动派即将灭亡的丧钟声。

政策和策略是党的生命。为了瓦解敌人，我们明确宣布："小保队（即土匪）投降者，既往不咎，立功者赏，窝藏匪者，同匪一律论处。"在我军集中的强大军事打击下，匪首岳葫芦把他的 4000 余人的土匪武装化整为零，分成小股与我军周旋。我军则根据匪情的变化而变化，先以集中对集中，后又以分散对分散，牢牢牵着土匪的鼻子，跟着我军走。

土匪在剿匪部队的军事打击和政策感化下，纷纷解体。我剿匪部队以连队为单位，到处召开群众大会，宣传我们的政策，发动群众，组织群众，武装群众，敦促土匪投降。先是金寨县内，一个小保队向我军缴械投降了，接着六安、霍邱县内在四五个月内，大部分也投降了。我军进山剿匪的初期，以团为单位打击集中的土匪，后来土匪分成小股，我军就以连、排为单位。土匪采取的是从集中到分散，进而更加隐蔽秘密的活动方式。在这种情况下，我剿匪部队，就军政合一，各团政委兼任县委副书记，营教导员兼任区委副书记，营长兼区长，连指导员兼乡指导员，连长兼乡长。进一步发动群众，要家家户户听到匪情必报，使土匪无法隐蔽。

开始进山时，我军对匪情不太清楚。有一次，警备六团五连，住在一个小保队长家里，就请这个小保队长作向导进山剿匪，剿来剿去，剿了几天一个土匪也未抓到。我们就地召开村上群众会，进一步讲明政策，当场有一名小保队员出来向我们投降了，我们即向他进一步说明我们的政策，说他是受骗的，缴械投降，既往不咎。过了几天，原为我军做向导的小保队长也投降了。我们就在各地区宣传某小保队长缴械投降的事，这样对各地区土匪震动很大，陆续向我军各连、营、团投降。

有些分散隐蔽死心塌地地与人民为敌的土匪，我军就以军政合一的组织形式，到各村召开群众大会，更深入地发动群众，要求群众密报匪情。同时抽调一批精明强干的指战员，身穿便衣，深入乡镇村庄，探明匪情，使土匪无处藏身。

我军进驻大别山剿匪的初期，基本群众不敢接近我们，这是为什么？这块地区，原是红色地区，是红军时期的老苏区根据地，为何人民不敢接近我军？经过调查，弄清楚了，这是因为在历史上我军曾三次进山，又三次出山，我军离开一次山区，国民党反动派进山后，就对人民烧杀一次，三进三出，使人民受到不少损失。人民对我军这次能否长期在大别山区不走，抱着怀疑态度，怕我们又要离开，人民又要遭到国民党反动派的残害。我军了解到这一情况后，就深入地对人民群众做工作，说明我军这次不会走了，国民党蒋介石彻底垮台了。

怎样才能把人民群众发动起来？山区人民生活极苦，无盐无油，无衣无食，吃早餐，无晚餐，经常断炊，日食难度，许许多多的人长了粗脖子，又无钱医治。我们的政府根据这种情况，就成立了"赔本公司"。主要的任务就是把山区土特产，比当地高一倍价钱买进来，运到上海去卖，又从上海买来海带、食盐、药品和布匹等人民生活必需品，低价卖给人民群众。当时规定哪一家赔本公司赔的钱越多，哪一家公司就完成任务越好。同时，政府和军队都抽调一批医务人员，组织一些医疗队，在武装的掩护下，到山区村庄巡查，诊治粗脖子病，治好许多病人，分文不取。人民群众看到我们一切言行，都是为了他们，深受感动，对我们逐渐靠拢了，相信我军这次进山不走了，积极向我军密报匪情，使土匪无处藏身，最终将猖狂一时的土匪消灭了。这件事使我军进一步认识到发动群众依靠群众的重要性，土匪能在较短的时间被剿灭，就是我们走群众路线与群众相结合的结果。

活捉匪首岳岐山。我华东步兵第九十师，派师政治部文工团女团员王新（是当地人），化装成乞丐，到村村户户要饭，侦察匪情，特别是最狡猾的匪首岳岐山。经过不知多少日日夜夜地明察暗访，都没有消息。有一天黄昏时，王新走在霍邱县到寿县之间，在一处荒无人烟的草滩野地坟墓区，突然发现一个人头从坟墓中伸出来，一会儿又缩进去，一会儿又伸出来，就这样地时隐时现多次。王新就隐蔽在草丛中观察着，最后这个家伙从坟墓中钻出来了，在坟滩上站立着，鬼头鬼脑地东张西望，不久他又钻进坟墓中去了。王新立即向当地乡政府报告这种可疑情况。乡政府一面通知解放军，一面带民兵10余人，由王新带领，跑步到那个坟墓附近，把坟墓团团包围起来了。住乡政府附近的解放军一个排随后也赶来了。这时民兵开枪向那坟墓射击，一面喊话，令那鬼头鬼脑的家伙投降，可是那狡猾的家伙不见了。民兵进到坟墓里一看，墓内有两床被子和鸡蛋壳子，还有一个水壶，其他什么都没有，根据情况分析，不会走得太远。我们就加紧部署部队日夜巡逻，各部队又新派许许多多的便衣小组，到各地侦察。1950年春节前的头一天（即腊月三十）晚上，在寿县以南板桥集的一个地主圩子内，跑出来2个给地主打长工的人，向我二六九团报告了岳岐山窝藏的地方。该团三营奉命立刻跑步包围板桥集的地主徐同林家圩子，经过30多分钟的激战，终于活捉了匪首岳岐山以下20余人，缴驳壳枪5支，步枪8支。

岳匪被擒后，隐蔽的散匪更加隐蔽了。这时，我党政军根据具体情况将秘密剿匪人员分散到各村各户，到群众中去做深入的政治思想工作。地方上党政工作人员和解放军共同组织秘密工作组，到村镇各个角落里，把人民群众密报的土匪登记入册，暂时不惊动他，直到 1951 年春节前一个深夜里，党政军民齐动手，在寿（县）、霍邱（县）、六安（县）三个县内，擒捕散匪 400 余人，以后又接连进行 3 个夜晚，共搜捕了散匪 600 余人，长短枪 400 余支和各种弹药物资。最后党政军民齐动手，分地区，分村庄，深夜潜伏，拂晓包围，黎明进屋，突然袭击，使潜伏土匪个个被擒，在一周之内，把霍邱、六安和寿县等隐蔽之土匪绝大多数抓获了。匪首张天和在荷花岭战斗中被我军击毙。匪专员汪宪也被我兄弟部队从石头洞里抓获，一贯与共产党作对的，狡猾顽固的敌人老八团团长黄英，也未逃脱人民解放军的铁拳。我军自 1949 年 4 月 12 日开始进山剿匪，到 1951 年 4 月间，建立了政权，基本消灭了土匪，胜利地完成了进山剿匪的任务。

至此，英勇的和含儿女在解放战争和剿匪斗争中，冲锋陷阵，赴汤蹈火，骁勇善战，出色地完成了各项战斗任务，同时在作战中也付出了巨大的牺牲，为解放全中国作出了伟大的贡献！

# 前赴后继　一往无前
## ——解放战争时期和县党组织概况

### 中共和（县）含（山）临时中心县委员会

1945 年 8 月成立于无为汤家沟，1945 年 9 月底撤销。

**驻　　　地：**和县南义耿咀村（耿家油坊）。

**县委领导机构成员：**

**书　　　记：**林　岩（兼）

**副 书 记：**时　生

**委　　　员：**贾世珍　江　文　李　岩　刁筠寿

**上属组织：**中共皖江区委。

**管辖区域：**原和含地委所辖区域，含山、和县、江浦、全椒及巢县以东地区。

**主要工作：**配合和含地委组织全地区党政军机关人员的撤退，确定了各县留在本地坚持斗争的党员、干部名单及活动方针，疏散和处理好群众投资兴办的合作社、工厂中的一些物资。

### 中共和县特派员

1945 年 9 月成立于无为汤家沟，1946 年 7 月撤销。

**驻　　地：** 秘密流动。

**县特派员：** 王训友（1945.9—1946.7）

**上属组织：** 中共皖江区委 1945 年 10 月下旬改属中共中央华东局华中分局第四地委（即原淮南津浦路西地委）

**下辖组织——**

**白桥区特派员：** 孙贤树（1945.9—1946.7）

**南姥区特派员：** 王学成（1945.9—1946.7）

**西太区特派员：** 李寿高（1945.9—1946.7）

**新桥区特派员：** 尹正启（1945.9—1946.7）

**管辖区域：** 和县。

**主要工作：** 向上级报告敌情，与上级取得联系；巩固和加强地方组织，有目的地扩大活动地区。

### 中共和（县）含（山）县工作委员会

1946 年 7 月成立于芜湖市，1948 年 3 月撤销。

**驻　　地：** 秘密流动。

**书　　记：** 王训友（1946.7—1948.3）

**委　　员：** 唐九奎（1946.7—1948.3） 杜怀白（1946.7—　　）

**上属组织：** 中共中央华东局华中分局第四地委。1946 年 9 月，华中分局四地委撤销，和含县工委与上级党组织失去联系。

**管辖区域：** 和县、含山。

**主要工作：** 秘密工作，联络同志，搞合法斗争，争取打入敌人内部，控制一部分敌人区、乡武装。1947 年冬，王训友从隐蔽在芜湖的中共和县白渡区特派员孙贤树汇报中得知无为、庐江来了许多解放军，于是，两人一道，佯装拜年，于1948 年 2 月 11 日由芜湖出发去找解放军。3 月，在无为陆家店附近的村庄，和活动在那里的中共皖西四地委取得联系。皖西四地委决定王训友参加已在巢湖北部成立的中共和（县）含（山）工委为委员。

## 中共和（县）含（山）县工作委员会

1947 年 10 月成立于巢县北部大祝村，1948 年冬撤销。

驻　　　地：流动。

书　　　记：彭醒梦（1947.10—1948.5）　　王训友（1948.5—冬）

副 书 记：张　建（1947.11—1948.冬）　　倪合刚（1947.11—1948.冬）

委　　　员：卫道行（1947.10—1948.5）　　王训友（1948.3—5）

　　　　　　赵鹏程（1948.5—冬）　　　　龚哲民（1948.7—冬）

上属组织：中共华东局国民党统战区工作部。1948 年 2 月，改属中共中央中原局皖西区委第四地委。

下辖组织：南姥、白渡、娘望、清林（现属含山县）、西太、陶（家厂）新（塘）区工委。

管辖区域：巢县南部和无为县东部及和含地区。

主要工作：加强开辟和含地区武装力量，解放了含山县的陶家厂，使和含地区受到很大的震动。党政组织和武装力量都有了很大发展，并建立了南姥、白渡等 6 个区及其下辖乡的党政组织。

## 中共和县委员会

成立于 1948 年冬，1949 年 9 月撤销。

驻　　　地：和县功剩桥，1949 年 1 月迁驻姥桥桃园拐子，4 月迁驻和城。

书　　　记：倪合刚（1948.冬—1949.5）　　王训友（1949.6—9）

副 书 记：王创业（1949.3—9）

委　　　员：张君武（1948.冬在职）　　　　何月波（1948.冬—1949.9）

　　　　　　谢　英（1948.冬—1949.9）　　李行州（军人，1949.1—9）

　　　　　　潘效安（1949.1—5）　　　　　唐九奎（1949.4—9）

　　　　　　王文元（王海清，1949.6—9）

　　　　　　李　志（李文华、欧阳照，1949.6—9）

组织部长：谢　英（1948.冬—1949.6）　　王文元（1949.6—9）

民运部长：唐九奎（1949.7—9）

上属组织：中共中央华东局江淮区委第五地委。1949 年 6 月改属中共中央华东局皖北区委巢湖地委。

**下辖组织：**沈家巷、姥桥、新桥、娘望、濮集、乌江、善厚区委。

**管辖区域：**和县得胜河以南地区。1949 年 7 月后，原临江县所辖的裕溪河以北，淮南铁路以南的地域、江和全县所辖的得胜河以北的和县地域全部划归和县。

**主要工作：**开展游击活动，破坏敌人军事设施。以支援大军渡江作为中心工作。充分做好粮食、柴草、船舶、民夫、担架等方面的准备，组织开展民运工作，提供渡江战役后勤保障，修筑道路、桥梁，保证解放军在县境内的交通流畅。加强党的建设，建立和巩固基层政权，建立健全党政军各级组织，全县由 1949 年 5 月的 5 个区委、35 个乡、3 个乡党支部、6 个机关党支部、144 名党员（其中候补党员 7 名），发展到 7 个区委、75 个乡（镇）、1 个直属镇、18 个乡（镇）党支部、5 个机关党支部、1 个总支、59 个党小组、398 名党员（其中候补党员 233 人）。

## 中共江（浦）和（县）全（椒）县委

成立于 1948 年冬，1949 年 4 月撤销。

**驻　　　地：**和县香泉大麻集，1949 年 4 月，迁至和县乌江镇。

**书　　记：**王训友（1948.冬—1949.4）

**副 书 记：**胡　林（1949.2—4）

**委　　员：**陆鼎丰（1949.2—4）　叶德明（1949.2—4）

　　　　　　田庆堂（1949.2—4）

**组织部长：**陆鼎丰（1949.2—4）

**宣传部长：**叶德明（1949.2—4）

**民运部长：**田庆堂（1949.2—4）

**社会部长：**刘文汉（1949.2—4）

**上属组织：**中共中央华东局江淮区委第五地委。

**下辖组织：**香北、香南、西埠、新桥区委。

**管辖区域：**和县得胜河以北地区，和县、全椒、江浦接壤地区。

**主要工作：**宣传党的政策，加强党组织建设，保护群众的安全利益，组织工作团、队，开展减租减息，使群众得到好处。打击敌人地方武装，破坏敌人通讯设施。发动组织群众支援渡江战役，征粮、征税，组织担架支前。

# 血洒天门　支援渡江

## ——记渡江战役前的西梁山战斗

西梁山地处长江北岸，海拔 88 米，位于和县东南，离县城 36 公里。此山与东梁山相对如门，故称"天门山"。

西梁山作为国民党长江防线在江北的唯一制高点，是扼守国民党首都南京的咽喉要地。1949 年 4 月，在中国人民解放军百万雄师全面发起渡江战役之前，第三野战军第九兵团三十军九十师在西梁山和国民党军队进行了一场激战，为实现"打过长江去，解放全中国"的伟大战略目标，牵制了国民党军队数万兵力，为渡江战役创造了有利条件，在中国人民解放军战史上留下了壮烈的一页。

## 战斗背景

三大战役后，蒋介石为了赢得时间，依托长江天险重整军力，等待时机东山再起，一方面于 1949 年 1 月 21 日宣布隐退，由副总统李宗仁任"代总统"，并出面提出与中国共产党进行和平谈判；另一方面仍以国民党总裁身份总揽军政大权，积极扩军备战。将京沪警备总司令部扩大为京沪杭警备总司令部，任命汤恩伯为总司令，统一指挥南京、上海 2 市和江苏、浙江、安徽 3 省及江西东部的军事，会同华中"剿匪"总司令部（4 月改称华中军政长官公署）白崇禧集团组织长江防御。

长江自西向东横贯大陆中部，历来被兵家视为天堑。下游江面宽达 2 至 10 余公里，水位在每年四五月间开始上涨，特别是 5 月汛期，不仅水位猛涨，而且风大浪高，影响航渡。沿江广阔地域为水网稻田地，河流湖泊较多，不利大兵团行动。

1949 年 2 月前后，国民党军在宜昌至上海间 1800 余公里的长江沿线上，共部署了 115 个师约 70 万的兵力，其中汤恩伯集团 75 个师约 45 万人，布防于江西省湖口至上海间 800 余公里地段上；在防守该地段上，汤恩伯集团除以一部兵力控制若干江心洲及江北据点作为警戒阵地外，以主力 18 个军 54 个师沿南岸布防，重点置于南京以东地区，并在纵深控制一定的机动兵力，企图在中国人民解放军渡江时，凭借长江天险，依托既设工事，在海空军支援下，大肆杀伤其于半渡之时或滩头阵地；如江防被突破，则分别撤往上海及浙赣铁路（杭州—株洲）沿线，组织新的防御。

早在 2 月 19 日，三野前委就召开了作战会议，统一了认识，并于 2 月 20 日下达了《京沪杭战役预备命令》，其中：

> ……四、本野战军主力预定于三月十五日以前，进至庐江、无为、含山、滁县、六合、扬州、泰州、海安、如皋之线渡江准备位置，待命发起渡江作战。各部战斗序列与集结准备渡江位置及开进时间、路线区分内定如次：……
>
> 五、各部侦察任务与预定渡江地段区分
>
> ……（二）九兵团负责南京（含）、当涂、芜湖至刘家渡（不含）段侦察，并准备由该段选择渡口渡江。……

这个命令根据各部队的作战特点，调整了战斗序列，规定了各部向江边开进的时间与路线，限定各部于 3 月 15 日前到达渡江出发位置。

1949 年 3 月 14 日，第三野战军又发出关于肃清江北国民党军桥头堡作战的指示，决定：

> ……第七兵团攻歼枞阳至刘家渡的守军；第九兵团攻歼刘家渡至裕溪口段守军；第八兵团攻歼浦口地区守军；第十兵团并指挥苏北军区部队攻歼八圩港、龙稍港、口岸、三江营地一段守军。指示要求各兵团在进行上述作战时，一般应使用渡江作战的第二梯队，以保持第一梯队在渡江作战时的突击力。对各据点守军应根据不同情况区别对待，对立于解放军主渡地点的国民党军，应采取断其退路，速战速决的手段，坚决将其全歼；对兵力较大，又非解放军主渡地点，对渡江准备工作妨碍不大的据点，则可采取分割围困逐次各个歼灭的方法歼灭之，如不好打，则可改为以小部兵力监视、围困，待主力渡江时再加以歼灭。……

随后，渡江战役总前委依据中共中央军委的意图和国军的部署以及长江中下游地理特点，于 1949 年 3 月 31 日制订了《京沪杭战役实施纲要》，正式决定组成东、中、西 3 个突击集团，采取宽正面、有重点的多路突击的战法，于 4 月 15 日在江苏省靖江至安徽省望江段实施渡江作战，首先歼灭沿江防御之敌，尔后向南发展，夺取南京、上海、杭州等城，占领江苏、安徽省南部及浙江全省。其中：

在兵力部署方面，其中以第三野战军第七兵团指挥第二十一、第二十二、第二十四军，第九兵团指挥第二十五、第二十七、第三十、第三十三军，共 30 万人组成中突击集团，由谭震林指挥，在裕溪口（芜湖以北）至枞阳段渡江，成功后以一部兵力歼灭沿江守军，并监视芜湖守军；主力迅速东进，会同东突击集团完成对南京、上海、杭州地区国民党军的包围，尔后各个歼灭被围之敌。第七兵团并准备夺取杭州。为求得中、东两集团行动上的协调，迅速合围南京、镇江地区守军，中突击集团过江后统归粟裕、张震指挥。

第三野战军将扫除芜湖至南京一带江北岸蒋军桥头堡的任务，交给了三野第九兵团。九兵团即命三十军兵分三路行动：其中一路由副军长饶守坤率九十师进攻西梁山，掩护主力部队渡江。

## 国民党部队布防

1949 年 3 月 17 日，陈毅、粟裕、谭震林、张震联名签署的《关于渡江作战部署》的电文载：

> ……目前蒋匪仍图以长江天险组织防御，重整军备。其防线组成系以长江南岸为主地，其江北岸，以沿江守备部队中之两个军七个师二十一个团兵力，结合土蒋，以两浦、瓜州、仪征、八圩港、裕溪口、刘家渡、土桥、纵阳镇等为固守据点，组成江北岸 17 个桥头堡为前沿警戒阵地，保持与我接触，监视人民解放军行动，控制江北内河出口，以堵人民解放军入江及迫近江岸，并保障江面海军安全及京沪交通。……

西梁山虽无崇山峻岭之险，但在芜湖至南京段的长江中下游水域，却是江北唯一的制高点，实为得天独厚的军事要地。此山南北宽约半华里、东西长约一华里，三面临江，唯有西北角与陆地相连。其陆地防御面，只需专注一面，并无其他后顾之忧。凭借这两条优势，西梁山易守难攻。只要镇守住此山，便可阻碍津渡，渡江之师难以靠近江边。更重要的是，西梁山与南京的水路距离只有 86 公里左右，解放军一旦渡江成功，国民党的首都南京便将顷刻陷入危殆之境；再从南京到上海，一马平川，无险可据，全面失败只是时间问题。后来的事实也证明，从百万雄师渡江成功，到南京、上海，乃至江南全境解放，前后只用了不到一个半月时间。因此，国民党非常重视西梁山防务。国民党海军总司令桂永清曾在国民党六十六军罗军长陪同下，亲自登上西梁山视察，布置陆、海、空火力配备及综合防务，下令死保西梁山。桂永清命令雄鹰、美援、安东、营口号等军舰，配合作战。必要时，再派飞机支援。

为确保西梁山阵地，国民党除以二十军驻守对岸芜湖以外，又以六十六军（军部驻大桥）十三师3个团的兵力，于1949年2月初就部署在西梁山及周围地区。具体部署是：东梁山由一个团防守；西梁山由三十八团防守，陈桥江心洲由三十九团防守，形成了一个三角防御阵地。三地均配属炮兵阵地，既可独立防守，又可相互支援。同时，还得到空军、海军的配备，设防严密。

国民党守军在西梁山构筑了坚固的工事。从山脚到山顶高有3～4层火网。凡进攻部队容易接触的地方都设置了各种障碍。山的外围构筑许多碉堡。山底层挖地壕深沟，沟底插满涂上了毒液的竹签。并在四周栽设树篱，拉上铁丝网，并布各种地雷。西梁山东、南、北三面临江且都是悬崖峭壁，无法攀登，唯独西面稍缓。国民党守军三十八团将其主力配置在西面山顶至山腰的4道防御工事里，从主峰伸向山脚的小陀山国民党守军配置了1个加强连，又在山脚的大陀山上配属了1个营。山脚前面的青石街配置了1个加强排，作为警戒阵地。国民党守军还在沿上山的路上设置了许多障碍物，密布了各种地雷。为巩固西梁山阵地，江中国民党海军舰艇沿江游弋，既可炮击攻击西梁山的部队，又可接济守军撤退。

## 人民解放军作战方案

西梁山居高临下，易守难攻，但势在必夺。三十军党委研究决定由九十师承担攻击任务，并派副军长饶守坤指挥这场战斗。

4月7日上午，饶守坤从军部赶至九十师驻地孙家堡，与师长朱国华、政委郑友生研究部署攻打西梁山战斗。黄昏时分，在距离西梁山约2公里的姥下镇小学，师长朱国华、政委郑友生主持召开了师党委扩大会议，正式下达三野指挥部关于进攻西梁山的命令，同时部署既定的作战方案。

西梁山由两个山头组成：大陀山与小陀山，两个山峰之间直线距离不足400米，大陀山仅海拔88米。但是，此山的地势易守难攻，大陀山东侧为悬崖绝壁，无法攀登；两个主峰南侧为夹江，亦是悬崖绝壁；小陀山西北方向是一片开阔地带，无任何屏障，同时小陀山又成为大陀山的第一道天然防线。要想进攻大陀山主峰，只有青石街可以直接进攻。鉴于国民党部队对青石街的严密交叉防守及大、小陀山的地形特征，三野九十师制定以下战略计划：

将师部设在西梁山西北方向的张家湾附近，这里可以从小陀山方向全面观察整个西梁山，便于指挥整个战斗；二六八团运动到西梁山东北方向，面对大陀山主峰，担任佯攻以吸引大陀山国民党守军火力；二六九团运动到小陀山正北，主攻小陀山，攻占青石寺；二七〇团作为预备队，向师部靠拢，为二六九团火力支援，分散小陀山国民党守军火力。

主攻的二六九团，分两个梯队：一、三营为一梯队；二营为二梯队，不到必要时不用上去。

具体任务是：三营为主攻，首先用两个连夺取小陀山，占领小陀山后，用一个连改建工事，巩固已占领的阵地。营主力集结于战壕内。待一营1个加强连夺取青石街后，三营主力与一营同时攻占大陀山（三营主要是夺取主峰狮子头）。

一营首先用一个加强连于三营攻取小陀山的同时，攻取青石街，而后一营主力投入战斗，与三营主力同时攻占大陀山。占领中峰后（现在烈士纪念碑位置），一营派出1个排向主峰进攻，配合三营主力攻占主峰，一营主力向北打，消灭西梁山全部国民党守军。

二营为团二梯队，部署在北江岸、土营子两侧，防止国民党军队从江面上攻击，保障三营侧后安全。

团指挥所设在平顶山（小陀山以西）；团伤员收容所设在土营子西北约1000米处一个小村庄；迫击炮连设在三营与团指挥所之间一个洼地里。二六九团首先攻占小陀山，巩固阵地后继而攻占卧龙岗，肃清小陀山国民党守军；之后，担任佯攻的二六八团转为主攻，在已经占领小陀山及卧龙岗的二六九团配合下，对大陀山主峰发起总攻。

## 战斗经过

4月7日黄昏，九十师各团由驻地出发，按部署进入预定的进攻出发阵地。8日拂晓3时，攻击开始。二六九团三营和一营分左右两路借着夜幕掩护，迅速排除攻击道路上各种障碍，仅二六九团三营七连的沈沉班长就排除了20余颗地雷，并用面粉撒下了路标。部队接到命令后，迅即向国民党守军发起猛攻。经激战，三营歼守军 1 个连，俘守军 30 余人，并先期夺取了大陀山守军部分阵地，继而向小陀山攻击前进。西梁山主峰上国民党守军拼命增援小陀山。攻守双方在暗夜中遭遇，双方展开了激烈的白刃战。三营官兵经 40 分钟的拼战，终于打退了守军的增援，余下守军纷纷向西梁山主峰逃窜。

这时一营也经激战，从左侧攻上了大陀山。两营兵合一处，巩固既得阵地后，合攻小陀山。这时天已大亮，守军拼命组织反扑，多层火力网居高临下地猛烈射击。东梁山国民党守军师炮阵地、江中国民党海军舰炮火及江中陈桥洲的火炮一齐猛轰我攻击部队，国民党军队 4 架飞机也向我占领的大陀山、小陀山进行狂轰滥炸。我攻击部队前进受阻。副团长邱明月和三营营长王金鼎负伤，部队也伤亡很大，被迫撤至大陀山阵地。

与敌对峙攻击青石街的一营二连向敌发起进攻后，进展顺利。突然攻击部队遇到一条小河沟，一时受阻。守军地堡里的重机枪拼命地吼叫，封锁了小河沟。这时林家邦副连长抢过炸药包，率爆破小组冒着守军密集的火力网，涉过河沟，炸毁了守军地堡，为部队开辟了通路，自己壮烈牺牲。二连与敌激战至天亮，终于夺占了青石桥。稍顷，守军组织兵力反扑欲夺回丢失的阵地，西梁山的守军也居高临下实施火力支援。二连连长祝士元在战斗中身负重伤，仍指挥连队浴血奋战，连续打退了守军 3 次进攻，并与守军形成对峙。

在二六九团发起进攻的同时，担任佯攻的二六八团三营沿江堤向西梁山东北角，二营向西梁山的北腰同时发起了猛烈的攻击，战斗打得异常激烈。守军凭借居高临下的优势，疯狂阻击我攻击部队。我三营和二营的指战员，在狭小的正面上沿着陡峭的山脊，连续发起 4 次进攻未果，部队伤亡较大。主攻营营长壮烈牺牲，部队进攻受阻，未能按原计划攻占敌西梁山北首阵地，无法策应二六九团主攻方向上战斗。

9 日上午，饶守坤站在位于西梁山西南处一条干沟的九十师指挥所，冷静地观察着西梁山整个战场，思虑着眼前的这场恶仗：认为继续进攻，显然不利，后撤更加不利，敌机和敌炮会肆无忌惮地轰炸进攻部队，徒增伤亡，只有同守军呈胶着状态，方能减轻敌机和敌炮对进攻部队的威胁。于是，饶守坤命令二六九团抓紧时间抢修工事，坚守大陀山到天黑再攻；佯攻部队二六八团停止攻击，注意隐蔽防敌炮击，青石街二连暂停攻击，减少不必要伤亡，以逸待劳。

刚刚部署完毕，炮声又骤然响起。东梁山的敌炮和江心洲陈桥的敌炮猛轰我大陀山阵地，停泊在江中的敌舰也发起炮击，10 余架敌机也怪叫着在大陀山阵地上空轮番狂轰滥炸。瞬间，大陀山阵地上山崩石裂，乱石横飞。这时，西梁山主峰上的守军凭借陆海空三军炮火支援的优势，一窝蜂地嚷叫着向二六九团发起猛烈的反扑。

二六九团进攻部队随即用山炮营猛轰敌群，拦阻国民党军队的反扑。但由于炮火太弱，国民党军队仍然蜂拥地冲向大陀山阵地。

大陀山阵地上，二六九团与敌展开了殊死决战，接连打退国民党军队两次进攻。山坡上、壕沟里，到处躺满了国民党士兵尸体。国民党军队进攻受挫，炮火更加猛烈，炮弹像冰雹一样落在二六九团阵地上，山石、泥土溅起数丈高，遮天蔽日的硝烟笼罩着整个光秃秃的山头。守军在强大炮火掩护下，投入了更多的兵力向二六九团发起猛烈进攻。二六九团的勇士们从乱石中爬起来，从尘土中钻出来顽强抗击着国民党军队。战斗异常残酷。一营长范光和高喊："人在阵地在！一定要守住阵地，坚持到天黑就是胜利！"他的话音刚落，一颗炮弹打来，一营长壮烈牺牲。这更激起大家的满腔怒火，高喊着"为营长报仇！人在阵地在！"机枪手倒下了，副射手马上顶上去；有的战士腿打断了，躺在地上继续战斗；有的战士眼睛被炸瞎了，依然摸索着投弹，战士们打红了眼，伤痛生死全然不顾。干部们更是身先士卒，一连副连长李少华，5次负伤，6处中弹，斜靠在岩石上依然指挥战斗。战斗激烈地进行，阵地失而复得。激战竟日，二六九团打退了国民党军队的6次疯狂进攻。

黄昏将至，守军退回西梁山主峰，战场逐渐平静。这时，突然下起了大雨，雨越下越大，夜越来越黑。饶守坤打电话问二六九团朱士超："伤亡多大？"朱士超说："全团仅剩两个连，二营营长、副营长又负伤。"饶守坤扔下了电话，走出指挥所。雨还在下。当抬一营长范光和的担架过来时，饶守坤掀起被单，掏出手帕轻轻擦去了他脸上的血污和尘土，然后，脱下军衣，盖在淋湿的英雄身上，摆摆手，担架抬走了。饶守坤猛然返身钻进了指挥所，打电话告诉朱师长，调预备队二七〇团1个营上去，加强二六九团，军部山炮营也调上去。另外二六八团除留少数兵力继续佯攻牵制守军外，主力调上来加强正面进攻的力量。部队要马上进行偷袭，夺取阵地后，先加强工事，然后再攻！

晚10时左右，风停雨住。二六九团借着夜幕的掩护，采用偷袭与佯攻的战术，歼敌1个排，捕获敌1名副连长，夺得小陀山部分阵地。部队立即改造地形，构筑工事，严阵以待。

10日拂晓，西梁山主峰上的国民党守军一阵骚动。经查，昨天的激战，守军三十八团伤亡惨重，又调三十九团加强西梁山防御。天色大明，守军开始反扑。敌炮、舰炮和飞机拼命地轰炸扫射，西梁山主峰的国民党守军又发起猛烈反攻，但人民解放军九十师部队早已严阵以待，予以重创。守军不甘心，又接连组织力量发起4次进攻，但都被一一击退。尔后，战斗呈胶着状态，相持不下。西梁山阵地整日炮声隆隆，枪声阵阵。

激战至11日下午，国民党守军伤亡惨重，人民解放军九十师部队伤亡也不少。为加强二六九团进攻力量，饶守坤令二七〇团全部进入二六九团的防御阵地，全师合攻西梁山主峰。

二七〇团团长朱慕萍迅速率部隐蔽进入二六九团防御阵地。下午4时许，利用战斗间隙，朱慕萍深入前沿察看进攻地形，不幸中炮，献出了年仅37岁的生命。这位早在1932年就参加了共青团和地下党，打过鬼子，斗过土顽，当过县独立团团长、支队参谋长和县长的优秀指挥员，在西梁山壮烈牺牲。朱团长阵亡的

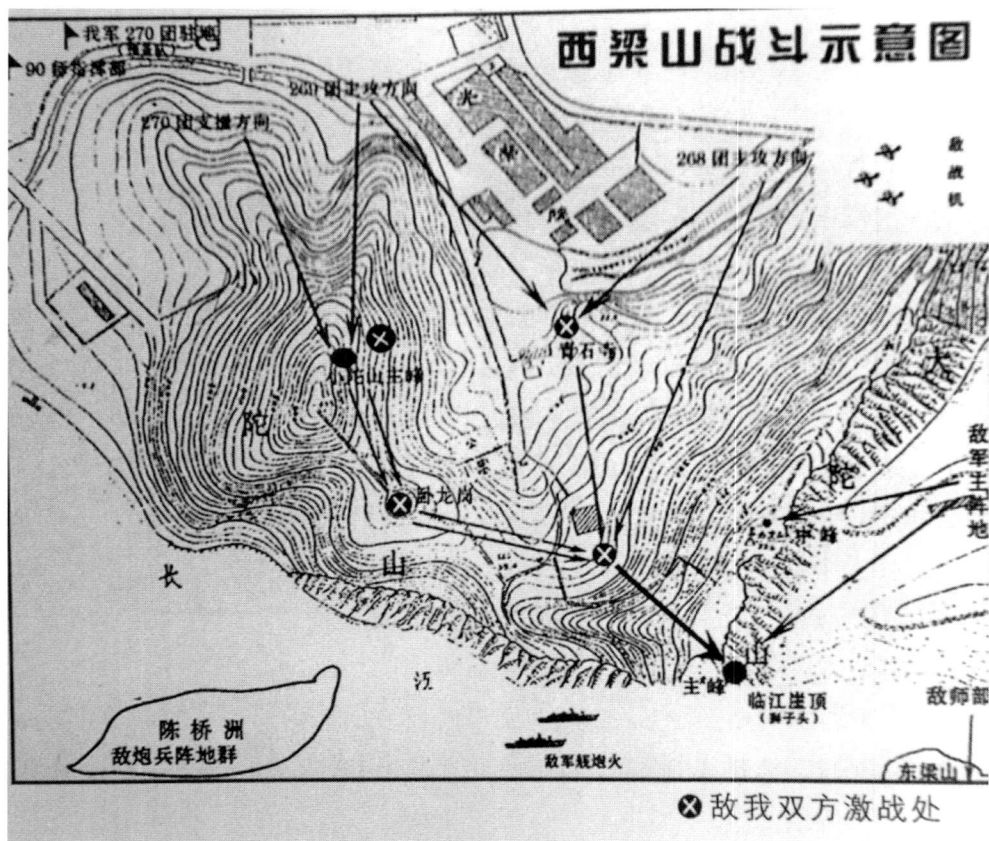

西梁山战斗示意图

消息，更激起了人民解放军指战员对敌人的仇恨。大家都坚决表示，一定要攻上大陀山全歼敌人，为牺牲的朱团长和烈士们报仇。天黑前，部队刚准备按师首长命令向西梁山发起总攻，突然接到上级命令，我党与国民党谈判达成临时协议，停战八天，要九十师立即全部撤回原驻地，整装待命。

西梁山上下，从 4 月 8 日到 11 日，经过近四昼夜的激烈争夺，人民解放军重创国民党守军，也付出了巨大的牺牲。

让我们永远记住那些将鲜血洒在这片土地上的英雄们：

朱慕萍，37 岁，团长；

范光和，30 岁，营长；

唐特，28 岁，团宣传股长；

周耀明，28 岁，连长；

仲祥飞，26 岁，排长；

李士飞，22 岁，排长；

……

## 英雄回忆

原九十师作战科科长朱士超 1989 年也回忆说："……当时，蒋军误以为我们要攻下西梁山，以这个地方为依托，强渡长江。因此战斗打得很猛，很激烈，很多同志都在这里牺牲了……"

那时，解放军大炮每打一发炮弹就要换个地方，否则让国民党守军发现了人民解放军火力点，他们就会以十倍百倍的炮火向人民解放军火力点打来。而西梁山一带树木丛生，解放军大炮转移位置非常困难。一开始，守军完全掌握了控制权。人民解放军被迫撤至小陀山阵地，与蒋守军对峙。

二六九团担负攻占西梁山青石街的部队也遭到了守军的顽强抵抗，一个连的战士被炮火压在一片水田里，既不能前进也不能后退。连长祝士元在战斗中身负重伤，副连长林家邦抢过炸药包，率领爆破组冒着敌重机枪的密集扫射，匍匐穿越，炸毁了守军地堡。"全体战士硬打硬拼，激战一天一夜后，才夺取了青石街。"原二连指导员陈祝三 40 年后还清晰地记得当年这一幕激战情景。

在二六九团发起主攻的同时，担任佯攻的二六八团，也对西梁山东北角和北部山腰发起了进攻。战斗同样进行得异常激烈。守军居高临下，兼有火力优势，子弹炮弹像瓢泼一般往下砸，二六八团沿着陡峭的山路，连续四次发动进攻均未奏效，人员伤亡很大。主攻营营长薛锦同、一营营长范光和壮烈牺牲，以致没能按预定计划攻占敌军阵地，更无法策应二六九团对西梁山主峰的进攻。

为避免更大伤亡，二六九团、二六八团不得不撤离已经到手的小陀山阵地。直到当天深夜，才借夜幕的掩护，由二六九团把小陀山重新夺了回来。

12 日至 13 日，战斗进入白热化阶段。围绕着小陀山和大陀山阵地，敌我双方反复拉锯。守军绝地反击，人民解放军冒死冲锋，双方均伤亡惨重。

原九十师二六九团团长李东海回忆说："我团的机枪手倒下了，副射手马上顶上去；有的战士腿打断了，躺在地上继续战斗；有的眼睛被炸瞎了，依然摸索着投弹。战士们打红了眼，伤痛生死全然不顾……一连副连长李少华，5 次负伤，6 处中弹，仍斜靠在岩石上坚持指挥战斗。打到最后，我全连只剩下 7 个战士，有几个还是重伤员。一直坚持到 13 日，我二六九团打退了蒋军 6 次疯狂进攻，守住了小陀山阵地。我在指挥中脚部受重伤，不能再指挥战斗；副政委赵步频和副团长邱明月也先后负伤，不得已退出战斗。师部当即任命作战科科长朱士超指挥战斗。经过两昼夜的激战，二六九团打得只剩下两个连，师指挥部不得不紧急调遣预备队二七〇团一个营和军部山炮营增援。要紧关头，二六八团连续两次组织策应，指挥部队冲锋，对主峰守军构成严重威胁，减轻了二六九、二七〇团主攻部队的压力。"

原二六九团二营五连指导员刘朋，72 岁时重返西梁山，回忆道："我们在山上守了两天三夜，整整两天没喝水，睡在交通沟里吃饭。炊事员送饭要一点点从交通沟里往上爬，但守军火力太猛，常常饭没送到，炊事员就牺牲在半山腰了。后来，我们只好一个一个传饭吃，山上的很多战士都没吃到饭。传到饭的同志，也没有碗，只能用帽子盛饭吃。"

渡江战役 40 周年时，原二六九团卫生队医务员王禧昌回忆说："我团卫生队组织了 5 个包扎队，都来不及抢救。很多伤员直接转到后方医院，还有受重伤的战士未能及时治疗，就这样在痛苦中走了……"

在九十师师部所在的姥下镇村民王良松，当年只有 12 岁，乳臭未干，却深深地铭记下家中曾住过的解放军。36 年后的 1985 年，他对前来收集战史的人员说："当时，就有一部分战士住在我家，战斗几天后，碗、瓷盆、毛巾还挂在那儿，人却再也没回来过……"说到这里，王良松失声痛哭！

# 裕溪口大捷

裕溪口，地处长江北岸，芜湖市鸠江区西部，东临长江与鸠江区四褐山街道隔江相望，南滨裕溪河与二坝镇为邻，西、北与沈巷镇接壤，自隋唐时期就一直隶属于和州。民国以后，属和县。1958年4月，划归芜湖市为裕溪口镇。渡江战役时期，裕溪口也属于战略要地。

第三野战军将扫除芜湖至南京一带江北岸蒋军桥头堡的任务，交给了三野第九兵团。九兵团命三十军另外两路行动如下：

政委李千辉率八十九师包围、攻击芜湖对岸的二坝、裕溪口据点。以上两部分部队完成迷惑国民党军队的任务后，作为渡江第二梯队，插入芜湖以东，切断芜湖国民党守军退路，将其歼灭。军长谢振华则率八十八师作为三十军渡江第一梯队，突破长江天险，解放并接管芜湖。

八十九师接到命令以后，于4月7日开始对裕溪口发起正式进攻，因为事先和县地方政府大力协助，及时准确搜集了国民党军队驻扎在裕溪口的详细情报，使得进攻十分顺利，避免了很多伤亡。

据时任白渡区委书记和区长孙贤树回忆：

"元月24日，第三野战军二十四军八十八师侦察科长王训群带领一个侦察排来白渡区，主要任务是侦察西梁山至裕溪口间的敌情。并要白渡区委在一个月内负责把裕溪口至裕溪街的敌人情况摸准。西梁山的敌情由西太区负责。

接受任务后，我派人到裕溪口姚兴圩村找来我过去的朋友蔡庆德、何顺之两人，蔡庆德和裕溪口便衣大队长房道能关系好，我要蔡庆德打入敌人内部，把敌人情况侦察清楚，由何顺之负责联系，只能向我一人汇报，一定要保密。我给他们每人发了一担半大米钱的活动经费，让他们在一个月内完成任务。

蔡庆德回去后找房道能要找点事做，房道能要蔡当大队副，专门负责搜集解放军的情报。何顺之及时向我请示，经过我批准后，蔡庆德以队副名义进行了工作。蔡每天带人下乡，以要钱、要粮为名搜集敌人情况，在不到一个月的时间里把敌人驻地、兵力部署、指挥官姓名、火力配备、各种障碍物（包括壕沟、地雷、铁丝网、竹签、地堡）等情况详细绘成地图由何顺之送给我。

3月，八十八师调走，军长谢振华、参谋长李元付、副军长饶守坤派人把我叫到军部。军部驻在后港桥鲁二先生家。他们向我了解西梁山一带情况。我把情况一一作了汇报，并在地图上指出，我讲到哪里，军部的参谋就用小红旗插到哪里。中午，军部几位负责同志陪我吃完午饭后送我到九十师师部。师部驻在后港桥对河小街，我到师部后又把情况向师部作了介绍，师长朱国华、政委郑有生、参谋长张洪山等同志听完后派人用马送我回区。

在攻打西梁山的同时，我们部队对裕溪口之敌发起进攻。裕溪口是我县的重要港口，它下通南京、对江芜湖，淮南煤炭经由淮南线运到这里转由港口运往长江沿线各大城市。码头工人有2500多人，街道居民有5000多人，日本鬼子入侵时，首先占领裕溪口，鬼子投降后，这里是国民党的重要控制地区。我军为了达到牵制敌人兵力的目的，在攻打西梁山的同时打裕溪口，以支援西梁山战斗。

敌人在裕溪口设了几道防线：铁路防线、长江堤防线和裕溪街防线。其中铁路防线的第一道防线设在木刘村，第二道防线设在朱房村；长江堤防线的第一道防线设在三道湾村，第二道防线设在铁路埋头。每道防线都挖壕沟，拉铁丝网，埋地雷等障碍物；裕溪街防线设在工关村，四面是水，只有一条大埝，埝头埋地雷、挖壕沟、拉铁丝网等。裕溪街的敌人布防情况我们早已绘成地图送给部队，所以攻打裕溪口时非常顺利。"

## 西梁山战斗的意义

西梁山战斗是一场重要的牵制战。西梁山一战，人民解放军声东击西，守军误以为解放军要打下西梁山，从西梁山渡江，并与敌军反复争夺，加深了守军的错觉，江南国民党守军六十六军，见三野九十师如此顽强地夺取西梁山阵地，深感东梁山至芜湖一线防御的压力，并由此判定人民解放军的战略目的是占领西梁山，攻下陈桥洲，并以此为跳板直接渡江攻打芜湖，于是将江南守军全部调到东、西梁山一线防务。又将六十六军其余主力调至西梁山对岸，以加强芜湖四褐山的防御。这样一来，减少了芜湖以西的防御力量，从而成功迷惑和牵制了守军，保证了兵团主力从荻港、鲁港、三山镇等处的顺利强渡成功，并使固守西梁山的敌军遭受重创，瓦解了守军的军心，最终完成既定主要任务，保证了渡江任务顺利完成。

但是，短短四天的西梁山战斗是一场极为惨烈的大血战，包括第二七〇团团长朱慕萍、第二六九团一营营长范光和在内的人民解放军1500多名指战员，在"打过长江去，解放全中国"的坚定信念下，用自己的鲜血和生命换来了大军渡江的胜利和江南的解放。今天的和县革命烈士纪念馆，记录了其中部分英烈的姓名，限于当时的条件，还有更多曾经鲜活的生命，却就此湮灭，寂寂无闻。

为缅怀先烈的光辉事迹，激励后人珍惜来之不易的和平生活，1952 年起，党和政府在西梁山上建立了人民英雄纪念碑及革命烈士塔、馆、墓、亭、院等，供后人瞻仰怀念。

1952 年落成的西梁山革命烈士纪念碑由和县人民政府作序。碑文中，清楚地表明了这场战斗对整个渡江战役的价值所在：

"是时蒋敌凭东、西梁山天门山之险，踞山背江，负隅顽抗。我英雄的九十师奉命迷惑牵制守军。不顾守军的猛烈炮火网和敌机敌舰的扫射炮击，向固守之敌奋勇冲杀，诱敌陆海空三军往东、西梁山调兵增援，有效地削弱了敌之江防力量，为我中路大军突破荻港、首渡长江创造了有利条件，为解放全中国作出了巨大贡献。"

原九十师二六九团团长李东海赋诗感慨：西梁山上故地行，忆起当年情更浓。百万雄师抵江岸，我师奉命攻天门。二虎本是军要地，蒋敌顽守陆海空。机吼舰嚎炮声隆，我军个个都英勇。重创敌据固守点，血洒山涧映江红。鏖战天门敌告急，牵敌江防数万兵。顽敌诱来我正面，战役任务告大成。褒扬英烈修胜迹，感谢和县党政民。

# 改天换地　喜迎新生

## ——记和县解放经过

1947 年 10 月，中共和含工委与和含支队在巢县北部的大祝村成立，彭醒梦任工委书记兼支队政委，卫道行为委员兼支队长。1948 年 5 月，和含工委领导成员调整，彭醒梦、卫道行调走，由王训友接任工委书记，增加赵鹏程、龚哲民为工委委员，张建、倪合刚仍任副书记。

1948 年 2 月，华东军区第三野战军南下先遣支队顾鸿司令员（支队长）率部南下皖江地区，一路转战，于 5 月胜利到达预定的和（县）含（山）地区。与江淮军区部队一道深入敌后歼灭敌人，侦察长江两岸敌情。同年 6 月 5 日，顾鸿率先遣支队一部采取"伏击""声东击西"战术，在和县南义镇与国民党安徽省保安六团展开激战，以少胜多，全歼该敌，俘敌 1000 余人，并缴获大批武器弹药。此战获胜，对改变和、含地区敌后斗争形势起了重要作用，并为大军渡江创造了有利条件。与此同时，和含党组织的活动由秘密转为公开。在和、含、巢、无边境地区进行活动。当时的和含工委隶属皖西四地委，一度驻在和县张葛吴村，下辖白渡、娘望、南姥、陶新等区工委。和县南乡有20多处大小集镇先后解放，乡级政权相继建立，解放区不断扩大。

7月，和含工委决定成立和含爱国民主县政府，县长赵鹏程（兼），副县长倪合刚主持工作，税务局长何月波，秘书周恺，民教科长祁家振，财粮科长魏昆，交通站长李寿高。时至11月，原全民族抗日战争时期根据地已基本恢复，和含地区划归江淮区党委领导。县政府设在汤陈村一带，没有固定地点。当时县政府的主要任务是征税、征粮、搞药品等供给部队。也成立了县大队，大队长龚哲民。还组织了一些游击队，如陶中泉游击队，孙贤树的白渡区中队，张永贤、张益忍的游击队，马刚也带一个游击队。

12月，芜当宣工委经皖西四地委批准，在和县乌江设立沿江指导处，该指导处乌江情报组组长江波，乘国民党乌江驻军撤走之际，策动国民党乌江镇长江绍志和乡长朱友斌率部70余人到濮集起义，由时任江淮五分区副司令员兼和含民主政府县长赵鹏程和专员倪则耕接受。

1949年1月2日，江淮五地委、五专署、五分区正式成立。地委书记程明远。地委驻功剩桥、南义一带，辖和县、江全、含山及巢县的部分地区。同时，撤销和含工委，分别成立和县、含山、江全3个县委及江全、含巢2个督导室。和县县委书记倪合刚，江全县委书记王训友，督导室主任葛平。同时改和含爱国民主县政府为和县民主县政府，县长潘效安，副县长何月波。1949年春节前，县政府迁移到姥桥附近的桃园拐。

1949年1月15日，江全督导室改为江全行政办事处，江全县委管辖和县得胜河以北和江浦南乡一带，隶属江淮五地委，驻和县香泉大麻村。

1949年1月16日，时任国民党和含联防区主任曹亮文率全体官兵在和县白渡桥起义，赵鹏程派员接收400余人，还有大量军用物资。按照军分区司令部的命令，起义部队开赴南义和功剩桥待命收编。2月1日，国民党驻和城的自卫队3个中队300多人，在大队长王祝成的率领下，赴戚桥向我军投诚，由南姥区区长司贯吾接收。同月，在江和全地区的国民党和县第二联防区主任花子厚率部80余人，赴香泉向赵鹏程投诚。

接着，第二、第三联防区的反动武装也选择了起义投诚的光明道路。赵鹏程把这些投诚的武装人员带到半汤进行了改编。全椒县长潘禹三也派人来找赵鹏程联系，要求率部 1000 多人投诚。赵鹏程派吴新模、王新有、李秋水等同志去接受的。

曹亮文投降以后，和城的伪县政府官员及卫队惶恐南渡，有的逃到当涂县，为前程计随即又回来投诚。至此，除金河口有一营广西军守护江防和西梁山仍屯集阻止我渡江的重兵外，和县城乡基本解放，此时，住和城的县知名人士马献龙等在大兵压境情势下，纷纷考虑出路，思忖对策。马献龙在抗战时曾任和含中心县委领导下的和含行政办事处主任。1945 年 10 月我军北撤后，他为国民党效劳，而今，他进退维谷。中共和县县委领导不计前嫌，多次派人与之接触，开展教育。在共产党的政策感召下，马献龙与和县知名人士禹子凼和商界、学界等有识之士会商，决定策应我人民军队早日解放县城。

此时，人民政权稳固，县政府已安定地在姥桥桃园拐子办公（住陶光祖家），武装力量已达 450 人之多，其中县大队已有两个连兵力，每个区干队也都有 30 多人。全县各区已全部在控制之下，县城内也不见反动武装。于是，解放和城的时机已完全成熟，县委、县政府决定兵进和城，彻底推翻伪政权，解放全和县。

临近农历除夕，县委、县政府负责人与禹子凼、马献龙等人再三取得联系后，在慎重考虑、仔细研究、充分准备的基础上，制定了周密的进军和城的计划。决定县大队从桃园拐子出发，经十里长岗、桃花桥到十里埠宿营。然后，禹子凼、马献龙等在城内做好各项安排，到大西门外迎接，县大队在确保万无一失情况下，方与拟任的历阳区机关干部和区干队等同时进城。此前，我拟设的历阳区委、区政府重点筹划了兵进和城事宜，一切筹备工作已基本就绪，进城日期指日可待。

农历腊月三十（1949 年 1 月 28 日），县长潘效安在姥桥镇东街头，召开了兵进和城前的誓师大会，参加会议的有县大队、区政府、区干队和国民党投诚人员近百人。除夕之夜，区政府、区干队人员聚餐后，开了一次小型的文娱晚会，大家精神振奋，情绪激昂。有的唱歌，有的讲故事，气氛十分热烈。次日晚，区武装人员及干部百余人，在倪合刚、潘效安、祁家振等同志率领下，由桃园拐子经十里长岗陇悄悄地向十里埠进发。由于事先做了周密的安排，一路比较顺利。虽然北风凛冽，天寒地冻，伸手不见五指，但战士们的心中洋溢着浓浓的春意。到达十里埠时，已是晚上八九点钟。部队抵达后很快就安顿下来。30 日（正月初二）上午，禹子凼、马献龙等人按约前来相迎。于是，100 多人的大队便在十里埠集合，由大西门直进和城（另一种说法是：农历腊月二十九夜晚，县、区武装人员及干部等百人由桃园拐子经十里长岗直插桃花桥一带驻足。年三十上午，我部队在桃花桥集合，从大西门直进和城）。行进路线是：大西门→现在的县二中、党校→水利局宿舍→南北大街→小市口转东西大街→和城体育场。至此，这座具有两千多年历史的古城没费一枪一弹就解放了。

初二这一天阳光灿烂，虽寒风凛冽，但欢迎的人群却早早站立在街道两旁，商店照常营业，住宅和店铺门口挂着的纸制彩旗在迎风飘扬。临近中午，当人民军队雄赳赳、气昂昂地进入和城时，人声鼎沸，鞭炮齐鸣，锣鼓声、口号声响彻上空。群众向军队欢呼，战士向群众招手，整个县城充满着欢乐而热烈的气氛。倪合刚、潘效安、祁家振等领导同志走在队伍的前列，向欢迎的人群频频招手致意，郝斌同志率领一个排和手枪班护卫其后。队伍顺着人流坚定、缓慢而有秩序地进入和城广场（即现在的体育场）。队伍后面跟着有学界、商界、市民等团体擎旗进场。紧接着，举行了和城各界人士庆祝解放大会。会上，潘效安、倪合刚、祁家振相继在砖石垒的台上发表了激动人心的讲话。潘效安县长宣布："和城解放了！和县从此天亮了，和县人民从此翻身作主人了！"顿时掌声雷动，口号声、欢呼声，响彻云霄。领导同志还说：和县虽然解放了，但我们还要打过长江去，彻底推翻蒋家王朝反动统治。希望人民群众和我们党同心协力，以实际行动支援大军渡江。马献龙作为和县当时各界人士代表，也在会上发表了热情讲话。参加这次庆祝大会的有近两千人，会场始终秩序井然，掌声不断，口号声此起彼伏。这次大会为支援大军渡江和巩固新生政权打下了坚实的基础。和县的历史从此翻开了新的一页。

和城解放之后，刚成立的历阳区政府已移入和城内，区长祁家振；为稳妥起见，县委、县政府办公地址仍置姥桥桃园拐子。白天在坐落西三门城墙坂子的炎帝庙（火神庙）办公，晚上分散转移桃花桥附近。所属历阳镇政府设和城内，指导员先由季锦泉担任，后由何荣楷接替，镇长周斌。和城解放三四天后，历阳区政府在喜雨亭（现和县一中内）特地召开了知识界、中小学教员座谈会。祁家振区长主持会议，潘效安县长作了重要讲话，宣传了党的知识分子政策。潘效安县长强调说，我们对诸位知识分子寄予厚望，希望大家和我党、我军紧密团结在一起，为打过长江去，全部、彻底、干净地消灭蒋匪军，解放全中国贡献自己的一份力量！这次会议开得很成功，对以后一段时间的和县工作起到了宣传和鼓动作用。在大军渡江前的几个月里，和城内外人心安定，治安状况良好。当然，国民党反动派仍不甘心失败，他们的飞机还不时来和县乃至和城骚扰。有一次，敌机盘旋在和城上空，用机枪对地面扫射，但未伤及人众。当地少数反动分子也蠢蠢欲动，寻机破坏。一天清晨，几个反动家伙勾结金河口广西军十几人，越过东门护城河干涸的河床，鬼鬼祟祟地向县城靠近，企图偷袭历阳区政府。但他们刚到城墙边就被发现了，区政府立即组织区干队去迎击。经过一场激烈战斗，来犯敌人被打得丢盔弃甲，狼狈逃窜，以后再也不敢来犯了。

这段时期，和县各级党组织与政权工作的重点是支援人民解放军渡江。

早在1948年冬，和县支前工作就已经开始。当时华野部队南下，和县地方政府就主动承担了部分军需供应工作。和含爱国民主政府建立了供给科，姚军任科长，负责制作军服、筹备药品供给部队。1949年2月，解放军约35000人加入和县待命渡江。江淮五地委指示各地，将支援大军渡江作为中心工作。要求充分做好粮食、柴草、船舶、民夫、担架等方面的准备，全力支援大军渡江。和县党政军联合成立和县支前指挥部，县长潘效安兼指挥长，县委书记倪合刚兼政委，副县长何月波任副指挥长。3月，成立和县支前民工团，团长唐九奎，政委何月波。不久，民工团又与和（县）含（山）民工团合并，成立和含民工团，团长何月波，政委项朝亮。

县委县政府首先是做好思想动员工作。在全县广大人民群众中，广泛进行支援解放军渡江思想动员工作。各区、乡都召开干部群众大会，广泛宣传"打过长江去，解放全中国"的历史意义。号召人民为支援大军渡江做出自己的贡献，尽一切努力做好物资供应和后勤保障工作。反复宣传，反复动员，使广大人民认识到，只有彻底打倒国民党反动派，人民才能彻底解放，将广大人民群众支前积极性提高到新的高度，人民群众以百倍努力完成支前各项任务。

当时征集军粮主要从两个方面着手。一是按照田亩分担，在保证完成任务的前提下，认真贯彻合理负担的政策。对贫困户可以减免，以保证他们生活需要。其实，人民群众以踊跃交粮为荣，很少要求减免。南姥区菱湖乡农民王其高，按亩应交军粮170斤，家里粮食不够，就连夜跑了30多公里，到姐姐家借来粮食，一次性完成了任务。娘望区青峰庵的僧人，本来没有交粮任务，但他将自己化缘来的40斤粮食交给政府，说"要对解放军表示善缘"。二是对殷实大户进行动员工作，要求他们把粮食借给国家，政府立字据，以后偿还。县长潘效安为此来到白渡桥镇召开殷实大户座谈会，向他们讲形势，讲政策，要求有粮出粮，有钱出钱，支援大军过江。这些大户过去受到国民党反动派的盘剥，现在看到解放的希望，都慷慨解囊，一次性就借出粮食20多万斤。经过多方面细致工作，全县完成了征集军粮 1800 余万斤任务。

为保证人民解放军在县境内的交通畅通，全县紧急动员民工 2.7 万余人修筑道路、桥梁，计抢修公路 115 公里，分别是：和城—乌江 20 公里；和城—裕溪口 40 公里；和城—含山 35 公里；裕溪口—铜城闸 15 公里；西梁山—白渡桥 5 公里。修好人行大道 160 公里，分别是：西埠—善厚 20 公里；善厚—绰庙 30 公里；绰庙—西埠 30 公里；绰庙—乌江 30 公里；含山川山口—姥下河 35 公里；铜城闸—黄山寺 15 公里。整修大小桥梁 60 余座。这样，保证了解放军在和县境内道路畅通。

同时，根据巢湖军分区的决定，及时组建支前民工团，经过区乡政府的挑选，组织了 1426 名年轻力壮的民工，成立了和县支前民工团。县委民运部长唐九奎担任团长；副县长何月波兼任政委，民运部副部长余永兴任参谋长。同时以区为单位，成立了白渡、娘望、西太、南姥 4 个大队。民工团的任务主要是随军行动，负责运粮和抬担架。根据军分区要求，在民工团内挑选一批会划船的水手，为解放军渡江战斗作准备。挑选出来的水手由唐九奎带领，到指定地点集中。

3 月 12 日，以香南、香北、善厚、西埠 4 个区为主，在西埠成立了江浦县民工营，营长姜树森，教导员蔡振耀，青壮年民工 580 人，随二十五军行动，经芜湖、湾沚抵达上海郊区。在解放军缺少供给时，民工出生入死，于夜间送去十几万斤粮食供给部队，为胜利创造了条件。民工营吃苦耐劳，纪律严明，完成了许多艰难任务，受到二十五军褒奖。

4 月上中旬，西梁山战斗打响，县委、县政府领导全县人民全力以赴做好后援工作。

随着中国人民解放军胜利渡江，西梁山、裕溪口国民党守兵相继溃败，和县全境解放。县委、县政府由姥桥桃园拐子正式迁进和城，在镇淮楼西侧的一所楼房里（原国民党县政府所在地）办公，因此，将 1949 年 4 月 22 日定为和县解放纪念日。

6 月，王训友接替倪合刚担任县委书记，李志接替潘效安担任县长，县委隶属皖北区党委巢湖地委，原划给江浦县、临江县管辖的和县地域陆续划归和县。县委组成人员和行政区划都作了相应的调整。

西埠区、香南区撤销，分别成立濮集区（区长马刚），乌江区（区长臧庆甫）。财粮科撤销，成立计政科（科长曹植三），粮食局（局长魏昆）。

7 月，县政府开始了县直机构的组建工作。交通管理科改为建设科（科长周恺），民教科分设民政科（科长周屏），文教科（科长祁家振）。粮食局长魏昆调离后由张仁接任。历阳区撤销改为直属镇。成立民运科（科长唐九奎），各项工作开始走上了正轨。

8月，和县共有党员398名，其中正式党员165名。建立沈巷、姥桥、新桥、娘望、濮集、乌江、善厚7个区委会，共建党支部42个。同年，县委相继成立民运部、组织部、宣传部。

9月，全县设7个区、1个镇、75个乡。

1949年10月1日，毛泽东主席在北京天安门城楼向世界庄严宣告："中华人民共和国中央人民政府今天成立了！"

10月2日，和县县委、和县人民政府在和县体育场召开庆祝中华人民共和国成立大会，县长李志主持由3000多工农兵学商各界人士参加的大会，这是和县历史上规模空前的大会，人民群众欢欣鼓舞，锣鼓喧天，喜气洋洋。各区、乡带着自己编排的节目为大会献演，历史悠久的和县揭开了万象更新的历史新篇章。

# 二、基础建设篇

## 兴修水利　造福人民
### ——记和县水利建设

　　和县西北高、东南低，年降水量变化大，水旱灾害频发。长江堤坝常年失修，破败不堪。渡江战役中，国民党为把守长江，将裕溪口作为江防前哨，控江堤，挖战壕，从裕溪口到陡河的 2.5 公里江堤都被挖空，给沿江群众的生产和生活造成了极大的危害。

　　1949 年 4 月，刚刚解放的和县就成立了江堤抢修指挥部，县长潘效安任指挥，县委书记倪合刚任政委。下设裕溪口、西梁山两个防汛指挥所，内河成立杭河泊、范桥、官渡 3 个防汛委员会，统一指挥全县水利兴修工作，按军事组织形式，各区成立兴修水利大队部，乡成立中队，行政村成立分队。调动 50000 多民工上堤，抢筑裕溪街退建堤 466 米，修复国民党在江堤上挖工事的 5 处缺口，加固被国民党破坏的 2.5 公里江堤，挑土方 7.9956 万立方米，解除了沿江人民生产生活的后顾之忧。8 月，又发动 13 万民工加固江堤 88.4 公里，河堤 97.3 公里，挑土方 172.55 万立方米，发放以工代赈粮款 492455 万元（第一套人民币）。此项工程一直进行到 1950 年春天。

　　1951 年 6 月，和县积极响应华东军政委员会发布的《关于防汛工作的指示》，立即成立了县防汛总队，政委由县委书记王创业兼任、总队队长由县长李志兼任，驻军或县武装部队首长及建设科长兼副总队长。各区、乡、村分别设大队、中队、小队。原有县以下各级水利委员会及圩堤委员会继续保留，作为防汛后备力量存在。各级防汛队按田亩征派民工，把民工编成巡逻、打桩、抢险等组织，按水情建立常备队、预备队和抢险队。

是年，7月、8月、9月3个月连续阴雨，山洪暴发，江水上涨，防汛总队聚全县之力，统一指挥，顽强拼搏，最终战胜了这次洪涝灾害，打了一场抗洪抢险的漂亮仗。不仅减轻了洪涝灾害给人民带来的生命安全和经济损失，还为兴修水利工作积累了丰富的经验。

防汛结束后，成立和县水利委员会。县防汛防旱总队长由县长司贯吾担任，人武部长孙钦道任副总队长，县委书记王创业任政委，农会主席唐九奎任副政委。下设总务、民力、工程、宣教4股。全县成立11个大队、129个中队、1275个分队。1951年冬和1952年春宣传动员，集中培训监工员、收方员与统计员，做好后勤保障工作。修复江堤实行以工代赈，按工程进度由国家拨给粮款；内河圩堤由国家贷给水利专款，使兴修水利与救灾工作同时进行。

11月上旬谋划兴修水利，月底召开各界人民代表大会和区水利委员会工作会议，同时，在沿江区成立8个"堤工管理委员会"，40多名行政和技术人员组织民工抽干沿堤积水，定好桩线，放好样子，12月2日局部开工，8日全面开工，次年元月18日结束。共完成江堤39.1526万立方米，河堤145.6752万立方米，圩堤18.7083万立方米，挖塘96.3764万立方米，筑堤13.9706万立方米，开挖撇洪沟3.3178万立方米，修建水库3.0250万立方米，合计317.2258万立方米。由于采用突击检查、重点检查和全面检查相结合的形式，层层把关，工程质量零偏差。

此外，还指导扩建熊官塘水库，将濮集区双桥河蓑衣桥至乌塘车10个小圩并成十连圩；并将濮集区双桥河陶家圩、何家圩、华严湖联成三连圩；大荣圩针鱼嘴崩岸，组织民工退建金河口码头至针鱼嘴840米新堤，挑土方3.702万立方米。

经过土地改革，干群觉悟空前高涨，兴修水利呈现出一个比、学、赶、帮、超的新热潮，前江后河消灭险埂，山区挖塘蓄水，以实际行动表达对党和政府的感激之情。

1954年7月25日，铜城闸溃堤，大水由南而北冲入县境，造成特大水灾。9月，金河口长江水位上升到11.57米，全县成灾面积69.55万亩，房屋淹倒7.34万间，淹死33人。县政府立即组织救灾工作队，安置灾民生产自救，让群众食有粮，住有房，病有医。并组织力量适时排出洪水，堵好圩堤，安排好来年生产。

新中国成立初期，和县水利建设所取得的成绩是显著的，是旧社会无法比拟的。它开创了和县水利建设的新局面，亦为今后水利事业的发展和壮大奠定了坚实的基础。

"大跃进"时期，和县根据省委部署又一次开展了兴修水利大会战。采取"大兵团作战"方式，组织军事化，行动战斗化，生活集体化。出勤人数一度达到每日 16 万多人，占全县劳力总和的 80%。在 160 多天里共挑土方 3744 万方，超过 1950—1957 年完成的土方总和。

1958、1959 两年的时间内，先后启动了 56 座小（一）型、小（二）型水库和戎桥、夹山关 2 座中型水库的工程建设。这期间，竣工的有孙堡的大陡沿、张集的 2 座小（一）型水库和南义的官山脑、陶店的石马、金城的大官塘和乔翁、绰庙的九牛堂、军田 9 座小（二）型水库，张集的李进保、韩庄，陶店的张家洼。1959 年 11 月，戎桥水库工程开工。12 月，夹山关水库工程开工。除此以外，山区挖了 1800 多个蓄水塘、122 条引水沟，为农业灌溉及人畜用水提供了保障。圩区，修筑、加固江河圩堤 227 公里，修建防涝埂 1424 道，撇洪沟 122 条，涵闸陡门 83 座。新建了杜姬庙大闸，解决圩区的旱涝问题。国营黄山寺电力排灌站和 35 千伏的黄山寺变电所，都是在这一时期建成的。同时还兴建了一批水利工程，数量之大是空前的。由于"左"倾路线的影响，"跨骏马，跃进再跃进；乘火箭，高潮接高潮"等"过急"号召，不断增加水利兴修的任务、不断加大劳力投入、不断提高劳动强度，超出了农民的承受能力，也影响了工程进度和质量。特别是 1959 年粮食困难，农民连肚子都吃不饱，不少民工全身浮肿，非正常死亡现象时有发生。

经济调整期间，县委再次集中人力、物力，继续兴建在"大跃进"期间启动却没有结束的戎桥水库和夹山关 2 座大型水库，经过全县人民的努力奋战，于 1962 年 5 月，库容 1320 万立方米，积水 21.6 平方公里的戎桥水库竣工。1963 年冬，库容 1206 万立方米，积水 40 平方公里的夹山关水库竣工。这两大水库的建成，开辟了和县水利建设的新局面，满足了域区内人民的防洪、灌溉、水产养殖、人畜用水之需求。

1966 年，建成小街电力排灌站和姥下河电力排灌站，组成了一个排灌区；改造十四联圩电力排灌站，形成以排涝为主、电力与自流灌溉相结合的灌溉模式。山区先后建成了孙堡龙泉洞、高关大金庄、陶店大陈以及善厚石坝、南义肖庄 5 座小（一）、小（二）型水库，促进了农业的发展，激发了奋发图强精神，保障了经济调整时期任务的顺利完成。

20 世纪六七十年代，县委、县政府贯彻"小型为主、自办为主，蓄、排、灌"兼顾的方针，依靠农民出工出力，和县水利建设高潮迭起，山区新建中小型水库 27 座，整修塘坝 1 万多处，开辟引水和撇洪沟渠 218 处。圩区重点是加固长江堤防和主要圩口圩堤 563 公里，疏通内河沟渠 2700 多条，整建涵闸陡门 1332 座，新建国营排灌站 20 多座。至此，和县水利建设的基本框架业已形成。

改革开放以后，县委、政府着重加强对现有水利设施的维护和管理。

1988 年，和县发动 7.18 万人上阵，累计完成土方 139.6 万立方米。西埠、石杨、乌江 3 个区镇面上兴修全面展开；江堤、姆下河、石跋河等堤埂于 12 月上旬排水清淤全面开工。

得胜河是流经含山、和县境内的一条独立的通江河道，流域面积 427.3 平方公里，主河道全长 36.6 公里，其中和县境内流域面积 205.2 平方公里，主河道长 24.4 公里。由于主河道断面狭窄，堤防低矮单薄，每年汛期都险象环生。1990 年，巢湖地区水利局组织和、含两县技术人员先后编制了《得胜河治理工程初步设计书》报请省水利厅、省计委。厅、委同意对得胜河进行治理。依据规划，主河道按 10 年一遇防洪标准设计，20 年一遇标准校核。设计流量 493 立方米 / 秒，校核流量为 547 立方米 / 秒，沿岸处理工程 110 项，重建和扩建桥梁 8 座。

得胜河治理后，和县长江河道管理所把奋斗目标瞄准了长江。

加固江堤，提高其防洪能力，是和县历届党委、政府和人民的夙愿。从 1993 年起，和县人民政府及水利部门多次派员赴长江水利委员会汇报和县江堤加固工程立项问题。1998 年长江流域大水后，和县江堤加固被列入国家基础设施项目。

是年 9 月，和县成立长江大堤加固工程指挥部，由一名副书记任指挥长，有关部门为成员，并抽调 26 人具体负责征地、拆迁和移民安置等具体事项。1999 年 6 月，由和县长江河道管理局为项目法人。2000 年元月调整为和县水务局，法人代表为水务局局长。项目法人代表对江堤加固建设负总责，一名副局长全面负责现场管理，下设计划科、质量管理科、工程科、财务科、地方协调科和办公室。江堤沿线设立五个指挥点驻地办公。

## 一、长江大堤建设

和县长江大堤总长 66.49 千米，由无为大堤裕黄段、和县江堤两段组成。无为大堤裕黄段（自裕溪闸至黄山寺方庄，长 11.54 千米），属国家 1 级堤防，和县江堤属国家 2 级堤防。

1989—1998 年 10 月，投入 684.7 万元，对无为大堤裕黄段进行加固，完成堤顶防汛公路 5.98 千米，堤身加固长 11.5 千米，土方量 12.95 万立方米；崩岸治理 2.5 千米，石方 9.5 万立方米；锥探灌浆 1 千米；改建穿堤建筑物 1 座。

1989—1998 年 10 月，投入 2812.36 万元，加固和县江堤各堤段。主要完成堤身加固 53 千米，土方量 419.59 万立方米；崩岸治理 3.5 千米，石方 24 万立方米；锥探灌浆 12.9 千米，打孔 4.6 万个，灌入土方量 1.23 万立方米；改建穿堤建筑物 10 座。

1998 年大水后，和县江堤和无为大堤裕黄段被列为国家重点水利基础设施建设项目，按照防御 1954 年型洪水的设计标准实施加固，总投资 47003.67 万元（含隐蔽工程），其中，无为大堤裕黄段 11170.84 万元，和县江堤 35832.83 万元。

1998 年 11 月—2003 年 9 月，投入 11170.84 万元，实施除险加固。其中，堤身加固、护坡、填塘固基、涵闸改造、防汛公路、营造防护林等非隐蔽工程由安徽省无为大堤长江河道管理局委托和县长江河道管理局组织实施，共投入资金 5511.84 万元，建设防汛公路 10.95 千米，加固堤身 9.53 千米，填塘固基 9.28 千米，外护坡 2.73 千米，抛石护岸 5 千米，涵闸加固 8 座。完成土方 135.21 万立方米，石方 8 万立方米，混凝土 1.13 万立方米。崩岸治理、防渗工程等隐蔽工程，由水利部长江水利委员会长江重要堤防隐蔽工程管理局组织实施，投入资金 5659 万元。抛石护岸（铰链排）5.64 千米。

裕黄段堤身加固上起裕溪船闸，下迄黄山寺大闸，加固项目为堤身加培、内堤脚平台、钢筋混凝土防浪墙等。堤身加培长度 9.53 千米，堤顶高程（吴淞高程系，下同）15.71～15.41 米，堤顶宽 10 米，迎水坡边坡 1∶3，背水侧堤顶以下 3.5 米设 6 米宽平台，平台以上边坡 1∶3，以下 1∶5。背水侧堤脚设平台，宽 30 米，中心高程 8.7～8.5 米。

钢筋混凝土防浪墙长度 2.93 千米，标号为 C20，墙体厚 0.6 米，墙顶高程 15.4～15.21 米。

堤身加固共完成土方 69.5 万立方米，钢筋混凝土 1663 立方米，总投资 1884.85 万元。

防汛道路上起裕溪船闸，下迄黄山寺方庄，全长 10.95 千米。设计等级为 4 级。路面宽 6 米，结构视原有路况确定。其中，5.91 千米加固整修段结构为：二灰碎石基层平均厚 13.5 厘米，乳化沥青透层、沥青碎石面层 4 厘米。2.17 千米加固维修段为原沥青表层处理、乳化沥青透层、沥青碎石面层 4 厘米。新建 2.87 千米路面段为级配碎石基层 20 厘米，二灰碎石基层厚 20 厘米，乳化沥青透层、沥青碎石面层 6 厘米。共完成级配碎石 18900 立方米，二灰碎石 9529 立方米。总投资（含管理设施）489.49 万元。

涵闸加固有四新闸、东风闸、裕溪站闸、增殖站涵、黄山寺站闸；拆除封堵黄山寺引水闸、黄山寺大闸；新建黄山寺排涝出水涵，并对黄山寺闸拆除段堤身进行加培，恢复原干砌石护坡。共完成加固土方 13.87 万立方米、石方 4099 立方米、混凝土及钢筋砼 1652 立方米，总投资 717.07 万元。

江堤加固现场

填塘固基堤内外段长 9.28 千米，对背水侧宽 100 米，迎水侧 50 米范围内塘面填至相应处地面 0.5 米高程以上。

平台盖重段长 1.5 千米，宽度 30 米，末端高程 7.5 米。

锥探灌浆段长 2.84 千米，沿堤顶外肩偏迎水侧梅花形布置共 7 排，排距 1 米，孔距 2 米，孔底伸入堤基 0.5 ～ 2.0 米。

填塘固基、平台盖重及锥探灌浆工程共完成土方 52.89 万立方米，锥探灌浆 93750 米。工程总投资 1356.5 万元。

护坡段长 2.73 千米，护坡采用现浇混凝土面板，厚 0.12 米，混凝土标号为 C20。现浇板分块尺寸 4 米 ×5 米，固脚深 0.5 米，宽 0.3 米，护坡顶高度为设计洪水位以上 1.5 米，封顶深 0.5 米，宽 0.25 米。共完成混凝土 8137 立方米，总投资 358.5 万元。

崩岸治理措施包括水上砌石护坡和水下抛石或沉排护脚。治理江段为陈家洲段、黄山寺段，护岸 5 千米，抛石量 37.95 万立方米，总投资 5319 万元。

防渗堤段总长 4 千米，采用塑性混凝土防渗墙，完成投资 340 万元。

此外，新建黄山寺管理房工程综合楼建筑面积 555 平方米、防汛仓库建筑面积 309 平方米。

和县江堤自西梁山至驷马山节制闸，全长 54.95 千米，分为六联圩及牛屯河口段（11.7 千米）、老西圩段（6.45 千米）、姥下河至金河口段（16.79 千米）、大荣圩及新陈圩段（11.38 千米）、赵栗圩及驻马河段（7.1 千米）、乌江段（1.53 千米）6 个堤段。

1998 年 9 月开工，2003 年 6 月底完工，完成堤身加固 54.95 千米，填塘固基 52 千米，加固、改建、扩建穿堤建筑物 34 座，护坡（块石或混凝土）37.04 千米，新建防汛公路 58.2 千米；完成土方 1123 万立方米，石方 14 万立方米，混凝土 14.8 万立方米；征地 7.35 平方千米，拆迁房屋 5.31 万平方米，移民安置 5537 人。工程总投资 28162.83 万元。

郑蒲段至新河口段和大黄洲段崩岸治理、牛屯河堤段防渗加固等隐蔽工程，由水利部长江水利委员会长江重要堤防隐蔽工程管理局组织实施。2000 年 2 月开工，2002 年 11 月完工。治理崩岸长 13.65 千米，抛石 57.36 万立方米，堤身防渗加固 5.25 千米，完成塑性混凝土防渗墙 6.85 万平方米，总投资 7670 万元。

堤身加固，西梁山至乌江霸王庙堤顶高程为 14.97 ～ 13.87 米，堤顶宽 8 米，迎水侧边坡 1∶3，背水侧堤顶以下 3 米处设平台，平台宽 4 米，平台以上边坡 1∶3，平台以下边坡 1∶4.5。金河口泵站段堤顶宽 14 米，堤顶高程 13.21 米，背水侧在 11.21 米处设 4 米宽平台，平台以上边坡 1∶3，平台以下边坡 1∶4（桩号 34+940 ～ 35+450 段），迎水侧堤肩建混凝土防洪墙，防洪墙顶高程 14.21 米。乌江段堤顶高程为 13.44 米（设计洪水位超高 1.5 米），堤顶宽 8 米，两侧边坡均为 1∶3。堤身加固总长 54.95 千米，完成土方 460.96 万方，投入资金 4959.94 万元。

另外，对堤身渗漏严重段采用锥探灌浆加固，灌浆堤长 40 千米，采取黏土灌浆施工工艺，灌浆孔数为 3 排，排距 1.5 米，孔距 2 米，灌浆孔深入堤基 1 米以下。施工总孔数 81579 孔，总进尺 614348 米，总灌浆量 5.75 万立方米，投入经费 384.33 万元。

江堤迎水坡一般采用砌石或混凝土护坡。老西圩段、姥下河至太阳河段、赵栗圩段 18.84 千米堤身迎水坡采用砌石护坡，厚度 0.3 米，下铺 0.1 米厚碎石垫层，采用浆砌石固脚和封顶。六联圩段、驻马河口段、大荣圩及新陈圩段、金河口下游泵站段 18.2 千米堤身迎水坡采用混凝土护坡，混凝土护坡采用 4 米 ×4 米现浇板，混凝土面板厚度 0.12 米，混凝土强度等级为 C20。太阳河至金河口段堤身迎水坡，以及沿堤背水坡 61.63 千米采用草皮护坡。护坡工程共投入经费 4843.8 万元，完成土方 8.91 万立方米、石方 11.18 万立方米、混凝土 8.09 万立方米。

填塘固基，为满足堤基防渗和工程管理要求，将堤脚内外侧一定宽度内沟塘填平至设计高程。堤外侧一般填至外滩地高程，宽 50 米；堤内侧填至高于圩内地面高程 0.5 米，宽 30 米；堤外侧有砂基段，填塘后加盖重，盖重宽 80 ～ 100 米，高程平圩内地面高程。填塘固基加固长度 52 千米，完成土方 577.27 万方，投入经费 4095.4 万元。

根据工程现状，结合堤防加固标准及存在的问题，对涵闸采取相应的加固措施，分拆除重建、接长加固、U 型槽加高、出口护砌、拆除等 5 种类型，加固改造穿堤建筑物 34 座，完成土方 47.83 万立方米、石方 1.58 万立方米、混凝土及钢筋混凝土 0.75 万立方米，完成投资 2223.29 万元。

防汛道路分为混凝土路面和泥结石路面两种。路面宽度均为 6 米，总长 59.07 千米。西梁山至石跂河段 46.32 千米，乌江段 1.53 千米，和城至金河口闸上堤连接段 2.5 千米，3 段共 50.35 千米。皆为混凝土路面，面层 0.2 米厚 C25 混凝土，基层 0.2 米厚泥灰结碎石，底基层 0.15 米厚级配碎石。石跂河至霸王庙段 7.1 千米、石跂河至龙王庙段连接路 1.62 千米，2 段共 8.72 千米为泥结石路面，面层为 0.03 米厚中粗砂，基层为 0.17 米厚泥结碎石，底基层为 0.2 米厚手摆块石。和县江堤防汛道路以及上堤连接道路共投入经费 2544.95 万元。

郑蒲段至新河口段崩岸治理，水上砌石护岸和水下抛石护脚（对应桩号 21+490 ～ 32+500）；大黄洲（对应桩号 38+513 ～ 43+363），护岸长 13.65 千米，抛石 57.36 万立方米。总投资 5870 万元。

牛屯河堤段防渗加固工程（对应桩号 6+550 ～ 11+800），总长 5.25 千米，采用塑性混凝土防渗墙，完成投资 1800 万元。

江堤的延伸段是霸王庙至驷马山船闸的 1.53 千米，共实施了堤身加培、护坡、防汛道路、堤身防渗、涵闸翻建等项目，完成土方 10.52 万立方米，石方 1.33 万立方米、混凝土及钢筋混凝土 0.29 万立方米，共投资 478.8 万元。

2000 年至 2005 年，投资 170 万元对沿江堤内外侧护堤地营造防浪林及绿化，植柳树 19 万棵，意杨 24 万棵，占地面积 5.67 平方千米。一个绿意盎然的生态江堤展现在长江西岸。

## 二、河流治理

**裕溪河** 巢湖流域的主要入江水道，是和县与无为县的界河。主河道上自巢湖闸，下至裕溪闸，全长 60.4 千米，和县境内河道长 29.5 千米。

2001 年底，国家水利部批准实施裕溪河整治工程，总投资 1.32 亿元（国家和省级 7310.5 万元，市县自筹 5900.5 万元），共完成水下疏浚土方 1168 万方，堤身加培 272 万方，涵闸加固改建 54 座，管理设施 3504 平方米。

**牛屯河** 发源于含山县南部的太湖、乌龟、鹿宕诸山麓，是巢湖分洪入江水道之一。主河道自铜城闸至新桥闸全长 31.12 千米，其中，铜城闸至姑庙桥段 3 千米为和县、含山两县公共河段，其余河段均在和县境内。

1986—1990 年，巢湖行署组织巢湖、无为、庐江、含山、和县 5 县（市），利用世界银行贷款实施牛屯河分洪道治理工程。本次治理工程采取堤防加培与河道疏浚相结合，沿主河道的十四连圩、练钢圩、老西圩、东西圩等万亩以上大圩堤防堤顶高程 12.7 米，万亩以下圩口堤顶高程 11.6～12.2 米，堤顶宽 5 米，内外边坡 1∶3。主河道底宽 60～70 米，高程 2.5～3.14 米。此外，对支流陶厂河、功桥河堤防也进行了治理。工程总投资 5439.9 万元，完成土方总量 2372 万立方米，站涵处理工程 604 处，挖压土地 3.39 平方千米，拆迁房屋 18 万平方米。由于诸多原因，这次治理部分堤段和河道未达到设计标准，1990 年冬—1991 年春，沈巷区组织 7 个乡镇民工大干一冬春，将牛屯河练钢圩堤顶高程加高到 13 米（原设计 12.7 米），险工堤段在 9.0 米高程增做 4 米宽平台，共完成土方 44 万立方米。1993 年，组织沈巷、螺百、雍镇 3 个乡镇，加固十四连圩、练钢圩堤防 25 千米，完成土方 53 万立方米。1996 年，和县组织力量对牛屯河流域的练钢圩、老西圩、东西圩 3 个万亩大圩部分堤段进行重点除险加固，完成土方 35 万立方米。2002—2004 年，投资 706 万元（其中国债资金 355 万元），实施牛屯河水下土方疏浚，完成土方 148 万立方米。

**姥下河** 源头主要在南义、娘娘庙一带，全长 22 千米，上游与丰山新河、太阳河连接，通过八字河闸连接得胜河，通过鲍庄闸连接功剩桥河。1998 年冬—2000 年春，分两期进行治理，完成土方 180 万立方米，处理工程 12 座，总投资 1440 万元。同时，对姥下河排灌站泵房、排涝进水闸、穿江堤排涝出水闸、变电站等枢纽工程拆除重建或加固改建。改建后装机 8 台，单机 180 千瓦，总装机容量 1440 千瓦，水泵为立式轴流泵，单机设计流量 2.5 立方米 / 秒，总流量 20 立方米 / 秒。

**太阳河**　古称"县南历水"之旧迹。原系麻、沣两湖的入江水道，全长 23 千米，其中主河道从八字河闸至太阳河口全长 13.6 千米。2001 年冬至 2003 年春，投资 700 多万元（其中国家补助 320 万元，地方自筹 380 多万元），组织城南、联合两乡对太阳河进行治理，完成土方 147 万立方米。实施八字河段、黑龙桥到老太阳桥段河道疏浚拓宽 9.45 千米（河底高程 4.5 ～ 5.0 米，底宽 15 ～ 20 米）；茅圩八字河口至杨褚段堤防加培 3 千米（高程 12.5 米，面宽 5 米），黑龙桥到小李桥段裁弯取直 1 千米（高程 11.5 米，面宽 3 ～ 4 米）；改建了小李桥，翻建了涵闸 18 座。

**得胜河**　主河道自含山县夏桥至和县金河口闸，全长 36.6 千米，两县公共段 5.54 千米，和县境内 25.44 千米。1995 年 10 月—1999 年 6 月，和县采用机械化施工，分 4 期工程实施得胜河治理。堤防加固标准为：堤顶宽 5 ～ 8 米，堤顶高 12.5 ～ 13.5 米，内坡 1：3，外坡 1：2.5 ～ 1：3；河道治理标准为：河底宽 25 ～ 40 米，底高程 4.0 ～ 5.0 米，河槽边坡 1：3，滩地宽 20 ～ 25 米。共完成土方 444 万立方米，处理工程 49 项，完成石方 2609 立方米，混凝土 1172 立方米，更新机电设备 27 台套 6205 千瓦，拆迁房屋 3.81 万平方米，挖压土地 2.39 平方千米，完成投资 3380 万元。

**石跋河、双桥河**　发源于香泉、西埠镇的低山丘陵，两水交汇于张湾三汊河。石跋河河道自龙山大尹村至张湾段 18 千米，双桥河河道自乌塘车至张湾 17 千米，张湾至河口段 3 千米。1991—1992 年，兴建石跋河节制闸,5 孔，每孔净宽 6.0 米，设计泄洪流量 355 立方米 / 秒。1994 年冬至 1996 年冬，建成双桥河口至石跋河闸 5.5 千米长江封闭堤防。2000 年，兴建石跋河排灌站，装机 7 台，单机容量 155 千瓦，总装机 1085 千瓦，配备 7 台立式轴流泵，设计排涝流量 19 立方米 / 秒，灌溉流量 12 立方米 / 秒。

**滁河**　发源于肥东县梁园，全长 269 千米，和县境内主河道长 46.4 千米，自善厚镇小集子至石杨镇陈家浅。为和县与全椒县的界河。

**驷马新河**　为和县、江浦县的界河，自金银浆至驷马山节制闸全长 27.4 千米，和县境内 13.88 千米。

1991 年冬—1992 年春，石杨区组织善厚、陶店、高关 3 个乡 1.5 万民工对滁河加固堤防 6 千米，完成土方 35 万立方米，加固标准为：堤顶高程 16.5 米，顶宽 6 米，内外坡均为 1：3，投入资金 205.3 万元（以工代赈 100 万元，地方自筹 105.3 万元）。2000—2005 年，本着"一次规划，分步实施，重点治理"的原则，县财政投资 300 万元购置 20 台铲运机，分配给沿滁河的善厚、石杨、绰庙 3 个乡（镇）常年施工，共完成土方 400 多万立方米，加固堤防 50 多千米（包括驷马新河），工程投资 1500 万元。同时，翻建改造港口闸、崔刘闸、大陆闸、李墩站进水闸、大杨闸、牛庄站进水闸、金港闸、北闸等穿堤涵闸。2002 年重建大东圩站，装机 5 台 650 千瓦，排涝流量 6.93 立方米 / 秒，2003 年汛前竣工。

## 三、水库塘坝建设

新中国成立前，和县仅有考塘、龙塘两座小型水库，库容 162.7 万立方米。1951—1957 年，新建曹坝、熊官塘、大官塘、石山、凹山、老庄、共青 7 座水库。1958—1959 年，人民公社大兵团作战，新建夹山关与戎桥 2 座中型水库和 56 座小型水库，至 1979 年，全县共有水库 67 座，其中中型水库 2 座（总库容 1000 万方以上），小（一）型水库（总库容 100 万～1000 万方）14 座，小（二）型水库（总库容 100 万方以下）51 座。1976—2000 年，投入资金 1110 万元（国家补助 340 万元，地方自筹 770 万元），实施病险水库除险加固工程，对 16 座水库大坝坝体采取钻探灌浆或劈裂灌浆进行防渗处理，钻孔 23950 米，灌入干土 2810 立方米，共完成土方 72 万立方米，石方 20 万立方米，混凝土和钢筋混凝土 0.4 万立方米。1989 年 10 月至 1990 年春，在功桥河与丰山新河交汇处兴建鲍庄闸，该闸为钢筋混凝土节制闸，设计流量为 77 立方米 / 秒，校核流量 104 立方米 / 秒，2 孔，单孔净宽 4.5 米。2001 年 12 月，在牛屯河与功桥河交汇处兴建杭河泊闸，该闸为钢筋混凝土节制闸，设计流量为 47.1 立方米 / 秒，校核流量 125.3 立方米 / 秒，3 孔，单孔净宽 8 米。

2001—2005 年，投资 330 万元（其中国家投资 60 万元），对 17 座水库进行除险加固。通过除险加固，全县水库防洪能力得到提高，病险库率由加固前 100% 下降到 30%，减漏增蓄的水量达 1500 万立方米，改善农田灌溉 37.33 平方千米。2005 年，全县 67 座中小型水库（其中北部丘陵区 61 座，南部丘陵区 6 座），总库容 6771.18 万立方米，兴利库容 3782.4 万立方米，防洪库容 1781.1 万立方米，防洪保护人口约 20 万人，保护耕地面积 90.67 平方千米，实际灌溉面积 73.33 平方千米。2000 年、2001 年 2 年大旱，水库灌溉面积都在 40 平方千米以上。

1972 年，和县第二次调查登记共有塘坝 18752 处，总蓄水量为 2998.66 万立方米。20 世纪 70 年代、90 年代中期，在农业学大寨平整土地、格田成方、城镇规划建房和兴办乡镇企业建厂房时填了一些塘坝，再加上水土流失严重，不少塘坝被淤塞废弃。1992 年，取水登记时调查，全县 17 个乡镇塘坝总数为 3955 处，可灌溉面积 91.71 平方千米。1995 年，县水利部门对乌江、香泉、石杨、绰庙、善厚、腰埠、西埠、南义等 8 个山丘区乡镇进行调查登记，共有蓄水 1000 立方米以上至 1 万立方米的塘坝 3856 处，总蓄水量为 1386.284 万立方米，可灌溉面积 65.67 平方千米。2000 年大旱后，县政府重视对山丘区塘坝建设，至 2003 年，共投入资金 1181.17 万元（其中县财政补助 494.5 万元，乡镇和群众自筹 686.67 万元），采取人机结合的办法，整修开挖了当家塘 532 口，完成土方 329.65 万立方米，增加蓄水量 855.11 万立方米。之后经校核，实际上能发挥抗旱作用的塘坝共有 4513 处，蓄水量 2760 万立方米，可灌溉面积 91 平方千米。

## 四、排灌站与涵闸斗门建设

和县兴建灌溉站始于 1960 年 3 月，至 2005 年全县共有灌溉站 249 座，装机 294 台，总容量 11243 千瓦，可灌溉农田 125.4 平方千米。这些抗旱灌溉站在大旱年发挥了很大作用。2000 年大旱，提水 2.07 亿立方米，灌溉农田 132.67 平方千米。2001 年大旱，全县开机 14.4 万台时，提水 2.5 亿立方米，灌溉农田 160 平方千米。

1978—1990 年，和县落实省委提出的"以内涵为主，以发挥现有工程效益为主，加强经营管理，继续配套，除险加固，更新改造"的水利建设方针，投入资金 5789.8 万元，更新改造排灌站 10 座 8000 千瓦。同时，大力开展沟、渠、路、桥、涵、闸等农田水利配套设施建设。

2000 年冬—2001 年春，投入资金 590 万元（其中县财政 200 万元），对黄山寺排灌站、排涝干沟南北港及十里长河进行清淤、疏浚、拓宽，长度 27.71 千米，完成土方 48.35 万立方米。

2001—2005 年，投入资金 5722.4 万元，翻建、扩建、改造姥下河站、藏墩一站、黄山寺站、大东圩站、冯湾二站等，兴建石跋河站、臧墩二站。到 2005 年，全县圩区建成排灌站 263 座，装机 1042 台，总容量 4.49 万千瓦，总流量 421.5 立方米 / 秒，排涝面积 388.67 平方千米，其中 16 个万亩以上大圩有排灌站 138 座，装机 384 台，总装机 3.31 万千瓦，排涝流量 357.94 立方米 / 秒，排涝面积 285.53 平方千米。

1988年，全县有涵闸斗门508处。结合江堤加固、河流治理、圩口达标、险工要段处理等工程建设，翻建、改建万亩以上大圩涵闸82座。至2005年底，全县圩区共有涵闸斗门425座，其中4个5万亩以上大圩97座，12个万亩大圩91座，万亩以下圩口237座。

2005年，利用农业综合开发项目资金15151.8万元（各级财政投资8425万元，群众自筹1500万元），新建、改建小型排灌站222座357台套、机耕桥539座、田间微型节制闸454座、输水涵1995座、放水口2717座，渠道衬砌33.14千米；架设10千伏输电线3.5千米；新建砂石路232千米；配套建筑物109座。

## 五、人畜饮用水工程

和县人畜饮用水困难山丘区主要分布在南义、腰埠、西埠、善厚、石杨、绰庙、香泉、张家集等9个乡镇、82个行政村、310个自然村。

1992—1993年，各乡镇采取群众自筹、财政补助的办法，共投入资金20万元，打饮水井400多口。1995年，投入资金33.5万元（其中国家补助资金11万元，自筹资金22.5万元），在星火一、星火二、吴仕、三河、石山等行政村打机井15口（直径1.5米，深度30米）。2001年，贯彻中央关于"下决心用3年时间基本解决农村人畜饮用水困难问题"的指示，在山丘区实施人饮解困工程，至2002年11月底，共投入资金957.5万元（其中国债资金388万元，省财政补贴资金20万元，市财政配套资金5万元，县自筹资金544.5万元），共打人饮井340口，挖人饮塘94口，受益人口28186人。2003年10月—2004年3月，投入资金149.92万元（其中国家补助50万元），在乌江、南义等9个乡镇饮水死角补点打饮水井46口，受益人口5000人。

2005年开始实施农村饮水安全工程，在石杨镇金城、八禁2个自来水厂和沈巷自来水厂实行集中供水、管网延伸，投入426.5万元，解决1.2万农村人口饮水安全问题。

## 六、城乡供水一体化工程

和县现有集中式供水企业16家，其中：县级自来水厂1家、镇级自来水厂12家、企业自备水厂3家，日供水能力达13.5万吨，实际日供水量8.3万吨，城乡自来水普及率达到98.6%。受水源水质、生产能力、管道输送、城镇发展等因素的影响，城乡饮水矛盾日渐显现。县水利局为此编制了《和县城乡供水一体化工程建设项目可行性研究报告》，依托华水水务公司，以长江水位为主要水源，以戎桥水库水为备用水源，贯通全县供水网络，提高城乡供水安全保障。该项目总投资 6.5 亿元，建设期限为三年，一期总投资 2.6 亿元，新建主供水管网长度 35 公里，新建备用水源地取水工程及日供水 50000 吨水厂一座，供水范围至乌江、香泉两镇；二期总投资 2.8 亿元，新建主供水管网长度 76 公里，支供水管网长度 201 公里，供水范围包括善厚、西埠、石杨、功桥 4 个镇；三期总投资 1.1 亿元，更新改造全县老旧管网。目前，该项目一期工程一标段和城至乌江段主管道建设已正式开工建设。

2020 年，和县遭遇超历史性的特大洪水，各地相继出现险情。面对全域范围内的洪涝灾害，县委、县政府全力以赴，沉着应战，科学指挥，精准调度，取得了未破一圩、未垮一坝、未亡一人的决定性胜利。

大汛后，和县抓住省级以上大幅度增加对水利基础设施投入的历史机遇，积极申报五大类 52 个水利项目，总投资约 13.48 亿元（中央、省资金 5.54 亿元，市级资金 1.25 亿元，县自筹资金 6.69 亿元）。其中，水毁修复工程 37 个，总投资 2750 万元；主要支流及中小河流治理工程 7 个，总投资 8.76 亿元；重点易涝区能力建设项目 4 个，总投资 1.434 亿元；农村安全饮水巩固提升工程 3 个，总投资 2.94 亿元；基层预警项目 1 个，总投资 780 万元，全县水利事业呈现出强劲的发展态势。

## 七、农村基层防汛预报预警体系建设

该工程主要开展洪涝灾害调查评价，新建、改建水位监测站、新建视频监测站，监测预警平台软件开发部署，防汛基础数据整编，建设县级延伸至乡镇、主要节点视频会商系统，配置预警设施设备，以及小型水库雨水情况自动测报、建设 67 座小型水库水位站和雨量站，开展群测群防体系、应急救援保障建设等，该项目于 2020 年 12 月底完工，并上线调试运行正常，在汛期发挥了重要作用。

## 八、示范河湖治理工程

和县按照标准集中整治姥下河、丰山河、功桥河、太阳河、双桥河、石跋河、驷马河等中小河流 7 条，总长度 218 公里；建设示范水库 76 座和人民湖、青龙湖、七星湖等示范湖泊 3 座等。该项目计划结合中小河流治理等项目统筹实施。项目总投资 27 亿元（2020 年成功争取示范河湖治理工程专项债，获批 8 亿元）。

2020 年，和县半月湖水库作为全市唯一一座省级示范河湖，顺利通过省水利厅验收。2021 年大陆沿水库坚持以问题为导向，以建设标准为准绳，以河长制"六大任务"为抓手，以建设人民群众满意的幸福河为目标，将筑牢优势与补齐短板相结合，从责任体系、制度体系、基础工作、管理保护和水域岸线空间管控等方面提升河流管护水平，持续改善河流面貌，为维护河流健康生命、实现河流功能永续利用提供保障，实现河道空间干净整洁，水量充沛水质良好，岸线生态岸绿，景观自然优美，顺利通过省级示范河湖验收。

## 九、河长制工作

和县积极推行河长制工作，县镇村三级河长全部建立。其中，县级河长 13 名、镇级河长 58 名、村级河长 352 名；按市河长办的要求和标准，对 13 个县级河库设立了 25 块河长制公示牌；组建了县级河长制办公室，水务局抽调 3 名骨干集中办公，配备了必要的办公设备，确保河长制工作全面顺利推行；县级河长"一河一策"全面展开。建立"河长＋警长""河长＋检察长"工作机制，协助河长开展工作，建立健全信息共享、案件移送、联合执法、联动会商等制度，认真落实县级河长会议、信息共享、县级督办、定期巡查、投诉举报、信息报送等 6 项制度，形成党政负责、水利牵头、部门联动、社会参与的工作格局，有力促进河（湖）长制工作落实落地。

## 十、水生态文明城县建设

紧紧围绕全面打造水清岸绿产业优美丽长江（安徽）经济带，我县狠抓沿江堤段全面复绿，推动清洁型小流域建设，拆除养殖围网总长度 27.22 万米（不含残桩残网清理）、收缴集中渔船 410 艘，搬迁拆除珍珠养殖场 4 处 1463 亩；拆除畜禽养殖场房建筑面积 18304 平方米，处置存栏畜禽 104990 只（头）。另外关停滁河周边畜禽养殖场 6 个，拆除水产养殖人工设施 2 处。加强水产养殖环境监管，禁止向湖库投放化学肥料各河沿线等进行排查达 230 人次，结合长江航道治理工程，加大水生生物增殖放流的品种和数量，在长江增设底至固定人工鱼槽 6 处、浮式人工鱼槽 4 处，有效改善和修复水生生物环境。通过落实提示单、交办单、督办单"三单"制度，加大督查力度，开展河长制全面督察 6 次、专项督察 8 次、暗访 10 次，2021 年累计拆除围网 29 处、违章建筑 5 处、拆除渔船 15 艘，搬迁拆除养殖场 4 处，清理垃圾 18 处，拆除金固码头预制厂 480 亩和超批复 80 亩，沿江边滩补绿复绿完成绿化面积 1620 亩，栽植各类树木 13 万株。

　　和县水利建设始终贯穿着以人为本，以农为本的主线。在充分发挥全县人民力量的同时政府不惜加大投入，把兴修水利、农田基本建设、生态环境保护紧紧地结合起来治理，变水患为水利，变靠天收为旱涝保收，从而使和县的水利工作取得一个又一个骄人的成绩。

# 修路架桥　四通八达
## ——记和县交通建设

　　1926 年，驻守在西梁山的皖军陈调元部队，为运输给养，新筑一条从西梁山至五里墩的土公路，全长 3.2 公里。1934 年，建成省干线柘乌路，该路从巢县柘皋经含山祁门站进入和县西埠、和城至乌江，境内全长 41.4 公里。抗日战争期间，道路遭受破坏。1935 年，新建西埠至石杨公路（今西石路），次年竣工通车，全长 27.5 公里，是和县与全椒县的交通支线，抗日战争初期，被国民党地方武装破坏。1937 年，新筑从和城至沈家巷、裕溪口公路（即今和沈线），全长 37.8 公里。建成后一度通车，抗日战争期间，受到国民党地方武装破坏。日军占领和城时，一度修复。1945 年，复修一次，并新建与全椒县交界处官渡联结的船渡口。1947 年，将和城东门得胜河北岸的大荣圩堤埂拓宽整平，修建一条和城至金河口（即今和金线）的土公路，全长 7.5 公里，是通往马鞍山、南京、芜湖水陆联运主要道路。

　　1949 年初，裕溪口公路陡门河段被国民党军队破坏，不久被和县支前民工修复。1949 年 2 月，和县民兵响应毛主席"打过长江去，解放全中国"的号召，组织支前大军，动员筑路民工 2.7 万余人，修复新筑公路 9 条，共 225 公里。其中：和城至乌江 20 公里，和城至裕溪口 40 公里，和城至含山县城 35 公里，裕溪口至铜城闸 15 公里，西梁山至白桥 5 公里，绰庙至西埠 30 公里，含山县山口串至姥下河 35 公里，铜城闸至黄山寺 15 公里，绰庙至乌江 30 公里。修复和新架香泉、戎桥、西埠、姥桥、三板桥、功桥、后港桥等处桥梁 60 余座。

# 一、交通运输

**公路建设** 新中国成立后，各级人民政府重视交通事业发展，1951 年，整修柘乌路的祁门站至和城段和西埠至石杨段。1956 年，省公路局投资 120 万元，新建合肥至芜湖的公路（合芜路），和县成立修建纵队，负责境内铜城闸至裕溪口段的建筑工程，1957 年，实行民办公助，采取以乡划段、分片包干办法，改建柘乌路祁门站至乌江段，并修建桥梁 6 座。1958 年，为支持钢铁工业生产，组织大批民工，突击修建和整修和城—金河口、和城—全椒、三板桥—石杨、和城—裕溪、和城—桃花桥、朱家庵—娘娘庙、乌江—香泉、张集—四溃山、张集—绰庙、香泉—高关 10 条公路，全长 141.75 公里，架设桥梁 19 座，木涵、石涵 168 道。由于贪多贪大，不考虑经济效益和使用价值，其中有 5 条公路长 375 公里，和部分桥梁没有使用，浪费大量的人力、物力和财力。至 1961 年底 4 年间，全县共新建扩建公路 11 条，架设桥梁 26 座。

1962—1964 年，先后对乌江桥和长建、腰埠、娘娘乡的铁淋桥、大王桥、杨桥、包桥进行整修，并新建石杨—绰庙、祁门站—善厚 2 条公路，全长 29.67 公里。1965 年，根据省委指示，以"干线为主，备料为主"的精神，整修了和县至裕溪口、和县至全椒、和城至金河口、乌江至香泉 4 条公路，全长 110.81 公里；并续建善厚至祁门站，石杨至绰庙，和城至功剩桥 3 条新路。全年架设石拱桥 4 座，修涵 8 道。1966 年，又修建了拱桥 8 座和杨桥 1 座，安装块石涵 34 道，整修公路 59 公里。1973 年，发动民工将和城—善厚路的王店到砂厂段，和城—石杨路的夹山关到粮站段，黄山寺—陡河的 3 条公路修成晴雨通车路，并整修了龙华桥、大南门桥、桃花桥、范桥、腰埠桥、冯桥、泉水桥、蓑衣桥。

"要致富，先修路。"1978—1984 年，陆续修通了范桥公路、石杨—善厚、和城—西梁山、和城—郑蒲、和城—濮集的公路；新建和城的得胜桥、联合乡的皇娘桥、戚镇的茅圩桥及后港桥，加固了桃花桥、范桥，并拓宽了 11 条公路。

1985 年以后，公路建设的步伐加快，为通往省外，先后使绰庙—星甸、善厚—高祖、姥桥—陶厂、石杨—官渡、裕溪经—黄渡、长建—姥桥等公路通车。1988 年，对和县城内道路进行了改造，拓宽城区南北两段，使原为 500 米长，9 米宽的路段，改造为 27 米宽的水泥路面，同时扩建了和阳桥。至 1988 年底，经过整修、改建、新建，全县共有 25 条公路，全长 3142 公里，其中省道 2 条（合芜路、柘乌路），62.3 公里，县乡道路 23 条，全长 251.9 公里。此外，还有煤矿、白云石矿、林场、微波站等专业线路 5 条，全长 20 公里，建桥 1 座。

2019 年，省道 206 改建工程完成路面水稳 11 万立方米，沥青面层 14 千米，护栏 3 万米，累计完成项目投资 1.35 亿元。

省道 210 和城段改建工程全长 7.99 千米，总投资 3.96 亿元，一级公路建设标准。由于资金异常紧张，该项目累计完成施工投资 1.9 亿元，占施工总投资额的 47.8%，已完成工程量 8000 万元。

S367 和县段改建工程全长 37.3 千米，合同造价 2.04 亿元。该项目由市公路局为建设单位，和县交通运输局负责和县段建设管理工作，在克服诸多困难的情况下，确保该工程在 11 月前完工并交付使用。

西和路中修工程，5 月开工，7 月完工，11 月份完成审计工作，总投资 453 万元。路网命名调整工程于 5 月份开工，6 月完工，11 月底审计结束，总投资 467 万。完成 2020 年大中修项目施工图纸评审工作。

"花月大道"被评为 2019 年度"全国最美乡村路""丰乐古道"被评为 2019 年度安徽省"品质示范路"、和县"最美廊道（丰乐古道—花月大道）"被评为"十大长三角自驾短线游路线"。在 2019 年度第三届中国旅游交通大会上，和县应邀作"践行绿色公路发展理念，探索交通文旅融合发展新路径"的典型交流发言。

**公路养护** 1949—1955 年，和县干线公路养护道班，隶属省公路局合肥管理所驻巢县第五管理站。地方公路养护道班由县交通科管理。1957 年 2 月，公路养护实行分级管理，国道由道班养护，省道由道班和群众共养，县、乡道由群众养护。1958 年，省公路局投资 80 万元，对和裕路进行全面整修，路基宽 8 米，石子路面宽 3.5 米，改建桥梁 2 座，年底通车。1959 年 7 月，原公路群众养护组人员，转为常年养路工人，有 78 人，负责养护 90.3 公里（芜路 19.5 公里，柘乌路 413 公里，西石路 24.2 公里，和金路 5.3 公里）。1961 年，养护大队改为养路工区，下设 4 个道班，养路工人 49 人，负责养护公路全程 1338 公里，桥梁 45 座。隶属芜湖地区公路总段。1962 年，公路养护达到路面平整，路基坚实，边沟畅通，桥涵完好，路标无损，绿化整齐，被评为芜湖地区公路养护"四好工区"的称号。1963 年，县成立修建公路总队部，下设 4 个大队，20 个中队，发动民工整修公路，历时 100 天整修和裕、柘乌、合芜、和全、乌香 5 条公路，全长 140.41 公里。

1965 年，贯彻"干线公路由专业道班养护，支线公路交给当地公社、大队养护"的两种养护制度，将和—裕、西—石、乌—香、五—西 4 条公路，全长 83.4 公里，分别交给 14 个人民公社 96 个生产队负责包养。对西—五路进行两次改线工程，长 7 公里，1969 年取消"两种养护制度"，改为常年代表工养护制度。

1976—1982 年，先后对合芜、柘乌、和沈 3 条原泥结碎石路面，全部浇铺沥青，全长 76.3 公里。1984 年，改常年代表工为合同工制，恢复专人养护。1985 年，和县被评为省公路系统先进单位。

1988 年，全县有养护道班 21 个，职工 103 人，合同工 116 人，四轮索引车 25 台，压路机 3 台，洒水罐 10 个，汽油泵 5 台，工程车 2 辆，路政专用面包车 1 辆，养护里程 255.7 公里。

2019 年，投入 1.15 亿元实施"四好农村路"建设，农村道路扩面延伸工程项目 117 个，计 81.61 千米。除省市补助资金外，和县建立农村公路养护资金稳定投入机制，并纳入年初财政预算。探索研发"四好农村路综合管理平台"，提升农村公路建设、养护、管理、运营的信息化、科学化、精准化水平。全面推行县、乡、村三级"路长制"，实行"一路一长"，45 名专职乡村道路专管。

**汽车客运**　新中国成立前，县境有 5 条公路，仅柘乌路有私人汽车来往含山与和县之间，货运兼客运。1957 年，柘乌路整修后，合肥汽车站每天有一次客运班车，往返合肥至和城，同年 11 月，和城至乌江段路面修复竣工，县成立汽车站。1958 年元月，柘乌路全面通车，这是和县客运最早的公路，全长 41.4 公里。1959 年 12 月，增开和城至金河口客车班次。1961 年，客运量为 2.56 万人次，周转量为 108.8 万人公里。1965 年，县汽车站迁至北门，省汽车公司派客车 4 辆和若干代客车来和县驻点。1966 年，客运量 6.75 万人次，周转量为 153.9 万人公里。1972 年，和城至新桥、黄山寺至沈巷 2 条公路通车，同年 12 月和县第五车队成立，业务隶属巢湖地区第十五车队。拥有客车 7 辆，投资 7.5 万元，建造房屋和停车场。实行站、队合一。1978 年，随着改革开放，发展商品经济，交通部门有客车 17 辆，客运量达到 131 万人次，周转量为 2080.2 万人公里。1983 年，新建车站大楼和候车室。1985 年，客车增至 34 辆，客运量增为 285 万人次，周转量为 7620 万人公里。同年，全县非定型产品改装的上海 58-1，增至 229 辆，机动三轮车增至 273 辆，改装的上海 701 汽车 23 辆。至 1988 年底，县汽车站下设 8 个客运分站，29 个代办站，12 个招呼站，职工 98 人，拥有客车 41 辆，驾驶员 77 人，汽车修理工 34 人。客运班次为：县外每天有 45 对班车，通往上海、无锡、南京、扬州、杭州、马鞍山、芜湖、合肥、江浦、巢县、含山、无为、庐江等省、市、县；县内每天往返有 120 个班次，全县 90% 以上乡镇通车，周转量 11569 万人公里，比 1978 年增长 4.56 倍。全县有个体小客车 107 辆，1498 座，机动三轮车 1200 多辆，人力三轮车 400 辆。个体小客车营运线路 16 条，其中跨地区 1 条，跨县 2 条，县内 13 条，可直达南京、巢湖、含山及县内各区乡。

2019 年，"和县—马鞍山"客运班线实现公交化运营，开通"和城—孙堡"公交线路。和城 1 路公交延伸至郑蒲港保税区。启动宁和公交换乘中心建设，完成香泉、石杨、孙堡客运场站建设。和城城乡公交总站，功桥、善厚客运场站已完成选址和设计工作。且完成全县唯一不通客车的善厚高祖村消盲工作。

"和县—南京"客运班线的改造已完成，全面实现公车公营。开通"和城—南京 S3 高家冲站"公交专线、"和县—南京南站"客运班线。主动加强与南京、浦口区交通部门的有效联系和沟通对接，推动交通基础设施与南京浦口区一体化等高对接。启动宁和高速、滨江大道等一批重点交通工程前期研究。

强化交通安全运输保障，完成重要节假日旅客运输工作，全年安全运送旅客达 32 万余人次，未发生旅客滞留、积压现象，未发生安全生产责任事故。开展出租汽车行业"百日整治"活动，共查处违法违规客货车辆 181 台次，其中出租车辆 9 台次，行政处罚 75 万元。

完成元旦、春节、清明、五一、端午等节假日客运安全生产工作，安全运送旅客 32 万余人次（元旦 1.79 万、春节 17.5 万、清明 2.15 万、五一 2.39 万、端午 1.93 万、中秋 1.97 万、国庆 4.28 万）。

持续开展城乡道路客运一体化改造。全县镇、村通客车率 100%；县城 20 千米范围内的农村客运线路公交化运行率达到 63%。拟先收购"和城—功桥"15 台客运班车，适时开通公交班线；降低原"和县—南义"公交车票价。

稳步推进全国"四好农村路"（建好、管好、护好、运营好农村公路）示范县创建申报和运营好"四好农村路"项目达标工作，编制完善《和县农村物流三级网络节点体系发展规划》，建成石杨和香泉 2 个集客运、货运、邮政、物流、电商于一体，多点合一、资源共享的镇交通运输综合服务站。

全年检查涉嫌超限超载货运车辆 4676 台，处罚超限车辆 811 台，罚款 648 万元，卸载超限货物 3406 吨，查处在异地装载的超限车辆 22 台，非现场处罚超限车辆 761 台。移送交警处罚车辆 1365 辆，计 2322 分，罚款 29.34 万元；移送运管处罚车辆 135 台，境内超限率稳定控制在 3% 以内。

投资 196 万元新建和升级改造 8 个治超卡口，完善和县境内重要路段路面治超卡口组网布局。全年开展专项集中整治 30 余次，查获"百吨王"11 台和罚款 3 万元超限超载车辆 50 台，有效打击恶意超限超载现象。为打击遮挡号牌等违法行为，投资 188 万元建成县级车脸识别信息化系统。

**城市公交**　安徽省华乐公共交通有限公司华乐公交子公司负责经营和县城市公交，2018 年底共有公交线路 18 条，其中城区 8 条、城乡和镇村 10 条，公交服务线网里程 204.5 公里；有各类公交车 83 辆，其中纯电动公交车 53 辆，燃油公交车 30 辆；日运营班次 850 车次，年运送乘客近 430 万人次。早晨始发班车时间为 6 时 30 分，晚上末班车发车时间为 18 时，根据实际情况或季节变化，可适当延长或缩短，公交车班次为高峰期 12 分钟左右 1 班，平峰期 15 分钟左右 1 班，要求到站准点率和首末班准点率不低于 95%。

2018 年，公司新增公交线路 2 条。和县—南义：沿途停靠南义街道、南义中学、丰山杜、秀灵山庄、崔家村、大王村、丰山、赵伏寺、龙华、戚桥、小许叉路口、宋赵、高庄、城南中学、金墩黄、太平庵、皖江大菜场、香格里拉、新天府、桃花坞二小区、三中、玉带河西路口、望江滨城、望江广场、玉带河、小市口、DG 广场、文昌宫、北门汽车站。乌江—香泉：沿途停靠香泉、龙山村、泉水村、梨园山庄、张家集社区、梨园风景区、大树狄、石山新村、金宝大市场、乌江。

2018 年在香泉建设充电桩 5 台，对候车亭进行亮化，并张贴公益广告，宣传社会主义核心价值观及文明创建，提升和县城市形象。

11 月 8 日，为方便市民参与第十一届蔬菜博览会暨第五届农业嘉年华活动，公司特开通时长 10 天的"蔬博会"观光线路，免费接送市民往返"蔬博会"现场。公司建立健全安全管理制度和安全管理责任，严格执行老年人、儿童、残疾人、现役军人、学生等特殊群体免费或优惠乘坐公交车等有关政策。

2019 年，有各类公交车 92 辆，其中纯电动公交车 62 辆，燃油公交车 30 辆；有公交线路 19 条，其中城区 7 条、城乡和镇村 12 条，公交服务线网里程 220.5 千米，年运营班次 1.25 万车次，年运送乘客近 450 万人次；早晨始发班车时间为 6:25，晚上末班车发车时间为 18:30，根据实际情况或季节变化，可适当延长或缩短，公交车班次高峰期 12 分钟左右 1 班，平峰期 15 分钟左右 1 班，要求到站准点率和首末班准点率不低于 95%。

2019 年，新增和县—孙堡公交线路 1 条：由历阳一小、小市口、北门汽车站经瑞峰驾校、农博城、蓑衣桥、邵李加油站、濮集岔路口、濮集菜场、新濮村委会、乌江敬老院、金马村委会、金马粮库、本庄村口、大尹村、工农批发部、周庄、孙堡加油站、孙堡小学、何洼。

在孙堡建设充电桩 2 台。候车亭张贴公益广告，宣传社会主义核心价值观及文明创建，提升和县城市形象。

对传统的"三月初三鸡笼山庙会"日，为方便广大市民当天旅行，公司派出 6 辆公交车，免费接送市民从和城到鸡笼山。

2019 年 5 月 1 日，"鸡笼山—半月湖"旅游景区举行"和县第三届龙虾美食音乐节"期间，为减少各种车辆占道、堵车等情况的发生，保持公路畅通，公司开通时长 3 天的"鸡笼山—半月湖"观光线路，派出公交车 10 辆，免费接送市民往返。

6 月 7 日，为方便市民参与第十二届蔬菜博览会暨第六届农业嘉年华活动，公司开通时长 15 天的"蔬博会"观光线路，免费接送市民往返"蔬博会"现场。

12 月 22 日，一年一度的冬至祭扫，城北社区老公墓集体迁移至位于和州大桥下的新公墓，由于迁墓、祭扫的规模大，涉及家庭多，祭扫人员多、广、杂，加之距离远，公司为方便市民扫墓出行，开通由望江路至城北公墓祭扫专线，时长 3 天。

## 二、铁路

淮南铁路和县段西起含山县铜城闸站，东至芜湖裕溪口站，呈"L"形横贯沈巷镇，全长 8.38 千米。

境内的沈家巷站，起点位于淮南线 K201+030 米，终点位于 K202+682 米，起点距铜城闸站 2.78 千米，终点距裕溪口站 3.953 千米。境内的编组站，位于沈巷镇区东部 3 千米处，可承运全国各地各种货物。

**铁路客运** 沈家巷站现面积 1280 平方米。其中，候车室 120 平方米，售票厅 20 平方米，行包房 40 平方米，2 个客运站台 600 平方米，1 个货物仓库 500 平方米。现有在职职工 16 人，退休职工 8 人，道班 25 人，电务组 5 人。

1998 年前，沈家巷站客流量（在此站上车、下车的旅客）平均为 35 人 / 天，因客流量不足，1998 年后客运被取消。目前，过境客车 16 对 / 天，最大过境客流量为 16×2×1500=48000 人 / 天。

**铁路货运** 2004 年前，沈家巷站具有货运功能，月通车 30 辆，载货量 1800 吨，2004 年后，货运被取消。目前，过境货车 102 对 / 天，最大过境载货量为 102×2×3000=612000 吨 / 天。

位于沈巷镇区东部 3 公里处的编组站，目前可承运全国各地各种货物到达量为 600 万吨 / 年，装载量为 100 万吨 / 年。

# 三、水路

**航道**　和县面临长江，辖区内有滁河、驷马山干渠、得胜河、牛屯河、裕溪河等河流，通航里程 250 千米。其中，长江航道由陡河口至乌江口 48 千米，拥有长江深水岸线 18 千米；内河 202 千米，主要包括：

驷马河航道　27.3 千米，等级为Ⅵ，自驷马山河口起，止于金银桨。

得胜河航道　31.51 千米，等级为Ⅶ，自金河口起，止于含城南门桥（现因金河口节制闸等原因，暂不通航）。

牛屯河航道　31.69 千米，等级为Ⅶ，自牛屯河口起，止于铜城闸（现仅河口至白桥大闸 2 千米段通航）。

姥下河航道　15.2 千米，等级为Ⅶ，自姥下河口至丰山（因姥下河节制闸原因，暂不通航）。

石杨河航道　2 千米，等级为Ⅵ，自石杨河口至石杨港。

先锋河航道　0.5 千米，等级为Ⅵ，自先锋河口至先锋村。

**渡口**　和县有渡口 22 个，其中长江渡口 6 个（杜姬庙、西梁山、北江、东江、姥下河、大黄洲），内河渡口 16 个（滁河 10 个，裕溪河 4 个，得胜河 2 个），每个渡口都配有钢质渡船 1 只。和（县）马（鞍山）汽车渡口，是沟通长江南北

1985 年 10 月 1 日，马和汽渡正式通航

的重要渡口，南岸码头位于马鞍山猫子山，北岸码头位于和县石跋河。1985 年 1 月，由和县人民政府与马鞍山市人民政府共同集资兴建，同年 10 月 1 日建成通航。3 ～ 4 只渡船对开，由和县人民政府与马鞍山市交通局联合组成轮渡管理所负责营运管理。

**码头** 1990 年以前，和县境内的港口码头均为自然岸坡。1994 年，投资 20 万元在石杨河兴建成 300 吨重力式码头一座，同时建成 3000 平方米货场。2003 年，由安徽省交通厅投资 1000 万元，在乌江建造拥有 2 个 300 吨级泊位的重力式码头，并配套建 450 平方米的仓库、4500 平方米的货场及 300 平方米的管理房。

**水路客运** 1980 年后，航运体制调整，陆路运输蓬勃发展，水路客运萎缩，各条水路客运停运。至 2005 年，长江内河仅马和汽渡、杜姬庙渡、姥下河渡、西梁渡、东江渡、北江渡、张尹伯一渡、张尹伯二渡、安郭渡、大崔牛渡、小街渡、闸北渡、新沟渡、金银桨渡、田渡、先锋渡、大王渡、马渡、大潘村渡、雍镇街渡、东门口渡、谢家碾渡 22 个渡口渡送旅客。

1990 年，和县开始统一规划乡、镇、村道路，按照三级或四级公路技术标准修筑，特别是实施"村村通"工程以来，和县乡村道路建设发展速度加快，截至 2005 年底，改扩建县道 13 条，总长 333.37 千米；建乡道 30 条，总长 191.4 千米；建村道 208 条，总长 961.69 千米，其中混凝土路 101 条，长度 329.4 千米，柏油路 18 条，长 130 千米，其余为沙石路。

## 四、交通管理

1995 年 4 月，安徽省公路实行分级管理，县公路管理站将 109 千米的县、乡道路管护权移交和县交通局。2001 年 12 月巢湖撤地建市，遂又改名为"安徽省巢湖市公路管理局和县分局"。分局下设 1 个养护工区及西埠、沈巷、白桥、城南、城北、张集、石杨、濮陈、联合 9 个道班。

2001 年 12 月，和县成立行政服务中心，和县公路运输管理所把全县的公路运输行政许可及相关业务，交给行政服务中心交通窗口办理。

2002 年，和县航管站更名为和县地方海事处。2005 年长江水监体制改革，和县地方海事处将长江水上安全管理及污染监控权限交给芜湖长江海事局，和县地方海事处只负责内河安全管理，下辖西梁山、白桥、姥下河、金河口、石跋河、乌江、石杨、先锋和幸福桥 9 个基层海事所和省乌江闸水上交通安全检查站。

**公路路政管理** 1998 年 6 月以前，干线公路由和县公路站管理。公路分局成立后，交分局负责。2002 年 10 月，形成以路政员为主，路政协管员为辅的管理体系，担负全县近 200 千米省道和重要县道的路政管理任务。

1994—2005 年，共清除公路违法堆积物 26645 平方米，依法拆除跨路门架式广告牌 26 块，拆除小型非交通标志 277 块，拆除违法搭建棚屋、围墙 59 处，计 879 平方米，立案查处路政违法案件 191 起，收取或追回路损赔偿费 147.2 万元。

和县县乡公路所，负责辖区内 271 千米的一般县道路产路权的维护。1995—2005 年，完成公路巡查 1500 余次，行程 26 万千米，设置各种附属设施 3000 余件（套），举办专项宣传活动 14 次，散发宣传材料 6000 余份，建立并逐步完善电子路产档案，建立安全巡查日志，完成工作日志 10 万字。同时，还办理各类公路违法案件 113 件，清理各种违法堆积物 6000 立方米，追回损失 49.1 万元。

**公路客运管理** 1989—2005 年，和县二级客运站 1 个（巢湖汽运公司和县分公司），四级客运站 2 个（善厚、乌江），客运班线 33 条，运管部门负责规范旅客运输市场秩序。2001 年，省交通厅规定，个体客运车辆只允许经营县内班线，和县至合肥、马鞍山、芜湖、南京等个体经营班线转入巢宇公司，原营运客车统一进入县汽车站排队发车。和城北门拉客、抢客、绕客的现象得以根治。2004 年 2 月，和县公路运管所发出通知，厢式农用货车必须退出客运市场，19 座以下中型客车报废 2 台、更新 1 台，方可安排原班线营运，有效地保护了旅客和经营者的合法权益。

**公路货运管理** 和县普通货物运输以个体运输为主，没有建立公司。2005 年，和县有和县兴诚汽车货物运输服务有限责任公司、黑龙江省华宇物流集团南京有限公司和县分公司、和县龙兴运输公司 3 家。危险品运输公司有和县金顺化学危险品货物运输有限公司、和县华达危险品汽车运输有限公司 2 家，皆为个体私营企业。县交通部门依据《道路货物运输及站场管理规定》，以公平、公正、公开和便民为原则，实行宏观控制，企业自主管理。

**汽车维修管理** 1990 年后，随着汽车车辆的不断增加，汽车维修行业也日渐兴起。1993 年，全县仅有汽车站修理厂一个二级维护车间。至 2005 年，全县发展二类汽车维修企业 8 家，三类汽车维修业户 32 家，另有摩托车修理业户 27 家，主要分布在和城城区及各乡镇集市的道路两侧。和县公路运输管理所，根据有关条例规定，对辖区内汽车维修企业进行布局优化，设备改善，人员培训等项工作。督促汽车维修业户提高维修质量，维护好车辆技术状况，保障行车安全。

**驾校培训管理**　2003 年 11 月 8 日，和县四通驾驶培训学校正式成立。该校位于和县西埠镇十里社区，占地 2.3 万平方米，有教练车 20 辆，教练员 24 名，配备模拟驾驶和实验等教学设备，为二级汽车驾驶培训学校。至 2005 年共培训驾驶员 1856 名。和县公路运输管理所依照《中华人民共和国道路运输条例》和交通部 2001 年 7 号令《营业性道路运输驾驶员职业培训管理规定》，协助巢湖市公路运输管理处，对该校进行日常性管理，督促执行教学大纲，培训合格驾驶人才。

**航道港口管理**　1989—1995 年，和县依据《国航管理条例》和《省航管理办法》，对航道、港口进行维护和管理，协助水利部门制订疏浚方案，清除跨河、拦河、临河建筑物和过河电缆线及航道规划工作。2003 年《中华人民共和国港口法》颁布后，对港口岸线、陆域、水域安全生产、环境保护等依法实施管理，并负责协调国家重点物资、军用物资、抢险物资的港口作业、集中疏运。

**船舶船员管理**　1990 年，和县有船舶 39 艘，1661 吨位。2005 年增加到 500 多艘，总载重 40 万吨位。主要运营各类建材，船主多为姥桥、金河口等地的农民。和县地方海事处为各类船舶提供办证、年检、年审和船员培训等项服务，核定船舶载客人数、核发船工证书。取缔非法营运渡船，定期进行检审、签证。

## 五、新时代交通运输

2021 年，和县境内道路总里程 1828 公里（不含郑蒲港），其中国道 53 公里，省道 191 公里，县道 205 公里，乡道 459 公里，村道 920 公里。

按照县"项目建设年"工作部署，加强与国土空间规划等有效衔接，深入谋划和县"十四五"综合交通运输体系建设、和县"0 号公路"全域风景道选线和交通强国试点工作实施方案。

强力推进南京至和县高速公路安徽段项目建设。2021 年 11 月 27 日开工，这是第一个以县为主体推进实施的项目，第一个 BOT 模式建设的项目。目前完成投资 1.769 亿元（含征地费 1.688 亿元）。G346 滨江大道改建工程、G347 濮集至皖苏省界段改建工程、S328 与新浦合公路连接线工程、县道张杨路等连接南京都市圈的重点项目前期工作同步推进。

和县综合交通客运枢纽站工程、S210 西埠至和城段改建工程、S438 乌江至香泉段改建工程等全县重点交通项目也渐次开展，项目批复、工可报告编制、各项专题研究工作正在有条不紊地进行。S210 和城段（五星—戚桥—沈家山）改建工程全线长 7.986 公里，于 2021 年 2 月 10 日建成通车。

S212 程螺路灾毁项目、S328 星夏路交通隐患治理工程及 G346 与 S438 交叉口安全隐患应急改造工程，完成交工验收及审计，市安监局完成清单销号应急整改任务。

2021 年，完成国省干线大中修项目总里程 10.315 公里，总投资约 1645 万元。农村公路大中修总里程 74.339 公里，总投资 1366 万元。

2021 年，农村道路畅通工程全面提升。完成农村公路提质改造项目 16.654 公里，包含善厚陶店桥，香泉大尹桥两座危桥改造项目。今年衔接道路基础建设项目资金共 2 批。总计项目 30 个 29.96 公里，总投资约 3300 万。争取乡村振兴专项债约 1.6 亿元，实施完成 380 公里的"组户通"工程建设任务。2021 年，成功创建了全国"四好农村路"示范县，有力带动乡村振兴，进一步提升农村公路建、管、养、运水平和质量。

大力发展城市公共交通。积极推进和县"城乡道路客运一体化示范县""优先发展公共交通示范城市"和"安徽省城乡交通运输一体化示范县"创建工作。

完成功桥镇交通运输综合服务站改造及沿途 22 个公交站点建设，改造完成和县至功桥农村客运班线，投入 8 台新能源公交车开通和县至功桥镇 103 路公交班线；完成和县城乡公交总站场地硬化和充电桩建设并投入使用，提前半年完成县政府"为民办实事"十大项目之一工作任务；完成石杨公交站充电桩及公交雨棚项目建设，将 2 路（十里至金河口）、102 路（北门汽车站至茗闻天下茶厂）10 辆柴油公交车淘汰更新为 16 台新能源公交车，同时将 102 路公交线路延伸至功桥镇；完成了对和县汽车站的维修改造。组织开展申报"安徽省城乡交通运输一体化示范县"创建工作，并通过省交通运输厅组织的第三方考核验收。

以"两客一危"为重点，开展非法营运、道路旅客运输安全严管严控等专项行动，严厉打击非法运营、站外带客、不按核定线路行驶等违法行为。2021 年全年查处私改车型 360 台，抛洒滴漏 69 台，无道路运输证、从业资格证车辆 9 台，非法营运车辆 77 台，辖区道路运输违法行为明显减少。

# 城乡建设　今非昔比
## ——和县城乡建设述要

公元前 221 年，秦王政置历阳县。秦末，项羽封范增为历阳侯，公元前 204 年始建历阳城，因项羽称范增为亚父，故历阳城又有"亚父城"之称。

民国时期，和城为宣桂镇，四周土城墙环绕，周长 6 公里。大小街巷 60 余条，以小市口为中心，有东门街、新街、雨露街、大照壁街、小西门街、篾匠街、北街、千家坂街、油坊巷、菜市街等 10 条，均为石板路面。其中，东门街、小西门街和油坊巷为主要商业区。抗日战争遭日机轰炸，东门街小西门街的大部分商店、民房被烧毁。

1949 年 10 月，和城改称历阳镇。随着经济的恢复和发展，城镇建设逐步进行。旧有的城墙及 4 门城孔，因厂房、道路建设的需要被陆续拆除，部分土城墙遗迹至今尚存。

## 一、县城建设

**街道修建**　1951 年，拆除东门街和小西门街两侧旧房，扩建为中心街道，路面拓宽为 6 米，碎石结构。1959 年拆迁北大街两侧旧房，铲平城墙，拓宽北大街。1965 年，小市口至供电局段路面浇筑沥青。

1965 年，整修遇仙桥井至大桥头的观弯街，路面为混凝土预制块，大桥头至得胜河的新生街（旧南门街），整修为碎石土路，路面宽 4 米。

1980 年，拆迁原油坊巷至百福寺门口的旧房，贯穿清真小学旧址及菜园，填平曹家塘，直达得胜桥。

1982 年，汽车站至供电局西段路面改建为混凝土。1983 年，改为沥青路面，人行道铺混凝土预制块。1984 年，人行道拓宽为 5 米，路面也改建为混凝土。

1984 年 7 月，整修南大街与北大街，使之连结一体，形成新的中心街道。路面拓宽为 14 米，混凝土结构，人行道宽 5.5 米，铺混凝土预制块。是年，改建雨露街（今称古楼街），混凝土结构，人行道 4 米。

1985 年，拓宽镇淮街、大照壁街、玉带河街，路面分别为 8 米、6 米、5 米。镇淮楼至四牌坊下坡处，建混凝土路面，下坡至四牌坊路面浇沥青。同年，马王庙巷、黄泥岗巷、积谷路与篾匠街统统改建为混凝土预制块。

1988 年，在县电影院北侧与保险公司毗邻处新建半边街和陋室公园，路宽 15 米，人行道 5 米，混凝土结构。

1989 年，在得胜桥至和阳桥的横江街上新建一座与旧和阳桥平行的水泥桥，路面拓宽为 8 米，碎石路改为混凝土路，一直向南延伸。至此，和县县城面积由初期的 1.2 平方公里，扩大为 2.75 平方公里。

**供水排水**  新中国成立前，县城居民饮用的是井水与河水。全城有井 300 余口，其中著名的古井有 6 口（东门街的卫井，小西门的华阳门井，菜市下的遇仙桥井，和县二中内的竹叶泉井，新生街的三眼井，四牌坊龙井）。新中国成立后，由于工业发展和人口增多，用水量增大。1966 年，开始筹建和县自来水厂，厂址在东门外得胜河边，水塔高 10.5 米，主管道 1500 米。次年供水，日供水量 30 吨（主要供机关单位生活用水）。之后，由于需水量增大，加上厂址紧靠历阳镇污水排放处，自来水水质差。1974 年，自来水厂迁至县二中后面的西城墙上，水塔高 30 米。1980 年 10 月竣工，日供水量 3000 吨。

原先，全城的下水道均为砖砌的方形通道（俗称"阴沟"）。下水道随地势自北而南，大照壁、油坊巷、观弯街分三路注入玉带河，由水关洞经得胜河入江。新中国成立后，逐年改善排水设施，在整修街道的同时铺设排水管道 5879 米，其中窨井 521 个。东西大街埋直径 450 毫米双排管道，北大街自小市口至文昌宫埋直径 800 毫米管道，文昌宫至北城河为直径 800 毫米双排管道，南大街自小市口至得胜河，埋直径 1 米的双排管道，观弯街向南经大桥头埋直径 800 毫米单管道入得胜河，大照壁街埋直径为 600 毫米单管道，至四牌坊入玉带河。四牌坊至大西门埋直径为 600 毫米单管道，分段入玉带河。玉带河是历阳镇下水道的总汇集，自大西门水关洞至东门水关洞全长 1150 米。1987 年，大桥头至四牌坊段，已改建成长 370 米、宽 2 米、深 2 米的地下水道。

经过 1984 年、1995 年、2003 年三轮规划和建设，和城已形成新的格局，2005 年，老城改造基本完成，新区建设也初具规模。和城建成生活小区 7 处，新建、拓宽街道 50 多条，新建、扩建市场 5 处，市民休闲广场 7 处，建成日供水 50000 吨的自来水厂 1 座，库容 18.5 万吨的城西粮库 1 座，同时还完成了两期电网改造，完成道路、广场、小区、庭院等绿化工程，面积达 33.1 平方千米。

## 二、县城规划与实施

**一轮总体规划**　1984 年 6 月启动，10 月完成。规划确定和县县城性质为：大力发展农副产品加工和食品加工业，结合历史文化古城的特色，积极开发旅游事业的新兴城镇。规划确定 1990 年人口为 3 万人，2000 年人口为 7.25 万人。1990 年用地 3 平方千米，人均用地 100 平方米；远期 2010 年 5.37 平方千米，人均用地 89.5 平方米。

**二轮总体规划**　1995 年编制，内容比一轮总体规划更加全面，其中包含县城城镇体系规划。通过对城镇形成发展的区域条件和 1995 年城镇现状特征分析，提出抓住皖江开发、开放的契机，有重点、分步骤加快城镇和城乡一体化进程，实现撤县设市。强化中心城镇及重点城镇的地位和作用，完善县域城镇体系，提高县域城镇化水平，创造良好的投资环境和生活环境，规划新设 8 个建制镇，使建制镇总数达 15 个。到 2010 年，形成单核三轴空间结构，以县城为核心，和（县）沈（巷）公路（S206）、柘（皋）乌（江）公路（S105）为两个一级发展轴线，石（杨）西（埠）公路为一个二级发展轴线。规划于 1996 年 3 月完成，有文本 1 份、附件 5 份。

县城总体规划分近期 1995—2000 年、远期 2010 年和远景 2020 年三个阶段。

规划区范围：西到十里埠，北到双桥河，东邻长江，南抵太阳河，总面积 80 平方千米。

县城性质：省级历史文化名城；以轻工、电子及农副产品深加工为特色，集金融、商贸、旅游于一体的现代化工业城市。

1994 年人口 6 万人，建成区面积 6.5 平方千米，人均用地 108 平方米。规划近期 2000 年人口为 9 万人，用地 8.84 平方千米，人均用地 97 平方米；远期 2010 年人口为 16 万人，用地 16.66 平方千米，人均用地 104 平方米。

城市发展方向：依托老城区改造，向西、北两翼发展，向南跨过大棚蔬菜基地，往东南结合金河口深水码头，形成独立组团，通过和沈路及沿江公路与主城区联系。

规划结构为：两个中心（新区中心、老城中心），两片绿化水系（护城河绿化水系，鹰塘、下河塘水上公园绿化体系）、两条景观轴线（新区商业街现代气息与老城镇淮街古城风貌），8 个功能分区（2 个功能分区、2 个仓储、3 个居住区、1 个科技文化区）。城市主干道形成三纵（文昌路、龙潭路、和州路）、四横（环城北路、迎江路、陋室路、历阳路）。建设 5 个广场，7 处停车场。对给水、排水、供电、电信、燃气、环境保护、环卫、防灾减灾等也都做了专项规划。

到 2002 年底，和城实际人口（包括郊区）9.2 万人，建成区面积 9.93 平方千米，人均 94 平方米，达到规划同期要求。

**三轮总体规划**　2003 年 3 月 30 日，和县人民政府向省建设厅报告，要求重新编制和县县城总体规划，4 月 11 日省建设厅批复同意。4 月底，委托安徽省城乡规划设计研究院承担规划编制。

规划近期 2003—2005 年，远期 2006—2020 年。县域城镇体系规划确定：城镇化水平由 2002 年底的 28.6% 发展到 2005 年的 32% 和 2020 年的 55%。城镇体系结构为：形成以和城为中心、沈巷和乌江为次中心，沿江分布的"一核""两星""一带"的体系结构。

县城区域：北至双桥河，南至太阳河，西至西埠镇西马支河，东以长江为界，面积约 98 平方千米。

城市性质：历史文化名城，加工业和绿色食品生产基地、滨江生态旅游城市。

人口规模：由 2002 年底 9.5 万人，发展到 2005 年 10.5 万人，至 2020 年 23 万人。

用地规模：2003 年底实际建成区面积 8.93 平方千米；2005 年 10 平方千米。人均用地 95.2 平方米；2020 年 24 平方千米，人均用地 104 平方米。

发展方向：西拓、北进、南控、东限。

县城结构：一个中心（西部城市中心区）、四个片区（西部新城区、老城区、城南片区以及和宁路城北经济发展区）、两个绿环（老城护城绿化环形系统与由主城区外围的得胜河、龙子湖以及鹰塘、下河塘、严家湖水系构成的城市外环绿化系统）、两条景观轴线（历阳路形成的新城中心区东西景观轴线和老镇淮街古城风貌景观轴线）。

城市功能区划：老城区（以文昌路、历阳路为骨架形成的老城区，作为历史文化展现区进行保护）、新城中心区（新城居住区由新城的西部居住组团和老城区北部的新建富康路为中心的居住组团，城市南中居住组团以及城市北部工业开发区居住组团组成）、科教文化区（以新城区的北端规划体育中心为基础，依托新城中心区，规划发展成为全县的科教文化中心）、新城中心区（以历阳路为东西轴线，规划和州路与历阳路交汇处建设成为城市的中心区，融行政办公、文化、旅游、商业为一体的综合城市中心）、北部工业仓储区（沿和宁公路规划建成城市工业开发区，仓储用地主要集中安排在工业区内以及新城居住区）。

**城区道路**　形成外环（东环路、北环路、西环路、南环路）加三纵（禹锡路、和州路、文昌路）四横（项王路、海峰路、历阳路、望江路）的主框架的道路网格局，主干道系统组成：南北向道路（城西路、禹锡路、和州路、龙潭路、文昌路）；东西向道路（项王路、海峰路、城北路、陋室路、历阳路、望江路）次干道系统组成：团塘路、玉带河路、得胜路、横江街、迎江路、下河塘路、富康路、西埠路、乌江路、沈巷路、香泉路等。

城区桥梁主要有 4 座，统统架在得胜河上。

**排水体制**　雨污分流制，老城区近期局部保留合流制。城区污水排放系统分三个排水分区：一分区，得胜河以南的城南区；二分区，老城区和西部新城区；三分区，迎江路以北的城市新区。污水管网由污水主干管、污水收集管及其他附属设施等组成，共设污水提升泵站 4 处。规划东门设一个污水处理厂。

古城风貌主要体现在"一环、三线、五点"。一环：即护城河；三线：即镇淮街、东西大街、南北大街；五点：即戟门、镇淮楼、四牌坊、文昌塔及东西大街和南北大街交汇点等老城的五个景观节点。重点保护现存徽派古建筑风格。

本轮和城总体规划是 2003 年以后的和城所依详细规划的建设。2005 年以后，和城建设严格按照总体规划编制详细规划并组织实施。

**主要公共建筑**　37 座大型楼房：电力、邮政、电信、农业银行、建设银行、人民银行、信用联社、财产保险公司、人寿保险公司、财苑大厦、烟草、工商、税务、环保国土、粮食、广电、供销、技术监督、计生服务、公安、人武、消防、城管、房管、城建、劳保、农委、经贸委、政法、教育、交通、水务、科技、博物馆、人大政协、政府机关、服务中心等办公大楼。

26 个重点建筑工程：陋室宾馆、新华宾馆、嘉和商城、苏果平价店、购物中心、商业大厦、步行街商场、档案馆、图书馆、影剧院、书画院、宏晶集团、三联泵业、阀门总厂办公楼、县一中、二中、三中、县幼师、历阳镇一小、二小、三小、四小、县医院、县中医院、县肛肠医院、福利院。

4 个标志性建筑物：建筑面积 8760 平方米，框架结构，共 12 层，电梯上下行人，总投资近 1000 万元的农业银行大厦；建筑面积 5000 平方米，框架结构，共 8 层，电梯上下行人，总投资近 600 万元的信用联社大厦；建筑面积 6800 平方米，框架结构，共 9 层，电梯上下行人，总投资近 1000 万元的供电大厦；建筑面积 11518 平方米，框架结构，共 11 层，电梯上下行人，总投资近 1000 万元，现是县财政局、教育局、劳动和社会保障局、审计局等机关办公大楼的财苑大厦。

**市　场**　和城的市场建设始于 1985 年，到 2000 年共 5 座大型农贸市场（玉带河市场、文昌宫市场、得胜农贸市场、中街市场和皖江蔬菜交易批发市场），占地面积 16.21 万平方米，建筑面积 10.09 万平方米，投资总额 3000 万元。

**休闲广场**　2001—2003 年，为适应市民精神文明的需求，按第二轮规划于道路建设的同时，兴建了 7 座休闲广场（桃花坞广场、陋室广场、小市口广场、望江路广场、浣纱祠广场、历阳公园广场、小转盘广场），总面积达 8.56 万平方米。

**供　水**　1966 年，和县自来水厂建于历阳东路南侧，后迁至县第二中学西侧、百货新村以南，取得胜河之水，日供水能力 3000 吨，供水管道长度 4695 米。1993 年，经扩建日供水能力近 20000 吨，供水管道长度 21306 米，仍取得胜河水。2000 年，和城新建日供水能力达到 50000 吨，供水管道长 55000 米，提用长江水。

**供　电**　1989—1998 年，和城民用及企业用电主要由 110 千伏和城变 103 和城Ⅰ线、104 和城Ⅱ线、112 和城Ⅲ线供电；1990—2002 年，更新改造 10 千伏一支干线 12 条，公用事业台区 25 个，新增节能配变 14 台，更换高能耗配变 7 台，改造居民照明用电 3000 户；2003 年 11 月，和城进行电网改造，新建城郊 35 千伏变电所 1 座（成康变电所），实施 10 千伏及以下建设改造工程 52 个项目，建设改造居民生活用电线路 8740 户，新增更换配电变压器 26 台，所有建设改造台区低压线路实施绝缘化。

**供　气**　和城燃气大部分由和县金雄液化气站提供。原为 1993 年和县人民武装部创办的劳武企业，后与石杨金雄液化气公司、和县和州液化气公司合并成立的金雄液化气有限公司。到 2004 年底，公司年供气量达 2000 吨，可供 10 万户居民用气。为方便城乡用户，公司在全县设立 100 多个居民用气点（其中和城 15 个点），并先后与扬子石化、金陵石化、安庆石化、光芒集团、金龙集团等厂家建立长期供应关系。和城燃气还有小部分由姥桥液化气站提供，该站设有 3 个供气点。2005 年，和城燃气用户普及率达到 75%。2021 年，全县有 1.56 万户居民使用天然气。

**排　水**　和城排水采用雨水和污水合流体制。以历阳路为界，形成南北两个分区。南部分区：历阳东路以南与文昌路以东排向得胜河，并设有排水泵站；历阳中路以南，龙潭路与文昌路之间的部分排向护城河并在得胜河与护城河交汇处设有泵站；历阳西路以南、龙潭路以西的部分由北向南排入得胜河；得胜河以南的区域由南向北排入得胜河；南部其他地区就近排入自然水体。北部分区：历阳中路、历阳东路以北的老城区，历阳东路与现有迎江路之间就近排入护城河；陋室西路、龙潭北路以及环城北路以北的部分自南向北排入下河塘、鹰塘、严家湖和王家凹十字沟等自然水体。医疗及少数生产单位的污水处理后就近排入自然水体。排水方式一般采用管道暗排，极少数是明沟排水。

**防洪设施**　得胜河大堤在城内高程达 13.5 米，防洪标准为 50 年一遇。1989—2005 年从未溃破。每逢汛期，得胜河水位上涨，河水经排水管道向城区倒灌。1997 年，建和城东门排涝站，城区的雨水、污水外排受阻时，须启动排涝站向外排水。此外，汛期还根据汛情分别在南大桥、高巷、得胜河南侧大堤架设临时机站排涝。

**公共交通**　20 世纪 80 年代，和县城内主要交通工具为人力三轮车、机动三轮车（"玉河"车）为主，城市居民上下班主要是自行车。1994 年公交车开通，南北大街一条运营线路。进入 21 世纪，市民逐步用摩托车、电瓶车取代了自行车，人力、机动三轮车及少量私人轿车进入市区营运。

**路灯照明**　和城路灯照明与道路建设同步。2005 年，和城 1400 多盏路灯普遍检修，共维修路灯 327 杆，计 614 盏；更换礼花灯两杆，维修过街彩虹灯 2 道，喷泉 1 处；新增历阳公园礼花灯 2 杆，广场路灯 4 杆，并用灯带装饰名人墙及望江亭。增加环城东路弯道路灯 47 盏。是年底，和城共有路灯 1349 杆，计 4736 盏，总负荷 785 千瓦。

**园林绿化**　1988 年，新建陋室公园，面积 60000 平方米；2003—2004 年，开辟历阳公园，面积 9500 平方米；整个护城河是一个断断续续的环状绿带，总面积近 30000 平方米。

**道路绿化**　不论是一块板、两块板、三块板的人行道都植行道树；两块板道路的双向主车道中间、三块板道路的慢车道和快车道之间为绿化带。此外，还有街头园林绿化 10 处、道路交叉口中心圆形转盘绿岛 2 处、广场绿化 2 处以及庭院和小区绿化等；至 2004 年，和城公共绿地面积 0.48 平方千米，人均公共绿地 5.7 平方米，和城建成区绿化覆盖面积 1.9 平方千米，绿化覆盖率达 22%。2005 年，又建了望江路三角绿岛，新增绿地 3200 平方米。至 2005 年底，和城道路两边共植各种乔木 18500 棵，绿化带长度达 5100 米，绿地面积 3.03 平方千米，绿化覆盖面积 33.1 平方千米，绿化覆盖率达 27.6%，绿地率达 30.1%。

陋室公园

历阳公园

**仓 储** 始建于 1950 年水关洞粮库仓储，后经 1989 年维修扩大，属国家粮食储备库。2004 年底，有粮食仓储建筑 9 幢，面积 9000 平方米，仓容 3.2 万吨。1990 年建设的城西粮库因和州路建设拆迁，于 2002 年搬至西埠镇十里，上划为国家粮食储备库。2005 年，和县粮食局争取国家国债项目资金 1700 万元，新建 4 万吨高大平房仓库 6 幢（上划中央储备粮总公司巢湖直属库），同年，和县粮食局根据省政府、省粮食局"退城进郊"工程有关文件精神，将原水关洞粮库整体拍卖，又新建 5 幢 3 万吨高大平房仓，2007 年 9 月竣工。城西粮库（即和城粮库）实际库容 18.5 万吨，比 1988 年增长 70.3%。还有始建于 1956 年的供销社棉麻公司棉花仓库，后经扩建维修现有 8 幢，面积 4800 平方米。2002 年 12 月 1 日，和县盐业公司购买县粮食局北门原面粉厂粮库和经营场地，改建和县盐业公司北门销售点。盐库库房面积 1942.8 平方米，其他建筑 818.68 平方米。此外，始建于 1962 年的植物油厂油库，1983 年扩建维修，拥有油库 5 幢、厂房 4 幢，建筑面积 2400 平方米，仓容 0.6 万吨。2004 年整体转让给上海衡源发展有限责任公司。

**住宅小区** 1995 年 9 月住房制度改革以前，和城的住宅建筑由三部分组成：各单位自建宿舍楼，采取福利分房的形式分给本单位的职工居住；和县开发公司开发的部分商品楼；少数私人自建住房。1989—1995 年，各单位建设的宿舍楼近 60 栋，建筑面积近 18 万平方米。居民和村民自建的单一功能两层居住楼房主要集中在土街居住区 400 户、石油公司以西 60 户、共义小康村 400 户、共义小许村 130 户、风马山庄及汽车站以北 349 户、王家洼 140 户、蔬菜大队 120 户、文昌宫以东老城墙北侧 110 户、团塘小区 180 户。

1995 年后，由过去福利分房制度转变为国家和个人都出资的住房公积金制度，各单位自建房屋逐年减少。县政府出台政策禁止私人在和城建房，居民和村民自建居住房和老居民翻建住房的建筑活动被停止，取而代之的是实行房地产综合开发建设。

1995—2005 年，和城开发建设的居住小区和商住楼有 7 处：

**陋室小区** 和县第一个整体综合开发的居住小区（也是安居工程项目），县房地产开发公司实施开发，安徽省建筑工业学院规划院编制详细规划，和县计划经济委员会工程设计室设计。1996 年 1 月开始建设，2003 年底全部建成。小区总占地面积 66000 平方米，其中建筑占地 17760 平方米，绿化面积 23000 平方米，道路面积 9600 平方米，休闲场地 5400 平方米，露天停车场 5040 平方米，其他面积 5200 平方米。小区建筑总面积 94000 平方米，其中居住建筑面积 85000 平方米，商业经营用房 3800 平方米，物业管理活动用房 2000 平方米，车库用房 3200 平方米。小区内条式楼 30 幢，点式楼 5 幢。

**历阳中路 3 幢条式楼** 县房地产开发公司开发，2000 年开工建设，2002 年建成，占地面积 30000 平方米，建筑面积 11000 平方米，其中底层商业经营房 3000 平方米，楼层居住用房 8000 平方米。

**龙潭南庄居住小区** 安徽龙潭房地产开发有限公司开发，1996 年开工建设，2002 年全部建成。小区（组团）占地面积 48000 平方米，其中建筑占地 14800 平方米，道路面积 6900 平方米，绿化面积 9800 平方米，休闲健身场地 1500 平方米，庭院面积 15000 平方米。建筑面积 62000 平方米，其中条式楼 16 幢 495 户，点式楼 3 幢 57 户，温馨区 54 户。

**龙潭北庄居住小区** 安徽龙潭房地产开发有限公司开发，2002 年开工建设，2004 年全部建成。小区（组团）占地面积 35000 平方米，其中建筑占地面积 11500 平方米，龙池、假山景观占地 1200 平方米，道路面积 4200 平方米，绿化面积 6700 平方米，休闲健身场地 2600 平方米，庭院面积 8800 平方米。建筑总面积 46000 平方米，其中条式楼 7 幢 260 户，商住楼 2 幢 40 户，别墅区 36 幢 71 户。

**桃花坞小区** 县安居经济适用房开发有限责任公司开发，安徽省建筑工业学院城市规划设计研究院编制详细规划，1995 年 10 月开工建设，2001 年全部建成。小区总占地 15000 平方米，其中建筑占地 5400 平方米，绿化面积 5000 平方米，道路面积 2000 平方米，休闲场地 1000 平方米，停车场 1000 平方米，其他面积 1000 平方米。建筑总面积 26670 平方米，其中居住建筑面积 23400 平方米，商业经营用房面积 2400 平方米，物业管理活动用房 70 平方米，车库用房 800 平方米，小区内条式楼 8 幢，点式楼 3 幢，居住户数 234 户。

**桃花坞二小区** 县安居经济适用房开发有限责任公司开发，安徽省建筑工业学院城市规划设计研究院编制详细规划，2001 年开工建设，2006 年全部建成。小区总占地 80000 平方米，其中建筑占地 28000 平方米，绿化面积 24000 平方米，道路面积 10000 平方米，休闲场地 12000 平方米，露天停车场 3000 平方米，其他面积 3000 平方米。小区建筑总面积 96600 平方米，其中居住建筑面积 84600 平方米，商业经营用房面积 1200 平方米，物业管理活动用房 400 平方米，车库用房 1200 平方米，小区内条式楼 40 幢，居住户数 682 户。

**历阳中路 9#、10#、13# 楼** 县安居经济适用房开发有限责任公司开发，县建筑设计院设计（属老城区改造项目），2000年开工建设，2002年建成。占地面积26000平方米，建筑面积14300平方米，其中底层商业经营用房2400平方米，楼层居住用房11900平方米。

**嘉和商城A期、C期工程** 县安居经济适用房开发有限责任公司开发（属老城区改造项目），2003年开工建设，2005年全部建成。商城占地35000平方米，其中建筑占地17500平方米，建筑面积85000平方米，其中商业经营建筑面积27000平方米，居住面积58000平方米，办公管理用房400平方米。

**市容市貌整治** 1996年成立的和县城市管理办公室，下辖城市配套设施检查验收组。2001年12月县机构改革时更名为和县城镇管理局。县城镇管理局除了整治市容环境，重点治理违章现象。在治理脏、乱、差的同时，完善配套设施、统一规划，设置花鸟市场、水果市场、夜市排档市场。十年中，下达整改通知书7000多份，查处和纠正各类违章59000余件，其中处罚260件，取缔违章占道摊点2200个（处），清除面积约4000平方米，清除或整治大小广告5000余幅，面积约19000平方米。查处乱倒乱堆垃圾3179起，违章建筑工地57个，清除陈旧、破损店铺及有碍市容的设置物8000多处，清洗乱贴乱画"牛皮癣"15000余处，面积约1.5万平方米。2003、2004、2005年和县城管局连续三年被县政府评为"人民满意单位"。

环境卫生以治理"脏、乱、差"为突破口，县成立了环卫执法中队，"门前三包"管理工作取得新突破。2004年，围绕创"省文明创建工作先进县"的目标，开展形式多样、简明易懂的法规宣传；对城区乱披乱挂、乱搭乱建、乱停乱放、占道经营、户外广告、渣土运输、卫生死角等专项大整治。整合城区管理资源，与历阳镇协作，发挥社区、街道作用，促进了市容环境卫生管理工作的整体推进。2005年，县城管局清理卫生死角、大面积垃圾6处，小面积卫生死角垃圾12处，清运垃圾约36吨；组织夜间巡逻队，清刷非法小广告面积约2.5万平方米，铲除"牛皮癣"1万多处。

**环卫设施及"创建"工作** 县环卫队曾于1997年租赁历阳镇双严村大戴自然村40000平方米北圩荒滩为垃圾填埋场，库容填埋已饱和。2005年底，申请国债资金在西埠镇巢宁路北侧，老虎台山脚下兴建生活垃圾填埋场，占地面积133000平方米，日平均处理垃圾200吨，工程总投资为4999.76万元，申请国债资金2500万元，已完成项目可行性研究报告编制工作。城区现有5座机械化垃圾中转站，3台垃圾运输车，1部洒水车，更新果皮箱近200个。县财政从2005年开始对环卫处每年定额补助由过去的 65 万元增加到年补助 117 万元，另拨付 5 万元的垃圾中转站维修等专项资金，同时给环卫处添置了一辆垃圾运输车。2005 年，对和城垃圾堆放场进行了整治，堆建了 2 座隔离坝，完善了处置消毒设施，并义务植树 1000 多棵，修建道路，加强垃圾覆盖，保护场内植被。

**城建监察**　1996 年 5 月，和县城建监察大队在和县建设委员会内部成立，股级建制。2002 年县级机构改革中，规定建设监察执法大队是建设局职能股室之一。1997—2005 年，和县建设监察执法大队共查处违规建设 1070 起，扣押或先行登记保存施工设备 165 台（套），拆除违规建筑 59 起（处），查处违规建设面积 37686 平方米，申请县法院强制执行 21 起。2004 年和县第一届蔬菜节期间，监察大队发放限期清理通知书 60 多份，清除建筑垃圾 30000 立方米，清理施工场地 96 处。全年共查处损坏市政设施、园林绿化案件 14 起，挽回国家直接经济损失近 4 万元。

### 三、集镇规划与实施

和县镇村建设规划始于 1983 年，至 1984 年底，全县 38 个乡镇的粗线条规划全部编制完成。1985—1992 年上半年，对粗线条规划进行调整完善。形成的规划成果是"四图一书"（集镇现状图、集镇规划图、近期建设图、工程管线图及规划说明书）。

**集镇规划**　1992 年撤区并乡后没有及时编制规划，仍执行 1992 年以前粗线条规划；1994 年、1995 年，由县城乡建设环境保护局对雍镇、五显集镇进行规划；1996 年 6—12 月，省建工学院编制白桥、绰庙、香泉、城南 4 个乡镇集镇建设规划；省城乡规划设计院编制乌江、沈巷镇规划；1997 年 8 月和 1998 年 6 月，省建工学院对张家集、南义、联合乡集镇进行规划；1999 年 5—12 月，省建工学院编制姥桥、西梁山、善厚、石杨 4 个乡镇规划；1999 年 6—8 月，县建委对濮集、功桥乡镇进行规划；2000—2003 年，省建工学院对螺百、五显、雍镇、腰埠等乡镇规划进行修编，乌江镇总体规划于 2003 年 3 月刚刚编制结束，逢乡镇区划调整，又重新编制。各乡镇依据总体规划再编制详细规划，规划经乡镇人大主席团讨论通过，报县政府批准执行。2004 年 4 月，乡、镇区域规模调整后，全县 10 个镇又重新编制新规划。今仅以乌江镇规划与实施为例作一介绍：

乌江镇位于马鞍山市和县北部，北与南京江北新区毗邻，南接和县县城，东部与马鞍山市区一江之隔。镇域面积 141 平方公里，辖 2 个社区、11 个行政村，共 331 个自然村。拥有 6.47 万人，非农人口 0.6 万人，农业人口 5.87 万人，城镇建设用地面积 8.58 平方公里，村庄建设用地面积 9.79 平方公里，非城市建设用地 122.63 平方公里。2015 年，地区生产总值 38 亿元，人均地区生产总值超过 48000元，高于全县平均水平，经济建设和各项社会事业均出现健康可持续发展的良好态势。镇区常住人口 4 万人，城镇化率 66%。2016 年入选全国重点镇。

本次规划分为两个层次，镇域层次，编制村镇体系规划，范围为乌江镇域，总面积 141 平方公里。镇区层次划定城镇规划区范围，编制镇区建设规划。

**区域与对外交通规划** 总体目标是建立一个功能完善、运行高效、生态持续的综合交通体系，基本实现与南京江北新区、马鞍山市区 30 分钟内通达，与和县县城核心区 15 分钟通达，居民步行 5 分钟可达轨道或公交车站的目标。规划增强乌江镇与南京江北新区（桥林新城）、和县县城的轴向交通联系，实现北沿江轴线组团发展；同时注重乌江镇与马鞍山主城联系，促进马鞍山跨江发展。与江北新区规划高速公路 1 条、结构性主干路 3 条、主干路 2 条。分别为宁和高速公路、城西大道（结构性主干路）、幸福大道（结构性主干路）、滨江大道（结构性主干路）、巢宁路（主干路）、丰子河路（主干路），联系江北新区桥林新城。与马鞍山市区规划结构性主干路 1 条，即 346 国道及慈湖过江通道，联系马鞍山市区。与和县县城规划结构性主干路 3 条（滨江大道、346 国道、东环路）、主干路 2 条（和州路、巢宁路）。规划北沿江铁路和郑蒲港连接线，在规划区西侧通过，以货运为主。规划宁和城际轨道（向北衔接南京地铁 S3 线高家冲站），沿丰子河路—新城大道（规划）铺设，轨道线路在镇域内共设置 5 处站点，分别为乌江新城站、新城北站、新城中心站、新城南站、郊野公园站（预留），站点详细设计由轨道交通建设规划进一步明确。规划中的乌江公路交通分为快速路、结构性主干路和一般公路。结构性主干路网由"三纵两横"的线路布局组成。三纵，分别规划为幸福大道、滨江大道、城西大道贯穿镇域南北，可快速联系江北新区桥林新城及和县县城。二横，分别为乌香路（S206）和改线后贯穿镇域东西的 G346（原S105）。改造、拓宽镇域范围内的道路，提高等级和运输能力，建设合理的乡村公路网，乡村公路全部达到三级路面标准，即道路红线宽度 10 ～ 12 米，路面宽度6 ～ 7 米。到自然村的道路路面宽度 3.5 ～ 4.5 米。保证村镇之间、村庄之间的交通便捷。规划新建乌江镇二级公路客运站，结合地铁"新城南站"设置，位于地铁站点西侧，占地面积约 3 公顷，与宁和城际新城南站、城市公交首末站共同形成综合客运枢纽，并设置 P+R 停车场。

**镇区交通规划** 乌江镇的城市道路系统由结构性主干路、主干路、次干路和支路构成，基本形成方格网状路网形态。快速路，规划三条结构性主干路（城西大道、滨江大道、幸福大道），红线宽度为 60 米，路网密度 0.6 千米 / 平方千米。结构性主干路与次干路、支路相交时，原则采用次干路、支路"右进右出"的方式。主干路，规划主干路系统"五横"（为迎宾大道、乌香路、霸王祠路、七星路、城南路）、"三纵"（为丰子河路、巢宁路、新城大道）。新城大道规划道路红线宽度 50 米，其余主干路规划红线宽度 36 米，主干路路网密度为 1.5 千米 / 平方千米。次干路，结合用地性质、城市组团及自然水系分布，规划红线宽度为 24 ～ 40 米。次干路路网密度为 1.4 千米 / 平方千米。支路，规划红线宽度 12 ～ 16 米，路网密度为 3 千米 / 平方千米，具体线位可在控制性详细规划根据具体情况进行优化。此外，规划一条疏港快速通道，即滨江大道，作为乌江镇沿江港区对外疏运专用通道，建议采用局部高架的形式，快速联系乌江镇与 G346 慈湖过江通道、南京锦文路过江通道。保留现状 S105 与滁马高速互通立交，升级 S105 为国道 346，并通过慈湖过江通道实现与马鞍山主城的交通联系。水运交通，规划建设石跋河港区、省精细化工园专用码头、大黄洲港区。石跋河港区、精细化工园专用码头以重化工原料、工业产品的中转运输为主，兴建 3000 吨级泊位 1 个，1000 吨级泊位 3 个，不断为大运量、大用水量工业的发展创造条件。大黄洲货运港口主要为台湾农创园及开发区提供服务。同时，规划驷马山干渠升级为四级航道。

**历史文化街区的保护规划** 1996 年，乌江老街公布为省级历史文化街区。老街位于乌江镇鼓南社区，南北长 1000 米，东西长 150 米；老兴街以北地段保留大片古民居，沿路商业依然活跃；老兴街以南地段古民居仅有几处，但有霸王酥和五香花生米手工作坊。现古民居建筑部分仍保留有清代徽派建筑风格，店铺密集紧凑。路面为大青石铺就的街道，为老街增添了一份古朴。现存老街基本保持原有风貌，但由于自然与人为的因素，损毁较为严重，保存状况一般。规划目标是保护乌江老街历史文化街区格局，充分体现街区的传统商业、文化特征。通过本次规划，促进乌江老街历史文化街区的保护更新和协调发展，统筹安排各项开发建设项目，为改造更新提供技术指导。本着保护历史的真实性、保护风貌的完整性、社会生活延续性的规划原则，根据历史街区的现状及其周围环境的关系，确定保护规划要点为：（1）保持现有街道的格局和空间形式，整体保护街道及其周边地区。坚持整治的方式，严禁大拆大建。（2）对沿街的建筑进行原貌恢复性建设，包括其体量、形式、建筑风格、材料、色彩、建筑装饰等。（3）对新中国成立后的沿街建筑进行改建，在体量、形式、建筑风格、材料、色彩、建筑装饰等应统一协调。（4）建筑的内部空间及其设施应满足现代生活要求。（5）精心建设和改善街区内的基础设施，居民住房条件，适应现代生活的需要。（6）在街区安排新的功能要符合传统特色，新建筑在街区的空间布局、体量、尺度与传统特色相协调。

**重点文物遗址及非物质文化遗产保护规划** 霸王祠（省级重点文物保护单位）位于安徽省和县乌江镇东南 1.5 公里的凤凰山上，离县城 20 公里。公元前 202 年，西楚霸王项羽兵败自刎于此，当时就墓葬了项羽的"分裂之余"，即残骸和血衣，故称"衣冠冢"。今祠按原貌重建，有正厅、东西厢房、墓道及墓、抛首石与乌江亭和 31 响钟亭。四周遍植松树，绿荫如盖。大门西边有一碑廊，陈设林散之、范培开、萧娴等数十位名家的书碑。

张马和遗址（县级文物保护单位）位于和县乌江镇周集行政村张马和村东 100 米，椭圆形土墩，面积 6190 平方米，墩高 3 米。采集的陶片以夹砂红陶为主，纹饰主要为绳纹和回纹，器形多为鬲足。

非物质文化遗产的保护对象为乌江境内所有非物质文化遗产，按照保护级别主要分为两级，即省级非物质文化遗产（1 项）：霸王祠三月三庙会；县级非物质文化遗产（2 项）：霸王民间系列故事、霸王酥制作工艺。通过对乌江镇无形文化的传承现状及载体环境的调查、分析以及特色性与可发展性评价，确定了以上的项目保护。

**镇区居住及商业配套规划建设** 乌江镇依托四联片区进行新城建设，由明发集团（中国）城市综合体建设有限公司投资建设，项目总投资约 300 亿元，用地面积 5400 亩，建设面积约 900 万平方米、建成不少于 15 万人居住的一座高品位商贸城。该项目于 2013 年 4 月与和县人民政府签订《合作开发协议》，2013 年 11 月 20 日注册成立外商独资企业——明发集团（马鞍山）实业有限公司。一期项目总投资 179770.73 万元，占地面积 500 亩，总建筑面积 840242.7 平方米，其中酒店及售楼处建筑面积 68979.2 平方米，住宅及商业配套 771263.4 平方米。主要建设 24 层酒店 1 座，高层住宅 44 栋、3 层花园洋房 56 栋，幼儿园 1 座，3 层会所 1 座。二期规划建设住宅及配套商业、中小学以及商业用地，总建筑面积约 2087576.13 平方米。其中中小学用地面积约 122.4 亩，总建筑面积 122398.78 平方米，商业用地面积约 84.75 亩，总建筑面积 82340 平方米，二街区地块（住宅及商业配套）用地面积约 617.85 亩，总建筑面积 1319748.28 平方米，四街区地块（住宅及商业配套）用地面积 231.45 亩，总建筑面积 563089.07 平方米。截至目前，一期项目基本完工交付使用，江湾温泉大酒店对外营业。二期中、小学主体完工，明道小学已招生运营，宁和换乘中心投入使用，四街区地块住户已入住。商业综合体建设至十二层以上，四大中心正在进行北区建设，明林九年一贯制学校、高中项目，明发江湾新城医院，明浦小学，沿河高业等项目正在进行基础打桩。

2013 年，乌江镇共完成集镇建设重点项目 20 个。建成了乌江大道、项羽路、楚江路，完善了七星路、虞姬路三横两纵的道路体系，提升了集镇品位。实施了乌江老街、濮集街道等改造工程。全年完成城镇道路修建 4.2 公里、下水道建设 1900 余米、新增绿化面积 5 万平方米、安装路灯 190 余盏；建设了全省乡镇中一流的文化站，乌江文化广场正式投入使用，有效改善了镇区人居环境。

2014 年，编制多部镇村规划，为未来发展拉开了框架；以市政道路为标准完成了镇区的几条主干道；兴建了 908 套安置房及 2000 平方米的民生楼，城镇居民居住条件明显改善；建设完成金宝商业广场一期，打造新的商贸中心；启动明发乌江新城建设项目（该项目体量较大，2014 年启动四联片区征迁工作）。建成全省一流的镇级综合文化站，受到省委宣传部的充分肯定。《"古镇乌江"林散之故乡情书画展》在市美术馆成功举办，反响强烈，极大宣传了乌江；积极谋划霸王祠产业园，编制一期 3000 亩详细控制性规划及二期 1 万亩概念性规划；完成林散之文化广场建设；建设石山农民文化乐园，打造星级农家乐，丰富乡村文化；对乌江老街进行了高标准规划，为今后发展打下了良好基础。

2015 年，完成《乌江镇总体规划（2013—2030）》《乌江镇村庄布点规划（2015—2030）》《乌江镇四联片区控制性详细规划》等修编，《乌江镇镇区控制性详细规划》《乌江镇工业园控制性详细规划》等编制工作正式启动。

投资 50 亿元的明发江湾新城一期项目建成 56 幢别墅、16 幢高层，目前销售火爆；总投资 1.4 亿元的四联安置房项目主体已竣工，乌江人家二期、三期主体封顶，圆梦园小区主体完工；投入 1200 多万元，对金宝大市场门前道路、建设街道路、濮集街道等市政道路进行整修；S105 道路隐患整治和农村道路交通安全治理工作成效明显，"陈卜"经验在全省推广。

2016 年，大力实施"六项行动"，全年投资 3500 多万元开展 20 个城镇项目的建设，小街小巷环境得到整治，停车场、景观大道已经建设完成，西门改造、东河沿道路全面完成，投资 500 亿元的明发乌江新城项目，已销售 34.7 万平方米 3562 套房，占全县房屋销售量 80% 以上。

安置房建设不断加快。乌江人家二期、三期和四联安置房一期已竣工交付使用，圆梦园小区一期即将完工。美丽乡村建设不断推进。完成省级中心村陈卜村主体工程建设，完成省级中心村黄坝鲁营村村内主干道路建设。山仁、小韩杨两个县级示范点雨污管网已铺设，村内道路已经建成。乌江镇被列为 2016 年全省美丽乡镇。

2017 年，全力推进"四整治四提升"行动，建成项羽南路、富贵佳苑等 5 个停车场，缓解镇区停车压力。

投入 2000 余万元实施镇区配套设施整体提升工程；全长 5 公里的天然气管道乌江镇区段已完成管道铺设；投资 3000 万元、贯通乌江镇三横两纵五条主道路的污水管网项目现已完工。

集镇框架更加完善，明发江湾新城三期已开工建设，配套的"明道"学校、五星级明发国际温泉大酒店项目进展顺利，目前已完工。华夏幸福长江熙岸孔雀城房产项目，实现当年启动当年建设当年销售，石山大道、乌江工业园四路一渠等项目正顺利推进。

2018 年，对老集镇不断进行改造提升。全长 20 公里投资 8000 万的和县城乡一体化安全供水工程乌江段已完成，主管道已试通水，目前已正式供水；全长 5 公里的天然气管道乌江镇区段已完成管道铺设；投资 3000 万元的污水管网项目已经完成。投入 500 余万元实施镇区配套设施提升工程，其中投资 80 万元的河湾路已完工；投资 40 万元的路南和南庄道路工程现已完工通车；投资 80 万元的北庄路即将与北庄机站对接；投资 200 万元的宝塔路已建成；投资 170 万元的小学路已建设完成。投资 83 万元开展镇区绿化补植、小巷硬化和沿街破损整治等街道形象工程。

**集镇规划实施** 全县集镇除历阳镇、乌江镇外，还有 8 个建制镇和 13 个一般集镇。2000 年，和县先后出台《中共和县县委、和县人民政府关于加快小城镇发展的决定》和《2000 年和县小城镇建设与发展考核实施细则》两个文件，指导和规范小城镇建设及其考核目标，使各集镇建设全面展开。到 2005 年底，各集镇共有住户 35236 户，总人口 130209 人，住宅总面积 500.34 万平方米。建成街道 106 条，总长度 84802 米，全新混凝土路面各类市场 33 处，总面积 12.5 万平方米；

各类公共建筑 46.41 万平方米，工业建筑 677.06 万平方米；仓库 40 座，总容量 125910 吨；自来水厂 28 座，日供水总量达 47780 吨，铺设排水管道 105683 米；新装路灯 1589 盏；园林绿化面积近 50 万平方米。

## 四、村庄规划与实施

和县第一次村庄建设规划是 1987 年，巢湖行署建设局、和县城乡建设环境保护局以原黄山寺（五显集镇）马场行政村大廊村为试点而进行的。为搞好村庄规划，1991 年 5 月县政府在乌江镇举办了 21 个乡镇 45 名规划建设人员参加的为期 3 天的村庄规划技术培训班。第二次村庄建设规划是 1991 年以乌江镇的建设村、历阳镇的勤王庄、腰埠乡的盛家口、白桥的周贵仕、沈巷镇的裕珠 5 个自然村为试点，绘制了"两图一书"（现状图、规划图、说明书）。1991 年大水后，建长建乡东堡新村和长建新村（今属功桥镇）。第三次村庄建设规划是 1998 年长江流域发生百年不遇的大洪水后，国家实施移民建镇而规划建设了 12 个移民新村、2 个移民街道。第四次村庄建设规划是 2001 年 6 月开始，由县建设局组织实施，先选择 4 个乡镇为示范，编制中心村规划。

**村庄规划实施** 1989 年，和县农村住房共有 380376 间，占地面积 777.52 万平方米，其中民房 317968 间，楼房 784 户，2464 间（57100.8 平方米），占 0.65%；草房 59944 间，占 15.78%。到 2005 年，全县农村居民平均每户拥有住宅面积 92.2 平方米，住宅类型主要为平房和楼房，其中平房 73609 户，占 61.7%；楼房 44668 户，占 37.4%，房屋结构主要为砖木和砖混结构，其中砖木结构 59809 户，占 50.1%，砖混结构 50613 户，占 42.4%；钢筋混凝土结构 7687 户，占 6.4%。

1991 年、1998 年大水过后，功桥新建了大裴、东堡两个自然村，入住农户 220 户，建筑面积 3.18 万平方米。

2001 年，县委、县政府出台了《关于进一步加强中心村规划建设的意见》，2004 年底，全部按规划启动建设。西埠镇双庙村 2004 年申报国债项目，用 3 个多月时间建起了 120 户沼气示范户，综合利用技术 100 多项，初步建成生态示范村。2005 年，双庙村方庄在外创业的刘斌投资 1000 万元，在本村建成集居民商住楼、农民娱乐场所、标准化混凝土路、路灯、餐饮休闲于一体的新村庄。

1990 年，和县乡、镇、村道路开始统一规划，按照三级或四级公路技术标准修筑，特别是实施"村村通"工程以来，和县乡村道路建设发展速度加快，截至

2005 年底，已改扩建县道 13 条，总长 333.37 千米；建乡道 30 条，总长 191.4 千米；建村道共 208 条，总长 961.69 千米，其中混凝土路 101 条，长度 329.4 千米，柏油路 18 条，长 130 千米，其余为沙石路。

1989 年，和县有自来水厂 6 家；2005 年，全县自来水厂增加到 34 家（其中单位自备水厂 5 座），受益居民达 47.2 万人。1989—2005 年，乡镇打新井 1460 余眼，手压机井 15720 余眼，开挖当家塘 900 余口，引用山泉水 4 处，受益居民 14.55 万人。

1998—2002 年，和县累计改建乡村厕所 36739 座（每座县政府补助 100 元，乡镇补助 50 元），公厕 162 座。

## 五、移民新村建设

1998 年，长江流域发生了百年不遇的洪水，省政府 1998—2002 年共下达和县三批移民任务，共 3274 户、11524 人，总投资 16324 万元（其中国家补助资金 4992.8 万元，地方财政补助资金 670.2 万元，移民自筹资金 10661 万元）。拆除原洲、滩、圩、堤上的旧房 2775 户，分散安置 2033 户，集中建设的 14 个移民点，统建移民房 1241 户，其中 213 户平瓦房，1028 户为二层楼房；全部入住的 14 个移民点共建道路 11 千米，建自来水厂 1 座，有 7 个点通自来水，建排水管道 8 千米，建小型污水处理厂 1 座；14 个移民点都通电、通话、通有线电视，绿化设施逐步到位，建设秸秆气化站 1 座，改变了移民点的燃烧结构。2003—2004 年，和县接收三峡移民 113 户、514 人，在香泉、西埠、乌江、姥桥、白桥、五显、濮集 7 个镇建 21 个移民点，2004 年 7 月移民搬进了各项基础设施齐全的新房。

## 六、房地产管理

1952 年，和县成立了房地产管理委员会，"文革"期间改为房管组。1977 年恢复房管会，下设历阳、乌江、白桥三个房管所。1995 年 8 月 29 日，成立和县住房制度改革办公室，是年 10 月 20 日，成立和县住房资金管理中心，与县住房制度改革办公室合署办公。1999 年 1 月，成立和县房地产管理局。2001 年 12 月 6 日，县住房制度改革办公室与县房地产管理局合并，成立和县房地产管理局，为县政府房地产行政职能主管部门。内设 1 室 4 股（办公室、财务审计股、房改股、住宅与房地产业股、物业管理股）。下辖房地产产权产籍市场监理处、房地产经营管理处、白蚁防治所、房屋安全鉴定管理所、房地产评估事务所（房地产测

绘队 )。下设 4 个企业：和县安居经济适用房开发有限责任公司、和县房地产开发公司、和县广厦物业管理有限责任公司及和县陋室预制构件厂。

**住房制度改革**　1992 年 4 月，和县成立住房制度改革领导小组，办公地点设在县建设局。1995 年 8 月，成立县住房制度改革办公室，隶属县政府领导，为自收自支事业单位。1995 年 8 月 24 日，和县房改实施方案和三个配套政策，分别以县政府和政〔1996〕106 号、107 号、108 号和 109 号四个文件印发全县，房改方案正式出台。1995 年 9 月 13 日，县委、县政府在县影剧院召开 2000 多人参加的房改工作动员大会。同年 9 月 23 日至 10 月 8 日，县房改办公室分别在建设银行、县委党校举办了 3 期全县房改业务培训班，受训人员 220 人。和县第一家公有住房出售单位是和县质量技术监督局。截至 2005 年，全县累计公有住房出售总额达 1.48 亿元。1998 年，被省住房改革领导小组授予"省房改先进县"。

1995 年 10 月 20 日，经县编委批准，成立和县住房资金管理中心，与县住房制度改革办公室合署办公。1996 年 1 月 19 日，和县出台了《和县住房公积金暂行办法》，1996 年 9 月起，职工个人和所在单位各按职工工资额 5% 为职工缴纳住房公积金。和县被授予 1996 年度巢湖地区"房管资金管理先进县"。2004 年和县被评为"市房改先进县"。

2005 年，和县职工住房公积金的缴纳比率调整为职工工资总额的 5% ～ 10%。是年 11 月，全县职工住房公积金缴存单位为 206 个；职工住房公积金累计缴存额为 8000 万元，发放职工住房公积金贷款 2000 万元。

1996 年 1 月 19 日，和县出台了《和县住房租金改革暂行办法》，自 1995 年 9 月 1 日起，成套住房月租金为 0.85 元 / 平方米；其他住房月租金为 0.55 元 / 平方米。2000 年，住房租金达到占双职工家庭平均工资额的 15%。截至 2005 年，全县公有住房月基本租金为 1.8 ～ 5.0 元 / 平方米。1998 年 12 月 31 日起，全县停止住房实物分配，逐步实行住房分配货币化。2004 年 4 月 29 日，和县出台《和县职工住房补贴发放管理暂行办法》，自 1999 年 1 月 1 日起施行。截至 2005 年 11 月底，全县上报住房补贴单位 109 个，核定发放对象 2714 人，金额达 1000 万元。

**落实私房政策**　1982 年，遵照省委、省政府皖发〔1982〕66 号文件，县委、县政府着手组织落实处理"文革"期间被非法挤占、没收的私房，解决私房改造遗留问题，开始在历阳镇试点。退还"文革"中不应接管、没收、收购（下放户）的房屋（谁占用，谁退还），计退还 38 间，面积达 1601 平方米。

1985 年，县委、县政府出台和发〔1985〕3 号、50 号文件，对私房改造中不符合政策规定的，在查明事实后加以纠正。成立县落实私房政策领导小组，设立办事机构，开展落实政策工作。至 1995 年，处理私房案件 581 件，2.5 万平方米。退还房屋 262.5 间，赔偿 20 间，共 6090.7 平方米。其中包括落实台属、台胞和原国民党起义、投诚人员，各级政协委员的房产政策，以及落实宗教房产政策共 18 件，归还房屋 61 间。

**房地产产权产籍管理**　1988 年 7 月，成立了由县长为组长的"和县房产产权登记发证领导组"。同时历阳、乌江、沈巷、白桥、姥桥等五个建制镇也成立了房产产权登记发证领导组，在县房产产权登记发证领导组办公室的指导下，负责本辖区内的房产产权登记工作。1993 年后，随着房地产登记发证工作的展开，负责承办全县城镇房地产买卖、继承、赠与、分割、析产、交换、抵押登记等业务。1997 年 2 月 27 日，经县编制委员会批准，成立"和县房地产产权产籍市场监理处"。

**房地产档案管理**　和县自 1979 年设立房屋管理委员会后，便成立了房地产档案室，负责受理全县房屋产权产籍档案的收集、整理、保管和查阅工作。按自然区划进行分类、排列、编号，对每幢房屋都建立了一个完整的产权卷，记载了立档房屋的变更情况。截至 2004 年底，房地产档案室共存有产权产籍、文书、财务、声像、资料、科技开发、人事、实物八大类总共 39637 卷，其中产权产籍 35000 卷、文书 2254 卷、财务 1566 卷、声像 39 盒、资料 347 册、科技开发 171 卷、人事 204 卷、实物 56 件。1991 年 11 月，和县房地产档案室通过安徽省档案局二级标准档案室的验收；1996 年 7 月，通过安徽省档案馆一级标准档案室的验收；2001 年，顺利通过国家档案局企业档案二级标准档案室的验收工作。

**房地产中介服务**　和县房地产事务所业务是受理房地产抵押评估。1993—2000 年，共受理房地产抵押评估业务 1350 起，评估面积 30.25 万平方米，评估额 13600 万元，收取评估费 58.36 万元。2001 年，该所从监理处分离，实行独立核算，评估业务由过去单一的房地产抵押评估拓展为房地产交易评估。2001—2005 年，共受理各类评估业务 2744 起，评估面积 29.63 万平方米，评估额 19450 万元，评估收费 78.18 万元。

**白蚁防治**　和县白蚁防治所于 1982 年成立。业务范围仅局限于和县直管公房的白蚁防治工作。1991 年，对外开展白蚁防治业务。对一中实验楼、自来水厂、和县武装部办公楼的白蚁危害进行了灭治。1999 年 10 月 15 日，建设部 72 号令颁布了《城市房屋白蚁防治管理规定》，依据规定在全县开展了新建房屋白蚁预防业务。同时承接了历阳西路两侧新建商住楼白蚁预防工作。2000 年，新建房屋白蚁预防及灭治 57 起，预防面积 5.08 万平方米；2001 年，开展了以和城为起点全面带动各乡镇白蚁预防业务，全年共受理白蚁预防 98 起，面积 14.35 万平方米。2002 年又拓宽到 11 个乡镇，全年共受理白蚁预防 13.8 万平方米；当年被省建设厅授予 2002 年全省建设法制工作先进单位。2003 年 6 月 1 日起，白蚁预防费调整为每平方米 2.5 元。2004 年，将做好新建房屋装饰的白蚁预防业务纳入新的发展目标，同时承接和城小市口嘉禾商城 A 区、C 区近 71000 平方米商住楼白蚁预防业务。2004 年 1 月至 10 月，受理白蚁预防 165 起，预防面积 10.7 万平方米。

1991 年 11 月 15 日，成立和县房屋安全鉴定管理所，与县白蚁防治所一套人马两块牌子合署办公，负责全县辖区的危险房屋管理工作。2001—2004 年，对全县中小学校舍安全进行了普查和定性，全县中小学校校舍鉴定危房面积达 12.82 万平方米，对 D 级危房的校舍进行改造、拆除，消除 D 级危房面积 7.16 万平方米。

**物业管理**　2001 年，和县房地产管理局设立物业管理股，主要负责对全县的物业行业管理、审查、鉴证、督查和备案工作，负责对从业人员业务培训、考核，研究制定全县物业管理政策、规章制度，并负责组织实施，接受并查处物业管理的投诉。截至 2005 年，全县已建成（包括在建）住宅小区 24 个，成套住宅 7000 套，建筑面积达 78.63 万平方米，砖混结构、层数均为 3～6 层。全县共有登记注册物业管理企业 6 家，分别为和县广厦物业管理有限责任公司、和县龙潭物业管理公司、和县晶和物业管理有限公司、和县香泉湖物业管理有限公司、和县飞翔物业管理有限公司和南京金箔集团和县爱顺物业管理有限公司，全县物业管理从业人员 300 多人。其中三个小区和商场（桃花坞一小区、陋室小区和嘉和商城）被评为省、市优秀物业管理商城小区。

# 大兴电力　保障发展
## ——记和县电力建设

1955 年 3 月，和县筹建电厂，投资 11 万元购置美国产组合式汽油发电机组 4 台 168 千瓦，于 1956 年 5 月 1 日在和城小市口张宅安装发电，仅供机关学校和部分商店、居民照明供电（后与和县供电所合并）。为解决农村抗旱排涝用电，1958年开始大规模的电力网建设。是年8月，建成和县第一座黄山寺电力排灌站和35千伏的裕黄线，黄山寺35千伏变电所同时建成，2400千伏安主变压器投入运行。

60年代初，贯彻"近水设点、电跟水跑，以站建所，简易上马"的方针，坚持自力更生为主、国家补助为辅的原则，筹备资金百万元投入电力网建设。1963年底，建成35千伏变电所8座，安装主变压器10台，容量为1.81万千伏安，架设35千伏线路7条，长74.5公里，3～10千伏线路428.2公里，安装配电变压器208台，容量2.94万千伏安。1964年，沈巷、姥桥、新桥、乌江、西埠、历阳5个区镇的27个公社144个大队均已通电。同年，建成西梁山110千伏变电所，直接引用梅山、佛子岭水电站、淮南、皖南等地的电源，解决了和县沿江地区农田灌溉用电问题，并在西梁山江边建起高104米钢筋混凝土结构的过江塔，架设了跨度1411米的220千伏高压线，它是皖中电网与华东电网联接的大跨越。

1964年，成立和县供电局。1973年7月，在乌江建成驷马山引江灌溉工程和配套的110千伏变电所、1万千伏安主变压器投入运行，从肥东桥头集变电所通过110千伏桥—古—乌线引来电源，同时分别对驷马山电力排灌一站、二站、张家集乡、乌江镇供电。1981年，西梁山开关站投入运行，1985年，西梁山至和城的110千伏输电线路架设完毕。1988年，和县拥有220千伏开关站1座，110千伏变电所3座，35千伏变电所24座，220千伏输电线路79.07公里，110千伏输电线路77公里，35千伏输电线路243.86公里，6～10千伏输电线路1313公里，乡镇通电实现100%。

1998年，和县供电局获国家电力公司授予的"抗洪先进集体"称号。1999年获安徽省"第二届职工职业道德先进集体"称号。

2000年12月，和县供电局进行体制改革，成立"安徽电力和县供电有限责任公司"，成为安徽省电力公司全资子公司，隶属巢湖供电公司管辖，公司相应成立董事会、监事会。2005年，辖新宇公司、电力多种经营公司，下辖石杨、善厚、香泉、乌江、西埠、历阳、姥桥、新桥、白桥、沈巷和裕溪口11个供电所。

2001年，和县供电公司被省供电公司评为县级"供电营业规范化服务"达标单位。2002年，和县供电公司被授予"安徽省第五届文明单位"称号；被省电力公司授予"双文明单位""农电安全管理先进单位"称号。2005年，和县供电公司被国家电网公司电网调度机构授予"安全优质服务年先进单位"称号。

**220千伏输变电工程建设**  1981年建成并投入运行的西梁山220千伏变电

站，坐落在长江北岸西梁山脚下，占地面积 31990 平方米，为和县境内唯一一座 220 千伏变电站，由巢湖供电公司负责运行、维护和管理。经 1987 年、2000 年和 2004 年 3 次扩建后，有主变 3 台，总容量 250 兆伏安（分别为 120000 千伏安、120000 千伏安、10000 千伏安，其中含 1 台 35/10 千伏主变容量 10 兆伏安）。该变电站有 220 千伏输电线路 5 条、110 千伏线路 3 条、35 千伏线路 1 条、10 千伏线路 10 条。220 千伏输电线路中，西（西梁山）刘（马鞍山刘村）2831 号线路、西（西梁山）长（芜湖长龙山）2832 号线路联系着安徽的南北电网，含（含山）西（西梁山）2850 号线路、巢（巢湖）西（西梁山）2834 号线路供皖中负荷，滁（滁州）西（西梁山）2853 号线路与滁州变电所联络，在安徽电网中起着举足轻重的作用；110 千伏线路全部供和县全县负荷；35 千伏线路 1 条，作为 10 千伏的备用电源；10 千伏线路 10 条，供周边地区负荷。

2001 年 10 月建成的长江三峡至江苏龙政 500 千伏直流高压线路，途经和县西梁山、白桥、五显、沈巷等地，2004 年 6 月建成的安徽平圩至湖北瓶窑输变电工程 500 千伏交流高压双回线路，途经和县西梁山、白桥、姥桥、南义、腰埠、善厚等地。

**110 千伏输变电工程建设** 1989 年，和县有 110 千伏变电所 3 座。1994 年，将 35 千伏沈巷开关站升压改造为 110 千伏沈巷变电所，安装主变 2 台，总容量 51.5 兆伏安。2004 年 7 月，将乌江 6 千伏变电所升压改造为 110 千伏乌江变电所，安装主变 2 台，总容量 51.5 兆伏安。2005 年，有 110 千伏变电所（站）5 座，主变 9 台，总容量 205 兆伏安。

1989 年，和县有 110 千伏输电线路 3 条，总长度 77 千米。2005 年，有 110 千伏输电线路 7 条，总长度 162.62 千米。

和县 110 千伏电源布点位于和县南、中、北部，主网架结构比较合理，110 千伏变电所满足 N-1 安全要求。

**35 千伏输变电工程建设** 1989 年，和县有 35 千伏变电所 24 座。1992 年，将始建于 1966 年的石杨变电所迁址升压为 35 千伏变电所，主变 2 台，总容量 5.65 兆伏安。是年 7 月，将原绰庙东汤变电所迁至绰庙街南端石杨—绰庙的公路边，新建成 35 千伏绰庙变电所，安装主变 2 台，总容量 5.65 兆伏安。1997 年，将位于善厚镇裴桥村的善厚变电所（1975 年新建，1988 年改造）迁址到善厚镇升压为 35 千伏善厚变电所，安装主变 2 台，总容量 6.5 兆伏安。2005 年 3 月，在和城南端和县—沈巷公路西边新建 35 千伏成康变电所，安装主变 2 台，总容量 16

兆伏安。至 2005 年，和县共有 35 千伏变电所（站）29 座，主变共 57 台，总容量 129.08 兆伏安。其中公用变电所 9 座、总容量 74.7 兆伏安；国营排灌站专用变电所 9 座（藏墩一站、藏墩二站、雍镇、裕溪街、黄山寺、姥下河、金河口、石跋河、驷马山），主变共 12 台，总容量 18.35 兆伏安；工业专用变电所 11 座（裕溪口港埠公司、西梁山轧钢厂、和城金刚石二分厂、西埠金刚石厂、西埠水泵厂、微波站、十里窑厂、和县水泥总厂、乌江华星化工厂、夹山关水泥厂、和县水泵总厂），总容量 40.36 兆伏安。另外，无为二坝 35 千伏铁路变电所，2 台主变，总容量 2 兆伏安，由 110 千伏沈巷变电双回路供电。

**35 千伏及以下输电线路建设**　1989 年，和县有 35 千伏输电线路 25 条，总长度 243.86 千米。1997 年 9 月，新建 35 千伏乌香线（乌江变电所至香泉变电所）14.25 千米、35 千伏石杨支线（乌江变电所至石杨变电所）12.61 千米、35 千伏香石 II 回线（香泉变电所至石杨变电所）10.59 千米、35 千伏石善线（石杨变电所至善厚变电所）15.01 千米。2000 年 8 月，新建 35 千伏和黄线（和城变电所至黄坝变电所）11 千米；12 月，新建 35 千伏和西线（和城变电所至西埠变电所）10.1 千米。2001 年 5 月，新建 35 千伏 306 沈藏线（沈巷变电所至藏墩排灌站）10.06 千米；12 月，新建 35 千伏和姥线（和城变电所至姥桥变电所）15.51 千米、35 千伏乌黄线（乌江变电所至黄坝变电所）11.07 千米。2002 年 3 月，新建和金线（和城变电所至金河口排灌站）6.23 千米。2003 年 10 月，新建和航线（和城变电所至西梁山轧钢厂）13.74 千米。2005 年 12 月，新建成康支线（和姥线开断 T 接线）3.2 千米。到 2005 年，全县有 35 千伏输电线路 38 条，257.7 千米，其中公用线路 18 条，226.6 千米，用户自有、县公司代维护线路 20 条，31.16 千米；10 千伏配电线路 76 条，1915.28 千米；配电台区 3242 个，总容量 319.74 兆伏安，其中公用台区 1892 个，用户专用台区 1350 个。

和县电网基本形成以 220 千伏电网为依托、110 千伏电网为主网、35 千伏电网为辐射的网架结构，10 千伏输电线路深入广大农村，全县乡村通电率 100%。

2010—2015 年，和县供电公司不断加强电网建设，完成电网建设资金 3.06 亿元，相当于"十一五"的 2.8 倍。扩建 220 千伏变电站 1 座，新建 110 千伏变电站 1 座，增容 110 千伏变电站 1 座，新增 110 千伏及以上变电容量 31 万千伏安；增容 35 千伏变电站 9 座，变电容量 13.875 万千伏安。建改 35 千伏线路 108.804 公里、10 千伏线路 569.53 公里，完成 429 个台区和 3.2755 万户套户改造，持续加强农、配网建设，不断改善用户安全用电质量。深化推进用电采集系统建设，覆盖率达到 100%。

**农网改造**　1998 年 6 月，为加快农村基础设施建设，彻底解决农村电价过高、用电质量差的问题，国务院拨巨资改造农村电网，改革农电体制，实现城乡电力同网同价的目标。是年 12 月 8 日，国家电力公司印发《农村电网建设与改造管理办法》。省电力局与计委联合下发了《安徽省农村电网建设和改造实施办法》，对安徽省 110 千伏、35 千伏和县城电网建设与改造工程都下发了管理办法，并制定了"35 千伏变电站的模式设计"，对农网的设计、施工、检查、验收均做了具体规定和要求。除和县供电局组建相关小组、制定各组工作规范外，和县县政府还成立了农网建设领导小组。

1998—2003 年，和县供电局（和县供电公司）分 2 批对全县农配网进行改造，计投入贷款资金 1.26 亿元（一期投资 7020 万元，二期投资 5620 万元），新建、改造 10 千伏线路 668.63 千米，400 伏线路、220 伏线路及下户线 4439.21 千米，更换高能耗变压器 309 台，容量 20440 千伏安，新建改造配电房 642 座，新增配电柜、JP 柜 1718 台，完成 1810 个农村配电台区和 165800 多户电能表建设改造任务，覆盖面占全县改造台区的 98.69%，位居巢湖市第一。受到省公司的肯定和表扬。农配网改造工程的实施，电压质量得到了明显提高，电能损耗明显降低，安全用电有了保障。

2010—2020 年，和县供电公司共计投入农网改造资金 4.77 亿元，改造台区 875 个，总配变容量 22.3 万千伏安，改造 10 千伏线路 88 条，总长度 653.244 千米。其中 2010 年改造 127 个台区，总投资 3582.43 万元。2011 年改造 84 个台区，改造总配变容量 1.225 万千伏安，总投资 2521.29 万元。2012 年改造 104 个台区，改造总配变容量 1.6425 万千伏安，改造 10 千伏线路 9 条，改造线路总长度 75.392 千米。总投资 3090 万元。2013 年改造台区 158 个，总投资 6062 万元。

2014 年改造台区 40 个，改造总配变容量 0.787 万千伏安，改造线路 14 条，总线路长度 135.2 千米。总投资 3743.47 万元。2015 年改造台区 136 个，改造总配变容量 5.27 万千伏安，改造线路 22 条，线路总长度 151.4 千米，总投资 7297.36 万元。2016 年改造台区 10 个，配变总容量 1.45 万千伏安。改造线路 8 条，总长度 43.494 千米。总投资 1206 万元。2017 年改造台区 130 个，总配变容量 4.42 万千伏安。改造线路 14 条，总长度 78.37 千米。总投资 5335.4 万元。2018 年改造台区 9 个，总配变容量 2.61 万千伏安，改造线路 5 条，总长度 110.07 千米。总投资 6036.99 万元。2019 年改造台区 46 个，总配变容量 1.815 万千伏安，改造线路 8 条，总长度 43.374 千米。总投资 5294.62 万元。2020 年改造台区 31 个，总配变容量 1.226 万千伏安。改造线路 6 条，总长度 58.8 千米。总投资 3557.74 万元。

经过一、二期农网改造，合理调整布局，缩短供电半径，优化电网结构，电压质量提升（低压线损降至 12% 以下），实行"三公开""四到户""五统一"的规范化管理，使农民、农业、农村经济发展得到了巨大的实惠。

**城网改造** 1990—2005 年，和县供电公司先后投资 1980 万元，对和城网进行了 2 期改造。1990—2002 年，为一期改造工程，投资 550 万元。更新改造 10 千伏一支干线 12 条，20.87 千米；改造公用事业台区 25 个；改建 10 千伏线路 1.77 千米；改建 400 伏线路 14.22 千米；改建 220 伏线路 0.41 千米；新增节能配变 14 台，容量 4315 千伏安；更换高能耗配电变压器 7 台，2575 千伏安；改造居民照明用电 3000 户。2003—2005 年，为二期改造工程，投资 1431 万元。新建 35 千伏安成康变电站 1 座，总容量 2×8000 千伏安；35 千伏双回线路 1.61 千米；新增改造公用台区 52 个；更换配电变压器 47 台，为 1.65 万伏安；新建（改造）10 千伏线路 51.73 千米，400 伏线路 36.68 千米，220 伏线路 76.5 千米；实施套户改造 7000 多户；新增更换配电变压器 26 台，8945 千伏安；新增永磁断路器 15 台，其他断路器 5 台；所有建设台区低压线路实现绝缘化，台区新增无功计偿柜 42 台，2520 千伏安。

2009 年，公司完成电网建设资金 1.34 亿元，相当于"十五"末的 2.3 倍，累计新建 220 千伏变电站 1 座，110 千伏变电站 2 座，35 千伏变电站 3 座，新增变电容量共 29.86 万千伏安，扩容 35 千伏及以上变电容量 3.68 万伏安。新增 35 千伏以上线路 130 公里，10 千伏线路 315 公里，形成了以 220 千伏为中心、110 千伏为骨架的供电格局，持续加强农、配网建设，不断改善用户安全用电质量，完成 986 个台区和 28.6 万户套户改造，累计投入农网建设资金 8969.71 万元。

**电业管理** 1986—1997 年，针对电能不足、负荷紧张的情况，和县"三电"办每月给用电户下达用电指标、分配可用电量和负荷，按月对实际用电情况进行考核奖惩；以实际用电量为测算依据分配平价电量（统配电量），不足部分以补充电量形式下达。用电户每月中旬预报下月计划用电量，县"三电办"统计汇总后报巢湖地区"三电办"审批。在电量最紧张的 1987—1990 年的 3 年里，县"三电"办设立负荷调度，对各用电户下达日可用电量计划，对各大动力用户安装石英电力定时开关钟，以控制动力用户用电时间。超负荷用电及时拉闸限电，同时制定紧急拉闸限电顺序表，供调度人员紧急拉闸限电时执行。1991—1992年，县"三电办"为鼓励企业多用低谷电，缩小峰谷差，对企业安装分时计量表，实行峰谷电价分开核算。高峰时段超用指标电量，除收取正常电费、议价电费外，同时加收每千瓦时0.3元；低谷时段超指标用电量，除按每千瓦时给予0.05元奖励外，议价电每千瓦时优惠0.1元，低谷时段少用指标电量按每千瓦时加0.08元罚款。1997年后，电力市场供需矛盾得到缓解，计划用电和限电规定也随之取消。

**安全用电**　和县供电局生产技术股和用电管理股协助县"三电办"负责管理安全用电。县"三电办"、局用电股，行使政府电力监督管理职能，负责组织进网作业电工培训，用电检查人员管理，大客户以及城区用电安全管理，电力供应与使用的监督管理，定期对客户进行用电检查，执行供用电合同等工作。生产技术股负责农电安全管理，下达安全隐患通知书。局政工股及营业大厅（窗口）常年围绕安全用电开展供用电咨询、宣传活动。各供电所配备专职安全员，经常进行安全用电常识的宣传教育，每年在全国安全宣传月活动中，发放安全用电宣传画、安全用电知识手册。

1990年，和县供电局成立安全生产领导组并建立安全生产机制，对新进职工实行岗前安全培训，经考试合格后上岗；对生产一线人员实行一年一次的安全规程培训和考试，考试合格者上岗；乡镇农电工经由县供电局举办的业务技术培训班培训合格的农电工发给"进网操作证"，无证不上岗位。1993年，县供电局开展以设备整治与改造为主要内容的"安全文明生产双达标"活动，对所辖的3座110千伏变电所和9座35千伏变电所设备进行更新与改造，健全各级安全生产责任制，建立全局安全生产网络。1994年，"安全文明生产双达标"工作通过省电力局验收。2002年，和县供电公司安全性评价工作，通过华东电网专家组考评验收。2004年，和县供电公司成立安全建设领导组，建立健全安全生产监督保证体系，制定生产单位、职工本人等发生安全责任事故的责任追究、处理标准和处理办法。

1989年，和县供电局所属各变电所均安装"五防"（防带负荷分闸、合闸，防带地线合闸、分闸，防误入带电间隔）功能机械闭锁装置。2000年，各变电站采用微机操纵"五防"闭锁装置。2003年，县供电公司在变电所安装UT-2000IV型微机闭锁装置，以集控中心为主站形成有效的防止电气误操作事故发生的运行机制。是年，结合农村电网改造，公司在全县农村安装剩余电流动作保护器

252265 只，其中总保护器 3102 只，分支保护器 4331 只，家用保护器 244832 只。2004 年 3 月，县供电公司投资 600 万元，对所辖 3 座 110 千伏变电站、9 座 35 千伏变电站一、二次设备进行改造。2005 年 10 月，完成 9 座 35 千伏变电站无人值守建设，全部实现"四遥"（遥控、遥测、遥调、遥信），通过省、市公司的验收并命名为"无人值班规范化管理变电站"。

1989—2005 年，主系统未发生人员死亡、重伤等事故，电网及设备发生一类障碍 1 起、二类障碍 19 起、异常 26 起；全县发生农村触电事故 30 起。

**节约用电** 1989—1997 年，为缓解电力供求矛盾，县"三电办"将巢湖地区"三电办"下达的节电任务层层分解到基层单位；对产品单耗定额实行逐月考核，对产品单耗超标电量实行加收电费的处罚；对节约用电的企业年终给予奖励。推广节电新技术、新工艺，对效率低于 70% 的风机、60% 的水泵和高耗能电机分批进行改造；更换异步电动机就地实行无功补偿；组织厂矿企业参观节能产品展览会，引进电动机磁性槽泥改造先进节能技术；组织对各大用户做电平衡测试；逐步更换高能耗变压器。开展变频调整、绿色照明及节能电器产品的推广应用工作。

**电力调度** 1988 年，和县供电局调度所成立。对管理范围内的变电所用电负荷、供电量实施调度。1997 年 3 月 1 日，巢湖地区供电局将 110 千伏乌江变电所调度管辖权移交给和县供电局。2005 年，调度管理范围为：110 千伏变电所 4 座（和城、沈巷、乌江、香泉），35 千伏变电所 9 座（绰庙、善厚、石杨、香泉、西埠、黄坝、成康、姥桥、新桥）。

1997 年 10 月—1998 年 10 月，和县供电局兴建调度自动化系统工程，架设专用光缆 120 多千米。1999 年 4 月 1 日起，和县调度自动化系统进入实用化考核期。2000 年 12 月，和县调度自动化系统工程通过省电力公司自动化实用化验收并通过国电公司批准运行。2003 年 5 月，县供电公司对调度自动化主站系统硬、软件进行升级；组建和县供电公司信息中心。

**用电稽查** 1998 年 9 月，和县供电局成立用电稽查大队，负责全县用电稽查工作。1999 年，用电稽查大队建立高峰用电月度用电稽查机制，与和县公安局治安大队建立电力联合执法机制，向社会公布举报电话，共同开展用电稽查。是年起，每年 7、8、9 三个月份集中对和县县城的楼、堂、馆及商业网点开展拉网式用电稽查。2002 年和 2004 年，和县供电公司参加巢湖供电公司组织的全市用电稽查互查行动。

**营销服务**　1992年，开展农电"为农业、为农民、为农村经济发展"（简称"三为"）服务活动。1993年，建立健全由县供电局、乡（镇）电管站组成的电力为农业服务体系。1994年，通过华东网局检查验收。1995年，和县供电局被国家电力部评为"三为"服务达标单位。

1997年，和县供电局各供电所建立电力设备故障报修制度，公布报修电话，组建抢修服务队，实行24小时值班；供电营业窗口推出供电服务承诺制、"首问责任制"和便民服务制度；实行电力设备故障"零点检修"。

2001年，实施电力体制改革后，电力营销实行"五统一"（统一电价、统一发票、统一抄表、统一核算、统一管理）、"四到户"（抄表到户、开票到户、收费到户、服务到户）、"三公开"（电价公开、电量公开、电费公开）、"一监督"（群众监督）。

**规范管理**　2001年，和县供电公司开展电力市场整顿和优质服务年活动。2002年，和县供电公司被国家电网公司授予电力市场整顿和优质服务年"先进集体"。是年，和县供电公司组织开展"供电所规范化管理"创建活动，以"三年全面实现供电所规范化管理"为目标，执行省电力公司印发的《安徽省乡镇供电所规范化管理考核办法》和《评分细则》，加强对基层供电所创建活动的检查指导，并将此项活动同创建人民满意的基层站所、规范化服务示范窗口及县级供电企业基础管理结合起来，建立常态考核机制。2002年，全县22个供电所全部达到规范化管理标准，其中西埠、沈巷2供电所分别被省、市电力公司授予"规范化管理优秀供电所"称号，和城营业所被评为国家电网公司规范化服务示范窗口。

2005年，全省在农电系统开展供电所规范化管理"梯级晋阶"活动，对供电所实行合格、星级、示范三个梯级晋阶考核。是年，西埠供电所被省电力公司评为"规范化管理示范供电所"。

2005—2010年，综合实力不断增强。公司资产总额从19779.4万元增长到27117.25万元，增长37.1%；服务各类客户数量从19.5万户增长至25万户，增加5.5万户；供电量从3.37亿千瓦时增长到9.6亿千瓦时，增长184.57%；全员劳动生产率突破24.5745万元/人·年，增长27.19%。2008年，进入"安徽省电力公司一流县级供电企业"行列。

2009年2月，和县供电公司被省公司授予安徽省电力公司"一流县供电企业"称号。3月17日和县供电公司乌江供电所东河沿台区467户居民电能表数据准确无误地导入营销MIS管理系统。标志着公司居民负荷管理系统成功上线投入使用。4 月 10 日，和县供电公司正式开通了"空中移动收费系统"，给偏远地区农村群众缴纳电费带来了便捷和实惠。

2010 年 1 月 6 日，公司电费自动催缴系统经过前期开发调试后成功上线，是为客户提供增值服务所采取的新举措。6 月份，全面启动新一轮农网改造升级工程，被省公司列为"全省农网升级改造示范县"。

和县供电公司率先在县公司层面完成"三集五大"体系建设，变革了管理模式、优化了业务流程、转换了运营机制，实现了公司系统核心业务的"集约化、专业化、扁平化"，公司管理效率、经营效益和优质服务水平大幅提升。主动落实供电营业区划调整要求，实现平稳对接。积极开展专业化管理，农电"专业 + 综合"管理模式得到全面落实。建立健全运营监测工作机制，有效提升了核心业务的管理水平。全面落实"子改分"工作任务，按照"市县一体化"管理要求，推动公司快速发展。

和县供电公司深化落实依法从严治企管理要求，不断规范公司经营管理行为，提高法律服务保障能力。坚持实行综合计划和年度预算管理，强化同业对标意识，完善经营管理机制。公司资产总额从 33715 万元增长到 44924 万元，增长 33.24%；服务各类客户数量从 19.92 万户增长至 21.85 万户，增加 1.93 万户；供电量从 11.17 亿千瓦时增长到 12.9 亿千瓦时，增长 15.5%；全员劳动生产率突破 27.76 万元 / 人·年，增长 85.81%。公司取得了"国网公司一流县级供电企业""安徽省第九届文明单位""安徽省第十届文明单位"等殊荣。

和县供电公司始终坚持"四个服务"，将"你用电、我用心"宣传到社会、落实到行动、温暖到人心，全员服务意识和水平大幅提升，优质服务能力得到广泛赞许，在历年的政风行风评议中均名列前茅。全力保障安全可靠电力供应，积极应对高温、台风、冰雪等自然灾害挑战，圆满完成迎峰度夏、度冬和抗战胜利 70 周年、蔬博会、温泉旅游节等重要保电任务。加速推进新农村电气化建设，全力服务美好乡村建设，完成新农村电气化县建设目标，建成电气化镇 7 个，建成电气化村 56 个。

2012 年 10 月份，和县供电公司管辖由巢湖供电公司转移至马鞍山供电公司。

2018 年，国网和县供电公司完成供电量 17.08 亿千瓦时，同比增长 8.43%。全县现有 220 千伏变电站 2 座，总容量 60 万千伏安；110 千伏变电站 6 座，总容量 49.15 万千伏安；35 千伏变电站 11 座，总容量 30.96 万千伏安；110 千伏线路 9 条 163.35 千米；35 千伏线路 21 条 210 千米；10 千伏线路 114 条 2162 千米。完成"十三五"配电网规划滚动调整和电网发展评估,巩固完善和县农村配电网规划等6项专项规划编制报批工作。配合市公司完成220千伏星湖变新建、110千伏项王变新建、110千伏乌江变扩建等项目前期站址选址、民事协调、建设意见及可研方案初步征求等工作。推进技改、大修及城、农网建设,35千伏白桥变改造结束,终结和县公司变电站单母线运行历史,小康用电示范县工程竣工,完成13个项目1133.47万元的技改大修项目建设,完成2018年及2017年结余农网升级改造工程项目投资共计13个批次、1.57亿元,1.6万农村客户电力供应质量得到提升。

截至2019年末,和县全境有220千伏变电站2座,110千伏变电站6座,35千伏变电站10座,总容量80.73万千伏安;35千伏线路23条,共计264.39千米;10千伏线路114条,共计2264千米。全年完成供电量18.63亿千瓦时,同比增长9.04%。

加强电网调度管理和风险管控,强化设备运行维护。成功应对雨雪冰冻恶劣天气和"3·20"风灾,圆满完成新中国成立70周年、长江经济带生态环境突出问题整改现场会等期间保电工作。强化主网和设备本质安全,完成2019年技改大修项目18个、检修运维项目27个、农维费项目3个,安全有序完成和县境内11处跨高速线路整治。开展5座35千伏变电站接地小电阻改造,完成35千伏变电站安全稳定装置安装调试工作,配网柱上开关保护试验230台次。国网和县供电公司实现连续安全生产运行1.33万天。

紧扣经济社会发展需求,完成配电网2019年度滚动主规划,以及和城中心城区(B区)、县经开区、郑蒲港新区网格化规划,完成乌江特色小镇、乌江石山村乡村电网规划设计成果编制工作。完成2020年娘娘庙输变电、新建西白双回线路和星湖同期配套黄坝变等35千伏项目储备3个,资金2800万元;10千伏项目储备232个,资金1.37亿元。

完成小康示范县35千伏黄坝变改造工程,35千伏姥新线项目完成招标。完成和县境内±800千伏白鹤滩特高压线路项目前期意见征询和110千伏金河口输变电项目前期规划方案及选址工作。协助市公司完成星湖220千伏输变电工程及同期配套110千伏线路工程、"郑蒲—星湖"220千伏单改双线路工程项目前期工作。

推进农网升级改造,完成2019年配电网投资项目82项,竣工率54.9%;完成2018年配电网投资结转项目99项,竣工率96%。推进贫困村电网建设,完成

36个贫困村电网建设项目，总投资1552.58万元，竣工率100%，2个农网改造项目，获省公司"2019年度农网精品工程"称号。香泉供电所荣获国网"五星供电所"称号，原白桥供电所荣获省公司"四星供电所"称号。

2021年，和县供电公司倾尽全力服务大局，在打好三大攻坚战、优化电力营商环境、推进能源转型发展等重大决策部署落实中担当使命、主动作为，为和县现代化城市建设提供了坚强供电保障，各方面工作得到市县领导和社会各界的高度评价，在树立国家电网品牌形象的同时，也为公司发展创造了良好外部环境，荣获全省及省公司脱贫攻坚单位。

# 三、文化教育篇

## 教育复兴 "两基"先行
### ——和县创建全国"两基"工作先进县

民族要振兴，教育必先行。

教育是民族振兴、社会进步的基石，是提高国民素质、促进人的全面发展的根本途径，强国必先强教。中国未来发展、中华民族的伟大复兴，关键靠人才，基础在教育。

根据国务院制定的《关于〈中国教育改革和发展纲要〉的实施意见》的精神，教育部发布到20世纪末基本普及九年义务教育和基本扫除青壮年文盲（以下简称"两基"），是今后一个时期教育发展的"重中之重"。20世纪90年代实现"两基"，是党中央、国务院一项战略决策，是全党、全社会一项紧迫而艰巨的历史任务。

和县党委、政府决定以教育体制改革为抓手，1990年启动"两基"工作。争创全国"两基"工作先进县。

## 一、教育体制改革

**学制改革** 1983年9月，县一中、二中由5年制完全中学改为6年制完中（初中3年，高中3年）。1985年9月，新桥中学、香泉中学也由5年制完中改为6年制完中；沈巷中学由3年制初中改为6年制完中。

1983年和1984年，乌江、石杨、姥桥、西埠4所中学，先后由5年制完中改为5年制职业高中，实行初中3年、职业高中2年学制。1985年，县高级职业中学实行 2 年制、3 年制和短期班相结合的学制。同年，和县师范改为和县幼儿师范，学制 3 年。1987 年起，为探索农村普通教育与职业教育相结合的新路子，先后在联合、善厚、八角初中试行"3+1"学制（3 年初中课程、1 年专业技能学习）。1998—1999 年，在历阳镇各小学进行学制改革试点。2001—2002 年，全县小学均从起始年 5 年制改为 6 年制。

和县一中

**办学体制改革** 20 世纪 80 年代末，和县积极探索办学体制改革，鼓励民间办班和社会办学，逐步形成公办为主、社会各方办学的多元化格局。

1993 年，省教委批准设立和县利民高级中学，招收新生 120 名。1996—2001 年，该校培养高中毕业生 600 余名。1995 年创办和县南北少林文武学校，1997 年创办和县江北第一文武学校，均按九年义务教育要求开设文化课。2001 年创办和县青少年体育学校，实行小学、初中、职业高中一条龙办学模式。3 所学校在校学生分别为 316 人、110 人和 328 人。

1997 年后，民办幼儿园发展迅速，至 2001 年已有近百所。县教育局对申报办学资格的 23 所幼儿园进行审查和验收，为其中的 9 所颁发了《社会办学许可证》。历阳镇培贤幼儿园有教学班 4 个、学生 150 名、教师和保育员 12 人。是 9 所中办得最好的。

**投入体制改革** 1985 年前，教育经费由县财政统一安排。1986 年起，开征教育费附加。启动社会捐资办学，鼓励各校勤工俭学，拓宽投入渠道。1989 年以来，海外华人、港台同胞、地方企业、社会贤达为家乡捐资办学一直持续不断：1993 年，香港实业家邵逸夫捐献港币 50 万元援建历阳一小教学楼；2002 年，美籍华人、著名数学家鲍家驭和美籍华人、环保专家禹如斌分别捐献 1 万美元和 1 万元人民币给和县一中作奖学金基金；2004年，台湾企业家王永庆捐献人民币60万元援建香泉中心小学教学楼。2007年，美籍华人陶德海通过中华基金会捐资历阳三小兴建综合楼一栋、阶梯教室一座，建筑总面积2350平方米。2015年8月，他向马鞍山市慈善总会一次性捐赠100万元，以其母名设立"高怀霞慈善基金"，这是海外华侨的首笔大额捐赠。

和县历阳一小逸夫楼

**管理体制改革** 2003年，县政府出台《和县农村义务教育管理体制改革实施方案》，构建"以县为主"的管理机制。县教育局直管全县初中、乡镇中心小学和历阳镇小学、幼儿园；乡镇设立一所中心小学，负责当地小学、幼儿园的教育管理，乡镇政府负有支持和监督责任；启动新的教育人事机制，成立和县教育人才管理中心；启动新的教育资金管理机制，成立和县教育资金结算分中心。学校实施校长负责制、教职工聘任制、岗位责任制、工资浮动制。以"四制"为切入点，改革学校内部管理体制。先在和县二中、历阳二小、善厚初中、乌江职中试点，2000年，全县281所中小学、幼儿园全部实行"四制"。2004年，省教育厅在全省推广和县的做法与经验。

**学前教育** 1990年前，全县有公办幼儿园1所，小学附设学前班64个，在园（班）幼儿2265名，幼儿入园率6.2%。1992年，随着"两基"工作的深入开展，学前教育有了大发展，西埠、沈巷、乌江、姥桥镇和城南、联合、螺百、香泉、张集、濮集、白桥乡先后各开办 1 所幼儿园。至 1996 年，全县有公办幼儿园 12 所，小学附设学前班 188 个，在园幼儿 14906 人，幼儿入园率 53.2%。是年，县政府出台《和县幼儿教育事业"九五"发展规划》，鼓励支持社会力量开办幼儿园。2005 年，全县有公办幼儿园 12 所，持证民办幼儿园 8 所，小学附设学前班 208 个，在园（班）幼儿 8221 名，幼儿入园率 52%。各幼儿园与妇幼保健、卫生防疫部门建立长期合作关系，定期给幼儿体检和疫苗注射，对幼儿园内活动场所进行消毒；并根据不同年龄的幼儿，开展相应的体育锻炼；执行《托儿所、幼儿园卫生保健管理办法》，并做好室内外卫生、食堂饮食卫生，培养幼儿健康的生活习惯；保障幼儿的人身安全。

乌江人家幼儿园

20 世纪 90 年代，各幼儿园开设语言、常识、计算、音乐、美术、体育等课程，实施启蒙教育。2001 年起，注重从健康、语言、社会、科学、艺术等方面实施素质教育。历阳、乌江镇幼儿园率先进行教学改革，打破传统的分科教学单一模式，构建保教结合的综合模式。实行以游戏为基本形式的分组教学、分层教学、个别辅导、回归集体的教育方式，运用师幼互动、幼儿互动方法，设计以幼儿兴趣和教师特长相结合的英语、阅读、美术、舞蹈等兴趣班（组）开展教学活动。

1993 年，为探索弱智儿童随班就读的教育模式，历阳镇幼儿园开展"幼儿一体化教育"实验。招收一些轻度弱智幼儿随班就读，遵循幼儿教育"一体化"要求，把观察作为基本环节，通过"混合比较观察""单个接触观察""深入家庭观察""带入社区观察"了解弱智幼儿的缺陷所在，灵活运用"游戏活动""实物演习""动作示范""实物分辨""指示互动""情感亲近""强化训练"等措施，精心弥补最主要的缺陷，使"回归"主流的效应得到充分体现。1996—1998年，印度教育考察团，英国专家教授霍简琳女士、安考斯先生，老挝国家幼教考察团以及蒙古国幼教考察团，先后到历阳镇幼儿园考察"幼儿一体化教育"实验，给予充分肯定和赞扬。

**初等教育** 1989年，全县有完小365所，初小教学点117处，学生59782人。初等教育入学率97.8%，年巩固率98.3%，毕业率96.1%，12～15周岁人口初等教育完成率96.9%，基本普及初等教育，达到省颁验收标准。1998年，恢复历阳三小。2001年，历阳二小改为和县民族小学。是年，全县完小183所，初小教学点64处，学生56381人。初等教育入学率100%，年巩固率98.49%，毕业率100%，12～15周岁人口初等教育完成率100%。

2001年，随着学制改革，执行《调整后的九年义务教育"六三"学制全日制小学、初级中学课程安排表》。2004年，各小学开设品德与生活、语文、数学、外语、科学、体育、音乐、美术、综合实践活动等课程。尤其注重德育教育，把"爱祖国、爱人民、爱劳动、爱科学、爱社会主义"的五爱教育作为各小学长期开展的活动。平时，通过劳动课、学会做家务，让学生懂得"劳动光荣"，对学生进行"爱劳动"教育。1991年和县遭水灾，组织小学生学习抗洪抢险英模事迹、开展"手拉手、心连心"活动。

## 二、"两基"工作

"两基"就是基本普及九年义务教育（以下简称普九教育）和基本扫除青壮年文盲教育（以下简称扫盲教育）。1989年，县政府制定《和县普及九年义务教育规划（草案）》，确定"两段三步走"的实施步骤，巩固初等教育普及成果，提高教育水平，有计划地普及初级中等教育；根据教育发展水平，将全县19个乡镇划分为三种类型区域，分别于1992年、1994年、1995年实现"普九"目标。

**普九教育** 1993年8月，历阳镇"普九"工作通过省级验收。是年，县委、县政府作出《关于加快实施九年义务教育的决定》，确定1994年为和县实施义务教育年。

依据相关法规，县制定"普九"四项制度：实行党委、政府和教育行政部门双线承包责任制，县政府与乡镇政府、县教委与乡镇教委分别签订"普九"责任书。实行"一定四包"责任制，即乡镇村干部、中小学教师定人到户，乡镇村包办学条件改善，提高校园配套建设达标率。乡镇村干部和中小学教师包动员少儿入学，提高入学率、项固率。学校领导和教师包教学质量"达标"，提高合格率、毕业率。家长或监护人包子女入学，提高普及率。在全县开展实施教育法规评比活动，把学校的配套建设、"五率"达标等作为干部、教师考核与乡镇评比的重要内容。印发《关于做好中小学生中途辍学的摸底和动员复学工作的通知》，以"普九"达标要求作为制定初中招生计划的依据，把小学毕业生尽可能招入初中。

制定乡规民约，实施控制"流生"奖惩制度。在全县开展无"流生"班、无"流生"校、无"流生"乡镇评比活动，县人大常委会把"流生"情况及控制措施列入每年视察内容。

**扫盲教育**　1990 年，第四次全国人口普查统计，和县 15 ～ 40 周岁人口262404 人，其中文盲、半文盲 87489 人，文盲率 33.34%。

是年，县政府成立扫盲工作领导组，各区（镇）、乡镇成立相应机构，各村委会配有兼职负责扫盲工作的干部。

1991 年初，县委、县政府根据全县人口文化状况和文盲率在全省所处的位置以及 15 ～ 40 周岁文盲人口的动态数据，决定到 1995 年实现基本扫除青壮年文盲的目标。要求全县各级党委、政府认真贯彻国务院颁布的《扫除文盲工作条例》，把扫盲教育作为一项中心任务，像抓计划生育那样抓扫盲；动员全县人民迅速行动起来，采取超常规的做法，认真抓好扫盲。县政府成立和县扫盲工作领导组，分管副县长任组长，教育、财政、妇女、共青团、科技、公安等相关部门负责人为成员；实行扫盲工作责任制，签订"乡镇扫盲承包责任书""教育系统扫盲承包责任书"。县教委实行主任、副主任包片，股室包乡镇的办法，设立工农教育股，督促扫盲工作，指导扫盲资料建档。各乡镇相应成立领导组并配备专职教育干事，各村委会配备负责扫盲工作的兼职干部，全县配备扫盲教师 1204 人。

县教委将《扫除文盲工作条例》及中央、省领导同志讲话汇编成册，付印3800 本，发至县、乡镇、村有关干部和扫盲教师手中。各乡镇与学校利用标语、墙报等形式，营造扫盲氛围。基层团组织、妇联、教育干部和扫盲教师经常深入学员家中，运用身边的典型事例，教育学员及其家庭成员提高对扫盲工作重要性的认识，激发学员的学习热情，增强学员学习的自觉性。

县政府对进度慢的 11 个乡镇，采用组织"扫盲工作队"的方法，抽调 150 名教职工，分工到 200 多个村委会开展工作，加快了扫盲工作的进程。

1993 年 2 月，副省长杜宜瑾、省教委副主任柏守逊、行署副专员严洪华、行署教委主任黄诗豪等来和县视察扫盲工作，提出指导性意见。3 月，省教委工农教育处副处长徐宗亚，行署教委副主任朱桂庭等深入和县乌江镇和联合乡，以"四普"资料为依据，了解进度、查阅资料、检查任务完成情况。

是年 4 月中旬，省教委在和县召开扫盲工作现场会，国家教委成教司副司长李加林在会上肯定和县扫盲的成绩，宣传和县扫盲工作的做法和经验。

通过集中办班和扫盲考试，和县脱盲 78402 人。1995 年，和县 15 ～ 40 周岁人口 312822 人，其中文盲、半文盲 9790 人，非文盲率 96.87%，达到省颁标准。是年底，扫盲教育与基本普及九年义务教育工作一并通过省政府"两基"评估验收。授予和县"基本普及九年义务教育、基本扫除青壮年文盲"铜牌。

**"两基"巩固提高**　1996 年初，县政府召开以巩固"两基"成果为核心内容的全县教育工作会议，县教委印发《关于做好"两基"巩固提高工作的意见》。采取强化政府行为、加大经费投入、改善办学条件、坚持"普九""扫盲"统筹措施，继续实行"两基"工作双线承包责任制，狠抓"两基"巩固提高工作。

"普九"巩固提高工作，重点解决"流生"问题，提高初级中等教育普及程度。开展控制"流生"专项调研活动，健全控制"流生"工作机制，建立控制"流生"工作督查监测制度。"扫盲"巩固提高工作，以农民文化技术学校为阵地，坚持扫盲教育与实用技术培训相结合，狠抓师资、计划、任务三落实，运用灵活多样的办学形式，实施农民文化教育和科普培训相结合。全县 21 个乡镇均办起农民文化技术学校，拥有教学班（点）374 处。山区善厚镇举办果林技术讲座，圩区姥桥镇开办水产养殖讲座，丘陵地区的腰埠乡开办草莓种植讲座，张集乡从江苏农科院请来专家作水稻栽培技术讲座。

1996 年，和县初等教育适龄人口入学率 100%，初级中等教育适龄人口入学率 97.8%，三类残疾少年儿童入学率 89%，15 周岁人口初等教育完成率 100%，17 周岁人口初级中等教育完成率 96.1%，15 周岁人口文盲率 0%，初等教育年辍学率 0%，初级中等教育辍学率 2.63%。青壮年人口数 330020 人，非文盲人口数 328845 人，非文盲率 99.64%。

1996 年 10 月，全国"普九"工作汇报会在安徽召开，和县被确定为参观现场，国家教委基础教育司司长王文湛带领 23 个省市教育行政部门领导考察和县 11 所中小学，充分肯定和县基础教育的发展水平。

1996 年 11 月下旬，省政府"两基"复查考核组，对和县"两基"巩固提高工作进行复查考核和督导评估，认为和县在 1995 年通过省"两基"验收后，把巩固提高工作放在重要位置上，目标更高，力度更大，领导重视，措施落实，有效地巩固和发展了"两基"成果。获全省基础教育先进县、全省扫盲先进县、全省完善农村义务教育管理体制样本县称号。

是年，和县"两基"巩固提高工作获巢湖市第一名。

1997 年，和县被评为全国"两基"工作先进县。

# 历史名城　文化昌盛
## ——和县获全国文化先进县

1981 年，和县龙潭洞一具完整猿人头盖骨的发掘，不仅改写了长江的文明史，也把拥有 30 万年人类史的和县推向了世界。

这里各类文化遗址 648 处，出土文物 736 件。"和县猿人"遗址为全国重点文物保护单位，霸王祠、陋室、镇淮楼、万寿塔、文昌塔等 8 处为安徽省重点文物保护单位。狼窝山古墓群、乔家庄遗址、王后郢遗址和梅豪亭、喜雨亭为马鞍山市重点文物保护单位。鸡笼山是国家森林公园，西梁山革命烈士陵园为全省爱国主义教育基地，"半月湖""香泉湖"为国家 AAAA 级旅游风景区。2018 年，林海生态园为全国休闲农业与乡村旅游示范点，台创园农业嘉年华为国家 AAA 级旅游风景区，具有医疗保健价值的天然温泉香泉，更是享誉四海。

1995 年，和县被安徽省人民政府命名为历史文化名城。1998 年，获"全国文化先进县"称号。1999 年，有 5 个镇文化广播电视站，先后被批准为省、市"杜鹃花工程"示范点。

**文化机构**　和县文化旅游体育局（广播电视新闻出版局），下辖文化馆、图书馆、文物管理局、和县影剧场、庐剧团及各镇文广电视站。

和县文化馆内有书画摄影展厅、中老年和少儿业余活动中心，一年出版四期《和县群文》，组织文艺调演、承办文艺晚会，新千年后，重点是配合县委、政府中心工作开展文艺宣传，组织指导全县群众业余文化活动。培养少儿艺术爱好者千余人，有近百人的作品在省、市各类展览比赛中获奖，亦有多篇在省市及全国报刊上发表。被评为"国家一级文化馆"。

和县图书馆藏书 67339 册，报刊 70 种，入库杂志 2 万册。有昼夜开放的图书阅读点，被文化部评为"国家一级图书馆"。

20 世纪 80—90 年代，和县影剧场邀请相声大师侯宝林，歌唱家李谷一、彭丽媛，电影艺术家程之，笑星黄宏、潘长江，歌星朱晓琳等先后来此演出，还接待过新疆歌舞团、俄罗斯卡林卡歌舞团、黑豹乐队等文艺团体的展演。

和县庐剧团刚成立时是以演古装戏为主的。在大演革命样板戏、剧团改为宣传队的年代里，他们一边演《红灯记》《沙家浜》，一边创作编排《救牛》《春满伙房》《山村新风》和《牛栏春暖》等现代戏。1994 年，精简剧团，巢湖地区 5 个剧团只保留和县一家。近年来，县庐剧团演庐剧兼有歌舞、小品，多次参加市、省和全国举办的文艺调演（大赛）并获奖。为配合县各项中心工作，编排文艺节目深入农村、工厂演出。1997 年以来，剧团平均每年演出达 100 多场，在全省也数第一。1991 年、2000 年两次被省政府授予"全省文化工作先进集体"。近年被评为东路庐剧传承单位。

**文学创作**　和县历史悠久，文脉绵长，名人荟萃，佳作叠出。灿烂着华夏艺术，滋润着炎黄子孙。

中共十一届三中全会以后，和县的文学创作走进万紫千红的春天。出现了作品多、发表刊物多、参赛获奖多、个人出专辑多的喜人景象。1989—2021 年，出专辑近百本。

20 世纪 80 年代以来，县内业余作者创作的小说、散文、诗歌、报告文学有上千篇（首）在省级以上报刊发表，部分作品还在省内和全国获奖。

1985 年，杨书政的千字小说《古刹新僧》获中国文联出版公司和《中国青年报》联合征文一等奖。赵荣来 1998 年出版长篇小说《山那边有条河》。2002 年，徐明涛长篇小说《北京往事》5 次再版，发行量突破 20 万册。郭治安《有风险的人》获马鞍山、铜陵建市 60 周年文学大赛小说一等奖。2005 年，盛立学、盛涛出版长篇小说《让爱尘封带去》。2007 年傅昌尧小说《飘荡暑假里的青春荷尔蒙》由作家出版社出版；2009—2013 年，黄潮平出版长篇小说《回眺卧牛山》《沧海十二年》《一炉香禹甸》三部。2012 年，夏明钊长篇小说《世纪末四重奏》由人民文学出版社出版；同年，回族作者邵在明出版短篇小说《圣龙》。2014 年，周庆出版音乐励志小说《炼乐》；2016 年，出版第二部长篇《永无宁日》，分别获马鞍山市政府年度太白文学奖。擅长写小小说的金长宝在《微型小说选刊》《小小说选刊》《文学港》《意林》《短篇小说》上发表多篇作品，2015 年，九州出版社为其出版《一个苹果 N 种存在方式》，且注为《中小学生晨读精品选》。

散文是和县文学创作的强项。80—90 年代，仅见于《安徽日报》的散文就有数十篇。如，秦圣非的《晚归》、何璧锦的《桥》、朱恩明的《大坝上的春天》，李庆生的《钟声》《菱花赞》，王久水的《怀念补丁》《回环穿戴》等。1995 年，金绪道分别在《安徽日报》《解放日报》《世界信息报》发表散文，他的《老师窗前的灯光》2000 年入编《二十世纪中国微型文学作品选集》。2004 年出版的散文集《秋之恋》，获首届安徽散文"金种子杯"一等奖。吴承木的散文《刘禹锡的陋室》被收入《初中语文》研究实验本第四册。马维国 1998 年出版《山里红散集》；柯芳 2005 年出版传记《一个女子的传奇》；钱朝铸 2008 年出版《亭山文集》；2009年，傅昌尧散文《麻五婆摆渡》获全国第十八届"孙犁散文"三等奖。徐斌 2009年出版评论集《行走文字间》，2018 年出版散文集《蔬菜物语》，2020 年出版《张籍传》，2021 年出版《尖叫的农具》。2017 年胡平华出版散文集《我的乡恋》。2018 年朱滨华出版人物传记《张幼仪传》，2019 年出版人物传记《加缪传》。2018年陈昌禄出版散文集《匆匆行色》。2020 年朱寿江出版散文集《枫叶红了》。

和县的诗歌创作，自朱恩明作为《安徽文学》诗歌"新人三十家"被推出后，又涌现出杨基中、马云、秦克波、顾世如、姚明、王文英和狄闯等一批新人。2006 年，杨基中出版诗集《在沙漠中建一座房子》，2009 年出版诗集《世界在我心中是一座房子》获市政府太白文学三等奖，马云诗集《林中有只鸟在叫》，2012年获市政府太白文学二等奖。2017 年出版诗集《气象树下》。2013 年，女诗人王文英出版古典诗词歌赋集《真水无香》。诗人金绪道、陈克举分别在《安徽日报》《江南诗词》《诗刊》《星星》《绿风》《诗歌月刊》上发表诗作。陈克举的《蔬菜大棚》获《中国微型文学》作品大赛三等奖。金绪道的《炊烟》获中华诗歌大赛二等奖，并与《山村唱晚》等 4 首一起入编 '99《中华诗歌精品选》。1998 年，他出版诗集《报春花》。陈克举 2003 年出版诗集《星星草》，2010 年出版第二部诗集《血色霜叶》。

80 年代中期，和县活跃着一支报告文学创作队伍，如秦圣非、何璧锦、金绪道、李庆生、钱朝铸等。1989 年，金绪道的报告文学《雏凤》入选安徽省人民出版社出版的《两户集》；2005 年，《创星的人》入选中国人事出版社出版的《光辉世纪》。李庆生《山的女儿》，1990 年发表在《安徽日报》上。钱朝铸《为了父亲的微笑》，被《警探》1998 年第 9 期选登。

戏剧创作成绩斐然，呼安泰的大型戏曲《如此儿女》《桑榆颂》发表在《剧本新作》上。成龙标的《山村新风》曾被省文化厅定为晋京汇报演出剧目。傅昌尧的大型话剧《苦楝树上结葡萄》，1991 年发表在《安徽新戏》上，并由省话剧团上演。获省精神文明建设"五个一工程"奖、省第二届艺术节一等奖；大型现代话剧《后方空虚》，获"田汉戏剧文学二等奖"；大型音乐话剧《阳光不锈》，由省话剧团和歌舞剧院联合上演，获 2000 年省"五个一工程"奖、省第四届艺术节金奖；大型少儿黄梅音乐剧《男子汉在行动》于《新戏剧》2002 年第 6 期发表，该剧 2004 年由马鞍山市黄梅戏剧团上演，获全国儿童剧调演二等奖、上海"白玉兰"戏剧节优秀剧目奖、省"五个一工程"奖、省第七届艺术节金奖。李文的美术片剧本《鸟语大王》，于 1994 年获省首届儿童剧作"小百花"奖三等奖。罗兴柱的小戏《布谷声声》，参加 1990 年省现代戏调演，获编剧三等奖。李立的小品《烦恼的星期天》，获 1997 年省小品大赛二等奖。小品《村委会的晚宴》获中国剧协百优小品大赛剧目三等奖。

**书画艺术** 和县书画艺术历史悠久，名家辈出。唐宋"三张"（张籍、张孝祥、张即之），书艺精研，史上有名。当代"草圣"林散之，名播世界，影响深远。改革开放以来，和县县委、县政府为打造书画之乡，兴建了集书画展览、创作研究于一体的和州书画院，这是当时全省唯一成立的县级书画院，在全国也不多见。相继成立了和县书法家协会、和县美术家协会、和县天门山书画研究会等社会团体，组织艺术家们开展活动，繁荣创作。

林散之（1898—1989），名霖，又名以霖，字散之，号三痴、左耳、江上老人等。祖籍和县乌江七棵松。早年问学于范柳堂、范培开、张栗庵等乡贤。后经张栗庵引荐赴上海随黄宾虹学画。新中国成立后，任安徽省第一届人民代表大会代表，后出任江浦县副县长等职。1963 年退休，被江苏省国画院聘为专职画师，迁居南京。社会兼职有全国政协委员、全国文联委员、中国书协名誉理事、江苏书协名誉主席、南京书画院院长等。著有《山水类编》《古棠三痴生拙稿》《江上诗存》《林散之书法选集》等。1989 年病逝后，据其"归宿之期与李白为邻"的愿望，葬于马鞍山市采石矶小九华山山麓，并在采石建成林散之艺术馆。林散之书法名重当代，尤以草书成就最著。书法家赵朴初赞"散翁当代称三绝"，日本青山杉雨赞誉为"草圣遗法在此翁"。

邵子退（1902—1984），原名光晋，又名子蜕，号瓜田，自谓种瓜老人。稚年从其父邵鲤庭诵习诗文，尤酷爱书画艺术，12 岁时与林散之结为金兰之交。20 世纪 30 年代，在林散之的倡议下成立"求声"读书社，与林散之、许朴庵、雕慰农、张伯熹等九人，被称为"皖东九友"。在书法方面，受林散之影响，于汉隶习《礼器》《曹全》，魏碑习《张猛龙》、二爨，于晋学二王，于唐临颜真卿、李北海，广取博采。

朱啸云（1918—1987），又名哨云，字裕陶。出生于四川成都。新中国成立后定居和县，先后在县印刷、水泥厂等企业工作。从小爱好书法，从颜柳入手，后钻研汉魏六朝碑学，在当地书家刘子由指导下，弱冠时已成为当地小有名气的书家，60 岁后书艺达到较高的境界。作品清俊秀逸，瘦硬挺拔，线条刚柔相济，转折方圆兼备，充满着自然意味与书卷气。

黄伯平，台湾中央大学教授，为台湾卫道斋书会会长、台湾中国正统书法研究中心主任、台湾中国书法学会理事。研习书法 80 余载，通甲骨文、金文、小篆、狂草、行书等"十二体"，在台湾有"全能书法大师"盛誉。2008 年 3 月，安徽省书法家协会、和县人民政府在合肥亚明艺术馆主办"黄伯平教授书法展"。

林生若（1921—2006），林散之长女。原名荪若，号安庐。中国书协会员，中国诗词学会会员，林散之研究会副会长，安徽省书协名誉理事，安徽省文史馆馆员。李秋水赞其"出自名门，志坚松雪，天赋聪明，共诗共书共画，名高史馆，位置议员，晚于采石吐芳华"。《书画家》1995 年第一期总刊发"林生若书法国画作品专辑"。

李秋水，号半村、濠上人、南濠老民。林散之婿，林散之研究会副会长。早期在乡间执教。20 岁拜林散之为师问道，后与林老的二女儿林荇若结为伉俪。1980 年调扬州广陵书社任古籍校编。李秋水诗书画俱能，其书法对苏轼、米芾、黄山谷三家行书用功尤深。专家评论其书法，将苏之浑穆、米之奔放、黄之拗峭，加以自身学养、人格等，糅合一体，形成了清和峭拔的自家风貌。出版《李秋水书画集》。

范汝寅，中国书协会员，江苏省文史研究馆馆员，江苏省诗词协会会员。幼从舅公林散之学习诗书画。散老评荐曰："草书和楷书平和稳厚，挺拔遒劲非凡，风神气韵兼备，实为难得。"沈鹏称其书法"颇得散之老三味"。书法作品曾多次参加国内外大型展览，并获奖。其艺术成就被编入《中国书法家名人辞典》《中国当代艺术界名人录》等辞书。主要作品有《云川阁诗存》《范汝寅书法集》。

林筱之，中国书协会员，金陵印社理事，黄宾虹研究会会员。5 岁随父林散之学书画，1948 年在杭州华东美术学院读书，师黄宾虹学画，问学甚勤，得其真传。潘天寿题其作品："昌午仁弟拟古之作，笔力浑厚，墨色深沉，至为难得。"郑午昌题："临古之作以似而不似为妙，昌午颇有得处。"50 岁后潜移默化接近其父书风，于平稳透逸之中，又见潇洒酣畅，墨色多变，苍浑淋漓，得其父遗韵。曾出版多本书画集。

盛志远，字立劾，笔名盛气，晚号铁石老人。原中国老年书画研究会会员，安徽省书协会员。自幼酷爱书法，刻苦磨炼，持之以恒，自成风格。作品曾多次参加全国性书展，发表于专业报刊。作品载入《楹联书法大观》《中国当代书法名家墨迹》等，传略收入《安徽省文艺家名录》《安徽当代老年书画家人名作品图录》等。出版《盛志远书滕王阁序》《盛志远自书嵌名联》。

朱桂庭，中国书画家协会理事，中华书法艺术研究会理事。曾任青岛理工大学教授，出版《朱桂庭书法选》。

朱开霖（1929—2004），字慰农，别署江上后学。中国书协会员，安徽省书协理事，黄山市书协主席，安徽新安书画研究院理事，黄山市博物馆馆长。青年从学于李秋水。林散之评价："开霖对书法颇有见解，小楷已下过一番功夫，行草用笔流畅，已有很深功底，实为可喜。"出版有《朱开霖书法作品集》。

王期辰，号南塘。青岛市书协顾问。曾任《汉语大词典》青岛编写组组长，后调山东大学、青岛大学任教，教授古典文学与书法。书法受教于当代著名文字语言学家、书法篆刻家蒋维崧先生。著有《王期辰书法集》《南塘诗词》《汉字书写艺术简介》《圣教序》及《心经》注释、《杂抄文聚》等。

尹钰云，安徽书协名誉理事，安徽省石化系统书画协会会长。书法得张瀚、张建中、李百忍等人指导，多次参加国内大赛并获奖。2005 年 10 月，安徽省书协等单位为其举办个人书法展。出版有《尹钰云书法集》。

麻嘲炎，原名朝炎，又名梓，别号洗心、石冰。师从林散之先生。安徽省书协会员，和县书协第一届主席，马鞍山书协顾问。麻嘲炎擅长四体，尤其是行书、草书，在"二王"基础上，参以散老、宾翁笔意，俊逸洒脱，曾多次在马鞍山市及和县举办书法展。出版有《石冰老人小楷苏曼殊诗》《麻嘲炎书诸子名言》。

田恒铭（1935—2002），安徽省社科联副研究员，安徽省书协理事，中国安徽文房四宝研究所所长。一生酷爱书画，致力于文房四宝及书法理论的研究。80 年代曾主编《书画苑》报，为书画艺术普及作出贡献。编著有《马一浮书法选》《林散之序跋文集》《林散之写生画稿》《拾穗集》等。

　　韩　　静，原名韩斯福，笔名寒笑。曾任安徽工人日报社编辑、记者、总编办公室副主任。中国老年书画研究会会员，省书协会员，省摄协会员，省职工书画摄影协会副秘书长，省硬笔书协副秘书长。传略入编《中国文艺家传集》《中国书法家人名辞典》《中国摄影家大辞典》等。书刻毛泽东诗词三十七首流传各地。1993年10月，在合肥举办个人书法、摄影作品展。2009年4月，在家乡乌江举办"韩静书法艺术展"。

　　孙之贵，字泉沫。少将军衔。曾担任解放军工程兵书画协会会长，中国楹联学会顾问，中国榜书艺术研究会顾问，中国将军书画艺术院顾问。书法作品多次参加大型展览。

　　张悠源，省书协会员，怀素研究会会员。2001年，在巢湖市举办个人书法展。书法作品被中国文联、中国国际关系协会评选参加国际文艺作品博览会，并编入《中国国际艺术大观》。2005年，参加中国书协等单位主办的"海峡两岸书画名家交流展"。

　　朱治玉，省书协会员，和县书协名誉主席，和州书画院名誉院长。书法作品多次参加省内外展览。

　　耿立军，中国书协会员，高级工艺美术师。曾担任安徽省书协副主席兼教育委员会主任，合肥市书协主席。书法篆刻作品曾多次参加国家级大展。被安徽省授予"自学成才"称号，获安徽省徐悲鸿教育基金会文艺成就奖。

　　陈有德，号渔郎湖翁。1969年毕业于合肥师范学院艺术系美术专业。省美协理事，巢湖市美协主席，安徽省书协会员。传略辑入《中国现代书法家人名辞典》《中国现代美术家人名辞典》《中国当代艺术界名人录》。

　　范以晨，号苦斋、散人，现为江苏省美学学会会员，江苏省国画院特聘书法家，江苏省国风书画院副院长。作品散见于多种报刊，收入《江苏省国画院建院40周年捐赠作品集》《首届林散之奖南京书法传媒三年展作品集》等。曾策划以历代名人咏项羽与霸王祠之诗文，征集当代书法名家作品，镌刻后捐赠和县乌江"霸王祠碑廊"。

　　王　　俊，中国书协会员，友声书社学术委员，巢湖印社副社长，安徽省书协学术委员会副秘书长，马鞍山市书协主席团成员兼学术委员会主任，和县书协第二届主席，和州书画院院长。已出版《笔墨的思想》《王俊书画作品选》，近年正在整理编撰《和县书法志》。

　　张悠炳，中国书协会员，中国冶金书协副主席，安徽省书协理事、草书委员会副主任，马钢书协驻会副主席。书法作品曾多次入选中国书协主办的全国展，多次在安徽省和全国冶金系统书法展中获奖。出版《张悠炳书法集》。

裴建华，号苦石山人、卧牛山客。中国收藏家协会会员，安徽省书协会员、刻字委员会委员。曾任和县青年书画社社长、巢湖印社副社长。自习书法、篆刻、绘画，受业于中国美院王伯敏教授。在专业报刊发表书画篆刻作品、收藏知识等文章百余篇（幅）。出版有《裴建华书画作品》。

尹堂月，中国书协会员，中国教育学会书法专委会会员，马鞍山市书协理事、教育委员会委员，和县书协第三届主席。创办堂月书法艺术学校。书法作品曾多次入选中国书协举办的大展。出版书法临摹指导丛书多本。

汪　平，中国书协会员，和县书协第一届秘书长，现为和州书法院院长。书法作品大多发表在《中国书画》《书画世界》等专业报刊上，出版《汪平书法作品集》。领导和组织和州书法院成功举办六届"和天下"全国书法名家提名展，中国书协主席、江苏省书协主席孙晓云，湖南省书协主席鄢福初欣然为"和天下"活动题写"人生只合住和州"。盐城市何素成为"和天下"撰文《小县城　大品牌》。先后来和参展的有30个省、自治区、直辖市书法名家200余人，在全国产生一定影响。和州书法院先后五次组织"和天下"书法名家义卖作品，捐助给和县52位特困青少年。

何道宽，别署鹤鸣。中国民主同盟盟员，中国书协会员，民盟江苏省国风书画院艺委会委员，江苏省国画院特聘书法家，南京市青年书协副主席，南京芥子园书画研究院院长。出版《何道宽书法艺术》《道宽书艺》等，主编《中国当代实力派书画家》系列丛书、《十竹斋画库》丛书、《当代百家书林散之诗作集》等十余部书画典籍。

李有来，中国书协理事、行书委员会委员，北京书协副主席兼创作委员会主任，解放军书法院艺委会委员，北京军区美术书法研究院副院长，全国青联第九届委员。2002年被中国书协评为"德艺双馨会员"。书法作品曾数十次参加中国书协主办的国家级展览。出版书画集多种，著有书法读物、光盘20余种。

黄　涛，中国书协会员，中国军事写作学会理事，总参书法创作院艺术委员。现服役于总参某部。书法作品多次发表于专业报刊，有的在全国和全军及北京市书法展赛中获大奖，先后在北京、合肥、和县举办个人书画展，出版《黄涛书画集》。

侯仁明，字清之。中国书协会员，马鞍山市书协理事，和县书协会常务副主席。2012 年、2013 年和 2015 年，篆刻、行书和行草作品先后在全国参展。曾获安徽省书协主席李士杰奖励金一次。多次参加省、市级书画展并获奖。

李大义，1930 年 2 月生。幼年酷爱书法，拜师为父，十年寒窗，终有所获。原中国老年书画艺术委员会会员。近年来，作品多次参展并获国内外奖项。2021 年，被聘为中国文化艺术人才中心主席团副主席、中国书法美术研究会常务副会长。

鲍  加，国家一级美术师，中国美协理事，安徽省美术家协会主席。1957 年，油画《大军回来了》入选全国美展，并被中国革命军事博物馆收藏。1959 年，油画《毛主席视察马鞍山钢铁厂》在安徽省及全国美展展出，影响颇大。1961 年，与人合作的油画《淮海大捷》列为中国百年油画经典作品。1965 年创作的《毛主席、刘少奇等在共青团第九次代表大会上》油画，在全国引起较大的反响，被中国美术馆收藏。1981 年，油画《激流——刘邓大军挺进大别山》，参加庆祝建党 60 周年全国美展，被安徽省博物馆收藏。1982 年，油画《大漠千里》入选全国第六届美展及纽约"当代中国油画展"。自 1985 年起，作品先后在法国、美国、日本、保加利亚、斯里兰卡、新加坡等国展出，多幅作品被美国、法国、日本、新加坡和香港地区的收藏家收藏。1999 年，油画《情融三峡》入选"庆祝建国 50 周年全国美术作品展"。出版《鲍加油画集》《自然流韵》《山川情怀》等画册。传略入编《中国美术辞典》《中国名人大辞典》等多种辞典。2002 年 9 月，安徽美术出版社出版《鲍加油画作品选》。

鲍诗度，国家一级美术师。1985 年任马鞍山画院院长，1993 年中国青年出版社出版鲍诗度专著《西方现代派美术》，有年画、邮票作品在报刊上发表销售。2001 年作为人才被上海引进，出任东华大学环境艺术设计研究院院长，为东华大学学术委员会委员，上海市重点学科环境艺术设计方向学术带头人，东华大学 & 日本早稻田大学联合专家组中方首席专家，教育部全国第三、四轮设计学学科评审专家。

端木礼海，宣城书画院院长，安徽省书画研究会副会长。中国书画函授大学教授。1966 年始潜心习画，专攻梅花。1983 年 5 月，其梅画在北京举办的国画联展中，得到萧娴和陈大羽的肯定。中央电视台、中央人民广播电台、中国国际广播电台和《人民日报》（海外版）曾介绍过他的"梅画"艺术。中国香港《收藏天地》发表其为邮电部绘制的《严冬过尽》6 幅梅花邮票作品。自 1996 年起，他在母校和县第一中学设立"梅花奖"，每年向应届高考文理科前三名学生及班主任和科任老师赠送其梅花画作。

王宗平（1931—1993），巢湖国画院特聘画师。青年时代随刘叙熊学习国画，1963年拜萧龙士为师，主攻写意花鸟。书学"二王"、苏、米。书画作品多次参加省内大型书画展。曾在和县、巢湖举办个人书画展。

朱寿鼎，以虾画称著。1994和1995年，作品两度赴日本秋田市展出，并被收藏。1995年，其《虾》画入编《世界华人书画作品选集（东南卷）》和《中华翰墨名家作品博览》。

罗积叶（1946—2003），安徽省书协会员、美协会员。先后在白桥中学、和县幼儿师范任美术教师，中专特级教师。发表书画作品400余幅。多次举办画展与联展，书画作品被国家图书馆、中国年鉴社、新华社、中国书法研究院、安徽省图书馆收藏，《光明日报》、《中国书画报》、《新华日报》、菲律宾《商报》曾专栏评介其书画艺术。2000年5月，绘画《秋山飞瀑》参加悉尼第27届奥运会美术展。先后获曾宪梓全国教师奖、徐悲鸿美术教育一等奖和"全国优秀书画家"称号。传略入编《中国当代美术家名人录》，出版《罗积叶画集》《罗积叶山水画集》。

穆庆东，中国美协会员，马鞍山市美术家协会顾问，马鞍山市江东风采写生研究院顾问，和县美术家协会终身名誉主席。其山水画多次入选全省和全国展览并获奖。自1989年以来，分别在合肥、南京、广州、香港、大连、台湾、上海、北京等地举办个人画展和艺术博览，先后出版《穆庆东山水画集》《穆庆东山水画精品集》《穆庆东国画集》。国家图书馆、新华社半月谈、中国年鉴、中央电视台书画院、江苏省美术馆、陆俨少艺术院、新四军纪念馆均收藏有穆庆东国画作品。1988年，安徽省人民政府授予穆庆东劳动模范称号，为安徽省以绘画成就获此殊荣的画家。

吴旭东，中国美协会员，马鞍山市书画院院长，马鞍山市美协副主席。1997年，在新加坡中华总商会展览厅举办"水乡风貌——吴旭东水墨画精品展"。2005年9月，参加安徽省美协主办的"徽墨百家展"。2006年8月，参加"新徽派山水画名家作品特展"并入编作品集。2000年7月，中国画报社出版《吴旭东画集》《吴旭东写意山水画集》。

张子溅，省美协会员。油画《巢湖印象》入选安徽省首届油画展。1989年，油画《阳光生命》入选"庆祝建国40周年安徽省美术展"。《生命舞动》入选安徽省美术家协会水彩画展览。

庞亚军，省美协会员，和县文化馆支部书记、副馆长，县美协副主席。1983—1998 年油画作品有《童年》《男人体》《小倩》《冬暖》等，先后入选安师大师生画展（获二等奖）、安徽金秋油画大展、安徽油画艺术展、安徽青年美展等。1994 年，水粉画《皖南山居系列》入选"安徽省文化系统美术大展"（获二等奖）。2002 年，水彩画《雨中》和《皖南民居》系列，先后刊发于《江南文学》。水彩画《又一春》入选省美术大展。2021 年 5 月 20 日，在和县文化大厦举办"乡村沃土——庞亚军油画水彩画展"。

屠东辉，自幼擅长连环画，80 年代曾获过连环画大奖。后习中国画，专工人物。1994 年，《千古神医》在中国文联博览会上被认定为美术类一级作品，入编《中国画当代画风》。2000 年，《龙子龙孙》入选"世纪风情中国画展"。2001 年，《鉴真东渡》参加中国美术家协会主办的"21 世纪中国画澳大利亚展"，获优秀奖。2007 年《荷塘清趣》获"中国第四届特奥会书画展"金奖。2008 年，《皖东吉日》获文化部主办"绘新农村全国书画展"三等奖。

罗曙光，省美协会员。2004 年，工笔花鸟画《藕花清韵》《吾心与梅一样清》获"新世纪首届安徽美术大展"优秀奖，并入编《新世纪首届安徽美术大展作品集》。有《罗曙光画集》面世。

巫春莲，女，工笔画《斜阳染荷塘》获第三届《光明日报》美术奖。《武大郎打虎》入选全国第八届"群星奖"。2003 年，《暖风吹过》入选全国中国画作品展安徽展区展出。《秋风》参加中央电视台建台 45 周年书画展并被收藏。

罗万萍，女，专心绘画，尤善工笔。山水画《黄山晴岚》入选庆祝新中国成立 55 周年安徽省女书画家作品展。工笔画《银屏牡丹》入选"皖山徽水"系列组画作品展。

丁吉林，省美协会员，农民画家，尤擅画鱼。1991 年，《鱼跃》发表于《安徽日报》，之后《争上游》《鱼戏图》等作品在《江南诗词》上刊出。1997 年，《鱼塘精彩》获国际书画艺术交流大展"和平杯"国画类金奖。1998 年，《清趣》入选中国美术馆主办的"第二届全国农民书画展"获三等奖。2018 年，编印《丁吉林花鸟画集》。

仲高龙，省美协会员。1975 年，版画《战滁河》参加安徽省青少年美术展览；1978 年，《驷马山下新愚公》参加安徽省美术作品展览；1980 年，《工余》参加安徽省青年美术作品展览；1983 年，《课余》参加全国农民画展；1987 年，《牧鹅姑娘的蜜月》参加安徽省文化干部作品展；1988 年，《课余》《牧鹅姑娘的蜜月》获湖北美术家协会主办的"屈原杯海内外书画艺术大奖赛"优秀奖。

张邦治、刘从武、吴翠兰皆为老年习画，学有所成。张邦治的《秋菊》《芳姿娇态溢清华》分别于 2002 年、2005 年在《中国老年报》和《安徽日报》上发表，部分作品在《江南诗词》《东方书画报》刊出。刘从武的《荷》《白莲》曾参加省展。吴翠兰退休后醉心书画，丹青不渝。作品多次获奖，曾在《人民日报·海外版》上发表。作品《三羊开泰》获《中国老年报》十二生肖全国中国画年度大赛优秀奖。

全开健，国家一级美术师，中国书协会员，中国科普作协美术委员会委员，中国书画家联谊会会员，中央国家机关美协理事、书协会员，北京书协会员，中央新影书画院副院长，北京传统书画艺术研究会副会长等。书画作品多次参加全国书画大展并获奖。在中国美术馆、国家博物馆、北京中华世纪坛、北京钓鱼台、人民大会堂、北京荣宝斋、美国国际美术馆及马鞍山市展览馆举办"全开健书画作品展"。作品被天安门城楼、三军仪仗队、联合国万国宫等机构及多国政要收藏。先后为南极、北极书写、刻凿碑文。出版《全开健书法艺术》、大型画册《领袖风云》等多部专著。

安良发，笔名默然。中国美协会员，安徽师范大学原美术系主任、教授。先后在芜湖、南京、铜陵、巢湖、深圳等地举办个人画展。百余幅作品发表在《安徽日报》《巢湖日报》《芜湖日报》上，部分作品被国内外收购收藏。出版专著 6 部，获安徽省首届徐悲鸿教育基金奖，被安徽省人民政府授予优秀教师称号，获安徽省老年教育系统先进个人称号。

田恒浩，和县民间艺术家。和县的羽毛画始于清代文人曾三之手。改革开放以来，田恒浩用心钻研羽毛画，取得了一定成绩。他的羽毛画先后发表于《安徽画报》《中国农民报》《党员生活》等多家报刊，并得到林散之、赖少奇、田源的题字贺勉。有关部门曾将其创作的羽毛画赠送给外宾。2012 年，田恒浩被确定为安徽省第三批非物质文化遗产项目代表性传承人。2015 年，央视 7 套《海峡两岸》栏目组到和县录制羽毛画制作节目，在央视播放。

**根雕盆景艺术**　20 世纪 90 年代，和县的老龄人喜欢上根雕盆景艺术。

王兆玉，女，中国根艺美术学会会员。1998 年开始从事根雕，创作根艺作品百余件。2005 年，代表作《狐假虎威》获"刘开渠根艺奖"铜牌奖。

朱秀文，中国盆景艺术家协会会员，安徽十大盆景师之一。《风采神韵》《西施浣纱》《顶天立地》获省金奖，获奖作品分别刊登在《中国盆景欣赏》《安徽盆景》《中国徽派盆景》《中国花木盆景》上。

朱秀金，中国盆景艺术家协会会员，和县花木盆景艺术协会理事。从小爱好花木盆景，数十年锲而不舍。1992 年 9 月，作品《壮志凌云》《探海》由和县文化局组织参加安徽省首届盆景展，获两枚铜奖，并作为优秀作品全国各地巡回展出。1993 年，《江北一枝梅》参加全国梅花盆景展，获银奖。近年，又有盆景、兰草力作百余盆，分别为公园、机关、宾馆及友好人士收购珍藏。

**剪纸艺术** 和县剪纸享誉全国，先后在合肥、上海、新疆等地办过展览。1982 年，省群众艺术馆和工艺研究室以美术丛刊编辑部的名义编印《和县剪纸》，广为宣传。

鲍家虎，中国剪纸协会副会长，一级美术师。1959 年毕业于山东省艺术专科学校，分配至山东省艺术馆从事民间美术搜集、整理和研究工作，美术创作有剪纸、年画、版画等。2000 年后兼攻图画。先后在济南、北京、上海、香港等地举办民间美术大型展览。在山东省美术馆、日照市及马来西亚举办个人画展。有《鲍家虎画集》问世。出版《山东工艺》《剪纸艺术》《山东民间彩印花布》，文化部授予"民间美术工作开拓者"称号，山东省文联为其颁发"泰山艺术奖"。

吴忠鑫，外号"神剪吴"。和县西埠人，民间艺术家。中华民族文化促进会艺术委员会会员、中国残疾人美术家联谊会会员、安徽省美协会员。17 岁从事剪纸，一枝画笔能画各式各样的帽边花、鞋头花、鞋垫花、围腰花和背兜花，一把剪子能剪人物、花鸟虫兽，剪功精湛，造型精巧，生动传神，深为人民群众所喜爱。其作品多次在省内外参展，《人民日报·海外版》《中国青年报》《新华日报》《羊城晚报》《安徽日报》和《上海大世界》刊物都选登过他的剪纸。安徽省群众艺术馆和省工艺美术研究室编辑出版的《和县剪纸》，一次收入他的动物、花卉作品 15 幅之多。2002 年，百余幅作品被安徽省博物院收藏。

徐石生，中华文化促进会剪纸艺术委员会会员，中国残疾人美术家联谊会会员。安徽省美协会员，"和县剪纸"省级传承人。其部分作品先后入选《中国民俗剪纸》《全国商业职工书画作品选》等刊物，被《中国当代美术家名人录》《中国剪纸艺术人名大典》等收录。

**摄影艺术** 和县的摄影创作始于 20 世纪 60 年代，随着生活水平的提高，摄影爱好者的队伍也在迅速扩大。

陈其才，中国摄协会员。黑白片《孵坊春》入选安徽省 5 届摄影展览，彩片《农家乐》入选全国十三届影展，获省十届影展荣誉奖，参加柯达公司举办的中美《家庭乐》大奖赛，获业余组三等奖，有作品被《安徽年鉴》选刊和《安徽摄影家作品集》收录。彩片《心醉》2001 年获第四届世界华人艺术大会"国际特别奖"。同年，彩片《金秋》获中国摄影家协会主办的"爱我中华，照我大地"全国大赛最佳作品奖。2002 年，出版《彩色的田野》摄影作品集。1998 年入编《世界美术集》(华人卷)。

薛从孝，省摄协会员，和县文化馆副馆长。有 74 幅作品先后在全国省以上报刊上发表和展览会展出，其中获三等奖 2 幅，鼓励奖 2 幅。1987 年 1 月，中国摄影家协会国际部选中他的《捉富》，参加由日本亚洲文化中心主办的"市场"摄影比赛。

武钦忠，省摄协会员。他的《任凭风吹浪涌》《沼气灯》《浓荫树里有人家》等作品，参加省科技艺术摄影作品展，他的《宋梅》《梅豪亭前赏古梅》，分别发表在《旅游》杂志和《人民日报·海外版》上。2019 年在县文化大厦举办个人摄影展。

李　俊，省摄协会员，县摄协主席。作品《送温暖》入选 1988 年安徽省"振兴安徽经济"影展。《高路入云端》入选"黄山风光"影展。《风骨》《蓦然回首》《秋色》《古窑新姿》《陋室》等作品，分别入选全国及省影展。他还有数幅新闻片被《人民日报》《光明日报》《安徽日报》《安徽画报》等报刊采用。

马　俊，中国摄影著作权协会会员，省摄协会员，马鞍山市摄协理事，和县摄影家协会副主席兼秘书长。70 年代从事业余摄影，作品《酿造甜蜜》获《大众摄影》2013 安徽影友联谊会优秀奖。《在希望的田野上》获"中国摄影报·2015 安徽摄影拉力赛含山分站赛"三等奖。《带动生命的阳光》在"中国摄影报马鞍山影友联谊会"获三等奖，《甜蜜的使者》入选中国"巴黎"摄影展。

薛华勇，省摄协会员，巢湖市摄协常务理事，他的《人像》和《吉它手》两幅艺术摄影，在 2000 年安徽省影协举办的"婚纱人像摄影比赛"中分别获得银奖和优秀奖。多幅作品刊在《中国日报》《安徽日报》和《文化周报》上。

陈克举、邢宏珍，合作的《叱咤风云》，于 1987 年在北京《旅游》5 期发表。陈克举的《竹海人家》1989 年发表在《安徽画报》第 5 期。邢宏珍的艺术摄影《敬老院里的笑声》，1997 年入选安徽省委宣传部主办、省文联、省摄影家协会承办的"爱我家乡，爱我家"艺术摄影展。

**音乐艺术**　和县文化馆曾于 70—80 年代组织全茂亚、秦贤铸、巫世才、翟笃发、高光仁对和县民歌进行搜集整理，抢救和丰富了和县的民歌文化。其中，《打蒿蒿》由著名歌唱家朱逢博演唱，上海唱片社灌唱片发行。有一组民歌入编《中国民歌集成·安徽分卷》。《车水歌》获安徽省整理演出奖。安徽人民出版社曾出版和县民歌集《满田红旗满田歌》，收录歌曲 11 首。1994 年，朱恩明作词，高光仁、阮再宇作曲的《腾飞的翅膀》参加省调演，获省文化厅创作一等奖。1996 年，金绪道作词、高光仁作曲的《四双红绣鞋》与《鞋垫花》，入编《中国当代优秀群众歌曲集》；2004 年，《四双红绣鞋》分别获安徽省徽风皖韵新民歌征集评比二等奖、安徽省第六届花鼓灯节创作二等奖。2002 年，傅昌尧作词、高光仁作曲的《我们的校园》，获全国校园歌曲征集二等奖。2018 年，高光仁出版《和县民歌集》、2021 年出版《东路庐剧》。

**文学社团** 和县文学社团虽仅 4 个，但活动频繁，有力地推动了和县文学的繁荣与发展。

**和县作家协会** 2004 年 8 月成立。2005 年创办文学季刊《陋室文学》，迄今已出 68 期，交流全国 26 个省市。第一、二届主席金绪道，第三届主席杨基中，第四届主席章小青，支部书记曹明。现有会员近百名（其中省作协会员 25 人，省散文家协会会员 18 人，市作协会员 26 人）。协会组织会员采风、开展征文大赛、举办文学讲座，先后邀请苏皖两省作家为杨基中诗集《在沙漠中建一座房子》、王文英古诗词曲赋《真水无香》召开研讨会，周庆长篇小说《炼乐》改稿会。2012 年，由人民文学出版社出版《陋室文学精品集》（小说、散文、诗歌各一卷）。2017 年，省散文家学会授予和县"安徽散文之乡"称号。

**和县诗词协会** 2018 年 4 月成立。会长王文英，书记朱寿江。利用协会公众号推出诗词曲赋及楹联多首（副）。举办诗词研习点评活动，推动古诗词创作。出《和县诗存》32 期。承办"庆祝建党 100 周年诗词大赛，编印诗集《诗城古韵》。开展诗心进校园活动，受到广泛欢迎。

**半枝梅文学社** 1993 年创办，一开始挂靠县政协，不定期出《半枝梅文学报》，总编黄潮平，主编马维国。2014 年改为"半枝梅文学"。2019 年，半枝梅文学社向和县民政局报备解散。

**和县文化研究会** 2015 年 5 月成立，第一届会长是薛从军。开展文化调研，进行学术研讨。2018 年，出版《和县历史人物研究》。第二届会长祝兆源，书记薛从军，2021 年，编纂出版《和县，可爱的家乡》。

**学术研讨** 2007 年，著名学者冯其庸先生在《中华文史论丛》第 86 辑上发表《项羽不死于乌江考》《千百年来一座有名无实的九头山》，以考证形式纠正《史记》《汉书》之误，引发学术争议。

"项羽不死于乌江说"，无疑是对悲剧英雄项羽崇高人格魅力与光辉形象的一个否定，也是对两千余年《史记》《汉书》实录没有争议的真实性提出挑战，在学术界掀起了波澜。

对这一学术问题，和县县委、县政府高度重视，决定由县委宣传部牵头，成立"和县项羽与乌江文化研究室"，聘请金绪道担任主任、范汝强担任副主任，邀请王贵华、刘贤忠等人参加。2008 年，和县项羽与乌江文化研究室出版了《一个不容置疑的史实》论文集，首先对这一学术争议作出回应。

2008 年 6 月，金绪道、范汝强赴京，主动联系中国史记研究会、中国历史文献研究会，商讨在和县召开专题学术研讨会并达成共识。

2008 年 11 月 16 日至 18 日，由中国史记研究会、中国历史文献研究会、安徽历史文化研究中心、安徽师范大学文学院、和县项羽与乌江文化研究室联合主办的"项羽专题学术研讨会"在和县召开。

中国史记研究会会长、北京大学安平秋教授在开幕式上说："严谨的学术研讨，要有一种态度，那就是尊重历史事实的态度，具体地说，一是尊重历史文献的记述，二是尊重实地考察，希望我们这次会在这方面作出表率。"中国历史文献研究会会长、北京师范大学周少川教授贺词指出："史学的本质在于求真，犹如法律的定谳，拿出证据，尤其是文献的证据，也是历史研究的基本纪律。"

研讨会开得既严肃紧张又生动活泼。中国史记研究会常务副会长、中央社会主义学院张大可教授在闭幕式上的总结发言，高度评价这次学术研讨会取得的成绩：

第一，大会收到高质量的学术论文 43 篇，54 万余言，内容丰富，重点突出。与会专家学者 50 余人，来自全国 23 所高等院校和 10 余家研究单位。这是一次高层次的学术研讨会，学者们对"项羽乌江自刎"作出了定案性的研究，奠定了坚实的学术基础。安徽师范大学袁传璋教授是这次学术研讨会的旗手，近一年中他全身心地投入著述并发表了两篇高水平的学术论文，本次大会提交的论文《项羽不死于乌江考评议》，对项羽乌江自刎做了全面深入的探讨，不仅澄清了史实，而且剖析了浮华学风的思维方式，淋漓尽致，很有教益。袁传璋先生还执笔完成了《项羽垓下突围南驰乌江路线考察报告》以及《项羽垓下突围南驰乌江所经地点相关文献摘编》，可以说把《史记》问世两千多年来关于项羽之死以及霸王谢幕过程的相关资料做了集中整理，为学术界和广大读者提供了继续研究楚霸王谢幕的重要参考。金绪道、刘贤忠两位先生的《千百年来九头山一直矗立在滁河南岸》，驳正了《千百年来一座有名无实的九头山》空穴来风说。施丁、田志勇、吕锡生、徐兴海、可永雪、娄彦刚、张柏青、汪受宽、徐日辉等几位先生的论文，从多角度对"项羽不死于乌江说"作出了有力的驳正，既有宏观论评，又有微观分析，为还历史以本来面目作出了贡献。王增文、杨燕起两位先生对项羽人格魅力的评述，开拓了项羽研究的新领域。周国林、赵生群先生对项羽失败原因的反思，韩兆琦、俞樟华先生对项羽文学艺术的解析，马宝记先生对历代项羽诗颂意蕴的阐释，都明快简洁，颇有新意。陈万卿先生从学风上立论，对浮华风气，乃至大师的轻率，发出了警世箴言。陈曦、何梅琴、康清莲、杨宁宁四位女性学者，对项羽形象、性情的分析以及对楚汉相争历史细节的研究十分细腻，独具特色。薛从军先生的《项羽乌江自刎文化论》，从学术角度对乌江地域文化做了很好的总结，对进一步开展研究具有指导意义。

第二，组织联合考察组实地考察。2008 年 8 月 19 日，由张大可带队，袁传璋教授、南京三江学院许盘清教授与和县项羽与乌江文化研究室金绪道、范汝强、章修成 3 人及和县电视台 2 名随同采访记者，共同组成项羽垓下突围南驰路线考察组，自淮阴出发，用一周的时间，实地考察了安徽灵璧县境内的垓下遗址、虞姬墓，凤阳县古钟离淮河渡口，定远县境内的阴陵古城遗址、定远城西卅里店阴陵大泽残迹、嗟虞墩、滁州市古清流关驿道，全椒县南荒草湖与和县红草湖遗迹，和县境内的阴陵山（俗称九头山、九斗山），和县与江苏江浦县交界的四溃山，和县乌江古渡口遗址，乌江霸王灵祠等。考察组证之以大量的史志文献，参考卫星遥感地形的地貌图，经过一个多月紧张而有序的工作，由袁传璋执笔完成了《项羽垓下突围南驰乌江路线考察报告》，并由许盘清制图，张大可审读、补充，经此次研讨会交流、讨论后形成定稿，以中国史记研究会、和县项羽与乌江文化研究室联合考察组的名义公开发表。

第三，经过三天热烈而有序的学术交流，与会的各位专家学者提高了认识，增进了友谊，活跃了争鸣气氛，对学术的繁荣与健康发展将产生积极影响。

会后，研讨会论文结集为《乌江论坛》，由陕西人民出版社出版。这是当代学者对"项羽乌江自刎"这一课题研究的重要成果。

一次学术研讨会，多家通力合作，集中讨论一个专题，是学术开放的首创。和县项羽与乌江文化研究室主动与学术界联络，积极筹办项羽专题学术研讨会，弘扬乌江地域文化，是文化兴县的重要举措。

**1989—2021 年和县籍作者出版书目一览表**

| 书名 | 体裁 | 作者 | 出版社 | 出版时间 |
|---|---|---|---|---|
| 《鲁迅》《郭沫若》《朱湘传》 | 传纪 | 夏明钊 | 中国青年出版社 | 1987 年 |
| 《嵇康集译注》 | 专著 | 夏明钊 | 黑龙江人民出版社 | 1989 年 |
| 《鲁迅诗全笺》 | 专著 | 夏明钊 | 江苏教育出版社 | 1991 年 |
| 《从士兵到将帅》 | 文集 | 顾德如 | 长城文化出版公司 | 1991 年 |
| 《中国现代文学名著题解》 | 工具书 | 夏明钊 | 中国青年出版社 | 1993 年 |

| 书名 | 体裁 | 作者 | 出版社 | 出版时间 |
|---|---|---|---|---|
| 《西方现代派美术》 | 专著 | 鲍诗度 | 中国青年出版社 | 1993 年 |
| 《写意花鸟画技法》 | 专著 | 安良发 | 安徽美术出版社 | 1993 年 |
| 《种瓜轩诗稿》 | 诗集 | 邵子退 | 安徽文艺出版社 | 1994 年 |
| 《本能》 | 长篇小说 | 徐明涛 | 太白文艺出版社 | 1994 年 |
| 《鲍诗度意象小品》 | 画集 | 鲍诗度 | 安徽美术出版社 | 1994 年 |
| 《林散之轶闻》 | 专著 | 呼安泰 | 江苏美术出版社 | 1994 年 |
| 《沧海桑田录》 | 散文 | 经小川 | 安徽文艺出版社 | 1995 年 |
| 《拾穗集》 | 散文 | 田恒铭 | 安徽美术出版社 | 1996 年 |
| 《怎样画梅花》 | 专著 | 安良发 | 安徽美术出版社 | 1996 年 |
| 《席勒诗选》 | 译著 | 魏家国 | 安徽文艺出版社 | 1996 年 |
| 《罗积叶画集》 | 画集 | 罗积叶 | 天津美术出版社 | 1997 年 |
| 《霜叶诗集》 | 诗集 | 魏家国 | 北京燕山出版社 | 1997 年 |
| 《报春花》 | 诗集 | 金绪道 | 安徽文艺出版社 | 1998 年 |
| 《山那边有条河》 | 长篇小说 | 赵荣来 | 中国文联出版公司 | 1998 年 |
| 《山里红散集》 | 散文 | 马维国 | 安徽文艺出版社 | 1998 年 |
| 《穆庆东绘画作品集》 | 画集 | 穆庆东 | 上海书画出版社 | 1998 年 |
| 《怎样画牡丹》 | 专著 | 安良发 | 安徽美术出版社 | 1998 年 |
| 《麻雀、葡萄的画法》 | 专著 | 安良发 | 安徽美术出版社 | 1998 年 |
| 《一个金秋的梦》 | 散文诗 | 魏家国 | 中国文学出版社 | 1999 年 |
| 《谣言这东西》 | 专著 | 夏明钊 | 深圳海天出版社 | 1999 年 |
| 《罗积叶山水画集》 | 画集 | 罗积叶 | 香港艺苑出版社 | 2000 年 |
| 《孤独这滋味》 | 专著 | 夏明钊 | 深圳海天出版社 | 2000 年 |
| 《意笔花鸟画技法研究》 | 专著 | 安良发 | 中国科技出版社 | 2000 年 |
| 《档案价值论》 | 专著 | 张　斌 | 中国文献出版社 | 2000 年 |
| 《为政精诚录》 | 文集 | 荆诚孝 | 南方出版社 | 2000 年 |
| 《夺命》 | 专著 | 顾德如 | 人民军医出版社 | 2001 年 |
| 《石冰老人小楷苏曼殊诗》 | 书法集 | 麻朝炎 | 中国文联出版社 | 2001 年 |
| 《秋日漫语》 | 散文集 | 何永炎 | 安徽文艺出版社 | 2001 年 |
| 《北京往事》 | 长篇小说 | 徐明涛 | 作家出版社 | 2002 年 |
| 《历阳剪灯录》 | 文集 | 呼安泰 | 延边出版社 | 2002 年 |
| 《罗积叶山水画精品集》 | 画集 | 罗积叶 | 天津美术出版社 | 2002 年 |

续表

| 书名 | 体裁 | 作者 | 出版社 | 出版时间 |
|---|---|---|---|---|
| 《学校管理录》 | 专著 | 王久江 | 安徽人民出版社 | 2002 年 |
| 《彩色的田野》 | 摄影集 | 陈其才 | 延边人民出版社 | 2002 年 |
| 《湖上随笔》 | 散文集 | 何永炎 | 时代文艺出版社 | 2003 年 |
| 《星星草》 | 诗集 | 陈克举 | 香港天马图书公司 | 2003 年 |
| 《文坛百代领风骚》 | 专著 | 朱恩彬 | 花城出版社 | 2003 年 |
| 《林散之诗集》 | 诗集 | 林散之 | 文物出版社 | 2004 年 |
| 《秋之恋》 | 散文集 | 金绪道 | 时代文艺出版社 | 2004 年 |
| 《徽墨》 | 专著 | 田恒铭 | 安徽科技出版社 | 2004 年 |
| 《开头》 | 长篇小说 | 徐明涛 | 社会科学出版社 | 2004 年 |
| 《越陷越深》 | 长篇小说 | 徐明涛 | 广西出版社 | 2004 年 |
| 《穆庆东山水画精品集》 | 画集 | 穆庆东 | 延边人民出版社 | 2004 年 |
| 《湖滨行》 | 散文集 | 敬元华 | 作家出版社 | 2004 年 |
| 《和风》 | 文集 | 夏为汉 | 华泰出版社 | 2004 年 |
| 《林水情》 | 文集 | 荆诚孝 | 香港天马出版公司 | 2005 年 |
| 《一个女子的传奇》 | 传记 | 柯　芳 | 天马出版有限公司 | 2005 年 |
| 《海天旅痕》 | 散文集 | 马维国 | 内蒙古人民出版社 | 2005 年 |
| 《往事》 | 散文集 | 徐正道 | 天马出版有限公司 | 2005 年 |
| 《情愫》 | 散文集 | 汤家庭 | 天马出版有限公司 | 2005 年 |
| 《政府信息资源管理》 | 专著 | 张　斌 | 人民大学出版社 | 2005 年 |
| 《我是怎样战胜癌症的》 | 文集 | 顾德如 | 人民军医出版社 | 2005 年 |
| 《让爱尘封带去》 | 长篇小说 | 盛立学 盛　涛 | 大众文艺出版社 | 2005 年 |
| 《在沙漠中建一座房子》 | 诗集 | 杨基中 | 中国文联出版社 | 2006 年 |
| 《飘荡在暑假里青春荷尔蒙》 | 小说 | 傅昌尧 | 作家出版社 | 2007 年 |
| 《亭山文集散文卷》 | 散文集 | 钱朝铸 | 青海人民出版社 | 2008 年 |
| 《世界在我心中是座房子》 | 诗集 | 杨基中 | 大众文艺出版社 | 2009 年 |
| 《血色的霜叶》 | 诗集 | 陈克举 | 大众文艺出版社 | 2010 年 |
| 《圣龙》 | 短篇小说 | 邵在明 | 中国文联出版社 | 2012 年 |
| 《林中有只鸟在叫》 | 诗集 | 马　云 | 作家出版社 | 2012 年 |
| 《一个苹果 N 种存在方式》 | 小小说 | 金长宝 | 九州出版社 | 2015 年 |
| 《岁月留痕》 | 诗集 | 徐正道 | 中国友谊出版公司 | 2016 年 |

续表

| 书名 | 体裁 | 作者 | 出版社 | 出版时间 |
|---|---|---|---|---|
| 《永无宁日》 | 长篇小说 | 周　庆 | 凤凰传媒出版社 | 2016 年 |
| 《气象树下》 | 诗集 | 马　云 | 安徽文艺出版社 | 2017 年 |
| 《我的乡恋》 | 散文 | 胡平华 | 南京出版社 | 2017 年 |
| 《张幼仪传》 | 人物传记 | 朱滨华 | 汕头大学出版社 | 2018 年 |
| 《匆匆行色》 | 散文 | 陈昌禄 | 安徽文艺出版社 | 2018 年 |
| 《蔬菜物语》 | 散文 | 徐　斌 | 凤凰文艺出版社 | 2018 年 |
| 《加缪传》 | 人物传记 | 朱滨华 | 中国华侨出版社 | 2019 年 |
| 《枫叶红了》 | 散文 | 朱寿江 | 团结出版社 | 2020 年 |
| 《张籍传》 | 人物传记 | 徐　斌 | 安徽文艺出版社 | 2020 年 |
| 《尖叫的农具》 | 文化散文 | 徐　斌 | 天津人民出版社 | 2021 年 |

# 四、邮政广电篇

## 信系万家　讯达天下
### ——和县邮政电信移动联通发展简述

　　1921年，和县邮电局为二等局，开办储金局业务。1926年，乌江邮政局改属太平县（今当涂县）。1931年，安徽、江苏邮区合并，邮务管理局设于南京，和县邮政局改属南京邮务管理局。1934年，和县改为二等乙级邮政局。1935年，江苏、安徽邮区分设，和县邮政局仍属安徽省邮务管理局。1936年，江苏邮政局定为三等乙级邮政局，隶属安徽省邮务管理局。1937年，抗日战争全面爆发后，和县绝大部分地区相继沦陷，县邮政局随国民党县政府迁至善厚集。1940年，和县娘娘庙、南义邮政代办所划归含山邮政局，雍家镇、沈巷邮政代办所划归芜湖市邮政局。和县邮政局仅管辖姥桥、白渡桥、戚桥、西埠、五显集、濮家集6个邮政所。1941年，和县雍家镇、裕溪口、西梁山等所为芜湖局所辖，姥桥、白渡桥、张公桥、戚桥、西埠、腰埠、五显集、濮家集等所为和县邮政局所辖。1942年，雍家镇、裕溪口、西梁山等邮政代办所收归和县邮政局统一管理。1944年，乌江邮政局改为邮政代办所，是年5月，增设高皇殿邮政代办所。1945年，乌江邮政代办所复为邮政局。1947年，和县邮政局改为三等甲级邮政局。1948年，邮政局恢复二等邮政局，下设邮政代办所25处，其中城办14处，村办11处。1949年元月，县邮政局撤退至江南。2月间，邮政总局通知下属各邮政局办理国、共通邮，从和县撤退江南的员工奉命返回至当涂待渡时，和城已解放。

　　抗日战争和解放战争期间，在南义、香泉革命根据地曾建立许多交通联络站和卡步哨、传递信件兼护送人员过境。各解放区采用"邮发合一"。

1949年11月全国第一次邮政会议，确定把报刊发行作为邮政主要业务之一。当年和县报刊发行量为7.49万份。1950年，出版总署和邮电部决定，开展办理报刊预订和零售业务。1952年，报刊发行增加到44.69万份。1960年，报纸发行7700份，其中《人民日报》504份，《安徽日报》1598份，《芜湖日报》1141份，《和县报》2946份；杂志发行2500份，其中《红旗》464份，《虚与实》587份。"文化大革命"期间，有的报刊发行量一度下降。1978年以后，报纸、杂志停刊的复刊，并新办一些各类报刊，发行量不断增长。1980年，报纸累计发行数为390.29万份，杂志累计发行数为23.01万。1985年，报纸发行293种，3.15万份，其中《人民日报》925份，《安徽日报》2583份，杂志发行1446种，共4.01万份，其中《红旗》2494份。为方便群众，扩大报刊发行，县邮电局设立报刊零售亭，零售报纸3200份，杂志1.38万份。至1988年度，报纸累计发行417.82万份，杂志累计发行44.48万份。报刊累计发行量比1949年增长61.7倍。

1989年，和县邮电局及下属各支局，邮电所都开办报刊发行业务，并实现整订、破订、改址、变更一系列窗口服务。是年，报纸期发14522份，累计3104435份，杂志期发19144份，累计257374份，报刊流转额63.02万元。安徽省局自办合肥至南京的汽车邮路，每日途经和县接送转运。和县自备汽车2辆，每天分南、北两地转运接送邮件。县局自办汽车邮路3条（县内南、北方各1条，县至南京邮运报纸邮路1条），总长度282千米，县境内投递路线单程总长1578千米。1999年，因《扬子晚报》订户大幅攀升，县局及时开通和县—南京扬子晚报社汽车邮路。县内服务区域为县城各部门单位，投递道12条。农村为10个乡镇107个行政村30个社区，农村投递邮路23条。全县投递员50人，50个自行车班，基本实现村村通邮。

2000年，增设储汇股，撤销综合营销部。香泉、善厚、五显、西梁山邮政所改为邮政支局。

2002年，于富康中路新建4层面积2500平方米邮政综合生产楼一幢。新增电子称5台，营业用新大陆液晶终端20台，山特蓄电池10台，营业用扩音器20只，网络MODEM5台，MAPIU路由器1套，密码键盘10套，刷卡器10套，松下投影仪1套。综合生产楼装配了一套6探头摄像系统，实行24小时全方位监控。全县所有营业网点都安装了摄像系统。

2005年，报纸期发33745份，累计数为5943220份，杂志期发25789份，累计数为 347760 份，报刊流转额 342.52 万元。

为保障报刊订户的利益，邮政局建立了一系列服务保障制度。如报刊投递限时制，投递员印模制，缺报少报先赔付制，投诉首问负责制等。

报刊投递，农村每天一次投递到村妥收点，私人订阅报刊直投到户。县城段道分上午、下午两个时段，畅销报刊如《安徽日报》当日投到订户手中。全县安装信报箱 6980 个，住宅小区分别安装群体信报箱和分体信报箱、私人用户安装单体信报箱。

**汇兑**　1989 年，汇兑业务开办普通汇票和电报汇票。1999 年，增加礼仪汇票和入账汇票。2000 年，县局开办电子网络，实现 2 小时加急汇款。2005 年，邮政储蓄和汇兑联网互通工程切换上线，实现由原来的汇兑业务现金到现金列账户，账户到账户，账户到现金。同年，全县 14 个邮政汇兑网点全部开通电子汇兑系统，办理汇兑加急汇款和实时汇款。

**邮政储蓄**　1989 年，和县邮政局及下属 7 个支局，4 个邮电所全部设立储蓄专柜，办理整存整取，零存整取和活期储蓄业务。

1992 年，开办定活两便、通知存款两项业务。配备专用运钞车一辆，电脑 20 台和电子监控系统，实现全县邮储网点微机处理，同时开通县内通存通兑。

1996 年，邮政储蓄业务进一步拓展，增设礼仪储蓄，磁卡代发工资储蓄，磁卡代交电资费储蓄。

1998 年，开通绿卡工程，全县所有储蓄网点分批进入安徽省邮政金融中心，实现全国范围内的异地存取。

1999 年，县局在文昌路南北分别安装了 ATM 自动柜员机，实现 24 小时自动取款。同时还办理金融保险、代收代发储蓄业务。到 2005 年，全县邮政储蓄余额 40008 万元，比 1989 年的 155 万元增加 39853 万元。

**特快专递**　1992 年，全县 16 个邮政网点同时开办特快专递业务，主要经营包裹、特殊函件（如高考通知书、商函票据）等。1998 年，配备特快专递用车一辆。

2000 年，代办身份证速递业务。同年，增开城乡特快送汇业务，开通和县至省内各地速递邮件"次晨达"业务。

2001 年，成立 185 客户服务中心，增开 185 速递业务车一辆，做到速递业务服务上门，同时还开办鲜花礼仪速递业务。

**物流配送**　2002 年，和县邮政局充分利用邮政网络优势，成立物流配送中心，开展配送白酒、生日蛋糕、鲜花等多项综合性业务。

2004年，接入省、市、县三级一体化，融入全国一体化配送网络。同年，开发农资配送，全县设网点67个。

2020年，中国邮政集团有限公司安徽省和县分公司实现业务收入（含寄递业务）6696.1万元，列全省第42位；实现账面利润1334万元，列全省第40位。其中邮务类业务累计完成收入1201.41万元，代理金融类业务累计完成收入4288.64万元，其他收入累计完成77万元。本年新增储蓄余额4.28亿，同比多增1.51亿元，增幅15.56%。

加强农村电商生态圈建设，紧抓"放管服"和便民利民政策时机，叠加政务、税务、农品、图书、文创等业务，打造增值便民服务企业。大力推动旅游业务发展，开发特色旅游线路，拓展家庭及团体旅游市场，构建旅游经济生态圈，积极融入旅游经济。开展扶贫和献爱心捐助活动，参加扶贫结对帮扶工作，竭力为结对帮扶的功桥镇大汤圩村办实事、解难事，帮扶村扶贫资金10000元。

2020年，和县邮政分公司寄递类业务实现收入1129.05万元，增幅3.47%。构建"营销团队＋营业部＋支局窗口＋站点渠道"的经营体系，围绕降本提质增效，优化揽投和营销队伍建设，优先保障重点业务、重点项目、重点客户服务质量。巩固深化绿色邮政建设三年行动成果，持续推广应用绿色包装箱、环保胶带、免胶带箱等新包装。设置绿色包装回收箱，推进包装循环使用。

畅通疫情物资寄递渠道，确保疫情期间邮件不积压。严格落实疫情防控措施，未发生员工感染，也未发生用户在使用邮政服务中感染。

助力和县辣椒等滞销农产品销售。联合县总工会开展"抗疫消费扶贫，助力脱贫攻坚"专项行动，销售扶贫农产品687万元。

2021年，和县邮政分公司累计完成业务收入7312.05万元，全省县公司规模排名第46位，增长率6.06%。累计实现利润2255.73万元，全省县公司排名第37位，整体利润完成率158.74%，较2020年增长921.32万元。

2021年在收寄、内部处理、运输、投递四大环节指标皆稳定达标。

服务乡村振兴，根植全县各网点，搭建线上线下相结合农村电商平台，构建"农产品进城"和"工业品下乡"相结合的双向流通渠道。推进绿色邮政建设，实现全县各网点包装盒回收箱全覆盖。

普遍服务是中国邮政的立业之本，是中国邮政的"根"。全力担当起普遍服务和特殊服务的重任，架好党和人民的"连心桥"。

# 和县电信

1998 年，和县电信局于邮电分营后挂牌。下设乌江、石杨、西埠、姥桥、白桥、新桥、沈巷 7 个支局和香泉、张集、濮集、善厚、绰庙、西梁山、五显、雍镇 8 个电信所。1999 年 5 月，电信重组，移动通讯从电信局分离，电信主要经营固定电话和电话增值业务。2003 年 12 月，安徽电信全体上市，和县电信局改名为安徽省电信有限公司和县分公司，下设各支局改为营业部，电信所按行政规划隶属各营业部。县分公司内设综合管理部、市场拓展部、建设维护部、大商客户部、公众客户部、维护工作站。自办营业网点 9 处，业务委托代办点 28 个。

## 一、固定电话

**市话** 1993 年 1 月 19 日，和县城内开通了初期容量为 5000 门的县、市、农合一的数字程控电话交换机，不仅可直拨国内、国际，还具备多功能服务，如热线服务，缩位拨号，遇忙回叫、转移呼叫、来电显示等。1995 年，县市话开通自动电话，和县至巢湖出口 1020 条。2002 年，全县电信网点增至 46 个，交换机总容量增至 6 万门。2005 年，全县交换机容量达 12 万门，市内有固定电话用户 30817 户。比 1989 年增长 62.5 倍，年递增 29.6%。

**农话** 1989 年，县城至农村的农话电路 40 条；1990 年，农话电路增至 130 条。和城至各乡均开通 3 路载波，全县农村通讯电话 850 对。

1995 年，沈巷、白桥、姥桥、新桥、西埠、石杨、善厚等乡、镇也相继开通 500 门数字程控电话。至此，全县告别了磁石式电话。农话线路增至 2000 对。1997 年 11 月，农话用户 8881 户；1998 年 11 月 20 日，全县实现村村通电话；2002 年 11 月底，全县的所有自然村也都通了电话。

**长途电话** 1988 年 10 月，和县对外开通长途电路 17 条，经合肥、芜湖、巢湖、马鞍山及含山县各终端局，组成通信网络，连接全国各地。1989 年，和县建成自动电话综合大楼，新装长途电话 20 路，铺埋电缆管道 1.1 千米，铺设电缆 14.4 皮长千米。直所长途电话 86000 次。2005 年，铺设电缆 7239 千米，直所长途电话 8440000 次，是 1989 年的 98 倍。

**公用电话** 1990 年，自动电话开通，公用电话、磁卡电话、IP 公话也逐步普及。2005 年，已分布全县城乡的大街小巷。同时，112、113、114、110、119、120、122 及 10000 号等服务电话也全部开通。

**电报与传真**　1989—2000 年，电报业务仍在办理使用。随着程控电话的普及，电报业务日渐萎缩。2001 年 8 月，根据集团公司要求，取消了"特急""加急"特别业务。至 2004 年底，电报业务被取消，由传真替代。

**数据通信**　1995 年 7 月，和县电信局安装分组交换（PAD）设备，开通数据通信业务。至 2004 年底，由 1998 年的 16 户只剩下 5 户。

1996 年 11 月，电信局安装数字通信（DDN）设备。1997 年，正式开通 163 拨号上网业务，用户最多时有 2183 户。2001 年 7 月，宽带网开通之后用户逐步减少。县开通至巢湖的宽带城域网，带宽为 100M，随后局办公大楼实施综合布线，实现办公宽带接入。2002 年 5 月，开通和城 ADSL 宽带接入，为宽带业务进入普通居民家庭用户提供了方便快捷的接入途径。2003 年，宽带业务 ADSL 接入开始向乡、镇延伸，新增乌江等 7 个 ADSL 节点，新扩端口 448 线；LAN 节点和 2M 专线 31 处。到 2004 年 10 月份，全县所有乡镇均有宽带接入能力。有 12276 户开通使用。不仅能实现网上办公、网上购物，也能视频点播、网络电话、家居银行汇票、网上炒股和接受远程教育等等。随着网络应用需求增长，2004 年初，出口总带宽从 100M 增至 1000M；2005 年初，增至 2000M。

### 二、无线通讯

**无线寻呼**　1991 年，邮电局开办无线通信寻呼业务。1993 年，实现了无线寻呼人工自动、中文与数字兼容。1996 年，无线寻呼全省联网，巢湖区域中心进行 127 系统扩容、升位工作。1998 年底，寻呼业务划归联通公司，后因手机的普及，寻呼业务逐渐淡出，2002 年 6 月业务终止。

**小灵通通讯**　2002 年，和城地区开通小灵通移动电话业务。2004 年 12 月，乌江、西埠、濮集、沈巷也相继开通了小灵通业务，至 2005 年，全县小灵通移动电话用户 14000 户，并开展灵通短信、七彩铃音等项业务。

中国电信股份有限公司和县分公司（简称和县电信），是和县境内主要基础网络运营国有通信企业，拥有以光纤和移动通信为主，卫星和数字微波为辅的全方位、立体化、大容量、高速率的通信网络，覆盖城乡，包括有线光网、无线宽带（4G+5G，无线局域网 WiFi）；在全县范围内为客户提供包括移动通信、宽带互联网接入、信息化应用及固定电话等产品在内的综合信息解决方案。拥有"我的 e 家""天翼""号码百事通""翼支付""商务领航"等知名品牌。2019 年完成业务收入 8776 万元。截至 2019 年 12 月，移动有效到达数 12 万户，全年累计 1.6 万户，宽带有效到达数 5.4 万户，全年净增 6320 户，iTV 有效到达数 6.12 万户，全年净增 6042 户。

从网络层、平台层、应用层三个方面加速推进"智慧和县"建设，在"互联网+"新时代下，继续打造"智慧政务""智慧产业""智慧民生"三大信息惠民工程，重点建设电子政务、平安安徽、智慧工业、智慧农业、智慧教育、智慧家庭、智慧医疗、村民大管家等项目。2019 年，逐步成立郑蒲港新区政企分局、江北乌江新区政企分局、省精细化工基地政企分局、和县经济开发区（含台创园）政企分局，并推广使用智慧营销系统。通过"做实两个日常走访，强化三个信息收集，关注一个网站信息，规范三个常规拜访"提升商机获取能力和转化能力。开展"四送一服"进企业宣传网络信息安全和信息化应用、双 T 业务和 5G 行业应用。通过"天翼看家、智能组网、机房代维、云桌面、云存储、携号转网"等业务不断完善客户服务工作。

2019 年，和县共完成 39 个 4G 网络室外站点和 5 个室内分布建设，完善全县 4G 网络建设。是年底完成 3 个 5G 站点开通调测，成功试运行，为下一步 5G 网络大规模建设打下坚实基础。全年投资 900 余万元，完成工程建设项目 105 项。新建渠道网点 10 个，累计渠道网点 82 个。快递合作点建设完成 12 家。此外，石杨、香泉、西埠各新增 1 家苏宁云电信合作店，至此乡镇 8 家苏宁云门店均为电信专营。

和县电信分公司党总支在组织党员对历阳镇万寿村、五星村、双严社区、乌江宋桥村 55 户进行结对帮扶之后，投入 22 万元，完成贫困区域 10 项网络建设。确保所有贫困区域宽带、无线网络 100% 全覆盖，为脱贫攻坚提供网络保障。

2019 年，和县电信分公司荣获省委、省政府颁发第十二届"省级文明单位"，荣获中国电信安徽省公司颁发"全省五级包区创业致富奖"，荣获中国电信马鞍山市分公司组织智慧家庭装维技能大赛"团体三等奖"。

2021 年，完成业务收入 10377 万元。移动有效到达 12.8 万户，宽带有效到达 6.8 万户，iTV 有效到达 6.7 万户。

2021 年 12 月，和县新建渠道网点 70 个。县城核心商圈新增 2 家卖场，乡镇商圈，乌江新增 1 商圈合作店。

2021 年 6 月，和县电信分公司荣获中共中国电信马鞍山分公司委员会颁发的"2020—2021 年先进基层党组织"称号；是年 11 月，荣获和县创建文明行业活动指导委员会颁发的"和县第五届文明行业"称号。

## 和县移动

1995 年 9 月，移动通信数据业务正式开通，网号 139、138、137、136、135，全县有移动通信基站 8 座。设有移动代办网点 2 个，用户达 1300 户。

1999 年 5 月 19 日，电信、移动分营，成立和县移动营业部，移动用户猛增至 5500 户。设立移动通讯基站 12 座，代办网点 7 个。

2001 年 1 月，安徽移动通信公司和县分公司成立。2003 年 1 月，改为安徽移动通信有限责任公司和县分公司。是年，网络覆盖全县所有乡镇及交通沿线，旅游景点、高层建筑，由单纯地完成语音业务向集语音、图像、数据为一体的移动通信为主体的种类、品牌集合业务改进，相继推出了短消息、移动秘书、移动自由呼、移动互联网、IP 直通事、办公短信通知、12580 手机杂志、1258666 语音在线、WAP、移动梦网、GPRS、短信 MMS 等一系列业务。"全球通"不仅为客户提供国内漫游，还提供美国、日本、英国、俄罗斯等 175 个国家和地区的国际移动通信漫游服务项目。

2005 年，全县已建移动通信基站 56 座，接入网光缆 400 千米，营业网点 6 个，收费网点 67 个、移动手机用户 68000 户。

2013 年，公司获 4G 运营牌照后，立即开通 4G 演示网，开展"4G 友好客户体验"、24 小时自助缴费等活动。是年，开通郑浦港新区信息化等项目，利用企业信息化、微网站等创新产品服务中小微企业，推进"万家智慧"企业建设与发展。在民生信息化服务上，重视"无线城市"发展，全面覆盖电子政务、公共安全、智能交通、教育、医疗、生活服务等多个领域，引入包括水电燃气、电子影票等 12 项重点应用的 75 项核心民生应用。践行"正德厚生，臻于至善"的企业核心价值观。持续开展助力文明城市建设志愿者活动；公司 500 人次参与志愿者活动，完成长江大桥开通、蔬博会等重大活动通信保障；开展绿色环保行动计划，推进网上营业厅和短信营业厅等电子渠道建设，以低碳环保的电子手段，引领全社会节能降耗。营造"和"文化管理模式，县公司获"安徽公司企业文化示范县"称号。引进业务稽核等信息化系统，发展"微网站、微名片"等产品。构建透明消费服务体系，获"全省诚信单位"称号。2013 年底，和县移动客户达 17.92 万户，家庭光纤宽带覆盖 6 万户。

2015 年，和县移动开展基站、光缆线路和通信管道、4G 网络等工程建设，建成在全县范围内实现 100% 无缝覆盖、通信质量高、业务品种丰富、服务水平领先的综合通信网络。公司客户总数超过 18 万户，已开通 2GGSM 基站 245 个、4GTDLTE 站 280 个、综合覆盖系统 35 套、WLAN 热点 9 个。其中 4G 网络最高下载速率超过了 300Mbps，信号覆盖全县所有乡镇，光纤宽带覆盖近 10 万户。

2019 年，和县移动用户规模已突破 20 万户，4G 客户规模近 13 万户，家庭宽带 4.5 万户，开通 4G 基站 44 个，NB 基站 35 个，5G 基站 6 个，其中 5G 网络最高下载速率达到 1200Mbps，通过千兆 5G+ 千兆宽带，为客户带来"双千兆"的极速网络，整体客户满意度 83.42%，全年运营收入达 1.12 亿元。是年，公司获安徽省卫生先进单位、安徽省安康杯竞赛优胜企业、安徽省 A 级纳税单位、安徽省职工书屋、安徽移动企业文化示范县、和县移动宣传工作先进单位等称号。

2020 年，和县移动新建 4G 基站 15 个、新增 5G 基站 38 个、完成明发江湾城等 4 处 4G 室分覆盖；新增家庭宽带覆盖 17930 户；新建互联网及数据专线 423 条、完成郑蒲港 4 期、平安城市 5 期等重大 ICT 项目建设；完成老旧蓄电池报废更新 17 组；排查整改双路由隐患及基站电源隐患 8 处；重点整治家客弱光、无线改有线接入及质差路由器更换工作；按时完成汇聚点及综合楼动环测试、油机测试、应急演练，完成市电安全整改 4 处，查出安全隐患 17 处并全部整改；优化传输组网结构，提升传输成环率达 98% 以上；加大一干、二干线路巡检和维护力度；优先完成"网络黑点"整治工作；不断提升支撑服务水平。是年，移动用户到达数 20 万，年收入 1.1 亿，宽带覆盖 17 万，宽带到达数 5.4 万，4G 基站 802 个，5G 基站 61 个，5G 用户 4.3 万。4G 网络实现城镇、农村 100% 覆盖，光纤宽带实现行政村 100% 覆盖。荣获马鞍山第十八届文明单位。

2021 年，和县移动 4G 基站 815 个，5G 基站 126 个，5G 用户 6.4 万。4G 网络实现城镇、农村 100% 覆盖，光纤宽带实现行政村 100% 覆盖。其中 5G 网络最高下载速率达到 1500Mbps，实现市政府、重要商圈等主城区、县城、高校、政企单位、交通枢纽、乡镇、热点农村 5G 全覆盖。建成马鞍山首家县域运营商级别的 IDC 数据中心（云计算中心）并正式投入使用。

2021 年，和县移动用户 21.3 万，年收入 1.4 亿，宽带覆盖 19 万，宽带到达数 5.6 万，高质量完成 65 个 5G 宏站建设入网，建设进度全市第一，基本实现县城、乡镇镇中心 5G 全覆盖，其覆盖率 97.77%，完成县政府及和县人民医院、马鞍山幼儿师范学校，皖江工学院郑蒲港校区等楼宇 5G 室分建设工作，从维护、覆盖、容量三个方面，全面开展网络整改，保持了基站的稳定运行，提升了网络的覆盖范围，增强了用户的使用感知。依照移动 5G 信号覆盖和技术的优势，建设台创园重点区域高空瞭望平台，实现全天候自动巡检、险情快速预警、影像实时查看等功能，实现快速应急处理能力；在郑蒲港新区，通过 5G+ 高清监控＋云存储，构建新区智慧工厂，通过 5G 高传输、低时延的特点，实现对新区重点企业工厂危险品存放、生产安全巡检、扬尘污染检测、水污染排放等管理，实现企业内外互联互通、提升企业安全生产；全力协调各种资源积极配合公安部门进行点位勘查、平台搭建、系统接入等各项工作开展，"雪亮工程"项目结合 5G、大数据分析、物联网应用等构建云网融合、共建共享共用的管理平台，不仅推动政府信息化建设与现代信息技术的深度融合，提升政府社会管理水平，也为县公司在行业项目中树立标杆。

2021 年，全县无线网络 4G 满意度优于行业伙伴 2.22pp，持续保持行业领先优势，同时 5G 满意度领先值位列全市前列。新建 4G 基站 12 个，扩容 4G 小区 215 个，搬迁调整建设 5G 基站 8 个；累计解决覆盖、容量等各类黑点 146 个，实现了网络质量和用户满意度双提升。

## 和县联通

1999 年 10 月 28 日，中国联通有限公司和县分公司（简称和县联通）正式成立，其间经历了邮政托管、企业转型等阶段性转折。2008 年 10 月 15 日，经国家相关部门批准，由原中国联通与原中国网通合并组建成新的网络运营商，属国有控股性质，实行一级法人，垂直管理，自主经营，原和县联通也同时更名为"中国联合网络通信有限公司和县分公司"。

2012 年，公司经营的业务有：移动电话（包括 GSM 和 WCDMA）、固网宽带、家庭融合业务、实时监控，数据电路专线及主营业务有关的其他业务，是一家实力强大的综合性电信运营商。近年来，公司不断加大网络投资，资源覆盖增长迅速，各项业务迅猛发展，整体实力不断增强。

和县联通分公司下设综合管理中心、集团客户中心、建设维护中心、城关营销服务中心、乌江营销服务中心。2013 年新建 3G 基站 22 座，2G 基站 2 座。加速自建宽带，城区网络覆盖已达到 80%，3G 网络全网开通 HSPA+ 功能，最高可提供 21M/s 下载速度。县城、乡镇、农村基本实现和县联通移动通信网络无缝覆盖。是年 9 月，在建设和县医保专网项目时，首次将 PON 接入技术应用于专网建设，在和县地区批量开通十多条医保专线，为后期新增医保专线的接入提供便利。中小企业移动办公系统、销售管家、多方聊、3G 小卫士等特色产品为各行各业以及家庭用户带来便利。是年底，和县联通移动网用户数 6 万户。主营业务收入 3500 万元，同比增长 40%，主要经营指标持续增长，综合绩效排名在市公司 23 个单位中位居第一名，被省公司授予"2013 年十快县级分公司"称号；和县城关、乌江两个营服中心也分获马鞍山联通"2013 年度优秀营服中心"称号。被中国联通安徽省分公司精神文明创建活动领导小组授予"2012 年度安徽联通文明单位"称号；获得中共中国联合网络通信集团有限公司安徽委员会"2012 年度先进基层党组织"称号；2014 年，获中国联合网络通信有限公司马鞍山市分公司"2013 年度优秀县分公司"称号。

2014 年底，和县联通移动网用户数 7 万户。主营业务收入 4000 万元，同比增长 14%，主要经营指标稳定增长，综合绩效排名居市公司各经营单元前列，被省公司授予"2014 年十快县级分公司"称号；在和县 2014 年"三类城市"语言文字达标工作中，因工作突出，被评为"和县语言文字示范单位"；坚持将精神文明建设贯穿于生产、经营、管理的各个方面，被中共和县县委、和县人民政府授予"和县 2014 年度文明单位"称号。

2014 年，和县联通加大网络投资，新增 3G 覆盖基站 34 处；建设 4G 网络，投资建设 4G 站点 62 处，已开通使用 21 处。针对一些人群聚集场所及信号较弱的区域做进一步的室内分布或网络优化，资源覆盖面迅速增长。城区网络覆盖由 2013 年的 80% 提升到 90%，大部分乡镇实现宽带网络覆盖。

2014 年 10 月，安徽省建设工程质量检测全过程监管系统（IMT）项目正式在和县运行。该项目将送检材料放入样品箱（电子锁）内，全程利用 NFC 智能终端开关锁，样品箱流转过程记录在智能终端，所有环节责任到人。只有完全符合该流程的每个环节，才能生成带有二维码的正规检测报告并同步发送至省住建厅。此外，互动宝宝、移动驾考、沃云总机、联动联防等特色产品，为各行各业用户带来便利。

建设"学习型"企业、培育"学习型"职工，增强职工的政治理论和业务技术素质。管理人员月均培训不低于 3 次，普通员工月均培训不低于 1 次。积极组织义务献血、慈善捐款等公益活动，广泛开展送温暖活动，推进公司精神文明建设。被中共和县县委、和县人民政府授予"和县 2014 年度文明单位"称号。

是年 6 月，被安徽省联通评为"先进基层党支部"；被安徽省联通评为"2013 年十快县级分公司"；被马鞍山市联通评为"2013 年度优秀县分公司"；2014 年 10 月，被和县语委办评为"语言文字示范单位"；2015 年 1 月，被安徽省联通评为"2014 年十快县级分公司"；2015 年 2 月，被中共和县县委、和县人民政府授予"2014 年度和县文明单位"称号。

2015 年，和县联通加大网络投资，新增 3G 覆盖基站 58 处。全面建设 4G 网络，总共投资建设 4G 站点 43 处，已开通使用 41 处。加速自建宽带，同时坚持和安广网络公司深度合作，增加用户可选择权。对城区宽带实现光网改造，提升用户上网速率和稳定性。城区网络覆盖已达到 92%，所有乡镇实现宽带网络覆盖。

是年，深化 4G 引领和终端拉动，以"联通 4G，您的首选"为主题开展立体宣传，结合 U900 建设、众筹终端订货会及整村推进，4G 业务收入大幅增长。扩大低流量用户消费点，向超套用户推送流量包，全年户均流量提升 91%。组建存量维系中心落实维系工作，全年移网存量收入保有率达 80%；推进以用户为核心的全生命周期宽带维系体系建设，全年宽带存量收入保有率达 80.9%。全年融合业务占宽带新装比提升 33 个百分点。以"平安乡村、信息先行"为主题，借助"互联网 + 平台应用"进行应用切入，探寻新的固网移网增量市场，全面拓展农村用户。

突出集团客户线专属产品优势，带动移动用户拓展，全年新增固网互联网专线和电路同比增长 3.01%，新增移动用户同比增长 17.7%。加快行业应用的培育推广，以整体转网为目标，持续攻坚实名制单位：为善厚镇王店旅游文化村做无线网络覆盖建设；给和县华安食品有限公司接入互联网业务，并带来几十部移动办公终端业务；整村推进开展的成功案例：功桥镇新塘村利用美好乡村平台做好该村信息化建设工作；以常态化开展建工市场及大企业专项营销活动来拉动客户经理移动业务收入；灵活利用集团各项优惠政策攻坚实名制单位，如和县金顺混凝土有限公司、和县农行、和县仁和商务宾馆等实名制单位；以赛代训，常态化开展劳动竞赛，先后开展 4G 本地行业套餐营销、宾馆酒店及建工市场专项营销等活动，拉动客户经理移动业务月均产能提升 25.8%。2015 年 1 月，被安徽省联通评为"2014 年十快县级分公司"。

2018 年，和县联通全年实现主营收入同比增长 4.2%，高于行业 3.1 个百分点；利润同比增长 16.2%；主营收入份额较上年末提升 0.39 个百分点；移网出账用户到达 7.9 万户；固网出账用户到达 2.1 万户。全年新建 3/4G 基站 34 个；完成 30 个村镇的光纤到户工程；全年配合政府 S367 省道，S206 省道，S210 省道，历阳镇和洲路、陋室路、郑蒲港铁路专线等工程的杆线迁移改和下地工作，截至 12

月中旬已完成杆路改造 43 千米，线缆迁移 210 千米；针对政府下发的精准扶贫"百日攻坚"村容大整治行动，积极认领任务，完成官塘行政村、红旗行政村、善厚陶店行政村杆线整治工作。

打造以产品为核心的运营责任体系，发挥 2I2C 产品的有效带动作用，深化流量和存量经营，保持移动业务快速增长之势。在家庭（2H）领域，坚持内容服务引领，完善生产组织体系，以互联网思维优化产品体系、变革销售模式、重构生产流程，推动宽带与融合业务规模发展。

打造以渠道为核心的销售责任体系，落实电子、实体、政企等渠道责任主体，加强资源精准配置，激发各主体的活力与动力。构建线上线下一体化新零售体系，电子渠道保持高速增长，政企渠道保持稳定增幅，实体渠道实现稳盘托底、效益改善。

打造以能力为核心的创新业务体系，加快数字城市建设，紧跟政府发展布局，全面渗透江北乌江新区通信业务服务，为江北乌江新区办公室、行政执法局提供办公专线、电子政务网、财政专网及固话服务；为和县电视台融媒体提供 200M 专线服务；提供 2018 年和县所有新增医保专线服务；与经信委共同推进和县规模企业"皖企登云"工作。全年共计办理专租线 79 条。

打造以奋斗为核心的企业文化体系，围绕"一家人、一条心、一起拼、一定赢"开展企业文化建设，营造干事创业的氛围，有 2 名员工荣获马鞍山市分公司"好员工"称号，1 名员工荣获安徽省分公司"好员工"称号；公司党支部荣获安徽省分公司党委"先进基层党支部"称号；1 名党员荣获安徽省分公司党委"优秀共产党员"称号；1 名党务人员荣获马鞍山市分公司党委"优秀党务工作者"称号。

2019 年 3 月，获中国联通安徽省分公司十快县级分公司称号；是年 5 月，获和县县委、县政府第六届县级文明单位称号；6 月，获中国联通安徽省分公司先进基层党支部；同月，又获中国联通马鞍山市分公司先进基层党支部。

2020 年，坚定不移加快全面数字化转型，与多家企事业单位共同落实 5G 建设，抢抓新机建市场，科学应对携号转网、合约到期、网络结算、市场竞合、宽带维系等挑战，进一步加快用户发展速度、聚焦用户结构调整、提高用户发展质量，奋力开创高质量发展新局面。从为郑蒲港新区主干道路安装视频监控、在"停课不停学"期间帮全县 11 所中小学部署空中课堂，再到与郑蒲港新区先后签订多项疫情防控项目合同，为夺取疫情防控和改革发展"双胜利"提供了坚强保证。

公司成立防汛抢险突击队，与县公管局一起全力以赴始终战斗在防汛抗洪第一线，公司被县政府授予"抗洪抢险先进集体"。

在抗击"新冠"疫情期间，我公司以最短的时间为郑蒲港新区建设疫情防控平台、人脸热成像卡口、安防视频监控等信息化产品，为县域内"抗疫"提供有力技术保障。承建阿里巴巴和县客户服务中心智能化建设项目，为地方提供150个就业岗位，该项目时间紧、任务重，公司上下一心，加班加点，最终顺利完成交付，赢得阿里巴巴和开发区领导的高度认可。和县交警队未系安全带智能检测项目为和县联通在交警行业的首次业务突破。实现"云、大、物"及智慧校园、智慧园区、智慧工地、远程监控等项目遍地开花。

持续推进网络深覆盖及农村网络广覆盖，新建基站40个，共建共享4G/5G宏站82个，宽带覆盖新增10个小区、1020个自然村，为智慧城市建设奠定物质基础。

截至年末，县分公司累计收入3649万元，EBITDA率、主营收入市场份额、移网用户市场份额均排名全省县级分公司前列。

2020年6月，获中国联通安徽省分公司先进基层党组织；9月，获和县防汛抗旱指挥部"防汛抗洪工作先进集体"；12月，获"中国联通马鞍山市分公司"2020年度创新业务发展三强单位"；同月，获中国联通安徽省分公司"2020年十快县分公司"，又获"马鞍山市文明委第十八届马鞍山市文明单位"。

2021年，公司遵循集团公司"13579"战略规划，纵深推进全面数字化转型，与多家企事业单位共同落实5G建设，抢抓新机建市场，聚焦结构调整，提高发展质量，奋力开创高质量发展的新局面。

全面落实集团公司"1+5+5"工作部署，主动为多单位提供疫情相关信息化服务，建设疫情防控平台、人脸热成像卡口、安防视频监控等信息化产品，为县域内"抗疫"提供有力技术保障。

聚焦5G网和宽带网覆盖工作，持续推进网络深覆盖及农村网络广覆盖，新建基站66个，共建共享4G/5G宏站102个，宽带覆盖新增8个小区、552个自然村，为智慧城市建设奠定物质基础。

年末，县分公司累计收入4197万元，EBITDA率、主营收入市场份额、移网用户市场份额均排名全省县级分公司前列。

# 办好广电 传播佳音

## ——和县广播电视事业发展历程

1956 年，和县成立广播站。1966 年更名为和县人民广播站。1976 年，成立和县广播事业局，下辖和县人民广播站。1981 年更名为和县广播事业管理局。与和县人民广播站一个机构两块牌子。1991 年，与和县广播电视局一个机构两块牌子，对外呼号为和县人民广播站。1992 年，局、站分开设置。站定为副科级建制事业单位，内设技术部、新闻部。1993 年，下辖和县人民广播电台、和县电视台、和县有线电视台。1999 年 3 月，广播电台、电视台、有线电视台合并为和县广播电视台，和县广播电视局与和县广播电视台一个机构两块牌子。1993 年 9 月，升格为和县人民广播电台。1999 年 3 月，与和县电视台、有线电视台合并为和县广播电视台。对外呼号为和县人民广播电台，对内称广播节目部。

1989 年，和县人民广播站有扩大机 8 台，输出功率 2200 瓦。1991 年，该站利用有线广播线路传输信号，主要设备为 275 扩音机、L200 开盘机。1993 年升格为广播电台后，改用调频发射信号。主要设备为 300W 调频发射机，MD 光盘机、背包式录音机。

2018 年 12 月 26 日县融媒体中心正式挂牌成立，2019 年机构改革后，县融媒体中心属县政府直属事业单位，为正科级，归口县委宣传部领导，保留和县广播电视台牌子。

1989—2005 年的 17 年间，和县人民广播站（电台）在每日准时、完整转播中央人民广播电台《新闻和报纸摘要》，安徽人民广播电台《新闻和本省报纸摘要》等重要节目之外，积极设置自办节目。1989—1990 年，自办节目有《改革之声》《工商之窗》《农业银行专题》《税务园地》《人民保险》，日播出时长 213 分钟。1991—1992 年，自办节目有《本县新闻》《全县各地广播站联播》《农科天地》《法制园地》《文化与生活》《金融之窗》《工商与税务》，日播出时长 210 分钟。1993—2003 年，自办节目有《和州晨曲》《本县新闻》《全县各地广播站联播》《星期天文艺》《对农村广播》《艺苑漫步》《戏曲》《土地之声》《耳听八方》《黄昏金曲》《天气预报》等 15 档，日播出时长 315 分钟。2004—2005 年，自办节目有《全县各地新闻联播》（每周播出 5 次，每次 15 分钟）、《农科天地》（每周播出 2 次，每次 15 分钟）、《电力彩虹桥》（每周播出 2 次，每次 15 分钟）、《地税之声》（每周播出 2 次，每次 15 分钟）。

**乡镇广播站**　全县有 7 个区广播管理站、32 个乡镇广播站及 75 个村级广播放大站。县到乡镇广播传输专线 328.25 对线公里（即广播杆线的一杆双线或三线以上相加数的总和），乡以下网络专线 601 单线公里，附挂线 699 单线公里，乡以下广播专线杆 8100 根，拥有扩音机 128 部，总功率 32.64 千瓦，大小喇叭 2256 只。全县乡镇广播通播率 100%，行政村通播率 98%，自然村通播率 65%。1990 年，县到乡镇广播专线长 254.9 杆公里（即架线杆通向各地总长度）。乡镇有高音喇叭 677 只，小喇叭 1815 只，村级广播室 116 个。1992 年 3 月撤区并乡，撤销 7 个区广播管理站，32 个乡镇广播站合并成 19 个乡镇广播站，属全民事业单位，对外呼号为××乡（镇）人民广播站。同年 5 月，乡镇广播站的人、财、物三权划归乡镇人民政府。是年，有 7 个乡镇广播站进行机房改造，达到部颁乙级标准。1993 年，行政村广播室增至 176 个，自然村通播率由 1989 年的 65% 上升到 81%。乡镇广播站自办节目主要有"新闻""科技""信息""文艺"等。是年，乡镇广播站更名为广播电视站。2002 年，乡镇广播电视站与乡镇文化站合并、调整为 21 个乡镇文化广播电视站。2004 年，调整为 15 个乡镇文化广播电视站。2006 年，调整为 10 个镇文化广播电视站。

**和县电视台**　1992 年，和县成立电视转播台。1993 年 1 月 1 日正式开播。同年 11 月升格为和县电视台。1995 年，增设专题部。1999 年 3 月，与和县人民广播电台、和县有线电视台合并，称和县广播电视台，对外呼号仍为和县电视台。

1992 年，投入近 100 万元经费，架设 100 米铁塔 1 座，购置 1000W 发射机及备份机各 1 台、3/4 低带编转线一套、摄像机 3 台、监视机 10 台、编辑播出字幕机 2 台、控制监视台 1 部、放像机 2 部，安装卫星电视地面接收装置 1 套。和县电视台频道为 DS-13，县域内覆盖率达 87%。2004 年，增配发射机 1 台、非线编辑机 6 套、数字摄像机 5 台、BT 摄像机 5 台、掌宝 2 台、无线话筒 1 套、硬盘播出系统 1 套。

**和县有线电视台**　1993 年 9 月，和县成立有线电视台，自收自支事业单位，实行企业化管理。1999 年，有线电视台与广播电台、电视台合并为和县广播电视台。2002 年 1 月，和县有线电视台的人、财、物三权上划归安徽省广电网络股份有限公司，设立安广网络和县分公司。1994 年，投入经费近 80 万元，购置播控台、调制器、解调器、卫星接收机、放像机、字幕机、监视器等设备，安装卫星电视地面接收装置，架设主干线近 7 千米。是年，沈巷镇在乡镇中率先开通有线电视，全县有线电视终端用户数 5000 户。1997 年，投入经费近 150 万元，增配多路微波电视传输分配系统 1 套，向用户输出 16 套电视节目信号。是年，各乡镇广播电视站相继通过 MMDS 与县传输中心联网。2002 年，完成和城地区光缆网改造。2004 年，开通数字电视；收购腰埠、西埠、历阳、城南、姥桥五个乡镇有线电视网。2005 年，传输节目主要有：中央电视台 1 ～ 8 套、10 ～ 12 套和新闻频道，中央教育台，安徽卫电频道，安徽影视频道，安徽公共频道，安徽文体频道，安徽经济生活频道，巢湖电视台，和县电视台 1 套、2 套，上海电视台，湖南电视台，福建电视台，广东电视台，南京电视台综合频道、互动频道。至年底，全县有线电视终端用户 23000 户。

　　**对外宣传**　县广播站（电台）、电视台在认真办好自办节目，为全县的改革开放，和谐稳定，经济发展和社会进步提供舆论支持的同时，积极组织对外发稿，宣传和县。截至目前，外宣已连续 10 年位列全省县级台第一方阵。就自身相比，1993 年县电视台开播之后，电视外宣比广播外宣的成绩更为突出，且逐渐成为外宣的主力军。每年都有 40 ～ 50 条电视新闻在省电视台播出；1993—1999 年的《和县新闻》节目在省级评比中连续 7 年获奖；9 部专题片、3 部纪录片、2 部文艺片在省级获奖；1 部纪录片在全国获奖，部分电视片还在中央电视台和国外播出。其中：金绪道、何璧锦、童小明、金春华等人主创的专题片《山不在高》，杨晓驯、陈高进、王志刚、童小明等主创的新闻片《神奇的气象树》，金春华主创的新闻片《安徽和县一中为优秀师生颁发"梅花奖"》等 9 件作品，先后在中央电视台一套、四套节目中播出。特别是宣传安徽历史文化名城和县的《山不在高》，分别于 1996 年 12 月 19 日中央电视台一套，1996 年 12 月 26 日、27 日中央电视台四套共 3 次播出，产生较大反响。秦维清、金绪道、冯爱君、汪斌主创的民俗片《江边风》，1994 年秋由美国美洲东方卫视向北美地区播出。何璧锦、童小明、陈高进主创的专题片《和县阀门走出国门》，童小明、杨晓驯主创的专题片《天门山下捕鱼人》，童小明主创的纪录片《导游员吕华菊》，分别于 1995 年 5 月 31 日和 1996 年 9 月 28 日、12 月 9 日两次由美国美洲东方卫视向北美地区播出。此外，何璧锦、陈高进、杨晓驯、苏波主创的纪录片《霸王祠》，1998 年 4 月 1 日也同样由美国美洲东方卫视向北美地区播出。1991 年，广播新闻《江总书记来到石跋河水利工地》，主创人员柯芳获安徽广播奖一等奖。1994 年，电视专题片《和县阀门走出国门》，主创人员何璧锦、童小明、陈高进，获安徽电视奖一等奖、安徽新闻奖二等奖。1996 年，电视纪录片《陋室》，主创人员何璧锦、童小明、陈高进、杨晓驯，获安徽电视奖二等奖、安徽新闻奖三等奖，并入选国家级纪录片《名山秀水》系列，朱红英、李烜获全国电视纪录片播音一等奖。2000 年，电视纪录片《憨山大师故里》主创人员何璧锦、朱红英、李烜、苏波，获全国首届《中华荟萃》电视纪录片大赛三等奖。2001 年，电视散文片《老师窗口的灯光》，主创人员金绪道、童小明、刘志武、王宗宾、刘琴，获安徽电视文艺奖三等奖。2004 年，电视纪录片《百姓心中的丰碑——人民调解员曹发贵》，主创人员陈高进、金春华、汪涛、王宗宾，获全省优秀电视节目评比二等奖。2005 年，电视散文片《野菊》，主创人员金绪道、王宗宾、金春华、刘琴，获安徽省广电学会评比二等奖。2014 年，社教专题《山河·印记》获安徽广播电视新闻奖一等奖，主创人员刘琴、王宗宾、刘冬梅。获中国广播影视大奖广播电视节目奖电视专题类提名奖，主创人员刘琴、王宗宾、刘冬梅。2015 年，新闻专题《红色尖刀我为锋　铁血硬汉也柔情》获安徽广播电视新闻奖三等奖，主创人员刘琴、谢军、刘家瑞。社教专题《我的青春我做主》获安徽广播电视新闻奖二等奖，主创人员谢军、刘冬梅、刘琴。2016 年，社教专题《军魂永驻》获安徽广播电视新闻奖一等奖，主创人员刘琴、万芳、刘冬梅。2017 年，社教专题《江南一枝梅》获安徽广播电视新闻奖一等奖，主创人员刘琴、刘冬梅、黄自翔。2019 年，《三尺讲台一生情怀》获安徽广播电视奖（电视社教类）二等奖，主创人员黄自翔、鲁良飞、孙晓雅、王志刚。2020 年，纪录片《我家住在长江边》获安徽新闻奖三等奖，市级纪录片参与人员刘琴。2020 年，《24 小时的坚守　织密疫情防控网》《"最美村医"尹寿春》获马鞍山广播电视新闻奖二等奖，主创人员蒋俊玲。《梦想课堂　快乐起航》《向餐饮浪费说"不"》获马鞍山广播电视新闻奖三等奖，主创人员蒋俊玲。公益广告《守望相助　共克时艰》获安徽省广播电视奖文艺奖三等奖，主创人员蒋俊玲。2021 年，《诗朗诵：她是乡间的一株兰》获安徽省广播录制技术奖（金鹿奖）二等奖，主创人员蒋俊玲。《FM94.5 频率呼号》获安徽省广播录制技术奖（金鹿奖）二等奖，主创人员蒋俊玲。《最美抗日女战士——成本华》安徽省广播录制技术奖（金鹿奖）二等奖，主创人员蒋俊玲。《说说家乡的年夜饭（一）》获安徽省广播录制技术奖（金鹿奖）三等奖，主创人员蒋俊玲。《我心"安"处就是家》获马鞍山广播电视奖电视新闻类一等奖，主创人员蒋俊玲、赵婵娟、李成信。《皖东星火》获马鞍山广播电视奖电视新闻类一等奖，主创人员黄自翔、郭彤彤、史广菁、常新宇、甘超、鲁良飞。《我又见到你》获安徽广播电视文艺奖二等奖，主创人员黄自翔、鲁良飞、史广菁、甘超。《渔民上岸幸福来》获马鞍山广播电视奖电视新闻类二等奖，主创人员赵婵娟、李成信。《八年寻求路　今朝终团圆》获马鞍山广播电视奖电视新闻类二等奖，主创人员赵婵娟、李成信、马成、吴磊。《和县等你归来》获安徽广播电视文艺奖三等奖，主创人员黄自翔、鲁良飞、史广菁、杨文婷。《小小网格员　深深为民情》获马鞍山广播电视奖电视新闻类三等奖，主创人员赵婵娟、马成。《王加胜夫妇：给留守孩子一个温暖的"家"》获马鞍山广播电视奖电视新闻类三等奖，主创人员鲁良飞、陈平。《皖东星火》获第十五届全省党员教育电视片二等奖，主创人员黄自翔、郭彤彤、史广菁、常新宇、甘超、鲁良飞。2021 年，纪录片《三姑娘上岸记》获安徽新闻奖一等奖、安徽广播电视新闻奖一等奖，市级纪录片参与人员刘琴。

2017 年，和县广电局被和县精神文明建设指导委员会授予"安徽省文明县城、卫生县城、园林县城创建工作先进单位"。2018 年，被省新闻出版广电局授予"2017 年安徽省广播电视节目技术质量奖金帆奖和金鹿奖综合奖"。2021 年，被马鞍山市委、市政府授予"第十八届马鞍山市文明单位"，被马鞍山市委授予"马鞍山市先进基层党组织"，被安徽省妇联授予"安徽省巾帼文明岗"，被马鞍山市妇联授予"2020 年度马鞍山市三八红旗集体"；同年，获应急广播考核全市第一名。

**和县广电播控中心项目**　和县"十三五"期间的一项重点民生工程。项目分为播控中心和戴虎山发射站两部分，总投资约 6800 万元，该项目 2014 年立项，2016 年开工，2017 年完工，2018 年交付使用。播控中心占地 25 亩，总建筑面积9570 平方米，建筑高度 46.35 米，建筑层高为 1+8，是一座多功能业务综合楼，内设电视播控机房、电视访谈演播厅等。戴虎山发射站位于香泉、西埠、石杨三镇交界的戴虎山上，2018 年开工，2019 年投入使用。海拔 237 米，塔高 80 米，内设发射机房、发射塔及相关生活设施。

**"今日和县"客户端**　2018 年 11 月推广"今日和县"APP，融合了纸媒、电视、广播、政府网站、政务双微等县域媒体平台，提供一站式"新闻 + 政务 + 服务"的"3+"信息服务。为不断增强用户黏性，给民众带来更加方便、快捷、舒适的服务与体验。

**应急广播**　2020 年受县政府指派，县融媒体中心负责应急广播项目建设，

2021 年 12 月 1 日正式开播，该项目在全县 7 个乡镇 68 个行政村，28 个社区，1931 个自然村，共建设应急广播终端 1806 个，有高音喇叭 2966 个，音柱 323 个，视频终端 26 个。其中 8 个户外视频终端分布在县内人流量大及标志性区域内，借助于视频独特的视听影像功能，形象生动、全面及时，更能吸引群众的注意。2021 年，和县应急广播体系建设工作获得全市考核第一。为实现全覆盖，目前已启动应急广播二期项目建设，选择禹锡社区开展智慧广电试点工作，结合"今日和县"移动客户端，实现线上线下服务一体化，助力智慧城市、数字乡村建设、乡村振兴。

**和县融媒文化传媒有限公司**　2021 年 2 月，经县政府批准，和县融媒文化传媒有限公司应运而生。公司性质为县融媒体中心独资控股、独立核算、自主经营、自收自支企业单位，不定编、不定级。成立后的传媒公司始终致力于服务和县融媒体宣传和文化事业的发展，努力成为集媒体融合、内容生产、文化产业运营于一体的媒体融合服务商、内容生产提供商、文化产业运营商。公司自成立以来，先后承接了部分政府购买服务项目，加大了文创设计，进一步提高了运营能力。截止到目前，公司实现总收入 130 余万，增强了造血功能，加快推动我中心形成宣传、经营两大体系同运行、共发展的总体架构。

# 五、医疗保健篇

## 疫病防治　医疗保障
### ——和县医疗事业的发展与成就

中华人民共和国成立后，和县在疫病防治、卫生保健和医疗保险等方面取得了长足的进步和发展。

## 一、医疗机构建设与发展

1945 年，黄舜卿等人在和城东门街创办人民医院。伯安诊所、东光诊所、普济诊所、健康诊所、平民诊所、乡民诊所、汉卿中医诊所、镜仁中医诊所和沙眼防治所，陆续停办，仅存个体医药人员 236 人，分散在各集镇和农村。

1949 年后，陆续建立医疗机构和行政管理部门。至 2020 年 6 月，经和县编制委员会批准，和县血防站、和县梅山医院并入和县疾病预防控制中心。8 月，经县编制委员会批准，原和县卫生和计划生育监督执法局更名为和县卫生健康综合执法大队。后成立和县卫生健康委员会，简称县卫健委。其所属县级医疗卫生机构 6 家：和县人民医院，和县中医院，和县疾病预防控制中心，和县妇幼保健计划生育服务中心，和县卫生健康综合监督大队，和县精神病医院。另下辖 9 个镇卫生院和 1 个社区卫生服务中心。还有私立医院 5 家：济民医院，民康医院，康复医院，华仁医院，康宁医院。下面介绍几家重点医院。

### （一）县级医院

#### 1. 和县人民医院

1950 年 5 月，和县人民卫生院，有职工 6 人，其中医生 2 名，房屋 9 间，病床 1 张。1956 年改名和县人民医院。1961 年，医务人员增加到 42 人，病床 60 张，分设内、外、妇产、小儿、中医 5 科，注射、检验、药剂、手术 4 室。1965 年，芜湖专区医院下放至该院，医务人员 50 人，其中副主任医师、主治医师各 1 人，病床 50 张。1974 年，建成病房大楼，面积 3100 平方米，病床为 128 张，并增设传染科、五官科。

1984 年，省卫生厅授予"文明医院"称号。1985 年，建成门诊楼，面积 2384 平方米。1986 年，增设急诊、泌尿、理疗、老干部科和简易门诊、医学咨询室。1987 年，院内安装电话，建造职工食堂，面积 250 平方米；职工宿舍面积 450 平方米。1988 年，医院占地面积 5 万平方米，建筑面积 15985 平方米，其中医疗用房 8870 平方米；固定资产 181.05 万元，其中专业设备 27.41 万元；病床 210 张，家庭病床 34 张；职工 252 人，其中主任医师 10 人，主治医师 31 人，主管护师 14 人，主管药师 21 人，主管检验师 3 人。设立污水处理工程，职工浴室、手术室装上空调机。1989 年，有门诊、住院楼各 1 幢，以及医疗辅助科室用房。有临床、医技科室 25 个，床位 215 张，医技人员 251 人，其中高级职称 16 人，中级职称 60 人。

1993 年，新建传染病房和干部病房大楼。1995 年 12 月，省卫生厅批准为二级甲等综合医院。1998 年 5 月 1 日，开通"120 急救中心"和"交通事故急救中心"。1999—2001 年，新建医技大楼，改造、维修门诊楼。2001 年 7 月，市卫生局批准改称"和县第一人民医院"。

2005 年底，医院占地面积 5.17 万平方米，医疗用房 0.93 万平方米，有临床、医技科室 38 个，床位 261 张，医技人员 285 人，其中高级职称 26 人，中级职称 107 人。固定资产 2688 万元。

2014 年 7 月 28 日，县人民医院整体搬迁和城新区海峰路与禹锡路交叉处的西北侧，并于当日对外开诊。医院占地 100 亩，新建一所建筑面积达 63700 平方米，景观建筑规模达 31000 平方米，内设住院部、门诊部、医技功能部及后勤行政服务部四大功能板块，是现代化综合型医院。按照三级医院标准，设病床 600 张，其中住院部大楼属和城新区标志性建筑，楼层高 19 层，项目总投资为 3.6 亿元。县医院职工总人数为 689 人，医护人员 526 人。医生 216 人，其中主任医师 3 人，副主任医师 43 人。护理人员 310 人，其中副主任护师 6 人。县医院医疗设备 10 万～ 50 万元有 45 台，50 万～ 100 万元有 9 台，100 万元以上有 17 台。有德国产飞利浦 1.5T 核磁共振，飞利浦 16 排和 64 排螺旋 CT 机，DSA，飞利浦和岛津数字摄电系统，GE 和飞利浦大型 C 臂机，飞利浦和迈瑞三维动态彩超，宾得电子胃镜，超声高频外科集成系统，全自动生化分析仪，全自动酶免分析仪，腹腔镜，胸腔镜，术中胆道镜，结肠镜，膀胱镜，支气管镜等大型先进设备。

县医院设有消化呼吸内科、肾脏肿瘤科（含血液净化室）、心血管内科（含介入室）、内分泌老年病科等 22 个临床科室，其中骨科、妇产科、神经外科为马鞍山市重点扶持专科；设有层流手术室 10 间，其中 1 个百级、1 个千级、8 个万级，可供开展颅脑、大面积烧伤等高难度手术。设有检验科、输血科、病理科等医技科室 11 个。

县医院成立危重孕产妇救治中心、危重儿童和新生儿救治中心及防治卒中中心。胸痛中心于 2020 年 11 月启动创建工作，2022 年底通过验收；创伤中心创建工作正在筹备中，安排相关科室购置设备，培养人才。

2020 年新冠肺炎疫情一暴发，县医院响应号召，于 2 月 9 日派肿瘤科主任常勤柱、妇产科护士长司怡、重症医学科护士徐敏等 3 人前往武汉参加抗疫，4 月 10 日解除隔离，载誉归来。

为更好防控新冠疫情，县医院各部门全力配合、高效运行，2020 年 5 月底完成核酸实验室改建工作，并顺利通过现场验收，成为市内三县首家获得新冠病毒核酸检测资质医院。目前本 PCR 实验室核酸检测一线上岗人员 4 人，二线上岗人员 4 人，机动人员 4 人。核心设备包括 32 通道重庆中元 EXM3000 核酸提取仪 4 台，ABI7500 扩增仪 1 台、博日 9600 扩增仪 1 台、西安天隆 96R 扩增仪 3 台。单管检测能力：每班次 8 小时工作时间可检测 1200 管，24 小时可检测 3600 管；混采检测能力：10 人份混采情况下，每班次可检测 12000 人份，24 小时可检测 36000 人份；20 人份混采情况下，每班次可检测 24000 人份，24 小时可检测 72000 人份。

县医院为抗疫投入人力超 6500 人次。核酸检测 137303 人次，新冠疫苗接种 15 万人次。传染病区内收治病人 97 例，其中阳性 38 人，经治疗均病愈出院。

2021 年 10 月 21 日，和县人民医院康复医学科作为分部成立并投入使用，面积约 500 平方米，按照现代康复治疗规范和标准，设置运动功能康复治疗区、

传统康复治疗区、作业治疗区、物理因子治疗区等功能治疗区，拥有四肢联动
motomed 等康复设备。康复医学科团队由神经内科医师、中医科医师、康复治疗
师、针灸推拿治疗师、康复护理等多个专业人员组成，倡导以病人为中心、早期
干预、综合治疗的理念，为偏瘫、四肢瘫、截瘫、急慢性疼痛、骨折术后等患者
提供康复治疗与中西医保健。

2021 年 11 月 12 日，和县人民政府与南京医科大学附属儿童医院签署战略合
作框架协议，在县医院正式设立南京市儿童医院和县分院。全面与南京市儿童医
院接轨，开设儿童医院专家门诊。改造产科、儿科住院病房，选派骨干医师进修
学习，着力打造强势专科。

南京儿童医院和县分院

县医院除常规开展一般医疗技术以外，率先在全县开展一系列微创手术，如
在胃肠镜下行手术治疗；在腹腔镜下行胆囊、阑尾、肾切除等外科手术，在宫腔
镜下行卵巢囊肿、子宫肌瘤等妇科手术；在输尿管镜下行前列腺、膀胱肿瘤电切
和镜下碎石，经皮肾镜碎石等；膝、髋关节镜手术、经皮微创治疗胸腰椎骨折等
微创手术也陆续开展，部分技术在本地区同级医院中处于领先地位，有的已经达
到了三级医院水准。县医院大力推动"三新"项目，每年均开展新技术数十项。

县医院对照三级综合医院创建标准，进一步提高医疗质量和医疗水平，全面
提升医院服务水平，争取以全新的环境、一流的设备、过硬的医疗技术为和县百
姓健康服务，满足人民群众日益增长的医疗需求。

### 2. 和县中医院

1951年，历阳镇几名个体医生在油坊巷合作创办西医联合诊所。1952年改为中医联合诊所。1954年又改为中西医药联合诊所。1956年，调整结构，医、药划开，分立历阳镇卫生院、和县药材公司。1966年迁址小西门大街，并在东门大街开设牙科诊所。1969年将牙科诊所迁至院内，改设牙科。1973年除内科、外科、牙科外，增设儿科、妇产科和手术室、制剂室。1978年9月，建成病房楼，面积840平方米。1984年4月，坐落于和城历阳中路，改名为和县中医院。有中医师8人，中医药士7人，新设中医内、外、妇、儿、痔、针灸、推拿7科。1987年，增加五官科、骨科和验光配镜室。1988年，医务76人，中西医师20人。病床67张。占地70397平方米，房屋建筑面积3269平方米，内有业务用房1444.7平方米。

1989年有临床、医技科室15个，床位72张，医技人员94人，其中中级职称18人。1996年3月，省中医管理局批准为合格中医院，按二级中医院全科设置。2005年有临床、医技科室28个，床位155张，医技人员93人，其中高级职称1人，中级职称17人。

1998年新建门诊大楼，1999年扩建住院部，2001年增建"CT"楼。是年7月，市卫生局批准称"和县第二人民医院"。至2005年底，医院占地面积0.74万平方米，医疗用房0.47万平方米，固定资产947万元。

2013年8月，该院被评审为二级甲等中医医院。2015年5月，和县中医肛肠病专科医院整体并入该院。2016年，获和县文明单位称号。2017年，获市医疗机构卫生先进单位称号。2020年5月，和县中医院新建医疗综合大楼竣工。主体15层，地下1层，总建筑面积30887平方米，是年正式运营。2020年10月，与南京市第一医院开展院府合作，挂牌"南京市第一医院医疗集团和县中医院"。

和县中医院

2020年，获马鞍山市先进基层党组织称号。

2021年6月，该院二期工程康复医学中心及医技综合楼开工，总建筑面积22660平方米，其中地上主体6层13160平方米，地下2层约9500平方米。2021年，该院现有职工387人，其中高级职称21人，中级职称115人。开放床位283张，年门诊量42万人次，年收治住院病人逾1万人次。该院设有普通门诊和发热门诊。普通门诊设有急诊科、内科、外科、妇产科、儿科、肛肠科、骨伤科、康复科、五官、口腔、皮肤等临床科室和影像、检验、超声、胃肠镜、心电、体检等医技科室。

住院部有内一、内二（心血管）、外科、妇产科、骨伤科、康复科、肛肠科、感染病科八个病区，麻醉科、手术室、供应室及血液净化中心。

特色专科及重点科点科室：心血管病专科、肛肠科、肠炎专科为全省十二五以来中医重点建设专科项目，康复科、骨伤、消化科、肾病、糖尿病、乳腺病等一批市重点中医专科，具有浓郁的中医特色。

医院拥有磁共振成像系统、多层螺旋CT、DR、彩超、电子胃肠镜、全自动生化分析仪等检验设备，外、骨、妇、眼科微创手术系统，康复理疗设备等。医院除了正常开展一般项目的诊疗外，还可以开展多项高难度的诊疗技术，如脑卒中的早期溶栓、晚期肾衰血透、全髋置换、膝关节置换和胃肠肿瘤手术等诊疗技术，外科、骨科、妇科还开展了微创治疗技术如腹腔镜下手术。

该院全体医护工作者面对新冠肺炎疫情，一直奋战在防控第一线，承担全县核酸采集、实验室检测、新冠疫苗接种、隔离点人员医学观察和发热门诊、预检分诊、院感防控等任务，并派出医疗队援沪、援霍，为疫情防控工作作出了积极贡献。

**3. 和县中医肛肠病医院**

前身为和县痔瘘医院，原址在腰埠乡，设立于1985年。1989年迁至和城，租房办院。其时医职人员仅朱镜秦、杜为霞夫妇，设病床20张。1992年以肛肠科为主，兼设内、外、妇、儿等临床科室，医技人员17人，床位40张。是年8月，更名为和县肛肠病专科医院。1993年，医院在和城迎江西路北侧建成门诊、住院楼并开业。1997年，省中医管理局批准为合格中医院，按二级中医专科医院设置。更名为和县中医肛肠病医院。2001年7月，市卫生局批准增称"和县第三人民医院"。是年，被省中医管理局定为中医专科专病肛肠专业定点实习医院。2005年，有临床、医技科室18个，医技人员43人，其中高级职称2人、中级职称 5 人。医院占地面积 0.98 万平方米，医疗用房 0.23 万平方米，固定资产 326 万元。

2015 年 5 月，和县中医肛肠病专科医院整体并入和县中医院。

### 4. 和县济民医院

和县济民医院坐落于和县历阳镇陋室东街 8 号，毗邻历史文化景点——陋室公园。是和县卫健委 2019 年 6 月批准设立的一家学科配套、设备完善，集医疗、康复为一体的民营二级综合性医院。

2019 年 6 月 6 日，接诊首例门诊病人。9 月，开展健康体检。11 月 4 日，收治首例住院病人。12 月成立消化内镜中心。2020 年 1 月，加入安徽医科大学第一附属医院医学影像专业医疗联合体。12 月，与以北京世纪坛医院夏溟教授为首的北京海纳贤医疗团队合作成立"北京海纳贤泌尿微创诊疗中心"。2021 年 1 月，增设血透室，收治尿毒症和血液透析、血液滤过病人。同月，和马鞍山市十七冶医院胸痛中心合作开展区域协同救治网络建设。3 月，和马鞍山市十七冶医院全面开展医疗合作，并授权挂牌"马鞍山十七冶医院医疗合作单位"。5 月，为适应疫情防控需要增设 PCR 实验室，6 月，开设发热门诊。

医院科室设置有内科、外科、儿科、妇产科、中医科、传染科、预防保健科、体检科、五官科、麻醉科、重症医学科、康复医学科、医学影像科、检验科、急诊科、病理科、药剂科、输血科、手术室、消毒供应室（含临床二级科室）。特色专科和重点科室是：骨科、泌尿外科、心血管内科、神经内科。医院除常规开展一般医疗技术以外，还开展一系列微创手术。各类微创手术和部分技术在本地区同级医院中处于领先地位，有的达到了三级医院水准；近年来，医院大力推动"三新"项目，每年均开展新技术治疗。

医院有美国 GE64 排 CT 机、美国 GE1.5T 核磁共振、美国 GE 彩超、日本奥林巴斯 290 电子腹腔镜、肠镜、呼吸机、日本日立全自动生化仪、全能麻醉机、双能 X 线骨密度仪、DR 摄片机等大型先进医疗设备。

截至 2021 年 12 月底全院总人数 219 人，其中：医生 50 人，医技 28 人，护士 81 人，行政后勤 60 人。高级职称 20 人，占比 9.1%，中级职称 26 人，占比 11.9%，初级职称 96 人，占比 43.8%，医护技人员全部具有大专以上学历。

医院成立以来共接诊 83851 人次，普通门诊 74161 人次，出院 7203 人次，各类手术 1765 人次，收治肿瘤病人 705 人次，体检 12559 人次。

新冠病毒防控以来，全体医护工作者一直奋战在第一线，完成核酸采集、实

和县济民医院

验室检测、隔离点人员医学观察和发热门诊、预检分诊、院感防控等任务，并根据政府安排派出医疗队援马、援霍，多次无偿安排人员进社区、到乡镇参加核酸采样检测，累计完成核酸检测 42881 人次，为疫情防控做了大量工作。

和县济民医院院训为"患者为上，医德为先，医技为重"。和县济民医院力争把医院办成和县地区一流的医院，办成让患者满意、人民放心、政府信任的医院。

### 5. 香泉医院

1963 年成立香泉公社卫生院，地址在香泉街，职工 23 人，其中医务人员 11 人；有简易病床 10 张。1966 年作为和县人民医院分院，改名为香泉人民医院，设内科、外科和新针疗法专科。70 年代，医务人员采用中西医结合方法，成功地进行上腹部和五官科较大手术，如胃次全切除、气管切开、扁桃腺切除、子宫切除及甲状腺肿瘤、白内障摘除等手术。1988 年有医务人员 34 人，病床 40 张。1989 年有一幢门诊楼和部分住院用房。2001 年 7 月，市卫生局批准称"第四人民医院"。至 2005 年，医院占地面积 0.96 万平方米，医疗用房 0.33 万平方米。固定资产近 100 万元。有临床、医技科室 11 个和预防保健站。床位 20 张，医技人员 30 人，其中中级职称 4 人。

### 6. 梅山医院

1958 年，省委 117 号文件称"麻风病人属哪县，由哪县负责"，和县派员将和县籍 18 名麻风病人接回，安置在香泉公社前樊村生产队公房内集中治疗。1960

年，接收麻风病人 10 名，选择四面环山的梅山脚下汪村为和县麻风村村址，将该村 4 户农民迁出，20 间房子留给麻风病人居住，配备专职医务人员和国家干部加强医疗管理。

1974 年县成立麻风病调查小组，印发宣传资料 5000 份，麻风病预防手册 360 本，广泛开展麻风病防治宣传。在省医疗队协助下，组织力量在全县范围内进行普查。查出麻风病患者 181 人，分布在沈巷、新桥、姥桥 3 区和历阳镇大黄洲等地；深入农村治疗病人 159 名。1975 年，县批准，将麻风村更名为和县梅山医院。

1988 年，全县麻风病人 241 人，其中入院治疗的 176 人，治愈 153 人，死亡 17 人。治愈人员，除 28 人因无家可归和不愿回去仍留院供养外，其余 125 人均派专人送回原籍。所在大队召开座谈会，讲清麻风病治愈后不会传染的道理，消除群众恐惧心理，避免歧视。要求治愈病人每年到院复查 1 次，药品免费，终生供应。

麻风病人住院后，生活费用都由国家供给。1958 年每人每月 6 元，1967 年 12 元，1975 年 15 元，1986 年至 1988 年为 20 元。院所辖 350 亩山地的荒草和 30 亩可耕地的生产收入，全部用于改善病人生活。有院长 1 人，行政管理 1 人，医务人员 5 人，其中主治医师 1 人，临床医师 1 人，检验员 1 人，护理员 2 人。有房屋 82 间，其中医院门诊部、职工宿舍共 30 间；病区房屋 52 间，病人每人 1 间，水电齐备，生活有序。有集体食堂，文娱活动室，并配有电视机和报纸。

1989 年，有床位 20 张，卫技人员 5 人，其中中级职称 1 人。有房屋 76 间，总计面积 0.15 万平方米。2005 年有床位 20 张，卫技人员 3 人，其中中级职称 1 人，有房屋 52 间，总计面积 0.13 万平方米。1989 年住院麻风病人 34 人。1993 年经省专家组验收，确定和县基本消灭麻风病。至 2005 年，全县累计发现病人 256 人，存活病人 145 人，治愈 123 人。

（二）区乡卫生院（所）

1951 年，各区所在集镇设立民办公助卫生所 7 个，从业人员 20 人，其中医务人员 16 人。县政府给每个卫生所拨大米 750 公斤，作为开办费。同年 6 月，有 2 所民办公助卫生所改为公立卫生所。1958 年，全县 15 个人民公社普遍创办公社医院。1960 年，公社医院改为公社卫生院，大队设卫生所。1963 年，对全县农村医疗机构布局进行了调整，在沈巷、姥桥、新桥、西埠、乌江、石杨 6 个区设立中心卫生院；在历阳、白桥、濮集、香泉、绰庙、善厚、雍镇、城北、腰埠、张集 10 个公社设立卫生院；在八角、螺百、南义、城南、新坝、黄山寺、五显、长建、后港、濮陈、五月、陶店、金城、十里、范桥、娘娘庙、孙堡、隐驾、联合、郑蒲、戚镇 21 个公社设立卫生所及 12 所联合诊所。中心卫生院一般设内科、中医、中药、治疗、西药、化验等科室及住院部，个别中心卫生院另设外科。公社卫生所只设医疗辅助科室。1966 年，各区中心卫生院改为公社卫生院。1973 年全县有 39 个公社（镇）卫生院，医务人员 744 人，病床 790 张，房屋面积 22627 平方米。1978 年，恢复区中心卫生院。1984 年改公社卫生院为乡卫生院。1988 年有区中心卫生院 7 所，乡卫生院 31 所，职工 562 人，其中医务人员 527 人，病床 384 张。区、乡卫生所院配有 X 光机 28 部，高倍显微镜 45 台，高压消毒器 39 台，手术床 17 张，无影灯 20 具，冰箱、恒温、干燥箱 19 具，心电图仪 7 部，超声波检查仪 2 台，手术包 21 套，计划生育器械 23 套，压片机 2 部，粉碎机 3 部。

### （三）农村合作医疗室

1969 年农村开始实行合作医疗制度。至 1971 年，全县有大队合作医疗室 248 个，占大队总数的 82.5%，"赤脚医生" 429 名。生产队不脱产卫生员 457 人。1973 年，县卫生局抽调 47 人组成 6 个工作组，对合作医疗室进行整顿，大队合作医疗室增加到 286 个，其中免费医疗的 75 个。1975 年，大队合作医疗室发展到 300 个，占大队总数的 91.7%，其中免费医疗的有 82 个，有 "赤脚医生" 651 人。1980 年，农村推行联产承包责任制后，由于医务人员的报酬落实不妥，管理不善，大队合作医疗室大部分停办。"赤脚医生" 有的转为个体经营，有的改行。1985 年，全县 351 个行政村中设医疗点 414 个，其中区、乡卫生院设点 19 个，村办 1 个，乡村医生联合办 1 个，个体办 393 个，有乡村医生 108 人，卫生员 333 人，接产员 248 人。1986 年，全县有乡村卫生人员 635 人，其中已核发乡村医生证 130 人，社会开业医生证 41 人，"赤脚医生" 证 276 人。1987 年 4 月，对医术上有一技之长的社会闲散人员进行技术考试，29 人考试合格，发给个体行医许可证；12 人经巢湖地区卫生局考试合格，发给行医许可证。

## 二、疫病防治

1936 年，和县城关霍乱流行，城隍街发病 27 人，死亡 24 人。1946 年 6、7 月间，城内小西门、北门霍乱再度流行，至 8 月，发病 580 人，死亡 321 人，并向沈家山、西埠、乌江等地蔓延。

和县先后发生和流行的主要传染病有白喉、天花、流行性脑脊髓膜炎、百日咳、麻疹、痢疾、伤寒、副伤寒、病毒性肝炎、脊髓灰质炎、流行性乙型脑炎、疟疾、炭疽病、狂犬病、麻风病、丝虫病，其中发病面最广的是血吸虫病。下面重点介绍几种防疫工作的开展和取得的成就。

### （一）血吸虫病防治

前山乡（后称陶店乡）的施庄村先后有40多人死于血吸虫病，占全村人口40%。李优荣家两代25人，死亡22人。全村有8名妇女成了寡妇。大黄洲六段25户108人，其中有73人患血吸虫病。当地群众流传"肚皮像粪箕，仙人也难医，能吃不能做，死了绝后裔"的民谣。

1952年，和县成立了卫生防疫委员会，省卫生厅从省直医疗单位抽调卫生干部、技术人员18名来和县，帮助组建和县血吸虫病防治站（简称血防站）。站址在和城大西门火神庙北侧，建筑面积601平方米，设病床30张。1956年春，县委成立血防五人领导小组。同年10月，成立和县卫生防疫站（简称防疫站）。

1956—1957年，芜湖专署组织血防调查组，在施庄村周围沟塘里发现钉螺，粪检81人，发现61人患血吸虫病，阳性率82.7%。调查确认高祖、陶店、五月、凤台、孙堡、高关、善厚、陡沿、石杨、黄坝、周集、绰庙、团结、驻马、香泉、濮集、新桥、郑蒲、龙桥、沈巷、城南、城北22个乡是流行区。60年代新增雍镇、新坝、沈巷公社的6个大队为流行区。70年代又发现隐驾、大闸公社是流行区。据统计，全县有螺面积2949万平方米，22个公社为流行区。湖北种钉螺占总数的55%，受害人口11万余人，占总人口19.3%。

和县血吸虫病分山丘、水网、江滩三种类型。

山丘地区有螺面积269.18万平方米，占9.13%。分布在6条水系，其中有4条水系在鸡笼山西北的半边月水库水系；山东北的大斗沿水库水系；山北的善厚乡白铁屋至石杨乡桥头坊水系；山西南的腰埠乡地藏庵至青春行政村的王庄水系。另两条水系是陶店乡施庄泉水沟水系和金城乡利泉泉水沟水系。螺区海拔最高167米，最低9.3米。江滩地区有螺面积2194.2万平方米，占74.41%。分布高程6.2～10米。主要分布在黄山、城南、城北三大段，与长江相通的河道除石跋河、得胜河在江堤外段发现钉螺外，其他河道均未发现。

水网地区有螺面积485.61万平方米，占16.46%。一般以水田为多，密度以灌溉沟为高。旧坟堆、路挡沟、废墟墩也是钉螺孳生场所。螺区高程 6～9 米，与江滩钉螺扩散有关。1980 年查明，全县 7 个区中有 6 个区流行，40 个公社中有 22 个流行，360 个大队中曾有 76 个流行。全县累计查出病人 14271 人，其中 100 人以下的有隐驾、大闸、乌江、腰埠、濮集等公社，101～500 人的有郑蒲、濮陈、陶店、高关、金城、绰庙、西埠、黄渡等公社，501～1000 人的有白桥、孙堡、沈巷、雍镇等公社，1000～2000 人的有黄山寺、城北、善厚等公社，城南公社有 2265 人。此外，还查出血吸虫病牛 2606 头。

防治初期，钉螺最高密度每平方米 450 只以下的有 12 个公社，451～900 只的有 7 个公社，90～1890 只的有 3 个公社。活螺密度，江滩柳林每平方米有 60.93 只，草滩方函 42.39 只，芦滩 13.41 只，沟套 3.96 只，山丘的沟 12.06 只，塘 7.38 只，田 0.18 只，荒滩 1.8 只。居民发病率 10% 以下的 10 个公社，11%～20% 的有 7 个公社，21%～30% 的有 3 个公社，31%～40% 的有 1 个公社，41%～50% 的是黄山寺公社。全县晚期病人 196 名，占发病总数的 1.37%，其中腹水型 84 人，巨脾型 72 人，侏儒型 5 人，脑型 1 人，诊断不明 34 人。江滩地区 69 人，山丘地区 113 人，水网地区 14 人。急性血吸虫病人 1865 名，占发病总数 13%，都在江滩地区。

1956—1957 年调查，全县有 15 个乡、129 条沟、35 口塘、1171 亩田、6 块荒田有钉螺分布，有螺面积 663 万平方米。同时，抽调医护人员 110 名，在 8 个公社成立血防组，设简易病床 80 张。1961 年，查出病人 6191 人，治疗 5027 人次。为防止粪便污染水源和控制感染，在流行区开展搭棚加盖、分塘用水的粪水管理。组织乡级干部、基层水利干部 251 人，不脱产灭螺员 1715 人，开展灭螺工作。6 年内共投工 28.9 万个，反复灭螺面积 923.8 万平方米，实灭面积 121 万平方米。还在流行区兴建大斗沿和半边月水库，灭螺面积 34 万平方米。

1962 年，县委根据《农业发展纲要》制定《消灭血吸虫病规划》，防治工作取得新的进展。1966 年，血防站与县人民医院等单位合并。1967 年，螺情、病情再次回升，发生大批急性感染。1969 年，县委总结经验教训，修订规划，恢复血防专业机构。以雍镇公社为试点，采取防治与农田水利建设结合，仅用 11 个月的时间基本消灭血吸虫病。1970 年春，全省血吸虫病防治工作现场会在雍镇公社召开。5 月，雍镇公社领导人以特邀代表出席全国血防工作会议。在雍镇公社的带动下，其他 10 个流行公社奋起直追，至 1972 年基本消灭内陆地区的血吸虫病。11 年内共投工 92 万元，反复灭螺面积为 8254 万平方米，内陆地区灭螺面积达 755 万平方米。查病 20424 人次，查出病人 19452 人次，共治病人 20540 人次。

1972 年下半年，县委副书记陈志鹏带领血防、水利专业干部和疫区干部群众代表，三下江滩调查，四次修改灭螺方案。县委组织水利、武装、妇联、教育、农机、商业、文化、广播等部门支援血防工作，除动员沿江 11 个疫病流行公社的 27 个疫病流行大队全部劳动力投入灭螺外，还组织 59 个疫病非流行大队的劳动力支援江滩灭螺。累计投工 108 万个，反复灭螺面积达 7210 万平方米。1974 年 1 月，陈志鹏以特邀代表出席在上海市召开的全国血防工作会议，在会上介绍了江滩灭螺的经验。同年 9 月，上海科教电影制片厂来和县拍摄血防大型彩色纪录片《神州战歌》，纪录片中有"血防书记"陈志鹏江滩灭螺部分。

和县灭螺采取综合性措施。方凼、草滩灭螺"五结合"：结合方凼积肥、结合蓄水养鱼，柳林灭螺"刮胡子"（刮除柳林须根钉螺）、"系围裙"（树干涂药）、"掏耳朵"（清除树洞钉螺）、"穿靴子"（铲除须根、撒药培土）、"大扫除"（对林间环境进行扫、喷、埋）。芦滩灭螺，"烧"（开挖通风沟、走底火）、"喷"（机喷、浇泼）、"压"（拖拉机压）、"埋"（土埋、沙压）、"浸"（低围引提水浸药）。1971 年，城南公社发动 1.5 万人次，在陆家套挑土 4.8 万立方米，挖渠长 2000 米，造田 150 亩。1972 年，黄山寺公社发动 2700 多人次，在芦滩挖通风沟 99 条，走底火灭螺面积 82 万平方米。1972—1974 年，城北公社大黄大队，整治三道夹，改滩造田 300 多亩。1973 年，濮陈公社低围芦漾洲，垦殖造地 700 多亩，灭螺面积 40 多万平方米，同时该社还在三叉河芦柴滩发动 3220 人次筑土、提水、投药、灭螺 14 万平方米。1975 年，城南公社发动 2.7 万人次，挑沙土 5400 立方米，覆盖有螺芦滩，再用拖拉机和水泥磙，反复碾压，灭螺面积达 18 万平方米。

1981—1988 年的 8 年内，和县共发动 9.43 万人次，消灭钉螺面积达 420.92 万平方米，查病 43.48 万人次，治疗病人 1483 人次。1986 年 6 月，华东五省血防联防会议代表来和县参观血防展览和灭螺现场。10 月，在乌江镇召开苏皖联防片江浦县与和县血防联防会议。1987 年，苏皖血防第一联防片和五省联防协作组来和县检查血防工作。同年考核引洪药浸灭螺效果，推广假设螺点，以假引真的"双育查螺法"。1988 年，在 22 个流行乡（镇）中，查出 7 个乡（镇）的 9 个行政村仍有钉螺分布，发现新螺面积 78.1 万平方米。白桥、城南、城北、孙堡、高关等乡，采用机喷药杀和结合兴修水利灭螺，反复灭螺面积 74.8 万平方米。

内陆地区查出残存螺点 154 处，采取以改变钉螺孳生环境为主的消灭方法，结合农田基本建设，开新沟填旧沟 50 多条，改塘 5000 多个，平岗移坟 7000 多个，造田 8900 亩。善厚公社开挖东风河和朱荒圩治涝沟，陶店公社改造大东圩。共查病 52 万人次，查出病人 14388 人次，治疗 13460 人次。并建立了病人卡、螺情卡、分户登记卡。1978 年 10 月 3 日，和县血防展览馆竣工，该馆以大量文字、图表、实物、照片，系统介绍了和县血吸虫病防治的情况。

1988 年防疫站分别在和城、西埠区设立寄生虫病、地方病、血吸虫病防治门诊所 3 处。经过 23 年的防治，至 1978 年，内陆 11 个公社的钉螺基本消灭；沿江 11 个公社中有 7 个公社的钉螺基本消灭，4 个公社的钉螺面积明显减少。和县被评为全省血防先进县。1988 年全县尚有 9 个行政村有钉螺分布，22 个血吸虫病人。

2011 年全年查螺面积达 1300 万平方米，灭螺面积达 120 万平方米。血检查病 3.09 万人，粪检查病 3146 人，血检阳性 379 人，治疗 1493 人。截至 12 月底，淘汰耕牛 208 头，建设无害化卫生公厕 500 座，树立禁牧警示牌 122 块，救治晚期血病人 24 名。5 月 17 日，农业首席兽医师于康震率国家血防检查组来此地进行实地查看血防等工作开展情况，如姥桥镇新农村建设结合血吸虫病防控，马鞍山大桥建设施工人员血吸虫病防控，农业血防综合治理示范区建设，白桥镇陈桥洲村以机代牛综合开发，等等。于康震肯定了和县血防工作的成绩。

2012 年查螺面积达 3500 万平方米，灭螺面积达 315 万平方米。血检查病 4.2 万人次，粪检查病 4381 人次，血检阳性 241 人，粪检阳性 5 人，治疗 4676 人。截至 12 月底，淘汰耕牛 222 头，建设无害化卫生户厕 1000 座，救治晚血病人 24 名。

2013 年血吸业病防治：查螺面积达 1800 万平方米，灭螺面积达 150 万平方米，血检查病 3 万人，粪检查在病 3044 人，治疗 3061 人。晚血病人数治 22 例，耕牛淘汰 32 头。全县全年实现血吸虫病传据控制目标，并通过省考核组达标验收。

2014 年，查螺面积达 1500 万平方米，灭螺面积达 150 万平方米，血检查病 3.57 万人，粪检查病 4012 人，治疗 4059 人。救治晚血病人 22 例，占总任务的 100%，补助项目经费 11.5 万元。

2020 年，全年查螺面积达 1800 万平方米，查出有螺环境 28 个，核实钉螺面积 721.71 万平方米，系统抽样调查共捕活螺 3140 只，经检无阳性钉螺。药物灭螺 150 万平方米。药灭后半个月，活螺平均密度下降率和钉螺校正死亡率均大于 80%。在全县 32 个血吸虫病流行村开展询检查病 3.34 万人，血清学查通病 1.33 万人，粪检查病 1154 人，询检阳性 243 人，血检阳性 96 人，开展治疗和扩大化疗 1629 人次。对 150 例病人随访与管理，建立病人随访档案。救治晚期血吸虫病患者 18 人。全年主、被动监测血检 202 人，HIA 法没有查出阳性病人：螺区系统抽样调查 8536 框，捕获活螺 1499 只，未发现阳性螺。汛期后，对县武警中队、消防救援大队 3 个中队参与抢险的官兵、沿江 5 个重点流行村防汛接触疫水人群，开展血吸虫病查治，血检查病 850 人（结果均阴性）。

### （二）疟疾防治

疟疾 20 世纪 50 年代在乌江区流行。1955—1957 年，治病 8714 人。1958 年，采取划片包干和边查边治的办法，查治了 1392 人。1961 年 3 月、7 月、10 月进行三次全面康复治疗 45154 人，预防服药 54325 人，系统治病 3259 人。1962 年 1 月，全县普查核实有疟疾史的 5756 人，占总人口 1.5%。3—10 月，分 4 次抗复发治疗 3 万余人。在发病率 70% 以上的重点地段，预防服药 3747 人。1963 年，培训防疟员 290 名，边普查、边登记、边治疗，核实上年有疟疾史的 8533 人，根治 7901 人。对发病率较高的腰埠、城南、城北、十里等公社进行普查，发现腰埠公社的张桥、张铁、青春 3 个大队为高疟区，发病率为 10.2% ～ 12%。连续 4 次预防服药共 17116 人次。1964 年 4 月，进行抗疟质量检查，全年患病治疗 2472 人。至 1968 年，患病人数逐步下降。1969 年后又有回升，1975 年达 53301 人，是历年患病人数最多年份。当年重点抓疟疾休止期根治，坚持 8 天 8 次送药，医务人员深入村庄、田头"送药到手，看服到口，不咽不走"。预防服药 35830 人次。此后，预防服药人数逐年增加。1978 年达 199.44 万人次，是预防服药人数最多的一年。1979 年对 12 个重点公社进行防治，服药 12955 人，根治率 97.9%。1985 年，在恶性疟病流行区绰庙乡进行重点预防和治疗，根治率 80%。1988 年，在绰庙乡 5 个行政村及乡直单位进行溴氰菊脂浸气泡蚊帐 4560 顶，加强对现症病人管理，疗程根治率 91.5%。全县患病仅 70 人。1986 至 1988 年连续三年无恶性疟疾发生。

2015 年，举办全县疟疾防治业务培训；开展"三热"病人疟原虫血检 3025 人；对 1 例输入性恶性疟疾开展调查。8 月，对各镇开展疟疾防治工作督导；10 月，开展全县消除疟疾行动中期评估。4 月 25 日开展"疟疾宣传日"宣传活动。开展"全国疟疾日""爱国卫生月""世界无烟日""食品安全周"宣传活动，在城北、共义 2 个社区举行"和县 2015 年健康巡回讲座"。

2017 年，年初制订 2017 年疟疾防治工作计划：3 月印发《关于进一步加强疟疾防治工作的通知》，将全年疟疾防治工作任务分配到各相关医疗卫生单位；5

月举办全县疟疾防治技术培训班，各医疗机构从事疟疾防治工作人员、检验人员28人参加培训：全年开展"三热"病人疟原虫血检475人次，超额完成全年工作任务。

### （三）其他传染病防治

预防肺结核、脊髓灰质炎、百日咳、白喉、破伤风、麻疹六种传染病，和县推行儿童计划免疫（以下简称计免）保偿和接种证制度。1987年，通过接种卡介苗、脊灰糖丸、百白破、麻疹等疫苗（以下简称四苗）。至1989年，四苗全程接种率85.78%。1990年，儿童入保率80%，1岁以上儿童持证率93.05%，建卡率90.5%。1992年增加乙肝疫苗接种。当年农村接种率40%，城区接种率80%。1997年，乙肝疫苗接种率97.6%，四苗全程接种率98%，儿童入保、建卡、建证率均达100%。2003年流脑、乙脑疫苗纳入常规接种范围。2005年，四苗全程接种率97.7%。乙肝疫苗全程接种率94.4%。

1989年，全县报告传染病（以下简称报病）1230例。发病率206.72/10万。2005年，报病1092例，发病率168.06/10万。其中1991年报病2347例。发病率391.16/10万，为发病最高年份。2002年报病560例。发病率86.34/10万，为发病最低年份。所有病例中，甲类传染病1种，即霍乱；乙类传染病18种，其中以病毒性肝炎、痢疾、性病、肺结核居多。2004年，丙类传染病纳入法定报告程序，并实行传染病与突发公共卫生事件网络直报。至2005年，全县报告丙类传染病5种1080例。

#### 1. 霍乱

1989年、1994年、2005年，雍镇、螺百、城南先后各发生1例。县防疫部门均在第一时间赶到现场，采取有效措施。3例病人很快康复，未发生二代病例。

#### 2. 脊髓灰质炎

1989—1991年，全县散发病人9例。1992年后，无病例发生。2000年底经省防疫部门验收批准，实现报灭。这是和县继消灭"天花"之后第二种被消灭的急性传染病。

#### 3. 病毒性肝炎

1989—2005年，累计报病8213例，发病率居乙类传染病之首。其中1991年报病1251例，为发病最高年份。

县防疫部门实施综合防治。1992年起，开展乙肝疫苗接种，强化食品、公共卫生、行业卫生监督；清理患病人员，对肝炎密切接触者实行肝炎疫苗接种，强化消毒监测，减少医源性感染；同时，在城乡和中小学校广泛开展防治知识宣传。2002年，乙肝疫苗接种正式纳入儿童计免程序，肝炎防治取得重大突破。2005年，县报病仅56人。

### 4. 痢疾

1989—2005年，累计报病6780例，其中1990年报病1125例，为发病最高年份。1991年起，每年5—10月，各医疗单位设立肠道门诊，建立健全肠道传染病登记制度，以便及时发现、掌握和治疗患者；每年夏、秋季，县防疫部门加大外环境水源、粪便和饮用水、冷饮、餐饮食品的卫生检索、监测力度，及时开展有害环境消毒灭菌工作，患病人数逐年呈下降趋势。2005年，全县报病仅113人。

和县疾病预防控制中心

### 5. 性病、艾滋病

1996年，和县防疫部门建立性病、艾滋病监测报告制度，在特殊人群中开展性病普查，查处、取缔非法进行性病诊疗的诊所和游医。培训医、检人员，广泛宣传防治知识、消除群众恐慌情绪。2001年，市卫生局批准县防疫站、县医院为法定性病诊疗单位：开展淋球菌、梅毒抗体、艾滋病抗体测定，并对阳性病例实施保密治疗。2005年1月，沈巷镇一外出务工返乡患者，经疾控中心确诊为艾滋病，2月14日在居所死亡，此为和县首例。县防疫部门立即采取严密隔离和消毒等措施。这年12月，对另一例HIV阳性进行流行病学调查和跟踪防治；同时，对县看守所内所有被监管员实施HIV检测，未发现新的阳性病例。

2012年，对管理内的3例感染者全部纳入抗病毒治疗，并定期进行CD4监测、随访。监测、随访率均为100%。每季度对县看守所在押人员进行HIV监测，共检测109人，全部为阴性。全县3个VCT门诊（自愿咨询监测门诊）1—12月共监测452人（全年任务350人），筛查出阳性病人4人。进行高危行为干预4次，共干预场所63家、人员2416人次，发放宣传资料5200份、安全套2650盒。

2013年，全县在管理的艾滋病人21人，感染者5人，监测、随访率均

100%。自愿咨询检测 521 人次，完成全年任务 148.9%。和县民生工程救治任务数为 9 人，救助金额 4.3 万元。截至 12 月，抗病毒治疗救治 15 人，发放金额 4.3 万元，完成全年任务的 166%，资金使用率 100%。

2014 年，全县在管理的艾滋病人 37 人，感染者 1 人，监测、随访率均 100%。自愿咨询检测 518 人次，超额完成全年任务。共救治艾滋病患 12 人，救治金额 4.84 万元，完成率 100%。

2016 年，全年艾滋病自愿咨询检测（VCT）514 人次（全年任务 350 人），每季度对监管场所在押人员进行 1 次 HIV（人类免疫缺陷病毒）抗体检测，累计检测 185 人，结果全阴性。开展艾滋病高危行为干预 12 次，干预场所 70 多家，干预 1279 人次。其中高危行为抽血检测 HIV 抗体及梅毒抗体 1155 人。

2017 年，全年艾滋病自愿咨询检测（VCT）任务 350 人，实际检测 508 人次，发现抗体待复检人员 17 例，经复检排除 13 例，确认阳性 4 例。监管场所检测：每季度对监管场所在押人员进行 1 次 HIV 抗体检测，计检测 200 人。结果全阴。高危行为干预开展 12 次，干预场所 80 多家，干预 1300 人次。其中高危行为抽血检测 HIV 抗体及梅毒抗体 1198 人次。至年底，全县在册管理的抗病毒治疗艾滋病人 73 人。病人定期检测 CD4 和生化指标，随访率 100%。病毒载量送检 57 例。实际救助病人 34 人，其中任务 22 人；发放救助资金 10.6 万元，其中任务资金 10.56 万元。

2018 年，县政府印发《和县遏制与防治艾滋病"十三五"行动计划》，县防治艾滋病工作委员会办公室下发《和县学校艾滋病防控工作实施方案》。首次将防治艾滋病工作纳入乡镇卫生院年度目标考核，下发《2018 年性病艾滋病管理考核方案》，强化各级卫生医疗机构防治艾滋病职责。全年接受自愿咨询检测（VCT）任务 350 人，实际检测 524 人次，发现抗体待复检人员 18 例（经复检排除 5 例，确认阳性 13 例）。每季度对监管场所相关人员进行 HIV 抗体检测，计检测 230 人，筛查出阳性病例 1 例，并经市疾控中心复核确认。开展高危行为干预 12 次，干预场所 80 多家，干预 1280 人次。其中高危行为抽血检测 HIV 抗体及梅毒抗体 553 人次，发现梅毒阳性 3 例，均告知当事人。全县全年在册管理的抗病毒治疗艾滋病人 88 人。病人定期检测 CD4（人体免疫系统中的一种重要免疫细胞）和生化指标，随访率 100%。病毒载量送检 72 例。实际救助 55 种人，其中任务 29 人；发放救助资金 14.2 万元，其中任务资金 13.9 万元。

2019 年，全县全年新发报告艾滋病人及感染者 23 例。截至年底，全县在管

理感染者 109 人。抗病毒治疗覆盖率 100%（109/109），病毒载量检测率 105%
（91/86），持续治疗 12 个月存活比例 100%（86/86），随访管理 100%。监管场所
相关人员筛查 251 人（全部阴性），生产企业职工筛查 171 人（全部阴性），重点
地区老年人筛查 623 人（发现 1 例阳性）。实际救助 56 人（任务指标为 29 人），
使用资金 13.9 万元，资金使用率 100%。全年自愿咨询、检测 606 例，发现并确
诊阳性 8 例。发挥和县蓝心志愿者工作室在检测工作中的独特作用，两年来，共
检测人员 357 人次，发现阳性 7 例。

2020 年，制订《第四轮省级艾滋病综合防治示范区工作计划》和《资金使用
预算表》，下发《和县创建省级艾滋病综合防治示范区工作实施方案》。

### 6. 肺结核

肺结核在和县流行历史久远。1995 年之前只作为一般病例，由各医疗单位给
予诊治。1996 年纳入乙类传染病管理，当年报病 61 例。至 2005 年，全县报病累
计 2042 例。其中 2005 年 680 例，为发病最高年份。

2000 年，县防疫部门在乌江镇松棵村开展肺结核流行病学调查 1092 人，实
检 946 人，发现病人 3 例。2003 年，县政府下发《和县结核病防治规划（2001—
2010 年）》，开展对肺结核现症病人的管理和治疗。当年报病 128 例，治疗 81 例，
治愈 67 例。2005 年，和县启动"全球基金结核病控制项目"。县防疫站为结核病
法定诊疗单位，当年接诊 1710 人，确诊 680 人，全部免费治疗。和县结核病防治
工作获全省第三名。

2011 年，结核病防治：全年新发现 152 人，占全年任务数的 102.3%。密切接
触者检查任务数为 350 人，已完成 356 人。共救治 187 人，救治资金 4.8 万元。

2012 年，结核病防治：全年接诊 964 人，收治病人 284 人，其中新发病人 74
例。全年共查痰 1045 人次，摄片 870 张。开展工作督导 6 次，督导入项病人 80
人次。共组织 19 人次参加省、市 8 期培训班。举办结核病项目培训班 3 期，受训
200 人次。在相关网站发布工作信息 16 篇、开展"3·24 世界防治结核病"宣传
日活动，布置展板 4 块、发放材料 700 多份，群众咨询 100 余人。

2013 年，结核病防治：全年初诊病人 760 例，发现结核病人 260 人，免费
为患者拍摄胸片、痰检和肝肾功能检测。结核病民生工程救助 190 人，发放金额
17.1 万元。

2014 年，全年共初诊病人 410 例，发现结核病人 235 人，处理 3 起学校结核
病疫情，均无二代病例发生。结核病民生工程救助 190 人，发放金额 16.8 万元，

完成率 100%。

2016 年，全国非结核病定点医疗机构报告和县居民肺结核和疑似肺结核病人 204 例，均及时追踪，其中追踪到位 182 例（排除 92 例疑似病人，发现 90 例肺结核病人）。开展本级工作督导 6 次，督导入项病人 90 人次。陪同省、市督导 4 次。

2017 年，制定《结核病防治工作计划》，召开年度结防工作会议，出台考核评分细则。培养 31 份涂阳病人痰液、168 份涂阴病人痰液，其中 23 份标本培养阳性，对培养阳性的病人均给予药物敏感试验，发现耐多药病人 1 例。学校结核病疫情处理：处理 8 起学校结核病疫情，及时对密切接触者进行 PPD、X 光筛查，筛查师生 620 人次，复查 23 人，均未发现二代病例。这期间发放学校结核病宣传材料 1000 余份，布置展板 4 套。

2018 年，县局制定《"十三五"结核病防治规划》以及《年度结核病防治工作计划》，召开年度结核病防治工作会议，出台考核评分细则，把全年各项工作任务分解到各个实施单位。耐多药监测共培养 50 份涂阳病人痰液、173 份涂阴病人痰液，其中 44 份标本培养阳性，对培养阳性的病人均给予药物敏感试验，发现耐多药病人 2 例。处理 3 起学校结核病疫情，及时对密切接触者进行 PPD、X 光筛查，筛查师生 500 余人次，均未发现二代病例。发放学校结核病宣传材料 700 余份。

2019 年，县人民医院（结核病定点医院）全年诊疗疑似结核病人 458 例，确诊 190 例。追踪疑似肺结核病人 262 例，追踪率 100%；到位 254 例（排除 158 例、发现 96 例），追踪到位率 96.9%。开展病人督导 4 次，督导入项病人 43 人。

2020 年，全年网报肺结核和疑似肺结核病人 213 例，均及时追踪，其中追踪到位 204 例，排除 120 例疑似病人，发现 84 例肺结核病人。

### 7. "非典"

2003 年春，广东、香港地区暴发传染性非典型肺炎（以下简称"非典"）并向外蔓延。和县县委、县政府于 4 月 8 日成立"非典"防治指挥部，组建防治队伍；下发《和县非典型肺炎预防控制预案》，启动传染病管理机制，各地各单位实行非典日报和零报告制度；开展业务人员培训，设立发热门诊和"非典"医院，组织返乡人员查验和发热病人监测。全县各大宾馆、饭店取消 50 人规模以上宴席。统计资料显示，全县召开抗击"非典"会议 14 次，下发文件 55 份，开设宣传栏 4 处 20 个版面，拍摄防治专题片 4 集，散发防治材料 66750 份，培训 2738

人次。组织领导医疗专家督查 6 批次，举办讲座 26 场。组织医疗、防疫人员和乡村医生 600 余人，查验返乡与来和人员 4.45 万人，健康随访 61.6 万人次。收治发热病人 725 人次，医学观察 39 人。2004 年 6 月 10 日，省"非典"防治指挥部解除"非典"三级响应，和县境内无一例"非典"发生。

### 8. 禽流感

2015 年 3 月，开展全县人感染 H7N9 禽流感培训，并对各医疗机构开展人感染 H7N9 禽流感防控工作督导。5 月，举办全县肠道传染病防治业务培训班；开展肠道门诊督导；开展食品霍乱检测以及 0157 检测，共检测食品样品 60 份，采集手足口病咽拭子样品 60 份。

## 三、抗击新冠病毒

2019 年 12 月底，湖北省武汉市疾控中心监测发现不明原因肺炎病例。12 月 30 日，武汉市卫生健康委向辖区医疗机构发布《关于做好不明原因肺炎救治工作的紧急通知》。2020 年 1 月 20 日，中共中央总书记、国家主席、中央军委主席习近平对新型冠状病毒感染的肺炎疫情作出重要指示，强调要把人民群众生命安全和身体健康放在第一位，坚决遏制疫情蔓延势头。及时发布疫情信息，深化国际合作。武汉疫情引起和县县委、县政府高度重视，根据中央、省、市部署，采取积极防疫措施。

2020 年，全年处置新冠肺炎疫情暴发 6 起，发布疫点 9 批 46 个，消毒面积 43 万平方米（包括集中隔离点消毒）。开展 1 次冷冻食品和从业人员采样监测，计采集食品类样 613 份、食品外包装样 514 份、冷库环境样 478 份、从业人员表样 2601 份，新冠肺炎病毒核酸检测全部阴性。全县全年确诊新冠病例 27 例（包括郑蒲港 12 例）、阳性检测病例 11 例。对 38 名确诊和阳性检测患者均及时开展流行病学调查，撰写流调报告。截至年底，全县在管感染者 116 人，抗病毒治疗覆盖率 100%（116/116），病毒载量检测率 100%。病毒载量检测率 100%（104/104），监管场所检测 209 人（结果均阴性）。自愿咨询门诊检测 813 人（阳性 9 人）。

2021 年 1 月 11 日，和县新冠病毒肺炎疫情防控应急综合指挥部下发《关于调整和县新冠肺炎疫情防控应急综合指挥部专项工作组的通知》，全县成立 17 个工作组：综合协调组、疫情监测组、诊疗救治组、交通防控组、物资保障组、环境卫生组、农村疫情防控组、复工复产组、"四送一服"组、社会维稳组、市场监管组、宣传教育组、数据信息组、督查督办组、后勤保障组、社区疫情防控专项工作组、冷链食品监管专项工作组。工作组均由县领导担任组长，确定牵头单位、组成单位，明确各组工作职责。

**发现新冠疫情**　7 月 22 日，和县发现与南京病例关联而无症状感染者童某某。在省、市专家组指导下，县委、县政府迅速启动流调溯源工作，共排查本地密接 40 人、次密接 333 人；向外地推送密接 9 人、推送次密接 29 人，全部发出协查函。本地密接、次密接 373 人全部落实严格隔离管控措施"14+7+7"。所有密接、次密接人员核酸检测结果均为阴性。童某某经市级定点医院救治，于 8 月 11 日出院。

**采取应急机制**　本次疫情发生后，县委、县政府先后召开 11 次常委会议、疫情防控指挥部会议和疫情防控专题会商会，分析研判疫情形势，安排部署处置措施，及时向全社会发布 12 份疫情防控通告。全县疫情防控应急指挥体系高效运转，24 小时值班值守。在省专家组指导下，市、县联合成立疫情防控应急处置领导小组，下设"一办九组"，明确工作职责、流程和要求，突出工作重点，细化人员分工。围绕"封、调、检、隔、治"重点环节优化应急预案，形成"五个一机制"，提升各组协同配合能力和应急处置水平。

**实施网格治理**　社区是疫情防控的基层和基本单元，接到南京关联病例协查函后，县委、县政府立即从县直单位抽调 400 余名干部下沉到第一线，连夜对所在的石杨镇进行全面封控。同时，根据省、市专家组意见，对密接人员所在自然村或楼栋、次密接人员以及"三密"所在自然村或楼栋的单元，实行封控管理，全县共封控管理点位 102 个（其中自然村 89 个、楼栋 2 个、楼栋的单元 11 个）。严格落实管控措施"五到位"（封控到位、消杀到位、核酸检测到位、体温检测到位、后勤保障到位）、做到所有人员不进出，内部人员不流动。持续拧紧压实"四方责任"，加强企县城乡社区网格化管理，推动防控重心下沉，严格落实社区防控包保管理责任制。每个居民小区、宿舍点等只保留 1 个出入口，设置卡点 24 小时值班。严格落实测温、验码、消毒、佩戴口罩等措施，发现黄码、红码以及体温不正常等情况及时处置，全力把好门、管住人。

**开展健康检测**　对流调排查出的密接人员第一时间进行快检，确保检测结果第一时间掌握；对集中隔离的密接人员，实行每日核酸检测，次密接人员实行"1+4+7+14"四轮核酸检测；对解除集中隔离人员全部实行"双采双检"。根据省专家组指导意见，对石杨镇、乌江镇、善厚镇、香泉镇分别进行 4 轮、3 轮、1 轮、

1 轮全员核酸检测。本着方便群众、减少聚集的原则，抽调 280 名医护人员，组成 55 个小组，采用集中采集和上门采集相结合的方式，高效有序开展核酸检测。截至 2020 年 8 月 5 日下午 16 时，全员核酸检测任务全面完成，累计采样 20.91 万人次，结果均为阴性。

**发热门诊筛查** 为进一步落实"四早""四集中"要求，切实规范发热门诊设置管理，提高发热门诊疫情防控能力，县卫健委严格按照《发热门诊设置管理规范》要求，定期对 3 家二级医院（和县人民医院、和县中医院、和县济民医院）发热门诊开展疫情防控督查。经县、市多次督查整改，投入使用。

**进行疫苗接种** 截至 2020 年 12 月 31 日，全县累计接种新冠病毒疫苗 77.87 万剂，全程免疫任务完成率 96.44%。其中，第一剂次 34.23 万人，第二剂次 33.01 万人，第三剂次 10.63 万人（含加强剂次）。

## 四、医疗保障

医疗保障从 2014 年逐步推进，随着时间推移，逐步完善。分为五个阶段：新农合参保报销，完善居民基本医疗保险制度和大病保险制度，城乡居民医保信息系统的整合，强化基金监管、提升服务效能。

### （一）新农合参保报销

2014 年，和县新型农村合作医疗（简称"新农合"）引导常见病参合患者在基层医疗机构就诊，推进新农合支付方式改革，控制医药费用过快上涨，提高新农合基金使用效率和保障效能，将市级 32 种病种，省级 51 种病种纳入按病种付费范围。对市级、县级医院的三费情况进行统计汇报，对费用涨幅过快的医疗机构实行通报，其中县级 33 种、乡镇中心卫生院 8 种。截至 2015 年 9 月 25 日，和县实行县级医院临床路径下按病种付费 1153 人，补偿金额 332.68 万元。按照安徽省卫生厅《关于公布 2014 年度第一批新农合预警管理药品名单的通知》要求，新农合通过系统平台抓取、测算第二季度全县定点医院 25 种预警药品使用情况。凡是定点医疗机构超出定额补偿部分，将在补偿垫付款中予以扣除。全年实际参合人数达 46.59 万人，参合率 101.85%。全年共支付补偿金 1.94 亿元，总补偿人数 44.7 万人，受益率为 95.9%。普通住院总人数 4.36 万人次，住院总费用 3.37 亿元。实际住院补偿比 44.8%（其中：镇级 79.8%，县内 69.36%，县外 45.5%）。实行住院费用总额预算管理，扩大按病种付费范围，其中市级三甲医院 30 种，县级医院 20 种，镇卫生院 5 种。加强门诊总额预算管理，门诊报销比例 45.3%。4 月，和县与国元保险公司签订大病保险合同，筹资人均 18.2 元，总计人民币 812 万余元。到 9 月底，已经结报 265 人次，保险金额 193.5 万元。和县新农合各项运行指标位居全省前列，连续几年在全市民生工程考核中获第一名。

2016 年和县参合人数 45.64 万人，参合率 100%，筹资标准为每人 540 元。全年全县新农合资金支出 2.14 亿元，共计补偿 33.05 万人次，其中：用于住院补偿支出 1.54 亿元，住院补偿 3564.51 万元，慢性病及特殊病大额门诊补偿 2.25 万人次。住院分娩补偿支出 151.75 万元，住院分娩补偿 3230 人次。大病保险补偿支出 1054 万元，大病保险补偿 3439 人次。门诊报销比例 43.14%，县级住院报销比例 71.36%，乡镇级住院报销比例 82.26%。

2017 年，全年和县参合人数 44.65 万人，参合率 99.5%，筹资标准为每人 600 元。全年全县新农合基金共支出 2.62 亿元，共计补偿 34.89 万人次，其中：用于住院补偿支出 1.84 亿元、住院补偿 4.76 万人次。门诊统筹补偿 26.03 万人次，支出 529.99 万元。慢性病及特殊病大额门诊补偿 3.75 万人次 5215.37 万元；住院分补偿 3485 人次 174.25 万元；大病保险补偿 4434 人次 1393.11 万元；意外伤害补偿 2130 人次 532.45 万元。门诊报销比例 45.1%，县级住院报销比例 72.7%，乡镇级住院报销比例 84.73%。

全县制定贫困人口综合医保及"180"补充医保实施方案，并在县域内各定点医疗机构进行"三保障一兜底"和"180"补充医保的系统升级改造，结合和县实际制定贫困人口县内综合医保"051"及慢性病门诊补偿"190"政策，对和县动态调整的名单及时维护进新农合系统享受基本医保、大病保险、民政救助、政府兜底、"180"补充医保的"一站式"结算，到 12 月底（补偿日期 2017 年 1 月 1 日—12 月 31 日统计），和县贫困人口结算 3.34 万人次（含追补人次），综合医保结算 5765.6 万元（含"180"补充医保），其中：基本医保补偿 4045.7 万元，大病保险 188.3 万元，民政救助 673.7 万元，政府兜底 725 万元，"180"补偿 132.9 万元。和县贫困人口综合补偿比例 89.88%。

2018 年，全年全县参合人数 43.31 万人，参合率 101.64%，筹资标准为每人 670 元。全县全年新农合基金共支出 2.9 亿元，补偿 36.04 万人次。其中：用于住院补偿支出 1.99 亿元，住院补偿 4.67 万人次；门诊统筹补偿支出 498.99 万元、23.2 万人次；慢性病及特殊病大额门诊补偿 6304.74 万元、7.2 万人次；住院分娩补偿支出 244.5 万元、3330 人次；大病保险补偿支出 1484.35 万元、4115 人次；

意外伤害补偿支出 599.03 万元、2163 人次。门诊报销比例 45.23%，县级住院报销比例 74.63%，乡镇级住院报销比例 85.1%。

全县制定贫困人口综合医保及"180"补充医保实施方案，在县域内各定点医疗机构进行"三保障一兜底"和"180"补充医保的系统升级改造。结合和县实际，制定贫困人口县内综合医保"051"及慢性病门诊补偿"190"政策，并将和县动态调整的名单及时维护到新农合系统享受基本医保、大病保险、民政救助、政府兜底、"180"补充医保的"一站式"结算。贫困人口通过基本医保、大病保险、医疗救助"两免两降四提高"等综合补偿后，在县域内就诊个人年度自付费用不超过 3000 元，在市级医疗机构就诊个人年度自付费用不超过 5000 元，在省级医疗机构就诊个人年度自付费用不超过 1 万元，剩余合规医药费用实行政府兜底保障（简称"351"政策）。实行贫困人口慢性病门诊补充医疗保障，贫困慢性病患者 1 个年度内门诊医保经"三保障一兜底"补偿后，剩余合规医药费用（包括限额内、限额外自付费用等），由补充医保再报销 80%（简称"180"补充医保）。到 12 月底（补偿日期 2018 年 1 月 1 日—12 月 31 日统计），和县贫困人口共结算 6.8 万人次，综合医保结算 8866.73 万元。其中：基本医保补偿 6097.11 万元、大病保险 301.77 万元、民政救助 859.35 万元、政府兜底 1203.14 万元、"180"补偿 405.36 万元。和县贫困人口综合补偿比例 92.52%。"一站式"结算，让农村贫困人口报销更方便、快捷，让健康脱贫工程更有效地得到落实。

**（二）完善居民基本医疗保险制度和大病保险制度**

2019 年 3 月，根据县委机构改革方案要求，将县人社局、县卫健委、县发展改革委等部门的相关职责转接整合，成立和县医疗保障局（以下简称"县医保局"）。26 日，县医保局正式挂牌成立。县医保局现有 7 个行政编制、33 个事业编制，在岗 50 人，服务 9 个镇 50 多万人口医疗保障工作。

医保局的宗旨是：完善全县统一的城乡居民基本医疗保险制度和大病保险制度，建立健全覆盖全民、城乡统筹的多层次医疗保障体系，不断提高医疗保障水平，确保医保资金合理使用、安全可控，推进医疗、医保、医药"三医联动"改革，更好地保障人民群众就医需求、减轻医药费用负担。

1. **实现城乡居民医保待遇统一**。7 月 1 日起，和县实施《马鞍山市统一城乡居民基本医疗保险和大病保险保障待遇》。严格按照时间节点，及时改造信息系统，积极宣传，扩大政策的知晓度，此次政策调整对城乡居民医保门诊、普通住院、分娩住院、意外伤害住院、大病保险五个方面进行统一，具体在"三提高"（提高普通门诊待遇、提高分娩住院待遇、提高大病保险待遇）、"两调整"（调整门诊慢性病待遇、调整住院待遇）、"一扩大"（扩大门诊慢性病病种数量）等方面，提升城乡居民医保待遇水平。年底完成城镇居民医保信息系统和农合信息系统整合，真正实现城乡居民医保待遇统一。

**2. 保障贫困人口健康脱贫**。落实贫困人口"三保障一兜底一补充"综合医保政策，既不拔高，也不降低。4月1日起，严格执行"351""180"贫困人口医保政策。政策实施以来，县内住院减少1976人次，住院率下降50.2%；按县扶贫办动态调整文件，对新增、核减人员进行动态调整，做到应保尽保、应退尽退、应办尽办；自12月1日起，和县2014、2015年度已脱贫人口享受基本医疗保险、大病保险等保障待遇和贫困人口医疗救助待遇，年底制定《和县健康脱贫综合医疗保障负面清单的通知》，落实建档立卡贫困人口"基本医疗有保障"相关要求。

**3. 打击欺诈骗保**。医保局制定《和县打击欺诈骗取医疗保障基金专项治理实施方案》，召开全县启动会议和定点医药系统座谈会；抽调业务骨干，组织2个检查小组，采用定期和突击检查相结合的方式，对全县22家定点医疗机构和111家定点医药机构开展全覆盖、多轮次专项检查。全年查处违约案件17起，约谈5家定点单位负责人，追回并罚款计326万元。

**4. 医疗救助稳步实施**。按照"救急、救难、公平、便捷"的原则，满足困难群众的医疗需求，制定和县《2019年扶难人员救助暨困难职工帮扶工程实施办法之城乡医疗救助》文件，召开各镇经办人员业务培训会，对医疗救助对象建立一户一档，切实减轻困难群众的医疗经济负担。全年医疗救助2.12万人次，资金支出2240万元。

**5. 推动惠民药品落地**。推动25种"中选"药品和"17+13+X"种抗癌药惠民落地。国家医保局将17种抗癌药，省医保局将第一批13种抗癌药和今后将适时选择×种抗癌药进行带量采购纳入医保。5种药品共42个规格，涉及心血管类、精神类、肝病类等疾病用药，药品价格较之前平均降幅52%，最高降幅达96%。药品大幅降价后，减轻患者用药负担，让参保群众在医保改革中得到实惠。

**6. 实现医疗服务价格统一**。10月1日起，和县全面执行《马鞍山市医疗服务价格目录》，此次医疗服务价格政策实行"三同步"管理。同步实行目录管理，按照统一格式、项目编码、项目内涵编制《市价格目录》，纳入4666项医疗服务项目，做到"医院收费进目录，目录之外无收费"。同步实行分级定价，根据分级定价、合理价差原则，以马鞍山市三级公立医院医疗服务价格作为上限，按不同级次医疗机构，每级降低 10% 收费。同步实行统一价格，理顺市、县公立医疗机构医疗服务比价关系，按照同级同价原则，不再分设市县医院医疗服务价格，方便群众就医预算，医保人口快速结算。

7. **实现"两险合并"**。12 月 1 日起，和县实行生育保险和职工基本医疗保险合并实施。"两险"合并实施后，实现"参保登记、基金征缴管理、医疗服务管理、经办信息服务"四统一，增强"两险"基金的共济、抗风险等能力。

8. **实现异地就医住院费用直接结算**。新系统启用后，和县范围内的所有城乡居民均可享受与城镇职工相同的异地就医结算模式。经备案后可实现在全国 2 万多家异地就医联网医院住院费用以及在省内、上海就医门诊费用的直接结算，增加城乡居民异地就医结算联网医院的数量，解决城乡居民异地就医垫付资金压力大、报销周期长的困扰，使城乡居民异地就医更加方便、快捷。

9. **落实"两病"门诊用药保障机制**。按照马鞍山市制定的《执行城乡居民基本医疗保险高血压、糖尿病门诊用药保障机制》，"两病"门诊报销将不设起付线，参保患者在定点医疗机构发生的两病门诊政策范围内药品费用由统筹基金支付，支付比例 60%，高血压、糖尿病年度基金支付封顶线分别为 360 元、480 元。通过统一慢性病用药范围，简化鉴定标准，规范就医管理，减轻患者门诊用药费用负担。

### （三）城乡居民医保信息系统的整合

2020 年 1 月 1 日，和县正式完成城乡居民医保信息系统的整合。在市局与县委、县政府的支持下，维持机构数、总编制数不变，重新组建县医疗保障结算中心、县医疗保障服务中心两个新的事业单位。医保结算中心主要承担全县城镇职工保险、城乡居民基本医疗保险等 7 项职责；医保服务中心主要承担稽核、定点医药机构协议管理和医保医师协议管理等 11 项职责。两个中心，一个侧重管理，一个侧重服务。

1. **民生工程**。县医保局承担 33 项民生工程中 4 项：基本医疗保险，大病保险，城乡医疗救助，健康脱贫。2020 年，全县城乡居民参保人数 45.35 万人，参保率为 100%；政策范围内住院报销比例达 76.75%，高出标准 1.75%；政策范围内报销比例达 62.12%，高出标准 2.12%。继续完善医疗救助政策。2020 年医疗救助起付线由 2019 年的 4 万元再次下调至 3 万元，针对城乡低收入人员和因病致贫家庭重病患者，给予年度一次性 2000～10000 元的定额救助。全年城乡居民医疗救助 1.45 万人次，资金支出 1388.79 万元；严格落实贫困人口"三保障一兜底一补充"综合医保政策，全年贫困人口补偿 3.83 万人次，总费用 5647.96 万元，总补偿 4759.48 万元。

2. **医保基金监管**。县医保局在全县范围内开展"打击欺诈骗保、维护基金安全"集中宣传活动，并以"两机构一账户"自查自纠为重点开展打击欺诈骗保专项治理和"回头看"工作。全覆盖检查定点医药机构 246 家，处理违规机构近 50 家，追回并处罚医保基金计 399.7 万元。

3. **医疗保障服务建设**。为提升全县医疗保障服务水平，开展优质服务大提升活动，要求窗口工作人员，从加强业务学习、优化大厅环境，首问负责制、微笑服务、规范工作纪律等五个方面提升医疗保障服务，严格落实省医疗保障经办管理服务规程、经办政务服务事项清单及办事指南，按照"六统一"和"四最"的要求办理业务，提升经办便民服务能力。11 月 4 日，和县医保服务大厅作为市推选点接受省级行风建设专项测评，并取得全省第四的好成绩。

4. **疫情防控保障**。在疫情发生后，医保局全力投入疫情防控工作。将"新型冠状病毒核酸检测"等 11 项医疗服务项目临时纳入医保基金支付范围，确保收治医院不因支付政策影响救治，及时向医疗机构拨付预付金 160 万元。推行不见面服务，延长医保零星报销发票业务办理有效期、支持门诊慢性病"长处方"。严格落实阶段性减征职工医保政策，全年累计减免征收职工医保资金约 1231.38 万元。局负责人带头深入疫情防控一线值班、督查；局党员干部全力做好小区、企业复工复产值守工作，确保疫情防控措施落实到位。

5. **医保电子凭证推广**。为方便群众购药就医，县医保局开展医保电子凭证推广、应用工作，邀请微信、支付宝、银行等机构，开展现场激活、推广应用培训会。分组对全县 9 个镇、县直单位、"两定"机构开展推广、培训、督导工作，在基层工作人员、村干部、"两定"机构、学校等发展医保电子凭证推广员 900 余名，发放宣传海报 3000 余张，宣传折页 7000 余份，分级召开推广应用培训会共 100 余场。特别是创新推广方法，请学校、企业支持配合，在家长群、工作群中进行推广，截至年底激活率已达 31.87%，完成国家医保局确定的年度目标任务。

## （四）强化基金监管，提升服务效能

2021 年，和县医保局以强化基金监管、提升服务效能、控制费用不合理增长为重点，以全面完成上级下达的目标任务为核心，不断夯实医保各项基础工作，大力提升经办能力，确保全县医疗保障工作健康运行。

1. **医保基金平稳运行**。全县全年医保基金总量约 5.56 亿元。全县城乡居民人均筹资标准 860 元，参保人数 44.44 万人。全县全年城乡居民医保基金支出 4.51 亿元（含大病保险 6594.42 万元）。全年城乡居民异地结算 6925 人次，统筹基金支出 6859.29 万元，大病保险支出 2059.46 万元，比上一年同比增加 2184 人次，统筹基金支出增加 1329.79 万元，大病保险支出增加 287.26 万元。全年职工异地结算 2620 人次，基金支出 4145.26 万元。与上一年同比增加 35 人次，基金支出减少 625.34 万元。

2. **基金监管**。县医保局从"抓源头、建制度、补漏洞、防风险"入手，多措并举加强基金监管力量。县委编委批准，成立和县医保监管中心，让医保基金监管工作逐步走向专业化、精细化。引入第三方专业监管服务，依托医保系统大数据，精准定位违法违规行为。将全县 17 家定点医疗机构、116 家定点药店全部纳入第三方专业监管范围。由第三方监管机构派出专家团队，配合县医保局比对严查医保基金违法违规行为。所有定点零售药店、部分民营医疗机构（130 家左右）正在上线视频监控系统，全天候摄录结算区域内结算行为视频及截图。视频存储有效期为 1 年、画面截图存储为 2 年，保障医保基金使用过程的可追溯性，全面织就"互联网＋监管"执法网。针对大病保险，县医保局与人民财产保险公司合作，从和县两家二级公立医疗机构抽调 300 份病历进行专家评审，发现问题并反馈医院处理；针对慢性病药品销售，县医保局召开全县定点药店规范慢性病购药票据管理工作会议，要求国元保险公司加强慢性病医保基金管控和结算服务工作。

3. **优化流程提升服务**。以便民、为民为原则，县医保局持续进行流程再造。在全市范围内率先新增商业银行代扣缴费方式，确保资金安全，减轻基层工作压力，提高工作效率。9 月中旬，OCR 智能审核系统在和县医保服务大厅开通运行，通过线上单据识别和目录自动对照处理，实现报销经办高效化，切实解决医保报销周期长问题。医保服务大厅前台设置医保综合、主任值班、业务咨询等 8 个办事窗口，办事群众只需要到 1 个窗口递交医疗报销材料手续，就能办完全部业务。将城乡居民参保、医药费报销受理、慢性病申报受理等业务下沉各镇医保办，缩短服务途径，避免患者来回奔波，方便群众生活。每月交错设置 9 个工作日上午，安排局科级干部前往服务大厅带班，随时接待来访群众，确保"问题在一线发现、难题在一线解决"。

**4.控制费用增长**。为控制医疗总费用不合理地快速增长，解决百姓看病贵问题，县医保局继续实施《关于和县紧密型医共体城乡居民基本医疗保险基金包干管理办法（试行）》。实行按人头总额预付管理，按"结余留用、合理超支分担"的原则，进行季度预拨、年终决算。配合市医保局做好 DRGs 支付方式改革，推行多元复合式医保支付方式。县

和县三院为群众义诊

医保局拟建《和县医疗机构按床日付费管理规定》，明确县域内康复、精神类疾病住院按床日付费范围和床日定额标准，按照"总量控制分月预结、年终清算"实现资源优化配置，有效控制医疗费用的不合理增长。尝试将基层医疗机构收治 5 种排名靠前的病例纳入"日间病床"收治病种，减轻参保患者个人负担，减少医保基金支出。

**5.落实惠民政策，助力疫情防控**。县医保局聚焦健康脱贫、疫情防控两大重要任务，狠抓工作落实。配合做好市际交叉互查、省第三方评估健康脱贫相关工作。研究制定《关于巩固拓展健康扶贫成果，集中排查和健全防止返贫动态监测帮扶长效实施方案》，针对全县大病户，开展系统排查与动态监测工作。全面落实医保扶贫政策，对全县 1348 名退捕渔民，按照每人 320 元标准（其中低保户标准为每人 50 元、低保户学生标准为每人 20 元）应保尽保，补贴合计 29.44 万元。拨付医保基金近 7000 万元，保障全县 50 万人新冠肺炎疫苗接种工作顺利进行。疫情期间，县医保局负责的集中隔离点连续坚守 14 天，完成任务。

# 六、改革发展篇

## 农业改革　转型发展
### ——和县特色农业"三棚＋一塘"

和县素称"鱼米之乡"，是传统的农业县，历来精耕细作，物产丰饶。2021年，粮食播种面积99.11万亩，同比下降0.3%；粮食总产量38.42万吨，比2020年增长0.8%；粮食产量实现"十八连丰"。

中共十一届三中全会以后，由于全面实行家庭联产承包责任制，农民有了生产经营自主权，极大地激发起种田的积极性；1994年的第二轮土地延包，又让农民吃了一颗"定心丸"。农业体制的深入改革，促进了和县农业产业结构的优化调整。大棚蔬菜异军突起，大棚养鸭、大棚养鸡独树一帜，精养鱼塘星罗棋布，和县县委、政府及时提出"三棚＋一塘"的农业产业结构调整的新格局，加快了农业集约化、规模化、产业化的步伐。

### 大棚蔬菜

1983年，城南乡太平村刘斯荣、黄耀祖、黄立方、尹仁志、李正飞等5人率先学习外地经验，搭起塑料大棚，培育早辣椒、早番茄，上市早，价格高，收入多。黄耀祖2亩早辣椒、早番茄，年收入1万元。1984年，城南乡政府总结他们成功的经验，并成立蔬菜研究会。1985年，蔬菜种植面积上升到31.87平方千米；1987年，城南乡3000多户搭起塑料大棚5000个，面积2000多亩，收入800多万元，被评为全国先进单位。黄立方出席全国科普工作先进单位和全国先进能手会议。1988 年，蔬菜大棚 68.6 平方千米，并形成 26 个特色小区，荣获省科技进步"星火奖"。

1990 年春，新华社记者张正国在《新华日报》（华东版）专题报道和县蔬菜生产，称和县成了"长江中下游地区最大的菜园子"。

安徽省委副书记孟富林视察后赞扬他们："五个能人带一乡，万吨蔬菜过大江，进入城市争市场，增加收入奔小康。"

"五个能人"刘斯荣、黄立方、黄耀祖、尹仁志、李正飞（从左至右）

1995 年，全县蔬菜瓜果种植面积达 80.21 平方千米。其中大棚蔬菜 41.87 平方千米，总产值 2.2 亿元，实现了"96323"工程提出的目标。1996 年，中国科协召开"五大"会议，授予和县"金桥工程"优秀项目二等奖。

1997 年 11 月 24 日，中共中央政治局委员、书记处书记温家宝同志在安徽省委书记卢荣景陪同下视察和县，深入大棚内察看蔬菜长势，并同菜农座谈。1999 年，和县蔬菜种植面积发展到 108.87 平方千米，蔬菜品种发展到九大类 100 多个品种，真正成为"长江中下游地区最大的菜园子"。

2000 年 4 月，占地 0.14 平方千米、总投资 4654 万元的和县皖江蔬菜副食品批发交易市场正式运营。该市场是农业部、中国蔬菜流通协会定点市场，全国"三绿工程"示范单位，农业部农产品信息采集点，是一个集交易服务中心、物资配送中心、信息发布中心、票据结算中心和物业管理中心为一体的综合型交易市场。市场拥有自己的商标"皖江"牌。此外，还有乌江边贸市场、濮集皖东市场、城北、联合、沈巷、雍镇等地共50多家市场，形成了县、乡、村三级市场网络，初步构筑起"大生产、大市场、大流通"的基本格局。成为产业布局日趋合理、产业特色日趋丰富、产业结构日趋明晰、商品规模日渐扩大、服务管理日趋配套、产品质量和安全逐步提升的一个支柱型产业。

随着新世纪的到来，和县蔬菜生产的发展跃上了一个更高的层次。无论是种植规模、产量、产值、品种、品质、科技含量、市场销售、辐射影响等，都在全国蔬菜生产中占有一席之地。

2004年，和县蔬菜播种面积283.33平方千米，其中大棚高效栽培面积为133.33平方千米。蔬菜种类有10大类，近50个小类，年总产量为80万吨，产值达8.5亿元，占全年种植业总产值的2/3，农业总产值3/5。长期从事蔬菜种植的大户有7万多户，人均种菜纯收入超过1100元。

2005年，和县"皖江"牌蔬菜被国家商务部评为全国"三绿工程"畅销品牌，名列全国十大蔬菜品牌之首。

2006年，和县306.67平方千米蔬菜生产已全面实现无公害化，年产各类无公害蔬菜88万吨，总产值达9.3亿元，农民人均种菜纯收入1200元。和县的蔬菜生产已形成区域经济特色明显、产品质量优良、经济效益显著的主导产业。

介绍和县蔬菜不能不说和县辣椒，和县辣椒，外形墩实可爱，一般单果长15～18厘米、最大横径6～7厘米，单果重在80～120克，最大果可达220克。青果鲜碧醒目、口感脆爽，近熟果略显橘黄，红熟果通体鲜红透亮。集中堆放，切片制酱或炒食辣香鲜美爽口即是"和县辣椒"。2012年，"和县辣椒"荣获国家地理标志著名商标。

2013年，和县被中国蔬菜流通协会授予"中国蔬菜之乡"称号。

2018年，"和县辣椒"种植面积11万亩，年产量30万吨，总产值10亿元。是年，"和县黄金瓜"种植面积5000公顷，总产量14万吨，总产值近3亿元。和县农产品的"三品二标"是指无公害农产品、绿色食品、有机农产品和农产品地理标志。总数95个，分别为无公害农产品12个、绿色农产品79个、有机农产品4个。"和县辣椒""和县黄金瓜"是2个著名地理标志。2018年新增绿色农产品12家单位共16个品种，其中7家单位11个绿色农产品为新增，5家单位5个品种为续接；2家单位商标被认定为"安徽省著名商标"。

是年，和县种植芦笋700亩，年产优质芦笋1400吨，产值2300万元。芦笋为多年生蔬菜，一次种植，可连续 10 年采收，亩均效益超过 3 万元。

乌江镇周祁村的生态农场有黄桃上千亩，是马鞍山市规模最大的黄桃种植基地。黄桃有 20 多个品种。周祁黄桃，以果肉色泽金黄，营养丰富，味道独特，富含维生素 C 及多种微量元素而著称，其中"锦香黄桃"获马鞍山市鲜桃评比一等奖。周祁黄桃，

和县黄金瓜获国家地理标志保护

平均每棵桃树能结 30 斤，亩产黄桃在 3000 斤左右，80% 以上的单个桃子都在半斤以上，有的甚至突破 1 斤。这种名为黄金蜜 1 号的黄桃是从韩国引进的优质新品种，其特性之一是早熟，且口感鲜嫩多汁、香气浓郁，每斤售价 12 元左右。

2021 年，和县蔬菜及食用菌 52.97 万吨，比 2020 年增长 5.6%；瓜果类 4.42 万吨，比 2020 年增长 13.5%。

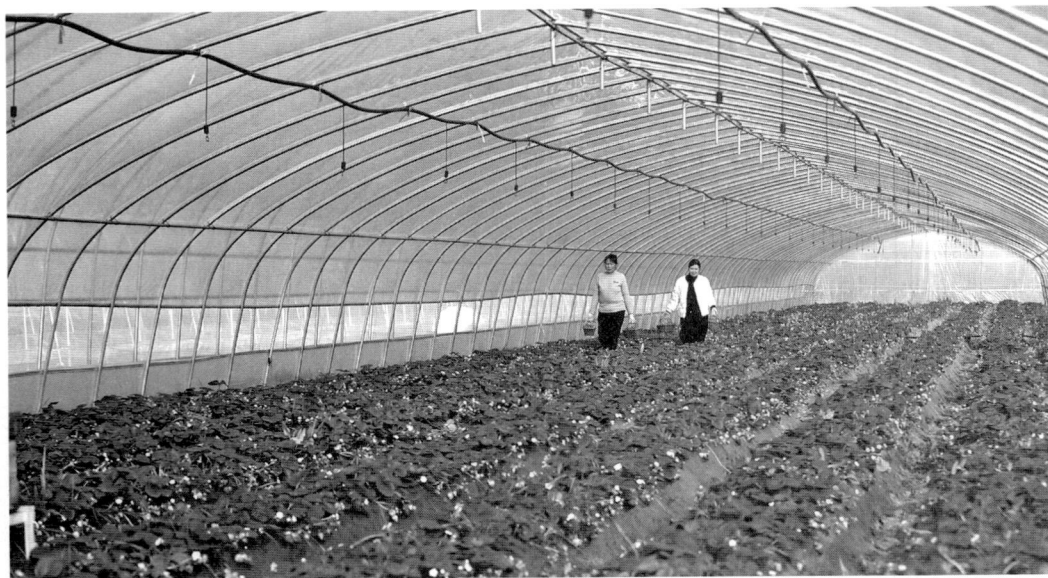

历阳镇太平村大棚草莓

## 大棚养鸭

20 世纪 90 年代，大棚养鸭、大棚养鸡在香泉悄然兴起，很快发展到西埠、乌江、功桥、沈巷等镇。1993 年，全县家禽出栏量 384 万只，1995 年增加到 600 万只，1990 年以前，和县家禽养殖以地方品种为主，鸡为本地土鸡，生长速度慢，鸭为麻鸭，是巢湖麻鸭与昆山麻鸭的后代，体格小，效益低下。1994 年、1995 年，分别从皖南引进青脚鸡与固始鸡，从四川引进英国樱桃谷 Sm2 型父母后代种鸭、白鹅与扬州三朵花品种，不仅适合规模化、集约化养殖，也大大提高了效益。1993 年，全县出栏量 384 万只，1995 年增加到 600 万只，到 2000 年，出栏量达 1021 万只。大棚养殖已成为全县农业主导产业之一，香泉镇成了全省最大的肉鸭生产基地之一。

进入新世纪后，家禽养殖更加注重良种引进和建立生产基地、注入科技含量，办技术培训班，全面推广新技术。至 2005 年，良种普及率达 92%。大棚养鸭出栏量为 1360 万只，大棚养鸡出栏量为 370 万只，大棚养鹅出栏量为 277 万只，家禽总出栏量达到 1907 万只。

1994 年，香泉有养鸭大户 60 户，主要分布在龙一、龙塘、晓山、孙堡、新建等村，1995 年出栏肉鸭 80 万只，只均效益 2 元。2005 年，养鸭户发展到 600 户，年出栏肉鸭 750 万只。基地已初步形成种鸭饲养、种蛋孵化，饲料生产、肉鸭饲养、肉鸭加工产品销售体系。

1997 年，香泉乡的肉鸭月存栏量有 100 多万只。通过无锡外贸，将肉鸭出口到日本、韩国等海外市场，销售额达人民币 6000 万元，当年出口就达 60 多万元人民币。南京的国际粮农组织授予香泉的“香雪牌”板鸭“国际驰名商标奖”。11 月 8 日，安徽省商标局授予“香雪牌”板鸭“安徽省驰名商标”称号；年底，顺利通过外经贸部评审和验收，取得外贸自营进出口权，产品远销日本、韩国，创外汇达 800 万美元。

1999 年，香泉乡建立了肉鸭养殖科技示范园，大力推广“大棚地面平养、鱼鸭生态混养、大棚高架网上平养”三种养殖模式。重点推广大棚高架网上平养技术，该模式育雏成活率达 98%，比旱地平养提高了 4 个百分点。

2002 年，高架网上平养大棚发展到 150 座，香泉大棚肉鸭养殖在规模经营的基础上，形成了产业化。以“公司＋农户”的形式推动、扩展成 6 个大棚肉鸭养殖村，规模养殖户有 850 户，年出栏肉鸭达 1200 万只，同时还兴办了 4 家肉鸭加工企业，年加工肉鸭能力达 1000 万只。形成种蛋孵化、饲料生产、肉鸭饲养、肉鸭加工、产品销售一条龙体系。大棚肉鸭养殖年产值达 3 个亿，肉鸭纯收入 3600 万元，农民人均增收 850 元。当年秋天，央视科教栏目将香泉乡的大棚养鸭向全国作了报道。

2003 年，谢道兵以 150 万元价格收购和县禽蛋公司，更名为香泉湖农业发展有限公司。2007 年，又更名为安徽和县香泉湖农业集团禽业有限公司。下辖种鸭公司、孵化公司、饲料公司、养殖公司和上海晨欣食品公司，总资产 2.5 亿元。是一家集种苗孵化、肉鸭养殖、饲料加工、活禽屠宰、冷冻光鸭、熟食制品为一体的新型现代化农业企业。该公司采取"公司＋基地＋合作社＋农户"模式，实行规范养殖，让利农民，科学管理，发展连锁加盟店，精心打造"阿兵"系列鸭制品。

安徽省和县香泉湖禽业有限公司生产的"香雪牌"盐水鸭，2002—2005 年连续 4 年获省熟食加工名牌产品 100 强。2007—2008 年，年产量 3000 多吨，年销售收入 6000 万元。2008 年，被安徽省"532"提升专项行动确定为重点支持的农业产业化龙头企业。2009 年，进入安徽省民营企业 50 强。2011 年 4 月，公司由香泉镇迁入和县工业园区，5 月份试生产，6 月份正式投产，有两条生产线，主要从事熟食鸭产品加工，蔬菜和水产品加工，公司主导产品有"阿兵"牌滋味鸭、"阿兵"牌盐水鸭和泡椒凤爪等六大系列 40 多个品种。2012 年，年销售收入 12.9 亿元，利税 2300 万元。位列马鞍山市加工制造业 20 强的第 18 位。"阿兵"牌旅游熟食品被评为"上海名优食品"，获 2013 年国家工商局认可，安徽省工商局公布为著名商标。是年，公司产品总量 4500 吨，产值 9000 万元，实现利税 270 万元。2014 年，产品总量 2700 吨，产值 5500 万元，实现利税 220 万元。香泉镇大棚肉鸭养殖年产值达 3 个亿，纯收入 3600 万元，农民人均增收 850 元。

## 大棚养鸡

香泉由大棚养鸭发展到大棚养鸡，消息很快传到乌江、西埠、功桥、沈巷等地。沈巷肉鸡养殖基地建于 1998 年，分布于朱庄、傅仕、八角等村。有 30 户养鸡大户，当年出栏 30 万只肉鸡。2003 年，养鸡户发展到 100 户，年出栏肉鸡 150 万只。只均效益 1.1 元。

功桥镇圩区面积大，习惯养白鹅，其白鹅养殖基地建于 2002 年，分布在前唐、张王、功桥等村。饲养品种为四川白鹅，当年有养殖户 20 户、饲养量 3000

只。2005 年，发展到 160 户，饲养量 6 万只，只均效益 5 元，饲养种鹅只均效益 60 元。基地有 6 家孵坊，年孵化鹅苗 200 万只，远销江苏、江西、浙江、吉林、黑龙江等地。

## 精养鱼塘

水产养殖是和县的传统产业，在农业经济中举足轻重。县委、县政府提出"三棚加一塘"的农业产业结构调整思路，有 3 项是养殖业的项目。大办精养鱼塘，发展水产养殖，必须结合低洼田改造，认真开发"三荒"，增加养殖面积；其次建立渔业试验示范基地，制定标准化技术规程，推广无公害水产品生产，推广 80：20 养殖、颗粒饲料养鱼、蟹鳜套养等 20 多项实用生产技术，培训农民水产技术员。2001 年，县水产研究所在濮集青龙湖建示范基地，培训 2000 多人次。是年，全县可养水面由 20 世纪 80 年代的 69.33 平方千米扩大到 88.67 平方千米；2005 年，养殖水面 97.02 平方千米，其中池塘 53.35 平方千米，湖泊 0.93 平方千米，水库 8.28 平方千米，河沟 33.3 平方千米，其他 1.26 平方千米。发展养殖大户 800 多户，水产养殖也从粗放散养走向规模精养。全年水产总产量 2.31 万吨，产值 2.7 亿元，占农业产值的 12.17%。

姥桥金和特种水产养殖场生产的"江鳌"牌河蟹，2003 年 8 月通过省级无公害水产品认证，2004 年 4 月通过国家农业部认证，获安徽省名牌农产品称号。同时，通过省检疫检测，取得进出口经营自主权。2005 年，全县渔业生产已形成"三带""十大养殖基地"，即沿江高效渔业经济带、沿湖特色水产养殖带、沿路渔业观光休闲带，十大基地是：姥桥金和特种养殖场、沈巷水产开发公司、姥桥红光渔场、石杨剪尔圩渔场、乌江黄坝渔场、乌江青龙湖渔场、沈巷太基渔场、功桥珍珠养殖场、香泉泉水渔场、历阳横江水产研究所渔场等。至 2005 年，已改变以青鱼、草鱼、鲢鱼、鳙鱼为主的旧模式，形成以河蟹、鳜鱼、鲫鱼、青虾等名优品种为主的新格局。名特优品种养殖 55.33 平方千米，占总面积的 57%。

1998—2005 年，和县还通过招商引资，招来周边省市客商 200 户，发展特种水产养殖。河南王立军 1990 年来白桥镇从事河蟹生产，1996 年又到螺百开发荒滩荒水，开挖精养鱼塘，至 2000 年，扩大鱼塘 0.23 平方千米，年产成蟹 15 吨，创河蟹单产 60 公斤的全县纪录。在他的影响下，无为、芜湖等周边水产养殖户也相继来和县承包养殖，形成了独具特色的养殖基地。1998 年，江苏省盐城孙环德在联合乡开发水面 0.97 平方千米，投资 600 万元，随后在功桥新陆圩开发水面

1.9 千米，投资 800 万元，进行特种水产养殖。1999 年，江苏省兴化市金和特种水产养殖场总经理刘恒俊，在姥桥镇黄浦圩开发水面 0.68 平方千米。开办和县姥桥镇金和特种水产养殖场，随后又在石杨、乌江、城南、白桥等地承包水面 8 平方千米，至 2005 年，已投资金 6000 万元，主要从事河蟹种苗培育和成蟹养殖。河蟹产品销售遍及苏、锡、常沿线和上海、杭州等地。

1990 年，和县渔业产量 7148 吨，产值 2985 万元；1993 年，和县渔业产量 10475 吨，产值 11699 万元；1996 年，和县渔业产量 25631 吨，产值 32457 万元；1999 年，和县渔业产量 22302 吨，产值 23421 万元；2005 年，和县渔业产量 23117 吨，产值 27043 万元。

20 世纪 80 年代，和县可养水面 69.33 平方千米，实行荒滩荒地、荒水开发后，水产养殖面积增加到 88.67 平方千米，精养鱼塘面积 24.67 平方千米。

县渔政站遵照国家渔业法规，实行开征渔业资源增值保护费，对国有水面公开竞标，规范发放捕捞许可证，有效地保护了国有水面渔业资源并对所有水面进行巡查，严厉打击电、炸、毒、偷等违法行为。在内陆河道推行"三网"（围网、栏网、网箱）养殖，提高养殖产量。2004、2005 两年，核发渔业捕捞许可证 800 份，没收禁用渔具 2600 件，罚款 10 万元，调处渔事纠纷 300 起（其中水污染死鱼案件 30 起）。为养殖户挽回经济损失 50 万元。

2002 年 10 月 8 日，和县组织 8 个渔业重点乡镇和一批水产养殖企业及水产经纪人，参加巢湖举办的"中国·巢湖首届水产品展销会"。送展的鳜鱼、青虾、河蟹等 10 多种特色水产品，受到与会的领导和客商的赞誉。同时引进水产项目 4 个，资金 4000 万元。2003 年 10 月 28 日，和县参加在上海市铜川水产品批发市场举办的"中国·巢湖第二届水产品展示交易会"，以"江鳌"牌无公害河蟹为重点，体现了和县水产品特色和优势。2004 年 10 月，和县又先后参加在南京、上海举办的"中国·巢湖第三届水产品展示交易会"，宣传推介河蟹养殖和加工项目。

2018 年，和县水产养殖总面积 5936 公顷（不含稻虾综合种养面积 4.18 万亩），全年水产品总产量 2.16 万吨（农普调整后产量为 2.07 万吨），比 2017 年增长 4.3%；渔业总产值 7.83 亿元（农普调整后为 7.34 亿元），比 2017 年增长 6.7%。全年投入池塘改造资金约 1160 万元，新开挖池塘 11 公顷、改造池塘约 472 公顷。是年 9 月，根据各水域滩涂自然属性、生产条件和水平及今后行业发展要求，重新编制水产养殖规划，县政府常务会议正式颁布实施，以规划统领渔业经济发展。

县农委渔业局对全县稻渔综合种养现状进行摸底调查，确定和县大东圩龙虾养殖专业合作社、和县剪尔圩种养区为千亩示范片，和县顺天家庭农场、和县明信水产养殖专业合作社、和县功桥镇浩然家庭农场、和县西埠随园家庭农场等 26 个养殖单位为百亩示范点。示范片、点总面积 1.63 万亩，涉及种养户 80 多户。示范片、点亩均产小龙虾 116 公斤、稻谷 503 公斤，毛收入 6170 元、纯收入 2730 元，实现"亩收千斤稻，亩增千元效"的目标。全年全县稻渔综合种养面积 4.18 万亩（含郑蒲港新区 4600 亩）。从和县 3 个专业合作社分 4 个批次抽取 32 个样品送至市产品质量检验中心检测，检测结果均为合格。

2021 年，和县水产品产量 2.29 万吨，比 2020 年增长 2.1%。

# 由弱到强　逐步提升
## ——和县工业发展历程简述

和县原本是农业县，工业一向薄弱。1921 年，和县县城、乌江和白渡桥等主要集镇，相继开办大达公、益农等 9 家米厂和 3 家印刷厂，最早使用机器生产的有文英堂印刷厂、益秦机面厂、新记碾米厂。各类作坊 37 家，其中油坊 12 家、糟坊 8 家、酱坊 5 家、皮革坊 4 家、磨坊 7 家、染坊 1 家。抗日战争期间，大部分米厂、作坊停业。1943 年 5 月，在抗日民主根据地功剩桥驼塘黄村，含和支队供应处兴建纺织厂 2 家，染纱厂、兵工厂、被服厂各 1 家（1945 年停办）。

新中国成立前夕，和县的工业是手工业占主导地位。1949 年，全县有手工业 2000 多户，从业人员 4814 人。1952 年，党提出过渡时期总路线，对农业、手工业、资本主义工商业进行社会主义改造。在金属、木材加工和纺织等工业部门进行社会主义教育，着手试办手工业生产小组 20 个，从业人员 191 人。引导他们联合起来走合作化的道路。1953 年，成立和城铁木手工业生产合作社。1955 年，建立手工业合作社 5 个，生产小组 21 个，从业人员 634 人。至 1957 年底，全县共组织手工业生产合作社（小组）60 个，从业人员 2887 人。其中集体所有制 2428 人，占 84.1%，个体所有制 459 人，占 15.9%。全年工业总产值 237.9 万元。逐步把生产资料的资本主义所有制改造成为社会主义公有制。

1950 年创办的和县酒厂，是最早的地方国营企业。1951—1952 年，相继成立和县印刷厂、和县第一碾米厂。同时，和县合作总社接收管理乌江农产品加工制造厂、和裕米厂及石跋河米厂。利用私营油坊设备，分别在桃园拐、濮陈、张集、香泉、善厚、孙堡、西埠、白渡桥、沈巷、乌江、历阳等地建立 14 个加工油厂。1952 年，全县共有全民所有制企业 19 个，职工 522 人，产值 298 万元。1953 年，和县新建第二、第三、第四米厂。1957 年，先后建白桥、雍镇、乌江加工米厂、和诚电厂、棉织厂、轧花厂。全县全民所有制企业 21 个，职工 1026 人，产值 730 万元。

1960 年，工业、农业、商业、交通、粮食等部门相继兴建了一批全民所有制企业。各人民公社还兴办一批土化肥、土农药等小型企业，由于缺乏技术，效益不好，先后停办。1965 年，全县社办工业 20 个，产值 18 万元。1966 年后，推行"厂社挂钩"，各乡镇相继兴办建材、煤炭、粮油和食品加工企业，至 1970 年，社办工业增为 48 个，产值 153 万元。1975 年又增至 56 个，产值 487 万元。

党的十一届三中全会以后，和县工业生产有了新的发展，尤其是乡镇工业联户、个体工业发展较快，建材、砂石开采、金属制品和食品加工等已基本形成体系。1979 年，社队企业发展到 141 个，产值 1467 万元。1984 年，贯彻"积极扶持、合理规划、正确引导、加强管理"的方针，乡办企业增为 171 个，产值 2338 万元。1988 年，全县乡办工业企业 200 个，职工 6448 人，固定资产 2176 万元。产值 3720 万元，比 1978 年增长 3 倍多，利税 338 万元。同年，村办企业 234 个，产值 1637 万元，比 1981 年增长 2 倍多。是年，全县工业总产值（按 1980 年不变价计算）达 20221 万元，分别是 1978、1965、1952 和 1949 年的 3 倍、7.43 倍、13.94 倍和 27.18 倍；1988 年，乡村工业当年价总产值（包括乡办、村办、联户办和个体工业）达到 12858 万元，比 1978 年增长 7.7 倍。占农村社会总产值的比重由 1978 年的 8.66% 上升到 19.44%。在全部工业总产值中所占比重，由 1978 年的 17.56% 上升到 28.48%。成为和县经济的主要支柱之一。

1976 年 12 月，成立县社队企业局。1988 年末，全县共有独立核算工业企业 269 个，其中，全民所有制企业 25 个、集体所有制企业 43 个、全民与集体联营企业 1 个、乡镇工业企业 200 个。产值 3720 万元，比 1978 年增长 3 倍多，占农村社会总产值的比重由 1978 年的 8.66% 上升到 19.44%。在全部工业总产值中所占比重，由 1978 年的 17.56% 上升到 28.48%。乡镇工业企业占据全县企业的"半壁江山"，成为和县经济的主要支柱之一。

1990 年，和县县委和政府在推进企业改制的同时，针对工业"短腿"的县情，积极创办工业园区与工业集中区，实施"筑巢引凤"工程。1992 年起，采取多种形式前往沿海和经济发达地区开展招商活动，以优惠的政策和良好的环境吸引外商来和投资，鼓励发展民营工业，推进"工业强县"战略。至 2005 年，共引进省外各类工业项目 480 个，投资额达 210 亿元。全县民营工业企业已达 798 个，在化工、冶金、机械制造、金属制品、木材加工、粮油食品、纺织服装等多个产业中挑梁担纲，有效地推动支柱产业的强势发展。全县工业增加值达 81182 万元，比 1989 年增加 73379 万元，增长 9.4 倍，年平均递增 13%；第一、第二、第三产业结构的比重，由 1989 年的 59.61∶19.63∶20.76 发展为 30.82∶33.09∶36.09，形成"三分天下有其一"的工业格局。

1993 年起，县委、县政府对工业企业实施改制，民营工业得到快速发展，成为县内经济支柱之一。基本形成机械制造、化工、建材、农副产品加工、造纸五大骨干行业，工业总产值 139504 万元。2000 年，全县工业总产值 221628 万元。2005 年，民营工业企业已达 798 个，占全县工业主导地位。是年，规模以上工业企业 71 个（重工业 43 个、轻工业 28 个），其中，国有控股企业 1 个，股份有限公司 1 个，有限责任公司 8 个，私营企业 57 个，外商投资企业 2 个，集体企业 2 个。

1998 年起，在深化改革加快结构调整中，着力推进民营化进程，引进一批又一批外来投资企业建成投产。行业成分不断增加，工业经济增长速度加快。至 2005 年，和县已拥有机械制造、开采、建材、木材加工、化工、冶炼、粮油食品加工、纺织服装、造纸、能源、印刷等 10 多个工业行业。和县规模以上工业企业产值利税分别为：2001 年工业总产值 84863 万元，利税 4396 万元；2002 年工业总产值 92603 万元，利税 5205 万元；2003 年工业总产值 122898 万元，利税 6741 万元；2004 年工业总产值 155091 万元，利税 7263 万元；2005 年工业总产值 178184 万元，利税 8933 万元。

## 一、基础工业

**机械制造工业** 和县机械工业多数是由手工业合作社或农具厂发展起来的。1989 年，机械制造业主要有县阀门总厂、水泵总厂、粮食机械厂、食品机械厂、排灌机械厂等。全县机械制造工业总产值 2882 万元。2002 年，安徽瑞康金属制品有限责任公司和安徽固特金属制品有限责任公司落户于沈巷工业园区，主要生产保险箱、文件柜、密集架等系列办公用品；全县机械制造工业总产值 10489 万元。2003 年，安徽江宏阀业有限责任公司在和县落户投产。2004 年，安徽埃斯克制泵有限公司及三环泵业有限公司相继成立，泵阀工业集群的雏形逐渐形成；全县机械制造工业总产值 16424 万元。2005 年，机械制造工业企业 7 个，即三联泵业、三环泵业、埃维柯阀门（安徽）、埃斯克制泵、江宏阀业、汉光机械、和县铸锻厂，是年工业产值 30322 万元，实现利税 2923 万元。

1984 年的和县阀门总厂

**建材工业**　20 世纪 80—90 年代，建材料石开采业主要集中在绰庙、石杨、腰埠、香泉等地，绰庙乡有石料开采和加工企业 20 多个，几乎村村开山炸石，形成石料开采集群。东山、北山、南山、先锋等石料厂规模较大，效益较高。2005 年，全县石料开采加工企业 45 个，年产石料 1000 万吨，销售收入 2 亿多元。其间，江砂开采也是高峰期，西梁山、白桥、姥桥、联合等沿江乡镇均成立江砂开采公司。2005 年，江砂开采量 150 万吨，销售收入 5000 万元。

90 年代中后期，轮窑纷纷上马。全县大小轮窑 71 个，遍及 21 个乡镇，其中最大的西埠砖瓦厂是 36 门轮窑，年产砖 3600 万块；1995 年，全县砖瓦企业年产红砖 3 亿块、瓦 1500 万片，实现销售收入 4000 万元。1996 年，全县砖瓦轮窑厂生产红砖 6.5 亿块，达历史高峰。2000 年之后，国家出台节约黏土资源产业政策，砖瓦企业逐年减少。至 2005 年底，全县砖瓦厂 35 个（其中轮窑 18 个），年产红砖 5.3 亿块，销售收入 7600 万元。空心砖产量 6000 万块，销售收入 1200 万元。是年，水泥企业 4 个，年产水泥 20 万吨，销售收入 1.2 亿元。水泥已成为和县乡镇工业的主导行业之一，约占规模以上工业总量的 1/10。

1998 年的乌江水泥厂

1998—2002 年，胶合板企业发展达到高潮，全县以胶合板为主的建材企业有 15 个，年产板材 15 万张，年销售收入 3 亿元。同时，胶合板生产由单一品种向多规格多品种方向发展，分别生产三合板、五合板、工程模板、榉木门等。胶合板企业在螺百、沈巷、五显一带，形成一定规模的工业集群。继而姥桥、历阳也有私人办起板材厂和木门厂。2003 年板材企业开始萎缩，至 2005 年全县有木材加工企业 13 个，规模以上企业 9 个，年工业产值 11174 万元，创利税 229 万元。

**化学塑料工业** 1990 年，全县化学工业及塑料制品工业企业总产值 2198 万元。1995 年，化学塑料企业 22 个，总产值达 14268 万元。1998 年 8 月，和县化肥厂破产；2001 年，和县橡胶厂整体出售给县宏晶集团经营。2003 年 5 月，和县塑料厂破产。2004 年，全县规模以上化学塑料工业企业 15 个，总产值 28263 万元。2005 年，全县规模以上化学塑料工业企业 10 个，工业总产值 80791 万元，创利税 6221 万元。

**食品工业** 1996 年，和县食品工业企业 83 个，在市场竞争中不断翻新花样，质量和品位档次不断提高。工业总产值 6387 万元。规模较大的有城关米厂、饲料厂、面粉厂、植物油厂、姥桥粮油厂、乌江粮油厂。1998 年有食品工业企业 24

个，工业总产值 8776 万元。2002 年，和县大平油脂有限公司、安徽天邦饲料科技有限公司、安徽象牙米业有限公司、和县大江粮油棉公司先后成立，全县规模以上非国有食品工业企业年产值 9462 万元，创利税 769 万元。2005 年，国有和规模以上非国有食品工业企业 13 个，总产值 67727 万元。安徽诚信食品有限责任公司、安徽香泉湖禽业有限公司、和县嘉谊食品有限公司、安徽华安食品有限公司、和县金龙油脂调味品有限公司、安徽省绿源缘冷冻食品有限公司、和县益和腌制厂等工业企业可生产干果休闲食品、面包、生日蛋糕、各类豆制品、光鸭、板鸭、盐水鸭、分割鸭及各类萝卜干、莴苣、生姜、荷仁豆、蒜苗、莲藕等系列品种，生产总值 2946 万元。

1989 年，全县有酒厂 8 个，固定资产 269 万元。年产值 698 万元，创利税 95 万元。2002 年，和县酒厂破产，被四川高宇制酒有限公司收购，更名为安徽省和酒王有限公司。2005 年，全县酿酒企业 6 个，主要企业有安徽省和酒王酒业有限公司、和县昭明酒厂、和县天源酒业有限公司等，工业总产值 1274 万元。

**纺织工业**　90 年代，和县纺织工业主要有县帆布厂、丝织地毯厂、织带厂、乌江轧花厂、和城轧花厂，工业总产值 3381 万元，创利税 678 万元。2004 年后，民营纺织工业纷纷兴建，安徽长江纺织有限责任公司年生产棉纱 500 吨；巢湖巴丽花边有限公司，年产 18.8 万米；巢湖天丝棉纺有限公司年生产棉纱 1300 吨；此外，还有安徽天伦特种纤维有限责任公司、安徽和县丹迪纺织有限公司等。

**服装鞋帽工业**　1989 年，和县服装、鞋帽制造企业 4 个，主要生产滑雪衫、童裤、皮鞋、布鞋、帽子等产品，产品除在和县销售外，还销往北京、上海、新疆等地，总产值 48 万元。1993 年，和县鞋帽厂与台湾客商合资成立安徽华旗鞋业有限公司。1999 年，因经营不善而倒闭。2002 年，引进南京投资资金在历阳镇兴建安徽和州大有服装有限责任公司。是年，全县服装、鞋帽工业总产值 624 万元。2005 年，全县有独立核算服装、鞋帽企业 5 个，工业总产值 1961 万元。

**造纸印刷工业**　和县造纸印刷工业自 50 年代以来一直时断时续地发展，先后有县印刷厂，桃花桥造纸厂，县造纸厂，西埠、白桥等乡镇办的印刷厂。1989 年，全县造纸印刷工业企业 3 个，年产值 181 万元，创利税 32 万元。随着环境保护意识的增强，对污染企业进行关停并转，县造纸厂、扬子板纸厂先后于 2002 年 7 月、9 月破产，和县印刷厂 2003 年破产，组建和县新华印务有限责任公司，主要印刷各类课本、学习资料等。2005 年，全县有造纸、印刷企业 6 个，工业总产值 2735 万元。

## 二、乡镇企业

乡镇企业起步于计划经济时期。1965 年，和县社办工业 20 个，产值 18 万元。至 1970 年，社办工业增为 48 个，产值 153 万元。1975 年，增至 56 个，产值 487 万元。党的十一届三中全会以后，工业生产有了新的发展，尤其是乡镇工业联户、个体工业发展较快，建材、砂石开采、金属制品和食品加工等已基本形成体系。1979 年，社队企业发展到 141 个，产值 1467 万元。1984 年，贯彻"积极扶持、合理规划、正确引导、加强管理"的方针，乡办企业增为 171 个，产值 2338 万元。1988 年，全县乡办工业企业 200 个，职工 6448 人，产值 3720 万元，比 1978 年增长 3 倍多，利税 338 万元，固定资产 2176 万元。同年，村办企业 234 个，产值 1637 万元，比 1981 年增长 2 倍多。是年，全县工业总产值（按 1980 年不变价计算）达 20221 万元，分别是 1978、1965、1952 和 1949 年的 3 倍、7.43 倍、13.94 倍和 27.18 倍；1988 年，乡村工业当年总产值（包括乡办、村办、联户办和个体工业）达到 12858 万元，比 1978 年增长 7.7 倍。占农村社会总产值的比重由 1978 年的 8.66% 上升到 19.44%。在全部工业总产值中所占比重，由 1978 年的 17.56% 上升到 28.48%。成为和县经济的主要支柱之一。

1988 年，和县县委、县政府实施"四轮驱动，八业并举"的发展策略。1989 年，和县乡镇企业得到迅猛发展。1997 年起，和县对企业实行全面改制，绝大多数乡镇办、村办的集体企业通过改制，私营企业比重急剧增大。至 2005 年，全县乡镇企业已发展到 12184 个，其中私营企业 1003 个，个体企业 11050 个，股份合作制企业 125 个。港澳台投资企业 2 个，而乡村独资企业仅有 4 个，占企业比重也由 1989 年的 12.2% 降为 0.03%。全县乡镇企业从业人员 5.65 万人，实现增加值 15.06 亿元，占全县 GDP47.7%；实现销售收入 56.56 亿元，利润 4.98 亿元，县内纳税 8100 万元，占全县工商税收的 56.3%，出口交货值 2.3 亿元；资产总额 44.7 亿元，其中固定资产原值 31.54 亿元。规模以上乡镇工业企业 63 个，占全县规模以上工业企业总数的 88.73%。

中共十一届三中全会以后，农村实行联产承包责任制，社、队利用剩余劳动力发展第二、第三产业，统称社队企业。1979 年，国务院颁发《关于发展社队企业若干问题的决定》，社队企业作为一个重要经济成分，国家承认其地位和作用，县委、县政府对社队企业的认识和重视程度随之提高。一批资源型企业兴起，砖瓦建材、粮油加工、矿山开采、机械制造、建筑施工等成为发展的重点行业。

1983 年，全县社队企业发展到 532 个，职工 1.2 万人，营业收入 1834 万元。

1984 年，社队企业局更名为乡镇企业局，同时国家规定乡镇企业包括乡镇办、村办、联户办、户办 4 个层次。第一次将联户办、户办等私营性质的企业纳入乡镇企业范畴。是年 3 月，和县召开县、区、乡、村四级干部会议，吹响发展乡镇企业进军号，各地掀起发展乡镇企业高潮。至年底，全县乡镇企业发展至 3466 个，实现产值 4839 万元，比 1983 年翻一番。1989 年，实现产值 2.6 亿元，比 1984 年净增 4.4 倍，年均递增 40%。针对简陋上马、规模小、科技含量低、结构不合理等现状，县委、政府提出上规模、上水平、上档次的口号，着力进行结构调整，然而受资金限制收效不大，加上国家由于国民经济出现过热的状况开始治理整顿，乡镇企业效益普遍下滑。1991 年起，县委、政府积极采取措施，进一步实施产业和产品结构调整，并对骨干企业与龙头企业实行重点扶持。在结构调整中坚持走"科技兴企"的路子，通过与大专院校、科研单位建立技术合作关系，引进或聘请外地专家兼职，委培大中专毕业生，建立县、乡、企人才培训网络等方式，有效提高了企业的科技含量和职工专业技术水平。全县逐步形成以砖瓦、板材、粮油、食品、化工等为主体的支柱工业。90 年代中期，为适应全县奔小康需要，县委、政府把发展乡镇企业延伸到村一级，制订消灭"空白村"，打造"明星村"的发展规划，推动村级经济同步发展。1996 年，全县乡镇企业 8159 个，从业人员 5.14 万人（其中乡镇办、村办企业 741 个，从业人员 1.71 万人）。比 1984 年分别增长 135.4% 和 135.9%；营业收入 21.4 亿元，是 1984 年的 64 倍。县内纳税 2167 万元，占全县工商税收的 27%，占全县财政收入的 36%，是 1984 年的 26 倍。固定资产原值 7.3 亿元，是 1984 年的 47 倍。

从 1988 年的崛起至 1996 年，乡镇企业一直以乡村集体企业为主体，个体私营企业所占比重较小。经过十几年的发展，乡村集体企业已成为实际上的"二国营"。虽然其间普遍推行过以承包为标志的经营机制转换，在一定程度上解决了"吃大锅饭"和分配中的平均主义问题，对促进生产力的发展起到积极作用，但无法解决乡镇企业发展中的深层次问题，为建立与市场经济相适应的现代企业体制与机制，1997 年成立和县企业改制指挥部，县委书记任指挥长，组建乡镇企业改制工作团，抽调 100 多名县直机关干部到指挥部、工作团、指导组工作，县召开改制工作大会，乡镇成立改制机构，委派乡镇企业工作团分别赴凤阳县和巢湖市环城乡学习考察，结合和县乡镇企业实际，制定乡村集体企业拍卖和组建股份制、股份合作制企业若干优惠政策，并以县政府和政〔1997〕124 号文件下发全县各地，推进乡镇企业改制。至 2000 年，全县改制股份制、股份合作制企业 82 家，拍卖、出售集体企业 65 家，破产 1 家，兼并 9 家，租赁 287 家。其中，华星集团改制后产权逐步向大户集中，实现管理层控股。

2000 年下半年，县委、县政府出台《和县乡村集体企业产权制度改革实施方案》，规定改制以出售、拍卖和股份制为主，要求年产值百万元以下的集体企业"能售不股，能股不租"，实行产权彻底改革。达到产权明晰化、投资多元化、全面推进乡镇企业二次创业的目的。此次改制与 1997 年改制相比，租赁企业大幅度下降，比原来减少 80% 以上。二次产权制度改革进一步激发了企业活力，促进了经济效益大幅提高。至 2001 年底，全县 934 家乡村集体企业基本完成股份制改造，或拍卖为私营企业。是年，全县乡镇企业营业收入 37.6 亿元，增加值 9.4 亿元，分别比 1996 年增长 75.7% 和 64.9%。利税 4.4 亿元，比 1996 年增长 98%。二次产权制度改革使得骨干企业数量增多，规模增大。年营业收入 500 万元以上的企业达 25 家，比 1996 年净增 17 家。规模企业平均固定资产 312 万元，比 1996 年平均增加 181 万元。二次产权制度改革中，和县出台了一系列鼓励、支持和指导个私企业发展的政策性文件，有力地促进私营经济的发展。2002 年，全县私营经济收入 26.8 亿元，比 1996 年增长 78.7%，在乡镇企业中的比重由 1996 年的 68% 升至 72%。

改制后的乡镇企业绝大多数成为民营企业，发展乡镇企业实质上就是发展民营企业，民营经济成为县域经济发展的主攻方向。自 2001 年起，县委、政府举全县之力打造工业园区，使民营经济有个好的发展环境与平台。2005 年，和县民营经济已形成农产品加工、造纸、机械制造、化工、建材五大支柱产业。华星、宏晶被列入省级集团企业。华星规模总量在全省同行业中排名第一，宏晶经济效益在全省同行业中排名第一。全县有 5 个企业被评为"省明星企业"、3 个企业获自营出口权；2 个企业的商标被评为省著名商标。民营经济效益不断提高，企业竞争能力明显增强，一批市、省、国家级名牌产品和优质产品在全国市场叫响，有的已跨出国门，走向世界。

和县乡镇企业发展较快，多次受到省委、省政府的肯定和表彰。2001 年，和县被授予"全省发展乡镇企业争先进位县"，2002—2003 年，连续两年被授予"全省发展乡镇企业先进县"。

# 三、名优企业

**安徽华星化工股份有限公司**　该公司始建于 1984 年，初为乌江镇办的一个小农药厂，经过改革创新、引进技术和人才，1993 年成为颇具规模的农药企业。1997 年，改制为民营股份制企业。2004 年 7 月 13 日于深圳挂牌上市，成为安徽省民营企业中第一家上市公司。总资产 10 亿多元，占地逾 1 平方千米，员工 2000 名，是集产、学、研一体化的国家重点高新技术企业。公司拥有国家级重点新产品 6 种，获国家专利 28 项，省名牌产品 3 种，省高新技术产品 9 种，省著名商标 3 个。主导产品杀虫水剂、杀虫双撒滴剂，杀虫单原药是"安徽名牌产品""安徽省质量免检产品"；专利产品"杀虫双撒滴剂"被科技部等五部委联合授予"国家重点新产品"，被农业部全国农技推广中心确定为"全国重点推广新产品"；自行研制的草除灵乙酯等新产品被国家经贸委等部门认定为"国家新产品"；精恶唑禾草灵项目被列入国家"星火计划项目"和"火炬计划项目"；醚菌酯原药被列入国家第二批"双高一优"导向计划和国家第七批国债贴息项目；氟虫腈原药被列入"国家火炬计划项目"。"禾乐"牌商标是省著名商标中唯一的农药品牌。

产品销往全国 20 多个省市，出口 20 多个国家和地区。综合实力在中国农药行业中排名前 10 位，系安徽省企业 50 强。拥有杀虫剂、除草剂、杀菌剂三大系

安徽华星化工股份有限公司上市

列 10 多个原药品种和 60 多个制剂产品，成为全球最大沙蚕毒系列农用杀虫剂的生产基地。市场网络覆盖中国、东南亚和欧美等国家，以多种形式、在多个领域与国内外开展科研、技术、贸易合作。2005 年，营业收入 3.6 亿元，增加值 9621 万元，利税 4568 万元。

**安徽三联泵业股份有限公司**　前身是和县水泵总厂，老字号国有企业，原国家机械部泵业产品定点生产厂家，拥有资产 3 亿元和自营进出口权，系国家大型二档企业，中国泵业协会理事单位。2003 年 9 月改制为民营企业，是安徽省最大的水泵生产厂家，中国泵行业的重点骨干企业。具有省级科技开发中心和国际一流科研设备和开发手段，承担多项"安徽省科技攻关项目""国家火炬计划项目"。为进一步上规模、上档次、上水平，该公司在县经济开发区征地 15.33 万平方米，开始进行新厂区建设。投资预算 1.26 亿元，建筑总面积 8.2 万平方米，建设期 2 年。

三联泵业装配生产线

三联泵业以清水泵、渣浆泵、排污泵系列产品和供水设备为主导产品，并构建了纯净水等多种经营相结合的产业格局。生产各种泵业、柴油机泵组和恒压供水装置 28 个系列，1000 多种规格，年产量 3 万多台。产品通过 ISO9001 国际质量体系认证。广泛用于冶金、矿山、电力、石化、环保和市政建设等领域。全国设立 50 多个销售办事处，销往全国各地和西欧、北美、中东及东南亚等国际市场。2004 年，公司被认定为"安徽省高新技术企业"，系列产品定为"安徽省新技术产品""安徽省质量免检产品"；"三联"商标连续 8 年蝉联"安徽省著名商标"。2005 年，荣获安徽省"二百强"企业、"出口创汇百强企业"称号。2005 年，实现销售收入 10741 万元，创利税 1405 万元。

**埃维柯阀门（安徽）有限公司**　公司前身是和县阀门总厂。1992 年先后投资新建装配中心、理化实验楼、铸造分厂。1995 年，成功研制出各类中、低压阀门，产品销往欧美等国际市场。1997 年 10 月实行股份制改造，成立安徽宏大阀门股份有限公司，是年被国家定为大型二档企业。2002 年企业进行改制，将部分房产、设备租赁给丹麦埃维柯阀门有限公司，成立埃维柯阀门（安徽）有限公司，主要生产低压阀门。2005 年，实现销售收入 6596 万元，创利税 261 万元。

**和县江宏阀业有限责任公司**　是一家以生产低压铁阀门为主的民营企业，位于城南乡。2003 年 9 月投产，总投资 2000 万元，占地面积 8700 平方米。公司自主研发的主要产品有 BS163、DIN3352-F4、F5、AWWAC509；承插式软密封闸阀；BS750 消防栓；BS5153（LW）铜密封旋启式止器阀；BS 5163 金属密封闸闸阀，BS5152 金属密封截止阀；铸铁过滤器等。2004 年，公司取得欧盟 CE 产品安全认证和 ISO9001 产品质量认证。产品全部出口，销往欧、美、东南亚、中东等国家。2005 年，实现销售收入 2400 万元，创利税 160 万元，出口创汇 320 万美元。

**安徽久工科技实业有限责任公司**　2003 年 11 月成立，位于和县经济开发区内，占地面积 6.6 万平方米。由上海久工实业有限公司投资，投资总额 5500 万元。是一家集科、工、贸于一体的民营企业，具有完善的组织体系和产品质量保证体系。经营健康器材木制品、金属制品、塑料制品及国内国际贸易。公司拥有自营进出口权，项目一期工程已于 2004 年投产，年产值 9000 万元。产品主要出口日本及欧、美等国。

**和县金城米业有限责任公司**　成立于 2001 年，位于和县历阳镇十里社区，是一家集农副产品购销、加工、贸易于一体的综合型民营企业。总资产 2602 万元，两条日产 500 吨精米生产线和 4 条配合饲料生产线，占地面积 4.27 万平方米，全部安装抛光机和光电选机，产品档次可根据市场需求任意调整。公司生产的"九湾"牌系列大米，畅销广东、福建和江、浙、沪等地，深受消费者好评。

2002 年，进入省民营企业 200 强行列；2003 年，被评为巢湖市农业产业化龙头企业、省民营科技企业。2004 年，"九湾"牌优质大米，被评为省名牌农产品。公司通过 ISO9001 质量体系认证、绿色食品认证。是年底，在历阳镇境内征地 2.7 万平方米，投资 1500 万元，新上两条日产 150 吨大米加工和两条日产 40 吨饲料生产流水线。

**安徽华安食品有限公司**　成立于 1998 年，位于西埠镇盛家口麻油工业集中区。下设油脂分公司、玻璃品制造分公司和矿业开采公司，系安徽省农业产业化龙头企业，固定资产 1500 万元。主要产品麻油，年产 5000 吨。产品销往全国各地，其中在江、浙、沪等地市场占有较大份额。公司注册的"鸡笼山"牌老榨坊麻油系列持有"绿色食品"证书，并获"安徽省放心粮油"称号，其商标被评为"安徽省著名商标"。2005 年，实现销售收入 3785 万元，创利税 932 万元。

**安徽诚信食品有限公司**　2003 年 4 月建成并投产。企业生产工艺全部由美国自然食品集团公司提供，主要生产干果系列休闲食品，产品全部销往美国市场。产品具有配方科学、质量标准高、口感好等优点，在美国市场供不应求。2005 年，投入 3000 万元扩大厂房，是年生产产品 1930 吨，实现销售收入 6006 万元，创利税 338 万元，出口创汇 750 万美元，成为全省第一家小食品出口创汇企业。

**安徽宏晶新材料股份有限公司**　前身为和县金刚石厂，创办于 1994 年，2001 年改制后变更为现名。是国家级高新技术企业，也是中国最大的超硬材料生产基地之一。产品有合成金刚石的原辅材料、金刚石单晶和金刚石三大系列 100 多个品种，产品广泛用于机械、电子、航空、航天、地质、冶金、采掘、建筑、建材等诸多工业领域。主导产品人造金刚石和触媒合金片已通过安徽省高新技术产品认定。覆盖三大主导产品系列的质量体系已全部通过 ISO9001、ISO2000 国际质量体系认证。承担多项国家和省级科技计划项目，先后荣获国家电力公司"多种经营优秀企业"、安徽省"先进集体""明星企业""文明企业""先进企业""先进乡镇企业"和"全省乡镇企业纳税大户"等称号，连续 3 年被中国农业银行安徽分行评为"AAA"级信用企业，被国家工商总局公布为"重合同、守信用"企业。主导产品人造金刚石单晶分别被认定为安徽省名牌产品和安徽省"质量信得

安徽宏晶新材料股份有限公司

过产品"，"宏晶"牌商标被评为安徽省著名商标。2005 年，实现销售收入 4489 万元，公司资产总额 1.1 亿元。

**和县衡源油脂公司**　公司前身为和县植物油厂，位于和城宝塔路。2002 年，被上海衡源企业发展有限公司收购改为现名。公司以油脂加工为主业，主要原料为菜籽，也加工棉籽和大豆，主要产品为四级菜油和各种精制油、色拉油，日处理菜籽能力 250 吨。聘有多名国内油脂界知名专家、学者任公司技术顾问，拥有独立的化验室，有较强的技术开发能力。公司采用网络化管理，组成局域网，与"天下粮仓"等专业的油脂信息网站建立合作关系，并取得进出口企业资格证书。年产国标优质食用油 2.1 万吨，各种高品位优质精制油 1.5 万吨。2005 年，实现销售收入 7000 万元。

**和县鸡笼山调味品有限责任公司**　成立于 1997 年，位于善厚镇。占地面积 1.07 万平方米，固定资产 280 万元，年产辣椒调味品 1800 吨。是农业产业化龙头企业，生产的"鸡笼山"牌片椒系列，深受消费者欢迎，产品销往安徽、南京、上海等城市。1999 年，在上海科技节上荣获"一村一品"称号。2000 年，在南京市被评为"江苏市场畅销品牌"。2004 年，生产的"鸡笼山"牌麻油片椒，先后获得巢湖市和安徽省名牌产品称号。

**安徽绿缘源冷冻食品有限公司**　该公司位于香泉镇，成立于 2003 年 2 月，前身为和县外贸加工厂。改制后投资 1500 万元，重新改造粗加工、精加工车间和冷库；更换设备机械，建成安徽省一流、标准化的出口食品加工企业。省商检局组织全省食品出口企业及市场商检部门先后两次在该公司召开现场会。技改后，年产能力 5000 吨，产值 2500 万元，可出口创汇 300 万美元。该企业取得自营出口资格证、海关注册证、出口食品企业卫生注册证等 12 个证件，并通过出口食品企业 HCCSP 体系认证和 ISO9000 质量体系认证，注册了商标，企业产品质量一直受到日本株式会社肯定，企业资产总额 2210 万元。2005 年，出口创汇 180 万美元。

**和县食品集团有限责任公司**　是一家集畜禽养殖加工和瓜果蔬菜批发加工销售于一体的综合性食品企业。占地总面积 33.87 万平方米，总资产 3780 万元。2004 年，工业总产值 2780 万元，销售额 2550 万元；同年加工生猪 6 万头、菜牛 1500 头、家禽 10 万只，实现利税 349 万元。1997 年，公司加入中国蔬菜协会；2000 年，加入中国肉类协会；系两协会理事单位。2003 年，加入安徽省肉类协会，系常务理事单位和发起单位。公司下辖县食品公司、蔬菜副食品公司、肉联厂，

1998 年，投资 500 多万元新建一条班产屠宰生猪 300 头机械化生产线，配套原有 500 吨冷库，1999 年被国家内贸部批准为国家储备肉生产厂。下属的县蔬菜副食品公司，主要从事酱菜、调味品、豆制品和蔬菜加工批发业务。下属的县食品公司经省商务厅与县政府批准，在全县乡镇设立 35 个生猪定点屠宰场和 8 个菜牛定点屠宰场，以保证广大消费者吃上"放心肉"。

**安徽香泉湖禽业有限公司**　位于香泉镇，占地面积 9800 平方米，1994 年 11 月建成并投产。是一家集种苗孵化、种鸭养殖、肉鸭养殖、饲料加工、活禽屠宰、冻光鸭销售及熟食制品为一体，具有新型、完整产业链的现代化企业。采取"公司＋基地＋合作社＋农户"模式，实行规范养殖和科学管理，公司投资兴建上海晨欣食品有限公司，作为对外窗口，发展连锁加盟店，以精心打造的"阿兵"系列鸭制品为主导，开发安徽名特优农副产品登陆上海。1997 年，公司"香雪"牌商标在国家工商总局注册；同年顺利通过国家经贸部评审验收，取得自营出口权。自 2000 年起，先后被授予巢湖市农业产业化龙头企业、省农业产业化龙头企业、省民营科技企业等称号，"香雪"牌盐水鸭被评为省名牌农产品。2005 年，实现销售收入逾 1000 万元，企业总资产已由建成投产时的 2880 万元增至亿元以上。

**宁波天邦股份有限公司**　2002 年 4 月登记注册，主要经营畜禽、水产全仿饲料、浓缩饲料、预混饲料、饲料添加剂及兽药生产、销售；畜禽、水产品养殖、销售及技术服务；农副产品收购。公司拥有水产料 2.5 万吨、畜禽料 0.2 万吨的年生产能力。水产饲料产品被评为巢湖市名牌农产品，普通淡水鱼全仿配合饲料被评为省名牌产品，"天邦牌""民牌"猪饲料是全省首家获得出口食用动物饲料生产企业登记备案证的产品；水产品饲料取得"国家星火计划项目证书"；公司的养殖试验成果"高效工厂化生态养鳖"新技术，获巢湖市科技进步二等奖。2005 年，产量 2 万吨，实现销售收入 5000 多万元，利税 400 多万元。公司先后被授予省民营科技企业、巢湖市农业产业化龙头企业称号。

安徽天邦饲料科技有限公司

**安徽振兴服饰有限公司** 公司前身系和县振兴皮件厂,创办于1985年。位于乌江工业园区内,占地面积1.33万平方米。主要生产"圣雪玛"牌书包、提包、旅行包、公文包、时装包、皮袋、手套等。经过20年的艰苦创业,现有员工200多人,固定资产1000万元,年产值达3000多万元。公司拥有先进的箱包、酒包装物生产线,生产男女各式服装、皮装及儿童系列服装生产线和专门生产加工外贸出口系列产品箱包的生产线。产品原料均选用我国及意大利、韩国、丹麦等国的优质皮料、面料及配件。产品内销南京、上海、合肥、马鞍山、芜湖、淮北;外销俄罗斯、韩国、日本和美国。获得江苏省首届服装质量跟踪"消费者满意奖",被评为安徽省优秀产品。安徽省委、省政府授予1994年度"发展乡镇企业先进企业"称号,巢湖地区授予公司"私营企业三十强"称号,省工商联授予公司董事长尹万会"优秀民营企业家"称号。

## 四、名牌产品

据不完全统计,1989—2005年,和县工业产品被认定为市、省、国家级高新技术产品27项,其中国家级8项、省级15项、市级4项。获市、省、国家级名优产品称号19种,其中国家或相当于国家级2种,省或相当于省级14种,市或相当于市级3种。和县民营经济已形成农产品加工、造纸、机械制造、化工、建材五大支柱产业,华星、宏晶被列入省级集团企业。华星规模总量在全省同行业中排名第一,宏晶经济效益在全省同行业中排名第一。全县有5个企业被评为"省明星企业"、3个企业获自营出口权;2个企业的商标被评为省著名商标。民营经济效益不断提高,企业竞争能力明显增强,一批市、省、国家级名牌产品和优质产品在全国市场叫响,有的已跨出国门,走向世界。

## 五、工业园区

和县工业园区主要有:

**沈巷工业园** 前身系巢湖市沈巷经济开发试验区,位于沈巷镇。2002年起步建设,2003年,巢湖市批准为市级工业园区。

沈巷工业园区规划面积10.5平方千米,省政府批准首期开发3平方千米。前期开发的面积内,基本完成供电、供水、排水、绿化、通讯、有线电视、道路硬化、亮化等配套设施建设。园区主导产业为农副产品加工业、建材业、金属加工业。生产的主要产品有胶合板、塑管、塑钢门窗、复合肥、油脂、精制大米、面粉、面条、皮棉、棉纱、刺绣、教学设备、速冻蔬菜、金属加工、五金等 30 多个品种。至 2005 年底，在园区落户企业 18 家，企业实现营业收入 2.71 亿元，利税 1317 万元，企业从业人员 1675 人。

**乌江工业园** 2002 年 8 月，经和县人民政府批准设立。位于乌江镇南。园区规划面积 5.23 平方千米，建成面积 2 平方千米。园区分为中心工业区、石跋河化工区、北部建材区 3 块。主导产业以机械制造、化工、铸造、建材等为主。至 2005 年底，入园落户企业 11 家，从业人员近 4000 人。企业实现销售收入 3.5 亿元，利税 7000 万元。

**乡镇工业集中区** 为乡镇各自开办的园区，知名度较高的工业集中区有：沈巷镇螺百社区板材产业集群，西埠镇盛家口麻油产业集群，乌江镇石跋河精细化工产业集群，白桥、沈巷等沿江地带船舶产业集群，石杨镇建材产业集群。此外，还有姥桥镇工业集中区、西埠镇工业集中区等。

**和县经济开发区** 位于和城北郊，前身系历阳镇工业园，2005 年 8 月，收归县管理，设立县经济技术开发区。经省政府批准并报国家发改委审核为省级开发区，定名为"和县经济开发区"（以下简称经开区）。

经开区规划总面积 30 平方千米，起步区面积 5.03 平方千米，已建成面积 0.8 平方千米和"五横四纵"主干道路 22 千米。

经开区的发展目标是建设一个集科技研发、装备制造、港口物流、自然景观为一体与和县中心城区功能互补的工业新城。

2011 年，经开区内企业实现工业产值 22.53 亿元，同比增长 38.5%，实现财政收入 8850 万元，同比增长 20%。开发区企业为社会提供 4000 多个就业岗位。重点企业有安徽三联泵业股份有限公司，和县电力电缆有限责任公司，安徽久工科技实业有限责任公司等 45 家公司。

2012 年，经开区引进 9 个项目，其中 6 个亿元以上项目。有 16 个项目全面建设，其中新开工项目 11 个，续建项目 5 个。实现工业总产值 31 亿元，占年度计划 102%，同比增长 40%；实现财政收入 1.15 亿元，占年度计划 105.3%，同比增长 30%，完成固定资产投资 16.7 亿元，占全年计划 101%，同比增长 57.4%，实现进出口总额 6370 万美元，占年度计划 140%，同比增长 113%。

2013 年，经开区引进项目 16 个，协议投资 30.7 亿元，其中 10 亿元以上项目 1 个，亿元以上项目 8 个。12 个项目已开工。全年实现工业总产值 41.13 亿元，占年度计划 105%；实现财政收入 1.39 亿元，占年度计划 90%，是上年同期 121%；完成固定资产投资 17.2 亿元，占全年计划 101%；新增规模以上企业 6家，占全年计划 120%。

2014 年 10 月，安徽省人民政府正式批复和县经济开发区的扩区请示。面积由 0.95 平方千米扩大至 8.95 平方千米（至 2030 年）。全年完成签订合同数 25个，亿元以上项目 19 个，新签约新开工项目 18 个，新开工项目实现固定资产投资 10.2 亿元。开发区全年完成规模以上工业产值 51.12 亿元，比上年增长 23.7%；实现规模以上工业增加值 11.68 亿元，增加 24.5%，超额完成全年任务。新增规模以上工业企业 3 家（太阳岛食品公司、天翊机电公司、健达体育用品公司）。完成固定资产投资 21 亿元，增长 21.6%，其外贸进口完成 6778 万美元。

2015 年，经开区企业 83 家，其中规上企业 34 家。全年实现财政收入 1.51 亿元，占去年同期的 105%；完成规模以上工业产值 62.5 亿元，占去年同期 120%；实现工业增加值 14.5 亿元，占去年同期 121%，占计划任务 102%；完成固定资产投资 22.2 亿元，占去年同期 111%，占计划任务 101%；完成外贸进出口 5023万美元，新增规模以上工业企业 4 家，占计划任务 100%。全区企业为社会提供5230 个就业岗位。全年完成签订合同数 18 个，占全年任务数的 120%；新开工项目 13 个，实现固定资产投资 10.31 亿元；续建工业项目到位资金 11.87 亿元。共确定 10 个市重点项目，12 个县重点项目。新开工的项目是大有汽车城、聚盛汽车零部件、益德高分子材料、安德利物流、九牛保温材料等 14 个项目。

2016 年，经开区企业 110 家，其中规模以上企业 37 家。建成投产项目 12家，新增规模以上企业 8 家，完成财政收入 2.47 亿元，占全年目标 206%，同比增长 32.6%；实现规模以上工业增加值 18.9 亿元，同比增长 34.1%；外贸进口完成 3116 万美元。新增高新技术企业 2 家，科技"小巨人"企业 5 家，高层次人才团队 B 类企业 1 家，省级工程技术中心 4 家。全年引进项目 24 个，总投资 49.2亿元，占全年目标 150%，在全县招商引资综合考核中获得第一名。工业项目 21个，新产业项目 12 个，5 亿元以上重大项目 4 个，6 个项目列入市"调转促"重点项目库，计划总投资 49.2 亿元。全年开工项目 20 个，新建、续建项目建成投产 12 家，签约、开工、投产项目数较 2015 年同期增加 1 倍。

2017 年，经开区入园企业 135 家，其中规模以上企业 35 家（新增 3 家）。建成投产项目 19 家，全年实现财政收入 4.25 亿元，同比增长 72.1%，超额完成全年目标任务。完成规模以上工业总产值 103.5 亿元，同比增长 31.6%；完成固定资产投资 36.11 亿元，同比增长 32.2%。新增高新技术企业 2 家，科技"小巨人"

企业 5 家，省级高层次人才团队 B 类企业 1 家。年度考核，获县招商局引资先进单位和内资贡献奖，县服务企业及"四送一服"先进单位，全县重点项目建设优秀单位。全年签约招商引资项目 35 个，占目标任务 175%，其中亿元以上项目 31 个，5 亿元以上项目 2 个，总投资 53.4 亿元。新开工项目 23 个，新开工项目到位资金 18 亿元，续建项目到位资金 11.52 亿元。

2018 年，经开区纳税企业由 2017 年底的 209 家增至 301 家，其中规模以上企业 38 家。全年完成财政收入 2.84 亿元；完成规模以上工业产值 63.4 亿元，其中高新技术产业值 13.5 亿元，同比增长 8%；完成固定资产投资 19.23 亿元，同比增长 60%，新增规模以上企业 2 家，外贸出口额 2600 万美元。新增高新技术企业 2 家，科技"小巨人"企业 5 家，省级高层次人才团队 B 类企业 1 家。是年考核中，获县招商局引资先进单位、"四送一服"先进单位，省经信委批准"和县高新技术产业园"为 2018 年度马鞍山市当年唯一一家省级小微企业创业基地。是年，签约招商引资项目 35 个，总投资 36 亿元，占目标任务 152%，其中 5 亿元以上工业项目 2 个；新签约项目中，智能装备制造项目 9 个，泵阀及汽车零部件项目 8 个，新材料项目 7 个，其他项目 11 个。引进 2 家企业，盘活倒闭企业 2 家。

2019 年，经开区纳税企业由 2018 年的 301 家增至近 400 家，其中规模以上企业 44 家。"一区多园"优化整合，绿色建材产业园规划区 4.64 平方千米纳入开发区统一管理。全年实现财政收入 7.69 亿元，同比增产 13.2%，规模以上工业总

和县经济开发区绿色建材产业园

产值 83.8 亿元，同比增长 39.3%；规模以上工业增加值 27.3 亿元，同比增长 40.9%；固定资产投资 24.3 亿元，同比增长 21.8%；外贸进出口总额 4215 万美元，同比增长 85%。获"2019 年度全县招商引资""工业经济发展""四送一服"先进单位称号；在 2019 年度全省开发区考核中，和县经开区列 91 位次中的第 40 名，创历史新高。

是年，经开区签约项目 28 个，其中 5 亿元以上 3 个；新开工项目 20 个，建成投产工业项目 12 个，新增规模以上企业 10 家。新引进项目中，智能制造和新材料等新兴产业项目 21 个，占比 75%，主导产业集聚度显著提升，效益优先。全年盘活僵尸企业 7 家及闲置土地 253 亩，实施"腾笼换鸟"，助力高新技术企业迅速入驻达效，实现亩均税收 13.9 万元。高新技术产业园（东区）已引进项目 27 个，总投资 9.15 亿元，年产值约 10.7 亿元，税收约 1.18 亿元，实现亩均税收 59.6 万元。新建的高新技术产业园（西区）已入驻项目 16 个，其中战略性新型产业项目 14 个，总投资 14 亿元，预计投产达效后年产值 23.5 亿元，税收 1.22 亿元，亩均税收可达 82.4 万元。

2020 年，经开区拥有新材料产业集群企业 36 家，其中规模以上工业企业 32 家，高新技术企业 14 家、产业项目 12 个，总投资 43 亿元。列入当年新材料产业 21 个，总投资 82.5 亿元，实际完成投资 29.48 亿元，占年度计划 190.4%，新增"四上"及房地产企业 31 家，增幅 51%，其中新增规上工业企业 21 家，新增资质以内建筑企业 4 家，房地产企业 2 家，限上商业企业 4 家，获评安徽省首批装配式建筑产业基地。实现规模以上工业产值 101 亿元，增长 20.3%，固定资产投资 59 亿元，增长 140.8%，税收 10.8 亿元，同比增长 50%。

2021 年，和县新材料产业集群已有 36 家企业，预计完成产值 90 亿元，同比增长 23.4%，占全县规模以上工业总产值的 40.6%。

# 科技创新　推动发展
## ——和县创建全国科技先进县纪实

"科学技术是第一生产力。"1989 年以来，在中共中央"科学技术要为振兴经济，实现四化服务"的方针指导下，和县先后出台《推动科技经济一体化的若干规定》《关于依靠科技进步发展和县经济的若干规定》《和县科技发展"十五"计划纲要》，坚持"自主创新，重点跨越，支撑发展，引领未来"的发展思路，加强科技机构和队伍建设，大力开发高新技术产品。由于政策明确、措施有效，和县的科技事业步入了一个崭新的发展时期。

1992 年，配备科技副县长。1993 年，成立以县长为组长，科技副县长为副组长的县科技工作领导组。1997 年，全县乡镇村分别配备科技副乡镇长、村科技副主任；县级企业、乡镇企业成立科技领导小组；产值 500 万元以上的企业配备科技副厂长（经理）。

1989 年，和县有县级学会、协会 11 个，会员 498 人。2005 年，全县有农技协会 82 个，骨干会员 4800 人。县级学会、协会增至 16 个，会员 1317 人；有县级农村专业研究会 10 个，会员 950 人。

1993 年，21 个乡镇均成立科普协会，乡镇长或书记兼任协会主席，科技副乡镇长兼任副主席；376 个村委会成立科普分会，村科技副主任任会长；全县有科协会员 10 万人。

## 一、科研机构

**农业科研机构** 1988—1991 年，先后建立农技推广中心、水产技术推广站、农机推广站、林业推广站、畜牧兽医推广站、植保站、土壤肥料站、种子站、农科所、水稻良种繁育场、棉花良种繁育场等科研单位。乡镇相应建立农技站、农机站、畜牧兽医站。1994 年，全县建立 21 个乡镇农技推广站、水产技术推广站和 11 个山区乡镇林业技术指导站。2000 年 12 月机构改革，乡镇农业技术站、所合并为乡镇农村经济服务中心。

**工业科研机构** 1992 年，乌江农药厂成立科技开发办公室，1996 年更名为安徽华星化工公司科技开发办公室，1997 年升级为公司技术中心。先后与中国农科院、沈阳化工研究院、中国科技大学、安徽大学等院校科研单位建立稳定的科技业务关系。2000 年，安徽华星化工公司技术中心被认定为省级企业技术中心；2003 年，安徽华星化工公司技术中心被国家人事部、全国博士后管委会批准为企业博士后科研工作站。

1995 年，安徽省电力超硬材料总公司成立科技兴企办公室，1998 年更名为总公司技术中心，2001 年更名为安徽宏晶新材料公司技术中心。

1997年，产值500万元以上的工业企业相继成立企业科技开发机构。安徽省电力超硬材料总公司技术中心、三联泵业公司技术开发办公室等5个企业科技开发机构被列为市级技术中心。2001年，安徽宏晶新材料公司技术中心被认定为省级企业技术中心。2002年，新增2个市级企业技术中心。2005年，全县建立16个企业科技开发机构。

1989年，全县有各类科技人员6113人，其中高级职称102人、中级职称1153人。1992年，县委、县政府出台《关于开发经济技术人才的暂行规定》，加大对科技人才引进力度。1993—2001年，引进科技人员100多人。至此，全县有各类科技人员7034人，其中高级职称234人、中级职称2025人；有各类科技服务组织120多个、成员350多人。2005年，全县有各类科技人员18500人，占是年全县总人口的1.1%，其中高级职称279人，中级职称或本科以上学历2281人，科技带头人近1500人。

## 二、科研开发

**农业科技开发** 1990年起，和县实施省科技兴农"三千田"项目（即亩产粮食1000斤、产值2000元）。是年，城南乡实施该项目实验面积200万平方米，采用5种种植模式进行生产，实现亩产水稻535千克，每亩纯收入2060.45元。1991年，全县实施项目实验面积466.7万平方米，其中城南乡333.3万平方米，联合乡133.3万平方米，由于遭受特大洪涝灾害，项目实验严重受挫。1992年，在全县生产蔬菜的乡镇实施项目实验面积920万平方米。3年共实施项目实验面积1586.7万平方米，亩产粮食513.3千克，亩均纯收入2557.1元，实现全面达标，初步解决粮菜争地矛盾。

1992年起，实施省科技示范"121"工程（即10个科技示范园区、20个科技示范村、100个科技示范户）。是年10月，在城南乡太平村设立蔬菜生产科技示范片。主要进行辣椒、番茄、茄子、西葫芦等蔬菜品系更新换代及化控、施肥、植保等新技术试验示范。1993—1994年，先后引进和自研实用技术50多项，农作物新品种130多种，试验推广微肥、化控、杀菌、杀虫剂等新技术150多项，实验推广茄果类蔬菜反季节栽培、地热线快速育苗高效栽培、辣椒病毒综合防治、蔬菜化控、遮阳网的应用等新技术，引进日光温室蔬菜生产技术和二氧化碳施肥技术。1995年，示范片平均每亩产值达1.27万元。

1999—2000年，全县实施"农村富民工程"，先后举办科技讲座328场，进行田间现场指导 614 次，放映科技片 17 场，印发科技资料 2 万多份，推广实用技术 190 项，其中推广油菜菌核病统防统治技术，受益面积 6666.7 万平方米；抛秧技术推广面积 457 万平方米；白色工程面积 1956 万平方米。

1984 年 10 月，县科委成立和县蔬菜种子公司，1998 年，该公司在和城设立 2 个门市部，在全县设立 6 个服务点，经营蔬菜良种、农作物大田良种、新型农药、微肥、激素等 12 大类品种；建立良种繁育基地 6.7 万平方米，培育各类农作物良种。1999—2002 年，该公司承担蔬菜新品种、杂交水稻特优 559、系列除草剂的引进与示范等多项科研课题。2003 年 7 月，该公司改为股份制，主要经营种子、农药。

1996 年 6 月，县政府投资 60 万元，由县蔬菜办公室在历阳镇城北村建立和县蔬菜示范基地。基地占地 1.3 万平方米，兴建日光温室 3 座，10 米跨度钢架大棚 1 座，6 米跨度钢架大棚 11 座。该基地主要从事蔬菜科技试验、示范、育种等工作。1997 年，进行微灌低成本安装试验。1998—2001 年，先后开展贫瘠黄土改良种植蔬菜、钢架大棚架体结构简易化、以色列甜椒和美国樱桃番茄的引进种植以及"丰甜四号"甜瓜秋延栽培等试验，参与省农科院、南京农业大学、合肥市丰乐种业公司合作项目试验。2002 年机构改革，县蔬菜示范基地并入县蔬菜科技示范园。

和县蔬菜科技示范园（又名绿业公司）。1999 年，县政府投资 500 万元，在城南乡太平村和历阳镇白果村创建。园区占地 80 万平方米，其中典型示范园 8 万平方米，架设 7430 连栋大棚 4200 平方米、GRC 骨架大棚 1800 平方米、钢架大棚 2.3 万平方米，安装增湿、微滴灌、防虫网、特种膜等配套设备。主要从事无公害蔬菜新品种的引进、实验、示范和农业高新技术、高效栽培模式的研究与实验，实施工厂化育苗，发展无公害蔬菜生产。至 2005 年，引进国内外蔬菜新品种 240 多种，推广蔬菜瓜果良种 50 多种，出售优质瓜菜苗 300 多万株；示范推广微滴灌、遮阳网、防虫网、高性能透光膜、除草地膜、育苗穴盘等新材料 16 种；实验示范推广一棚多茬高效栽培、蔬菜在田保鲜、间作套种、瓜类吊蔓等新技术 20 多项。2000 年，经巢湖市考核验收，被批准为巢湖市蔬菜高科技示范园。2004 年，开展蔬菜安全及标准化生产技术研究与示范，列入 2005 年国家级星火计划，被评为省级农业科技示范园。

1997 年 5 月，县政府投资 50 万元，在乌江镇濮集青龙湖开发区建立和县水产研究所，也是巢湖地区唯一一家水产科研机构。该所占地 4.7 万平方米，有科技人员及职工 6 人。是年，开发两个科研项目，一是河蟹大眼幼体培育幼蟹，在 0.8 万平方米的水面投放大眼幼体 10 千克，当年育成每千克 200 只左右的幼蟹 30 万只；二是五期仔蟹当年养成商品蟹，在 2 万平方米的水面投放五期仔蟹 2 万只，当年养成每只 100 克左右的商品蟹 1200 千克。1998 年，进行长吻鮰、河豚两个新品种养殖项目的科研工作。

2002 年，县政府出台优惠政策，鼓励农技人员深入农村实行农业科技开发承包。县科技局干部吴振宇在绰庙乡承包荒山种植速生杨树，利用林间空地种植牧草，引进 500 只波尔山羊，发展立体养殖。功桥乡科技副乡长赵尚金承包 3.3 万平方米抛荒田，进行大棚蔬菜生产，为全乡菜农种植蔬菜做示范。至 2005 年，全县共有 50 多名技术干部以多种方式，在历阳、绰庙等 8 个乡镇利用土地 66.7 万平方米，开展农业技术开发承包活动。

**工业科技开发**　1991—2000 年，全县工业系统实施技术改造、技术引进项目 241 项，开发新产品 183 个。

1988—1990 年，乌江农药厂（系华星化工公司前身）先后投资 100 万元，改进杀虫双工艺，使原材料消耗降低 44%，成本下降 11%；1992 年，新建一条年产 500 吨 100% 棉安磷原油生产线；1996 年，华星化工公司与国家农科院植保所共同研制产品"杀虫双撒滴剂"；1996 年、1997 年同贵州化工研究院合作，两次改造杀虫双、杀虫单的胺化工段，使胺化的回收率由原先的 93% 提高到 98%；1998 年，"禾乐牌"杀虫双撒滴剂被评为省名牌产品；2000 年，引进沈阳化工研究院高新技术成果"精恶唑禾草灵"投入生产。

1991—1995 年，三联水泵厂（系三联泵业公司前身）进行全面技术改造，兴建铸钢、铸铁、油漆、数控机床加工等生产线，开发出渣浆泵、系列多级泵、系列潜污泵；1996 年起，三联泵业公司先后研制开发出 IS 泵、DI 立式多级泵、QW 潜污泵、AH、HH 耐腐污水泵、出口自吸泵等 20 个系列品种，其中 IS 泵被评为省名牌产品；1997 年，在巢湖地区率先实施 ISO9000 质量体系标准认证；2000 年，实施 CAD 技术开发。

1991—1995 年，宏大阀门厂进行出口阀门工艺改造，开发喷塑衬胶阀；1996—2000 年，开发出口韩国 KS 阀、美标 ASTM 阀、英标 BS 喷塑衬胶阀、碟阀、丹麦 AVK 阀等系列品种；其中 1997 年，在巢湖地区率先实施 ISO9000 质量体系标准认证。

1994 年，县金刚石厂（系宏晶新材料公司前身）建成触媒片厂；1996—2000

年，宏晶新材料公司开发出人造金刚石；2000 年，实行电子监控技术。

2002 年，县复合肥厂从江苏土壤肥料研究所引进高效速溶硼肥生产技术；华星化工公司与沈阳化工研究院、沈阳创新技术研究所合作，研究开发苯氧菌酯原药、苯磺隆原药生产技术；三联泵业公司与合肥通用机械研究所合作开发 300S58、250S65 立式泵。

2003—2004 年，三联泵业公司"QWN 型潜污泵研制"，华星化工公司年产 100 吨"氟虫腈原药中间试验研究""空气氧化和催化新工艺合成草甘膦原药""苯氧菌酯原药中间试验研究"，宏晶新材料公司"大压机应用粉末触媒合成优质高产金刚石新工艺研究"共五项科技成果通过省级鉴定。华星化工公司"禾乐牌精恶唑禾草灵"系列产品、"禾乐牌杀虫单原药"，宏晶新材料公司"宏晶牌人造金刚石单晶"获省名牌产品称号。

**科技开发项目** 1999 年，华星化工公司"18% 杀虫双撒滴剂"项目被认定为国家中小企业创新项目，获贴息贷款 60 万元。2000 年，宏晶新材料公司"大压机应用粉末触媒生产优质高产金刚石新工艺"列入市科技发展计划和省"十五"一期科技攻关项目；华星化工公司年产 130 吨"精恶唑禾草灵及解草唑原药"列入市科技发展计划和省重点技术创新项目，"10% 精恶唑禾草灵乳油"列入国家级科技产业化项目。2001 年，华星化工公司年产 80 吨"精恶唑禾草灵原药"技术开发、"苯氧菌酯原药及其 30% 悬浮剂""新型油菜田除草剂 95% 草除灵乙酯原药"和天邦饲料公司"水产预混料"技术开发列入国家星火计划。2002 年，华星化工公司年产 130 吨"精恶唑禾草灵及解草唑原药"和宏晶新材料公司年产 800 吨"粉末触媒合成棒"列入国家火炬计划。2003—2004 年，全县有 24 项工业项目列入国家级 5 项，省级 19 项。2003 年，技术创新项目 4 个，省"861"行动计划项目 4 个。

### 三、科技培训与推广

**农业科技培训** 1988 年，县成立农技、农机、水产等技术培训中心，乡镇成立技术培训学校，村设立技术培训班。1991—1995 年，举办蔬菜、水产、畜禽等培训班 511 期，培训 8 万多人次，推广 426 项农业先进实用技术。1996—2000 年，每年举办水稻旱育稀植（抛秧）、农药知识、甜瓜栽培、高效大棚经济作物等技术培训班 80 多期，培训 4000 多人次。1999 年和 2001 年，先后选送 10 名专业技术人员分别赴上海农科院蔬菜研究所、江苏农科院蔬菜研究所进修。2001—2005 年，先后邀请 10 多位国内外专家来和县指导、讲学，培训乡镇分管负责人和农技员 600 多人次。

**推广新品种**　1991—1995 年，全县引进农业新品种 100 多个。1995—1999 年，推广蔬菜、瓜果等新品种 50 多种，将常规品种改为杂交、优质品种。2002 年，绰庙乡裕民村、县良种场、县棉种场以订单方式种植杂优 5 号水稻面积 400 万平方米；县茶场繁育日本红东山芋种苗 100 万株。

1995 年，引进良种肉鸭樱桃谷鸭 70 万只，在香泉镇作示范养殖，次年养殖数增至 150 万只。2001 年，引进波尔山羊，在善厚、西梁山镇和绰庙乡建立示范养殖基地。

2002—2005 年，引进荷兰彩椒、优质辣椒、番茄品系组合、美国 747 玉米和西洋芹、日本南瓜、青菜花、佛手瓜、金旺 369 樱桃番茄、紫甘蓝、四川白鹅、优质水稻良种等农业新品种 60 多个，在各乡镇进行示范和推广。

**推广种植新技术**　1991—1995 年，全县推广新技术 200 多项，重点为保护地栽培、秋延辣椒栽培、番茄特早熟栽培、茄子两茬再生栽培、黄瓜嫁接栽培等技术，其中早熟栽培、秋延栽培技术属国内首创。

1995 年，濮集乡进行保护地草莓栽培技术示范，使草莓提前成熟上市。是年，乌江镇拿出 6.67 万平方米耕地，进行水稻旱育稀植（抛秧）新技术实验、示范，比常规方法增加收入 7000 元。至 1997 年，水稻旱育稀植技术推广面积增至 1000 万平方米。

1996 年起，全县重点示范推广水稻旱育稀植技术、油菜育苗移栽技术；沿江地区推广保护地栽培技术；岗地推广"小五早"（早玉米、早花生、早瓜类、早豆类、早薯类）作物栽培技术。2000 年，在全县推广高产模式化栽培、病虫害综合防治、配方施肥、容器育苗、无公害蔬菜生产、农药科学施用、水产高效养殖、新型大棚（蔬菜）架设等新技术；推广防虫网、遮阳网、EVA 高保温农膜、微滴灌、普拉松式饮水器、高架棚塑料网、无纺布、二氧化碳发生器、大棚换气扇、土壤墒情显示器等新材料。2001 年，与安徽农科院、安徽农业大学、江苏农科院合作，在历阳、城南、联合等乡镇采取深翻土地、改进施肥、高温煮（泡）田、灌水洗盐、稻菜轮作和施用改良制等措施，改善土壤结构，缓解土壤板结盐渍化。2002 年，推广蔬菜保鲜等新技术。2004 年，全县形成 8 个示范片，即城南、联合万亩蔬菜大棚，历阳、濮集、乌江万亩甜瓜，乌江、联合两个千亩早豆，西埠千亩秋延黄瓜，乌江千亩四季豆，濮集百棚草莓，绰庙裕民 4000 亩优质无公害水稻。

**推广养殖新技术**　1980 年，乌江镇狄时喜兄弟俩实施科技规模养鸡，效益显著，带动乌江农民群起养鸡。1986 年，沈巷镇朱玉成实施大棚规模养鸡，带动全镇大棚养鸡业的发展。1992 年，香泉镇杨朝荣、张元义实施大棚规模养鸭，带动一村一乡。至 2002 年，乌江、沈巷两镇养鸡大户分别达 70 余家、30 余家，出栏良种土肉鸡分别为 80 万只、60 万只。至此，全县形成"千万鸡鸭过大江"的发展势头。

1994 年，推广水产种苗培育技术，实行种苗供给自育化。由此形成县水产养殖场以家鱼良种繁育为主、县水产研究所以蟹苗培育为主、香泉水产研究所以特种水产苗种为主、善厚养殖场以甲鱼自繁育种为主的苗种培育体系，为推广名特优新品种养殖、千亩千吨池塘高效综合养殖和稻田鱼、虾、蟹养殖提供苗种。1996—2000 年，重点推广大棚养鸡、养鸭技术。2002 年，推广温泉养甲鱼等新技术。2004 年，全县形成 4 个养殖示范点，即香泉肉鸭养殖，西梁山、善厚、腰埠波尔山羊杂交改良，沈巷朱庄养鸡，功桥前唐四川白鹅养殖。

## 四、科技企业与产品

**高新技术企业**　1996 年起，实施"科技经济一体化"工程。1999 年，和县"和阳牌"太阳能公司被认定为巢湖市高新技术企业。2000 年，县委、县政府召开全县科技创新大会，出台《关于加强技术创新，加快高新技术产业化的实施意见》，组织全县企业单位开展科技创新活动，争创高新技术企业。2001 年，安徽华星化工公司、安徽宏晶新材料公司被认定为省高新技术企业。2003 年，安徽华星化工公司、安徽宏晶新材料公司被认定为国家重点高新技术企业。2004 年，安徽三联泵业公司被认定为省高新技术企业。

**民营科技企业**　2001 年起，开展民营企业科技评估工作。是年，县禽病防治研究所、新宝食品机械厂被认定为省级民营科技企业。2002 年，县食品机械厂、恒兴木业公司、有富农机厂、农坛机械厂、铸锻厂，巢湖祝氏木业公司 6 家企业被认定为省级民营科技企业。2003 年，安徽华星化工公司、安徽宏晶新材料公司、和县金城米业公司、安徽天邦饲料公司、芜湖创新科教公司 5 家企业被认定为省级民营科技企业，其中安徽华星化工公司、安徽宏晶新材料公司被认定为全省 100 家重点扶持和联系的民营科技企业。2004 年，巢湖南方膜业公司、安徽久工科技公司、安徽三联泵业公司 3 家企业被认定为省级民营科技企业；历阳镇工业园、沈巷工业园被认定为市民营科技园。2005 年，县远大阳光生物公司、巢湖瑞雪精细化工公司被认定为省级民营科技企业。是年，全县有 18 家省级民营科技企业。

**高新技术产品**　2000—2005 年，被认定为市、省、国家级高新技术产品 27 项。其中被认定为市高新技术产品 4 项，即 18% 杀虫双撒滴剂、QW 系列潜污泵、微薄地膜、酶化饲料酵母粉；被认定为省高新技术产品 15 项，即 6.9% 精恶唑禾草灵水乳剂、10% 精恶唑禾草灵乳油、50% 代森锰锌·腈菌唑可湿性粉剂、水剂法制备 98% 杀虫单粉剂、精恶唑禾草灵及解草唑原药、新型无公害氟虫腈原药、高效旱地除草剂精恶唑禾草灵、人造金刚石单晶、粉末触媒合成棒、触媒合金片、渣浆泵、QWN 型潜污泵、农药消解酶、吡虫啉原药、高效氯氟氰菌酯原药；被认定为国家新产品 8 项，即普净 10%EC 精恶唑禾草灵、50% 华星麦保可湿性粉剂、苯氧菌酯原药及其 30% 悬浮剂、新型油菜田除草剂 95% 草除灵乙酯原药、10% 杀虫双撒滴剂、空气催化氧化新工艺合成草甘膦、QWN 型潜污泵、粉末触媒合成棒。

**专利申请**　1987 年，县科委依据《中华人民共和国专利法》，鼓励县内单位与个人开展科技成果专利申请。1992—2005 年，和县专利申请 107 件，其中发明 13 件，实用新型 35 件，外观设计 59 件。2002 年，邀请北京大学法学院博士袁秀挺来和县举办"知识产权保护"专题讲座。随后，恒兴木业公司申报专利 7 件，华星化工公司申报专利 10 件。1993—2005 年，和县专利授权量 71 件，其中发明 2 件，实用新型 25 件，外观设计 44 件。华星化工公司"苄嘧磺隆在秧田除草剂制备中的应用"技术获国家专利技术优秀发明一等奖。

**科技成果**　1992—2005 年，和县通过省、地（市）级科技部门成果鉴定奖 21 项，获省地（市）科技进步奖 18 项，其中获省科技进步奖 2 项，地（市）级 16 项，一大批技术含量高、创新性强、产业带动作用大的科技成果得到推广应用。1994 年，县畜牧兽医管理站裴金泉，主持实施"蛋鸭高产丰收计划"项目取得优异成绩，被评为省"青年科学家"，获省"青年科学技术奖"。2000 年，城南乡太平村、乌江镇驻马村被认定为"全国农科教结合示范乡"；县科协被评为"省科普工作先进集体"。2005 年，历阳镇双严村支书张久龙被评为"全省百佳农村科技致富带头人"；宏晶新材料股份有限公司总经理洪涌，获市首届"青年科学技术奖"。

## 五、农村能源开发

**省柴节煤灶** 1984 年，在全县城乡进行改灶节柴试验示范，开展民用省柴灶科研工作。是年，和县 JN–Ⅰ型民用省柴灶在全省优秀省柴灶评比中获二等奖。1985 年，和县 JN–Ⅱ型民用省柴灶被巢湖地区确定为全区推广的当家灶。1987 年，和县被确定为全国"省柴节煤"试点县。根据和县燃料以农作物秸秆为主的特点，研制出和县 JN–Ⅲ型民用省柴灶（热效率达 35.1%，结合"节能水箱"热效率可达 46% 左右），被确定为全县推广灶型。1988 年，举办技术培训班 20 多期，培训技术骨干 975 人次，在全县建立省柴灶示范点 70 多处。至年底，全县完成改灶任务 11.4 万农户，占总农户的 93.56%；推广"灶用节能水箱"2.35 万只，占改灶面的 20.56%。1989 年，和县"省柴节煤灶试点县"工作以三个百分之百的高标准通过省级验收。1990 年 2 月，获国家农业部颁发的验收合格证书。

**太阳能热水器** 1989 年，和县开始试点应用太阳能热水器。是年，从南京军区后勤部购进 10 台闷晒式太阳能热水器，采取补偿性安装试用。1990 年起，由县农村能源服务站对外微利经营。1995 年撤销服务站，推广工作由县农村能源技术推广站接替，并从扬州、滁州等地引进真空管太阳能热水器，与闷晒式太阳能热水器一道推广，市场反映良好。是年底，县能源办自筹资金 10 万多元，成立技术攻关小组，依托清华大学和江淮能源设备厂的技术和设备，按省级标准研制开发真空管太阳能热水器。次年就生产出合格产品，并投放市场。1997 年 3 月，成立和县节能设备厂，太阳能热水器由事业性推广转变为产业化生产销售，正式注册"和阳"商标。省技术监督局、省农村能源办联合确定"和阳牌"太阳能热水器为全省定点生产产品。产品销往合肥、芜湖、黄山、宣城、安庆、巢湖、滁州、池州和湖南长沙。至 2005 年底，仅和县市场就销售"和阳牌"太阳能热水器 2 万多平方米。

**城镇污水沼气净化工程** 1998 年，根据省农村能源领导组关于推广城镇有机生活污水沼气净化工作技术的意见，和县启动"城镇有机生活污水沼气净化工程技术"的研发。恰逢香泉板鸭厂、县幼师的污水粪便排放造成严重污染而求援，县能源办邀请扬州市邗江县能源办工程技术人员前来指导，帮助两个单位分别建立 140、120 立方米的地埋式、无动力有机污水沼气净化装置，经地区及县环保部门检测，效果良好。县能源办对此认真总结经验，结合本县实际，研制出符合和县实际的有机生活污水沼气净化系列工程技术，予以推广。是年底，地区科委聘请省内外有关专家，对和县"城镇有机生活污水沼气净化工程技术"进行鉴定，认为该项技术在省内领先。县能源办及时成立和县绿色能源环保工程服务公司，专司该项技术的推广应用工作。1999年，和县被确定为"省级农村能源建设重点县"后，使该项技术的推广应用有了大幅度进展。2002—2004年，为和县推广的鼎盛期，应用最为广泛，并帮助马鞍山市、含山县推广此项技术。至2005年底，在全县医院、工厂（含屠宰场）、学校、商住楼、中心村、公共厕所等单位和场所，共建成各类沼气净化工程40余处。

**农村户用沼气建设**　由于各种因素制约，和县多年几起几落，一直未能普及应用。2003年10月，和县被列为全国农村沼气国债项目建设县，要求沼气池建设与改厨、改厕、改圈同步实施，达标农户每户可得800元无偿资金补助。是年，县能源办选派62人参加省级沼气技术培训，取得《职业资格证书》，回乡后指导建池。先后在6个乡镇9个村委会，建沼气池1000口，共投入国家补助资金80万元。

2005年4月，和县农村沼气国债项目通过省级验收。随后，引导农户运用"猪—沼—果、蔬、粮（渔）"综合模式发展生态农业。先后建成一批以香泉镇吴仕村、沈巷镇小许村为代表的"生态家园"示范村，以兰河生猪养殖场、县看守所种养小区为代表的小型沼气工程，以任翠安养鱼专业户、刘斯荣蔬菜专业户、张安英林果专业户、时方荣种粮专业户、傻德全大棚养鸭专业户、赵永忠养猪专业户为代表的沼气综合利用示范户。是年底，全县有沼气用户1800多户，县能源办在这些用户中推广沼液浸种、沼液喂猪、沼渣养鱼、沼渣培育食用菌等实用技术。

**秸秆气化集中供气**　秸秆气化集中供气是一项新兴技术，既节约能源又保护环境。2001年，经省发改委批准立项，县能源办在西梁山镇移民新村进行此项目实验。2002年，县能源办引进合肥天焱绿色能源开发有限公司，与西梁山镇联合开发秸秆气化集中供气技术。西梁山镇在移民新村提供土地3000平方米，合肥天焱绿色能源开发有限公司投资建设秸秆气化供气站、铺设主管道、供气经营，受益农户购置安装入户管道和用气设备。2005年2月，气化站建成并投入生产经营。同年4月，通过省农村能源技术推广总站专家组验收。和县秸秆气化集中供气项目，在全巢湖市独树一帜，起到示范带动作用。

## 六、科技宣传

1989—1991 年，县科委先后摄制《五个能人带全乡》《绿色的庭院》《鸡状元》等 10 多部科教专题片，在各乡镇播放。1992—1995 年，在各地播放《农业科技知识》《大棚蔬菜种植技术》《养鱼、养蟹、养鸭》等 40 多盘科技教材录像带。

1996 年，县科委、科协与县电视台联合开办《科技之窗》《科教兴和》《农科教之窗》等专栏；与县教育电视台联合开办《农科教园地》《和县蔬菜服务之窗》等专栏。1997 年，与县广播电台联合开办《农科园地》《农事之窗》等专题节目。围绕调整优化农业结构，推广农业适用技术，宣传农村科技致富典型。

1999 年，在全县播放《水稻旱育抛秧成功》《特种大棚蔬菜生产》等农业技术录像带。2000—2005 年，每年均在有关乡镇播放 10 多盘有关无公害蔬菜生产、畜禽养殖等农业科技录像带。

2001 年，县科协投资 4 万元在和城历阳中路西端建立 20 米长的双面科普画廊。2002 年起，历阳、城南、腰埠、乌江、白桥等乡镇先后建立科普宣传栏。至 2005 年底，和城画廊共展出科普挂图和科普宣传资料 60 多期。

**科技下乡** 1990 年起，县科委、科协每年会同县农委等部门在全县开展送科技下乡活动。2001 年 1 月，中国科协、省科协、市科协、县科协四级联动，开展"科普大篷车下乡万里行"活动。是年 3 月 12—16 日，县科委举办"送科技下乡活动周"，邀请省内外 10 多名专家教授组成小分队，赴乡镇进行蔬菜、水产、经果林等方面的田头指导、接受咨询。此外，县科委、科协会同农业、卫生、文化、畜牧、水产、气象等部门，利用传统庙会，组织科技工作者赶集，提供科技咨询，发放科技资料。累计发放农业适用技术刊物 2 万份、科技资料 20 万份、技术光盘 2000 张。

2000—2005 年，举办科普活动周 6 届。每年利用"6 月 29 日"科普活动日，开展科普志愿者服务活动。全县成立科普志愿队 24 个，设立科普志愿者站点 22 处，参加科普志愿者活动 138 人。

## 七、实施"金桥工程"

1993 年起，实施中国科协"金桥工程"，全县申报"金桥工程"项目 25 个。到 2005 年，完成项目 23 个。

1993 年 11 月，和县蔬菜生产"96323"工程被中国科协批准为"金桥工程"

项目。到 1995 年底，全县蔬菜种植面积 100 平方千米，其中暖棚 4.19 万平方米，总产量 33 万吨，总产值 2.2 亿元，全县 33 万农业人口，人均蔬菜纯收入 300元。蔬菜生产的发展，带动交通、邮电、餐饮、服务、塑料加工、金融保险的发展。是年，县科协获省科协"金桥工程先进集体"称号。1996 年，和县蔬菜生产"96323"工程获中国科协"金桥工程"项目二等奖，也是全省唯一获得的最高奖项。荆诚孝、陈鼎胜、刘毓文同时获个人二等奖。1999 年、2002 年，县科协两次被评为"安徽省金桥工程优秀组织单位"。

1999 年，安徽华星化工股份有限公司年产 10000 吨杀虫双撒滴剂列入国家星火计划。1999 年，和县裕隆饲料公司饲料生物工程技术列入国家星火计划。1999年，安徽华星化工股份有限公司 18% 杀虫双撒滴剂列入国家中小企业创新基金。2001 年，安徽天邦饲料科技有限公司特种水产预混料技术开发列入国家星火计划。2001 年，安徽华星化工股份有限公司年产 80 吨精恶唑禾草灵原药技术开发列入国家星火计划。2001 年，安徽华星化工股份有限公司年产 500 吨苯氧菌酯原药列入国家"双高一优"项目。2002 年，安徽宏晶新材料股份有限公司年产 800吨粉末触媒合成棒列入国家火炬计划。2002 年，安徽华星化工股份有限公司年产130 吨精恶唑禾草灵及解草唑原药列入国家火炬计划。2003 年，安徽华星化工股份有限公司年产 100 吨新型高效杀氟虫腈原药列入国家火炬计划。2003 年，安徽固源生物公司有机磷农药专效消解酶制剂列入国家中小企业创新基金。2003 年，安徽华星化工股份有限公司年产 150 吨高效氟氯氰菊酯原药列入国家"双高一优"项目。2005 年，和县绿业公司蔬菜安全及标准化生产技术示范列入国家星火计划。同年，安徽华星化工股份有限公司年产 100 吨新型高效杀氟虫腈原药列入国家火炬计划重点项目。

# 招商引资 发展工业
## ——和县"十三五"招商引资专记

2016—2020 年这五年，和县投资中心认真贯彻落实习近平新时代中国特色社会主义思想，坚持以经济高质量发展为奋斗目标，持续深入推进产业升级突破年活动，聚力招大引强。全县招商引资工作取得了显著成效。

**聚力招大引强**　"十三五"期间，和县积极抢抓长三角一体化国家战略机遇，以经济开发区"一区多园"和台创园"一园多区"为产业协同发展主阵地，坚持"研发在南京，转化在和县，总部在南京，生产在和县，龙头在南京，配套在和县"，瞄准新能源汽车、集成电路、人工智能、软件和信息服务、生物医药等南京地标产业，紧盯南京江北区域台积电、华天科技、中车镇浦、南汽集团、南京高传等龙头企业和重点项目，不断探索浦和产业合作示范区招商平台建设新模式，积极开展精准招商，大力引进培育、发展壮大一批各具特色、优势互补、结构优化的战略性新兴产业增长引擎，推动与南京集聚发展、协同发展，形成产业协同新格局。

2016—2020 年，和县共引进来自长三角地区的签约亿元以上工业项目 172 个、协议总投资为 352 亿元，来自长三角地区的固投到位资金占比也一直保持在 90% 以上。其中来自南京的筑森智能制造产业园项目、维龙 BOPP 特种薄膜项目等 73 个亿元以上制造业项目相继落户开工，这是为全市打造安徽的"杭嘉湖"、长三角的"白菜心"作出和县贡献的实际行动。

"十三五"期间，县委、政府研究制定了《招大引强专班工作方案》，成立以县委常委和分管副县长为牵头县领导，各镇、园区、县直有关单位协同作战的招大引强工作专班，立足我县主导产业，紧盯新能源、新材料等"风口"行业，以"链长""群主"项目为目标，全面启动"头部"企业攻坚、配套产业攻坚、地标产业攻坚、要素保障攻坚、服务提升攻坚五大专项行动，积极寻找新兴产业承接转移新机遇，大力招引国内知名企业、龙头企业、500 强企业来和投资，先后推动智能制造（电子信息）产业港、仁恒香泉湖康养小镇、南山集团智能制造产业园、特变电工新能源等一批重大项目成功落户，特别是 2021 年初，天能电池集团新能源产业园项目的引进，实现了和县 50 亿元重大工业项目的历史性突破。县领导及各载体主要负责人领衔推进的 37 个招商项目线索，签约 23 个，地脉主题公园、晶飞高效光伏组件、海螺静脉产业园等项目接连落户。

发展"新经济"，叠加创新动能，创产融合打造新平台。围绕智能装备（机器人）、新材料、绿色建材、绿色蔬菜四大战新产业，突出培育发展电子信息、新能源新材料、生物医药、节能环保等新兴产业，强化招才引智工作，选育产业人才和团队，大力开展专业化招商、产业链招商。"十三五"期间，全县新引进战新项目 139 个，占项目总数的 62.9%，引进高新技术企业数达 74 家。天能集团（企业）、深圳茂雄（企业）、广东韩电集团（企业）、浙江向往（企业）、特变电工（企业）等一批优质企业的入驻，必将为和县经济发展提供加速度。

**坚持专业招商** 始终把理顺招商体系、建立培养专业化的招商队伍放在关键位置。于2020年9月份研究印发了《关于调整优化驻重点区域招商小组人员力量加强专业招商队伍建设的意见》（试行），在县委组织部和被抽调单位的支持下，进一步调整优化原有的招商队伍，构建"战区"+"兵种"的作战模式，组建南京、上海、杭州、深圳驻外招商小组，形成四大重点招商"战区"，配套组建智能制造、电子信息、新材料、文化旅游和绿色食品等产业服务小组，形成四大产业服务"兵种"。明确考核和奖惩措施，加强专业招商团队建设，加快形成现代产业服务体系。招商小组成立后的3个月时间里，4个小组共引荐招商引资项目线索21条，航天科工智慧产业园、电子储能设备等项目正在积极跟进，中环电力设备、朗华环保装备等项目已经签约。探索多渠道、社会化的招商模式，印发《和县委托招商（市场化招商）管理暂行办法》，强化了与基金公司、科研机构、商会协会等组织社会化招商的合作基础。

**招商引资成果** 2016—2020年，和县共引进亿元以上工业项目221个，协议总投资约472亿元，其中新签约5亿元以上工业项目有52个；新开工亿元以上工业项目146个，协议总投资为322亿元，其中新开工5亿元以上工业项目31个；累计实现内资588亿元，累计实现外资8.97亿美元，平均增长均达到10%以上；全县新开工5亿元以上工业项目中，有高端制造类的8个，如和众创道、共享单车、克鲁克机器人等；三产服务类的3个，如长三角产业城、农博城等；有新材料类的10个，如维龙、瑞和、东爵等。"十三五"期间，和县有11个项目被评为招商引资优质项目，总投资139亿元。已竣工投产项目9个，占81.82%；试生产项目1个，占9.09%；有序建设项目1个，占9.09%。

2016年全年新签约项目93个，其中5亿元以上重大项目7个（长三角建材园、欢颜机器人、惠亚铝制品、隆盛医疗机器人、华昌医药、华勤建材、阿格拉微米钻石线）；新开工工业项目47个，战略性新兴产业项目22个；竣工工业项目26个。新开工固定资产投资23.4亿元，续建工业项目固定资产投资36.6亿元。省外亿元以上项目到位资金86亿元，外商直接投资1.63亿美元。

2017年全年新签约项目100个，其中工业项目88个，5亿元以上重大项目6个（金石机器人、衡水新材料、广农农博城、家易味果蔬、科顺防水材料、高端智能装备创业园）；新开工工业项目54个，战略性新兴产业项目27个，竣工工业项目 34 个。新开工工业项目固定资产投资 34.4 亿元。省外亿元以上项目到位资金 94 亿元，外商直接投资 1.95 亿美元。获 2017 年度马鞍山市招商引资工作载体考核二等奖。欢颜机器人、城市共享单车、晟捷新能源等三个项目被评为招商引资优质项目奖，受到马鞍山市委、市政府表彰。

2018 年，全县新签约亿元以上工业项目数 39 个，其中属于战略性新型产业项目 25 个；5 亿元以上重大项目 5 个：总投资 5 亿元的精科汽车零配件生产项目，总投资 10.5 亿元的蓝宝石底衬项目，总投资 20 亿元的东爵有机硅项目，总投资 10 亿元的汽车零配件产业园项目，总投资 5 亿元的 AGV 物流智能小车项目，总投资 96.6 亿元。新开工亿元以上工业项目 22 个，其中 5 亿元以上重大工业项目 3 个：汽车零部件产业园项目，大和调养蔬菜项目，安和新材料项目。全县工业项目实现固定资产投资 52 亿元，上报实际利用外资 2.16 亿美元，上报实际利用内资 117 亿元。举办 5 次集中开工仪式：化工基地 2 次，8 个工业项目开工；开发区 2 次，13 个项目开工；台创园 1 次，8 个项目开工。和县招商局获 "2018 年度马鞍山市招商引资工作载体考核" 二等奖，浙江瑞安汽车零部件产业园、安徽安和生物科技 2 个项目被评为 "招商引资优质项目奖"。

2019 年 2 月，根据《中共和县县委和县人民政府关于县级机构改革的实施意见》，和县招商局更名为 "和县投资促进中心"。全年全县新签约亿元以上工业项目 49 个，其中属于新产业项目 37 个；5 亿元以上重大项目 6 个：投资 15 亿元的构建装备式建筑项目，投资 7 亿元的年产 30 万吨生物饲料项目，投资 5 亿元的智能电子企业孵化园项目，投资 5 亿元的明发集团安徽智能产业园项目，投资 5 亿元的国器无人机生产项目，投资 25 亿元的云恒智能制造产业园项目，总投资 123 亿元。新开工亿元以上工业项目 26 个，其中 5 亿元以上重大工业项目 4 个：BLM 构建装备建筑项目，明发伺服机器人项目，飞时达环保总增塑剂项目，国器无人机生产项目。全县实现固定资产投资 60.1 亿元。和县投资促进中心获 2019 年度马鞍山市招商引资工作载体考核二等奖，国器无人机项目、瑞和新材料项目被评为招商引资优质项目奖，受到马鞍山市委、市政府表彰。

## 和县台湾农民创业园

创业园位于和城北端，2009 年 5 月由农业部、国台办批准设立，是安徽省首个台湾农民创业园，为全国 28 个台创园之一。创业园管委会受县政府委托，独立行使相应职能。下设四个办公室：综合办公室、产业发展办公室、招商办公室、规划建设办公室。

创业园规划面积为 1512 公顷，设有农业示范区、科教区、农产品加工区、居住区、管理服务区和物流区。创业园以引领安徽农业、彰显台湾特色、促进皖台交流为目标，重点发展生态农业、高效农业和休闲农业。

2011 年，入园企业 6 家，正式投产 5 家，在建 1 家。园区全年总产值 4.5 亿元，同比增长 33%，全年固定资产投入 6000 万元，同比增长 500%，其中基础设施投资 6000 万元。园区主要企业有安徽培林食品科技有限公司、安徽中和食品有限公司、安徽香泉湖禽业有限公司、安徽宏海畜禽食品有限公司、绿神有机农业开发有限公司。

2012 年，园区建成面积 2 平方千米，形成以海峡大道为主、创景路为支线的道路网络；供水、供电、排水排污、通讯等管网设施基本到位，能满足企业的需要，并随企业增多而不断完善；同时完成道路、办公板房、配电、围墙等基础配套设施建设。园区实现工农业总产值 14.38 亿元，工业增加值 2.51 亿元，分别同比增长 65%、70%；固定资产投资 2.3 亿元，招商引资到位资金 8.2 亿元，经济社会呈现平稳较快发展的态势。2012 年增加企业有安徽社稷农业开发有限公司（11 月成立），马鞍山两岸农业科技发展有限公司，安徽栋泰农业发展有限公司等。

2013 年，规划面积调整至 1793 公顷，按照"一城（绿色食品科技城）、四园（绿色食品加工园、蔬菜产业创新创业园、港口物流产业园、西江水乡生态种植休闲农业园），一镇（金和小镇）"6 大功能区建设，设立园中园。编制规划面积 750 公顷的台湾食品加工产业园中长期发展规划（2013—2020 年）。台创园实现工业总产值 18.5 亿元，工业增加值 3.13 亿元，固定资产投资 3.62 亿元，招商引资到位资金 13.3 亿元。全年 15 次检查，园区未发生一起安全生产、环保责任事故。引进项目 2 个，竣工投产 11 个，在建 1 个。其中，台资项目 2 个，总投资 8000 万元，主要从事精品花卉、有机蔬菜和瓜果的生产与示范；内资项目 10 个，总投资 15 亿元，主要从事农副产品加工、港口物流等。全年新引进内外资项目 4 个，总投资 1.95 亿元。其中亿元项目 1 个。12 月，和县台湾农民创业园作为核心区，被省科技厅批复为马鞍山和县省级农业科技园区。增加上海翠微斋食品有限公司及其项目，和县绿缘生态农业开发公司育苗温室。

2014 年，和县台湾农民创业园管委会会同省、市、县的科技、农业等部门，争创国家农业科技园区，大力发展蔬菜产业、畜禽产业两大主导产业及以涉农现代服务业为核心的关联产业。建成集科技创新、产业发展、岸线资源保护、美好乡村建设为一体的安徽一流、全国知名现代农业科技园区。是年，牵头成立组建和县食品产业外出招商小组，下设 3 个招商局，驻点东莞、厦门、上海等地招商。全年园区新签约 12 个，协议资金 29.3 亿元。其中重大项目 1 个，新开工项目 7 个，较 2013 年同期增长 50% 和 94%。全年园区实现工业增加值 3.88 亿元，财政收入 680 万元，固定资产投资 5.05 亿元，实际利用内外资 19 亿元，新增规模以上企业 1 家。

2015 年，和县台湾农民创业园先后被批复认定为马鞍山国家农业科技园区（核心区），马鞍山（和县）绿色食品产业科普示范基地、全国科普教育基地，全国青少年农业科普示范基地，安徽省中小微企业创业基地。园区已入驻企业 20 家，涉及畜禽制品、果蔬饮料、高效设施农业、休闲观光农业、港口物流等产业，其中已投产企业 17 家（规模以上 6 家），在建企业 3 家，已引进台湾新品种 40 多个，新技术 10 项。全年园区实现工业增加值 4.9 亿元；财政收入 425 万元；固定资产投资 6.6 亿元，新增规模以上企业 1 家。全年完成新签约项目 14 个，其中亿元项目 7 个；新开工项目 7 个，其中工业项目 5 个，设施农业项目 2 个。

2016 年，开创园已入驻企业 23 家（包括台资企业 4 家），其中投产企业 19 家（规模以上企业 6 家），在建企业 4 家。产业涉及畜禽制品、果蔬饮料、高效设施农业、三产服务、港口物流等行业；引进台湾新品种 50 多个，推广应用新技术 10 项。全年园区实现规模以上工业增加值 5.89 亿元，同比增长 20.2%；完成固定资产投资 10.5 亿元，同比增长 59%；财政收入 450 万元，同比增长 5.8%；外贸进出口 450 万美元；新增规模以上企业 1 家。

2017 年，台创园已入驻企业 28 家（台资企业 2 家，美资企业 1 家），已投产企业 22 家（规模以上企业 6 家），在建企业 6 家，产业涉及畜禽制品、果蔬饮料、高效设施农业、农业科技研发、三产服务、港口物流等行业；引进台湾新产品 50 多个，推广应用新技术 10 余项，建成区面积 300 公顷，初步形成蔬菜产业、畜禽产业、涉农现代服务业三大产业集群。入园企业投资金额 2250 万元 / 公顷以上，税收平均 75 万元 / 公顷。是年 6 月，园区正式被农业部批复为全国农村创业园新园区。8 月，农业部办公厅、国务院台湾事务办公室秘书局公布：2016 年，台湾农民创业园发展建设第三方评价结果，和县台创园考核结果优秀，位列全国 29 个台创园第 8 名。农业部、财政部正式批复为创建和县国家现代农业产业园。产业园全年完成工业总产值 36 亿元，同比增长 12.5%；增加值 6.6 亿元，增长 12%；财政收入 613 万元，增长 44%；固定资产投资 12 亿元，增长 14%；进出口 280

万美元，增长 15%。

2018 年，入驻企业 34 家，其中投产企业 23 家（规模以上企业 9 家），在建企业 11 家。产业涉及畜禽制品、果蔬饮料、高效设施农业、农业科技研发、三产服务、港口物流等行业。引进中国台湾、以色列 50 多个新品种，推广应用 10 余项新技术，初步形成蔬菜产业、畜禽产业、涉农现代服务业三大产业集群。产业园全年完成工业总产值 50 亿元，同比增长 26%，规模以上企业增加值 8.5 亿元，同比增长 21%；财政收入 7960 万元，同比增长 29.8%。

2019 年入驻企业 37 家，其中已投产企业 27 家（规模以上企业 8 家），筹建在建企业 10 家。产业涉及畜禽制品，果蔬饮料、高效设施农业、农业科技研发、三产服务、港口物流等行业。已引进中国台湾、以色列新品种 100 多个，推广应用新技术 30 余项，初步形成蔬菜产业、畜禽产业、涉农现代服务业等三大产业集群。全年园区完成工业总产值 50 亿元，规模以上增加值 8.45 亿元，财政收入 1045 万元。园区重点企业有和县海大生物饲料有限公司，安徽皖东农业科技有限公司，安徽德隆禽业有限公司等。

自园区启动建设以来，先后被批准为马鞍山（和县）绿色食品产业集聚发展基地（全市仅 2 个）、安徽省小微企业创业基地、全国科普教育基地、全国青少年农业科普示范基地、全国首批"星创天地"、全国农村创业创新园区、国家 AAA 级旅游景区、省级休闲农业示范点、马鞍山国家农业科技园区、和县国家现代农业产业园（第一、二批全国 49 个产业园之一），和县数字农业试点县已正式运营。

园区总规划建设面积 17.93 平方公里，按照"一城、四园、二社区、一带"等八大功能区进行空间布局和科学开发建设，着力打造"产城一体、三产融合、三生兼顾、四化同步"的国家现代农业产业园、绿色食品加工产业基地。

园区已入驻企业 42 家，其中已投产企业 34 家（规上企业 8 家），在建企业 8 家；产业涉及畜禽制品、果蔬饮料、高效设施农业、农业科技研发、三产服务、港口物流等行业；已引进台湾、以色列新品种 100 多个，推广应用新技术 30 余项，初步形成蔬菜产业、畜禽产业、涉农现代服务业三大产业集群。

2020 年，园区实现工业总产值 93879 万元，同比增长 47%，工业增加值 13658 万元，同比增长 34.8%；财政收入 6073.2 万元，占全县固投比 30.2%；新增规上企业 2 家。

台创园坚持做优一产，重点建设了蔬菜育苗中心，年育苗能力达 4 亿株，已成为华东地区最大的蔬菜育苗基地。产业园内 3 家大型工厂化育苗中心均装有通风、补光、降温、增温等自动化控制设备，并采用流水线播种、高架育苗、自动喷淋、"物联网＋水肥一体化"等数字农业、智慧农业技术。做强二产，积极承接长三角产业转移，以绿色食品孵化园为依托，加强招商引资，打造农产品加工企业发展集群，园区新签约 12 个项目，协议总投资 16 亿元。和县海大生物科技有限公司年产 30 万吨饲料，马鞍山市长通食品年产 6000 吨肉类、禽类及蔬菜制品，安徽厨桥调味品食品有限公司年产 60 万箱食用油小包装及调味品，标准化厂房内西式低温高档肉食品项目、年产 3000 吨精肉、年产 3000 吨蟹黄锅巴项目等均已竣工投产。做活三产，绿色食品精深加工业快速发展的同时，带动了批发零售、出口贸易、冷链物流、电子商务、技术服务等相关产业协同发展，催生了创意农业、休闲农业、会展农业等新业态、新模式，着力打造"乡村＋蔬菜＋旅游"生态观光、民俗体验、乡村休闲、田园采摘等区域公共品牌。和县蔬菜博物馆建成运营，全面推进"旅游＋蔬菜"融合发展，有力提升了"农业嘉年华"品牌影响力。目前，产业园已基本形成了集技术研发、标准化规模化种养、精深加工、流通贸易、市场营销、会展经济、乡村旅游于一体的现代产业体系，三产融合，优化产业结构，提升产业水平。一二三产深度融合发展格局逐渐显现。

和县台湾农民创业园暨第四届蔬菜博览会

投资 1.38 亿元建筑面积 84000 平方米集中区正式交付使用，并签订入驻企业 11 家。

园区继续打造两个平台：一是建设绿色食品科技城，打造创新服务平台。积极深化与高校院所产学研合作，推进安徽省皖江蔬菜产业研究院、南京农业大学和县科技产业园等公共研发服务平台建设；同时，支持各企业引进专家团队，建立企业研发中心，引导企业技术改造，通过技改降低企业用工成本，提高企业生产效率。安徽省皖江蔬菜产业技术研究院已建立小白菜、乌菜两个省级蔬菜种质资源圃，并在小白菜单倍体育种技术方面取得重大突破。近年来，已申报国家发明专利 8 项，授权发明专利 2 项，14 个蔬菜新品种通过省级新品种审定，试验示范推广新品种 200 多个、新技术 10 余项，新设施新农药新肥料 50 余种。二是建设蔬菜种植创业孵化区和食品加工孵化园，搭建创业孵化平台。实施"双创"孵化工程，营造"双创"服务软环境，吸引、聚集返乡创业农民、科技人员到产业园创业，截至 2021 年，"双创"孵化已引进 3 个高层次人才团队来园区创业，培育企业 10 余家。

园区全面推广"畜禽、沼、菜""秸秆、羊、菜"等绿色生态种养循环模式、秸秆"五化"综合利用模式，畜禽粪污、蔬菜秸秆综合利用率均达到 95%。推进蔬菜绿色生产，全面普及推广使用性诱剂、杀虫灯、防虫网等绿色防控技术，推广使用有机肥、生物菌肥替代化肥、生物农药替代化学农药，大力发展蔬菜高效节水灌溉，园区耕地全部通过了绿色食品产地认证，农膜回收率 95%，设施蔬菜种植微滴灌等节水设施使用率 100%。

以和县国家现代农业产业园（台创园）为主体，整合历阳镇粮食工业园、西埠镇麻油产业集中区、善厚镇种子产业集中区、石杨镇盘固先畜现代农业生态园，按照统一名称、统一规划、统一产业、统一管理的原则，强化项目区整体抱团发展。进一步优化、延伸产业链条，全面扩展品种、提升品质、创建品牌，着力提升组织化程度，努力擦亮农业产业品牌，扩大品牌覆盖面、共享面，以工业化理念探索农业"一园多区"新发展思路。目前设立了粮食产业、麻油产业、种业产业、现代农旅产业四个集聚区工作部，成立了国家现代农业产业推进专班以及现代农业产业园建设指挥部，定期召开调度会议，听取各集聚区工作汇报，加强领导并给予政策扶持。

## 安徽省精细化工基地

2007年1月，省发改委批准设立安徽省精细化工基地。2008年7月，省环保局批准《安徽省精细化工产业基地总体规划环境影响报告书》。2012年3月19日，马鞍山市编委会批复设立管委会，副县级领导机构。11月，化工基地作为慈湖国家高新区的挂牌园区，独立运作，已成功申报为安徽省特色产业基地。基地在马鞍山市和县乌江镇石跋河地区，与南京毗邻。规划面积10.42平方千米，建设区面积约4.5平方千米。化工基地区域内水、电、路、汽、通讯及地下管网等设施已全部建成。现有华星化工有限公司（上市公司）、安徽硅宝翔飞有机硅新材料有限公司、安徽海德石油化工有限公司等20多家。实现工业总产值41.6亿元，财政收入4039.6万元，完成固定资产投资4.76亿元，占全年考核目标的103%；招商引资实际到位资金17.5亿元，占全年奋斗目标102%。

2013年底建成企业12家，投产企业9家，在建项目10余个。拥有上市公司2家，高新技术企业2家，中国驰名商标3个，各类专利39项（其中发明专利10项），2008年开园以来共投入约6.2亿元。实现工业总产值53.67亿元，同比增长30.64%；财政收入9664万元，同比增长139.2%；完成固定资产投资10.24亿元，同比增长115.2%；招商引资实际到位资金41.4亿元，同比增长122.6%，超额完成全年任务。2013年新增企业有安徽同心化工有限公司、马鞍山杭富金属材料有限公司。

2014年2月13日江苏省化工业协会编制，安徽省工程咨询组织专家评审的《安徽省精细化工产业有机合成基地产业发展规划》获马鞍山市政府批准。规划总投资313亿元。全年实现技工贸易收入100亿元，财政收入突破1亿元，完成固定资产投资25亿元。全年签约项目10项，总占地面积45公顷，总投资额近40亿元。

2015年，安徽省精细化工基地全面超额完成县委、县政府下达的各项经济指标和工作任务。全年实现技、工、贸收入208.7亿元，财政收入1.28亿元，完成固定资产投资24.1亿元。全年签约项目9个，总投资31.9亿元。全年新开工项目5个，总投资4.9亿元。

2016年，全年实现技、工、贸收入310亿元，财政收入2.13亿元，完成固定资产投资30.9亿元，完成工业总产值76.3亿元，工业增加值19.8亿元。全年开工项目8个，总投资12.6亿元。

2017 年，实现技工贸总收入 405 亿元，同比增长 30.6%；完成规模以上工业总产值及工业增加值 106.2 亿元和 32.9 亿元，同比分别增长 46.3% 和 22%；完成固定资产投资 36.3 亿元，同比增长 17.3%；完成财政收入 2.31 亿元，同比增长 8.5%。全年新签约项目 7 个，总投资 43.6 亿元。全年开工项目 8 个，总投资 25.7 亿元。

2018 年完成工业总产值及工业增加值 67.08 亿元和 19.52 亿元。完成固定资产投资 3.76 亿元。完成财政收入 9583 万元。全年新签约项目 4 个，总投资 5.4 亿元。全年开工项目 1 个，总投资 2.1 亿元。

2019 年完成固定资产投资 18.6 亿元，其中工业投资 16.2 亿元，技术改造投资 11.5 亿元；实现工业总产值 84.2 亿元；实现工业增加值 24.5 亿元，完成财政收入 8104 万元。全年签约项目 4 个，总投资 6.7 亿元。全年开工项目 4 个，总投资 17.76 亿元。重点企业有安徽东爵有机硅有限公司，安徽晟捷新能源科技有限公司等。

2020 年，完成固定资产投资 18.16 亿元，其中工业投资 17.92 亿元，技术改造投资 17.76 亿元；实现工业总产值 8.17 亿元；实现工业增加值 21.08 亿元，完成财政收入 0.74 亿元。

# 扶贫攻坚 实现小康
## ——和县争创扶贫脱困先进县记

中央扶贫开发工作会议于 2015 年 11 月 27 日至 28 日在北京召开。习近平总书记出席会议并发表重要讲话。他强调，消除贫困、改善民生、逐步实现共同富裕，是社会主义的本质要求，是我们党的重要使命。我们要立下愚公移山志，咬定目标、苦干实干，坚决打赢脱贫攻坚战，形成中央统筹、省（自治区、直辖市）负总责、市（地）县抓落实的扶贫开发工作机制，做到分工明确、责任清晰、任务到人、考核到位，确保 2020 年所有贫困地区和贫困人口一道迈入全面小康社会。

2014 年，和县共确定建档立卡贫困村 13 个，识别贫困户 9220 户，总计

16900 人。贫困发生率为 3.94%，其中因病、因残和缺劳力致贫占 85% 以上。

和县县委、县政府高度重视扶贫工作，认真落实党中央扶贫精神和各项政策，采取多项举措，做出大量工作，取得了显著成绩。

## 多措并举　精准扶贫

按照"两年脱贫攻坚、三年巩固提高"目标要求，和县采取以下 5 项主要措施。

1. **产业发展，脱贫一批**。扶持有劳动能力的贫困户从事一项种植业或养殖业，利用小额信贷资金每户 5 万元（无抵押、无担保）优惠政策，政府引导成立专业合作社，贫困户带资入股经营分红；利用省"整村推进"项目资金发展光伏产业扶贫。

2. **教育扶助，脱贫一批**。对贫困家庭子女上高职等学校给予减免学杂费和补助学费，或全日制普通本专科每人每年申请贷款 8000 元，财政部门给予贴息。

3. **人才培训，脱贫一批**。扶贫必扶智，实现创业就业。和县充分发挥马鞍山幼儿师范学校这一优势资源，出台《对建档立卡的贫困家庭学生以政府购买服务岗位方式定向培养乡村幼儿教师实施方案》，推荐符合条件的建档立卡贫困家庭子女免费进入学校学习，签订定向培养协议，完成学业后以政府购买服务岗位的方式进入地方幼儿园任教。2017—2020 年先后四批共招收 41 名学生。2017 年第一批招收的 19 名学生今年毕业，根据协议均安排了工作岗位，预计年收入不少于 3 万元，真正实现一人就业，全家脱贫，终身脱贫。

4. **设施建设，脱贫一批**。利用省、市、县扶贫财政专项资金，重点建设水、电、路、危房等，改善农民人居生活、生产条件，和县开展农村"组组通、户户通"（以下简称"组户通"）硬化路工程建设，并在全县 11 个贫困村 244 个自然村率先开展工程建设试点，打通了农村公路的"神经末梢"。"组户通"，就是村级道路畅通工程的扩面延伸，让村内循环更加畅通，群众生活更为便捷。

5. **社会保障，脱贫一批**。对完全或部分丧失劳动力的贫困人口，由社会保障来兜底。和县连续四年为建档立卡贫困户购买了人身意外伤害保险，四年来共赔付 1656 人，其中意外死亡赔付 53 人，共计赔付金额 118.68 万。2021 年参保数 13922 人，截至 2021 年 1 月 28 日，共理赔 35 人，共计赔付 54121.41 元。

在扶贫道路上，有许多乐于奉献的人，留下了生动感人的故事。

## 姜业兰扶贫筑路修桥

姜业兰，和县乌江镇卜陈村什江自然村人。1973 年入党，是一位农村老党员。她把帮助贫困家庭脱贫致富作为义不容辞的责任。先后出资近 150 万元，为周边数个村庄修路建桥。2015 年 11 月被评为"安徽好人"；2016 年 10 月获"全国脱贫攻坚奉献奖"，受到党和国家领导人亲切接见；2017 年 1 月被评为"中国好人"。2019 年，姜业兰作为安徽省扶贫系统唯一先进个人，应邀参加国庆 70 周年观礼联欢活动。

十年前，农村道路让人苦不堪言。下起雨来，道路泥泞难行。姜业兰所在的什江自然村到大洪自然村的路，有二三十个大小不等的坑，大的一两米长、一尺多深；小的巴掌大，磕磕绊绊，只能容一辆小车通行。天晴，骑车颠簸不堪，忽上忽下，开车的提心吊胆；遇上雨天，骑车的满身是烂泥，开车的满车是泥巴。当地人说："晴天一身灰，雨天一身泥。"这样的路，给出行带来极大的不便。村民的毛豆、花菜、小麦等农产品难以运出，外面商贩也不愿开车上门收购。东西卖不出去，村民就越发贫困。

姜业兰看在眼里，急在心上，自己是一名党员，群众有困难就应该出力解决。于是她和家人商量，提出自家出钱修路，全家人一致赞同。儿子张良斌是某企业总经理，积极支持母亲的善举。他说，致富不忘家乡恩，一人富了不算富，大家富了才叫富。儿子的承诺，姜业兰打心眼里高兴，就放开手脚干了。

2010 年，姜业兰拿出儿子打算买轿车积蓄的 20 万元，修建村里第一条通往外面的 1.2 公里水泥路。姜业兰和老伴找工人买材料，材料备齐，就动手修路。

每天早上他们 4 点多钟起床，买菜，为工人做饭。还特意买了几百元的塑料薄膜，将白天浇灌好的 800 多米长的水泥路面用薄膜盖起来，以防雨水淋坏路面。整整干了 28 天，路终于修好了。

通车的那一天，周边村民自发来到她家，敲锣打鼓放鞭炮表示感谢，多亏她为大家修建了"致富路"。见村民出行方便，她打心眼里高兴，村里的粮食蔬菜能卖出去，自己苦点累点值得。

2012 年 9 月，又出资 20 万元，修了姜庄自然村三条长 1000 多米的水泥循环路。之后，又连续两年出资 60 万元，修建了周边村庄的循环路。

路通了，她又在想，白天出行方便了，夜晚怎么办？因为村民有起早摸黑的习惯。于是她又出资 10 余万元为河赵、什江、李通自然村的主干路安装太阳能路灯，保障了夜晚行走方便。

路修好了，但在什江村、卜陈村前面有条七星湖，湖对岸是村部和街道。原先有一座木桥，村里人上街走这座桥是最近的，但木桥也只能过人，不能通车。且年久失修，破烂不堪。走其他的路要绕行很远，极不方便。姜业兰不想让群众过河受罪。2011年开春，她又拿出5万元购买水泥预制板，把原先的木头桥拆掉，改造成水泥桥。不但能行人，还能通车，两个村的村民来往便利了，村民翘起大拇指称："姜业兰修的这座桥是一座连心桥！"

## "扶贫是我事业的一部分"

2005年，在外务工的王继红响应政府号召回乡创业。经受金融危机和孩子离世的她，沉寂三年后，重整旗鼓，经过多方调研，最终选择了本地传统产业——蔬菜种植。采用"公司＋农户＋合作社＋市场"的发展模式，在当地建起4个标准化蔬菜园区，种植面积达3500亩。

2017年，王继红托管了政府的3个扶贫蔬菜基地，拥有大棚蔬菜面积达6300亩。因为蔬菜，她和贫困户结了缘。她定期组织公司技术人员到田间为贫困户提供免费技术指导。为消除贫困户"菜卖不掉"的顾虑，她还与部分贫困户签了销售协议订单，保障他们"种得好，卖得掉"，带动群众脱贫攻坚。

除了"金菜地"的脱贫计划，王继红还在基地吸纳了不少贫困户到企业务工：有能力的，就帮他发展技术；不能下地的贫困户，就做些分拣包装的活计。王继红说："扶贫是我事业的一部分，这是我们地方企业义不容辞的责任。"

王继红的企业先后获得"国家级蔬菜标准园""安徽省农业产业化龙头企业""蔬菜产业孵化器""国家级农民专业合作社"等称号。她本人获得安徽省三八红旗手、省级科技示范带头人、省级优秀巾帼志愿者等荣誉。

## 不让一户因灾返贫

石杨镇小滕村是和县的葡萄主产区。山坳里那得天独厚的自然条件，产出的葡萄美味可口，远销南京、合肥、芜湖等大中城市。当地村民大多以葡萄种植为生，贫困户滕之飞就是其中之一。滕之飞父亲先天聋哑，母亲患有小儿麻痹症，前些年突然瘫痪在床。2017年，在深圳打工的滕之飞选择回乡发展，照顾母亲。滕之飞的葡萄种植从1亩扩大到16亩，从单棵挂果3斤到单棵挂果22斤。将传统的一个枝上留13片叶子改留15片，他用绿色发展理念种植葡萄。在卖出4万斤葡萄后，他又扩充了几亩大棚葡萄。

谁知 2020 年夏季连绵大雨，使他的 6 亩葡萄几乎遭灭顶之灾。滕之飞心急如焚。王竹梅副县长更加着急，她是滕之飞户的帮扶责任人，每天给省扶贫电商平台朱萍打电话："我们要尽全力，不能让他家因灾返贫。"

王竹梅的恳切言辞，打动了扶贫电商平台朱萍："剩下的应卖尽卖，我们帮他挂平台，联系售卖渠道，除了马鞍山的订单，我们还对接和县安德利超市，先行试卖 500 斤。"朱萍通过电商培训"你种我销，你养我卖"的方式，为贫困户提供订单式服务，帮助不少贫困户找到了脱贫致富之路。

## 一对一送"上学"

2018 年，聂晓丹成为和县香泉镇龙山村小何自然村驻村工作队的一名队员。这是组织交给的任务。她有一个特殊的任务——接七年级的李敏上学。李敏家是她的包保户之一。那天，扶贫工作队摸排到李敏家，得知她的家里没有可以上网课的设备和条件，便提出带她去村部上课。因为家人残疾，担心孩子一人去不安全，聂晓丹便主动担起了接送她上学放学的任务。

聂晓丹到了门口，李敏已经背上书包等候在门前。乡路远，聂晓丹和李敏就聊起天："一会上网课，有什么不懂的可以问我。""如果哪天买了电视或手机，跟姐姐说，我帮你免费安装网络。"聂晓丹听到身后细细的一声声"嗯"，知道李敏同意了。

聂晓丹到了村部，和已经等候的班主任一起帮李敏调试好网课平台。李敏坐定，拿出笔、教材和笔记本认真听了起来。聂晓丹便转身出门，不再打扰。晚上 5 点学习结束，聂晓丹再将李敏送回家里。每天这样，成了聂晓丹和李敏的习惯。聂晓丹如果因工作来迟了，就打电话让李敏的哥哥来接她。李敏与聂晓丹很熟了，有不懂的问题就问，聂晓丹都一一耐心解答。

在泉水村，每到三年级上网课时，贫困学生杨文璨在爷爷的陪同下去村部学习。为保证疫情期间建档立卡贫困家庭的孩子们可以顺利上网课，驻村工作队逐户走访贫困学生家庭。针对流量不够使用的家庭，镇扶贫办将情况反馈至县教育局，由教育局与运营商协调增加流量。针对没有智能手机及数字电视的贫困家庭，村委会提供独立电脑，村干部一对一负责贫困学生上网课，并为学生提供口罩和酒精。

# 电商"小平台"使出"大能耐"

村里扶贫队让王仁金发展养殖，他还犯嘀咕："我腿脚不好，不方便到市场去卖，万一养好了，卖不出去，我不亏大了吗？"当地建起了电商平台，直接帮助贫困户把养殖的鸡鸭挂到网上售卖，一下解决了他的后顾之忧。

他第一次在电商平台卖鸭子，一年下来，销售收入就达到 2 万元。"现在鸭子一出栏，就有人帮我拍照挂到网上卖，一挂出去就有人上门来收购，价格还不低，我是靠着电商平台实实在在赚到了钱啊！"尝到甜头的王仁金沾沾自喜地说，"今年年前又在自家塘口养了数百只麻鸭。"

村子另一头，村党总支书记庄从明正忙着清点贫困户彭科礼家中剩余的麻鸭。前不久，彭科礼还对庄从明抱怨："去年我家养了 200 只麻鸭。今年碰上疫情，活禽市场关了，我家还剩 30 多只鸭天天养着，可怎么办？"庄从明了解后，立即联系村电商平台，带着工作人员上门，一番称重、拍照流程后，电商平台工作人员把销售信息挂到网上。不过一周，彭科礼的麻鸭便销售一空，彭科礼拿着获得的3000 元收入，乐不可支："以前我们哪懂呢，不知道网是个啥，现在觉得真好，今年我还要养个 200 只，以后就不愁卖不掉了！"

2016 年，全国脱贫攻坚战全面打响了，"现在我们村有越来越多的贫困户通过自种自养来增加收入。大家相信，只要自己肯干，一定能走上致富路！"村书记庄从明充满信心。

和县善厚镇石坝村的贫困户钱朝山是一位养鸡大户，养殖规模目前已接近1500 只。2020 年疫情期间，由于交通封锁，鸡蛋滞销变质，无奈之下他扔了6000 多个蛋。5 月 8 日这天，县人社局在镇上组织了一场脱贫就业培训会。钱朝山培训结束后，把电商负责人请回了家。安徽巾帼电子商务有限公司总经理朱萍买了钱朝山家 200 个蛋和 3 只母鸡。没过几日，电子商务有限公司负责人给钱朝山带来了好消息，马鞍山一家公司需要 3 万个鸡蛋，准备从他这里采购。除了电商平台，当地政府还积极组织消费扶贫。据县扶贫办统计，当地政府通过线上线下直接购买贫困户各类农产品达 112 万余元。县医院在钱朝山家购买了 2000 个鸡蛋和 30 只鸡，镇政府也采购了 400 个鸡蛋。钱朝山夫妻二人曾经担心鸡蛋卖不出去而经常发愁，现在政府"搭桥"，客户主动上门，免去了他们的担心。

## 扶贫攻坚　硕果累累

和县政府结合实际，相继出台了一系列扶贫配套政策和文件，脱贫攻坚取得了显著成效。

一是截至 2020 年 12 月底，实有建档立卡户 7428 户 16061 人，全部稳定脱贫；13 个建档立卡贫困村于 2017 年前全部顺利出列。贫困发生率由 2014 年建档立卡时的 3.94% 降为 2020 年的 0。

二是贫困群众收入水平大幅提高。2014 年识别时贫困人口人均年收入仅为 2808 元，通过精准施策，全面落实"一户一方案，一人一措施"，贫困群众收入水平大幅提高，至 2020 年底，脱贫人口年人均收入由 2014 年的 2808 元增至 13677 元，年均增幅达 32%。

三是全面解决"两不愁三保障"的突出问题。低保标准由户月人均 395 元提高到 648 元，实现了应保尽保。2016 年以来累计发放贫困人口低保金 1.5 亿元、特困供养金 4403.65 万元，全面解决了贫困人口的吃穿问题。投入 1230 万元提升镇卫生院、村级卫生室服务能力；推进紧密型县域医共体建设，实现县镇村三级医疗资源充分整合，集约使用；实施了免费家庭医生签约服务，履约率始终保持 100%；所有贫困人口都纳入了新型农村医疗保险、大病保险和医疗救助保障；全面落实"351""180"健康扶贫政策。贫困人口累计报销医疗费用金额 2.58 亿元，医疗费用综合补偿占比 88.56%。投入 1.05 亿元全面改善农村办学条件，确保各级各类学校办学条件均达省级规定标准；累计发放各级各类教育资助资金 1838.69 万元，全面落实控保辍学任务，未出现因贫困辍学情况。全面完成了所有建档立卡贫困户和边缘户住房质量摸排和安全鉴定，改造危房 1525 户，住房安全得到了有效保障。先后投入 1016.36 万元实施农村安全饮水巩固提升工程，全面保障了贫困人口饮水安全。

四是农村面貌发生显著变化。2016 年以来，累计投入资金约 22.66 亿元，实施到村"双基"项目 5241 个（其中：基础设施类项目 4841 个，基层公共服务类项目 400 个），全面提高了农村基础设施配套能力，提升了基层公共服务水平。投入扶贫专项资金约 1.84 亿元，建设农村公路 203.138 公里；投入 4960 万元，建设"组组通、户户通"139.4 公里；投入 1990.44 万元，修建了 52 个水利扶贫项目；投入 780 万元开挖清淤沟塘 335 处，农村生产生活条件全面改善。

五是农村基层治理能力全面加强。市县选派 39 名干部入驻全县 13 个贫困村开展帮扶，驻村扶贫工作队队长由市选派副处级领导干部担任，兼任村第一书记；县选派 227 名干部入驻 93 个非贫困村开展帮扶，全面加强了农村基层组织力量。不断推深做实"一抓双促"工程，有效实施"培强扶优消薄"计划，全县农村集体经济不断发展壮大，截至 2020 年末，全县年经营性收入 5 万元以下"薄弱村"彻底消除，年经营性收入 10 万元以上的村占比达到 100%，50 万元以上的经济强村达到 22 个。

宋祥国是 2014 年建档立卡的贫困户，2016 年脱贫，低保金与残补是其主要收入来源。为提升脱贫质量，扶贫工作队为其申请了公益性岗位，他主要职责是清理村组垃圾及水面漂浮物，近期他还协助村两委监督秸秆禁烧工作。这个公益性岗位工作难度不大，一年工资收入有 5000 多元。

疫情期间，乌江镇就有十几户贫困户在政府的介绍下找到了工作。陈兴友在长江岸边的一家大理石加工厂上班，主要的工作就是切割大理石，离家近，还能照顾家人，月工资有 3000 多元。

## 全力打造"三道防线"防返贫

一是严格识别防线，确保不漏一户。全面加强对"四类户"监测，实行动态管理。通过多部门信息比对，逐户研判，建立台账，根据户家致贫风险现状，精准确定边缘易致贫户，实行分类施策。全县脱贫监测户 78 户 224 人、边缘户 172 户 484 人返贫致贫风险点全部消除。

二是强化政策防线，确保减支增收。积极落实帮扶举措，坚持以产业和就业帮扶措施为重点，不断拓宽增收致富渠道。制定出台《和县防范返贫实施方案》，推出 12 项帮扶举措，落实 19 家单位参与政策实施。

三是织密保障防线，确保不少一人。针对出现重大变故或突发情况家庭以及完全丧失自我发展能力的家庭，和县积极落实资助和保障措施，筑牢兜底保障网。引导社会资金设立"健康·助学"爱心基金，制定《"健康·助学"爱心基金管理暂行办法》，积极帮助困难家庭解决实际难题（爱心基金已筹集资金 750 万元，帮助看病医疗支出过大户提供救助）。同时，对符合纳入兜底保障条件户，及时纳入最低生活保障范围。

扎实开展"邻里守望话幸福"，关注特殊群体，不破底线。为帮助解决鳏寡孤独和空巢老人等贫困人口的生活困难，我县对建档立卡户和边缘户中"五类"群体（身体重度残疾、散居五保户、无特定监护人的未成年人、患重大疾病或长期慢性病、独居孤寡老人）进行了全面摸排，真实掌握其现实生活情况，开展邻里互助结对帮扶。

坚持镇为主、村落实，镇党委书记负总责，村党总支书记抓落实。按照就地就近原则，在帮扶服务对象上，左邻右舍安排结对帮扶服务人员；侧重安排同一村民组的村分工包片干部、村民组长、网格长、党员；帮扶服务对象为近亲属，在双方自愿的前提下，签订日常结对帮扶承诺书。和县制定了《关于开展"邻里守望"互帮互助工作实施方案》，明确了工作原则和机制，要求帮扶服务人员对结对扶，明确了四个方面重点走访内容，起到有效帮扶作用。扶贫是一项动态工作，必须实现科学数据监控，确保扶贫工作顺利进行。和县持续做好国办系统数据维护，确保数据真实准确，为过渡期扶贫工作奠定了坚实基础；认真做好户家情况摸排，加强致贫返贫动态监测和帮扶；全面做好扶贫项目资产后续管理工作，切实保障扶贫政策持续发挥效益。

# 成绩瞩目 开局良好
## ——和县"十四五"首年亮丽登场

2021 年，全县上下认真落实习近平总书记考察安徽重要讲话指示精神，坚持稳中求进工作总基调，统筹推进"五位一体"总体布局，对接大江北、融入都市圈，把创新、协调、绿色、开放、共享的新发展理念贯彻落实到县域经济高质量发展各环节，全面建设现代化滨江生态产业新城。经济运行展现出强劲的韧性和活力，交出了高质量发展亮丽成绩单，实现"十四五"良好开局。

GDP 首破 300 亿元。2021 年，全县实现地区生产总值 329.74 亿元（含郑蒲港新区），是 1978 年的 214.4 倍，按可比价计算增长 15.6%，为 2015 年以来最快水平。其中：第一产业增加值 30 亿元，增长 7.2%；第二产业增加值 141.7 亿元，增长 23.8%；第三产业增加值 158.1 亿元，增长 11.4%。产业结构更趋优化，由

1980 年的 62.7：16.7：20.6 调整为 9.1：43.0：47.9，二产比重较 1980 年提高 26.3 个百分点，工业化率达到 29.6%，三产比重较 1980 年提高 27.3 个百分点。第二、第三产业的快速发展，将原本经济总量小、产业结构单一、发展滞后的和县一下子推向前沿高地。

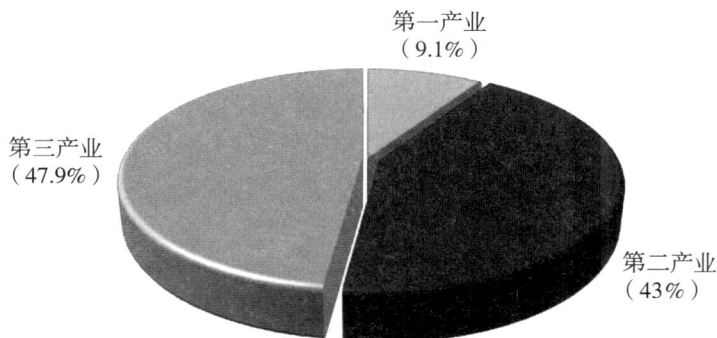

2021 年全县三次产业增加值比重

农业发展提质增效。2021 年，全县农业总产值 53.63 亿元，是 1978 年的 51.6 倍。主要农产品产量稳定，优质小麦、水稻和各种高效经济作物亩产跃上新台阶。2021 年农作物总播种面积 140.23 万亩，粮食播种面积 99.11 万亩，粮食总产量 38.42 万吨，是 1978 年的 1.5 倍，其中小麦总产量 9.34 万吨，是 1978 年的 5.8 倍；稻谷总产量 28.36 万吨，是 1978 年的 1.2 倍。生猪出栏 16.83 万头，是 1978 年的 1.6 倍。

和县作为"长江中下游最大的菜园子""中国蔬菜之乡""全国首批无公害蔬菜生产示范基地县"，蔬菜产业得到迅猛发展。截至 2021 年，省级农业产业化龙头企业达 13 家、农业标准化生产基地达 65 个、认证"三品一标"达 87 个，通过国家现代农业产业园创建验收。2021 年，全县蔬菜种植面积 27.52 万亩，是 1980 年的 97.7 倍。

农业综合机械化水平显著提高。2021 年末全县农业机械总动力 56.75 万千瓦，全年机耕面积 91.32 千公顷，机播面积 60.23 千公顷，机电灌溉面积 45.8 千公顷，机械植保面积 48.8 千公顷，机收面积 69.53 千公顷。农业机械化程度明显提高，主要农作物机耕、机播、机收水平分别达到 98.77%、65.14% 和 75.2%，耕种收综合机械化水平达到 81.61%。

表 1  2021 年主要农产品产量及增长速度

| 产品名称 | 计量单位 | 总产量 | 比上年增减（%） |
|---|---|---|---|
| 粮食 | 万吨 | 38.42 | 0.8 |
| 其中：稻谷 | 万吨 | 28.36 | 0.5 |
| 小麦 | 万吨 | 9.34 | 1.8 |
| 油料作物 | 万吨 | 1.79 | 9.2 |
| 其中：油菜籽 | 万吨 | 1.71 | 9.8 |
| 棉花 | 吨 | 110 | −24.7 |
| 糖料 | 吨 | 267 | 4.7 |
| 蔬菜及食用菌 | 万吨 | 52.97 | 5.6 |
| 瓜果类 | 万吨 | 4.42 | 13.5 |
| 肉类总产量 | 万吨 | 3.92 | 19.5 |
| 禽蛋产量 | 吨 | 6516 | −3.8 |
| 生猪出栏数 | 万头 | 16.83 | 31.2 |
| 家禽出栏数 | 万只 | 1416.07 | 5.7 |
| 水产品产量 | 万吨 | 2.29 | 2.1 |

工业经济转型升级。和县工业经济迈入"高速发展"阶段，初步形成以通用设备、食品、化工、建材为主体的工业体系。打造了"郑浦港新区现代产业园区""和县经济开发区""台湾农民创业园"等工业经济发展平台后，开创了工业强县的新局面。2021 年末，全县完成规模以上工业总产值 385.82 亿元，是 1978 年的 671 倍。

1978 年，全县工业基础薄弱，以轻工业为主，食品工业、纺织工业产值分别占工业总产值的 38.9%、20.8%，产业结构单一，发展潜力弱。改革开放以来，全县上下大力发展建材、化工、绿色食品、通用设备等支柱产业，工业经济发展取得了巨大成就。截至 2021 年底，全县规模以上工业发展到 28 个工业行业大类，其中产值前五的行业分别是非金属矿物制品业、化学原料及化学制品制造业、有色金属冶炼和压延加工业及石油、煤炭及其他燃料加工业，分别占全部规模以上工业的 22.9%、20.1%、9.7%、9.3% 及 7.8%。这其中，化学原料和化学制品制造业实现"质的飞跃"，2021 年总产值 77.55 亿元，是 1978 年化学工业的 3328.4 倍，占全县工业总产值的比重由 1978 年的 4% 上升到 20.1%。2021 年，精细化工新材料产业集群成功获批省级县域特色产业集群。

2021 年，主要工业产品产量中，大米产量 26.52 万吨，下降 3.4%；水泥产量 1282.56 万吨，增长 15.2%；化学农药原药产量 2.04 万吨，增长 7.2%；泵 1.29 万台，下降 1.7%；阀门 3.58 万吨，增长 32.5%。

表 2　规模以上工业主要产品产量及增长速度

| 指标名称 | 单位 | 2021 年 | 同比增减（%） |
| --- | --- | --- | --- |
| 大米 | 吨 | 265194 | −3.4 |
| 饲料 | 吨 | 281061 | 65.8 |
| 精制食用植物油 | 吨 | 32662 | 17.0 |
| 鲜、冷藏肉 | 吨 | 29153 | −1.7 |
| 人造板 | 立方米 | 69839 | −26.9 |
| 家具 | 件 | 88178 | 37.6 |
| 化学农药原药（折有效成分 20%） | 吨 | 20419 | 7.2 |
| 硅酸盐水泥熟料 | 吨 | 9760928 | 29.7 |
| 水泥 | 吨 | 12825598 | 15.2 |
| 商品混凝土 | 立方米 | 2438991 | 14.4 |
| 泵 | 台 | 12930 | −1.7 |
| 阀门 | 吨 | 35821 | 32.5 |
| 两轮脚踏自行车 | 辆 | 108613 | 58.4 |

2021 年，全县 202 家规模以上工业企业实现入库税金 12.75 亿元，增长 4.2%。全县规模以上工业纳税过百万元的企业 83 户，其中过千万元的企业 15 户，过亿元的企业 3 户。

建筑业迅速壮大。和县建筑业务遍布全国各地，建筑队伍分布北京、河北、天津、海南、新疆等地，其中在北京建筑劳务人员就超过 4 万人。截至 2021 年末，全县建筑企业已超百家。其中：劳务企业达 30 余家，建筑业增加值占 GDP 比重达到 14.3%，拉动 GDP 增长 2.1 个百分点，建筑业已成为全县国民经济发展的"支柱产业"之一。2019 年 10 月 14 日，和县被中国建筑业协会正式授予"中国建筑之乡"称号。2021 年，全县资质内建筑企业实现总产值 36.85 亿元，是 1978 年的 292.5 倍。

投资规模不断扩大。得益于项目招引发力和"项目攻坚年"活动的强力推进，计划总投资 35 亿元的天能电池、23 亿元的南京至和县高速安徽段和 15 亿元的皖江公铁水联运通用码头等重大项目相继纳入统计，全县固定资产投资再创新高，投资规模由 1978 年的 105 万元发展到 2021 年的 225.26 亿元。投资主体多元化趋势明显，非国有经济投资增长迅猛。1978 年固定资产投资中，国有占 100%，到 2021 年民营经济投资占全部投资的比重提升至 69.9%。2021 年，工业投资 54.37 亿元（不含郑蒲港新区），而 1978 年仅 33 万元；建安工程投资 163.01 亿元（不含郑蒲港新区），而 1978 年仅 73 万元。

郑浦港新区

消费结构加快升级。社会消费品零售总额由 1978 年的 7716 万元上升到 2021 年的 142 亿元，增长 184 倍。2021 年，47 家限额以上批零住餐企业（含个体户）累计实现消费品零售额 8.83 亿元。其中，粮油食品、服装鞋帽和日用品等（即吃、穿、用三大类）基本生活类零售额合计占比为 49%，而 1985 年全县社会消费零售额吃穿用三大类比重为 82.1%。截至 2021 年末，全县通过公共网络实现的商品销售 4274 万元。

财政金融大幅提升。40 多年来，全县精准有效实施积极的财政政策，推动经济运行保持在合理区间，鼓励金融机构创新服务方式、促进金融业与经济互动双赢，金融行业实现稳健运行，为经济发展发挥了积极作用。2021 年，全县一般公共预算收入 28.04 亿元，是 1978 年的 323.4 倍；财政支出 56.78 亿元，是 1978 年的 683.2 倍。2021 年末，全县银行业金融机构人民币存款余额 383.02 亿元，是 1978 年的 2208.9 倍；贷款余额 277.55 亿元，是 1978 年的 617.2 倍。

招商引资卓有成效。和县先后引进盘景水泥、天能动力电池、信义玻璃、迈得特光学、东爵有机硅、禾臣新材料、南山浦和智造园、中联新材等亿元以上项目，为全县产业升级和跨越发展提供动力，成功获评 2021 中国未来投资热点百佳县。2021 年到位省外资金 180 亿元，实际利用外资 6.03 亿美元，全年外贸进出口总额 17.09 亿美元，其中外贸出口总额从 1978 年的 37.38 万元增加到 2021 年的 17335 万美元（不含郑蒲港新区）。

天能集团在和县落户投产

居民收入水平稳步提升。2021 年，全县城镇、农村居民人均可支配收入分别达到 41489 元和 25250 元，而 1978 年农民人均纯收入仅 122 元。城乡一体化发展持续推进，根据第七次全国人口普查结果显示全县城镇化率达到 50.05%。

人民生活水平显著提高。至 2021 年末，全县国省干线道路和乡村道路共计 2172.895 公里，内河航道里程 109.8 公里。全县民用汽车拥有量 54354 辆，营运汽车 1079 辆。全县邮电业务总量 3.82 亿元，其中，邮政业务总量 0.77 亿元，电信业务总量 3.06 亿元。年末固定电话用户 4.28 万户，移动电话用户 43.72 万户。年末互联网宽带用户 19.76 万户（不含手机上网用户），IPTV（网络电视）用户 14.9 万户。

至 2021 年末，城乡居民平均每百户拥有家用汽车 53.8 辆、洗衣机 95.1 台、电冰箱 108.9 台、彩色电视机 165.9 台、空调 231.6 台、热水器 115.4 台、计算机 59.6 台。

至 2021 年末，全县共有幼儿园 40 所，在校学生 10447 人，专任教师 515

人。小学 47 所，在校学生 22517 人，专任教师 1660 人，师生比 1∶13.56。初中 26 所，在校学生 11505 人，专任教师 1195 人，师生比 1∶9.63。普通高中 3 所，在校学生 6425 人，专任教师 506 人，师生比 1∶12.7。全县普通中小学专任教师取得专业技术职称的共 3361 人，其中普通高中 506 人，普通初中 1195 人，小学 1660 人。全县学前教育学龄人口总数（3～5 岁）10991 人，学前三年毛入园率为 95.05%；小学毛入学率为 101.12%，其中：女童小学毛入学率为 100.92%；初中毕业生升学率为 116.87%。九年义务教育巩固率 94.31%。高中阶段毛入学率 93.09%。全县每万人中普通中学在校学生数为 334.08 人，其中：高中在校生为 119.71 人；每万人中小学在校学生数为 419.55 人。各类中等职业教育招生 1792 人，在校生 3725 人。全县每万人中中等职业学校在校学生数为 69.41 人。

至 2021 年末，全县拥有各类医疗卫生机构 164 个，其中医院 10 个。拥有床位 2326 张，其中医院床位 1860 张。拥有卫生技术人员 2143 人，其中执业（助理）医师 838 人，注册护士 925 人。农村卫生室达到 98 所，平均每个行政村拥有 1.15 个卫生所。全年分别救治艾滋病、肺结核病、晚期血吸虫病病人 125 人、58 人和 19 人，孕妇住院分娩率达 100%，婚前医学检查率 92.9%。

2021 年，全年新增城镇实名制就业 5599 人，失业人员再就业 965 人，就业困难人员就业 375 人，就业困难人员帮扶就业 316 人；城镇登记失业率 2.3%。年末全县城镇职工养老保险、失业保险、工伤保险、生育保险参保人数分别是 3.39 万人、1.99 万人、2.36 万人、3.51 万人；基本医疗保险参保人数 49.68 万人（其中：职工医疗保险 5.24 万人、城乡居民基本医疗保险 44.44 万人）。卫生机构数 164 个，是 1980 年的 2.4 倍。年末全县城乡享受最低生活保障 11951 人，低保标准由月人均 648 元提高到 678 元，累计发放低保金 7633.32 万元。年末县社会福利院及 8 个农村老年性福利机构分别有床位 400 张和 1269 张。在册孤儿 160 人，在册困难残疾人 4363 人，在册重度残疾人 6756 人，发放临时生活救助 659 人次。

下　编

# 初心不改　群星璀璨

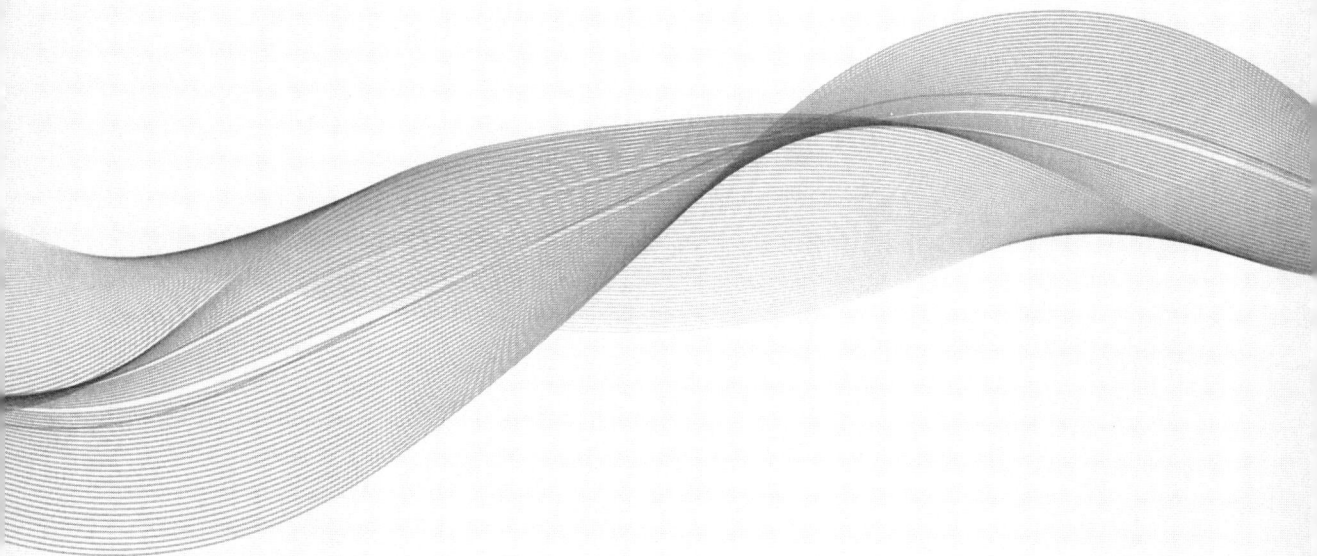

# 一、功臣篇

## 投身革命　尽忠报国
### ——赵鹏程的传奇人生

### 为谋生计入青帮

1902 年 9 月 18 日，赵鹏程（原名赵德懿）出生于陈桥洲的一个农民家庭。这一年，恰为壬寅虎年，虎山虎年生虎子，苍天仿佛注定这个男孩未来会成为一名叱咤疆场的虎将。

陈桥洲人多地少，加之长江水位高低莫测，江水涨潮，洲田被淹，村民难以维生。赵鹏程自幼饱经苦难，成年后被迫离洲谋生。先是去 10 公里外的黄山寺帮工烧窑，此活十分辛苦，没干多久，窑厂不堪苛税而停业。后又辗转上海求生，民国初年的上海滩，鱼龙混杂，难以立足，不得已又返回家乡。

赵鹏程

从上海回到家乡以后，看到家乡底层民众的生活更加艰难了，阶级压迫和阶级剥削处处存在，贫苦百姓无依无靠，可谓天下乌鸦一般黑，家乡也待不下了，为了找到一个能够安身立命的场所，赵鹏程来到了与陈桥洲仅有半江之隔的芜湖，为寻求依靠，免受欺辱，同时也想利用帮会势力来遏制当地恶霸对乡邻的欺压，就在芜湖拜和县籍的青帮头目尹禹亭为先生，参

加了青帮组织。青帮辈分的前廿四代依序为："清净道德、文成佛法、仁伦智慧、本来自信、元明兴理、大通悟学。"尹禹亭为通字辈，赵鹏程为悟字辈，杜月笙和蒋介石就是青帮的悟字辈。

安徽是青帮发祥地之一。清道光年间，运河淤塞，行船困难，改为海运，于是近万名漕运工和纤夫陷于失业的绝境。这些人一部分与两淮地区的盐贩结合，存在其中的青帮组织也随之在安徽传播、发展起来。在芜湖，早期加入青帮的一般都是码头小头目、工头，浴室、茶馆、酒店、戏院等服务行业的工商户，以及吃赌博饭、开鸦片馆的小市民。至抗战前，芜湖曾出现短暂繁荣，一些暴发户和工商户老板，怕受外界骚扰，纷纷加入青帮。当时的粮食采运业、杂货业、槽酱业、百货业、五洋业、中西药业，以及毛皮业等行业中的人，特别是这些行业的所谓"巨头"，大都在帮，以此作为保护伞。

一个帮会中人，从投师孝祖、交结朋友、闯荡江湖，到逐渐有了名气，这才有资格并敢于收徒弟。赵鹏程加入青帮以后，为人忠诚仗义，行事机智果敢，性格豪爽，深悉民间疾苦，很快就通过各种考核。师父认为其已备足能力，可以开香堂领帮率众，从此，赵鹏程独当一面，闻名江湖。

## 全皖铁血义勇军

1932 年，青帮在安徽沿江一带组织了名为"全皖铁血义勇军"的秘密组织，所谓义勇军是指由非政府组织的、人民志愿组成的抵御外敌的武装组织。九一八事变后，东北军主力放弃了有组织的抵抗，东北三省和热河省爱国军民面对日本帝国主义的侵略，自发组成了东北抗日义勇军，1931 年 10 月 5 日，上海也成立了"上海市民义勇军"等民间抗日组织，并参加过淞沪抗战。全皖铁血义勇军也是在这个大背景下成立的，意在抗日爱国和抵抗当时的国民党反动统治。赵鹏程被委任为副师长，不久，该组织因泄密被国民党侦破，当时号称为全皖铁血义勇军第一团团长的杨春山被国民党首都宪兵司令部逮捕，赵鹏程被迫逃离和县，到芜湖、无为两地活动，随后凭借自己在青帮的地位和名头，逐渐拉起了一支武装，在沿江两岸一带打富济贫，抗租抗霸，有力地打击了地方反动势力的嚣张气焰，帮会里的人尊称他为"二爷"，一些群众甚至称他为保护一方的"平安菩萨"，出身贫寒却有侠肝义胆的赵鹏程，在贫苦大众眼里，俨然成为当地的一个英雄人物。

# 和县抗日游击大队

1937 年七七事变后，日本展开对中国全面大规模侵略。和县地处南京和芜湖之中，位于大江北岸，形势重要，政局一片混乱。8 月份，面对日寇侵略，赵鹏程怀着满腔热血，精忠报国，义无反顾在家乡举起了抗日的大旗，以原有的武装队伍，并利用青帮师徒关系发动群众，同时收编国民党的溃军，很快就建立了和县抗日游击大队，自任大队长，进行抗日游击活动。这支队伍很快发展到百来号人，几十条枪。当时有很多人在和县拉武装，自封"司令""队长"。其中最突出的有柏承君、张子纲、许克久等。他们扛着国民党的旗子，打着抗日的牌号，盘剥人民，拉牛绑票，无所不为，人民对其恨之入骨。有很多父老乡亲劝赵鹏程："你的侄子赵永智现在是和县县长，你为何不去助他一臂之力，把这些土匪整治一下。"带着乡亲们的重托，赵鹏程和赵永智携手抗敌，共同战斗在和县北乡。

赵永智是赵鹏程的族侄，叔侄两人年龄相当，志气相投；赵永智是一个具有抗日救国思想的进步人士，当代著名诗人臧克家，抗战初期曾以战地记者的身份到华东敌后采访过，并了解赵永智的一些事迹，1941 年 3 月，他在重庆冯玉祥将军家里，向冯玉祥和在座的著名作家老舍谈他采访时的观感说："安徽省有两位热情抗战的县长，一位是巢县县长马忍言，一位是和县县长赵永智。他们与群众真正打成一片，同甘共苦，每月每人只有 5 元钱的生活费。中国所有的县长都像他们那样，抗战胜利就有希望了。"

1937 年 12 月 13 日，当时的国民政府首都南京沦陷。为巩固京畿外围，是年 12 月 27 日拂晓，日军驾驶汽油船 10 余艘由采石渡江，敌步兵 200 余人，于和县城东 10 里金河口登岸，以飞机 3 架掩护进攻县城。东门守城保安队即予以还击。日军仗着优良武器装备，直迫城下，兼以空军扫射，战事支持至上午 10 时许，由县长王殿之率公教人员及保安队，仓皇由小西门向北孙元堡山地转移。敌占县城，驻兵于大南门外地藏庵，翌晨顺和裕公路扫荡，直犯裕溪，渡江投芜湖。

值此艰难之际，赵永智临危受命，接替王殿之担任县长，受命之初，即积极组织扩充地方武力，以柏承君为特务大队长，加上另编四个大队，组成了和县抗日人民自卫军，赵永智兼司令。柏承君是辽宁省辽阳县人；民国二十一年（1932）前后随同乡、和县县长刘广沛任卫士班班长，不久，刘保送他到安庆集贤关省军管区军事教育团受训，结业后任和县壮训队中队，是个心狠手辣、极度贪婪的阴险小人。抗日人民自卫军成立以后，不惧强敌，英勇奋战，后来随着形势发生变化，赵永智又对抗日人民自卫军进行重新改编，柏承君为第二大队大队长，委任第三区区长王叔宽兼第三大队大队长，第四区区长许克久兼第四大队大队长。赵永智为了坚持抗战，发出号召：不论官职大小一律每人每月5斗米，另有数量极少的菜金，县长也不例外，全县军民要同甘共苦，一切为了抗日。这种做法，招致那些一贯吃喝嫖赌，鱼肉百姓的草莽之徒的忌恨，1938年农历四月，和县南乡受害民众去已迁往善厚集的县政府告状，诉说自卫团许克久部在南乡白天聚赌抽头，夜晚抢劫绑票，敲诈勒索，闹得民不聊生。其中主要祸首邢序富是第四大队第二分队分队长，简直是个赤裸裸的土匪！于是赵永智亲率赵鹏程和柏承君部前往南乡巡查。柏承君和许克久本来都是王殿之的旧部，因赵县长纪律严明，断了他们的敛财之路，两人沆瀣一气，在巡查途中萌生谋杀赵县长的动机。第二天，行军抵达功桥耿华一、耿华二河埂时，柏承君指使罗永安等歹徒突袭县长赵永智及卫士班，除赵鹏程侥幸脱险外，其余全部遇难。赵鹏程被迫只身出走江南。

赵鹏程抗日雄心犹存，通过社交关系收编了一些帮会的地方武装近500人。接着他带领刚组建的队伍回到和县。和县土匪头子过挺，想利用赵鹏程为其侄子向柏承君讨还血债，因此，两支武装联合起来同盘踞在和县的柏承君部队打了一仗，但这一仗打败了，过挺要委任赵为副司令，赵不答应。一次，过挺将赵劫持到裕溪口，企图把赵交给日本人邀功请赏。谁知此刻，过挺突然鸦片瘾犯了，乘过上大烟馆之机，赵使了个金蝉脱壳之计，由当地的维持会会长钟德昌帮忙逃出了裕溪口。

不久，曾经被赵鹏程收编的和县联保壮丁队队长曹亮文也叛变了。赵的大队副胡振纲也伙同中队长秦正信及郑圣福生了异心，企图杀害赵后投靠日寇。赵的警卫员刘普培、季老五得知他们的阴谋后立即告诉赵鹏程，于是赵带了30多名贴身武装，连夜转移到无为东乡。随即，赵安排了10名精兵强将潜回和县，将汉奸秦正信和郑圣福打死。胡振纲因不在住所，捡了一条狗命，后来投靠日寇，当了无为县日伪政府的县长。

## 踏上革命道路

经过几次死里逃生，身在无为的赵鹏程痛定思痛，他深深认识到：只有参加共产党领导的新四军，才能完成抗日救国、报仇雪恨的心愿。此时在和县北乡活动的就是冯文华、张恺帆所在的新四军属下的东北流亡抗日挺进队。同年7月初，为适应对敌斗争的需要，新四军四支队决定将其扩编为东北流亡抗日挺进纵队，由韦郁周任司令员，冯文华任第二支队队长，张恺帆任政委。

赵鹏程的族兄赵凤文，是地方上的一个知识分子，在和县雍家镇当过商会会长，与张恺帆有过交往，赵鹏程随即委托他找张恺帆、冯文华联系。在香泉钟太三村赵凤文找到了冯文华部队。一个星期后，他带来了冯文华任命赵鹏程为大队参谋主任兼第二营营长的好消息，并带来了新四军的臂章。赵鹏程终于找到了革命的队伍，他带着 300 多人的部队踏上了真正的抗日救国征途。

## 新四军八团一大队二营

1939 年 2 月中旬，周恩来代表党中央到皖南新四军军部传达党的六届六中全会精神，要求项英贯彻中央向敌后发展的指示，确定新四军"向南巩固，向东作战，向北发展"的战略方针。中共皖东工委书记刘顺元为贯彻落实这个方针，命冯文华率部分游击队东进和含地区进行抗日活动。冯文华受命之后，遂偕同张恺帆、朱绍清将巢抗大队和八团二营组编成八团一大队（相当团的建制），冯文华任大队长，朱绍清任政委，童浩生是政治处主任。大队下辖两个营：原巢抗大队编为一营，吴华夺任营长、张恺帆任教导员；原八团二营仍为第二营，朱绍清兼任营长，谭克诚任教导员。大队部设在香泉钟太三村。八团一大队虽是团级建制，但由于是个临时军事指挥机构，因而在组织方面仍属八团领导。

不久，朱绍清率二营离开和含地区，前往津浦路东。童浩生接任政委，张恺帆接任政治处主任。1939 年 4 月的一个夜晚，张恺帆以大队政治部主任的身份亲自到无为县与赵鹏程联络，一起带着队伍连夜开赴和县香泉钟太三村接受改编。整编后，大队共有三个营，一营长仍是吴华夺，三营长范培珉，二营长赵鹏程，他带领部队活动在张家集一带。

是年 7 月，新四军江北部队进行整编。一大队奉命开往津浦路西的定远，以赵鹏程部改编的二营除留少数人参加范培珉部三营留守和县外，其余悉数开往路西。对于这支刚刚编入新四军序列的地方游击武装不能不是一个考验，一些人思想发生动摇，有人甚至要求赵鹏程把他们带走，脱离新四军部队另谋出路，赵鹏程态度坚定，服从安排，稳定了部队思想，顺利开往目的地。

定远整编后，虽然通过检验，认为赵鹏程手下的新兵体格和素质都不错，但由于当时受"精兵主义"的思想影响，加上武器、给养供应的困难，一部分被遣散回家，只留赵鹏程一人在五支队教导队学习。赵眼看着自己多年来辛苦创建的部队（其中多数是他的"学生"）就这样离开了自己，内心不乏眷恋之情，但他还是服从了组织的安排。他叮嘱部下："在部队勇敢作战,回乡后也不要忘记抗日。"

赵鹏程从二营调到五支队后,组织上派他指挥范培珉部队。范培珉是和县乌江人,范姓在乌江是名门望族,父亲也是青帮头子,手下有100多人的一支队伍,这支队伍武器装备良好,原为赵永智组建的和县抗日人民自卫军第三大队,范为大队长。1938年初夏,由冯文华部队收编,收编后他感到新四军纪律严明,生活艰苦,于是策动叛变。那时,赵鹏程生病住在和县张家集测塘尹村,范住在钟太三村。一天午饭后,中队长舒仁才对部下班长方宝祥(赵鹏程的学生)说:"他们喝酒拜把兄弟,今天晚上把部队拉走。"方问:"大队副怎么办?"舒答:"等部队到了钟太三村东北边山后,把他兜了(即打死)。"方又问:"赵鹏程怎么办?"舒答道:"给你一支手枪,晚上你执行这个任务(即杀死赵)。"下午4点钟左右,方说要到香泉洗澡,向中队长请了假,临走时又找了大队副一道。香泉、钟太三村和张家集成三角形,路都不远,两人急忙跑到测塘尹村把赵鹏程从床上扶起来,到后园厕所旁边把情况告诉了赵鹏程,赵听后心急如焚。于是急派汪家华、朱慎化装成兄妹,火速去五支队送信。当晚,范培珉就把部队拉走,公开叛变了。这次叛变事件,虽然没有造成伤亡,但对收编队伍的整顿改造留下了深刻的教训。

## 赵鹏程抗日游击大队

不久,和(县)江(浦)中心县委书记祁式潜接受上级的派遣,前来解决范培珉事件。把从范培珉部跑回来的人和赵鹏程身边的武装人员重新组织起来,成立由赵鹏程任大队长的游击队。队伍开到前后唐和无为东乡一带,通过发动群众,逐渐扩大队伍,从伪军那里缴获了一些枪,从地主家搜集了部分枪,将队伍重新武装起来。

1938年12月,张云逸奉命与国民党安徽省政府主席、二十一集团军总司令廖磊谈判,商定将新四军四支队第二游击纵队改称为新四军江北游击纵队,1939年5月,新四军江北指挥部在无为召开江北游击纵队整编大会,宣布孙仲德为司令员,黄岩为政治委员。下辖3个大队,第一大队由叶挺军长从江南带来的新四军第二支队四团一营组成,大队长余龙贵,教导员廖成美。是年11月,新四军江北游击纵队一大队来和县活动,赵鹏程抗日游击大队与他们密切配合,积极开展抗日游击战争,袭击了裕溪口、铜城闸的日伪军据点,还发动当地群众一道破坏铁路。1940年初,赵鹏程游击队与新四军江北游击纵队一大队共同研究,采取夜袭,把范培珉的父亲、哥哥从乌江抓到南义,要他们赔偿范培珉叛变造成的损失。

结果，他们送来了 3 挺轻机枪、10 支驳壳枪和 20 支长枪，这才放走范氏父子。

## 新七团二营

1940 年 3 月 12 日，根据新四军江北指挥部的指示，将江北游击纵队一大队（400 余人）、赵鹏程的部队（200 余人）和含山喻和忠的关铜游击队（50 余人），合并扩编为江北游击纵队新七团。其扩编兵源来自赵鹏程在无为东乡及和县南乡以收学生名义招来的青壮年共 500 余人，新七团的人数已达 1200 多人，新七团团长余龙贵，政委廖成美，政治部主任祁式潜，赵鹏程是二营营长。成立大会是在南义附近的曲李村果园召开的。新七团成立后加强了军事行动，4 月 4 日，新七团攻打和县县城，一举消灭了和县城里的两个保安中队，缴获了一批枪支弹药。4 月中旬，新七团第二次攻打含山县城。4 月下旬，新七团突袭和县白渡桥敌军指挥部，并同国民党桂军、保安四团、八团英勇作战。5 月 4 日，由赵鹏程直接指挥，带领三个连的兵力分两路突袭善厚集，歼灭顽军一个中队，缴获轻机枪一挺及一批军用物资。新七团的军事行动，引起了敌人极大的恐慌，并牵制了国民党古河之敌，减轻了顽固派对定远、凤阳、滁县一带的军事压力。

## 无东游击队

1940 年 6 月，为了加强江北游击纵队的力量，新四军军部调四支队参谋长谭希林任江北游击纵队司令员，孙仲德改任政治委员，同时将原新七、九两个团合编为第二团。6 月 3 日，新七团撤离和含地区开到定远将军庙一带。此时，组织上调赵鹏程到定远太平集四支队教导队学习。9 月，孙仲德率领江北游击纵队二团团部及两个连自定远藕塘返回巢南，并与先期返回的部队及无为县委所属地方武装合编为无为游击纵队。鉴于赵鹏程在无为一带的声望及关系，孙仲德电告纵队司令员谭希林，将赵调回身边作战并兼任和（县）含（山）无（为）庐（江）桐（城）的货检处长。1941 年 1 月，蒋介石制造了震惊中外的皖南事变，无为游击纵队接受了接应皖南新四军突围同志的重任，赵鹏程奉无为游击纵队司令员孙仲德的命令，带一个连去无为东乡，成立以赵鹏程为队长的无东游击队，坚持敌后斗争，保护、接应突围同志。时值三九严冬，大雪纷飞，寒气逼人，赵鹏程带着 28 名干部冒着风雪，来到无为东乡开展新的斗争。在目的地见到了曾希圣，曾希圣对赵说："你来了正好，我马上就要离开这里。敌人扬言要画印图像捉拿你。你要注意。"

无为东乡四周是敌，三官殿、六洲、汤家沟、姚王庙、后河的雍家镇、三汊河及运漕一带均驻日伪军，碉堡林立、彼此相望，敌伪经常出来扫荡，骚扰频繁，给游击队活动带来很大的困难。在群众的支持掩护下，赵鹏程带领队员们昼伏夜出，采取"敌进我退，敌驻我扰"的方式与敌人周旋。夜幕来临，宽广的无为东乡就成了他们的天下，一些敌伪的基层组织也不得不听命于他们，这些敌伪组织虽是国民党的保甲长，实际上必须在无东游击队的领导下，为大队送情报、收税、掩护部队，当时，被称为"灰色政权"。日伪军要粮无粮，要钱无钱，被赵鹏程骚扰得行住不安，筋疲力尽。无可奈何撤掉所有据点，黯然退出无为东乡。

## 赵营长部队

1941年5月1日，新四军七师在无为县白茆洲胡家瓦屋正式组建成立。其中，无为游击纵队的6个连编入七师。这年9月，七师政委曾希圣召赵鹏程到师部，令其带部队到和含开辟根据地。师部决定从五十七团抽人，组成80余人的一个连队，部队由五十七团副团长陈仁洪和赵鹏程率领，踏上了开辟和含根据地的征途。由于赵鹏程曾经两次在和县地区担任营长，名头响，威望高，于是，对外则以"赵营长部队"的名义出面。为了出敌不意，他们长驱直入。在出发的第一天急行到司王村，第二天到张葛吴，第三天到邱家凹，第四天到杭河泊，第五天到西陈村，第六天到驼塘黄，第七天到甘家嘴。沿路在五显集、孙家口、兰花桥等地设立7处收税机构，由于他们的突然出现，到处布疑，闹得敌人风声鹤唳，胆战心惊。此时的和县地区，除了日伪军仍驻在几个交通要道的集镇外，国民党的部队都紧缩在善厚集到古河一线不敢妄动。同时，由李岩、江文、刁筠寿等组成的中共含和巢县委，已由巢南渐次进入和含，"赵营长部队"与先期到达的县委及其领导的和含独立连会合，部队力量扩大了，活动的地区也日渐增加。"赵营长部队"很快开进到和县南乡的中心地区白渡桥、黄山寺一带，他们抓紧铲恶锄奸，为建立抗日政权扫清道路。

1941年11月，五十六团副团长顾鸿奉师部命令，率第五、第六两个连队武装来到和含地区，同时与陈仁洪部队会合成立含和指挥部及含和军政委员会。

不久，他们在黄山寺打了第一个胜仗。黄山寺处于裕溪口、沈家巷、白桥三个日伪据点之间，各路援敌很近，加之缺乏攻坚武器，因此只能智取。赵鹏程先派人侦察敌人内部情况，得知冬至这天伪军要在谢家酒馆吃酒，他们据此制定了偷袭黄山寺伪警察所的方案。

冬至深夜，风紧天寒，一切按预定的战斗部署进行。一个排由侦察员谢金陵带路，潜到岗子下面袭击警察所，敌人还没弄明白怎么回事枪就被缴了。这时，关押在警察所里的进步人士和受害群众被全部放了。得手后，点燃了几处草堆布疑阵，一时间，火光冲天，杀声震耳，弄得裕溪口、沈家巷、白桥的敌伪军摸不着头脑，不敢出来增援。偷袭警察所的同时，另一个排以迅雷不及掩耳之势强占了黄山寺大庙，用棉被护体迅速爬越铁丝网，进入谢家酒馆，前后门一堵，未发一枪，将聚集在酒馆里吃酒赌博的30多名伪军全部生俘。不到10分钟胜利结束整场战斗。

1942年2月11日，新四军军部指示七师今后的发展方向为和县、含山及巢北地区。4月中旬，五十七团政委马长炎也奉命率一个班的队伍穿过日伪重重封锁来到和含地区。此时，和含中心县委刚刚成立，马长炎与和含中心县委林岩、李岩及含和指挥部陈仁洪、顾鸿、赵鹏程等接上了头。根据师部指示，他们会合在一起，成立了含和独立团，赵鹏程随部队作战，同时全面负责统战工作，至此，和含地区的抗日力量大大增强。为打开这一地区抗日斗争的新局面，他们在马长炎的指挥下，攻打螺蛳滩，取得了重大胜利。300多伪军全被他们打垮，并缴获2挺轻机、1挺重机枪，100多支长短枪，战果辉煌。接着他们又攻下了百旺市据点，参加指挥这次战斗的有马长炎和赵鹏程，还有连长彭司宝、闻杰同志。驻在百旺市的伪军有2个中队，全部缴枪投降。

## 统战扩军

中共中央从全民族抗日战争的现实状况出发，对哥老会和青帮的历史和现状做了较为深入的调查，并于1940年12月30日发出了《关于哥老会青帮工作的初步指示》（以下简称《指示》）。《指示》客观分析了争取哥老会和青帮抗日的可能性。针对皖江地区的实际情况，新四军创新性地开展了统战工作，运用灵活的方式方法争取、利用和改造会道门及帮会，提高了会众的民族意识与抗敌御侮、保家卫国的政治觉悟。当时，在和含地区很多人都参加了青帮（又名三番子），大部分是农民、工人、穷汉子，它是这个地区一支不可忽视的社会力量，各派的政治力量都想利用它。

赵鹏程在全面负责含和独立团统战工作期间，利用青帮师徒关系扩建收集情报的据点，及时传送情报；输送兵员，壮大抗日力量；策反伪军，分化顽固势力；筹集抗日物资，开辟财源，保障军需供给；建立灰色武装（就是与国民党地方武装建立统一战线）麻痹敌人，发展革命力量；建立灰色政权（就是在敌占区、国统区和"三不管"地区经过做工作让国民党的保、甲长为我们送情报、收税款、掩护部队等等），加强根据地的政权建设，减轻人民负担，清除汉奸特务，为和含抗日根据地的建设与发展作出了卓越的贡献。

1939 年上半年，孙仲德就对赵鹏程说："你要继续收学生。"赵鹏程说："已经加入共产党了，不搞帮会了。"孙说："这是任务。"赵鹏程接受了党交给的任务。为了做好青帮工作，赵鹏程订了"十大帮规"。内容有："大敌当前，帮会有责；团结为重，一致对外；国家需要，父子上阵；保护群众，如同父兄；三大纪律，不能违犯；争取伪军，为我抗战……"使青帮变成一支有利于抗日的力量。

1942 年 7 月，傅秋涛来到和含，他对赵鹏程说，你以前收的学生不算，今后还要收 3000 个，当时赵鹏程感到很惊讶。抗日战争时期的和含地委副书记林岩曾经说过：赵鹏程为我军输送的兵源，少说也可以装备一个师。这个数现在计算起来，恐怕不止 3000 的武装力量。赵鹏程自己曾经说过："准确的数字，我记不清，但是，我每年都要送几百人入伍，这是确实的。通过收'学生'，以'先生'的名义把他们带出来参加部队，这些人经过党的教育，革命斗争的锻炼，很快成长为革命战士。"

## 秘密战线

赵鹏程有个侦察班，都是通过收学生招来的，其中有谢金陵、郭成道、汪裕旺、凌德壮、凌维炳、朱仁义、朱仁礼、张家才、毕天祥、杨在和等，经过党的教育和革命战争的考验，都成为坚强的革命战士。他们最大的特点是勇敢，有智谋。他们不怕牺牲，什么样的艰巨任务都能完成。群众喜欢他们，敌人害怕他们。其中谢金陵、郭成道两位后来在革命战争中都牺牲了。

朱词道、陈继友、周家望、邓帮炳、朱新之、朱学联、胡鉴东、王三栋、姚安祥等同志也是通过收学生招来的，他们在另一条战线上做出了出色的成绩。从 1939 年开始，凡是他们部队需要的物资器材，都由他们到芜湖购买。后来他们参加革命成为正式采购员。由于需要购买的物资增多，采购的地点也从芜湖扩展到南京、上海。采购的东西有布匹、药品、军号、望远镜、车床、刨床、红磷炸药、无缝钢管、电台收发报机、印刷机等，那时买布做军衣，不能买灰布，必须分别买白布和灰染料。回来自己染成灰布做军衣，否则通不过封锁线。电台收发报机及 15 匹马力的马达，在敌占区若没有敌伪机关证明是严禁买卖的，若被抓到不是坐牢就是杀头。为了完成这样重要的任务，必须做许多艰苦细致的工作，在敌占区建立一些可靠的关系。他们不仅为七师，同时还为军部采购了许多电台部件和大批军工器材。为了能把买到的军用物资迅速运到根据地，他们千方百计地买通敌伪人员，有时甚至还利用敌伪交通工具来运输，如含和支队军工厂的车床就是他们设法买来的。

七师北上后，他们随军北上，把部队需要的物资运到苏北和山东。他们不仅是七师的一条红色补给线，也是担任护送干部、送情报的交通员，特别是北上以后，大批干部均由他们从山东、苏中解放区护送到皖江等地区。在护送干部南下时，这些交通员不畏艰难，不怕牺牲，千方百计地将干部送到目的地。

当然，整个斗争形势还是很复杂的，敌中有我，我中有敌。那时混入临江支队的水厚谱暗中与敌人勾结。国民党三战区委任他为大队长，条件是要带一个排到那边去，还要带一挺机枪，并打死沿江支队负责人（当时支队长是梁金华，政委黄耀南）。事前，赵鹏程的学生何翠如（三战区指导员）派人送信给赵鹏程，赵鹏程把这个情况马上告诉了在临江支队的马长炎。并建议逮捕水厚谱，最好是派赵鹏程的侦察员郭成道同志去。因为郭身高力大，只有他能对付。另外，他俩关系也不错，郭去水不会怀疑，赵鹏程的建议被采纳了，水的家住在无为东乡小洲上，郭去了以后，两人喝酒吃饭，水毫不介意，郭乘水毫无防备之际逮捕了水，并在他家中搜出了国民党的委任状。结果，既完成了逮水的任务，又避免了流血牺牲。

无为东乡开茶酒馆的李成典，也是参加三番子的，是赵鹏程的朋友，经常给赵送情报。一次，他告诉赵鹏程三官殿有个敌人的特务机关，密谋在无为东乡搞武装暴动。赵鹏程将这一情报报告了孙仲德。在孙仲德同志的指挥下，事先在三官殿和烟墩李埋伏好部队。赵鹏程带一个营从杨桥直上三官殿，将这些暴徒一网打尽。

芜湖有个日伪特务机关"十一号"，专门训练了一个班的特务，准备打入赵鹏程的内部，企图谋杀他们的负责人策动叛变。事前，赵鹏程的学生高世发给赵鹏程送信，把来人的特征外貌详细地告诉了赵鹏程，敌人派来的特务一到，就被他们认了出来，通过审问，他供认不讳，使敌人的阴谋未能得逞。

苍山大庙和尚宽定是赵鹏程的学生，经常身穿袈裟、手持木鱼，到乡村集镇名为化缘，实则侦察敌伪情报。一次赵鹏程要他到伪军刘子清部当班长，他去后不久，即带领这个班起义归来，并要求参加新四军，赵鹏程考虑他还是当和尚收集情报作用大，所以又要他回到苍山大庙。

五连有6个士兵携枪叛变，逃跑到日伪区长沈侠明那里。赵鹏程派人去找沈联系，要求连枪带人一起交给他们。沈说已经报告县里，枪不能给，人准备送到芜湖"十一号"，但告诉了他们走的时间和路线，让他们劫案。结果6个人被抓了回来。他们严惩了其中的为首分子。这事震动很大，对部队的巩固与发展起了很大作用。

赵鹏程还注意向敌人做分化瓦解工作，使很多伪军向他们靠拢。当他们的部队经过敌人据点时，只要通知对方是赵营长的部队，或者说是"二爷"（"二爷"是学生对赵鹏程的称呼）的部队，就放他们通过。等他们的部队过去了，伪军的哨兵才向天开枪，以便向他们的上司交代。他们的战士都开玩笑地说：这是给他们送行。

斗争的实践使赵鹏程深刻认识到，只有在共产党的正确领导下，才能结成最广泛的抗日民族统一战线；只有团结一切可以团结的人共同抗日，才能取得全民族抗日战争的胜利。

## 货检处与特税局

新四军从一成立起，就同日寇展开了艰苦卓绝的游击战争。为了解决部队吃饭穿衣和装备问题，打破敌人对他们的封锁，必须自力更生，开辟财源。

1940年9月底，在无为县东乡三官殿附近正式成立了"和含巢无各区联合办事处"，组织上要赵鹏程担任办事处下的货检处长，他们先后在和县南乡、无为东乡成立了十几处收税机构，相当于税务所，通称货检所。货检处的任务是发税票，收送税款，调整所点及选用人员。当时的税票很简单，用白纸裁成小长方条子，盖上赵鹏程的私章，使用时填上纳税的姓名和纳税金额就行。收送税款基本上是隔一天一次。所点一般设置在交通要道，收税人员一部分是赵鹏程的学生，一部分是可靠的群众，每个点有三五人不等，每天或两天送一次款，并汇报情况，根据情况，指导他们的工作，向他们交代政策。

由于皖中地区前临长江，后靠巢湖，土地肥沃，资源丰富，素有鱼米之乡之称。和、含、无与南京、芜湖毗邻，是交通要道，也是根据地与敌占区物资进出口的必要之地。在这个地区开辟财源是得天独厚；时间不长就取得了明显的效果。记得有一次，赵鹏程因发高烧不能起床，没有把交来的税款及时送到纵队，结果一个星期的税款就有一麻袋，都是100元一扎子。

赵鹏程带领部队在无为东乡一边打游击一边收税时，看到汤沟一带有大批的盐贩子。他们的盐都是从芜湖挑来的。由于远道而来，还要过江，芜湖又是敌占区，运输有很多不便，效率也低。于是，赵鹏程开始组织筹建一个盐行，目的是为了解决群众吃盐困难和增加税收。为了照顾群众生活，当时盐税是很低的，大约每百斤收3角，若每天转卖三四百担，税收也能达到上百元。开始盐行就开在汤沟下面。具体任务是动员群众到江对岸芜湖运盐来。这些群众的家离芜湖近，每天可以运很多趟，盐行再把这些转卖给小商贩。盐行开始是由赵三刚、童宗凡、朱九洲、管自有几个人经营，以后发展到几十人，生意非常兴隆，方圆几百里的小盐贩都来这里运盐。队伍源源不断，一直伸到大别山区。

从1939年到1942年，组织上安排赵鹏程负责特税局工作。特税局下设有分局，分局由赵玉书、汪家华等同志负责。特税就是鸦片税，那时候，在运漕河两岸和东关以下铁路两旁，直到裕溪口都种有鸦片。这些地方都是敌占区，无法禁止，但是可以收税。特税局负责人除赵鹏程以外，杨铭同志在1942年担任了一个时期的特税局副局长，特税局的同志白天在游击区，夜晚到敌占区活动，每年春季要求各保长将鸦片的田亩册子交来。这个工作比较艰巨，他们向伪保长进行了很多教育工作。对个别有破坏行为的，则杀一儆百，当鸦片收上来的时候，根据田亩册子收税。税率约为10%，一亩田交三四两鸦片的税，每两鸦片土约值十几元，所以特税的收入是相当大的。由于同志们的努力，这些敌占区的特税大部分交给了他们，这叫大头朝里，国民党只能收小部分。

党外人士王志超有爱国思想，拥护抗日，是赵鹏程的朋友，他与炯炀河伪团长陈俊之也很熟。通过王志超做工作，陈俊之向自己管辖区域的鸦片贩运商人宣传，走散兵集这一条路线安全。他们在散兵设立一个货检处，同时成立一个护商队，征收鸦片过境税，周永祥同志就是这个货检处的负责人兼护商队长。护商队的任务是保护商人从散兵到芜湖途中的安全，以后随着武装斗争日益紧张，天天忙于打仗，加上根据地成立了税务局，1942年底，他们将这项任务交给了根据地的有关部门。

在敌占区收工商税，也是他们的一种特殊收税法，工商业一般都在城市集镇，这些地方多为敌人占领。为了收税，赵鹏程通过各种关系安排集镇上的头面人物当地方商会会长。如姥桥镇的高士恭，白渡桥的葛开选，黄山寺的陈荣贵，雍家镇的雍连甲，沈家巷的黄仁政都是商会会长。这些人都和赵鹏程有交情，会长的基本任务是收税款、上缴税款，并把税票收据送给每个纳税者。上缴税额是根据自愿和按比例分成相结合的原则。经营额多的，必须多交。交税多的人是支援抗日，爱国的表现。所以他们把税票看得很重，都小心保存好。

## 和含独立营

新四军七师在和县南乡播下了革命火种。为了继续加强这个地区的地方武装斗争，1942 年 7 月，新四军七师副师长傅秋涛来到和含地区，要赵鹏程连夜集中 200 人，再加上南姥、清林等几个区的武装，成立和含独立营。全营一共 300 多人，赵鹏程任营长，王荣森任政委。

1942 年 8 月 17 日，七师党组织为了充分利用赵鹏程的社会关系，做好统战工作，决定由马长炎主持，由五显集集成号的张汉成经办，在甘家嘴给赵鹏程做"40 岁寿辰"。由于事先未告诉赵鹏程，使赵鹏程感到莫名其妙，哪有给一个党的干部做寿的？而且还是 40 岁寿辰，真是罕见。当时的场面搞得大，热闹非凡。十几天时间里，送礼的客人络绎不绝。他们有一台绞面机每天不停地绞面给送礼的客人吃。来客涉及和、含、无、巢 4 个县，都是一些土绅和集镇县城的头面人物，有的人不好公开来，就托人带来礼物。送的东西大部分是钱。还有寿帖、万民伞等。为了安全，弄得赵鹏程和顾鸿同志天天在外监视敌情，开展游击活动。事后赵鹏程问马长炎为什么不告诉他，马长炎说，告诉你就搞不成了。后来孙仲德来了，赵鹏程就把寿款和东西给他带到师部慰问后方的伤病员。

## 和含游击大队

1943 年 3 月，根据党中央关于根据地实行党的一元化领导的决定，成立了新四军七师兼皖江军区，统一领导根据地主力部队、地方武装和群众武装，以含和独立团为骨干与五十五团一部分组建成含和支队。孙仲德任支队长兼政委，副支队长马长炎，和含独立营改编为和含游击大队，赵鹏程任大队长，教导员王荣森，下辖两个中队。游击大队主要活动于和县以西地区，担负着含和支队至江全地区的交通安全任务，同时防御北面顽军袭扰。

1942 年 2 月，在华中局第一次扩大会上，刘少奇就指出了七师的发展"应以含、和、江浦为主要行动方向，以便与二师打通"，12 月 21 日，军部又指出："路西与和含（七师）地区交通联系，应由双方积极打通"，后经七师、二师以及所在地区党组织积极努力，共同配合，首先打通了经和、含、全椒到二师地区的交通联络路线。这条交通线所通过的地区，绝大部分是敌伪占领区，敌人碉堡林立，气焰嚣张，敌、顽特务活动十分频繁，为我方建立交通联络工作增加了很多困难。全民族抗日战争进入相持阶段以后，国民党实行消极抗日积极反共的政策，不断制造反共摩擦，1943 年 7 月，桂顽第七军一七一师及十纵队柏承君部进占和含江全地区，企图切断我二师、七师的交通联络，含和支队与之进行坚决斗争。赵鹏程带领部队，为保障含和支队至江全地区的交通安全，克服了很多困难，付出了很大代价，在不太长的时间内，胜利完成了任务。

## 和西大队

1944 年初，和含地区的形势发展很快。江全县委以主要精力向东向北发展，并很快发展到南京浦口一带，对香南地区无暇顾及，这样便很容易造成一个死角，从而被敌人钻空子。另外，在和含地区，以和县到巢县的公路为界，南边属和县，北边属江全。西埠、腰埠、娘娘庙一带是一个结合部，又是交通命脉所在，必须牢牢控制在手里。建立一个县委，并配备一定的武装，便于这个地区的巩固和发展。基于以上两点，1944 年 6 月，地委决定以娘娘庙区委（原属和县）和香南区委（原属江全）为基础，成立了和西县委：书记杨汉林，办事处主任高艺林，县委委员有黄诚（仍兼任香南区委书记）和王荣森。这时候支队部里的游击大队已改为和西大队，属和西县委领导，在和西一带活动，赵鹏程是大队长，李胜民是副大队长，王荣森是大队政委。

1944 年 10 月 28 日，日伪军集中近 3000 人的兵力（其中日军约 900 人），向含和地区进行大规模"扫荡"，分 10 路对中心区实施"分进合击"，企图一举摧毁含和支队的党政军首脑机关和后方基地。在敌人"扫荡"前两天，支队已获悉情报，预有准备。决定把指挥机关和部队分成三部分：支队长孙仲德统率机关提前向南面村里疏散，副支队长马长炎指挥独立大队，赵鹏程指挥和西大队位于南义、丰山、娘娘庙一带，分头阻击、迟滞敌人的行动；指挥教导队、特务连、独立大队一部，位于司令部驻地驼唐黄、东西陈一带，掩护机关和后勤工厂、物资的疏散转移。8 月 27 日夜，敌军分路出动，拂晓前进入中心区，经各大队英勇阻击，敌人被迫停在南义、丰山、娘娘庙、杨头山与我军激战数小时。28 日下午，各路敌军会合陶厂，29 日，敌人耍了个"回马枪"，分数路直扑包抄合击我司令部驻地驼唐黄。支队的教导队、独立大队一部在东西陈、朱家庵西北山岗上占领阵地，特务连放在驼唐黄作为预备队，给敌人以坚决的阻击。这时，敌人误以为中了埋伏，不敢贸然前进，只是用重机枪对驼唐黄实施 20 多分钟的猛烈扫射，以壮其胆。完成阻击敌人，争取时间之后，迅速脱离了战场，敌人扑了个空。"扫荡"第三天，敌人一无所获，分路搜索向后巷桥撤退。含和支队的队员亦分路返回了原地，一部进逼到敌占据点周围，胜利地完成了反"扫荡"的任务。根据地经过这次战斗更加巩固了。

## 和县县总队

1944 年 11 月，上级组织又派赵鹏程组建了和县县总队。下设三个中队，赵鹏程任总队长，贾世珍任政委，杨金福任参谋主任，陈隶华任政治部主任。总部设在和县东堡村张谷彬自然村。

和县总队成立以后，正是全民族抗日战争最困难的时期，随着根据地的巩固和发展，地方抗日民主政权的建立，减租减息的实行，发动了群众，解放了生产力，县总队真正有了"寓兵于农"的深厚基础。与此同时，为了减轻人民负担，在党的号召下，总队学习南泥湾精神，掀起一个大生产运动。在战争频繁、环境动荡中，总队利用战斗间隙，组织部队开展生产，解决自身物质需求，减轻人民负担。先后在娘娘庙、郇桥、耿家嘴子、张谷彬、陶厂等地开荒生产，每处都有几十亩，共计二三百亩。战士们一面打仗，一面生产。娘娘庙的大生产搞得最好，曾受到新四军七师含和支队军报《山猴子报》的表扬。通过大生产运动收到大批粮食，减轻了人民的负担，密切了军民关系。

## 黄河大队

1945 年 10 月，全民族抗日战争刚刚胜利，新四军北撤时，和县的地方武装都编到正规部队去了，赵鹏程奉命到仪征县任副总队长。不久，地方上的支队、总队一律改为大队，一部分支队长总队长到华东局集中，等待分配。赵鹏程也到了华东局，见到了邓子恢、张鼎丞等首长。邓子恢对赵鹏程说，你来得正好，我们正想找你，你就与鼎丞谈谈吧。张鼎丞要赵鹏程回皖江地区坚持斗争。赵鹏程考虑自己原来在和含的公开身份，现在身边又只有几个人，这样到敌占区工作，一定很困难。赵鹏程把这个想法和张谈了，张鼎丞很同意赵鹏程的想法，叫赵鹏程暂留华东局。过了几天张鼎丞同志决定：以皖江工委的名义办个训练班，叫赵鹏程负责，也就是叫赵鹏程当皖江工委书记，抽几个人，训练如何打游击和建立根据地等问题。于是，赵鹏程就在身边带的人中间，抽调了谢金陵、周步濡、朱仁义、汪裕旺等 9 人办起了训练班。学习一个月，主要研究如何回皖江地区打游击。学习结束后，赵鹏程把9个人分成3个小组，总的名称叫"人民自救军"。一律化装成"海派"商人乘船回到无为县的二坝。赵鹏程对他们讲："你们的建制先不定，看你们的发展情况，发展一个连，你就是连长，发展一个营，你就是营长，以此类推。武器由我以后给你们送去。"他们走后不久，赵鹏程派交通员通过水路给他们送去了9支短枪。后来，形势紧张，赵鹏程又随华东局转移到山东省的沙河。在那里曾三又叫赵鹏程到黄河大队（即苏鲁干部队）任中队长，直到我军开始南下。

## 南下征战

赵鹏程随孙仲德领导的先遣支队南下，1948年4月初进入巢湖地区，肩负着消灭敌人、建立人民政权、为大军渡江提前做好准备的重任。当时，人民解放军已由战略防御转为战略进攻。全国形势发展很快，但是皖江地区仍被敌人盘踞，并有重兵把守。因为这里前临长江天险，可以直接威慑敌人的长江防线；背依巢湖，是天然的水师大本营；东与南京和军事重镇芜湖毗邻；战略地位十分重要，得失影响极大，是敌我必争之地。赵鹏程和孙仲德带着一个营（三十三团二营），于1948年4月初从巢南来到林头和钓鱼台之间，准备偷渡进入和含，不料被敌人发觉，只好采取武装强渡，当晚驻在司王村。第二天，以一个排护送孙仲德回巢南，并叫这个排完成护送任务后留在清溪、林头一带开展游击活动，以牵制巢城的敌人。为了便于活动，另外两个连赵鹏程也请孙仲德同志带回去，赵鹏程只带两个排在和含地区进行游击。这时张公桥、娘娘庙的敌人经常出动，并以一个分队占领了腰埠，他们出敌不意直捣腰埠，消灭了这个分队，缴了十几支枪，敌分队长钱振国也当了俘虏。攻打祁门站的一个排也取得了胜利，歼敌30多人，缴获30多支枪。当晚留一个班在腰埠警戒，其余连夜转移到大小时村。第二天上午留在腰埠的一个班和在祁门站的一个排都赶来集合，敌保六团也跟踪到了范桥。只有两个排，不能正面迎敌，便迂回到了姥下河。姥桥的敌人都出去了，一片空虚，他们乘机缴了姥下河派出所的枪支，下午转移到沙毕桥，桥边有敌人扼守，他们化装成国民党和县自卫队，歪戴帽子倒背枪，到了桥头，一声吆喝，缴了敌人的全部枪支。这时，敌人从西梁山、白桥、姥桥三面包抄过来，他们从牛屯河放船下江，从陈桥洲到陡河口一带，和敌人周旋，寻机歼敌。与此同时，他们还着重做了三个方面的工作：一是向群众进行宣传。和含地区是老革命根据地，具有光荣的革命传统，但抗战胜利我军北撤后，国民党卷土重来，群众吃了很多苦头。

现在他们来了，群众当然高兴，但对赵鹏程军是否扎下根来，从此不走了，还持有怀疑态度。因此，他们每到一个地方就向群众宣传全国各战场的伟大胜利，并说明他们是先遣部队，大军很快就要过来了。他们到达大小时村，就召集贫雇农开会，进行宣传。经过协商，把30名随军徒手的地方干部，以"亲戚"的身份隐蔽在群众家，得到群众的支援。

他们在和含地区，进行过很多次战斗，影响较大，其中两次是顾鸿同志指挥的。第一次是在太湖寺跟保六团第三营的战斗，活捉了敌营长周庆德，第二次是在南义附近的司常庄全歼保六团。还有两次是赵鹏程指挥的。一次是在无为临江坝，粉碎了敌人杨创奇、李建文部的扫荡，扭转了无为东乡的被动局面。另一次是和县的阮坝战斗，6月14日农历五月初七上午，赵鹏程带着五连和营部勤杂兵通讯班来到张瓦匠村。下午和张建、倪合刚、张君武等同志开会研究当前工作。第二天上午八九点钟，五显集群众高世发叫小女孩送信给赵鹏程，说敌人已经到了孙家庄。赵鹏程拿起望远镜一看，北边道土冠的山坡上已经布满了敌人，南边孙家老坟黑压压的一片，那里正是敌人的指挥部；西边是河网，敌人从圩埂上向这边运动；东边邱家大路没有一个人走动；看来敌人已经完成了对他们的四面包围，想引诱赵鹏程的部队向东边撤退，进入敌人的伏击圈，敌军约2000人，情况十分危急。部队从哪个方向突围，意见不一致，时间紧迫，赵鹏程当机立断，决定从南边西陶村方向突围。理由是南边是敌人的指挥部，看起来敌人部署兵力较强，但却是他们最好突围的地方。第一，敌人断想不到他们会决定从这边突围，可以出敌不意。第二，敌人不敢轻易出兵，更不敢追击，因为敌人要保护指挥部机关。第三，通过西陶村有一条大圩埂，便于部队依托隐蔽，按照既定部署，赵鹏程下达了战斗命令，先用一个班的兵力，在北边阻击从后港桥来的敌人；赵鹏程和副营长蔡长胜、五连长姜积好，率领一、二排打主攻，张建、倪合刚、张君武等也在一、二排之间，五连指导员郑佩率领三排打阻击。当一、二排从张瓦匠村坐盆过河到河南汤村时，敌人的小钢炮、掷弹筒都打在他们附近的稻田里。敌尖刀班到达阮坝，战斗已经打响，阮坝是他们突围的必经之路，如果这个地方被敌人占领，部队将面临绝境。因此在阮坝进行了一场激烈的争夺战。敌人用密集的火网，企图阻止战士们前进，战士们以一当十，机智勇敢，凭借夹埂的掩护英勇突击，有时站起来把轻机枪端在手里向敌群猛烈扫射，手榴弹成捆地摔。突然，敌人的一颗手榴弹落在赵鹏程的脚下，赵鹏程顺势把它踢到河里，河里掀起了水柱。激战了两个多小时，部队终于冲出了包围圈。经西陶村、余村迂回到敌人的后方，又经螺蛳滩、新塘，当晚到达司徒庙，第二天转移到太湖寺。这次战斗，敌人死伤遍野，其中还有三个骑大马的被击毙。后来得知有一个是敌营长，赵鹏程带领的部队也有 16 位战士英勇牺牲。这次战斗后，敌人的报纸造谣说"赵匪鹏程臂部受伤，伤势甚重，命在旦夕"。其实赵鹏程毫发未损。

## 和含爱国民主政府

1948 年 2 月，中共皖西区党委、军区和行政公署增设第四地委和第四专署，先后辖临江、湖东（白湖东部）湖西（白湖西部）无为、无南（无为南部）、和（县）含（山）、巢（县）、含（山）、巢（湖）北、肥东、肥西等县和三河市。1948 年 7 月，和（县）含（山）爱国民主政府正式成立，赵鹏程任县长，具体负责县政府工作的是副书记兼副县长倪合刚。不久，何月波来任副县长。县政府设在汤陈村一带，没有固定地点。县政府设有财粮科，科长余文波。还有一个负责军需供给的科，科长叫姚军。在杭河泊有一个被服厂，几十台缝纫机属供给科。还有一个卫生所，驻在荒圩包家。县政府还设有交通情报大站，站长李寿高。区也有交通情报组织，主要是送文件、报纸和信件。县大站设在张家庄新桥妇联主任家。当时县政府的主要任务是征税、征粮、搞药品等供给部队。也成立了县大队，大队长龚哲民。还组织了一些游击队，如陶中泉游击队，孙贤树的白渡区中队，张永贤、张益忍的游击队，马刚也有一个游击队。

县政府成立的布告一贴出去，群众欢欣鼓舞，相信他们真的不会再走了，不到 10 天，各地的货检所也建立起来了。它既是税收机关，又是情报机关，曾经起过很好的作用。县一级政权建立以后，区乡政权如雨后春笋也陆续建立起来，从而消除了群众的顾虑，他们更加深深地扎根于群众之中，严格遵守群众纪律，为群众做好事。如他们到达司徒庙时，正碰上这里瘟疫流行，生病的人很多。他们走进群众家里，首先烧一锅开水，把碗和用具都进行消毒，动手清除垃圾，搞好环境卫生。不久，他们第二次又到这一带村庄，群众说：你们真是神兵，一到他们这里，群众的病很快都好了。

## 江淮军区第五军分区

1948 年 6 月 4 日，淮南、淮北解放区合并，成立中共江淮区党委，先后划为 5 个专区，1949 年 1 月 13 日，中共江淮五地委、五专署、五分区成立，辖淮南铁路东北的巢（湖）含（山）、含山、和县、江（浦）和（县）全（椒）、肥东、巢湖等 5 县。马长炎任江淮军区第五军分区司令员，程明远任政治委员，赵鹏程任副司令员。

在辽沈、平津、淮海三大战役取得伟大胜利的时刻，原控制和含地区主要的反动武装，已基本上被消灭，剩下的几支地方武装，也看清了蒋家王朝彻底覆灭的必然下场。和县第四联防区主任曹亮文，实力较强，全民族抗日战争期间任日、伪和县自卫团团长。日、伪投降后，被国民党收编为安徽保安第七团任团长。不久，又奉命调到芜湖改编为保安第三团，曹亮文受排挤，被任命为副团长，曹部官兵被编遣。曹又回到和县"重整旗鼓"，拉起了武装，担任和含联防区主任（对外仍称曹团），辖两个大队、5 个中队，有七八百人（枪），驻防于裕溪口、雍家镇、沈家巷、白渡桥一带。1948 年，国民党军事上的失败，使曹亮文十分震惊，赵鹏程对曹亮文的情况十分了解，便写信给曹亮文，敦促其起义。当时，国民党调曹部去芜湖设防，何去何从，对曹亮文是一次重大考验。他想起了 1945 年抗战胜利后在芜湖被改编的情况，现在这几百人马，是他多年苦心经营的心血，来之不易，不能轻易丢掉，是起义、是过江？他一时很难决定。而在他身边的进步人士李秋水、刘志刚等力促曹亮文起义，耐心陈述起义的理由，后经曹亮文同意，派李秋水到南义与赵鹏程联系，了解我方的态度，赵鹏程当即提出：（一）早日起义，不要错失为人民立功的良机。（二）如果徘徊观望，延误时机，我军将采取果断措施。（三）要求李秋水等力阻曹亮文过江，不要成为蒋介石的盘中鱼肉。

1949 年 1 月 16 日，经过深思熟虑，曹亮文率全体官兵在和县白渡桥宣布起义，并电请赵鹏程副司令员派员接收。

曹亮文部起义后，按照军分区司令部的命令，起义部队开赴南义功剩桥待命收编，受到赵鹏程与和县县长潘效安的欢迎。途中，所经过的村镇均刷标语、放鞭炮，表示欢迎。嗣后，分区成立渡江联络办事处，任命曹亮文为办事处副主任，专事搜集裕溪口至浦口间的敌人情报，他愉快地投身于为人民立功的事业之中。

接着第二、第三联防区的反动武装，也同样走了起义投诚的光明道路。赵鹏程把这些投诚的武装人员带到半汤，进行了改编。全椒县长潘禹三也派人来找赵鹏程联系，要求率部 1000 多人投诚。赵鹏程派吴新模、王新有、李秋水等同志去接收的。接着，赵鹏程又率部逼近淮南路，后来就投入百万雄师过大江的伟大战斗中。

新中国成立后，赵鹏程先后在上海、安徽为社会主义革命和建设事业继续作着贡献。1951 年盘踞台湾的国民党反动派不时派飞机轰炸上海，上级调任赵为上海水上人民防空指挥部副指挥员；1953 年调任上海市高级人民法院办公室副主任；1957 年调任安徽省林业厅副厅长、党组成员；1966 年调任安徽省体委副主任、党组成员；1982 年 1 月离职休养后，任安徽省老年体协主席。

1990 年 4 月 10 日，赵鹏程因病在合肥逝世，走完他的传奇一生。享年 88 岁。

（金 林 撰稿）

# 杰出的爱国者 卓越的科学家
## ——记中国科学院学部委员侯学煜

侯学煜，1912 年 4 月 2 日生，安徽省和县历阳镇人。其父侯瑞华，是一位自学成才的中学数学教员，民国后从外地回家乡担任小学校长兼教员。其母是一位受过旧式教育的妇女。

侯学煜在家乡就读高小，度过了他的童年和少年。那时的中国满目疮痍，受尽列强欺凌，幼小的他在一次作文时就写下了"由小学而中学，由中学而大学，由大学而留学"的志愿，萌生当科学家的理想，立下了科学救国的远大志向。

1925 年 9 月，侯学煜考入芜湖私立萃文中学。1926 年下半年，适逢北伐战争，学校停办。1927 年转入陶行知中学，陶行知"行以求知知更行""遍览已知求未知""敢探未发明的真理""敢入未开化的边疆""教学做合一"等教诲，成了他以后从事科学研究的指导思想。

侯学煜

1928 年侯学煜考入南京金陵中学高中，受英文教师王佐周的影响，立下了刻苦求学的志愿，自编对联"对读写作下功夫，和书笔墨做朋友"，以为自勉。

1933 年 9 月，侯学煜考取金陵大学理学院化学系。在将要读完一年级时，其父突然病逝，经济难以维持，不得已辍学回乡在和县中学任教。1934 年，他复学

由化学系转入农学院农化系土壤专业。

1937 年 7 月，侯学煜毕业于南京大学农学院农化系，后被分配到国民中央政府地质调查所土壤研究室工作，先后任练习员、调查员、研究员。其间，他考察了贵州、四川、湖南等省的土壤，伴随着全民族抗战，侯学煜涉足土壤科学研究领域也有 8 年历史。野外工作期间，两次遭遇土匪，差点丢了性命。

1945 年，侯学煜考取了中华农学会主办的留美奖学金赴美深造。在美国宾夕法尼亚州立大学研究院，他先后获硕士学位和博士学位。

1950 年，侯学煜怀着对祖国的拳拳之心、耿耿之情，从太平洋彼岸向爱人林厚萱发了一封"我即将回国，参加祖国建设"的加急电报。

回国后，侯学煜先在中国科学院植物分类研究所（植物研究所前身）任研究员，后创建植物生态学与地植物学研究室并任主任，兼任清华大学、北京师范大学等多所高等院校教授。

20 世纪 50 年代以来，侯学煜领导了由中国科学院有关研究所、有关部委和各省区有关部门、高等院校等 53 个单位 250 多位专家，对全国的植被分布状况进行的"家底"清查，这项浩瀚的工程历时 30 多年。该成果就是获得国家自然科学二等奖的《中国植被》。

1954 年，侯学煜完成了《中国酸性土、钙质土和盐碱土指示植物》一书，该书后来获得 1978 年全国科学大会奖。1959 年出版的《中国 150 种植物化学成分及其分析方法》，填补了国内植物元素地球化学研究的空白。他在研究植被地理分布的纬度地带性、经度地带性和山地垂直地带性方面作出了突出贡献，为中国植被分区奠定了理论基础。在植被地理分布的"三向地带性"方面，科学地指出在处理纬度地带性和高度地带性关系时，高度地带性要服从纬度地带性。

早在 20 世纪 30 年代后期，侯学煜在中央地质调查所工作期间，就深入西南山地进行植物与土壤关系研究。他发现植物种类分布与土壤酸度之间有密切的关系。在南方酸性土壤上分布有酸性土植物芒萁，同样在南方碱性土上就分布蜈蚣草等；在海滨分布有碱地植物如翅碱蓬等；在含盐量较高的土壤中分布有盐生植物猪毛菜等；在沙质土壤上分布有沙生植物油蒿等。在美国期间，又进行了植物化学元素成分的研究，发现一些酸性土指示植物富集锰和铝，土壤性质明显受母岩性质的影响。这些学术论文分别发表在 Soil Science 上（Hou & Merkle，1950 年）。

侯学煜是世界上很早注意到植物分布受土壤因素控制的科学家。他认为植物群落不是单纯取决于气候，土壤因素具有同等重要性。后来，他提出了土壤指示植物的概念，打破了传统的单纯气候决定土性论的观点。1951 年，美国著名植物生态学家 Whittaker 发表的《评论植物组合和顶极概念》一文中，将侯氏的观点归为土壤顶极学派。

侯学煜还是编制中国植被图的领军人物，同时开创了农业植被制图的世界先例。1959 年，他出版了《中国植被》（附图 300 页），包括 1∶800 万中国植被图和中国植被分区图。1965 年，在《中华人民共和国自然图集》大型图集的编辑中，他主编 1∶1000 万中国植被图，得到国内外的好评。在《中国植被》研究的基础上，他又出版了《1∶100 万中国植被图集》，该图集详细描绘了我国 11 个植被类型组、54 个植被型的 796 个群系和亚群系植被单位的分布状况、水平地带性和垂直地带性分布规律，同时揭示了我国 2000 多个植物优势种、主要农作物和经济作物的实际分布状况及优势种与土壤和地质地貌的密切关系。

1963 年，侯学煜与姜恕、陈昌笃、胡式之合写《以发展农林牧副渔为目的的中国自然区划概要》一文，毛泽东、周恩来等看后指示加印 4000 册分发各省领导参考学习。

1965—1966 年，应广西壮族自治区邀请，从植物生态学的角度研究了桂南水稻黄叶病的发生原因及其防治措施，对当地农业增产起了一定的作用。"文化大革命"中，他的科学研究被迫中断。

1977—1980 年，侯学煜继续投入科学研究，在全国开展植物生态学与社会学调查研究，分别就西北干旱地区建设、中国农业发展战略、生态平衡等问题，利用第一手的调查证据，发表多篇理论文章，受到有关方面的重视。1980 年 11 月，他当选中国科学院生物学部学部委员，后被选为学部常委。

1980—1991 年，侯学煜提出大农业思想，并在全国广泛传播该理论。胡耀邦、万里等党和国家领导人曾听取他的学术报告，并就维护生态平衡、发展大农业等重大问题向他当面咨询。

侯学煜一生著述颇丰，出版专著 10 余部，研究论文、植被图、专著论文、科普论文 300 余篇（册）。他的这些学术著作、论文，推翻了"世上无土壤指示植物"的论点，令许多学者叹服不已。他晚年还执笔编写《中国植被地理及优势植物化学成分》一书，由科学出版社出版。该书在中国 150 种植物化学成分分析的基础上，又扩大到农作物、草原植物、荒漠植物，成为国内植物化学成分和元素背景值研究的必备参考书。1986 年，《中国植被地理及优势植物化学成分》一书获中国科学院科技进步三等奖；1987 年，《中国自然环境及其地域分异的综合研究》获国家自然科学二等奖；1988 年，《生态学与大农业发展》获全国优秀科技图书一等奖；1989 年，《中国植被图（1：400 万）》和《中国植被图（1：1400 万）》获中国科学院自然科学二等奖。1989 年，侯学煜获中国科学院学部委员荣誉奖章。

侯学煜先后担任中国自然资源研究会理事长、中国生态学副理事会长、中国生态经济学会副理事长、中国林学会森林生态学专业委员会副主任、中国植物学会常务理事、中国植物学会植物生态学和植物学专业委员会主任、中国土壤学会理事、中国地理学会理事、中国人与生物圈国家委员会委员、国际土壤学会委员；《植物生态学与地植物学资料丛刊》（《植物生态学报》前身）主编，《植物学报》、《土壤学报》、《地理学报》、《自然资源》编委，《国家自然地图集》编辑委员会委员等学术职位。侯学煜还曾担任第六届全国人大代表并任常委会委员，第七届全国政协常委，中国科协委员，国家科委西北防旱组、草原组、农业生物组成员，中国科学院自然资源综合考察委员会委员、自然区划委员会委员，中国科学院治沙队副队长等。

1951 年，侯学煜加入中国民主同盟，并于晚年光荣地加入中国共产党。

1991 年 4 月 16 日，侯学煜因病医治无效，在北京逝世。

他的讣告这样写道："侯学煜为发展我国科学事业竭尽全力。他的一生是为科学事业奋斗的一生，是追求真理、实事求是的一生，他的一生为我国国民经济建设和科学事业乃至世界生态学的发展，作出了杰出的不可磨灭的贡献"。

原国家科委主任宋健在悼念文章中说："侯学煜同志不幸逝世，使我们失去了一位杰出的爱国者，一位卓越的科学家，一位对中国的科学事业尤其对环境保护事业充满热情的活动家，这是中国科学界的一大损失。"

侯学煜生前曾数次回和县探亲，对故乡的山山水水、生态环境、经济文化建设，充满一片爱心，寄予了深切的关怀和希望。他的这种深情，将永远铭刻在生他、养他的这块土地上的人们心中。

（金绪道　撰稿）

# 中国奥运零的突破

## ——记中国第一枚奥运金牌获得者许海峰

## 零的突破　震惊世界

1984 年 7 月 29 日，是中国奥运史上最精彩的一幕。

洛杉矶，彩旗飘扬。许海峰精神抖擞，穿着印有"中国"两字的红色运动衫，健步来到第 23 届奥运会男子自选手枪慢射比赛场。这里有 37 个国家和地区的 55 名强手。强手较量从 9 点零 5 分开始。

许海峰第一次来到这里，十分陌生，又十分新鲜。气候、周边的环境都会影响他的心理，影响他的射击。他考虑将会出现的困难和问题影响比赛的场地、气候、风向、设备等因素，包括一些不为人注意的细节。他努力排除外界各种干扰，聚精会神，沉着应战。

许海峰

他举起手枪，屏声息气，精准发射每一发子弹，时间似乎很快，子弹快速射完。60 发子弹在两个半小时内打完。沉寂一会，突报惊喜：以 1 环的优势战胜了前世界冠军、瑞典人斯卡纳切尔，荣获了金牌，成为中国奥运史上第一位冠军，实现中国奥运史上"零"的突破。

许海峰登上领奖最高站台，《义勇军进行曲》徐徐奏响，五星红旗冉冉升起。此时说不出有多激动，有多高兴！这是中华民族的激动，这是中国的高兴。此时此刻，神州大地一片欢腾，中华儿女群情振奋，心花怒放。

国际奥委会主席萨马兰奇亲自来到赛场，为许海峰颁奖。他非常激动地说："今天是中国体育最伟大的一天，我很荣幸在奥运会第一天把第一枚金牌发给中国选手。"在场所有的中国人都激动流泪了。中国人流下胜利的热泪。许海峰激动地

对记者说："能为祖国夺得第一枚奥运会金牌，我感到自豪与高兴，这个荣誉归功于祖国和人民。"

许海峰的金牌来之不易，零的突破！《人民日报》发表的短评《历史性的突破》指出："这是我国体育史上具有历史意义的突破，每一个炎黄子孙都感到由衷的高兴。"

1984年8月19日，许海峰获多种荣誉称号，国家体委颁发体育运动荣誉奖章，共青团中央颁发荣誉称号。中国人民解放军总政治部颁发一级军功章。1984年8月29日安徽省人民政府颁发嘉奖令。安徽省人民政府、安徽省共青团授予许海峰多种荣誉称号，安徽省人民政府记特等功一次，晋升4级工资。

## 春风化雨　逐级攀升

成功者的背后隐藏许多鲜为人知的故事，我们从许海峰弟弟许海松处了解到一些细节。

（一）**家教清正，因势利导**。许海峰，安徽和县人。1957年8月1日出生于福建省漳州市。1972年，许海峰15岁随父母举家返回安徽原籍，落户和县功桥。

许海峰的成长，与父亲严格要求、因势利导教育分不开。1964年9月，父母要求许海峰第一个到福建省龙海县东方红小学报名，母亲和他5点钟就来到学校了，学校高老师见到说，这一早就来了，的确是报名第一人。良好的开端是成功的一半。许海峰要求自己很严，很快成为学校红小兵，不久就为红小兵负责人。他聪明，成绩很好，从五年级跳到初中一年级。他喜爱打弹弓，父亲并不反对，也不严厉批评，而是说："海峰，你看电线杆上有一只麻雀，能不能打下？"海峰试了一试，居然打下了。父亲笑了，说："不能影响学习啊！"父亲在海峰十岁时，给他买了补鞋工具，要他学补鞋。再大时，要他学理发。总之，父亲重在培养他动手能力和艰苦朴素的品格。

（二）**兴趣始终，执着追求**。许海峰从小喜欢玩枪。高中毕业后，他用40元钱买了一支气枪。可是没有子弹，怎么办？他决定自己做。那时牙膏皮是铅做的，于是他搜集牙膏皮，用模板用菜刀开圆槽，火烧牙膏皮，这样最终制成了铅弹。

从那以后，他把心思都用在了枪上，瞄准远处树上的鸟窝，瞄射近处的飞虫。他把理想和志向都寄托在枪上。他的体育老师、射击教练王振泽发现他是射击苗子，精心指导他射击。

　　1979 年 2 月，巢湖地区体委举办射击训练班，王振泽推荐许海峰顶替缺额参加射击训练。许海峰自带口粮，投入预备训练，刻苦努力，夜以继日。成绩突出，20 天后转为公费正式训练。两个月后，他参加省运会取得了显著成绩：打破省男子普通气手枪 40 发立射和男子普通小口径步枪两项纪录，独得 8 枚奖牌。

　　（三）刻苦训练，逐步提高。此时他并不是省射击训练队成员，赛后回到就业单位和县新桥供销社，除了承担繁重的工作外，还要坚持业余练习。他用多种方法训练自己：跪射，膝盖骨磨了厚厚的茧子，也不在乎；自制沙袋，增强臂力；用铝弹头制成手箍，训练时戴在手臂上，在枪头系上两块红砖，以增加重量；没有靶子版就用废纸箱钉；没有靶子图示，就自己画。就这样，天天练习，日复一日，从不停止。

　　1981 年 10 月，许海峰长期练习，其射击特点逐步显现：立射优于卧射，还有"慢性子"。当时巢湖地区体委吴文祥根据许海峰的射击特点，决定让他专练气手枪和手枪慢射。为了练习好，许海峰花了许多心思。气手枪距离需要 10 米远，当时居室只有 9.5 米，怎么办？他想了想，就将靶子纸缩小。手枪慢射距离需要 50 米，要真枪实弹练习。可是这样练习，容易出事啊！怎么办？他决定把练习场地移到三里外无人到的一口干涸的大水塘，天天到这儿练习。烈日当头，烤得大汗淋漓，口干舌焦，也不停止练习；大雨倾注，大水注满水塘，泡在水中练习不止。经过艰苦的训练，人变黑了，但意志更坚强了，射击本领高了。1982 年 8 月 25 日省五运会召开，许海峰使用的是国产双菱牌普通气手枪，价值在 60 元，俗称"土枪"。许海峰就用这把土枪参赛。另一位参赛运动员用的是联邦德国精工牌气手枪，价值数千元，俗称"洋枪"。出乎意料，"土枪"居然击败了"洋枪"，许海峰在男子气手枪 40 发立射项目比赛中以 370 环成绩获得个人第 1 名，并打破 344 环的省纪录。可见过硬的本领才是最重要因素。

　　（四）名师指点，逐级攀升。王振泽发现他是射击苗子，举荐并精心指导他射击，是许海峰第一位教练。1982 年 10 月，许海峰被选入安徽省射击集训队，当上了一名运动员，他在教练悉心指导下，夏练三伏，冬练三九，射击技术日见长进。他说："我的目标还没有达到，再苦再累也不能停啊！" 5 个月后，他被吸收为专业运动员。

　　功夫不负有心人，许海峰逐级攀升。1983 年 3 月，参加华东协作区邀请赛，3 月 17 日手枪慢射以 554 环成绩获得个人第一名；3 月 19 日，气手枪以 587 环成绩获得个人第一名，并超 583 环的全国纪录。1983 年 7 月，他参加在印度尼西亚雅加达举办的亚洲第五届射击锦标赛获银、铜牌各一枚。1983 年 9 月，参加在南京举办的全国五运会。9 月 22 日，手枪慢射以 561 环成绩获得个人第二名，并达国家级健将。9 月 23 日，气手枪以 580 环成绩获得个人第二名，也达国家级健将。其时，被评为本次比赛的精神文明运动员。

1983 年 10 月，许海峰参加在南京举办的中德友谊赛。10 月 15 日，气手枪以 581 环获得第一名。10 月 16 日手枪慢射以 558 环获得第一名。

1983 年 11 月他被调入国家队参加第 23 届奥运会集训。

## 佳绩频频　声闻世界

雄关漫道真如铁，而今迈步从头越。在 1984 年取得举世震惊的成就之后，许海峰依然奋战，喜讯不断，佳绩连连：

1986 年，参加亚运会，他一人为中国赢得 4 枚金牌，并刷新一项世界纪录。1987 年，世界杯射击比赛中，获金牌 3 枚，银、铜牌各 1 枚。1989 年，他在国内外比赛中共获 6 项第一名。

1990 年，在北京举行的第 11 届亚运会上，许海峰以 660 环的成绩获男子个人自选手枪慢射 60 发比赛的冠军；他与队友合作，夺得男子团体自选手枪慢射 60 发冠军。1990 年 10 月，他参加德国慕尼黑第三届世界杯射击比赛中，以 665 环的优异成绩摘取了男子自选手枪慢射的桂冠。

1994 年 7 月，在意大利米兰举行的第 46 届射击世界锦标赛上，许海峰与队友合作，夺得男子 10 米气手枪团体冠军。

1994 年 9 月，在日本广岛举行的第 12 届亚运会上，许海峰与队友合作，夺得男子手枪慢射团体冠军。

党和政府看着许海峰取得的成就，也赋予他一定的荣誉和责任：1984 年和 1986 年，两次被评为"全国十佳运动员"，获得过"全国新长征突击手""全国劳模"和女娲亚太基金会亲善大使等荣誉。

## 责任至上　金牌教练

许海峰正在追求卓越之际，不幸患上视网膜炎，眼底经常出血、水肿，视力随之下降，左眼为 1.0，右眼为 0.5，一时难以恢复。1991 年以后，他的迁移性视网膜炎使视力下降到了 0.2 左右，这对射击运动员来说是致命的。就是在这种情况下，许海峰还是坚持参加了包括奥运会在内的数次国际重大比赛。

　　1993 年，国家体委任命他担任国家射击队教练兼运动员，协助国家射击男队主教练张恒工作。1995 年 2 月他收枪执教，出任国家射击队女子手枪组教练。为了提高女子举枪的稳定性，采取跑步等方法增强女子运动员的体能和耐力；一些运动员成绩不稳定，他采取因材施教、因人而教的方法，努力提高她们的心理素质。他坚持吃住在训练基地，和运动员一道起居，一道练习。由于刻苦训练，指导得法，女子队提高很快。1996 年，他的弟子李对红在亚特兰大第 26 届奥运会上，以 687.9 环的优异成绩夺得女子运动手枪冠军。这枚金牌来之不易，这是在中国射击队前五天"颗粒无收"的情况下获得的。由于出色的工作，1998 年他被任命为国家射击队女子手枪组主教练兼副总教练。

　　2000 年，在 27 届悉尼奥运会上，他的另一个弟子陶璐娜为中国代表团夺得"开门红"，在女子气手枪项目上获得首金，并获得运动手枪项目的银牌。从此以后，许海峰被人们称为"金牌教练"。

　　悉尼奥运会后，国家射击队进行人事制度改革，队里所有的总教练、领队、教练员都实行竞聘上岗。许海峰一开始只竞聘了女子手枪组的主教练，并竞聘成功。但上级要求每一位教练员要竞聘两个职位，他经过竞选演说、投票推举等程序当选了总教练职位。

　　2001 年初，他担任国家射击队的总教练兼女子手枪组主教练，成为中国射击队唯一身兼二职的教练。2003 年 5 月，许海峰被任命为国家体育总局射击射箭运动管理中心副主任。

　　从一名金牌运动员到金牌教练，再到一名领导干部，许海峰的人生"三级跳"似乎完成得很轻松。

　　在许海峰出任总教练之前，国家射击队在悉尼奥运会上刚刚获得 2 枚金牌，正处于巅峰时期。俗话说，"打江山容易，守江山难"。如何带领这支队伍取得更好的成绩，是他面临的主要问题。

　　上任初，许海峰明确了执教思路："我主要抓了三件事。最重要的一件事就是充分发挥教练员的作用；第二件事就是抓好重点运动员的工作，对优秀运动员所犯的错误绝不姑息，甚至比一般运动员批评得更厉害；第三件事，就是抓好队伍的管理。"

　　射击项目在比赛时是扣人心弦的，但在平时训练时是非常枯燥的。俗话说，"台上一分钟，台下十年功"。为了比赛中的 10 枪，运动员每天的训练就是举枪、瞄准、射击，再举枪、瞄准、射击……练就了运动员良好的稳定性和心理素质。

在训练场上许海峰是非常严肃的，很少能看到他笑。运动员在训练场上都非常害怕他，无论哪位运动员训练不到位，他都会纠正或批评，就连他的得意弟子陶璐娜也经常被他训得哭鼻子。"你是一个奥运冠军，你要重视每一场比赛，只有把每一场比赛都看作是奥运比赛，一枪一枪地打，你才能再次成为奥运冠军。"在随后几天的比赛中，陶璐娜越打越好，获得世界杯赛两枚金牌。

他的眼睛很"毒"，运动员在赛场上打几枪，他就能知道运动员在不在状态，问题出在哪儿。

每一次大赛前，他都认真、反复考虑将会出现的困难和问题，从不打无准备之仗。在釜山亚运会之前，许海峰除了考虑对可能影响比赛的场地、气候、风向、设备等因素外，还考虑到韩国队在亚运会上出现的"臭子"现象。为此，中国队出征前就对子弹进行了认真检查，没有出现此问题。

多年的射击生涯，许海峰已经养成了一个习惯，无论是参加比赛，还是训练，他都要随身带一个笔记本。翻开笔记本，里面全是密密麻麻的数据，这都是队里参加每一次比赛和每一位运动员的射击成绩。他说："这些数据可是宝贝啊，自己统计虽然要花费大量的时间，但能对全队的比赛情况心知肚明，对训练、比赛很有针对性。"

许海峰做总教练两年的时间里，中国射击队的成绩稳中有升。2002年度成为一支不败之师。在2002年芬兰举行的世界射击锦标赛上，中国射击队战果辉煌，囊括17枚金牌，并打破5项世界纪录和4项青少年世界纪录。在釜山亚运会上，他们更是一枝独秀，获得27枚金牌，并打破3项世界纪录，平1项世界纪录，中国代表团成为第一夺金大户。

## 退而不休　关爱社会

2016年1月，许海峰为"奥运最长油画"添彩第一笔。2017年11月13日，许海峰卸任自行车击剑运动管理中心副主任。正式退休。2018年12月18日，党中央、国务院授予许海峰同志改革先锋称号，颁授改革先锋奖章，并获评"我国首位奥运冠军"。2019年9月25日，被评选为"最美奋斗者"。

家里有三个小孩，他是老大，还有二弟，小妹。招工下的指标，他让给小弟和妹妹。退休后还关爱下一代。2021年4月28日，"听改革先锋故事，做时代追梦新人——许海峰报告会暨北京和县商会助学捐赠仪式"在马鞍山市第七中学举行。安徽省关工委常务副主任杨果，市委常委、宣传部长夏劲松出席仪式，市关工委常务副主任毛长江主持仪式。许海峰将自己 30 余年的体育生涯与大家娓娓道来，风趣幽默的语言将大家带入一个又一个故事场景中，不少精彩之处更博得了现场师生的阵阵掌声。对同学们的提问，许海峰逐个悉心讲解。同时，市第七中学学生为许海峰佩戴红领巾并献花，北京和县商会向市慈善总会捐赠助学金。

成功者常常是道德高尚者。许海峰的道德主要有下面几点：1. 清心自律，忠于人民。他当教练，与运动员在一起训练，同住同生活。他对自己要求很高，不做广告，廉洁奉公。国外高薪聘请他做外籍教练，他说："我只为中国服务。" 2. 刻苦好学，精益求精。他起点文化并不高，只有高中水平，但他不间断学习，获得硕士、博士毕业，现在已是二级教授，专业著作有两本。

（薛从军　撰稿）

# 二、英烈篇

## 青山有幸埋忠骨
—— 张智锦喋血香泉晓山记

### 童年勤苦学 聪慧过常人

张智锦

张智锦，和县香泉人，1918年10月8日出生在和县香泉沈庄村贫苦农民家庭。据胡克诚《转战滁河南北 血染石城彼岸》一文，说张智锦"身体瘦弱，又是独生子"。张智锦有一个妹妹，叫张智慧（1937年8月23日出生，高级工程师，1997年在南京退休）。父亲张礼林，母亲刘名兰，除耕种很少土地外，主要给别人家放鸭来维持全家人的生活。虽然家道贫寒，但父母还是节衣缩食，将张智锦送到一家私塾读书。11岁才读书，张智锦深深知道读书不易，刻苦好学，成绩斐然。不料，13岁时不幸患上骨髓炎疾病，无力外出就医，只能用民间传统药方医治，睡在病床三年，留下后遗症，一只腿跛了。病魔没有动摇他的志向，他顽强生活，用巨大的毅力读了许多书，在当地成了很有影响的读书人。

16岁时，父亲将张智锦送到一个比较有名的村学——杨毓璜办的私塾就读。不久，张智锦就成了私塾的大学长。一面读书，一面在杨毓璜外出时代教其他学生。这样也就可以免交学费了。他经常和同学谈古论今，仰慕古代民族英雄丰功伟绩和民族气节。杨毓璜十分器重他，常在一起写诗作对。如对联"东壁图书，西园墨翰"，"南华秋水，北苑春山"。张智锦父亲名礼林，号秀华，于是他给父亲作了一副嵌名联：

> 礼乐文章千古秀，林松茂盛四时华。

张智锦读四书五经，还阅读不少进步书刊，如《新青年》《新潮》《新生活》等刊物。

## 愤笔书壮志 入党驱倭寇

1937 年 7 月 7 日卢沟桥事变后，日本大量蚕食中国领土。南京沦陷，三十万同胞惨死于南京城，尸横遍野，血流成河。和县、全椒等地也遭到日军狂轰滥炸，战火纷飞。汉奸横行，人们流离失所，背井离乡。据《和县志·和县沦陷记》载："民国二十六年（1937）冬，首都弃守，敌为巩固京畿外围，于是年农历十一月二十五日拂晓，汽油船十余艘由采石渡江，敌步兵 200 余人，于城东金河口登岸。"张智锦以诗抒怀：

> 河山已破碎，热血涌心头。国难当投笔，躯残不自由。
> 寇气虽然炽，壮志何曾休？饮马三岛地，方除腹内愁。

1938 年 4 月，日本军占领和城。日本上等兵东齐明的《和县含山巢县占领》一文记载了 1938 年 4 月 23 日至 24 日的和县战斗："攻占首都南京城之后，在芜湖养精蓄锐的我军部队，接到期待已久的新作战命令，于昭和 13 年 4 月 23 日离开滞留了 5 个多月的警备地芜湖。在与江上舰艇的紧密合作下，成功实现敌前渡江，于 24 日黄昏占领了芜湖西北的和县。"《和含抗日根据地党史资料选编·大事记》记载："4 月 24 日，日军侵占和县；4 月 26 日，日军侵占含山；4 月 30 日，日军侵占巢县。"两处记载基本相同。

此时，新四军第四支队第八团一大队东进抗日，自无为经含山，来到和县北部、江浦县西部抗日前线。《和含抗日根据地党史资料选编·综述》："新四军第四支队奉命东进抗日。1938 年 4 月，隶属于该支队东北抗日挺进团首渡巢湖，越过淮南铁路，进至皖东的巢县、全椒、含山、和县、合肥一带，宣传中国共产党抗日救国十大纲领。"一大队民运队负责人宋超在香泉一带宣传抗日，张智锦深受感染，写下了一首诗：

> 光阴荏苒容易逝，国难当头任蹉跎。
> 男儿若得凌云志，誓把倭寇驱逐走。

宋超读到这首诗，了解到张智锦思想进步，富有爱国热忱，于是从各方面对他进行引导培养。在新四军的精神感召下，张智锦积极参加了抗日救亡工作。经过考验，1938 年春天，由宋超介绍，张智锦参加了中国共产党。这是中国共产党在江和全地区播下的第一颗红色种子。

新四军东进部队奉命北上，离开和县香泉。大道旁，宋超握着张智锦的手，语重心长地说："我们走了，你的担子重了。你将独自开展工作，要小心谨慎啊。党在江和全地区的发展，要靠你这个红色种子啊！记住，一定要依靠群众。"张智锦紧紧抓住宋超的手，热泪盈眶，心潮起伏。他一直送到离香泉镇十里路上，还是依依不舍。宋超见状，安慰说："千里送行，终有一别。不要难过，以后党会派专人与你联系。"

张智锦以教书为职业，自觉为党工作，在人民群众中广泛传播革命思想。在学校里，他以青年学生为对象，组织"惜阴会""三育检讨会"，经常学习讨论抗日救亡的道理；在社会上，他多方奔走，与群众中的一些积极分子联系，发动大家进行抗日救亡斗争。

## 作诗结知音　为党寻同志

1940 年春，党中央强调建立抗日根据地、发展抗日武装的重要性。中原局指示、皖东军政治委员会决定，重新开辟这一地区，成立中共江（江浦）和（和县）全（全椒）工委，为建立皖东抗日根据地做准备。

胡克诚用既定的暗语与张智锦联系上。张智锦非常高兴，像找到了亲人、找到了家一样高兴。他向胡克诚详细介绍了党组织情况。1940 年 5 月 8 日，刘少奇指示："在含山、和县、巢县境内，派队坚持游击，保持原有阵地，以便将来无为兵力能够向东转移。"为了开辟根据地，胡克诚与张智锦等人共同筹划，于 1940

年 5 月，召开党员大会，正式成立江和全工作委员会，下辖香泉区委（张智锦兼书记）、赤镇区委（浦玉民兼书记）。胡克诚任江和全工委书记，张智锦任工委委员、中共香泉区委书记。委员还有浦玉民、查苏屏、肖习琛、李朝松。经过讨论，确定了当前工作的重点。

1940 年，胡克诚指示张智锦做和县中学热血青年偰怀镭的工作。张智锦以《赠怀镭》律诗试探：

> 荏苒光阴似水流，枫红露白又临秋。
> 举眉荆棘英雄泪，触目疮痍志士愁。
> 细雨打窗苦寂寞，微风拂面意飕飗。
> 男儿漫洒新亭泪，不斩楼兰誓不休。

偰怀镭收到这首诗，知道这是一首律诗，看出张智锦的心胸。偰怀镭被张智锦的爱国情怀深深感动。于是写了一首和诗：

> 山自青青水自流，梧桐摇落又经秋。
> 笙歌聒耳谁家乐，忧郁满怀吾独愁。
> 万里关山成齑粉，五更剑笛寒飕飗。
> 他年若遂平生志，斩尽妖邪方罢休！

这首诗与上一首诗可谓有异曲同工之妙，表达的胸怀与情感是一致的，都要斩楼兰、杀妖邪；都要实现平生之志——赶走日寇。两人真是知音啊！

1940 年 10 月，偰怀镭由张智锦介绍加入了中国共产党，并与张智锦、浦玉民、王苏民等组成了抗日时期江和全地区第一个"啸"字党小组。因为小组成员都用化名，化名都有一个"啸"字。如张智锦化名张啸天，偰怀镭化名偰啸波，王苏民化名王啸晴，郭如松化名郭啸云。啸字作为暗记。

以党小组为核心，吸收大批知识青年和农民中的积极分子参加抗日斗争的行列。又有多人加入共产党，如黄瑞生、杨再顺、宋德安、陈朝顺等。他们不断活跃在城乡各地，推进了这个地区抗日战争的发展。

张智锦、浦玉民坚持在香泉、赤镇一带，不仅巩固了组织，稳定了思想，还在中学里建立党组织，在国民党乡镇武装中，也有了我们的党员。在大刀会里活动的党员和进步群众干得很好，他们对未来充满信心。

## 化装乞丐人　但寻党指示

1940 年 4 月，党在淮南某地召开中共县委以上干部会议。当时，沿途没有建立交通联络站。敌人重重封锁，各路检查十分严。稍有不慎就被怀疑，就可能没有命了。去开会十分危险。怎么办？

张智锦考虑再三，决定自己去参加会议。同志们很担心他，他说："没有关系，我是跛子，化装乞丐，沿途乞讨，敌人不会怀疑。""好办法！"大家赞同，但还是为他担心。于是，他披头散发，不洗头，不梳头，拿着拐杖，带着破碗，衣衫褴褛，"动身前二十多天就蓄了头发，整天不梳头，不洗脸，结果脸上和身上都堆满了垢脏，养成了一身的肥虱子，穿件碎布乱缀的破衣服"，真是十足的乞丐了。困难的是，组织介绍信放在何处呢？万一敌人搜查呢？藏在哪里？藏在头发里？不行。藏在脚下，也不行。只要敌人搜，就会搜出。怎么办？有了，将介绍信写在锡纸上，字小一点，折叠很小，扁扁的，贴在牙板根上。这样敌人难以搜查到，万一有情况，就吞下肚子里。大家认为这是好办法。

清晨，薄雾冥冥，大家心情沉重，依依不舍送走张智锦，望着他逐渐消失在远方，好长时间才离开。张智锦离开之日，同志们数着日子：一天，一天……二十多天了，张智锦现在怎样？有没有遇到危险？能带回上级指示吗？大家都在记挂啊！正在望眼欲穿之时，张智锦终于回来了！人是又黑又瘦。

大家听到张智锦传达党的指示时，高兴极了，欢呼雀跃，像在黑夜见到了北极星，为张智锦秘密举行了酒会，祝贺他胜利归来。张智锦很兴奋，即席赋诗一首：

> 一泓春水静无烟，难得东风肯见怜。
>
> 揭地掀天允我辈，斩棘披荆到中原。
>
> 若能奋翮冲千里，不负埋头已十年。
>
> 且喜重逢俱爽健，樽前酬唱话因缘。

诗的第一句，是指他未参加革命时的教村学生活，如一湾不流动的水，第二句写他入了党参加革命，得到了党的亲切教导，三至六句可以看出那种揭地掀天、斩棘披荆和奋翻千里的革命英雄气魄，最后两句则是抒发冒着九死一生的危险，终于胜利完成了任务，与同志们重见的兴奋心情。

1940 年 5 月，柏承君带着国民党二支队千余人与刘子清的伪军，突然袭击江和全根据地，和县、含山、巢湖、无为、江浦等五县中心的革命武装地区，被日伪国民党占领。中共江和全工委与中心县委、舒芜地委失去了联系，但工委领导和党员的斗志从未受到影响。胡克诚经人介绍到国民党江浦县江浦民报社工作。此报纸是国民党江浦县政府资助办的。胡克诚公开的身份是《江浦民报》的编辑。胡克诚与张智锦、浦玉民联系很正常。胡克诚以《民报》所在地为中心继续领导工委工作。张智锦以教师身份开展地下工作，以"惜阴社"的名义联系青年进行宣传，发展党员。浦玉民等同志化装成渔民，深入敌占区在农民中活动，发展党员。

1941 年春，为了与上级党组织取得联系，张智锦、浦玉民决定去淮南路东二师寻找上级党组织。张智锦临行时口占绝句一首：

故国沦亡恨正长，正逢别袂走他乡。
一行洒得穷途路，涵向杯中和酒赏。

到新四军二师沿途敌伪顽据点很多，检查很严，盘问甚紧。经过和县、江浦、全椒的大片敌占区，需要"特别通行证"才能通过。怎么办？张智锦同黄瑞生商量，设法弄一张"特别通行证"。黄瑞生请他的小叔黄兴发找到"徐呆子"。徐呆子是宁芜路慈湖车站日军警备队密探。这位徐呆子居然弄到了证件。张智锦和浦玉民持特别通行证一起渡江，走慈湖，过南京，奔六合。路上遇到日伪军，就拿出特别通行证。第二天下午 3 点，经葫芦套渡口，过滁河，来到路东根据地，由交通员带到二师师部。次日找到胡克诚。7 月，胡克诚、张智锦、浦玉民来到全椒县委所在地周家岗，协助全椒县书记王枫做一些工作，仍领导江和全工作。因为敌人早已怀疑胡克诚，他不适宜在此工作，就没有到江浦。张智锦、浦玉民二人分别在香泉和赤镇继续开展工作。

张智锦、偰怀镭、浦玉民等同志努力，创建了"和北游击队"，隶属于新四军七师。和北游击队积极活动，有力配合了新四军七师和含支队作战，使和含地区的斗争形势发生了很大变化。和北游击队不仅是战斗队，而且是抗日宣传队，宣传共产党抗日必胜的道理，有大批人参加游击队，纪律严明，秋毫无犯。他们所到之处，唱着这样的歌："同志们，要记清，我们是工农新四军，一切为了老百姓……"

游击队积极活动，终于打开交通线。二师与七师的交通线终于畅通了。香泉是交通线的中心站，张智锦是这条线的主要负责人。当时皖江区委书记曾希圣因一个重要会议要从南义到定远藕塘，途经香泉封锁线。张智锦接到政委胡克诚的通知后，为了保证曾希圣的安全，随即派最可靠的联络员张松、徐法到娘娘庙接曾希圣。临行时，张智锦告诫两位同志："你们要坚决保证首长的安全，你们在，首长在；就是你们不在，首长也要在。"曾希圣经过香泉时，张智锦亲自护送一程，曾希圣看到张智锦跛着腿来接，感动得抓住他的手久久不放。到了滁河，曾希圣坚持将自己骑的黑骡子送给游击队，嘱咐他们卖掉做活动经费。

## 转化周宗汉　激战驻马河

1941 年 10 月，江和全工委机关迁到滁县花山，张智锦担任工委组织部长，和胡克诚一起，积极开展抗日救亡工作。在开辟与建立新四军二师与七师交通线方面，做出了一定的贡献，影响越来越大，引起了日伪和国民党反动派的注意。国民党特工队长张维仁控制这一地区，到处扬言要杀他。白色恐怖使他无法在香泉地区坚持斗争。组织决定，张智锦于 1942 年秋到滁县花山工委机关工作。国民党和县特工队队长周宗汉想带领 30 余人的部队投诚。原因有三：一是他在特工队受到排挤、打压，矛盾重重。二是我党长期以来的政治影响与政治感召。三是周宗汉及其部下与张智锦往来密切，张智锦经常用这种关系进行策反，教育他们弃暗投明。工委经过认真研究，同意接受周宗汉投诚。于是派人前去联系，周宗汉同意在江浦县石村庙接受改编。

工委召开会议，大家认为收编顽军本身就带有一定的危险性，需要慎重。组织上准备派浦玉民、浦玉华两同志去。张智锦说："我是和县人，在周部有一些熟人，便于执行任务，还是让我去吧。不入虎穴，焉得虎子？"组织同意他的请求。于是张智锦与浦玉民、乔正才等三人连夜出发。花山，离石村庙 100 多华里，需要经过全椒县城，渡过滁河，才能到达。张智锦腿残，急促的夜行军中几次昏倒在地。虽然这样，他还是顽强坚持行走。乔正才乘他昏倒时背着他前进。经过一夜急行军，到达石村庙附近的小村庄。

收编很顺利。周部队被编入江和全游击队，周宗汉被任命为游击队队长，张智锦兼任游击队指导员，驻守在石村庙一带。收编后，周宗汉求战心切，要求在敌人未发现他率部起义之前，打一个胜仗，作为参加新四军诚心的表示。张智锦劝他："不要急，等队伍休整好，情况摸清后去打也不迟。"周说："摸清了，机不可失，时不再来。抓紧打好这一仗。"周宗汉坚持要打。张智锦理解他的心情，也就同意了他的要求。他们决定攻打驻马河税务局。

攻打进行不顺利。税务局有一暗堡侦察时未被发现，机枪四射，战斗打得非常艰苦，日伪军被消灭不少，但游击队伤亡也不少。

战斗结束，周宗汉率部来到和县乌江西南的黄墩村时，张智锦突然腹痛，部队战士很疲劳，于是就住下来。不料周宗汉部队出了叛徒——杨孝本跑到周集向顽敌特工大队严老小告密。严老小暗地给盘踞在乌江的鬼子报信，另一面悄悄纠集武装连夜将黄墩村包围，打死了岗哨。战斗突如其来，周宗汉、张智锦匆促迎战，只好率部队边打边退。张智锦为了大局，不顾个人的安危，忍着剧烈的腹痛，命令周宗汉带领大部队突围，自己带游击队断后，拼命抵御敌人。战斗非常激烈，敌众我寡，数次突围未成。激战了五小时，周宗汉不幸中弹身亡，几个队员在激战中牺牲，他的部队溃散，敌人追到河边，张智锦在战斗中负了重伤，跳入河中，昏倒在水里，被敌人抓走。鬼子赶来，把张智锦关进乌江镇公所。两天后又把他押到香泉镇公所，戒备森严。

## 痛斥杨毓璜　视死忽如归

张智锦父亲知道自己儿子被关在香泉，四处托人保释。但完全堕落成汉奸的杨毓璜早就放出风声："谁敢保张智锦，就同谁算账！"香泉乡日伪乡长杨毓璜，曾经是张智锦的启蒙老师，一直器重张智锦。杨毓璜一面威胁不准人去保释张智锦，一面到监狱假惺惺地去劝降，要张智锦"回心转意，悔过自新"。张智锦怒不可遏，当面痛斥了这个民族败类。杨毓璜以老师身份劝说："识时务者为俊杰，你如果能自新悔过，我可保你出狱。"

张智锦针锋相对说："当前国难当头，正是我辈报效祖国的时候，我有什么罪可悔？你杨毓璜卖国求荣，甘当日本鬼子的走狗，要悔过自新的是你！是你！"杨毓璜理屈词穷、恼羞成怒："小东西，你还得了，真是不见棺材不落泪！"张智锦怒视杨毓璜："告诉你，我自从参加革命那天起，就置生死于度外，宁可玉碎，不为瓦全，死也是笑着的。"杨毓璜黔驴技穷，灰溜溜地走了。张智锦随即口占一绝：

半壁沦陷谁不愁，救亡绝不怕断头。
只要我党军队在，三年定报日寇仇。

张智锦的诗作，表白自己视死如归，对中国共产党抗日充满胜利信心。

日军从杨毓璜处知道张智锦是共产党"大干部"，将他关进碉堡里，严刑拷打，企图使张智锦屈服。敌人一计不成又生一计，开始诱降。叛徒杨洪声来劝降。杨洪声说："张部长，不要傻了，你看国民党那么多人马也不顶用，你们共产党就那么几条破枪，巴掌大的地，成不了气候，你不如投靠皇军，到这边来，皇军给你做大官。真的！"张智锦说："呸！不要脸的东西，你这汉奸，不知羞耻，还好意思来见我！滚！滚！"杨洪声不敢再看他一眼，垂头丧气走了。

敌人想从张智锦口中得到他们需要的情报，残酷地动用了他们可以动用的一切刑具，用带刺的铁丝猛击张智锦的头部，把他绑在柱子上让狼狗去撕咬，张智锦以钢铁般的意志与敌人拼搏。

张智锦在监狱中整整45天，敌人白天拷打够了，夜晚把他和另外两个犯人六只脚用细铁丝捆在一起，手也倒背着。这样只要有一人动一动，三人都痛得像刀扎心。组织上曾经派党的情报员老李扮作民工混进据点，与他联系，准备用武装力量去营救。张智锦对他说："我们集聚一点武装力量很不易，加之敌人防备森严，不能因为营救我，使革命武装受到损失。请带个口信给老傻，以后他如果有机会碰到汪琳（黄玲）同志，请转告她，我没有辜负她对我的热诚的信任，情谊永远活在我们的心中，祝她，衷心祝她坚强些，勇敢些……"

一次，日军把张智锦从碉堡押送到警备队，与此同时又将张智锦的父母及七岁的小妹妹张智慧也带到警备队。日军一边拷打张智锦，一边又拷打他的父母，企图威胁张智锦和他父母，要他出卖革命同志。当着张智锦亲人面给张智锦施酷刑：用烙铁烙他的胸部，用辣椒水灌他的鼻子。敌人用尽各种酷刑，企图撬开他们的嘴，只是徒然。张智锦说："毒刑拷打算得了什么？死亡也无法叫我开口，这一切动摇不了一个共产党员的坚强信念和决心！"

日军押着张智锦和一群革命者出来放风。在外面天天等候的张智锦母亲一眼就看到了自己儿子。"智锦——"母亲迫不及待地喊，见张智锦蓬头垢面，双手被铁丝勒成血沟化脓生疮，心如刀割。"妈妈——"张智锦向前跨了几步，想伸开双手，可是双手被铐着。妈妈泪流满面，哽咽不能语。"妈妈，要坚强些，不要这样。回家去和父亲一起将妹妹拉扯大，我们一定会胜利的，这一天会到来。"母亲泪流满面。"鬼子来了！母亲，快走！"母亲走了，带着悲伤，流着眼泪。张智锦在狱中，坚贞不屈。在病痛中学习日语，不时用学会的日语痛骂日军，骂得日军不得安宁。他在牢房墙上再次写下《山河已破碎》那首诗的后四句：

> 寇气虽然炽，壮志何从休。饮马三岛地，方除腹内仇。

他在敌人给他写自白书的稿纸上，这样写着：

> 祖国啊，母亲！您的乳汁养育了我，我以血肉守卫着您。也许明天我会倒下……在敌人屠刀下我不会滴一滴眼泪，我给您留下一首无比崇高的赞美诗。
>
> 中国共产党万岁！打倒日本帝国主义！全中国人民团结起来！把日本帝国主义赶出中国去！

1942 年 11 月 14 日，夜色沉沉，阴云密布，大地呜咽，起伏连绵的晓山在哭泣。几个日本兵像几只恶狼在嚎叫："跪下！""跪下！"日军端着明晃晃的刺刀，向一位顶天立地的英雄吆喝，色厉内荏。遍体鳞伤的张智锦，挺立在晓山之地，目光像利剑一样刺向日本兵。一个像鬼似的小队长露出凶残和狡黠的样子吼叫着："快说！只要你投降，我们就放你！"停了一会儿，忽然语调又变软："张先生，生死两条路，这是你最后的选择啊！""你年轻啊，只有 24 岁，将来的日子还长啊，好好想一想！"

张智锦怒目而视："我决不投降！"

"张先生，有没有遗嘱？"

"遗嘱？遗嘱就是——盼望人民早一天把你们小鬼子赶出中国！"

张智锦褴褛的衣服布满被拷打的血迹，在寒风中被撕裂，被卷走，张智锦岿然不动，怒目盯着小鬼子。

小鬼子队长拿起刺刀像疯狗似的，恶狠狠地向张智锦嘴上猛刺两刀，在身上刺了五刀。张智锦没有立即断气，他的生命力很强。一个小鬼子嚷道："他还没有死，没有死！活埋！活埋！"鬼子们气急败坏，慌乱地将张智锦活埋在挖好的坑中。当天夜里，母亲在乡亲徐开举、潘彩玉的帮助下，将他的遗体挖出土坑，暗暗收藏。白皑皑的大雪覆盖着英雄的躯体，还在下着，冰清玉洁。

1944 年 10 月，香南区副区长兼警卫队队长浦玉民，得到地下党王思华的报告，戕害张智锦的杨毓璜要做"道场"佛事，祭奠他的祖父。浦玉民当机立断，这是为张智锦报仇的好时机。从警卫员中选出两名精干队员，以吊唁为名，到杨毓璜家见机行事。浦玉民自己带十余名警卫员，在杨家门前埋伏。两名队员在灵堂前活捉了杨毓璜，带到村外。浦玉民宣布了他的罪行，队员小徐执行枪决。

## 山花烂漫日　他在丛中笑

1950 年，为了纪念这位抗日英雄、教育人民，党和地方政府在张智锦牺牲的地方建立张智锦烈士墓、纪念塔和纪念碑，塔身上面有当时中共和含县委书记林岩写的张智锦烈士经历碑文。此后，林岩《回忆和含抗日根据地的开辟和发展》一文这样写道：

> 我更不能忘怀的，是一些为建立这块根据地而英勇献身的死难烈士，如张智锦、王青、孔平、钱海如、彭司宝、王志树等，他们为了革命的事业，英勇奋斗，壮烈牺牲。使我现在想起他们，心里十分难过。烈士们的英雄事迹，将永远成为一种精神力量，鼓舞着千百万人民奋勇前进。

党和政府把烈士曾经居住的地方——沈庄村，改为张智锦行政村，当地的小学改为张智锦小学。和县文化馆、安徽省合肥市大蜀山的革命烈士展览馆都展出张智锦烈士事迹。1982 年 4 月，张智锦墓地被列入和县文物保护单位和青少年爱国教育基地。1983 年 7 月，南京雨花台革命烈士陵园出版了《历史的启迪》，此书介绍了张智锦烈士事迹。

当代草圣林散之先生这样评价张智锦："一颗早殒的明星。"是的，张智锦是一颗抗日的明星，他的一生熠熠闪光，虽然只有 24 岁。

1982 年 11 月，和县政府投入约 4 万元，迁址到现在墓址，重建烈士墓（由墓碑、墓冢、纪念塔三部分组成），并列为县级重点文物保护单位。2001 年 10 月地方政府投入约 2 万元，建成长 40 米，宽 20 米烈士陵园围墙，并进行修饰。

山花烂漫日，他在丛中笑。

（薛从军　编写）

# 寒凝大地发春华

## ——记共产党人俣怀镭

和县城东北边有一个村庄，叫俣大村。村四周绿树丛丛，青山淡远，可谓"绿树村边合，青山郭外斜"。村庄因一位抗击日军的共产党员、爱国诗人俣怀镭而闻名遐迩。

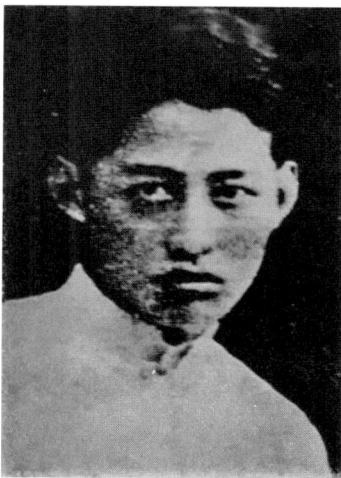

俣怀镭

### 家风纯正出英才

俣怀镭的父亲叫俣实斋，和县历阳镇人，是当地有名的塾师。19 岁为秀才，后考入和县皖北中学，兼学声、光、化、电、英文等学科，毕业时成绩第一。主考皖省抚台吴登甲聘请他为家庭教师，教育其子与女婿。吴抚台想任用俣实斋为知县，实斋以不敏辞谢。吴称赞"谆谨笃行君子也"。辛亥革命后他返乡，设帐教书，先后在城北、濮集、张集、历阳等地授业。他国学根底深厚，所教的学生都有出息。先生于战乱时期认真教书，重视育人，说"国家兴亡匹夫有责"。其学生大部分参加革命。他六十寿辰作诗自云："六十年前当此日，呱呱坠地入人生。而今两鬓星星白，犹是寸心耿耿明。几步功名眉未展，一家衣食舌长耕。还童返老多余年，忘尽悲伤作笑声。"先生有四子一女：长子俣怀銮、二子俣怀钟、三子俣怀镭、四子俣怀镡，女儿俣怀镜。

俣怀銮于国立中央政治大学毕业后在俣实斋鼓励下，奔赴皖东北抗日战场；1940 年，不幸被敌人杀害于天长县。据俣长廉回忆："1940 年春，我父亲遭国民党反动派杀害，当时我只有 7 岁，不得不和妹妹跟随祖父母一起生活。"俣实斋不得不照应孙子、孙女。后又支持俣怀镭投身革命。可以说，这是革命家庭，值得人们怀念。

## 少怀大志写春秋

傻怀镭天资聪颖，勇敢机灵，被称"小百灵"，这是在小学读书时被老师、同学叫起来的。他早有爱国情怀，10 岁时就参加宣传抵制日货活动。富有文采的讲演，纯真的童声，赢得交口称赞。常在作文中揭露倭寇的种种暴行。据傻长廉回忆说："三叔对我们很疼爱，极为关心我们成长，只要他回来就教我们读书，有时也讲点故事和浅显的科学知识。"

七七卢沟桥事变，抗日战争全面爆发。正在读书的傻怀镭写了一首绝句：

> 剑气冲霄牛斗寒，为官容易读书难。
>
> 齐家治国平天下，大学中庸仔细看。

从这首诗看出，傻怀镭深受传统文化影响，诗句表达了要用传统文化平定天下之志。年纪小，但志气不小。

1937 年 11 月 25 日，日本步兵 200 人由采石渡江，占领和城。月底，日军侵犯裕溪口，杀死 50 多人，炸毁许多民房，尸横遍野，真是惨不忍睹！农田荒芜，商店倒闭，饥民哭喊之声，灾民号泣之音，不绝于耳。此等惨景，傻怀镭不禁义愤填膺。他对长兄傻怀銮说："国家兴亡，匹夫有责。我们都是青年，投笔从戎吧！"于是，他写了一首七言绝句：

> 疮痍满目欲何从，倭寇奸邪似小虫。
>
> 中华儿女齐上阵，烦疴消散敌无存。

诗句表达了诗人的忧虑与志向。

1938 年 3 月 18 日，日军飞机两架在和城小市口投下燃烧弹，大火燃烧半月，烧毁了民房数百间。3 月 25 日，日军经戚桥、濮集入侵和城。4 月 24 日，日军侵占和城，建立伪政权。和县中学校舍被毁。5 月 11 日，日军由金河口登陆，在和城发生激战。

在这样的环境下，傻怀镭无法在和县中学就读了。他只好回家跟父亲傻实斋读书，想到个人前途和志向，写了一首七律诗：

剑笛关山志未舒，韶光将逝学犹虚。

高歌旧事谁弹泪，痛哭新亭且读书。

绛帐方沾时化雨，青阳又逼岁华除。

临歧何必增惆怅，再坐春风二月初。

诗人一方面感叹志向未能舒展；另一方面又感叹时光将消失、学习虚度。希望春风再度到来。

## 入党报国驱倭寇

春风适时而来，阳光再度普照。

1939 年 3 月中旬，新四军第四支队八团一大队队长冯文华率该部一营（原巢县人民抗日大队）和二营（原八团二营）进入含山、和县、全椒地区，开展抗日游击活动。5 月上旬，中共苏皖省委决定，成立和（县）江（浦）中心县委，省委委员祁式潜任县委书记，以和县香泉钟太三村为中心，在和（县）江（浦）两县交界地区，积极开展争取刀会群众、发展游击队武装斗争。祁式潜在《回忆在和含战斗的一年》一文中写道："5 月初，我们到达和县香泉的钟太三村——八团一大队驻地。根据省委的决定，成立了和（县）江（浦）中心县委，我担任书记，章浩生、张恺帆是县委委员，张恺帆兼一大队的政治处主任。"

中共苏皖省委决定开辟和县、江浦两县交界地区，建立革命根据地。时任中共苏皖省委委员的祁式潜奉中共省委之命，在和县香泉组建了中共和（县）江（浦）中心县委。祁式潜任书记。

自此，和县的抗日救亡运动汹涌澎湃、如火如荼。当时在和县张家集教书的傻怀銮结识了祁式潜。二人非常有缘，谈话很投机。在祁式潜的教育下，傻怀銮积极投入了革命活动，15 岁的傻怀镭因此受到很大影响。时隔不久，大哥傻怀銮遇难了。傻怀镭在悲痛欲绝的同时，面对苍天发誓为兄长报仇。他深深懂得：仇，岂止一家？恨，岂止一户？这是民族的大恨，国家的大仇！这期间，党的教育如春风化雨使他眼明心亮；抗日救国的纲领和进步书刊，使他耳目一新。

《和含抗日根据地党史资料选编·组织序列》："1940 年 5 月，中共舒无地委决定，在江浦、和县、全椒三县交界地区，成立江和全工委。1942 年 5 月，改县委。书记胡克诚（胡泽润），委员张智锦、浦玉民、查苏屏、肖习琛、李朝松。下辖香泉区委、赤镇区委。香泉区委书记张智锦。"1940 年，中共江和全工委书记胡克诚指示，要求时任香泉区委书记的张智锦，做和县中学的热血青年傻怀镭的工作。此时和县中学已经下迁香泉。《和县教育志》：1940年和县中学因"日军再度侵占和城后，迁往香泉"。张智锦以《赠怀镭》律诗试探：

> 荏苒光阴似水流，枫红露白又临秋。
> 举眉荆棘英雄恨，触目疮痍志士愁。
> 细雨打窗苦寂寞，微风拂面意飕飖。
> 男儿漫洒新亭泪，不斩楼兰誓不休。

傻怀镭收读后激动不已，不久即步其韵唱和：

> 山自青青水自流，梧桐摇落又经秋。
> 笙歌聒耳谁家乐，忧郁满怀吾独愁。
> 万里关山成齑粉，五更剑笛寒飕飖。
> 他年若遂平生志，斩尽妖邪方罢休！

傻怀镭和诗，表达决心舍身投入革命，痛斩妖邪。此时已经16岁了，他终于踏上了革命人生道路，虽然是一条满布荆棘、曲折艰险的路。张智锦与傻怀镭可谓知音也。

傻怀镭当时是和县中学学生。党组织指示他，以学生身份为掩护，秘密从事抗日救亡活动。1940年10月，他由张智锦介绍加入了中国共产党，并与张智锦、浦玉民、王苏民等组成了抗日时期江和全地区第一个党小组——"啸"字党小组。傻怀镭化名傻啸波。

1940年秋冬，中共江和全工委书记胡克诚派他到淮南路西区党委训练班学习。傻怀镭学习结束后返回和县中学读书，宣传党的抗日主张。他以《和县中学半月刊》编辑的公开身份，完成党交给的任务。他在刊物上经常发表文章，其中有下列诗句：

> 峥嵘头角，笔势横扫倭奴军。
> 气概凌山岳，看我辈宣传抗日。

看来，儵怀镭主动宣传抗日，以笔为武器，横扫敌寇，气概超越山岳。

学校举办的演讲比赛大会上，他主动登台演讲，慷慨陈词，激情昂扬，讨伐日军侵犯和县的暴行，激发与会青年学生的抗日热情。此后，在和县中学就读的许多同学深受感染，纷纷投身于抗日救亡的洪流中，成为和县抗日救亡的骨干。

1941 年春，国民党反动派更加倒行逆施，积极反共，政治形势日趋恶化。在这艰难时期，17 岁的儵怀镭受中共江和全工委派遣，进入和城敌占区，负责这一地区的地下工作。为便于开展工作，儵怀镭经友人介绍，任和县模范小学教师。他以教师职业为掩护，在和城搜集敌人情报，在师生中秘密发展党员，利用"三尺讲台"和黑板报，进行抗日救亡宣传活动。

儵怀镭革命活动被汉奸徐经国察觉，随时有被逮捕的危险，党组织指示他迅即返回香泉地区，秘密从事党的活动。

1942 年 2 月 11 日陈毅、饶漱石、赖传珠致七师并二师的电报《新四军军部指示七师发展方向为含山、和县及巢北》："今后，七师发展方向为含山、和县及巢湖北地方是对的。因该区位于二师与七师联系区，在敌后顽方力量不大，可以利用敌顽矛盾迅速开展工作，并由巢北经淮南路，由和含经桥林、江浦，打通与合肥区、滁全区二师部队之联系。关于部队到巢北及含和区应注意的工作和政策，另有军政治部指示。"

1942 年 4 月，儵怀镭被调到范桥游击区，同在这里党的地下革命活动的王苏民等组成和含工作团，儵任指导员。秘密发展了一批党员，推动了和县抗日救亡工作向纵深发展。8 月，中共和含中心县委为了与江和全工委取得联系，开辟新四军二、七师交通线，决定在北乡成立中共和北工委。王苏民任工委书记，儵怀镭任副书记。他俩带领一个侦察班，在范桥一带活动，搜集敌人情报，打击国民党顽固派。动员范桥一带五六十名青年成立和北中队，在江全地区建立交通联络点，护送二师、七师和军部来往的首长过境，保障二师、七师军需物资运输，为主力部队早日进驻江全地区做了大量的艰苦工作。他和王苏民等同志昼伏夜行，隐蔽活动，做了大量工作。儵怀镭为了不暴露目标，不能烧锅煮饭，怎么办？就提前自己买好干粮随身携带，到时分给同志们吃。一次，儵怀镭带领侦察人员在离日伪情报站很近的张家弄村了解敌情，搜集情报，为不暴露目标，置蚊虫毒蝎叮咬于不顾，宁可挨饿，也不点火烧饭，终于出色地完成了任务。

10 月，张智锦不幸被日寇逮捕，关押在香泉日军碉堡里。儵怀镭闻讯后，多次想方设法营救张智锦。组织上派人与张智锦联系，准备派武装力量去营救。但张智锦没有同意。未能实现营救。

## 鞠躬尽瘁照汗青

1943 年，寒凝大地，乌云翻滚，人民罹难，抗日战争处在最艰难阶段。江浦、和县、全椒地域紧相连，三地交界处简称"江和全"。《和含抗日根据地党史资料选编·组织序列》："中共江和全县委（1943 年 3 月—1945 年 9 月），书记时生，副书记李岩，组织部长樊西曼（女），军事部长顾鸿。下辖香南区委、香北区委、北山区委、桥林区委、花浦区委、江南临时工委。香南区委（1943 年 3 月成立）书记孔平（偰怀镭），委员王苏民、李惠民、黄诚、王训友。"

3 月，这一带建立抗日根据地。当时，时生任中共江和全县委书记。在他的领导下，成立了香南区委，偰怀镭任区委书记，时年 19 岁。

4 月的一天，上级交给偰怀镭一个重要任务：他与高生一道，从香泉出发，护送樊西曼去含山和含中心县委执行党的任务。

樊西曼是什么人？她原名樊淑俊，1915 年出生于河南省淮阳县。早年丧父，家境贫寒，从小就养成了勤奋自立的好习惯。1943 年，樊西曼是江和全县委组织部部长。这次，她身带重要文件，执行紧急任务。

偰怀镭、高生、樊西曼在穿越香泉至西埠的公路时，日伪巡逻队正由远而近向他们走来。公路两旁是树林和广阔的田野。怎么办？在这紧要关头，偰怀镭考虑，只有引开巡逻队，才能保证樊西曼安全通过。他果断决定，让高生护送樊西曼穿过树林，走田间小道逃离这里，再转道到含山。等到他们安全走向树林看不见时，偰怀镭有意在大路上慌张奔跑，"哒哒，哒哒"的脚步声，把敌人注意目标引向了自己。日伪军巡逻队向这里跑来，高喊着："抓活的，不准开枪！"想活捉他，想抓"大鱼"。偰怀镭不顾一切拼命奔跑，绕过村庄，穿过草地，走向下河，迅速登上了小船。

日伪军开枪了，枪声不断。

小船立即离岸，偰怀镭躺在艄公大伯的怀中，口吐鲜血，嘴里还喃喃地说："我掩护……你们……快……跑……"他昏迷了。敌人没有追上，打枪也不起作用，船急速离开了这里。

但偰怀镭累倒了。多少个日日夜夜，他拖着病弱的身体忙这忙那，不分昼夜地顽强工作。山岚起伏，杂草丛生，生活条件很差，缺医少药，偰怀镭身体非常消瘦。南义东陈村新四军含和独立团卫生处的一间小屋，是临时救护病人的医务室。偰怀镭躺在病床上，极度虚弱。许多战友来看他，希望他挺下去。母亲一直守候在他的身旁，流着泪。他安慰母亲，深情而缓慢地讲述了一个故事：苏联卫国战争中 5 兄弟战死沙场，为国捐躯，他的母亲没有过度悲痛，反而为自己 5 个英雄孩子而自豪。他以这个故事来安慰母亲。临终时，他一字一顿，微弱地讲出四个字："抗——战——必——胜。"

岁月无情，1944 年 4 月下旬，他与战友们永别了，年仅 20 岁。寒凝大地，一朵灿烂的报春花开放着。

### 墓地朴素闪清光

中华人民共和国成立后，傀怀镭被追认为革命烈士。傀怀镭朴素一生，他的安葬如同他的品格，朴素无华。没有砖砌的墓，没有碑文，只有一抔黄土，只有一块木牌，那木牌上写着：孔平烈士之墓。

寒冷的日子过去了，那朵如玉的白花依然鲜艳。来这里凭吊者，不禁感概万千：人民永远记住你！

（薛从军　编写）

# 闪光的青春
## ——模范共青团员胡业桃记

中士李村是石杨镇东北角的一个小山村，这里山山相连，山凹下面是一个自然冲积水库和一个冲。别看这个小山村名不见经传，却养育出一位令人崇敬的英雄——胡业桃。

胡业桃与新中国同龄，家庭背景无比凄惨。祖祖辈辈给人家当长工、做短工，受尽了剥削和压迫。爷爷累死在雪地里，3 岁的姐姐饿死在讨饭途中。这些苦难在幼小的胡业桃心灵里留下了深深的烙印，也为他的健康成长打下良好的基础。

盼星星、盼月亮，盼来了救星共产党。毛主席、共产党，领导人民得解放。胡业桃一家人同全国人

胡业桃

民一样脱离了苦海。胡业桃也拥有了一个幸福的童年。

## 一心为民

1961 年，中士李村进驻了解放军，胡业桃家里也住进了 4 名解放军战士，胡业桃与他们同吃同住同劳动。12 岁的胡业桃整天和他们在一起学唱歌、干农活、参加军事训练，沐浴着革命的雨露，茁壮成长。

1965 年，解放军在中士李村开办农民夜校，帮助村民识字学文化。胡业桃要求把夜校设在自己家里，并主动承包了夜校的一切杂务。每次学习，他都挨家挨户通知。中士李村道路坎坷、崎岖不平，人们夜晚走路不方便，雨雪天就更为困难，胡业桃便一趟一趟地把老人接送过来学习，被村民们誉为"活雷锋"。

1966 年夏季，山洪暴发，狂风肆虐，水库闸口危在旦夕，胡业桃奋不顾身跳进急流，保护大闸。还有一次，本村的一个妇女不慎落水，在场的人看在眼里、急在心里，说时迟那时快，胡业桃一个猛子扎下去，钻入水底将她救上来，在场的人无不称赞胡业桃。中士李村弟兄不睦、婆媳不和、邻里抬杠等一些家长里短，都喜欢找胡业桃说道说道，哪怕是再棘手的事儿，到了胡业桃那里都会有一个满意的结果。因为他为人热情、人品好、信任度高，一贯公平公正，说话在理，大凡经他调解的事没有一个说不的。

1967 年夏天，石杨公社久旱无雨，队里唯一的一口井干涸了，全村人吃水困难，队长准备花钱找淘井工。胡业桃得知消息，为了减少集体开支，不顾危险，挺身而出，自己动手。淘井是一项既艰苦又危险的事，炎炎夏日在井下作业要穿上棉衣棉裤，井壁的砖石、泥巴还不时地脱落下来，伤亡随时都有可能。胡业桃置生死于不顾，连续苦战 3 天，终于淘出了清澈的泉水。村民喝着甘甜的井水，没有一个不佩服他的。

胡业桃一心为集体，乐意为民做好事，干群都赞扬。连续 3 次被评为区、社、队活学活用毛泽东思想积极分子。

## 军旅之路

1969 年 3 月，胡业桃被批准应征入伍，成为一名光荣的解放军战士，实现了他多年的梦想。入伍前，他形单影只，将自己剩下的几百斤粮食和饲养的家禽捐给了集体。

新兵到区集中的那天，全村老少恋恋不舍，纷纷站在村口为他送行，胡业桃高声向大伙表态："我一定在部队好好干，不辜负众乡亲的希望！"

胡业桃接受新兵集训后，他被分配在某部场务连机场扫跑道，这里体力活多，任务重。个别同志闹情绪，胡业桃重活脏活干在前，勤勤恳恳，踏踏实实，给其他战友做出榜样。他说："无论干什么，只是分工不同，都是革命的需要。"

由于积极肯干，表现突出，入伍不到3个月的胡业桃就光荣地加入了中国共产主义青年团，并当上了副班长，不久又担任了团小组长。

正当这时，连队食堂人手少，领导决定把胡业桃调到炊事一班帮厨，胡业桃二话没说卷起铺盖就走。司务长开玩笑地对他说："小胡，你这个副班长来当炊事员，有意见吗？"胡业桃笑着说："当炊事员是工作需要，我乐意。"

在炊事班，胡业桃本来的分工是切菜，可他不分分内分外什么都干，一天到晚手脚不停，以劳作为乐。以前喂猪的活是战友们轮流干的，胡业桃见这活又脏又累，就自告奋勇地给担当了下来。

胡业桃干一行，爱一行，决心干好一行。1969年12月，胡业桃被调到导航台工作。复杂的机器、各种各样的仪表、密密麻麻的线路，对只上过几天夜校的他来说，简直是面对天书，学起来十分困难。但性格倔强的胡业桃硬是凭着顽强的毅力、敢于碰硬的精神，刻苦地学习着、钻研着。教员讲课的时候，他全神贯注地听，课后主动请教。一有空闲，他就盯着各种各样的仪表默认强记。他还用各种符号把难记的部位和线路画在一张纸上，把操作程序编成顺口溜，无论是在下岗后、睡觉前，还是坐在炉灶旁，他都在看着、背着。用自己特有的一种学习方法、钻研技巧刻苦攻坚，学习成绩和业务能力突飞猛进，绝不逊色于受过多年正规教育的战友。通过考核，大出众人所料，文化程度最低的胡业桃成绩最好，第一个被批准参加战备值班。

胡业桃以极大的热忱关心同志，主动要求和三次结对闹崩了的刘万生结成对子。开始胡业桃找他谈心，小刘不是低头无言，就是张口顶牛。胡业桃不生他的气，而是不急不躁、耐着性子主动接近他。从生活入手，关心他、爱护他，改变他。一次，刘万生发高烧，胡业桃守着他一夜没睡觉，为他端汤拿药，精心护理。迷糊一夜的刘万生早晨醒来，一眼看到胡业桃守在自己的病榻旁熬红了双眼，一股暖流穿过全身，感激之情不言自表。在胡业桃的精神感化下，刘万生深刻认识了自己以为自己文化程度高就瞧不起他人的缺点，并主动向胡业桃承认错误。胡业桃一个劲地鼓励他、信任他。从此，两颗心贴得更近了。刘万生主动帮助胡业桃学文化，晚上给胡业桃读报纸、讲时事。胡业桃给刘万生讲人生的意义和为人的道理。他俩互帮互学，共同提高。年终，两人都被评为"五好战士"，实现了"一对红"。胡业桃还被连里评为积极分子。1970年1月24日，他光荣地成为中国共产党预备党员。

## 舍己救人

1970年1月25日是个星期天。胡业桃习惯性地提前起了床，一边跑步锻炼身体，一边查看天线。回来又将机器检查了一遍。早饭后，胡业桃扛着刘万生的行李送他到新的工作岗位赴任。他俩边走边谈，难舍难分。

中午，胡业桃找了几块小木板，钉了个小木盒子，准备把一瓶虎骨酒寄给家乡患有筋骨病的老大娘。

午后，胡业桃找到导航台台长，要求继续施工。在他的带动下，已连续几个周日都没有休息的同志们又一齐来到工地。铺设电缆的工程进入地下坑道，工地上灯火辉煌，一片欢腾。

下午4点多钟，突然战友邵忠海"啊"地一声惊呼，倒在了地上。胡业桃立刻意识到战友触电了，如不迅速拉开电线，邵忠海就有生命危险，同时其他战友也有连续触电的可能。在这千钧一发之际，胡业桃大喊一声："不要动！"随即一个箭步冲过去，一把扯过邵忠海身上的电线。邵忠海得救了，其他战友也没有了危险，可胡业桃却倒下了。

这位人民的好儿子胡业桃，就这样永远离开了他的战友、他的同志和他的部队。胡业桃走了，但他的精神却永远留在人们心中。

部队党委根据胡业桃生前愿望和表现，追认他为中国共产党正式党员。海军党委给他追记一等功，并发出向胡业桃学习的通知，号召全体海军向胡业桃同志学习。全国各地迅速掀起学习胡业桃的高潮。

1970年12月21日，中央军委发布命令，授予胡业桃"模范共青团员"的光荣称号，并于12月24日在北京隆重召开了命名大会。

安徽省、巢湖地区以及和县革命委员会也先后发出向胡业桃同志学习的号召。在上级组织的指令下，和县在中士李村建造了胡业桃烈士陵墓，隆重举行了胡业桃同志骨灰安放仪式，并建立了胡业桃烈士遗物陈列室，供人们瞻仰学习。

## 虽死犹生

前往胡业桃烈士陵墓参观学习的人群与日俱增。和县石杨区、石杨公社都成立了参观学习胡业桃烈士接待站，接待来自全国各地的工、农、商、学、兵和党、政各界人士。

人们悼念英雄、学习英雄、继承先烈的遗志的过程中涌现出无数典型事例：国防科委下放在部队农场的同志来参观胡业桃的小茅屋时，有的用手帕擦些墙土带回去。尽管天气较冷，马鞍山二中、和县卫东中学的同学们，都争着喝胡业桃亲手淘的井水，表达对烈士的怀念。学英雄，见行动。芜湖五八九二〇厂的职工，主动替中士李村修理农具、家具，海军486部队发现住地井水不足，冒着天气严寒主动帮村民淘尽污泥，使枯井重现清澈甘甜的井水。合肥三中400多师生赶到胡业桃的家乡与英雄共度春节，一直到农历正月初四才恋恋不舍地离开石杨。不能亲临现场的，就用信件来表达感情。一时间，共接到全国各地来信慰问的有2000多封，海军9456部队5000封，内容极为丰富。

和县人民更是积极响应，学习运动更加高涨。县印刷厂把胡业桃的事迹印成单行本在全县散发，供广大干部和群众学习使用。全县中、小学将单行本作为政治课的材料，深入讲解、反复学习。全县还利用大字报、小字报、墙头报、快板书、戏剧等形式大力宣传胡业桃的英勇事迹，使胡业桃精神家喻户晓，人人皆知。

在胡业桃精神影响下，和县城乡精神面貌焕然一新。尊老爱幼、助人为乐、拾金不昧、顽强拼搏，蔚然成风。年青一代更是争先恐后地为集体、为他人做好事不留姓名，无名英雄一时成了新的时尚。和县各行各业老弱病残者有人照料、有人关心。鳏寡孤独更是感受到了集体的关怀，社会的温暖。工厂，打破了8小时工作制，车间24小时灯火辉煌，生产任务提前完成，争先进，当标兵，成了和县青年的奋斗目标。一代新风在全县蓬勃兴起，强劲发展，胡业桃式的模范人物不断出现。姥桥区郑蒲公社陶李大队小曹生产队赵支富同志就是其中杰出代表人物之一。他胸怀共产主义大目标，一不怕苦、二不怕死，豁出命来干革命。1971年春，在抢修公路战斗中光荣牺牲。中共和县委员会、和县革命委员会、中共和县人民武装部授予赵支富同志"业桃式模范少年"的光荣称号。

胡业桃虽死犹生，大义长存，重于泰山。

（张必潮　编写）

# "我是党员，让我下！"

## ——记抗洪烈士李正勇

在隆重庆祝中国共产党百年诞辰之际，功桥人民不由自主地又一次思念起他们的好儿子——优秀共产党员李正勇。

李正勇是功桥乡鲁堡村副主任，他用自己的生命免除了全乡人民的灾难，践行了一个共产党员的责任与担当。

李正勇

### 激流抢险　英勇献身

民间俗语："天有八方，四熟四荒。"按历史水文资料推演，1993年并不属于大灾年，可老天爷好像故意找功桥人岔子似的，刚进入梅雨季节就开始变脸，阴霾四起，淫雨霏霏，一连下了20多天小雨，偶尔太阳一露面，立马又被乌云遮蔽了。入伏后，按常年推算应该进入旱季，但功桥上空仍然乌云翻滚，雷声低沉。从8月17日起，风裹挟着大雨，像脱缰的野马向功桥直压过来。

8月20日，山洪暴发，河水猛涨。功桥的几个低洼小圩，堤塌水淹，一片汪洋。

8月22日，天还在下，水持续涨。河水已超过警戒线（10.5米），达13.6米，扩建不到4年的牛屯河支流功桥河大堤危在旦夕，堤下圩区10万亩即将开镰的水稻，4个行政村27个自然村4万多人的生命财产，面临严重威胁。

灾情就是命令，县长钟鸣接到告急后立即赶到功桥，将功桥乡抢险指挥部同杭泊水电站抗洪抢险指挥部合并，亲任总指挥，并立即制定应急预案，调来了由各行政村青壮年组成的抢险队、打桩队、摸漏组，开赴老西圩、坚守城子圩，抢在洪峰来临前，守住堤坝，确保城子圩大堤安全。

城子圩陡门建于1955年，几十年来虽经几次翻修加固，但因年久土疏，经不起长期水压的浸泡，8 月 26 日夜，陡门腮边出现裂缝。几十天的巡埂，人们早已疲惫，疏于防范，未能发现，洪水一个劲地向裂缝漩去。等到发现，已是蚁穴成灾、激流崩岸，大堤被冲垮 20 多米，洪水急速向圩区冲去。

"必须立即阻断决口，确保大堤！"指挥部发出了命令。凌晨 1 点，鲁堡村支部书记鲁德宝带领一支抢险队第一个跳下水。在汤城抢险队员的配合下，打起了一排木桩，下了外障，并划来一艘水泥船填上塞口。由于水流湍急，水泥船被斜横在缺口与残堤之间，洪水仍从船底下冲出。必须阻断船底暗洞。任务由谁来完成？抢险队员已在水下战斗了两个多小时，激流水冷，人已精疲力竭，人在强大的漩流中根本无法靠近暗洞洞口。险情急速加剧。岸上的人要么不通水性，要么年龄大难以胜任。正当人们一筹莫展的时候，鲁堡村第二支抢险队在完成家乡小圩堵险后匆匆赶来，村副主任、抢险队队长李正勇看到眼前一幕，立即向指挥部请求："我是党员，让我下！"在得到任命后，他第一个跳下水，在他的带动下又跳下去 8 个青年。有一定抢险经验的他，根据水下水流方向，初步摸清了洞口方位。为安全起见，小心翼翼向洞口摸去，但水流太急，无法站立。由于洞口过大，填下去的麻包一个个被冲走，要想堵塞洞口，必须用木板阻隔，但哪有这么大的木板？有人提出搬功桥粮站大铁门。一个电话，很快大铁门运来了，于是他们将大铁门用钢丝绳扎在一起，从岸上推下水后，又缓缓地向洞口方向推去。大铁门刚放下就被水冲走了，所幸未冲多远又被拉了回来。李正勇建议将铁门两头拴在缺口两边已打好的木桩上。得到同意后，他带着两名抢险队员，从缓流处推向缺口中心，并用力压下去，以阻挡洪水的冲击。其间，突然一个大浪打来，冲歪了铁门，淹没了李正勇，人们心头一惊。谁知水底下的李正勇牢牢握住铁门栓，迅急向木桩靠近。然而，缺口两边扎满了钢丝绳，要将大铁门拴在木桩上谈何容易！李正勇身上绑有保险绳，在水的作用力下，行动很不方便，为确保大门准确落地，他不顾别人一再劝阻卸下了保险绳，潜入水中，借助水的浮力，拖着大铁门向缺口处潜去。

"啊——不好了！"就在岸上人们的急呼声中，水底突然涌出一个大漩涡，随后水势减缓，阻口初现成效。

1 分钟过去了、5 分钟过去了、10 分钟过去了，岸上人仍未见李正勇出来换口气，大家预测情况不好，3 点 40 分，抢险队员纷纷跳下水去寻找，可怎么找，也见不到李正勇的身影……

堵口的干部群众，一个个望着波浪不兴的缺口，流下了伤心的热泪。

洪水夺走了我们的英雄，但无情的洪水并不因为李正勇的牺牲而收敛，依旧继续翻腾咆哮，吞噬着圩内农田和房屋。

是继续阻口，还是停下来打捞尸体？总指挥钟鸣县长请来了李正勇的长辈、至亲鲁贞元，征求意见。鲁贞元强忍着悲痛说："既然人死了，死者的愿望就是尽早堵住缺口，早一分钟堵上就少受一分损失，我代表死者家属支持继续堵漏，以完成死者生前遗愿。"如此舍小家为大家、顾大局的言行，深深感动了在场的所有人，钟鸣县长噙着泪花紧紧握住老鲁的手，转身对大家说："以李正勇为榜样，我们化悲痛为力量，坚决堵好大堤！"

在驻和部队支持下，功桥民工一鼓作气将 8000 多只装有泥土的麻袋潜入水中，缺口终于被完全堵住了。

数月后，水退圩出，人们在堵堤的暗洞里找到了李正勇的尸体。他是被暗流吸进洞中活活闷死的。

## 党恩如露 润物无声

李正勇同志为了保护人民的生命财产，不顾个人安危，奋力抢险，以身殉职。

明知激流堵堤有危险，他却挺身而出，是一时的冲动吗？不，这是英雄的本性使然。让我们沿着英雄成长的道路，去寻找英雄成长的基因，感受英雄灵魂深处的闪光点。

李正勇 5 岁那年，共和国正处于最困难时期。父亲病故，母亲自身难保，不得不将儿子托付哥哥抚养，自己远嫁他乡。由此可知李正勇出生在艰苦的岁月里，从小在舅舅家长大。尤其是二舅，特别怜爱这个外甥，虽说自己在部队服役，津贴很少，但他仍然勤俭生活，每月省下几元钱寄回乡，让大哥（大舅父）照料好这个外甥。大队党支部书记鲁德文同志更是一个充满爱心的人，他知道李正勇现状后，为了照顾好现役军人家属，专门召开了党支部会，决定资助小正勇，小正勇上学，一切学杂费用由大队代交，并保证小正勇能吃饱穿暖。在那个年代，这是何等的不易啊！因此，李正勇从童年时起就是吃百家饭、穿大众衣，深受党的关爱，在乡亲们的呵护下长大的，这也成为他知恩图报，长大后回报乡亲的最朴素阶级感情基础。李正勇 16 岁参加共青团，青少年时期的他在党的教育和雷锋等英雄人物影响下，思想得到了升华。他立誓向英雄们学习，为人民干好事，做时代英雄。18 岁时起，李正勇相继被推选为生产队长、大队民兵营长、村委会副主任，做一个真正的共产党人。1963 年 9 月，二舅父从部队退伍回乡，这位经过抗美援朝战火洗礼的老共产党员，一回到家乡，就先后担任大队民兵营长、村副主任、大队党支部书记，他因组织原则性强、爱憎分明、办事果断、爱护人民、大公无私，因而群众送他外号"钢板书记"。在他的带领下，鲁堡村党支部年年第一个完成上级交给的各项任务，成了先进党支部。在舅父的潜移默化和教育下，李正勇快速成长，由于工作踏实、作风正派、原则性强，肯吃苦、事事走在前头，因而年年被评为乡先进个人，被乡党委列为重点培养对象。青年人容易自满，在取得一些成绩后，他也像其他青年一样，有点飘飘然，苗头一出现，作为党支书的舅父立即指出他的不足，教育他如何正确对待成绩和缺点，戒骄戒躁，多做批评和自我批评，虚心接受别人意见，不能意气用事，在舅父的严厉苛教下，李正勇不断完善自己，热心公益、善待他人，受到了乡亲们一致好评。

## 帮困扶贫 一心为民

童年时受过苦，得到大众的爱，他深知友爱的重要性。入党后，在党的教育下，他更是把全心全意为人民服务作为自己一切行动的目标，严格按党员标准要求自己，事事想着集体、处处关心他人。功桥乡是个大圩区，过去十年九荒，几乎年年破圩。他任副主任后，自发带领一支由青年人组建的义务抢险队，哪里出现险情就冲向哪里，并摸索出一套打桩、阻漏、下障经验，在实践中发挥了意想不到的效应。

为了反哺乡亲，无论谁家出现困难，找到他，他都尽其所能帮助解决。村西头李明英大娘年过七旬，儿子又患有精神病，母子俩因丧失劳动能力生活艰难。李正勇不仅经常给钱给物接济他们，还为她母子俩代种责任田达 9 年之久，使其渡过了一个又一个难关。村民徐俊美，丈夫死得早，留下 4 个孩子，未超过 15 岁。因家中劳动力少、出工率低，年底分红年年超支，因为没有其他收入，口粮都难以分到，李正勇得知后，总是千方百计帮助她筹款购粮，逢年过节还买些东西送过去，视其母子如家人。徐生病时送她到医院，并叫妻子陪同，在床边端茶送水、细心照料，直到痊愈。4 个孩子进入学龄后，他又在村党支部的支持下，将他们送到学校，直到小学毕业。学杂费除大队减免部分外，其余全由李正勇支付。其实他家也不宽裕，妻子瘦弱多病，两个孩子嗷嗷待哺，但为了帮助别人，他克服一切困难，利用农休时间，打短工挣钱扶贫，努力兑现反哺乡亲的诺言。

## 英雄不死 精神长存

一晃 28 年过去了，但功桥乡人民永远记住 1993 年 8 月 27 日凌晨 3 点 40 分李正勇为保大堤英勇献身的这一时刻。

28 年只是短暂的一瞬，但伟大祖国在中国共产党的英明正确领导下却发生了翻天覆地的变化。功桥人也同全国一样，凭借自己的双手改天换地，大干快上，由"温饱"过渡到"小康"。小洋楼取代了破草屋，小汽车开进了晒场。水泥路四通八达，新农村花果飘香……这一切的一切，皆归功于党的英明领导、优越的社会主义制度，还有无数默默无闻的英雄们牢记使命，不忘初心，努力拼搏，砥砺前进的结果。人民幸福了，但永远不会忘记那些为了今天的幸福而舍生忘死的英烈们。李正勇英勇献身的精神，永远激励着一代又一代的功桥人奋勇前进。

安徽省人民政府追授李正勇为"革命烈士""优秀共产党员"，并将他的骨灰安放在西梁山革命烈士陵园内，供人们祭奠与凭吊。家乡人民在烈士牺牲的城子圩大堤旁建了"李正勇烈士纪念碑"，让子孙后代永远记住为了人民利益而用身躯阻击洪水的英雄——李正勇。

"牛屯河水漾清波，革命老区传奇多。榜样精神垂千古，代代传唱英雄歌"的民谣，永远在功桥乡的上空回荡。

（唐中文　撰稿）

# 坚守党性　以民为贵
## ——记人民调解员曹发贵

曹发贵

2004年5月16日，时过立夏，万物繁茂。突然间，一个噩耗惊传四方，黄坝村曹发贵书记在调解一起民间纠纷时，惨遭歹徒袭击，不幸遇难。黄坝村民们丢下手中的农活，匆促赶向曹发贵出事的地方，一双双焦虑的泪眼看着救护车飞驰而去。曹发贵走了，永远地走了，离开了他深深眷恋的故土，离开了他殷殷牵挂的村民，这片土地的每一块都留下了他坚定而匆忙的脚印，这里村庄的每一户都回荡过他热情和关爱的叮嘱。江风夹带着一丝寒意掠过岸边柳林，声如啜泣，悲鸣呜咽。

# 悼　念

"发贵不是在家走的，就让他多在家待几天吧！"村民们恋恋不舍地说道，按照传统风俗习惯，曹发贵在家"待"了 7 天。

灵堂布置在曹发贵家里，每晚，近 300 个村民自发赶来，为曹发贵守灵。一位老人说，他从未见过这样的情景。300 多位在南京、上海、广州、北京等地打工的黄坝村民，包车 30 多辆星夜兼程地赶回家乡。

"我们是要和他见上最后一面。"在广州打工的曹义武说，"我们常年在外打工，家里的老人无人照顾，曹书记经常去问寒问暖，帮助解决困难。每逢春节，曹书记还要挨家挨户走一遍，看望我们这些回家的打工者。他这次突然走了，我不回来看上一眼，我一辈子都不会安心的！"

5 月 21 日，中共和县县委、县政府为曹发贵举行隆重的追悼会。和县县委、县政府等五套班子领导、全县乡镇村负责人赶来，向优秀村支书曹发贵作最后一别；黄坝村数千村民放下农活，蜂拥着挤上 70 多辆大车，从乡下赶到县城，为的是看看知心书记曹发贵最后一眼。从 13 岁孩子到 75 岁老人，人们默默、高高地举起 147 只花圈，缓缓而行，送行的队伍绵延达 3 里多长，一些村民在路边长跪不起……

这悲壮的场面，是乡亲们用质朴的方式表达对逝者一份崇高的敬意；白花耀目，挽幛颤动；五月的和县大地，山岳色暗，江河呜咽；五月的黄坝人民，哀戚悲怆，泪干肠断；人们呼唤着一个名字——曹发贵。

"曹书记是替我去死的啊！"黄坝村委会主任朱武凤悲泪垂涕："这次调解应该是我去的。因为凶手是村里一霸，曹书记说女同志去有风险，他坚持要自己去调解，没想到会是这样的结果！"

"他为什么要这样做？他的精神家园在哪里？"在他的日记里，印证了他凛然无畏的诺言："不要跟被调解人发生冲突，要做到打不还手，骂不还口。"

他靠的人格魅力和亲切的感召力。这一切来自他的党性、他的崇高品德、他的理想追求。

他的心中一直有一个良好的愿景——要让村里每个家庭都过上和和美美的幸福生活，要把黄坝村营造成一个亲密无间的大家庭，让所有村民不分亲疏，和睦地生活在一起。

为了实现这个理想，十多年如一日，曹发贵"以民为贵，不失党性"。

在村民的生命受到威胁时，曹发贵放弃了自己逃生的最后一次机会，用生命为共产党员这个光荣的称号书写了最浓重的一笔，用鲜血凝固了他生命中最辉煌的篇章。

47个生命年轮，最后一轮，是一个永不消逝的伟大句号！这是未到知天命之年吗？不，曹发贵早就知道自己的天命，那就是——为人民服务！

一个高尚的人、一个群众衷心拥戴的人匆匆走了。干部为他流泪，群众为他流泪，这泪水为崇高而流！

## 调　解

曹发贵，1957年9月出生，安徽省和县乌江镇黄坝村人，1976年入伍参军，当兵6年，曾6次受到嘉奖，被评为"学雷锋标兵"，1983年入党。1989年，乌江镇党委和政府根据黄坝村的工作需要，考虑到曹发贵同志具有优秀的个人素质，决定把他充实到村"两委"班子。当时，正在外地打工的曹发贵，毅然放弃优厚的待遇，回到家乡，担任了村民兵营长、调解委员会主任，5年的调解工作实践，曹发贵锻炼了才干，进一步赢得了组织和群众的信任。1994年，村里的党员们一致推举他担任党支部书记，同时继续担任调委会主任。

提起曹发贵，李大春失声痛哭。1993年春，李大春家闹矛盾，妻子韩梅离家出走。事发当晚，曹发贵连饭都没顾上吃，就步行4里多路到韩梅的娘家。可无论怎么劝解，气头上的老丈人就是不说女儿的去处。可曹发贵硬是连跑了13个晚上，老人终于被感动，将女儿在北京的地址交给了曹发贵。地址找到了，可李大春从没出过远门。于是，曹发贵替李大春买好车票，亲自陪着他去了北京。到了北京，曹发贵找到韩梅的姐姐，又是一连7天上门做工作，韩梅的姐姐也被曹发贵所感动，反过来帮曹发贵劝韩梅，终于使韩梅回心转意。

黄坝村党支部副书记朱武对记者说："在曹发贵看来，夫妻吵架不是小事，弄不好会让一个家庭散了。家庭受害、孩子受害、社会受害。因此，只要听到村里哪家夫妻吵了架，曹发贵总会登门。其实，夫妻吵架讲不清理，你去劝架往往是两头不落好。可曹发贵就是有那个耐心，让双方都能由气转笑。他就是这么个真诚做事的人。"

曹发贵的同乡战友杨兴文讲述了这样一段故事——

1976年，杨兴文和曹发贵一起跨进海军工程兵某部。新兵连训练快结束的一天，一名战士不小心把一名战士的乒乓球弄碎了，双方产生矛盾，进而要动手打架。就在这时，曹发贵一下子站到他俩中间。"我们都是战友，哪能打架啊！"他对这两名战士说，"球我来赔。如果在新兵连就打群架，今后我们还怎么做战友啊？"一席话让伸出来的手都缩了回去。

1999年春天，黄二村民组和小韩杨村民组在分配共有的配电房财产时发生了群体纠纷。两村民组各自组织几十名村民持械来到配电房，有些情绪一时失控的村民已爬进配电房，争夺材料，血案一触即发。听到消息的曹发贵急忙赶来。他大声喝道："所有的人都将手中的棍、叉放下，原地不动。要动手就冲我来！"这喊声把情绪激动的双方给震住了。

"是曹发贵用身躯阻挡了这场械斗。"村干部回忆说，当时双方都放言，不"放倒对方几个"决不罢休。在曹发贵两天两夜的调处下，双方取得了谅解，达成了协议。从那以后，这个村原有的疙瘩也解开了。如今，这两个村民小组凡事都让一步。

2003年春上，刚并到黄坝村的孙黄村民组有几个村民为了赚点钱，私下里把村后一个废弃的采石场租给街道上的保洁队堆放生活垃圾，给村民们的生活带来影响。当时，全国正是非典肆虐的紧要关头，村民们怕惹上事儿，意见很大，几个村民就私下里组织全组60户、200多村民筹集了3800元，准备到县、市、省集体上访。就在村民们准备动身上访的当天早上，天还没亮，曹发贵就赶到了。他一边跟大家宣讲有关信访的规定，一边说："你们有意见可以通过正当渠道反映，这么多人上访既违反信访条例，还花钱遭罪，都乡里乡亲的，有什么话不好说？请相信，我一定会把这件事处理好的。"就这样，60户村民，他一家一家地跑，一家一家地劝。一整天，饭也没顾上吃一口。最终稳定了村民的情绪，制止了事态的扩大。而后，曹发贵又找到街道保洁队协调。经过十几个小时的调解，终于达成了调解协议：已经堆放的垃圾，消毒后再进行深埋，以后的垃圾不再运进来；谁家筹的钱谁家领回去，不再上访。事后，村民们都说："曹书记这样处理，我们没话说。"

村民何某于1997年借黎某8000元钱一直未还。2001年10月，黎某准备在何某儿子结婚时去闹事，而且还准备在迎娶新娘时向迎亲队伍泼粪便。曹发贵得知后先找到何某，对他说："欠债还钱天经地义，你欠人家的钱一定要还人家，如果现在确实没钱还，可以做分期还款。"入情入理的一席话说得何某惭愧地低下头。之后，他又找到黎某，对他说："何家儿子30多岁才娶上媳妇，很不容易，如果你在他们结婚时去闹，影响肯定很坏。你们是邻居，冤家宜解不宜结。他暂时没钱还你，可等他儿子结过婚，分期分批还你。如果不还，由我来承担。"在曹发贵的调解下，黎某不但没去闹事，还减去何某的借款利息。当年底，何某就把借款如数还给黎某。

曹发贵的妻子杨宜秀对记者说了一件让曹发贵哭笑不得的事。有一天晚上，曹发贵正在家陪远道而来的战友吃饭，一位老太太突然带着一个小孩推门而入，倒地便哭，并"责问"曹发贵为何不去调解她被打的事。场面让曹发贵的几位战友很尴尬，也弄得曹发贵丈二和尚摸不着头脑。但曹发贵并没有气恼，而是迅速离席扶起老太太，问清缘由。原来只是邻里之间小孩相互推推搡搡，大人之间相互拌了几句嘴，老太太觉得"吃了亏"，要村干部给她"评个理"。老太太找到分片村干部，因为时间较晚，这位村干部答应明天处理。但老太太认为这是在敷衍她，便找到曹发贵"举报投诉"。曹发贵听后二话没说，随着老人去调解，把战友晾在了一边。

像这样芝麻绿豆大的小纠纷，曹发贵从来没有烦过，把和睦送给别人，把幸福送给别人，这是曹发贵一生追求的目标，可这并不是件容易事。为此，曹发贵自己承受着年复一年的精神压力。"他的工作从不要我操心，他从没有和我抱怨过工作上有什么难处。他外表轻松，对村里的大人小孩都笑脸相待，但他却把村里所有的难题都扛在自己一个人身上，他经常操心得晚上睡不着觉。"曹发贵的妻子杨宜秀说。

每逢工作中遇到一时解不开的矛盾，曹发贵晚上回家对妻子说的第一句话就是："今天我情绪不好，你原谅点，不要和我说话。"然后，就静静地躺在床上，在收音机的陪伴下，思考着解决问题的方法。

10年间，已经用坏的4台收音机陪伴着曹发贵度过了多少个不眠之夜，他的妻子杨宜秀最清楚。多少次，看到枕着收音机一动不动蜷曲在床角的丈夫，杨宜秀心疼地劝他："解决不了，交到上面去。你处理问题总那么软，就不能拿出点威严来！"

"把事情处理在萌芽状态，就是我的职责。都是村民，我能拿出什么威严？"

打工者在外，家中婆媳难免闹矛盾，邻里难免有纠纷。无论谁家的事，曹发贵都当作自家的事，一一处理好，解除了打工者后顾之忧；每年春节，打工者回家过年，曹发贵要挨家走访，问长问短，出谋划策。

"这段时间来，我也一直在思考，曹发贵到底是一个什么样的人？是他的心太软，还是他的仁慈心太强？人们都知道他调解矛盾，主张明确，原则性强，不徇私情，从不偏袒一方，公平公正。所以，他有威望，别人调解不了的纠纷，只要他去，就能解决问题。"李长发书记深有感触地说："我终于明白了，什么叫重于泰山！"如果没有上为国家分忧、下为百姓解难的奉献精神，曹发贵不会 15 年如一日奔波在人民调解第一线；如果没有一整套适合农村实情的工作方法，黄坝村也不会 15 年无上访；如果不是对农民充满感情，几千农民也绝不会面对他的遗像泪飞如雨……

# 支　书

曹发贵接任黄坝村党支部书记前，当时的村领导班子软弱涣散，干群关系紧张，村集体负债 30 多万元，农民人均纯收入不到 1000 元。5 年换了 3 任书记，也未能改变贫困村、后进村的面貌。

黄坝村地势半岗半圩，易涝易旱。祖祖辈辈流传着一首民谣："陈子圩，鸡肠子沟，十年总有九不收，三天不雨苗发黄，一场大雨泪汪汪。"

如何走出人心涣散的困境？如何甩掉贫困的帽子？在长年的人民调解工作生涯中，曹发贵敏锐地悟出一个道理，在农村各类纠纷的背后，实际上都是一个"穷"字在作怪。他告诉身边的干部，发展生产，促进农民增收，是化解农村基层矛盾的最好手段，是农村实现长治久安的治本之策。曹发贵更深知："村子富不富，关键在支部；村风好不好，关键在领导。"

曹发贵上任后，以"富一方百姓，保一方平安"为己任，做出了三项决定：开发荒滩荒水，发展集体经济；鼓励村民外出打工，发展劳务经济；积极化解矛盾纠纷，树形象安民心。

当年，开发荒水，改造出 1100 多亩水面，发包给江苏水产养殖大户，当年村集体就获得 12 万多元的收入；开发荒地，承包给南京人办苗圃，村里老人妇女到苗圃场除草打工，仅此一项，村民一年就能挣上 20 多万元。

1995 年冬天，在外地承包窑厂的个体老板李华志，想换个地方办厂。曹发贵得知消息，请出与李华志私交很深的老支书黎福良，冒着大雪，连夜赶到李华志家。曹发贵深情地对李华志说："我们村欠债 30 多万元，我心里急啊！我们村穷，就穷在没有像你这样的能人办企业。请你无论如何看在老支书的面子上，看在我们村 2000 多村民的情分上，把窑厂办到我们村吧！"说着说着，曹发贵的眼睛湿润了。听了这番话，望着两人期盼的神情，李华志答应第二天就到黄坝村去看看。

第二天，为了试试曹发贵的诚意，李华志故意迟到了一个小时。当李华志赶到见面地点时，在雪地里站了很久的曹发贵，三步并作两步跑上前，拉着李华志的手高兴地说："我终于把你等来了！"李华志被曹发贵的人格力量深深感动了，当场决定投资 80 万元，把窑厂办在黄坝村。

1997 年，将村里亏损多年的粮油加工厂承包出去，从减亏到赢利。黄坝村经济迅速发展起来，村集体经济每年收入 16 万多元，村民们仅在这几个工程上打短工，每年收入就达 50 多万元。到 1999 年，短短 5 年，黄坝村就还清全部债务，扔掉穷帽子。

曹发贵并不满足村民守着传统农业收入低的现实。经过调研，曹发贵又在全村提出"低处搞鱼塘，高处搞苗圃，良田搞经济作物"的调整产业结构的新路子。

村民仲高斌一提起曹书记心就酸。当年他穷得在全村借钱都没人借给他，是曹发贵帮他走出了贫穷。5 年前，曹发贵找到他："现在搞甜瓜，价格好，销路好，你可以种点。"仲高斌半信半疑，试种了两亩甜瓜，结果当年就获得 2000 多元纯收入。正要感激，曹发贵又乐呵呵地对仲高斌说："现在是市场经济，不能单打一，要多搞点品种，风险就小了。"如今，在仲高斌的带动下，全村 3/5 的良田都种起了甜瓜、葡萄等高效经济作物，农民收入大幅度提高。仲高斌所在的村民组，10 家有 8 家买上了拖拉机，从田间生产到农产品运输，样样都搞。

鲁东村民组的柯茂友说："在曹发贵担任村支书的这 10 年中，黄坝村没有额外向村民们筹集过一分钱。是他把村里的低洼地、岗坡地和村里的废地调整后开发成水产养殖、苗圃种植承包出去，发展村里经济；是他把村里获得的收入都用在刀刃上，除了发展公益事业外，村里每年为特困户、当年受灾户支付的农业税费就有 6 万～7 万元，最多时高达 9 万多元。为了调动群众农业产业调整的积极性，自 1996 年起，全村每年 4 万多元的农业特产税全由村集体支付。"

2001 年，乌江镇组织全镇 18 个村进行财务清查时，其他 17 个村共计负债 700 多万元，唯独黄坝村不欠 1 分债，而且赢利 10 多万元，一举成为远近闻名的富裕村、先进村。由此，黄坝村先后两次被评为市县"先进村党支部""先进基层党组织"，曹发贵两次荣获"优秀共产党员"称号。

在发展当地经济的同时，曹发贵没有忘记"劳务经济"，鼓励并始终关心着外出打工者，为打工者办着实事。那些年农民种田负担较重，一些打工者空着田，仍得交有关税费。曹发贵征求他们的意见后，将所有荒地收上来，村里统一管理，所有税费由村里统一交，使打工者少了一份负担；对内发展村级经济，对外发展"劳务经济"，在曹发贵的带领下，黄坝人的腰包一年比一年鼓。

"这 10 年，村里楼房多起来了，干群关系融洽了，我打心眼里佩服发贵。但万万没想到的是，村上发生的唯一一起刑事案件，受害人竟是发贵。" 1994 年落选的前任村支书刘思谨当初对曹发贵多少有点不服气。5 月 16 日上午听到噩耗，他包车第一个从外地赶回来吊唁"老搭档"。

村里富了，老百姓也富了，曹书记却走了，村民李宗树抹着泪怎么也想不通："这样的好书记竟这样没有了！他是我们的主心骨啊，要是少活 5 年、10 年能抵他的命，我们也愿意啊！"

10 年来，曹发贵和他带领的村"两委"班子，没有用公款住过一次宾馆，进过一次饭店，坐过一次出租车。

10 年来，零招待在黄坝村早已是铁的纪律。乌江镇驾驶员戴平说："镇里干部到黄坝村工作，每次处理完工作后，曹书记总是说：'我们村没准备，你们回去吃饭吧。'有时也在村吃饭，但都是镇干部买好了菜带去，村里安排人烧一下。"原村副书记刘宗明说："税改前，都是我们村干部挨家挨户上门收，有时一户要跑 10 多趟，午饭总是到附近村干部家吃一点；晚上收到深更半夜，曹书记不是给我们每人发一包方便面，就是各自散伙回家去。"

10 年来，黄坝村整修抗旱排涝机站、涵闸等水利设施投资近 10 万元；清理十里长沟投资 10 多万元；修建"五纵三横"贯通全村的砂石路投资 50 多万元；建设缝纫厂房，培训大批缝纫工外出就业投资 4 万元；在全镇率先完成农电网改造……这一笔一笔的钱，都是曹发贵一分一分地"抠"出来的。黄坝村党支部副书记朱武和说："曹书记的抠是有名的，但是他抠的是他自己，抠的是我们干部，对老百姓他不抠，特别是对困难户，他是很大方的。"

2002 年，考虑到两村合并后原黄坝村村部十分破旧，且离合并的乙联村较远，镇党委书记李长发要求曹发贵在两村交界处选址新建村部。"他当时答应了，但不久，他跟我说，村部大楼缓建，先干另外两件事。一是把并过来的落后村砂石路修通，一是为村里建一个安息堂。理由是，建个安息堂，既节约土地，又能为办丧事的家庭节约 1000 多元钱。"当年，黄坝村建起了全镇第一个安息堂。当多年来去世的 46 位村民的骨灰移居到安息堂安息后，谁能想到我们的好书记曹发贵竟然成为第 47 位来到安息堂的安息者。

乌江镇党委书记李长发永远也忘不了，2003 年 7 月与曹发贵一起紧张防汛的那三天三夜。

当时，黄坝村小麦地堤坝出现两处管涌。到第二天晚上，根据险情，镇党委李长发书记催促他组织更多批次民工上堤。但是，曹发贵出现几次犹豫和迟疑。当天深夜，李书记找不到曹发贵，沿着大堤寻找，才发现曹发贵正从一位老人身上接过沙袋背上大堤。

第三天夜里2点多，抢险形势稳定后，疲惫不堪的曹发贵并没有立即休息，坐在堤坝上，他郑重地向李书记汇报了一个想法："今年险情排除了，明年怎么办？过去，我一直想多留点钱给下任村支书，现在我想，多留钱没有用，最要紧的是抓紧时间把该办的事办好，不能年复一年地让百姓受灾。看到老百姓受累受苦，我于心不忍。"

"直到这时，我才理解，由于青壮年劳力外出打工，能上大堤的大多是妇女和老人，曹发贵舍不得让父老乡亲累得太狠，才顶着我们的压力没有上更多批次的民工，他有一份发自心底的爱民之情。"李书记感慨地说道。

被他的精神所感动，就在那段大堤上，李书记答应了曹发贵的请求：不让百姓拿一分钱，村里集体经济拿8万元，镇上补贴几万元，把这段堤坝治理好。

2003年冬季，被列为乌江镇一号水利冬修工程的小麦地堤坝正式开工。2004年初，工程全部完工，常年出现险情的堤段得到根治。

"水利工程一般都就近取土，为了不伤害村民的鱼塘，曹发贵宁愿多花钱到更远的地方去取土。为了让鱼塘的鱼能养到上市，减少损失，曹发贵顶着镇上多次催促，几次延长开工工期。"

"镇里给他安排的工作，他总要根据群众的利益再衡量一下，他认为暂时不符合群众利益的，他就搁着不办，先办有利于群众利益的急事。"

李达志镇长至今还记得一件事：一次，上级领导要到村里检查，有关领导要求曹发贵把村民安排到公路边干活。结果，领导来检查时，路边没有一个做表面文章的村民，曹发贵把村民全部安排到堤坝上修堤去了。在群众利益面前，孰轻孰重，曹发贵看得很清。

在黄坝村部的破墙上，曹发贵生前列出的2004年村里办实事项目有5项。投资3万元修建2200米道路等4项工程在他去世前的5个月里，竟然都提前完成了，剩下一项目前仍在实施中。

## 知　心

"我最近老是梦到曹发贵，醒来时眼睛都是湿湿的。"村民曹发林的妻子对记者说。

2002年，曹发林身患癌症，曹发贵主动上门帮助照料。当年，曹发林病故，儿子曹俊考上大学，因家庭贫困准备弃学，曹发贵知道后对大家说："农村的孩子考上大学不容易，不能眼看着孩子的前程耽误了，只要大家伸伸手帮一把，什么坎都能过。"曹发贵把妻子打工刚挣来的1000块钱拿出来，又到信用社贷款1000块钱，送到曹俊手里。随后，又动员全村干部群众捐款，共筹集了6300块钱，孩子要给曹发贵下跪，曹发贵拉着孩子只说了一句话："好好学习，学成后报效国家，报答艰辛的母亲和关心你的乡亲。"曹俊终于如愿上了大学。

黄坝村许多村民都有这样的切身经历：上镇里坐车，只要碰到曹发贵在车上，车票保证你付不了钱，三块两块，他会抢先帮你付。今年春节前，曹发贵到镇上接女儿回家，在回村的车上，遇上几位从外地返家过年的村民，他不仅忙着帮人家背行李，还给他们都买了车票，打工者怎么都不依。乡亲们说自己打工挣了钱，哪能让你曹书记买票？曹发贵说："你们打工在外，回来过年是给黄坝村面子，是黄坝村的'客人'，我这个当书记的，花几块钱买票算是请了客，讨了大便宜。"相持不下中，最后司机说了一句："你们就答应曹书记吧，这是曹书记的习惯。"

66岁的仲高义老人一边抹着泪，一边对记者说："我不叫他书记、主任，我就叫他'小发贵'。那年，我孙子过10岁生日，附近的邻居都没来，与我家离得远点的小发贵知道后，拿着红包来道喜。他家生活水平连我们一般老百姓家都不如，经常吃萝卜干泡饭，很少有好菜。那份礼让我多少天心里都难过，这样的干部谁能不拥护。"

"他一生只有一个爱好，就是串门，帮助人家解决问题。走千家、串万户，他不仅在经济上帮助别人，谁家的矛盾都是他家的矛盾，爱民之情让他倾情调解。"村镇干部们都了解曹发贵。

1996年，李寿成的儿子初中毕业后，在家里靠摸鱼捉虾、卖冰棒过日子。曹发贵见他小小年纪天资聪颖，就给他出谋划策，并和村干部一起凑了4000元钱借给他，帮他买了一辆农用车跑运输。后来，他赚了钱，还在马鞍山买了车子和房子。

曹发贵走后的这么多天，刘思谨一直很内疚："五年前，我儿子买车子要5万块钱，我到处借钱，最后还差一点，曹发贵借给我1000元。因为要还大账，到现在还没还上他这一笔钱。他这样就走了，年底无论如何我也要还上。"

曹发贵是好人，黄坝村十里八乡的村民都用这个词来评价他。村民说，他们认为这个词是自古以来对人的最高评价。

　　八年前，村民王正文的爱人因肝癌住医院，欠了4万多元债。爱人去世之初那几年，王正文家每年春节只能办6块钱年货：给孩子买一袋雪枣、一包糕、一包冬糖。在他爱人去世后的第三年腊月二十九晚上，王正文将村里发给的年终慰问金全部用来购买生产资料后，已身无分文，连最基本的"年货"也无法办了。为了自己的一双儿女，想来想去，王正文决定去找曹发贵帮忙。已上床休息的曹发贵开门一看是王正文，一把将他拉进屋，没等他开口，曹发贵就说："好兄弟，我知道你困难，只要好好过日子，总有一天会出头的！"说完就拿出100元钱塞到王正文手上。

　　"我一辈子也忘不了他！"王正文说。多年来，曹发贵一直关心王正文的生产、生活情况，时常把自己女儿穿小的衣服送给王正文女儿，尽其所能地帮助王正文。

　　曹发贵在学习心得中写道："农村基层干部一定要时刻想着农民！一定要时刻为着农民！"

　　这句话，道出了曹发贵"以民为贵"的内心世界，注定了在曹发贵的心中，群众利益无小事；注定了曹发贵"爱村如家，敬民如父"。

　　"以人心换人心，以党心换民心。"曹发贵就是这样以自己的诚心，赢得了村民们的拥护与爱戴。

　　86岁的老党员、五保户张大娘年年都是曹发贵的救济对象。每逢春节前，他都把村里的救济金连同自己给她买的年货送上门。当曹发贵英年早逝的消息传到老人那里，她拄着拐杖来到曹发贵灵前，泣不成声："老天啊，怎么不用我这老婆子的命换回曹书记啊？"

　　曹发贵死后，村民们把曹发贵去年和今年已完成的两项村公益事业重新命了名。去年修好的一座桥，村民们取名"连心桥"。这座桥是老黄坝村、老乙联村合并后，黄坝村投资的最大的一项工程。当时两村合并，黄坝村还要背上老乙联村60余万元的债务，老黄坝村的干部有意见，修桥的事自然阻力不小。"村并了，心要连啊。这座桥修了，可以解决百十户小圩里300多亩地收种的老大难问题。多少年来，群众都用肩挑背扛，我们村两委不解决这问题，心里有愧啊！"随后，他又带着村干部在"双抢"时实地看了一下，这一看，对村干部触动很大，修桥被列为第一解决的问题。去年底，桥修好了。

　　"今年'双抢'可帮了大忙。"村民张兴和非要拉着记者到"连心桥"上走一走。高温下，这个村民突然趴到桥上，把脸贴在桥面上，"这桥是老曹用自己的感情凝结起来的。这样的大好人就这样走了，太可惜了！"

桥的两端，有一条被群众称为"连心路"的砂石路今年也竣工了。这样的路是党心连着民心的路，它必将在许多沿着曹发贵道路走下去的党员干部的脚下无限延伸。

# 日 记

曹发贵的姐夫杨在明在曹发贵出事之后，仔仔细细看了曹发贵留下的 17 本日记，他说："第一页就是毛泽东给他侄子的一封信，做人要谦虚，与人要为善，处处要让人……在他脑子里面，他始终想到的不是他自己，他最大的愿望就是一方平安，人民致富。这是他一生的愿望。"

在曹发贵的日记中，第一本是他在 1976 年当兵时记下的，日记上摘录的全是为人处事的道理，日记折射出他丰富的内心世界和高尚的人格魅力。

做事要光明磊落，不要讨好别人，不要感情用事，有话当面说，不要背后嘀咕。

心胸大些，要求自己严格些，小事糊涂些，大事清楚些。

不要霸道，要平等相待，以理服人。

政治向上看，生活向下看，工作要和强的比，生活要和差的比。

不尊重别人，不会得到别人的尊重，过于要求别人尊重自己的人，他一定不会很好地尊重别人。

恪尽职守，在纪律上讲究一个"严"字；勤勤恳恳，在工作上突出一个"实"字。

认真解决"为人办事"和"为钱办事"的关系，堂堂正正做官，老老实实做人。

在曹发贵的日记中，有 60% 以上记录的都是调解村民纠纷的事，日记的字里行间浸透着他为村民熔铸安宁耗费的心血，直至献出自己年仅 47 岁的宝贵生命。

处理黄发德、黄德华两户的场地纠纷一事。——1990 年 9 月 5 日

年饭后方夕义户和李德文户发生打骂，经做劝解工作，事态平息。——1996 年 2 月 6 日（大年三十）

　　丁宗美与方夕义继续闹矛盾，本人到场处理，效果尚佳。——1996 年 2 月 7 日（大年初一）

　　去黄戴处理戴加武和戴启义建房纠纷。——1999 年 1 月 7 日

　　调处杨福忠、黎福霞夫妻间的矛盾。——2004 年 5 月 8 日

　　狄宜兴反映孙黄村狄和发与方汝龙之间的矛盾。方汝龙大家不敢碰。为栽南瓜、桑豆等鸡毛蒜皮的小事。打算去孙黄了解情况。——2004 年 5 月 13 日（5 月 16 日再次去调处此事）

　　去乌江信用社帮李华志搞贷款。——2004 年 5 月 15 日（曹发贵最后一篇日记）

2004 年 5 月 13 日记下的那篇日记，成了记录曹发贵饮恨惨死的最初证据。

方汝龙残忍地将曹发贵打死，使曹发贵 10 多年来躬身亲为的调解工作戛然而止，但这 17 本"民情日记"，忠实地记录下曹发贵做调解工作的线索。村民柯茂友告诉记者，做调解，曹发贵有自己的方法和经验。他在调解村民纠纷和矛盾时，常说的一句话是"天大地大没有理大"。曹发贵在调解时，始终坚持公正、公平、摆事实、讲道理，从来不会"歪着斧子砍"。对于他的调解，当事人无论吃亏讨巧，都没有怨言，更不会无理取闹。因为大家相信他说得有道理，相信他的人品，相信他的法律素养，相信他宁愿自己吃亏也不会让别人吃亏的处事原则。

　　昨夜下了约 7 个小时的大雨，三水、圩田一片白，西瓜等庄稼受到严重损失。晨天亮，查看上涵子，要求一律查实堵死，备好开大机的各项准备，等电到即排涝。——1999 年 6 月 17 日

这篇日记，记载的是曹发贵防汛抗洪的经历，记载着曹发贵对脚下一片土地的热爱。

1999 年夏天，为了防汛抗洪，曹发贵吃住在堤坝上，眼睛熬红了，皮肤泡破了。有一天深夜，村民戴继安到堤坝上查看水情，忽然发现曹发贵正蹲在堤坝边，闷着头抽烟，拧紧了眉头……戴继安含着眼泪走开了。第二天，思索了一夜的曹发贵便开始带村民用机器排涝。洪水退去，曹发贵一个星期没有回家睡觉。

日记，拼接出一个带民致富的村支书、一个爱民如亲的村调委会主任的光辉人生。

# 亲　情

曹发贵的妻子杨宜秀在村民眼里，是位令人尊敬的"最不容易的人"，曹发贵把精力全部投入为村民办事上，羸弱的她承担了家里所有的农活；曹发贵每年的收入一半都接济了村民，她在种田之余到苗圃打工，每年为家里挣来2000多元钱养家糊口。

长期劳累，杨宜秀落下了一身病。就在曹发贵遇害的前10多天，杨宜秀旧病复发，晚上对丈夫说："我今天疼得不得了，你再不带我去看，把病拖成晚期，你后悔都来不及了。"

"等午季税费任务完成后，我找最好的医生给你看，我一定不会失言的。再不带你去看，我真对不起你。"这是曹发贵留下的永远的"失言"。

看丈夫天天在外面和人家打交道，好歹还是位村支书，妻子杨宜秀有心把丈夫打扮得体面点，几次拽着他去县城买身像样的衣服，但他死活不依，可他救济别人却慷慨大方。

在妻子杨宜秀的印象中，她和丈夫曹发贵只红过两次脸。一次是在2000年，杨宜秀的甲亢病又犯了，家里一时没有钱，小孩姑姑过来见了，便丢了1000元给她看病。中午曹发贵和妻子正在吃饭，村里的贫困户曹发林的妻子进来了，想请曹书记帮她去信用社贷1000元搞大棚蔬菜。曹发贵见家里正好有1000元，二话没说把钱借给她。当着外人的面，妻子不好意思生气，等人走了，妻子含着泪说："你不带我看病，你小妹留1000块钱是给我看病的，不是给你借人的！"

与对村民的慷慨和大方相比，曹发贵对自己总是吝啬得近乎苛刻。一年到头两套几十块钱的西服穿了洗，洗了穿；一双球鞋穿得底都快掉了，也舍不得扔掉；家里咸萝卜就泡饭是家常便饭，只有等孩子回来的时候，才会做一顿正餐。有时候，杨宜秀也有感到委屈的时候，"没出事的时候我经常讲，每年三八妇女节，开书记、主任家属会，人家是什么穿戴呀，项链、耳环什么都有，我讲我什么东西都没有，跟你图什么？"听到这话，曹发贵总是嘿嘿一笑说："我不跟别人比，我图的就是心宽。"

还有一次是在大女儿曹玲玲卫校毕业前，要找实习单位，可曹发贵就是不愿意找人。妻子生气地问："别人找你办事，你马上就去帮人办，人家给你烟你不要，给你路费你也不要，自家的事你怎么老说困难。"曹发贵只是说："我就怕找人，帮别人办事我好讲，自家的事情找人，我开不了这个口！"

曹发贵的大女儿对记者用这样一句话说出了那时的心情，"在我的记忆里，爸爸是一个从不关心自己，一心想着别人，想着工作的人。以前，我百思不得其解，像他这样的人活着究竟为了谁？他走后，每时每刻发生的事都在震撼着我的心。我终于明白了，他活着一心为村民谋利益，群众把他抬得很高、很高；我终于明白了，什么叫重于泰山！"

今年母亲节，通过别人帮忙已在县邮政局做临时工的曹玲玲从每月 300 元的工资中拿出 100 元，送给妈妈作为节日礼物。当时，曹玲玲还有一个心愿，就是也要为爸爸买件礼物。

"我有一个遗憾，我一直想送给爸爸一双鞋。但是直到爸爸遇害，他依然穿着那双 3 块钱买的解放鞋，这双鞋整整伴随了他 10 年。"

曹发贵遇害后，黄坝村的群众愤怒了！多名村民摩拳擦掌要去找凶手方汝龙算账，县、镇、村干部纷纷劝解，但村民们依然情绪激动。

"曹发贵是党的儿子，他的一切都是党的。"曹发贵年近八旬的父亲忍住巨大的悲痛，喊出了振聋发聩的声音。村民们都震住了。而曹发贵姐夫杨在明的呼喊，更让村民们多了一份理智："发贵一生为之奋斗、至死追求的就是安宁、稳定、发展，如果我们不理智，采取过激行动，就是往发贵脸上抹黑！"村民们的愤怒被压下去了。曹发贵以和为贵的理念早已深深植入黄坝村村民的心田。

2004 年 9 月 3 日，为学习宣传新时期模范人民调解员、优秀党支部书记曹发贵同志的先进事迹，中共中央政法委员会、中央社会治安综合治理委员会、中宣部、司法部、安徽省委省政府在人民大会堂隆重举行"曹发贵同志先进事迹报告会"。时为中共中央政治局常委、中央政法委员会书记罗干对向曹发贵同志学习专门作出重要批示。罗干指出：曹发贵同志对党的事业无限忠诚，对人民群众无比热爱，作为一名人民调解员，在平凡的工作岗位上做出了不平凡的贡献，以自己的实际行动忠实实践"为人民服务"的崇高思想。广大政法、综治干部都要认真向曹发贵同志学习，学习他全心全意为人民服务，清正廉洁、无私奉献的崇高品质；临危不惧、不怕牺牲的英勇精神，筑牢维护稳定的第一道防线，为人民群众创造安居乐业的良好社会环境。

（金　林　撰稿）

# 三、代表篇

## 脚踏实地的县委书记
### ——记中共十大代表马健

　　一列崭新的客车，把出席中国共产党第十次全国代表大会的安徽代表从合肥送到北京，其中一位精神焕发的老干部，就是安徽省委候补委员、巢湖地委常委，和县县委书记马健。

　　马健，河北定县人，1925 年出生，1940 年参加革命，在战火纷飞的年代里他跟随中国共产党转战南北，出生入死，英勇奋战；在社会主义革命和建设时期，他带领群众战天斗地，被誉为群众的知心人、大干的带头人。

马　健

## 考　验

　　1966 年春，马健任和县县委书记。1968 年，任命为县革委会主任；1970 年县委成立时，担任县委书记。

　　马健结合后，他面临着许多新的考验。一次，他深入和县北乡一个偏僻山村了解情况，脚刚落地，许多群众便围上来看望他，一位满头银发的老大娘从人群中挤到前面说："让我看看哪个是马书记！"

老大娘的话引起了马健的深思：群众为什么惊奇地跑来看我？大娘为什么叫我书记不叫我的名字？这分明是这段时间自己下乡少了，和群众的感情疏远了。

望着眼前的这位大娘，马健立马想起了1943年执行紧急任务时突然遇到日寇清乡队的情景：一位老大娘看到日军进村，急中生智拉着他就往后院跑，往草堆里一推，迅速用稻草把他从头到脚严严实实盖了起来，这才使他脱险了。

人民群众在险恶的环境中不顾自身的安危，全力救护革命战士，深深地教育着马健。

马健曾在自己的笔记本上写下这样一段话："群众是我们的衣食父母，共产党员应当深入群众，同群众打成一片，绝不可高高在上，做官当老爷。脱离群众，寸步难行；依靠群众，无往不胜。"

在新的形势下，能否自觉地联系群众，同群众打成一片，是考验我们每一个干部的分水岭和试金石。他解放结合时，领导和同志们也曾嘱咐过："要相信群众，依靠群众，尊重群众的首创精神，把和县建设好。"

1969年7月上旬，和县连降暴雨600多毫米，14日又陡降300多毫米，江河水位急剧猛涨，山洪像脱缰的野马奔腾而下，河堤有决口的危险，水库堤坝有倒塌的趋势，抗灾如救火，干部冲在前。马健和县革委会其他领导成员分头率领抢险队伍，立即投入紧张的抗洪战斗。

他手拄竹竿，踏着泥泞道路，顶着风雨检查江河圩堤、险埂要段和山区的水库大坝。这天马健来到溃堤成灾的茅圩大队，他先带领群众抢救集体财产，组织群众安全转移，然后挨家逐户慰问贫下中农，鼓励他们生产自救，战胜灾荒，帮助他们解决实际困难，妥善安排生活。这一年，茅圩大队依靠集体力量修复了圩堤，度过了灾荒，赢得了第二年的丰收。

马健办公室的迎面墙上挂着一张和县水利建设规划图，大大小小的箭头，指向圩区的是根除水患，要洪水让路；指向山区的是拦山筑坝，打通隧道，建造水库。这张蓝图既是马健为建设和县付出的心血，也是象征和县50万人民重新安排山河的决心。

1969年一场洪涝灾害，向人们揭示了这样一个问题：要想把农业搞上去，必须先解决好水的问题。河道怎么改，水库怎么建，圩堤怎么修，马健带着这些问题和县革委会的其他领导先后组织近百名干部、技术员和老农三结合的水利调查队，分成三路在全县进行大规模的调查研究。他走遍江河圩堤，察看山区地形；

深入全县 30 多个公社和几百个大队、生产队，虚心向有治水经验的干部群众请教，口问、笔录，恭恭敬敬地拜贫下中农为师，寻求治山治水的真经。

通过调查研究，马健和县革委会其他领导成员取得了第一手资料，南涝北洪中间旱，是和县发展农业生产的"三害"。这"三害"不除，农业生产就很难上得去。

根据全县三种不同地区的自然条件，分别提出了解决问题的具体方案：南部圩区，进一步搞好排涝工程配套，增加防汛能力；北部丘陵地区，大兴当家塘库，提高蓄水能力；中间沿河水系，兴建分洪工程。

经过几个月的艰苦调查，马健和革委会其他领导成员基本上摸清了和县洪涝、旱灾的根源，大家方向明确，信心充足，把治水规划放在一个更科学、更扎实的基础之上。

## 战　斗

夜深了，马健还在办公室内踱来踱去，就像激战前的指挥员一样，紧锁双眉，思索着这场治水战斗如何打法。

他从工作实践中认识到：制定规划要做大量的调查研究，实施规划更要做好艰苦细致的工作，否则，要重新安排山河，牵着大自然的鼻子走，就是一句空话。

"面貌变不变，关键在路线"，"要想变得快，全靠干部带"，只有深入开展政治路线和现实的思想教育，提高干部群众的觉悟，才能调动浩浩荡荡的大军，以大干促大变，把规划变为现实。

1970 年 11 月，马健和全体县委委员，身背背包，三天翻了三座大山，走了200 余里，来到胡业桃烈士的家乡——石杨公社中士李生产队，瞻仰了烈士墓，给英雄献上花圈，请胡业桃父亲作了报告，队干部还介绍了开展学习英雄胡业桃的活动情况。大家对照英雄找差距，学习英雄表决心。一个轰轰烈烈的治水热潮在全县掀起。

水利建设是小修小补，还是大干快上？是自力更生，还是伸手向上？马健走到工地上去观察，深入群众中去访问，他听到贫下中农的许多建议，看到不少社队自力更生、奋发图强治山治水的精神，学到了不少勤俭治水的好办法、好经验。

孙堡公社依靠集体力量自力更生，发动群众，经过四个冬春的苦战，兴建起三座水库，蓄水量达 289 万多立方，有效灌溉面积 15000 多亩，变水利"死角"为自流灌溉。

白桥公社陈桥大队，自筹资金 7 万多元架设一条过江电线，兴建一座电灌站，开挖渠道 8 华里，使干渠、支渠配套到田，实现了渠道网、水利化，有力地促进了生产的发展。

马健认识到，人民群众的智慧和心血凝成的这些先进经验，应该积极支持、大力宣扬。他逢会必说孙堡艰苦奋斗的治水路线，遇人必讲陈桥自力更生的大干精神，有力地推动了全县治水工作的开展。

治水战斗打响后，社员们干劲冲天。马健既当指挥员，又当战斗员。一次，他和机关的三个同志来到善厚公社大平滩水库，同社员们一道挑土运石，筑坝做堤，对群众鼓舞很大，在马健和县委其他领导成员的带动下，全县 10 万余名治水大军，经过四个冬春的奋战，开挖 3000 万土石方、兴建引水蓄水排洪治涝等大小工程 1200 多处，实现了南水北调，东水西灌，初步制服了"三害"，改变了非旱即涝，旱涝交错的面貌，使全县旱涝保收面积扩大到 45 万亩，基本上实现了一人一亩旱涝保收田。

和县随着水利面貌的变化，带来了一系列耕作制度的改革。1972 年水田由 1968 年的 321260 多亩，减少到 102540 多亩；早稻面积由 1968 年 189600 多亩，扩大到 326300 多亩；双晚面积由 1968 年 14000 多亩，扩大到 30 多万亩。粮食生产第一次超过了"纲要"指标，农、林、牧副渔都有较大的发展。

## 育　苗

马健 16 岁就投身于中国人民的解放事业，吃过小米爬过山，抗大分校读过书，他在毛泽东思想的哺育下，在老同志口传身教帮助下，在革命大熔炉里健康成长、不断进步。他回忆起自己成长的过程，更加感到培养无产阶级革命事业接班人是自己一份义不容辞的责任。平时，他注意生产建设，更注重年青一代的思想建设。他严格要求自己，带头苦干实干，满腔热情地教育培养新干部，把抗大作风传下去，使无产阶级革命事业后继有人。

腰埠公社传颂着"老马三帮小吴"的故事。1972 年春，飞速发展的形势，把知青吴仁兰推到了领导岗位，担任腰埠公社党委副书记。她来到腰埠公社，起早贪晚忙得团团转，却忙不到点子上。一次，马健来腰埠检查工作，和小吴谈心，对她进行思想教育，启发她跳出事务圈子，走到第一线去，抓后进，促平衡，尽快地改变腰埠面貌。吴仁兰跳出事务圈子，来到青春大队，她怀着尽快地摘掉这个后进大队帽子的迫切心情，一股劲地抓生产，谁知事与愿违，就生产抓生产，生产还是上不去。马健同志了解到了这种情况，和小吴共同学习党的基本路线，并和党支部领导成员一起研究加强路线教育发展大好形势的意见。事后，小吴和党支部成员一起，伸张革命正气，鼓舞群众斗志，针对大队领导班子中存在的一些不团结因素，马健第三次来到青春大队，和小吴及大队干部一起认真学习党的思想路线，开展批评和自我批评，团结一致，共同战斗。经过一年努力，这个大队的革命生产面貌有了很大的变化。比这个变化更为重要的是，年青一代的精神面貌发生了深刻的变化，小吴办事更加老练了，县委又给她"加担子"，调她到十里公社担任一把手，她虚心向老干部学习，朝气蓬勃地战斗在新的工作岗位上。

当新干部在工作中取得成绩的时候，马健特别注意帮助他们正确看待成绩，教育他们不要自满。乌江公社党委副书记、建设大队党支部书记洪银洲，工作踏实，积极苦干，带领群众艰苦奋斗，使这个大队面貌发生了深刻变化，成为巢湖地区农业学大寨的一面旗帜。在这之后，有人议论老洪有"骄"的苗头。马健知道后，三次主动找他谈心，给他讲述有个地方党委几次骄傲吃了大亏的历史教训，启发他觉悟，正确对待自己的长处和短处。马健说："以己之长，比人之短，越比越自满，若以人之长，比己之短，才会越比越进步。"后来，洪银洲主动自我解剖，注意反骄破满。那年春天，改建乌江一级电力排灌站，他同群众一起苦战了48个日日夜夜，遇到问题找群众商量，什么活重，他就主动干什么活，结果提前12天完成了原定计划。

马健还注意把艰苦朴素的作风传给年青的一代。他下乡检查工作时，每到一处总要看望知识青年，关心他们的成长。善厚公社上海女知青刚来农村插队落户，穿着深筒靴劳动，群众用手做牛屎厄厄，她们看了嫌脏。马健知道这一情况，记在心上，一次来到她们的生产队，语重心长地对她们说："没有牛屎臭，哪来稻米香。只有经过磨炼，才能健康成长。"鼓励知识青年在广阔天地里滚一身泥巴，磨一手老茧，练一身骨气，铸一颗红心。打这以后，上海女知青努力学习贫下中农勤俭节约、艰苦奋斗的作风茁壮成长，有的很快被提拔为乡村干部。

马健像园丁一样给年青一代不断地培土、整枝，为新干部的健康成长尽心尽力，为革命事业后继有人操碎了心。

## 起 点

"夺取全国胜利，这只是万里长征走完了第一步。"随着整风运动的深入发展，和县农业学大寨的运动一浪高过一浪，取得一个又一个的胜利。面对着这样的大好形势，马健时刻警告自己：我们虽然取得了一点成绩，但这不过是毛主席说的"万里长征才走完了第一步"。只有自觉地把过去的"顶点"看作现在的"起点"，把现在的"顶点"看作今后的"起点"，我们才能继续革命永向前。

马健遵照毛主席关于"认真看书学习，弄通马克思主义"的教导，每月组织县委中心组学习两次，持之以恒。他说："千忙万忙，学习马列主义、毛泽东思想一时一刻不能忘，忘记这一条，前进没方向，工作没力量，甚至还会受骗上当。"学习是给自己充电，要发扬"钉子"精神，要有"三股劲"：弄懂弄通靠"钻"劲，时间紧张靠"挤"劲，坚持不懈靠"韧"劲。

1970 年上半年，革命生产有诸多问题急待解决，就在这种情况下，河北定县的老家一连给马健发来三封加急电报，第一封电报：父病重。第二封电报：父病危。第三封电报：父病故。每一封电报都像钢针一样扎在他的心上，他想到双亲的抚育，更想到党的培养，他也想回家看看父亲，但火热的战斗实在离不开，他毅然回电报委托家乡亲戚代为妥善安排好父亲后事。知道情况的人都为他以大局为重的革命精神所感动，大家都说："老马是个一心为革命的好干部。"

马健对工作极端负责任。自县委成立以来，他亲自处理了近千封人民来信。无论信怎样长，字写得怎样草，他都仔细阅读，认真研究，封封有批示，件件有交代，有的还找上门去，进行访问，顺藤摸瓜解决问题做好工作。他常说，人民来信是送上门的群众工作，一定要做好。

1971 年，一次马健因公头部负伤，头痛得厉害，经常用手撑着头部，坚持工作，医护人员劝他休息，他说："这点病算得了什么？共产党员轻伤不下火线。"

马健无论在机关还是下乡，都是和干部群众同吃、同住、同劳动，生活十分简朴，从不特殊。一次检查工作来到黄山公社已是下午两点钟，还没有吃饭，炊事员要给他另做饭菜，他说："有什么就吃什么，不用另做饭菜。"结果只吃了半碗锅巴、一碗酱油汤。他风趣地说："压缩饼干加三鲜汤真好啊！"

1971 年的大年初一，马健踏着冰霜、冒着严寒来到建设大队，在支书家喝了一口水，就领他一道看望下放干部、知识青年，并给五保户拜年。

马健虽然是县委书记，但他事必躬亲，常常忙得头昏脑涨，他的司机给他从外地带来了一点天麻，他一直舍不得吃。但他听说机关一位干部患头痛病很厉害，他马上把天麻送给了这位干部。这位干部十分感动，说："马书记就像焦裕禄那样，心里装着全是群众，唯独没有他自己。"

马健像一只领头雄鹰，带领干部群众沿着党指引的方向，在革命征途中阔步向前。

（陈其才　撰稿）

# 铁人精神　公仆风范
## ——记中共十一大代表洪银洲

"铁人"，是 20 世纪五六十年代社会送给石油工人王进喜的雅号，而铁人精神是王进喜崇高思想、优秀品德的高度概括，其内涵主要包括："为国分忧、为民族争气"的爱国主义精神；"宁可少活 20 年，拼命也要拿下大油田"的忘我拼搏精神；"有条件要上，没有条件创造条件也要上"的艰苦奋斗精神；"甘愿为党和人民当一辈子老黄牛"的埋头苦干的奉献精神等。铁人精神无论在过去、现在和将来都有着不朽的价值和永恒的生命力。

洪银洲

## 一

20 世纪 60 年代初，乌江建设大队的工作处于瘫痪状态，不仅生产上不去，完成不了国家的征派任务，老百姓的生活都靠吃国家"返销粮"过日子，甚至还有少数人四处乞讨，农民生活在困苦中。

如何改变建设大队的落后面貌，成了区社领导最为棘手的问题。经过认真考核、反复讨论，组织上最终决定派原乌江公社驻马大队副主任洪银洲担任建设大队党支部书记。

洪银洲是驻马大队西埂生产队人。1949 年参加民兵，1950 年担任班长，由伍月举介绍加入中国共产主义青年团，1951 年 8 月成为建党对象。1958 年 11 月 14

日前任职驻马大队副主任，以后拟任第三营教导员。洪银洲一贯政治觉悟高，服从领导、工作积极、能力强，深受上级领导的肯定和人民群众的欢迎。

洪银洲按组织要求立即走马上任。摆在眼前的乌江建设大队有 24 个生产队，595 户 2800 人，1300 多个劳力，3289 亩土地，七岗九冲二圩，一山一平原，面对地少人多、地理环境差且老弱病残多的劣势，要改变建设大队落后的局面谈何容易，许多人为他担心。而性格倔强、永不言败的洪银洲就是敢为人先，敢于做出他人不敢做的事情来。

新官上任"三把火"。洪银洲的"三把火"连续烧了五六年，甚至烧了一辈子。

扩大耕地面积，洪银洲挺直胸脯说："扒平七个山岗，建个人造平原，这就是要发扬石油工人王进喜'有条件要上，没有条件创造条件也要上'的铁人精神。"于是，他带领全队干群，不分老幼，不分男女，男女老少齐上阵，家家户户都参战，与天斗、与地斗，战天斗地造平原。奋战两年，这人造平原真的干成了。建设人说："这是洪银洲书记带领我们建设人硬靠手挖肩挑造出来的。"八位老汉连续几十天吃住在山岗，战斗在山岗，餐风露宿、披星戴月、夜以继日战斗的故事在建设大队乃至全社、全区都家喻户晓。后来被编成快板书搬上舞台，深受全县广大老百姓的称赞。

人造平原大大地扩大了建设大队的耕地面积。在农田基本建设方面，洪银洲也是绞尽了脑汁，改造沟渠塘坝，扒墩填塘 70 多口，建设地下涵道，平地改土，把原先高低不平、大小不一、七零八落的土地改造成田方地平、沟渠结合、排灌分家、配套到位、能排能灌、水旱两用、宜稻宜棉的稳产高产田。

合理利用土地，向土地要效益。大搞棉田套种，田间绿肥、蚕豆、柽麻；扩种油菜，由原来 800 亩扩大到 1000 亩，下茬 800 亩种早稻，200 亩育苗移植棉花；大麦成方，小麦分散，推广双季晚稻，缩小红花草绿肥，扩大三熟制，轮作换茬培养地力，实行稻棉轮作。

坚持科学种田，在规定的节气里赶时间。油菜、小麦育苗移栽和催芽抢种、麦棉套种，力争迟茬迟棉不迟苗。水稻大搞两段育秧，解决三熟制延长生长期 60 天的矛盾，同时选用良种，合理搭配，实行配套成龙。

由于措施得力，方法得当，有利条件不断涌现，不仅为建设大队的粮棉生产的丰收打下坚实的基础，使建设人有饭吃、摆脱吃"返销粮"困境提供了可靠的保障，同时也改变了建设大队的生态环境，呈现出大地园林化的新景象。

## 二

要致富先修路，洪银洲首先解决的是道路、水利问题。原先的建设大队没有一条像样的路，崎岖不平、七沟八坎、杂草丛生，一遇雨天更是难以下脚，连走路都成问题，更谈不上搬运物资了。外面东西进不来，里面东西出不去。路况大大地阻碍了建设大队的老百姓与外界的交流和往来。在学大寨的 9 年中，洪银洲带领大家修筑了长达 24 华里的 7 条机耕路。搬运 100 多万土石方，完成了数百项大小水利工程，挖主干渠 2 道，长 11 华里，支渠 7 道，长 28 华里，各种毛渠 400 多条，填老沟开新沟 6 道，新建当家塘 13 口，山、水、田、林、路综合治理。

乌江建设大队的所作所为，迅速地传到安徽省委主要领导李德生的耳朵里，他于 1970 年 9 月 29 日来乌江建设大队视察，听取洪银洲汇报后，他指示："你们扒岗造田，平整土地，干得不错。今年比 1968 年粮食增产 4 万多斤，有成效。农村要农林牧副渔全面发展，你们没有林。淮北平均每人种一百株树，巢湖比淮北少得太多了，你们植树造林太少了。"

省领导的视察更加激发了乌江建设大队的斗志。大队不包括茶林场造林 400 亩外，"村村绿化，山山造林，渠旁成行，路边成荫"。大队所有能放养的水面都放养了鱼。大队还办起了畜牧场，饲养鸡、鸭、鹅、蜂、羊等禽畜。还办起了粉坊、面坊、糖坊，各生产队成立了蔬菜组。大队和 24 个生产队都办起了养猪场。社员户户都圈养猪。全大队共养猪 3500 多头，其中种猪 138 头。生猪出售 1017 头，超过派购任务 417 头。全大队五业并举，六畜兴旺。这些场、坊的经营不仅满足了全大队社员的生活需要，而且还为集体筹集了大量的资金。土法上马割野杂草制造农家肥，用草木灰等形式消灭病虫害。由于具备了充分的条件，乌江建设大队农业生产捷报频传，单 1976 年粮食总产量达 433 万斤，亩产达 219 斤。全大队交售公粮 115 万斤，超额完成任务 5.4 倍；棉花总产 1514 担，亩产 151 斤，出售 1464 担，每人贡献 51.5 斤；油脂出售 16920 斤，每人贡献 6 斤；社员人均收入 173.3 元。在其他社队社员一个劳力的工钱还是两毛钱左右的时候，它已经是一块多了。到年底，全大队累计储备粮 90 万斤，平均每人 300 多斤。大队还组织业余文艺宣传队，有 8.75 毫米电影放映机一部，电视机 6 部，社员文娱生活丰富多彩。经过几年的奋斗，彻底改变了建设的面貌。

## 三

洪银洲除了召集会议、安排生产，起个领头作用以外，从未把自己当成干部。

他的身影常常出现在重活、脏活的现场，哪里最困难、最危险，他就出现在哪里。

修滁河时，他带上棉被，领着建设民工，干在滁河、睡在滁河，连续苦战几十天，不仅圆满地完成了本大队的分内任务，而且还支援了兄弟大队。受到了上级领导和广大群众的一致好评。

挖东风河、建东风河电站时，其他民工还不时回家看看，唯独他坚守东风河水电站42天，寸步不离。他家也有三个孩子，家属身体还比较弱，可他从来不考虑这些，一门心思放在修站上。建造幸福站时，带领民工连续战斗87天，等电站建成，他最后一个离开工地。

生活上过苦日子。建设人都知道他一家人的生活费是建设最低的。吃的不如人家，穿的不如人家。衣服旧了打翻穿，破了自己补，一件衣服能穿七八头十年，总是缝了又缝，补了又补。饮食也是一样，饿了，随便弄点吃的就了事；渴了，在池塘掬点水喝也行。烟抽9分钱一包的，而且是有烟大家共享，每每慷慨递给他身边的群众；他没烟的时候，也毫不客气地从他人口袋里"掏"。洪银洲就这样同建设干群建立起一种和谐风趣、亲密无间的同志加兄弟的关系。

他对自己和家人是刻薄的，而对烈军属、困难户等弱势群体却照顾有加。分红给他们优惠，让他们得到更多的实惠。每到冬季或逢节假日都到他们家看看，嘘寒问暖，拉拉家常。一年除夕，他竟然带上酒菜同村里的一位孤寡老头把酒贺岁。

## 四

1972年12月28日，和县革命委员会政治工作组发文宣布：洪银洲任乌江公社党委副书记兼建设大队党支部书记；1974年，县委决定他兼乌江区委副书记，乌江公社书记、县委常委，转为国家干部；1975年，巢湖地委又任命他为地委委员、巢湖地区农办副主任，要他到地区工作。面对组织上的这种安排，洪银洲并未为之所动，坚持任职干事，不拿工资，不脱产。心甘情愿为建设出大力、流大汗，把建设大队建成社会主义新乐园，造福建设子孙。

工作不分分内分外，哪里需要他就出现在哪里。乌江区棉花生产需要他，1980年2月担任乌江区棉花生产领导小组组长；林业工作需要他，1981年11月担任乌江区林业"三定"工作领导组组长。他人到哪里，战斗到哪里，奉献到哪里。

党的十一届三中全会后，全国形势发生了根本的变化，推行家庭联产承包责任制，成了全国农民天大的好事。洪银洲积极响应国家号召，深入落实家庭联产承包责任制政策，认真开展家庭联产承包责任制工作。

农业生产坚持"三个统一"：生产计划统一（粮、棉、油等生产计划落实到户）；水利统一（除靠近驷马山河的北庄等五个队直接从河灌水可灵活掌握外，其余生产队由大队统一安排，水电费按田亩分摊到户）；耕牛农具管用统一（生产队固定专人养用耕牛，犁耙随耕牛）。

承包土地采取两种办法：一种是按人划田加照顾，即先按人口划田，再适当照顾劳力多劳力强的户；另一种是按"人劳比例"划田，各生产队根据实际情况自主安排。有固定收入的大队主要干部、工副业人员以及勤杂人员等只划给口粮田。划田时尽量做到土地连片，方便生产，不打乱水系，不破坏大田。分过的土地3至5年调整一次。

落实好包干任务。一包向国家交售各项农产品的征购、超购任务；二包集体积累和固定资产折旧费；三包应负担的各项提留（大小队干部、管水员、小机手、护林员、民办教师以及勤杂人员的补贴和烈军属优抚工、五保户的生活费等）。逐户签订协议，确保兑现。

管好用好集体财产。各队道路两旁的树木，必须严格管理。配备专职护林员，统一看管全队的林木；建立户管责任制，实行以田定树、以户包管、合理分成、偷窃赔偿。

房屋。全大队350间公房，一部分集体留用、五保户居住、出租给他人，维修费在房租中开支。

储备粮。全大队共80多万斤，出售一部分款项用来添置耕牛和农具，多余的借给社员。

公共积累。公积金、公益金全大队共9万多元，公积金按照储备粮的方式处理，公益金存入信用社以备后用。

晒场。由生产队统一划方打号划到户（一户或几户）专用，产权属集体所有。

生产队的手扶拖拉机、小钢磨、粉碎机等承包给社员经营，在协议中标明状况，维护费用由承包者负担并按要求向队上交承包费。

债权债务。生产队历年拖欠的贷款和社员超支款，逐年逐户清理，落实到队户，并制订归还计划。

财产。全大队固定资产总值43万多元，其中生产队15万多元。全面造册登记。耕牛、折价归组使用。生产队继续健全账簿管理好有关钱、粮、物。

合理安排大小队干部等人员的报酬。大队主要干部、农电工、广播员、护林员等人员的补贴标准，仍按原规定执行。赤脚医生实行自负盈亏，不足部分大队予以补贴。大队副职干部采取公务发工票的办法，年终结算。为减轻社员负担，生产队只配备队长和妇女队长。会计以片设，全大队配 6 个会计。生产队长、小机手、耕田员、护林员等实行固定补贴，额度由各队议定。妇女队长实行公务记工。

洪银洲为这场改革苦思冥想，彻夜未眠，最终理出了一条稳妥地安排好体制转型中各方面工作的新思路，事无巨细。他为顺利地推进家庭联产承包责任制的落实不辞劳苦、尽心尽力。由于思路清晰、方法得当、措施有效，使家庭联产承包责任制在建设大队顺利开展并取得显著效果。

实行家庭联产承包责任制后，建设大队比兄弟社队发展更快，社员得到的实惠更多。群众说，这其中最大的功臣是洪银洲。

1969 年，洪银洲出席巢湖地区活学活用毛泽东思想先进个人代表大会。同年，与县委书记马健等五位同志一道出席中共安徽省第三次代表大会。1977 年，出席中国共产党十一次全国代表大会。这是党和人民对他的褒奖。

（张必潮 撰稿）

# 山的女儿
## ——记第七届全国人大代表吴翠兰

吴翠兰

在安徽省和县西北部山区，有一个国营林场，它就是和县如方山林场。如方山林场，南北长 30 华里，东西长近 10 华里，占地面积近三万亩。这里分布着大大小小几十座山头，远远望去，山峦叠翠，林海扬波，花果竹木，应有尽有，一年四季，春光长驻。这一切，本不是天上掉下来的，也不是哪个朝代的遗产。而是林场全体工人、技术员、干部三十年来劳动的成果，三十年来汗水的结晶。正是他们，给予这山山岭岭以绿色的生命。

这里，要给大家介绍的就是如方山林场干群中的优秀代表——吴翠兰。她是如方山林场的老场长了，人们都称她是"山的女儿"。

吴翠兰，全省国营林场中唯一的一位女场长，全国人大代表、全国三八红旗手，中国林学会劲松奖获得者，省、地县优秀党员。她的头上有许多桂冠，但她从不自诩，一直是勤勤恳恳，任劳任怨。算起来，她侍奉这些山头已经整整 30 个年头了。

1960 年，吴翠兰在合肥林校毕业了，分配在省城的一个学校里做园林工作。她没有沉湎于城市丰富的物质生活和精神生活，在她的耳畔，时时响着故乡荒山野岭的召唤。1962 年，她毅然决然地回到家乡和县。

丈夫对她说："你就要求留在县城里搞林业工作吧。"

吴翠兰说："不，我要到林场去。"

到林场去！这就是她的选择，一条人生道路的选择。

那时，如方山林场刚刚创建不久。交通闭塞，条件艰苦。年轻人的理想，年轻人的抱负，使她选择了这片艰苦的山地。她要用自己的青春来换取满山的葱茏，用自己的双手为子孙后代造福。

吴翠兰带着一个吃奶的孩子，在林场一间简陋的茅屋里安下了家。

夜晚，闭户听狼嚎。清晨，开门见青山。

她就像是一棵青松，把根深深地扎进如方山那片贫瘠的山地。但是，要过惯那种"空山不见人，但闻人语响"的生活，可不是随便说说的玩笑话。那是需要一种毅力，需要一种精神的。吴翠兰扎根林场的精神支柱，是对森林事业深沉、真挚、热烈的爱。

那时全场只有 16 名职工，其中两名技术员。吴翠兰就是这两名技术员中的一位。为了制定合理规划，她刚去不久就对全场进行了一次资源普查。在老场长的支持和全体职工的配合下，短短的半年时间，他们就完成了几十座山头的普查任务。基本上掌握了近 3 万亩山场的地形、立地条件和植被现状，为全面制定远景规划提供了科学依据。

1965 年，吴翠兰积劳成疾，患上了严重的肺结核病。为了既不影响工作的正常开展，又不影响亲人的身体健康，她把自己和亲人们完全隔离开来，一家人分成几处过日子，自己孤身一人守着山林。

在那些日子里，她就像一个健康的人一样，每天和工人们一道出去勘察测量，育苗植树，治虫间伐。路，走在人前；活，干在人先。工人们见了，心中不忍，劝她改行。丈夫更是舍不得，劝她调动。组织上从她的身体状况考虑，要给她重新安排工作。但她却说："是国家培养我学习了林业技术，我只能在林场干一辈子。"

长期的山林生活，使吴翠兰的身体越来越糟。1974年，她又患上了风湿关节炎，胳膊抬不过头，套头毛衣没法穿，就改成对襟衫子。她的指关节也开始变形，手指发麻，左手不能端碗，右手不能执笔。这回是医生开口要她改行了，她还是淡淡一笑。医生的话也未能奏效。

1975年，如方山林场引进了20斤国外的湿地松种籽。按要求，湿地松育苗要搭盖遮荫棚，无疑这要花一大笔钱。吴翠兰舍不得。为了节省这笔开支，她忍着关节炎发作的疼痛，自己动手制作播种板，进行单粒点播。然后查资料，找依据，用科学的态度大胆进行全光育苗，有效地提高了种子的成活率。全光育苗的田间管理十分重要，施肥、培土、观察、照应，粗活、细活，件件都是自己动手。不论是晴天丽日，也不论是阴雨连绵，她从早到晚，每天都厮守在苗圃里。

湿地松被大面积移栽了，栽了1000多亩。场里的人都说："全亏了吴技术员，她把外国松看得比自家的孩子还重要哇。"十几年过去了，如今，那批湿地松幼苗都已经长成郁郁葱葱的大树了。

吴翠兰以女性特有的细腻，把自己的一颗心与山林紧密地连在一起。风雨雷电，冰雹霜雪，大自然的任何变化，都会紧紧地牵动着她的神经末梢。

1984年元月的一天，她从外地开会回来，在和城被大雪围困。漫天飞雪，纷纷扬扬，交通阻绝。夜晚，她在旅馆的床上久久不能入睡，窗外呼啸的北风把她的心带回林场，她仿佛听到厚雪重压下青松的呻吟。

清晨，她是这大雪天第一个赶早的旅客。不通车，她就甩开两腿步行。80多华里的道路，再加上风是风、雪是雪的，每前进一步都十分艰难。那天，当她赶回林场时，天已经擦黑了。可她顾不上休息，抖了抖身上的雪，立即去找老场长等人，研究抢救雪灾的措施。

她带领工人们上山去了，用人工的办法，或是敲打，或是摇晃，硬是把松枝和竹枝上厚厚的积雪抖落下来。他们一个一个山头地清理，整整干了七天，最大限度地减轻了大雪给山林带来的危害。

1980年春，吴翠兰升任场长。走马上任，她就遇到了一场大的考验。当年初夏，林场松毛虫肆虐横行，数千亩松林处在被吞噬的威胁之中。

吴翠兰当机立断，召集全厂所有的职工将机动喷雾器集中起来，上山灭虫。

毫不夸张地说，这简直就是一场激烈的战斗。马达轰鸣，银枪喷射。松枝间，一条条拌了农药的水柱如游龙戏凤。工人们分为两班作业，6 小时轮换一次。吴翠兰作为一名指挥员，一直战斗在灭虫场地，灭虫机械每天工作 12 小时，吴翠兰不比机械少工作一分钟。

夏季骄阳似火，林中暑气逼人，山茅草又深过膝盖，作业环境十分艰苦。吴翠兰既要组合劳力，又要指导配药。既要检查虫情，又要观察效果。她认真负责，一丝不苟，不放过一棵树，不放过一条虫。忙上忙下，忙前忙后，忙得连饭也顾不得下山去吃，还得别人给她送上山。她身上的汗水湿了又干，干了又湿，那厚厚的防护服不知汗湿了多少回。

在这场灭虫大战中，吴翠兰的腿跌伤了，眼睛被毒蜂叮肿了，但她自始至终一步也没有离开现场。经过 27 天的苦战，他们把全林场的松毛虫灭了个精光。而吴翠兰呢，则因为过度的疲劳，人瘦得几乎变了形。看到她这种拼命三郎的精神，林场的同志无不为之感动。

寒来暑往，物换星移。在吴翠兰和她的同志们的共同努力下，20 多年来，如方山林场的面貌发生了很大的变化。有林面积由当初的四五百亩扩大到一万五六千亩，木材蓄积量近 4 万个立方，荒山秃岭都披上了绿色的新装。人们感慨地说：像她这样在山窝子里滚了几十年的女同志不多见，像她这样长期和工人们一道干活的技术干部不多见，像她这样不摆丝毫架子的场长更是不多见。她真是成了名副其实的山的女儿。

几十年的山风，把她的头发吹灰了，吹白了，而她和她的同志们，却用自己的双手，穿着岁月的针线，把如方山绣绿了。

正是这些辛辛苦苦的绣山者们，用他们一个个光彩照人的青春，换来了山峦青春的光彩照人。

啊，人不老，山常青。

（李庆生　撰稿）

# 十佳教师 巾帼模范

## ——记中共十五大代表吕绍英

吕绍英

吕绍英，女，1949年出生，安徽和县乌江镇人。1968年12月毕业于巢湖黄麓师范。先后在和县绰庙小学、卜陈小学、乌江四联小学任教，1976年9月调和县乌江镇中心小学，2004年1月退休。

吕绍英工作以来，一直担任语文教学和班主任工作。她以"做一名家乡人信得过的老师"为信念，三十五年如一日，坚持早上班、迟下班，从未轻易因病因事请过一天假。在平凡的岗位上，她敬业爱岗，争创一流，淡泊名利，默默地奉献着自己的光和热。她对学生倾注了慈母般的爱，赢得了学生的爱戴；面对全体学生，因材施教，注意发展学生个性，不放弃一个差生，教学上坚持不让学生放过一个错字、一道错题，深受家乡人民的信任；提出了集融洽性、情趣性、科学性为一体的快乐教学法，受到同事们的敬佩。经她指导的学生作文，多次在报刊发表，激发了学生写作兴趣、读书兴趣，提高了学生学习、做事的积极性和信心。她关心年轻教师的成长，在教育教学方面对他们给予热情指导，促进他们早日成熟、成为优秀教师。

由于她事迹突出，党和政府给予她很大的荣誉，多次被评为县优秀教师、优秀共产党员。1985年9月被评为省优秀教师；1987年10月被授予巢湖地区优秀共产党员称号；1993年4月获得省五一劳动奖章；1984年8月被评为省特级教师，同年11月被省妇联授予巾帼建功先进个人称号；1995年元月出席省第六次党代会，同时被评为和县首届十佳人物；1997年6月获和县首届十佳教师称号，同年10月被省政府表彰为先进工作者，并光荣地出席了党的十五大；2000年4月被授予"全国先进工作者"称号。

（金 林 整理）

# 不忘初心　牢记使命
## ——记中共十九大代表郑李龙

　　郑李龙，中共党员，1970 年 10 月出生，安徽和县人，巢湖建筑工程学校工民建专业毕业，1989 年 7 月参加工作，历任和县雍镇乡团委书记、党委委员。副乡长，和县西埠镇政府筹备组副组长、和县姥桥镇党委委员、副镇长、党委副书记、镇长、党委书记，马鞍山市水利局党组成员、副局长。

　　2017 年 6 月 19 日，当选为中国共产党第十九次全国代表大会代表。郑李龙 28 年如一日，扎根基层一线，坚守为民初心。

　　他主动服务"听民声"，真心实意为群众解忧，维护群众合法权益。

郑李龙

　　他恪尽职守"护民安"。他创新举措"解民忧"，率先探索建立村民"大管家"服务平台，高效精准服务群众。大力发展贫困村集体经济，在他的带领下，2016 年和 2017 年高标准完成了贫困村出列和稳定脱贫工作。

　　多年来，他始终以"心中有党、心中有民、心中有责、心中有戒"的标准衡量自己、要求自己，坚守在一线，奉献在基层。

　　郑李龙，在工作中始终以一个共产党员的标准严格要求自己，作风务实、勤勤恳恳、兢兢业业，特别是在一些艰险的工作中，身先士卒、带头示范，用实际行动把"不忘初心"书写在人民群众的心中。沉默、实干，是这个朴实的"老乡镇"身上最显著的特征。

　　28 年，从偏远乡村到临江新城，不变的是基层的广阔天地，项目建设前沿、滚滚洪流面前、服务群众一线，都留下了他坚守的身影。

## 奋不顾身，抗击洪涝灾害

马鞍山综合保税区项目于 2016 年 5 月启动，旋即遇到长江罕见的洪水。整个 6 月和 7 月，郑李龙一直奋战在防汛抗洪的第一线。

姥下河河堤上，挖掘机正在平整堤岸，平静的河流上渔船翩然而过，两岸田间劳作的农民往来穿梭。往昔的惊涛骇浪只留存在大家的回忆中。

2016 年 7 月 7 日凌晨 2:05，正在郑蒲港新区太阳河大堤巡查的时任姥桥镇镇长郑李龙接到电话，得知姥下河唐桥段发生了大面积的塌方，他立即赶往出险地点。"塌方比较严重，裂缝长 60 米。"郑李龙在大堤上讲道。

万里长江在流经马鞍山水域时，流向由东西变成南北，流速变慢，水位升高。塌方大堤离长江主航道仅仅 600 多米，一旦江水倒灌，两岸大片农田和港口用地都会变成一片泽国。

怎么办？郑李龙跟镇里的老水利员商量，针对性拿出一个方案，一个是要打桩，另一个就是要抛石。打桩不仅是个体力活，更需要人站在齐腰深的水里，经受住挖掘机压桩和河埂随时溃堤带来的危险。

让大家没想到的是，郑李龙第一个跳入水中。一根桩六七米，下水以后有一二百斤重，水底下必须要有两个人抱着，堤岸上一个人撑住，不然倒下来容易砸到人，郑李龙和老水利员先下去了，岸上其他人撑着，保证桩子打下去。危急关头，郑李龙紧紧抱住木桩，从中午 12 点一直干到 18 点。这期间，他穿梭于齐腰深的河水中，一会儿扶桩，一会儿指挥驾驶员找准定位，直到 230 根木桩全部打完。

"当时郑镇长就一直在水里面泡着，这期间他多次让我们还有其他村民到岸上歇一歇，他自己却始终待在水里打桩，险情排除了才上来，我们当时看到他的脸色十分苍白，浑身还在冒冷汗。"姥桥镇居民杨为传回忆。

那个时候，郑李龙刚刚做过肠息肉手术，连续 7 天指导着排除姥桥镇防汛大堤上大小险情 200 多起。即便如此，他仍然在洪水里作业 6 个小时，打下了 230 根木桩。"郑镇长总是跟我们说，群众看党员，党员看干部，他作为镇长，在防汛抗洪中就应该冲在前面。"时任镇长助理李有成说。

由于长时间浸泡，他的双腿被泡肿了，连鞋子都穿不上，而且皮肤瘙痒，严重过敏。但他还是一瘸一拐地坚持在现场指挥抢险，直到部队赶来增援。

姥桥镇防汛范围大，险工险段多，每一个隐患点都牵动着郑李龙的心。14 个日夜，郑李龙以堤为家，同民工们一起始终坚守在大堤上。以堤为凳，与民工们一起席地吃饭；以堤当床，累了困了就在大堤上席地打会盹。衣服潮了又干，干了又潮，一套衣服他要穿上两三天，脱下时都有一层厚厚的盐霜。在郑李龙的科学指挥和日夜坚守下，姥桥镇200多起险情被一一排除。

## 耐心细致，加快征迁步伐

2016年8月，洪水刚刚退去，来不及洗去衣服上的泥巴，郑李龙就一头扎在征地拆迁工作中。很多人担心征地拆迁会影响到保税区的推进。和抗洪一样，郑李龙又一次身先士卒。他带着一个工作组，一家家上门入户，耐心地做群众工作，不厌其烦地宣传征地拆迁的意义和补偿标准。

自郑蒲港新区成立以来，郑李龙几乎放弃了所有节假日，全身心地投入各项工作中，做到想在前、干在前、苦在前。2016年8月26日，马鞍山综合保税区成功获批，选址就在郑蒲港新区姥桥镇，总占地面积2平方公里，为了加快综保区的征迁步伐，郑李龙几乎每天都要去村里一趟，及时掌握征迁进展情况，遇到不配合的村民，他还挨家挨户上门讲道理、做宣传。

在他的积极带动下，几年来该区累计征地2.5万亩、拆迁2800多户、35万平方米，拆除违法建筑5860平方米，流转土地近万亩，土地复垦2850亩，有力地保障了新区建设。

10月中旬，长江上的风已经有了一丝凉意，郑李龙步行来到郑蒲港新区镇淮花园小区王长永家。王长永像老朋友一样，将郑李龙让进了宽敞的客厅交谈起来。

当初为了动员王长永家搬迁，郑李龙没少和他谈心。

2012年11月12日，安徽省政府正式批复设立马鞍山郑蒲港新区，这是马鞍山利用自身航运交通便利优势，实现经济转型发展的关键一步。但对于在综合保税区项目区内姥桥镇杜姬庙村居住的王长永一家，就需要搬迁。

一辈子在家种地的王长永顾虑颇多：没了种地收入，征地款迟早会被坐吃山空；老房子拆了，新房子指不定啥时才能住进去；夫妻俩岁数大了不好找工作，还要供孩子上大学……

征迁任务重、时间紧，面对这个让很多干部伤脑筋的任务，郑李龙并不一味催着王长永签征迁协议、搬家。他耐心地和王长永谈综合保税区项目情况、解释征迁政策，细心询问他的难处、了解他的想法，还带他到现场去看正在建设的新房子，消除他的顾虑。最终，王长永主动签了协议，并于3个月后拿到了新房子。

"郑书记在我们姥桥工作 10 多年了，他的为人，我们都看在眼里记在心里，信得过。"王长永说。

如今，王长永一家三口已经被安置在镇中心的镇淮花园，补偿了两套楼房，生活和在城里一样方便。王长永被安排在学校当保安，妻子在保税区管委会干保洁工作。住着宽敞亮堂的楼房，有了两份收入，曾在青岛打工的他不愿再外出。他说对眼下的生活很满意。

王长永家的客厅里，挂着在南京上学孩子的照片。"虽然开始不适应，但现在日子越来越好了。"他乐呵呵地讲道。

征地拆迁往往会引发信访问题。郑李龙能设身处地为群众着想，心平气和与群众交流，真心实意为群众解忧。在郑李龙的示范带动下，姥桥镇干部事不避难，深入群众访民情、解民忧。在郑李龙带领下，姥桥镇仅用 2 个月时间就完成了马鞍山市综合保税区 3000 余亩征地、600 余户拆迁房屋的工作，没有发生一起因征地拆迁引发的上访事件，创造了征地拆迁的"郑蒲港速度"。

姥桥镇某陈姓居民患有偏执型精神障碍，因宅基地矛盾事件常年上访，区镇村干部见到她没有不感到苦恼的。而郑李龙没有退缩，反而隔三岔五地与她谈心谈话、疏导情绪，同时邀请一名心理咨询专家对她进行心理辅导，目前陈某状况稳定并说："我只要看到郑书记，说上几句话，心里就舒坦了。"

"人民群众对政府的要求越来越高，作为基层党的干部，就应该想着怎样以人民为中心开展工作。群众有困难，干部就必须要有态度、有说法、有办法。"郑李龙是这样说的，也是这样做的。

"郑书记一直这样，什么事都亲力亲为，任何时候都在第一现场。"姥桥镇人大副主席余年华说。

## 村民管家，解决实际问题

郑李龙注重创新，积极推进村民"大管家"服务平台建设，构建起以网格为基本单元、以党小组为基本单位、以党员为骨干力量的社会治理新体系。

马鞍山市"村民大管家"是个以网格为基本单元、党小组为基本单位、党员为骨干力量，零距离组织群众、服务群众的综合性平台。而这一党建平台的率先试水，就在姥桥镇。

如今，在马鞍山市的乡村社区，有事找"村民（社区）大管家"，已成为很多人的共识。

通过 24 小时热线电话、门户网站、微信公众号、网格党员走访等多个渠道，"村民大管家"服务平台汇集群众诉求、政务服务信息，并将诉求分类管理，派送给各个基层网格员或协调部门联动处置。2016 年 10 月平台建立以来，共受理转办各类群众诉求 1972 件、办结 1894 件，办结率达 96%。

"镇里还鼓励'村民大管家'做一些公益性事业，最高可给予 50% 的经费补贴。"郑李龙说，通过村民事村民议、完善公共服务设施等活动，群众的凝聚力不断增强。

"镇干部每周到村里的党群服务中心、每月第五天到网格党小组报到，并对反映问题比较多的村民小组集中走访。"郑李龙说，为了密切联系群众，姥桥镇结合"村民大管家"开展"三下三进"活动，13 名党政负责人分别联系镇上的 10 个村，并每周安排至少一天用于接待群众来访。

如今，姥桥镇信访案件由年最高 43 起下降到 2017 年的 26 起，治安案件由年最高 223 起下降到 2017 年的 72 起，矛盾纠纷化解在基层，社会治安状况明显改善。姥长村党总支书记夏发平说，正是郑李龙这个"大管家"，让一些多年的"老大难"村变成了幸福村。

姥桥镇官塘村村民段国武身有残障，是建档立卡贫困户。2016 年 7 月开始，郑李龙多次上门，帮助他申请"两免一补"小额贷款 5 万元，以此入股新思源现代农业发展公司，每年享受分红；与此同时，郑李龙还帮助段国武及其儿子、儿媳在郑蒲港新区企业找到合适工作，让一家子有了稳定收入，当年顺利脱贫。

"目前，已有 130 户贫困户通过小额扶贫贷款入股，共同发展石斛种植产业。每年平均为每户贫困户增加 5000 元固定收入。"新思源现代农业发展公司负责人说。

## 红色引擎，推动经济发展

村级主导产业始终是郑李龙的一块"心病"。他在多方走访的基础上，结合本地实际，创新"党支部＋企业＋贫困户""网格党小组＋合作社＋贫困户""党员＋项目＋贫困户"模式，成立了新思源现代农业发展公司，吸引 123 户贫困户通过扶贫小额贷款入股，共同发展石斛种植产业，户年均增收 5000 元。2014 年以来，共脱贫 820 户 1711 人，建档立卡贫困村顺利出列。郑李龙每个月还要到他帮扶的贫困户官塘村民段国武家中 4 到 5 次，帮助他解决实际困难，一直到段国武于 2016 年脱贫。

"无论是姥下河村的蔬菜合作社，还是官塘村的石斛产业，这都是姥桥人坚持党建引领探索打造的经济发展'红色引擎'。"

郑李龙表示，将继续强力实施党建扶贫"双推进"，做到一户不落、一人不丢。

一名党员就是一面旗帜，一个支部就是一个战斗堡垒。郑蒲港新区姥桥镇姥下河蔬菜种植合作社充分发挥党支部的战斗堡垒作用，积极探索以专业合作社为抓手、产业党建为支撑的农业发展新模式，采取"支部＋党员＋合作社＋贫困户＋龙头企业"的助推精准扶贫工作思路，走出了一条支部围绕产业转、党员创业示范带、贫困群众跟着干的脱贫攻坚新路。

在郑蒲港新区姥桥镇姥下河村党总支书记闵白益的办公室里，村"两委"一班人和蔬菜种植合作社党支部书记余先才正在一起研究蔬菜种植合作社的精准扶贫工作新打算。

"我们已把党组织建立在农业产业链上。"

闵白益介绍，新成立的蔬菜种植合作社党支部拥有党员4名，为充分发挥党支部的战斗堡垒作用和农民专业合作社的示范带头帮扶作用，该支部成立后，迅速开展了"合作社里党旗红"活动，加强对建档立卡贫困户的引导和沟通，引导有种植意愿和能力的22户贫困户加入合作社，建立起"公司＋合作社＋贫困户"的生产经营模式，充分利用种植基地的资源条件，实现优势互补，形成区域化、规模化的特色种植发展新路。

余先才介绍，在引导贫困户加入合作社的同时，蔬菜种植合作社党支部积极组织党员和贫困户学习种植技术。截至目前，姥桥镇农业办已为合作社举办2期培训班，2名农业技术人员已成为农业合作社常年技术顾问，实地为贫困户提供技术指导。"在党员的示范引领下，首批50亩萝卜播种仅用了一天时间就全部播种完毕，党员的先锋模范作用得到了充分发挥。"

圣明良是姥下河蔬菜种植合作社的社员，也是一名普通共产党员，他表示，将把自己所学到的技能毫无保留地传授给其他贫困户，让22户贫困户都能熟练掌握萝卜种植技术。

长江边上的姥下河村盛庄自然村50亩萝卜种植基地里党旗飘展，以2亩为单位的萝卜地里竖着一排写着社员名字的招牌。"这是村民范学光认种的萝卜地，按照自种自养的原则，镇上提供农业技术指导，解决贫困户不会种植萝卜的瓶颈。"该镇农业办主任杨可泉介绍，合作社在姥下河村委会的支持下，流转土地50亩，与当地龙头企业和县益伟酱菜制品有限公司签订收购合同，实行保护价收购，走"产、供、销"一体化产业发展的路子，助力贫困户脱贫。

据了解，目前合作社已与和县益伟酱菜制品有限公司签订了腌制萝卜生产订单 50 亩，按照绿色标准组织生产，采用保护价收购，预计每户产量在 8000 公斤，每户产值将达到 3840 元，仅此一项将给贫困户新增收入 3000 元。

"作为一名老党员，能为家乡扶贫献一份力是我的骄傲，更是义不容辞的责任。"

和县益伟酱菜制品有限公司总经理、共产党员土益和说，眼下企业正在发展壮大中，每年需要 400 万公斤的萝卜原料，该公司与合作社"联姻"，实施"订单农业"，不仅能解决贫困户萝卜的销路问题，也满足了该公司生产经营需要。

"我们准备与姥下河蔬菜种植合作社进一步扩大合作规模，实施长期合作，带领所有贫困户脱贫致富。"

"过去种萝卜，既要学技术，还要找市场，遇到市场行情不景气，基本没有多少利润。现在好了，自己只管种，农民种植萝卜有了保障。"参加合作社的农户们充满了信心。

"政府买单投保，农户种植无忧，实施'订单农业'扶贫，进一步增强了贫困户自身造血功能，达到了彻底脱贫不再返贫的目标。"

郑李龙介绍，今年以来，姥桥镇强力实施党建扶贫"双推进"，做到了一户不落、一人不丢。同时，加大对蔬菜种植合作社的扶持力度，支持资金 5 万元用于合作社的启动资金。

"合作社每带动一户贫困户脱贫，镇政府就给予合作社奖励 500 元，用于合作社基础设施建设。"

郑李龙表示，该镇将进一步加大技术指导，为贫困户种植萝卜提供全程跟踪、全程保障服务。

"目前，姥桥镇已和安徽国元农业保险有限公司达成了合作协议，加大合作社所有扶贫产业的投保，由政府买单，彻底降低农户种植萝卜的风险，解决农户种植的后顾之忧。"

按照郑蒲港新区功能定位，郑李龙带领班子成员积极谋划，实现新区和镇同步、融合发展，大力实施富民强镇工程，镇域经济得到快速发展。2015 年，全镇完成工业产值 10.8 亿元，是 2010 年的 7.6 倍；农业产值 6.2 亿元，5 年增长 2.5 倍，财政收入 5146 万元，农民人均可支配收入 18860 元，5 年增长 3 倍以上。

趁着周末，郑李龙在坐落于郑蒲港新区现代产业园区内的马鞍山综合保税区转了一趟。周末不回家，留在镇上加班，对他已经是常事。

站在长江边上，一向少言寡语的郑李龙突然话多了起来，他指着一处处建筑和一条条道路介绍起来："目前，保税区已经实际签约项目8个，包括冷链物流、医药医疗器械、平行汽车进出口等，总投资33亿美元，正在谈的意向项目12个，总投资34亿多美元。"

在郑李龙看来，马鞍山综合保税区不仅是马鞍山这座长江边上的城市接轨世界的平台，更是他倾注了太多心血的"孩子"。

郑李龙，多年来始终以"心中有党、心中有民、心中有责、心中有戒"的标准衡量自己、要求自己，扎根基层，用实际行动书写"不忘初心"。

2019年3月8日央视新闻频道《朝闻天下》用2分钟的视频新闻，为我们讲述了郑李龙贴心为民服务的故事：

"靠前服务、主动担当，在镇村干部眼中，郑李龙在开展群众工作中遇到难事从不推诿，还敢啃硬骨头。"

马鞍山市郑蒲港新区姥桥镇郑蒲村党总支书记周长军说："跟郑书记工作这么多年，群众想到的他想到了，群众没有想到的他也想到了，所以他的这种工作方法也深深感染了我们，把群众的所想、所盼始终放在第一位。"

和干部群众打成一片，郑李龙作为党的十九大代表，在工作中更加注重创新、讲究方法，他坚持以抓党建促脱贫攻坚，采取镇长蹲点指导、镇党委委员任村党总支书记、抽调34名干部开展结对帮扶等办法，发挥村级党组织在脱贫攻坚中的战斗堡垒作用，引导贫困户们发展现代农业。

郑李龙说："作为一名基层党员干部，我们在新时代要有新担当新作为，要始终把群众的利益放在心中，把群众反映的事情干成干好，让群众满意。"

## 加强党建，构筑基层堡垒

"近年来，我们牢固树立'党建+'的工作理念，以落实基层党建重点任务为抓手，坚持重心下移、服务下沉，大力加强基层党建，取得较好成效。"

郑李龙在接受专访时如是说。

姥桥镇党委在郑李龙亲自安排下，紧紧抓住强化基础保障、强化党员管理、优化党员发展结构、破解失联难题等举措，深化强基固本工程，提高基层党建保障水平。郑李龙介绍，截至2017年8月，姥桥镇25个基层党组织已全部达标，剩余 3 个基层党组织预计也将在年内全面完成达标。镇党委借助全国党员系统切换的契机,对全镇 1954 名党员进行再次排查,明确基本信息,截至 2017 年 8 月上旬,已完成 60% 的党员及党组织信息完善,17 名失联党员也已全部找到。同时,姥桥镇还通过抓好党建述职、坚持民主评议制度、推进远程教育规范化等举措,加强队伍建设。

郑李龙介绍,在着力推进服务型党组织建设上,姥桥镇针对群众反映的办事、安全、购物、听广播等实际问题,运用互联网手段,创新服务载体,建立区镇村三级网上行政审批和电子监察平台,实施"天网工程""地网工程",建设"信福小屋",为每个自然村新建广播"小喇叭",打通基层干部为群众服务的新通道,将党建工作延伸到群众家门口。同时,结合实施乡村治理村民"大管家"项目,调整组织设置形式,因地制宜成立网格党支部、网格党小组,把 300 多名党员作为网格员,让党员的承诺和服务进网格,使群众感受到"党员就在身边"。

积极挖掘扶贫攻坚"新引擎",姥桥镇通过下派 10 名扶贫专干驻村驻点开展扶贫工作,并下派镇组织委员任职贫困村书记,加强扶贫队伍力量。"在镇党委的领导下,各村党总支通过建立村级合作社,整合集体资源,去除集体经济空壳村,增加集体收入,探索出了符合自身实际、具有自身特色的强村富民之路。"郑李龙说。

"继续抓好基层党建工作。"郑李龙表示,下一步,在落实好省委、市委和新区党工委党建部署的同时,姥桥镇将结合实际,重点抓好基层党建标准化整体提升、补短板行动和推进党务工作者专业化建设三项工作,配备专人抓党建工作,实行专业技能培训、专人资格认证、专项工作考核,力求打造一支高水平的党务工作者队伍,提高基层党建的科学化水平。

（金 林 撰稿）

# 四、模范篇

## 开发庭院经济的引路人
### ——记全国劳动模范马仁祥

### 一

小时候，我曾听奶奶说过"摇钱树"的故事——

一个卖身葬父的青年，历尽了千难万险才逃出财主的"虎口"，他跪在父亲的坟前，悲痛欲绝地哭诉着。大地为之感动，刮起了阵阵狂飙；苍天为之感动，降下了滂沱大雨；当他抹干眼泪之后，忽然发现父亲的坟旁长出一棵树来。

那年大旱，遍地赤黄。年轻人忍饥挨饿到三里外的坡下，担来清冽冽的井水为它浇灌。树生虫了，他起早贪黑用手一个个捉去。小树一天天地长高了，一年不到就有碗口那么粗。秋后，水尽草枯，落叶

马仁祥

殚尽，唯有这树还枝青叶绿的。年轻人很是高兴，竟摇起树来。谁知这一摇，却摇下了许多"铜钱"，再一摇，又落下了一地的"元宝"。

年轻人并没有去捡地上的铜钱和元宝，出乎意料的是第二年春天，原地又生出许多同样的树来，这位青年将这树苗分给村上的穷苦汉子，并且告诉他们如何

精心培育。这年秋后，穷汉们个个都得到了许多的"金元宝"。

"这树就叫'摇钱树'！"奶奶摇着蒲扇，乐呵呵地讲完了她的故事。我疑惑，一直疑惑不解。

## 二

40年后，我却真的见到了"摇钱树"。那是1990年的仲夏，我随科委的陈主任一块去北十里铺见到的。

这是一座别开生面的农家立体庭院。墨绿油亮的冬青修剪得齐刷刷的，圈起了一道天然的围墙。一个圆形的门敞开着，步入其中，院之右，是一块小小的桃园，桃树上缀满了白里透红又大又嫩的水蜜桃，看一眼就能令人垂涎。院之左，丁形架式的巨峰葡萄盖满了上空，紫色的藤蔓与绿幽幽的叶缝间，吊着一盏盏白色的灯笼。陈主任告诉我那就是套袋的葡萄。打开纸袋，我惊喜地发现，摆在眼前的哪是颗粒圆润丰腴的葡萄，简直是稀世珠宝"翡翠王"了！一串足有700克，晶莹透亮，令人陶醉。匍匐的草莓如碧绿的地毯，严严实实地盖着地面。虽是过了草莓季节，但仍有三四株迟熟的莓子，从浓郁的莓叶里探出头来，像红玛瑙似的惹人喜爱。环绕葡萄架四周有一条人工开挖的沟渠，水不太深，里面养着鱼。忽然，哗的一声，一条大鱼从沟里窜出来，溅了我一身的水，惊恐之余，颇感有趣。整个庭院，绿云片片，果实累累。虽只有二亩来地，但无论是桃园、葡萄架，还是水渠、通道，皆因势成形，安排得体，处理得恰到好处。在我看来，不仅一般农家很难办到，即便是与农科院的试验地相比也毫不逊色。

陈主任说："这庭院一年收入两三万元。凡来参观者都大加赞赏。画家说，它是一幅立体的画，疏密有致，浓淡相宜，涂抹出万千情趣。诗人说，它是首迷人的诗，构思巧妙，意境深远，蕴藏着无穷的底蕴……"

"依我看它就是农家的一棵'摇钱树'。根深叶茂、花繁果硕，摇去了贫穷，摇来了富裕！"一位庄稼汉插上了这一句。这里的农民，竟能说出带有诗意、饱含哲理的话来，确实使我惊异。

陈主任连忙向我介绍："这就是庭院的主人，远近闻名的全国劳动模范马仁祥。"说话的马仁祥笑眯眯地迎了上来。他年近花甲，瘦高的个条，黝黑的脸膛，两只不大的眼睛却显得特别有神。

"百闻不如一见。"我激动地握着马仁祥那粗大有力的双手。

# 三

马仁祥的立体庭院，看了令人叫绝。然而，他所走过的道路却是十分艰难曲折的。

1985 年的夏天，马仁祥满怀喜悦地来摘他试种的水蜜桃。他掰开了一个桃子，怔住了。这桃子除了表皮和内核完好之外，全让虫给蛀了。他尝了一下，又苦又涩。连忙又掰开一个，一样的豆渣桃肉，一样的苦涩滋味。接着，又从另外几棵树上摘下几个，全都一样。他的心凉了半截，失神地从身边抄起一根竹竿，上砍下劈，竖打横扫，疯也似的将那些被虫蛀的桃子抽打得满园横飞，溅了他一脸一身都是桃渣。他气喘吁吁地拄着竹竿望着满地的烂桃，禁不住老泪纵横。

他能不痛心吗？1983 年他从广播里听到养蚕可以致富的消息，和老伴种了 6 分地的桑，一连三次养了 90 簇箕的蚕，每次都是在"宝贝"上山时死了。因为，他们这儿属棉产区，过量使用农药，空气污染严重，桑叶表面的附着物含有毒素，蚕吃了一个也活不成。90 簇箕蚕死了，700 元甩了，6 分地的桑废了，老伴只叹了口气，二话没说，就和他一起砍桑种桃。桃树当年不能收益，他们就在树旁放西瓜、种蔬菜，栽百合、点花生，长短结合，以短养长。3 年来，马仁祥和老伴如同伺候儿子一样服侍着这桃树，眼巴巴地盼望着它成熟，能收回自己的血汗钱，谁知他摘下的不是蜜桃而是苦果。

"这可恶的小虫子，竟把这又红又大的桃子吃成这样！两次，一共损失好几千块了，怎对得起含辛茹苦的老伴啊！"想到这里，马仁祥更加伤心。

"果树真的不能种吗？开发庭院的路真的走不通吗？"他纳闷、他惆怅。

晚上，马仁祥在昏黄的灯光下，翻开了《中国果树》，一章章、一句句、一字字地读着。忽然，他眼睛一亮：桃蛀螟。"原来是'桃蛀螟'毁了我一园的桃子。"马仁祥心里想。书上说，桃蛀螟一般寄生在草堆脚底和葵花的盘子里面，每年的五六月间是它孵化的高峰期。只要冬季施一点石硫合剂，初夏用一点杀虫剂，花上几十元钱就能将它制服。为什么早先不看点书呢？他把自己恨透了！

两次损失给马仁祥买了个"乖"。走新路，光有闯劲不行，还得有过硬的科学技术。为此，他不惜代价购书，挑灯刻苦夜读。老伴看着马仁祥一天天瘦了，夜间还有一两声轻咳，心里十分怜悯，劝他说："老马呀，你这一大把年岁的人了，能学进去吗？"

"不学不行噢，孩子他妈！你不知道这果树学问可大着哩！"

技术性很强的果树栽培和管理，对一个祖辈务农，虽曾当过两年农业中学技术员的马仁祥来说，的确是件不容易的事。不久，他又遇上了新的麻烦了。

1986 年春上，小庭院里的 100 多棵葡萄流胶滴液，每棵葡萄的根部都滴有碗口大的洞。马仁祥一看傻了眼，赶忙用线来扎，止不住；用布裹，也不抵事。他望着眼看就要干瘪的枝干心如刀绞，急得在院子里团团转。书上说，"葡萄滴液，一般要推迟生长期半年，严重的还会死亡。"这 100 多棵葡萄，是他背着老伴从信用社借了 200 元贷款，跑到南京农科院跟人家好说歹说，这才从留给句容县的"巨峰"苗中匀来的，要是死了，那不全完了吗？

一园的葡萄在滴液，每一滴都滴在老马的心上。那"滴答"的声响，像电流一样刺着他的神经。他感到头昏、心跳。葡萄枝滴液不止，马仁祥泪水不干。

马仁祥没有倒下。第二天 4 点启程，步行 20 里乘轮船，一路小跑赶火车。

在南京农业开发中心，他遇到了园艺专家汪应源。汪教授告诉马仁祥，葡萄落叶后就该整修。一到春天，碰破点皮就会滴液。解决滴液有三种办法：一是用电烙铁将葡萄枝伤口烫死；二是用塑料线包扎；三是切断主根。事不宜迟，老马转身返家。到了家已是晚上 9 点多钟，他只喝了口水，拿着锹就干了起来。110 棵葡萄，一棵棵给扒开了，将主根切断再培上土，足足干了 3 个小时。当他重新穿上棉袄，才知道脊梁心湿了一大块。春寒料峭的夜虽然寒气袭人，但马仁祥的心头是热乎乎的。滴液止住了，一园的葡萄得救了。

"曲折中你想过什么没有？"我问马仁祥。

"想过很多。但我爱它，舍不得丢手，困难再多也要干下去！"他毫不隐晦地说。

是的，爱是一个你想走出却怎么也走不出的怪圈子。因为爱，你才去执着追求。如果没有爱，也就没有追求，没有追求，那就谈不上有什么成果了。

马仁祥的苦没有白吃，马仁祥的汗没有白流。1989 年他的水果获得了全面大丰收。仅葡萄一项就收入 8000 多元。

7 月，马仁祥挑着一大担"白凤"水蜜桃上了市。一开始，有人误认为是塑料制品，用手来抓，谁知一捏水直滴，尝一尝，鲜美可口，比蜜还甜，简直不可思议。大家争相购买，人们交口称赞："马仁祥的水蜜桃果大，色美，肉厚，味鲜，是桃中上品。"

世人只知道马仁祥的桃子好吃，哪里知道他种桃的艰辛？只有马仁祥他自己才真正咀嚼到生活的苦涩与甘甜。

# 四

马仁祥不仅是个肯钻研的人，还是个一心想着为大伙办实事的人。大呼隆那阵子，他当生产队长。冬闲时，别的队在家歇着，他却带领群众披荆斩棘，平整土地，格田成方。那是学大寨之前的事，有人说他是搞形式，出风头。队里种花生，他提出"小垄子""割藤子"的方法，起初有人反对，秋后一亩花生收了2000多斤，大家才知道他是科学的。北十里铺的油菜、棉花，都是他选用的优良品种，单产比邻队高出几倍。推广联产承包责任制，几分田的园家家有，马仁祥想自己先试着干，不成功，另辟路径；成功了，领着大家一起干。他要在小庭院里做出大文章，闯一条适合本地特点的致富路子。

当时，有人说马仁祥是癞蛤蟆想吃天鹅肉，肚子吃饱了，玩门道。一些好心人劝他："现在都在搞商品经济，田都不愿种，还搞园？开个豆腐店，一年要赚万把块，莫说外出做生意，就是拉板车搞运输，一天也能捞上十几块。种一亩田，丰收年稻麦两茬，亩产一吨，除去高价化肥、农药、水电、费用，还有什么？一担稻子只买两包烟，全年收入不及公家请一顿酒，划算吗？就算你这果树是摇钱树，也摇不出多少钱来！"

"土地是我们的命根子，不能荒。农民不种田，工人不做工，大家都去做生意，还吃什么？票子再多，也填不饱肚子。商品经济要搞，看怎么个搞法，田得种，看怎么个种法。"马仁祥说，"我在报上看到外国人均水果150公斤，我们中国人均只有1.5公斤，水果需要量大，供不应求，现在工厂避暑发水果，探望病人送水果，走亲访友带水果，孕妇、儿童天天吃水果。随着物质生活水平的提高，水果越来越吃香。只要水果品位高，不但能卖掉，还能出口，这不也是商品经济嘛。"

"算了吧，别做梦了！我们这一带哪个种水果？不要看人家吃豆腐牙齿快，我劝你还是不干的好！"他的堂弟重重地抛出这句话。

马仁祥摒弃了来自多方面的阻挠，善意地回绝了好心朋友的劝说，按照自己的意愿去干他要干的事。购果树，去山东、下江浙；学技术，去南京、赴广州。大大小小的农科院找了十多个，跑了无数趟。为了把栽培果树的技术学到手，他硬是住在农科院帮人家干活，别人前面干，他在后面学。精诚所至，金石为开。无论是教授还是技工，都愿意教他。就这样不到两年功夫，他就掌握了浙江葡萄剪枝引拨的技术，学到了广东葡萄架形的铺设。引进了许多新品种，就连中国农科院的杂交草莓试管苗，他也弄到了。他还订了好几种报纸、杂志。诸如苏皖浙三省的科技报、《百事通》《农业科学通讯》《中国果树》等，掌握各地信息，不断更新技术。

马仁祥终于干出名堂来了！记者采访，报纸电台宣传，四乡八镇都来学习。老马他口传身教，百问不厌，还把自家培育的数万株草莓、葡萄苗分送给邻里乡亲，有的还是他自己掏钱在外地买来的。外地来信求教，他翻印了《葡萄栽培技术》资料，无偿地寄到全省 7 市 35 个县的果农手中。有的上门求学，他管吃、管住。为了适应越来越多的求教需要，他在和城北门设点，开展咨询服务。还自费请来了江苏农科院的技术员，来本村传授套袋技术。把果树栽培的有关技术迅速传播开来，让庭院经济尽快在广大农村开花结果。

马仁祥听说善厚有一户万株葡萄不挂枝，急得整夜睡不着，他翻过鸡笼山，找到草窝村，帮他整枝修剪。花圩王桂兰家的葡萄三年未结果，马仁祥帮她重新整治，向她传授了施肥治虫、捻穗尖、摘心等技术，王桂兰照着学，当年就收益。北十里铺 30 多户人家，几乎家家有庭院，户户种果树。就连原来最不相信栽果树的堂弟马仁水，也踩着马仁祥的路子走，一季草莓收入 9000 多元。王桂兰感激马仁祥，北十里铺人感激马仁祥。许许多多的人感激马仁祥。全省每年有上百封的感谢信寄到马仁祥的手中。马仁祥对此却淡淡一笑："我也是跟别人学来的，一传十，十传百嘛！"

一些机灵的人说："老马真傻，他将'门道'全部亮出来了，大家都会干了，他的东西也就不值钱了。"

可马仁祥想的不是这个。他说："户户种好果树，家家都能致富，这就是我的最大心愿。"马仁祥的水果飘过长江，卖到马鞍山，马仁祥的果苗蹚过淮河，栽到宿县。马仁祥的草莓冷冻加工后，远销海外。马仁祥开发庭院的经验飞过大江南北，长城内外，传播到全国各地。

## 五

1989 年，马仁祥迈着曾沾过黄泥的双脚，跨进了金碧辉煌的人民大会堂，光荣地出席全国劳模表彰大会。他坐在 9 排 45 号位子上，这是他平生第一次和中央领导面对面地坐着，亲耳聆听他们的讲话。

"你们是真正的精英，是共和国的支柱，是全国人民学习的榜样！"

多么亲切的鼓励，多么崇高的荣誉啊！马仁祥听着总理的报告激动不已，两只眼睛全给泪水模糊了。当授奖开始时，身材高大的马仁祥，竟像个孩子似的又惊又喜，激动得不知怎么是好，他接过国务院颁发的奖状，紧紧握住中央领导的手久久不放，木讷得半天说不出一句话来。

上北京见领袖，老马想过没有？想过，那只是个梦。早年他当队长，为种双季稻，公社书记在大会上表扬他，当晚他做了个梦：他披红挂彩被人们簇拥着来到了北京，在中南海怀仁堂里受到了敬爱的周总理的亲切接见……

时隔不几年，马仁祥真的上北京了。可那是去大寨参观学习路过的。那时的北京，东西长安街还不太宽，天安门广场也不太大。农民进京是少有的事，他特地在天安门广场留了个影，心想，这辈子恐怕再也来不了啦！

谁知23年后他又来了，这次是堂堂皇皇地来参加劳模会的，而且还是全巢湖地区唯一的农民代表哩！

接到进京开会的通知，马仁祥有好几夜没睡着，老伴和他商量："这次上北京，是带葡萄、柑橘，还是带水蜜桃、草莓呢？"

老马说："中央领导什么没见过，一样不用带，要带就带我的这颗心。"

马仁祥的这颗心，是一个回民誓死跟党走的纯真之心，是一个共产党员一心一意带领群众致富的赤诚之心。

9月30日的晚上，国务院邀请劳模代表参加建国40周年庆祝活动，马仁祥登上了天安门城楼的观礼台。为共和国祝寿的礼炮，在庄严激越的国歌声中发出了震天动地的巨响。夜空中，礼花竞放，色彩缤纷：观礼台下、车水马龙，人山人海。探照灯的光束纵横交织，辉映着人民大会堂、人民英雄纪念碑和历史博物馆，将东西长安街照得如同白昼一般。一个又一个的文艺团体载歌载舞轮番表演，一批又一批的庆祝队伍手舞花束纵情狂欢。欢呼声、乐曲声、礼炮声融成一片，天安门广场成了欢乐的海洋。

马仁祥望着漫天飞舞的礼花，那长长的碧绿的一串串的是葡萄，那撒开来的玛瑙般的殷红的是草莓，那一颗颗又圆又大的橙红的白中泛红的是柑橘和水蜜桃。他想起了他的小庭院，想起了北十里铺和经他亲手指导种植的万亩果园。

礼花的香雾伴着灯火的光晕和着夜气在观礼台下飘逸。马仁祥说他此刻犹如腾云驾雾升上了太空，一切都像在梦中。

## 六

是梦吗？不是。是实实在在的现实啊！

仲夏的夜，溶溶的月色笼罩着北十里铺。马仁祥的小庭院弥漫着轻烟薄雾般的夜气，几分淡泊、几分朦胧，又含着几分的温馨。

一阵晚风吹过，果枝沙沙作响，月光筛下一颗颗果实的投影，似铜钱飞舞，如银圆落地。

我想起奶奶说的"摇钱树"故事。马仁祥不就是那个培育"摇钱树"的青年化身吗？

（金绪道　撰稿）

# 商海弄潮儿
## ——记全国劳动模范洪必钊

20 世纪 80 年代是中国改革开放的春天，商品经济的大潮席卷着神州大地。一批商海的弄潮儿，勇敢地到中流击水经受风浪的考验。有的呛了几口水，沉下去了；有的却劈波斩浪，立于潮头之上。全国劳动模范、企业家洪必钊就是其中的一员。

**一**

1987 年，身为西埠供电所所长的洪必钊，根据"一业为主，多种经营"的方针，提出兴办粮油加工厂的意见，许多人很不理解，认为供电部门的工资、奖金、福利都有保障，何必去操劳办厂？可洪

洪必钊

必钊想的却是发展。他认为，西埠是水稻、小麦、油菜的主要产区，原料不成问题。现有的一些小型加工厂技术落后，产品单一，这个厂办起来有前景。不仅能解决农民卖粮难的问题，也能解决职工子女就业的问题，同时还可以为电力设备改造提供资金，如果滚动发展，还可创办大企业。在洪必钊的坚持下，加工厂办起来了。初创时，只有 3 万元资金，6 名职工。由于他们注重在精细加工上做文章，在降低成本上下功夫，推出的精米、面条、饲料，以上乘的质量、低廉的价

格打开了销路，占领了市场。到 1992 年底，粮油加工厂的固定资产已滚动发展到 250 万元，年利税突破 50 万元。

## 二

1993 年，县供电局任命洪必钊为局多种经营公司经理。宣布任职的当晚，他辗转反侧，难以入睡。心里构想着如何以西埠粮油加工厂为阵地，扩大规模，新上项目，增加效益。于是，第二天他便开始上北京、下广州、奔湖北、闯山东，进行实地考察，寻求新的发展之路。

考察回来后，他选定了技术含量较高的金刚石和合金片生产项目。洪必钊将他的想法公布后，许多人傻了眼，说："就凭我们这些土包子，一不懂技术，二不懂营销，能干这样的大事？"洪必钊却铁了心："世上无难事，只怕有心人。学！"

项目虽然定了，但资金却是一个问题。办这两个厂需要 1000 多万元，仅靠加工厂积累的资金是远远不够的。洪必钊胸有成竹，成立"安徽省电力超硬材料总公司"，搞股份合作制。凭着他个人的信誉和良好的企业形象，很快地得到了当地政府和社会团体以及个私企业的大力支持，在不到半年的时间里，就筹集了股金 2000 多万元。

资金问题解决了，技术问题怎么办？洪必钊一方面带领技术骨干赴一些老厂家、高等院校去学习，一方面又高薪聘请了一些专家教授、工程师来厂培训工人，指导生产。经过理论知识的学习和实践的锻炼，一支技术队伍形成了。就这样，金刚石、合金片这两个厂在洪必钊的苦心经营下，于 1994 年正式投产，当年的产销率就达 95%，产品远销北京、广州、福建、山东、湖北、四川、河南等 20 多个省、市、自治区。这一事实震惊了彷徨者，也更加坚定了股员们的信心。

企业正常运营之后，洪必钊就把心思用在管理上，用在调动员工的积极性上。虽然企业订了完备的规章制度，奖罚分明，不徇私情，但洪必钊更为信奉的还是"身教胜于言教"。他常说："我是总经理，但同时也是一名普通员工，只有勤奋工作的责任，没有搞特殊化的权利。"建金刚石、合金片这两个厂，他们仅花了 7 个月的时间。这么快的原因在哪里？这 7 个月，洪必钊没有离开工厂一步，始终和工人们战斗在一起。设备安装时，他的右手食、中指被打断，痛得昏了过去，大家将他送到医院治疗，但他只在医院待了半天，上了夹板、打了针之后，又吊着绷带来到了工地。建造 50 吨的大水塔，他连续三天三夜没有睡过一次好觉。整个建厂期间，他几乎每天工作都在 16 小时以上。由于过度劳累，他的慢性骨髓炎犯了，腰酸背疼，两腿不能直立，但他全然不顾。买来两张活血止痛膏贴贴，照样顶着。投产当年的春节，因为生产任务紧，工人们年三十还在加班，洪必钊带着公司的干部坚持在车间里值班，和工人们一起吃了年夜饭。他的老伴领着儿媳和孙子一直等到晚上 6 点，可等到的只是个道歉的电话。洪必钊就是这样为员工做出了榜样，你说谁还不拼命去干？

洪必钊用辛勤的汗水和创造性的劳动，谱写了一曲激动人心的"奋进"凯歌。1995 年，他被评为全国劳动模范，光荣地受到党和国家领导人接见。

## 三

获此殊荣后，洪必钊没有居功自傲，而是与时俱进不断谋求新的更大发展。此时，正值东南亚金融危机、国家银根紧缩、金刚石市场持续滑坡之际，面对许多工厂纷纷倒闭的现状，要保住企业并有新的发展，只能走低成本、低扩张之路。

洪必钊在公司领导班子的经济形势分析会议上指出："在没有形成较为合理的规模之前，我们的优势还无法在市场竞争中充分发挥，国内金刚石产业结构小、散、乱，市场疲软，以高投入换取规模，既没有必要，又是自身条件和市场规律所不允许的。因此，只能利用自身的技术优势和配套生产的全部原辅材料优势，加快资本积累。"于是，他在别人没有觉醒之前，采取了三种措施：

一是代理销售。利用长期以来取得的良好市场信誉和较为畅通的销售渠道，代理了枞阳、金寨、蚌埠、霍山等地中小厂家的销售业务，从而换取这些厂家的原材料供应权。

二是租赁承包。他主动上门租赁承包了长期停产的江苏宜兴远东金刚石厂，紧接着又租赁承包了舒城、黄山、界首、怀宁、合肥及河北张家口等 8 家金刚石厂，就连中国金刚石生产的鼻祖——郑州三磨所金刚石厂也给承包了，取得他们的全部资本使用权。

三是联合经营。亳州市东风金刚石厂是一家私营企业，亏损较重，主动同他们联营提供全部原辅材料，产品等销，利润等分。

"四两拨千斤"，以少量资本投入获得较大的资本经营权，从资本收益中不断实现资本积累，这是多好的主意啊！

洪必钊在实现资本的第一次扩张之后，不是分光花净，而是追求资金的"马太效应"。他决定：第一，以相当于设备原值一半的价格收购全国各地同行厂家的

64 台金刚石压机，将原粮食加工厂闲置的库房改成厂房，实现以投资设备盘活存量资本的初衷。第二，在和城再建一个厂。吸纳广东姚老板 20 台价值 300 多万元的金刚石压机。

无论是以投资固定资产盘活存量资产，还是以投资固定资产引进外部资金，都同样是以少量资本运营较大资本，实现资本的第二次循环，发挥资本的最佳效益。

由于采取低成本扩张的招式，洪必钊避过了金融危机的风暴，越过了市场滑坡的暗礁，畅游在商海之上。1998 年，安徽省电力超硬材料总公司的金刚石生产规模位居全国第一位，金刚石的销量占全国市场的 14%，触媒片位居全国第二，占全国市场的 22%。公司实现销售收入 10081 万元，利税 848 万元，产销率、资金回笼率均达 100%。

## 四

1999 年初，洪必钊办理了退休手续。然而，他并没有放弃对事业的追求，自筹资金 200 万，组建金智超硬材料有限责任公司，继续他热恋的金刚石生产，与电力超硬材料总公司互为呼应。

2000 年初，洪必钊主动将金智"嫁给"电力超硬材料总公司，成立宏晶新材料股份责任有限公司，这是洪必钊又一新的力作。

按说，这时的他完全可以休息了，可他还是歇不住。县里的一些国有企业倒闭了，工人下岗了，他寝食难安。于是，他把目光转向亏损停产的企业，转向失业待岗的员工。在县委、县政府的大力支持下，2000 年底，洪必钊通过租赁、承包、接管和买断等方式，先后取得石杨镇花山水泥厂、县夹山关水泥厂、造纸厂、箱板纸厂、橡胶厂及陋室宾馆 6 家亏损的国有集体、乡镇企业的经营管理权。他要通过自己的努力，去实现人生的第二次辉煌。

经过"把脉会诊"，注入启动资金，改革经营机制，强化成本管理和质量管理，使这六家企业重新焕发出勃勃生机。那些被迫在外地打工的员工，听说企业又红红火火地运转起来，便纷纷返乡回到原来的工作岗位上。洪必钊看到这些下岗工人重新就业，心里感到无比的高兴。

金智公司和五六家被接管的企业，光员工就有千人之多，可算是个大摊子，如果没有科学的管理势必一盘散沙。洪必钊究竟是怎么去管的呢？他首先以人为本，管好人、用好人。他管人不是靠压、靠罚，而是以情动人，以人格的魅力去感染人。洪必钊向所有员工公布自己的手机号码，要求大家有什么问题和建议可以随时打电话找他。平时，主动找职工交谈，沟通思想。思想一沟通，距离就拉近了，员工们个个敬重他、亲近他。洪必钊待人平等，但工作要求却很严，一丝一毫不马虎，不论什么人一律以实绩分优劣，以优劣定位次，以位次论报酬。能者上，庸者下，不唯学历，注重才干，只要有真才实学和开拓精神的就委以重任。职工反映说："跟洪总干，痛快！"此外，洪必钊还十分关心员工生活。每年春节都拿出钱物救济本企业的特困职工。2001 年，金智公司一位职工不幸患上了骨癌，他得知后，自己带头并发动职工募捐一万多元，为她解决医药费。洪必钊正是通过对职工真情的爱，赢得了职工的衷心爱戴，激发起员工高涨的工作热情。

经过几年的努力奋斗，洪必钊的企业"发了"，洪必钊也成了"大款"。然而洪必钊却朴实无华，继续保持着艰苦朴素、勤俭节约的传统本色。他在关心扶持亏损企业的同时，还热心于社会公益事业的奉献。每年捐款 2 万元，慰问全县特困企业职工。1998 年，一次向灾区捐款 13 万元。2000 年，投资 35 万元为腰埠乡娘娘庙初级中学建了一幢 800 平方米的教学楼。洪必钊心里装着的，确实不仅仅是他自己。

洪必钊现在虽已年逾古稀，但谈及经商办企业却浑身是劲。他雄心勃勃，要把宏晶公司发展成集新材料制造中心、销售中心和资本运营中心为一体的年产值 2 亿元的集团公司，要把他接管的几个厂办成一流的企业。这位商海中的弄潮儿，将要在新世纪的惊涛骇浪中，冲破重重险阻，奔向更加广阔的天地。

## 五

面对农村缺医少药的现状，时已耄耋的洪必钊看在眼里、急在心上。他当年在和县中医诊所当学徒时，就对医学有着浓厚的兴趣，并有宏图大志，这些年来依然始终不忘"尽自己的能力，解决家乡老百姓看病难、看病贵"的初衷，把自己经营打拼来的积蓄回馈于社会。

2018 年 6 月，洪必钊联络了两位愿为百姓谋福祉的合伙人，投资 6000 万元，正式启动创办医院的工作。建立一个有医疗经验专家在内的筹建领导小组，首先确定医院的规格为二级综合医院，是一所按公立医院管理的民营营利性医院，设备在县域内一流，收费标准不高于区域内任何一家二级医院。根据"患者为上、医德为先、医技为重"的宗旨，制定筹建方案，医院占地面积 17013 平方米，160 张床位，利用陋室宾馆东侧闲置空间。继而，购置先进大型设备：美国 GE64 排低剂量螺旋 CT、美国 GE1.5T 磁共振、奥林巴斯电子胃镜和肠镜管 DR（直接数字平板 X 线成像系统）、C 型臂 X 光机、德国卡尔史托斯内窥镜腹腔镜、氩气高频电刀、日立全自动生化仪、五分类血细胞分析仪、全自动血凝仪、化学发光分析仪、尿液分析仪、高频电刀、利浦刀、自动洗胃机、呼吸机、心脏起搏 / 除颤器（除颤仪）、多参数心电监护仪、幽门螺旋杆菌检测仪、美国 GE 彩超、便携式彩、超高频电刀、多功能麻醉机、12 导心电图机（心电图机）、24 小时动态血压检测仪、24 小时动态心电图、X 线骨密度、检测仪肺功能仪、中心负压、中心供氧；预真空高压蒸汽灭菌器、低温等离子消毒机及功能齐全救护车。

秉承"服务患者，快乐自己"的理念，将退休离院医德高尚、医术精湛、体质健壮的主任和副主任医、护、技师聘请来院，并录用师护专业的大学生。现在医院员工总数 192 人，医、护、技 139 人，实际开放床位 160 张，与员工比 1∶1.2，实际开放床位与护士比 1∶0.48，实际开放床位与卫技人员比 1∶0.64。

卫生技术人员总数 141 人，医师 39 人，护理 78 人，医技人员 24 人，其中：检验 11 人，放射 5 人，药剂 5 人，其他 2 人。

2019 年 6 月 6 日，和县卫生健康委正式批准和县济民医院为二级综合医院，设置了预防保健科；内科、呼吸内科专业、消化内科专业、心血管内科专业、肾病学专业；外科、普通外科专业、骨科专业、泌尿外科专业；妇产科、妇科专业；儿科、小儿消化专业；皮肤科皮肤病专业；精神科、精神病专业；传染科、肠道传染病专业；肿瘤科；急诊医学科；康复医学科；麻醉科；医学检验科、临床体液和血液专业、临床微生物专业、临床生化检验专业、临床免疫和血清学专业；影像医学科、X 线诊断专业、CT 诊断专业、磁共振成像诊断专业、超声诊断专业、心电诊断专业；中医科；体检科。

济民医院试运营期间，洪必钊对全体医护人员开诚布公地提出：规矩做人，规矩办事，规范管理。

正式运营的第一天，洪必钊又反复强调医保资金是老百姓的救命钱，一定要规范使用，不做无良心和不道德的事。还把"医保资金是老百姓的救命钱"作为宣传标语，张贴在医院每一个角落，时刻提醒每位员工。

实行规范治疗，合理检查，合理用药，较好地控制了门诊和住院费用。洪必钊这才放心，并指示其业务院长，时刻注意，定期检查，落到实处。

济民医院广纳人才，积蓄医技力量。多方加强技术合作联系，聘用南京东南大学附属医院中大医院、二军大上海长海医院、南京中医药大学附属江苏省中医院、北京世纪坛医院、安徽医科大学附属第一医院、马鞍山市人民医院知名专家，与马鞍山十七冶医院成立医疗合作体。

济民医院为多家养老机构、学校、社会办事机构签订服务支持协议。积极开展义诊、免费健康教育活动，完成政府指令任务，特别是新冠肺炎疫情防御中，积极服从和配合政府安排，调动卫生人力资源和医药物资抗击疫情，充分体现济民医院公益性。

济民医院重视人才培养和学术研究氛围。开业一年多，就有 2 名住院医生和 2 名执业助理医师，经医院培养和实际锻炼，分别晋升为主治医师、住院医师。

济民医院具有良好的服务品质，绝大多数患者对医院服务和医疗水平非常认可，开业一年半，收到锦旗 41 个。因清洁卫生环境、优质服务、良好技术水平、公道收费价格，患者介绍患者来济民医院就诊，形成良性循环。住院和门诊人次逐年攀升。2020 年，门诊 19007 人次，出院 1899 人次；2021 年，1—5 月份门诊 13947 人次，出院 1403 人次。开业 2 年来，做到了零投诉、零事故。

济民医院院名是洪必钊起的，"济民"两字，准确表达了他办院的目的：解决和县老百姓看病难、看病贵的问题。他尤其注重济民医院自身医护技的团队建设。不惜重金招募了很多临床经验丰富专业技术人员，同时积蓄后备力量，积极参加大专院校供需见面会广招人才。利用人脉关系多方加强技术合作和联系，聘用多地知名专家来医院坐诊、教学、手术，患者不需要举家外出寻医问药，在家门口就能享受到大医院专家看病待遇，特殊情况，医院还聘用专家及时到院救治，费用由济民医院承担，不让患者掏钱。

医院开业不久，两位无子女老人来院看病，老伴住院，老爷子陪护，预计出院要自付 1000 多元，洪必钊得知老爷子要回家卖小麦后，自己把钱给垫上了。他给医护人员说："对贫困户、特困户能帮助尽力给予帮助，给他们献爱心，是医院的本分。"

济民医院实行住院病人回访制度，扎实做到对每位医生、护士医疗质量服务态度满意度调查，努力提升医疗质量和服务质量。洪必钊经常用特鲁多医生的名言："To Cure Sometimes, To Relieve Often, To Comfort Always." "有时去治愈，常常去帮助，总是去安慰。"警示每位员工。有时、常常、总是，像三个阶梯，一步步升华出为医的三种境界。

洪必钊的一生，是用智慧去发现商机，用意志去勇敢奋斗，将诚信的收获无私地分享给他所钟爱的事业和人民。他的这种无私、高尚的思想境界，不就是"以民为贵"吗？

（金绪道　撰稿）

# 马蹄声声赤子心

## ——记全国民族团结模范马仁俊

一

阳光灿烂，金风送爽。2019 年 9 月 28 日上午 9 点左右，白桥镇陈桥洲移民村北区的清真门下，两辆黑色的轿车相继驶入。此时，卸任多年的陈桥洲村书记马仁俊同志早已站在了自家的大门前。离他不远的一棵香樟树上，几只花喜鹊在上上下下地蹦跳着，它们"喳喳喳喳"的欢叫声传遍了整个回民小区。

等两辆小车在路边一停好，马仁俊同志就赶紧迈着大步迎了过去。"马书记，你好呀！"最先下车的一位一把握住了马仁俊的手，大声说道，"祝贺你，马书记！今天我们马鞍山市和郑蒲港新区的几位同志是受中共中央、国务院、中央军委的委托，特来向您颁发庆祝中华人民共和国成立 70 周年纪念章的！"随即转身，从后面的一位年轻人手中接过一个紫红色的木盒。这时，闻声而来的邻里群众越来越多，大家都屏气凝神地等待着，只听"啪"的一声，木盖被打开了，一枚金光闪闪的勋章赫然出现在大家的眼前。瞬间掌声四起，马仁俊同志双手接过勋章，激动地说："感谢党！感谢政府！作为一名普通的基层党员，其实，我所做的一切都是微不足道的，党中央、国务院却给了我这样的殊荣，我一定再接再厉，为建设美丽陈桥洲发挥自己的余热！""马书记，您在平凡的岗位上做出了不平凡的业绩，这枚勋章您当之无愧！"掌声更热烈地响起来。

"乡亲们！"望着身边兴奋的乡亲们，马仁俊同志将勋章高高地举起来，对着人群朗声说道，"乡亲们，这枚勋章表扬的不是我马仁俊一个人，它肯定的是我们陈桥洲全体回汉两族人民对美好生活的向往和追求，它礼赞的是我们每一个人在国家富强、民族振兴、人民幸福征途中的付出！70 年来，我们陈桥洲已经发生了翻天覆地的变化、成绩喜人，但我们还要不忘初心、继续前进。现在，我虽然退休了，但只要党和人民需要，我这匹老马还是能跑的，而且蹄声一定还会是杠杠滴！"

## 二

1950 年 9 月 15 日，家住西梁乡陈桥洲马拐村的回民马维道和撒平如迎来了自己的第一个孩子，夫妻俩疼爱有加，并依照家族的行辈，给他取名叫马仁俊。因为自己是文盲，深知不识字之难，于是在小仁俊只有六七岁时，父母就将他送进了洲上的西边小学读书。

马仁俊聪敏勤奋，尤其是珠算，更是过人一等，老师和同学们都叫他"小算盘"。因为成绩优异，马仁俊先后跳了两次级，13 岁时，就考取了和县师范学校。

新中国成立初期，"大办农业 大办粮食"始终是党的第一代领导集体一贯坚持的方针政策。1956 年 5 月 16 日毛主席就指出，"中国是一个六亿五千万的人口大国，吃饭是第一件大事"。1960 年 8 月 10 日中共中央发布《关于全党动手，大办农业，大办粮食的指示》，要求坚决从各方面挤出一切可能挤出的劳动力，充实农业战线，首先是粮食生产战线。

为此，20 世纪 60 年代的和县师范在注重课堂教学的同时，还积极开展农业生产实践，并通过对课程的科学调整，缩短了学制时间。在师范学校学习期间，马仁俊一边刻苦学习，一边和老师同学们一道到田间地头参加劳动，亲身实践"土、肥、水、种、密、保、工、管"的农业"八字宪法"，在理论和实际的结合中，学习农业知识，掌握生产管理的技术。在马仁俊家的一张镜框中，我们看到了他摄于师范学习时期的一张老照片：胸前插着一支钢笔，两条裤子卷到大腿根，一脸灿烂地站在田埂上。

两年半后，马仁俊以优异的成绩从和县师范顺利毕业。毕业后，他主动响应党的号召，自觉下放回乡，投身到陈桥洲的农业生产大潮中。

## 三

1965 年 3 月，正值草长莺飞、柳绿桃红时节。虚龄才 16 岁的马仁俊，被推选为陈桥洲大队共青团书记，正式进入了陈桥洲的管理团队。在他的组织领导下，陈桥洲的团队工作多次受到上级部门的表扬。

1968 年，马仁俊开始担任大队的主办会计。此后，历任大队副主任、主任。1984 年，中央四号文件发布，肯定并鼓励乡镇企业。1989 年，马仁俊因办事果决，善于经营管理，被调任西梁山镇企业办公室副主任、同时兼任镇面粉厂厂长。之后，又兼任镇黄砂公司支部书记、经理。在他的领导下，镇黄砂公司为镇财政和镇容建设作出了突出的贡献，同时还解决了西梁山镇劳动力人口过剩的问题，马仁俊也因此赢得了领导和群众的一致好评。

就在大家都认为马仁俊这次会被镇里留任，甚至会得到进一步的提职时，1993 年的春天，一纸调令又将马仁俊调回到陈桥洲行政村任党支部书记。当时，有不少人以为马仁俊对此一定会有些怨言，而实际上，陈桥洲在他的心里已成了一种情结，他生于斯，长于斯，早就立志要将自己的生命和才智奉献给这片土地。

# 四

四月的陈桥洲，杨柳垂青，百鸟鸣欢，可坐在村委办公室里的马仁俊却根本无心欣赏这些诱人的景致。眼前的陈桥洲行政村组织涣散、经济贫困、财务管理混乱，几千人口的一个行政村，账面上只剩下 300 多元，而三个小食堂却朝暮炊烟不止，形形色色的勤杂人员竟达 30 多人。马仁俊当晚写了一份详尽的村情汇报，第二天一早就赶到了镇政府，在征得镇党委和政府的批准后，他又马不停蹄地返回了村上，先后召开了党员支部大会和群众代表会议，在很短的时间里，便重新组建了一支精干的村委领导班子。班子搭建好后，马仁俊便将埋藏在心中多年的一张蓝图摊开在大家的面前。

荼蘼花开的时节，马仁俊在陈桥洲打响了盘活集体经济的第一枪——开发滩涂荒地 3000 多亩并对外发包，种植速生易销的意杨。之后又火力全开：夏初，复建了闲置多年的村粮油厂；秋天，开挖了两处面积约 3000 亩的江套鱼塘，同样以对外招标的形式让能人承包；冬天，利用长江的枯水期又开垦出约 2500 亩的芦柴荡，还是对外发包。与此同时，在与村委会成员讨论后，马仁俊又将东江、北江的渡口、渡船也分别对外承包。由于多管齐下，财源广了；因为多腿走路，经济活了。

洲还是那个洲，人还是那些人，而在马仁俊的带领下，陈桥洲行政村当年就实现了村集体年终收入 10 万多元。此后又逐年增加，到马仁俊退休的 2011 年，陈桥洲村的年收入已达 100 多万元。

## 五

村集体有钱了，马仁俊便开始盘算如何用好这些钱？钱来之于民，当然，也要用之于民。

1994 年初，瑞雪纷飞，江涛阵阵。马仁俊向镇政府争取了 5 万元的财政支持，又从村财政中拿出了 26 万元，一举建成了一幢框架结构的教学楼，让一直以来窝在老旧平房中的陈桥小学的师生们，圆了一把楼上楼下、登高望远的校园梦。

1995 年，夏季多风，洲上出现了几次停电事故。马仁俊通过多次申请，争取到县供电局的技术支持，由村财政投资 30 多万元，完成了对全村高压跨江电线塔和全村低压线路的更换、改造，一劳永逸地解决了洲上风雪天的停电问题，让村民的生活、生产有了可靠的保障。

1996 年初，马仁俊提出为村民安装程控电话的设想，获得大家赞同后，由村财政出资 5 万元，很快就完成了全村电话线路的架设，从而在周边地区率先实现了电话到户的梦想。

从 1997 年到 1999 年，在马仁俊的主持下，陈桥洲先后投资 102 万多元，更换、新建了大量的水利设备、农耕机械，并翻修了多处排涝机站以及农场的厂房，为村集体经济的长远发展夯实了基础。

## 六

作为陈桥洲 3000 多村民的当家人，马仁俊心里还揣着一个更大的梦想——陈桥洲的道路梦。为了让沙洲起村的陈桥洲在道路上能硬起来、宽起来、高起来、连起来，从 1998 年到 2011 年，马仁俊和村两委一班人齐心协力，由村财政前后持续投资 230 多万元，在陈桥老洲建成了长达 16 华里的环洲水泥路和两直三横总长 7000 多米的机耕路；在南滩，也建成了两直两横，交互相通，总长 3000 多米的机耕路。

祖祖辈辈习惯了进出两脚泥的陈桥洲人，走在宽敞、平坦、风雨畅行的水泥路上，脸上露出的笑真比蜜还甜。

在改造陆上道路的同时，在村务会议上，马仁俊多年来更加注重的是村民们水上出行的安全。在他的说服下，从 1993 年到 2011 年，陈桥洲村又先后斥资 200 多万元，实现了从小木船到大木船，从大木船到铁壳挂机船，再从铁壳挂机船到汽渡，然后由老式汽渡到新式汽渡的"四连跳"。在这当中，为了学生的安全，马仁俊还力排众议，增制了一条专门用来接送学生的厢式渡船。

为了与渡船的使用相配套，马仁俊还亲自设计并督建了两处夏冬两用水泥码头和候船室，真正做到了让村民出行寒暑无忧、阴雨不愁。

陈桥洲的南滩农场是马仁俊的心中宝、掌上珠。为了增产保收，马仁俊一次又一次到省水利厅说明情况，先后共争取到省财政 95 万元的专项拨款，让 1000 多亩的沙田实现了喷灌，从而使之具备了现代农业的雏形。

2005 年，村队合并后，大赵村机站的改造；2005 年到 2009 年，移民小区的水泥路、广场、路灯、垃圾屋、绿植、两口当家塘的筹建；2009 年，洲上自来水厂的建设；2008 年到 2011 年，原大赵 3 个自然村的机耕路铺设，还有回民的清真寺、汉族的安息堂……当了十几年大队会计的马仁俊，每当说到这些简直是如数家珍，在他的心里始终揣着一个陈桥洲的账本，而且每一笔都精确到了角和分，且能脱口道出。

习近平总书记说过："人民对美好生活的向往，就是我们的奋斗目标。"以此为标准，来回望马仁俊在陈桥洲所做的一切，作为一名党的基层领导干部，他是平凡的，更是非凡的。几十年来，他哒哒的马蹄永远是响在陈桥洲百姓耳边的赤子的心跳。

2009 年，马仁俊作为安徽省仅有的三名代表之一，出席了全国民族团结进步表彰大会，受到了国务院的嘉奖，并被胡锦涛、温家宝、吴邦国等党和国家领导人亲切接见，还应邀到天安门广场现场观礼了中华人民共和国成立 60 周年国庆庆典。

马仁俊卧室的柜顶上，一直放着一个小木箱，几十年来，他和爱人从未轻易示人，亲戚朋友们虽然很好奇，却又不好意思问。去年的夏天，在这对老夫妇双双病倒之后，照料他们的大女儿才知晓了这个谜底——她在晒霉时发现，小木箱里塞得满满的，既不是金银首饰，也不是什么钱币，而是一本本通红通红的获奖证书和几枚沉甸甸的奖章。

（马　云　撰稿）

# 创办一个林园　带动一方致富
## ——记全国绿化劳动模范严守兰

在 346 国道和县西埠段有一个遐迩闻名的安徽林海园林绿化工程有限公司，人们称它"六全企业"：全国苗圃 50 强、全国国土绿化贡献奖、全国优秀园林施工先进单位、全国十佳园林优秀企业、全国园林综合竞争力百强企业、全国万企帮万村精准扶贫先进民营企业。

公司董事长严守兰，和县西埠镇范桥人。西埠镇商会会长、和县工商联总商会副会长，安徽省林木种苗协会二届常务理事，安徽省风景园林行业协会副会长，中国企业联合会、中国企业家协会会员。2009 年，她被授予县三八红旗手；2011 年，被授予巢湖市十大女杰；2012 年，被授予县创先争优双带先锋、马鞍山市十大巾帼创业之星；2013 年，被授予影响马鞍山市经济十佳人物，当选市人大代表；2016 年，被评为全国绿化劳动模范。

严守兰

严守兰出生于农民家庭，父亲是个老革命，打枣庄时身受重伤，复员回乡后，曾一度当过乡指导员，因文化水平太低，弃职当农民。母亲辛劳一生，只为养家糊口。严守兰中学毕业回乡务农，担任过村妇女主任，后又选拔到镇计生办工作，2002 年乡镇裁员，她主动下岗，在丈夫马志春的支持和帮助下，承包了西埠镇东份尹村闲置的一片荒岗野地，秉持"植树造林，绿化大地，保护环境，造福人类"的宗旨，不怕磨破一双手，不怕晒黑一张脸，不怕脱下几层皮，风里来，雨里去，带领公司员工艰苦创业，依托安徽农科院的科技力量，让昔日裸露荒芜的土地变成了如今绿意葱茏的林园，将过去的荒山荒坡开发成一个现代农业科技生态示范园。

严守兰的公司拥有 11500 亩苗木种植基地，带动农户发展苗木种植 10.7 万亩，每年为和县及周边绿化提供近500万株的优质苗木，苗木供应量位居马鞍山市之首，和县市场占有率为72%。

严守兰的公司是一家综合性园林企业，主要从事园林绿化施工与养护、风景园林规划与设计、园林古建工程、花卉苗木种植和新品种开发、水生态治理、水污染治理、环境保护工程设计施工、市政公用工程施工、生态旅游等业务。近年来，公司承建省内外200多处的园林绿化工程，绿化面积1000多万平方米。多个项目获安徽省"黄山杯"、马鞍山市"翠螺杯"表彰。

严守兰坚持因地制宜、整体布局、迟早搭配、层叠配置、多机转化的理念，注重在提高林业产品种类和优化品质结构上下功夫，并在周边农户建立优质苗木示范片1000亩，科学引进和重点培植适合于本地的特优品种12个，推广面积0.8万亩，累计为农民增收700多万元；通过科技应用，总结摸索出一整套苗木花卉种植及制种技术，推广应用各类苗木花卉品种近10万亩，平均亩增效益155元，累计为农民增收7750万元。

严守兰注重推行资源共享、优势互补、循环相生、协调发展的生态新模式。致力于"林下经济"，立体种植。其中，香樟—红叶石楠、广玉兰—红花继木小苗及红花继木球、高杆女贞—金边黄杨小苗及金边黄杨球、杂交柳—大叶黄杨小苗及球是公司绿化苗木立体套种的成功典范。2014年末，带动种植户绿化苗木立体套种面积达0.7万亩，平均年亩收入稳定保持在0.6万元以上，若赶上好的行情，年亩收入可达到万元以上，土地利用空间和经济效益达到质的飞跃。

严守兰发挥企业做大做强的示范效应，做农民脱贫致富领路人。积极带领农户发展专业化、标准化、规模化、集约化生产，形成了市场牵龙头、龙头带基地、基地联农户、种植加工销售一条龙的林业产业化新格局，促进农民增产增收，苗木种植业的发展每年可解决农民就业（包括临时季节工）1.6万人次，基地周边地区通过企业的辐射带动，从事苗木种植、销售的农民达3800多人，种植农户的收益可增收4520元，企业的生态效益、经营效益和社会效益十分显著。

从2009年开始，严守兰把曾经荒芜的1500亩丘陵，精心开发成集园林绿化、休闲垂钓、游乐采摘、餐饮服务于一体的乡村旅游景点，先后被授予安徽省五星级农家乐、安徽省十大旅游农家乐、安徽森林旅游人家、国家AAA级旅游景区、全国休闲农业与乡村旅游示范园区。

通过发展乡村旅游，有效拓展农民非农就业空间，大批农民逐渐摆脱以种地、外出务工为主要经济来源的生活状态，走上了旅游服务行业，为促进农民持续增收摸索了一条新的途径，仅旅游园区主导产业住宿、餐饮服务业，每年可解决农民就业近百人，员工年平均工资收入达 3.5 万元，高出当地农民平均收入 2 倍以上。其次，带动了当地农副产品销售量，公司每年直接销售当地农副产品 1200 多万元，间接销售当地农副产品 5000 万元以上，适时解决了当地农副产品购销不畅的难题，为繁荣地方经济、优化产业结构、增加农民收入起到了重要的推动作用。

2017 年，林海园林公司是全国股转"新三板"挂牌企业，国家林业重点龙头企业，国家林业标准化示范企业。公司通过管理创新、服务创新、技术创新，深化品牌建设，企业文化建设，保持良好的发展势头。

严守兰始终热心公益事业。以良好的企业文化提高员工的思想境界，不但为公司振兴发展提供了强大的精神动力，也为社会承担了更多的责任和奉献。近年来，她以公司和个人名义出资 80 万元，先后创办了"新起点"助学教育基金会，帮扶 50 名贫困学生，并与 20 名特困生"结对帮扶"。组织员工节假日慰问困难党员、伤残军人、五保户和敬老院里的孤寡老人，累计金额达 14 万之多；为乡村小学维修校舍、美化校园、购买桌椅和书籍；帮助偏远乡村修路、打井，解决农民出行难、用水难的实际问题。不仅如此，还为汶川地震、玉树地震、舟曲泥石流等灾区捐款，及时向弱势群体伸出援助之手。2020 年抗击新冠疫情期间，先后组织 30 多人的 4 支林海应急服务队，40 个昼夜驻守在西埠高速出入口的和含交界处，守好和县西大门。先后向和县红十字会捐款 20 万、向西埠镇政府捐款 3 万，向历阳镇政府、各级医院、省团委等单位捐赠口罩 4 万多只。被授予"爱心企业"及个人荣誉的表彰。她的助人为乐事迹突出感人，在社会各界有较高的声誉和影响力。

严守兰创立公司 15 年来，在她的倡导和带领下，企业积极主动承担社会责任，通过对荒山荒坡的持续开发，既提升了和县西部丘陵地区土地资源的高效利用，也带动了农业科学技术的推广和应用，环境质量得以改善，真正做到了对资源与生态环境的保护，为绿化荒山荒坡，保护生态平衡，扩大农民就业，增加农民收入，加快农业产业结构调整，为保护和改善农业生态环境，繁荣地方经济做出了突出贡献。

严守兰的公司与安徽省农科院、安徽农业大学是合作伙伴，亦是安徽省建筑大学"实习就业基地"，具有多年的苗木生产经营经验，掌握较为全面的苗木生产技术，拥有一批苗木生产、经营和采购等专业人才。公司的苗木基地长年培植出上百种优质花草苗木品种及十几种地被和草坪，每年为全国绿化市场提供几百万株优质苗木。引进、选育优质国外彩色树种，适应市场对林业产品优质化、多用化、多样化的需求。

严守兰的公司已建立覆盖全国各地的苗木营销网络，开展园林园艺种系、农经种系、生态林种系三大系列苗木产业经营，在保护和改善农业生态环境的同时，有效调整和优化农业产业结构，促进农业生产的可持续发展，并通过天津、新疆、深圳、南京等分支机构，将苗木业务遍布全国多个省、市、自治区，形成跨区域的市场战略布局，以满足广大农民科技兴农，实施产业化发展的愿望，在发展壮大自身的同时，也探索出一条适合本地区林业产业化发展的新途径和新模式。

2021年，公司销售收入39056万元，纳税1460万元。先后获安徽省林海园林现代林业示范区、安徽省科技兴林致富示范企业等多项荣誉称号。

严守兰，新时期的绿化带头人，她利用林海园林为试验基地，科学育苗，繁荣苗木；并将万亩育苗基地育出的苗木销售到全国各地，供众人绿化，她组建工程公司帮助建造林园，一门心思全用在绿化上，她真不愧为全国绿化劳动模范！

（朱　斌　艾　文　撰稿）

# 创建"金箔王国"的领头人
## ——记全国五一劳动奖章获得者江宝全

江宝全

江宝全，和县五显乡孙家庄（今芜湖市沈巷镇五显社区孙家庄村）人。1946年5月出生在一个渔民家庭，其父江开明积劳成疾，于1956年离世；其母周氏及两个妹妹不幸于1960年先后身亡。唯独江宝全幸存下来成了孤儿。这年5月，漂泊在江宁湖熟镇定居的叔叔江开富将他接到身边。因叔叔家庭负担沉重，1961年底江宝全便辍学在家。1962年元月湖熟镇供销社招工，当地政府极力推荐他到供销社当学徒，从最初的"扫扫地，打打水，喊喊人，跑跑腿"开始，到4年化工厂"三班倒"的日子，再到15年化工厂的中层管理。苦难的生活磨炼出他坚强的毅力，艰辛的成长历程教会他怎样做人，尤其是母亲"靠人不如靠自己"的一句遗训，成了他一生坚守不渝的信条。

改革开放的伟大时代，他成了江宁金箔的领头人。40 多年来，他带领金箔企业快速发展，当年的小作坊如今发展为 11 个产业集团组成、拥有多个全国闻名品牌、产业兴旺的事业型企业。金箔集团办成了江苏的"常青树"。一棵树，变成了一片森林。全国有影响，世界有名气。

现今的江宝全为南京金箔集团董事局主席，全国优秀民营企业家，全国五一劳动奖章获得者，江苏省人大代表，中国企业联合会、中国企业家协会常务理事，中国包装联合会副会长，华商经济论坛荣誉顾问，南京市企业家协会、企业联合会副会长，南京雇主委员会主任，江宁区企业家协会、企业联合会会长。江宁区工商联第九届执行委员会副主席。北京大学特聘顾问，香港亚洲商务学院客座教授，南京大学、东南大学等 5 所高校兼职教授。

## 临危受命 革故鼎新

"金箔"是老祖宗留给我们的一份宝贵"遗产"。1955 年成立的"金箔锦线生产合作社"，到 20 世纪 80 年代初已奄奄一息，固定资产 38 万，负债 197 万，成为江宁县最困难的企业。金箔艺人四处散失，金箔故乡名存实亡。

1982 年 12 月，江宝全临危受命，出任濒临倒闭的江宁县金箔锦线厂党支部书记，县里让他"死马"当"活马"医。但他却认为自己肩负的使命是振兴民族工业，要趁着改革开放的最佳时机，带领全厂职工建立一个崭新的"金箔王国"。

眼前的金箔厂，"厂房鸟笼式，生产作坊式，工艺传统式"，特别是打箔，坐的是小板凳，垫的是小砖头，用的是火炕，烧的是煤基，一切只按老祖宗传下来的办，产品单一，机制不活，管理不严，岂能发展？只能是抱着"金饭碗"过着穷日子。

江宝全经过调查分析，确认金箔厂的症结在于观念保守，必须实行改革。于是，他走村串户，先把几十名退休、改行的金箔老艺人重新请回厂里，又把金箔老传人、当了几十年技术厂长的牟长松聘为高级顾问，组建起一个专门培养年轻人的"家生班"。接着将几个吃大锅饭的车间改为分厂，独立核算，责任到人，承包经营。打破工资等级制，实施同工同酬，以经济效益定分配，上不封顶，下不保底。自己则跑市场，摸行情，抓产品，发动职工合力改革，鼓励大家献计献策，广大职工一致拥护称好。但也有不同的声音，江宝全不顾任何非议，用"坚定不移、坚韧不拔、坚持不懈"的"三坚"精神狠抓改革。

千百年来，打金箔这项工作都是靠打箔艺人的体力来完成的，他们将一个指甲大小的金片包裹在 2048 层乌金纸内，放在青石墩的斜角上，反复转动捶打延伸。打箔艺人一上一下对面坐着，上面的叫"打护锤"，下面的叫"打推锤"，锤重 3.75 公斤，每天打一包要抡 2 万多锤过头顶。直到金片厚度达到"了细"的程度才算完成。传统的人工打箔方式不仅劳动强度太大，而且严重制约了企业的发展。

1985 年，开发研制机械打箔机。从金箔的第一道工序开始全面进行技术改造。经过不断摸索试验，第一代扁担簧式机械打箔机研发成功且正式投入生产，生产效率提高了 1.5 倍。经过 2 年的不断改革创新，又将扁担簧式打箔机改为直立式，斜向打击改为直向固定打击。不仅提高了安全性能，工效由扁担簧式打箔机再提高 1 倍。这一具有革命意义的改革，解放了生产力，大大提高了产能。金箔厂很快出现转机。

创建国家金牌，首先从基础开始：跟踪生产过程、设立专职检验员、记录原始资料，设立台账，更新计量器具。企业上下几百号职工都被动员起来了，金箔集团人人参与，这是一场企业内的大生产运动。工作量之大、涉及面之广、参与人数之多，堪称金箔集团历史之最。

科学化、数据化、正规化的操作，使金陵金箔质量、产量稳定上升。1987 年，"金陵"牌金箔获得国家最高质量金奖，并从企业标准上升到国家标准。为 40 年来南京市地方工业夺得的第一枚金牌，而且是叫得响的名牌。

创建金箔行业标准。历史上的金箔工艺，从来没有制定过任何标准，成品检验全凭手艺人"眼看，手摸，听声音"；技艺传承师傅带徒弟，口授手教。1985 年，江宝全在"干大事起点要高"的理念指导下，决定创建金箔行业标准及生产管理体系。创建金箔行业标准，从最细节、最基础之处做起，设计统计诸多管理表册，包括《产品品种和技术要求简表》《各工序加工过程卡》《各工序质量标准》《产品质量检验规范及验收规则》《质量信息反馈网络》《各工序定员定时定额表》等多种技术文件，同时为满足金箔创优的需要，开展全厂范围内的计量定级工作、设计计量定级工作所需用的各类图表、包括《计量管理体系图》《计量人员基本情况表》《能源计量网络图》《生产过程工艺控制计量网络图》等。因为站得高、看得远、干得实，所以历时两年，金箔主题 QB 标准终于完成。2013 年，接受审定通过。实现了金箔标准零的突破，从那以后，中国有了第一部迄今还在执行的

《GB 金箔行业国家标准》。

采取改革举措，实施三大工程，奠定了金箔在行业内坚实的发展基础。

由于金箔厂做到了工艺质量标准化，生产的金箔成为市场上最受信赖的免检产品，企业成为故宫指定的官式古建筑材料基地，而"金陵"金箔这一品牌也成了闻名国内外的驰名商标。

为了宣传自己企业，扩大市场知名度，增强信心迈开更大的步伐，1987 年10 月 15 日，江宝全借"金箔大楼"落成之机，召开了"首届振兴金箔研讨会"，100 多位来自国内外的金箔同人，参观了新的金箔生产车间，对"金陵金箔，中华一绝"赞不绝口。他们中有来自日本、意大利、中国台湾、中国香港的金箔生产商和供应商，有故宫博物院领导、有国家工艺美术界专家学者、省市县各级领导，有全国著名寺庙、道观的住持、方丈，还有北京同仁堂、天津达仁堂的领导，大家参观金箔工艺车间，看到非遗金箔神秘稀罕的工艺流程之后，齐聚一堂参加"首届振兴金箔研讨会"。江宝全在会上汇报了金箔悠久的历史和创建金箔标准、研制打箔机、创建省优、部优创金牌的情况，更多的则是金箔的发展思路和振兴的目标。

"首届振兴金箔研讨会"后，江宁金箔厂面向全国和国际市场的发展取得了一年一大步的进展。他们的金箔产品行销世界近 50 个国家和地区，江宁金箔厂成为世界金箔行业规模、产量、质量、品牌都第一的企业。

## 金字招牌　光耀中华

金箔通常用于皇家服饰、殿堂建筑的装饰、寺院的佛像装饰、工艺品贴金，还可用于中药配方，食品、文化用品的包装。自古以来，打箔人只知道把金箔卖给别人，从没想过自己深加工开发利用。

1984 年，江宝全出差北京，在全聚德烤鸭店门口看到一块金匾，他眼睛突然一亮。回厂后，立即选派 1 名技术能手，到天津古建筑队学习贴金技术，回来后他又带出 10 多名徒弟，当年公司就成立了贴金工艺厂。工艺厂首先为江苏电视台做了个金字招牌，"金字招牌，豪华气派"的广告词，顿时响遍全国。于是，上门订做者应接不暇。1991 年，新年将至，贴金工艺厂正大战年末岁尾，一个喜讯从北京传来，中央电视台要做金字招牌和台标，江宝全甚是高兴，他对工艺厂的员工们说："这是京都的第一块产品，必须当作贡品来做。"北京冬天的寒冷自不必说，且风沙漫天，江宝全亲自带队赴京安装。工艺厂的员工冒着刺骨的严寒，登上 108 米的央视主楼，将金光闪闪的 CCTV 安装其上，接着又将"中央电视台"5 个金灿灿的大字安装在二楼演播大厅。仰望着高耸的中央电视台金色台标和金字招牌，江宝全满心喜悦，金字招牌为北京城添光增彩，更为金箔人改革创新增添了力量。

金光闪闪的"CCTV"，这一无声胜有声的广告，天天向世人展示着金箔厂的贴金工艺。然而江宝全并不满足，他想要是有一个轰动世界的产品就好了。

1997 年 4 月 26 日早晨，一份急电放在江宝全桌上："为庆祝香港回归，中央政府赠香港特区大礼青铜雕塑'永远盛开的紫荆花'急需你厂贴金。"江宝全腾地站了起来，眼里透露出惊喜的光芒，嘴里喃喃自语："终于等来了，等来了！"在紧急会议上，江宝全高高举起拳头说："这是党和国家、全国人民交给我们的光荣任务，只许一次成功，绝对不许有任何闪失。"从接受命令到完成任务的 49 个日日夜夜，金箔集团的 8 名顶级贴金工人付出了多少辛勤的汗水，他们昼夜施工，24 小时轮班。有些部位必须仰卧施工，生漆胶不时溅在脸上、身上，也顾不得擦拭。有的工人一天贴下来，腰都直不起来；他们最怕小便耽误时间，往往连续 10 小时不喝一口水。6 月 15 日，贴有 18000 张金箔的紫荆花，在国务院领导连连称好声中启运香港。7 月 1 日，当金光灿烂的紫荆花盛开在回归的"东方明珠"时，全世界的目光都被吸引住了，多么精妙的工艺，多么神奇的手法，人们啧啧称赞！此时此刻的金箔集团也是一片沸腾，各种贺电雪片似的飞来，江宝全那紧锁多日的眉头终于舒展开来，他开心地笑了："千年金箔光耀世界的目标终于实现了！"

金字招牌一炮打响，金箔集团的贴金工艺也闻名全国。国家一些重大礼品的贴金工程交给了金箔集团。诸如香港回归"纪念金卡""百年恩来"贴金像、中央政府赠送澳门回归的"盛世莲花"都是金箔集团所做。美国总统克林顿访华，国家主席赠送的礼品"贴金全家福"，也是出自金箔集团。

"金陵"金箔因质优价廉，1987 年终于飞出了国门。正当产品源源不断地销往海外时，一则反馈的信息令江宝全陷入沉思。香港一家公司销往台湾的 143 万张金箔，出现了粘连现象。外销产品出现质量事故，这还了得？经过鉴定，原因在于外方提供的金箔衬纸油性较大，粘连了薄似蝉翼的金箔。尽管责任不在厂方，但江宝全得知这一消息后，毅然决定：重新全部返工。143 万张粘连的金箔一张一张从包装材料上挑下，重新夹放。需要 100 多个女工连续 2 个月的加班返工。这样做意味着什么，江宝全自然掂得出分量。但若不这样重新返工，粘连金箔将在海外影响着江宁金箔厂的信誉。"金陵"金箔不单单属于江宁人，它是我国外贸出口产品中的一绝。江宁金箔厂的形象，关系国家形象。江宝全和他的得力助手何其保等人连夜召开会议，发布"临战"动员："干，不要问数字有多少，也不要问是谁的责任，更不要算经济账。绝不能让一张这样的金箔销到台湾去，大陆商品的信誉一丝一毫不能受损！"星月作证，在那些日子里，江宁金箔厂有多少女工放弃了与家人的团聚、与恋人的约会；有的姑娘甚至推迟了婚期。金箔人为了维护"金陵"金箔的荣誉，宁愿付出巨大的代价。这就是金箔传人的魄力！

## 没人研制 "金箔"来做

20 世纪 80 年代初期，全国企业都在开发新产品，各种品牌的食品如雨后春笋般涌现。但是与之配套的包装生产却跟不上形势，尤其是包装材料，只能依赖进口，不仅价格昂贵，还要花去国家大量的外汇。

金箔厂的主要产品是箔类，传统产品有金箔、银箔、铝箔和铜箔。当时曾有人到金箔厂询问有无铝箔、拆封拉线供应。江宝全立马意识到特种包装材料发展大势已经到来。于是成立新公司，投入人力物力，亲自挂帅向包装材料产业进军，他们第一个开发的产品是拆封拉线。

就在此时，南京市一家金箔企业的一位不甘寂寞的青年投奔江宁金箔厂，提出接洽联系开发金拉线，江宝全立即拍板同意。那时，我国卷烟行业刚刚起步，卷烟配套材料全部依赖进口，金拉线是第一个替代进口材料。他带领数名青年夜以继日艰苦奋斗，研制金拉线机械。当时，金箔厂穷得叮当响，夜里加班吃一碗面条的钱都没有，在社会各方面的帮助下，1987 年江宁金箔厂金拉线终于试产成功。是年 11 月，在陕西西安小寨饭店，来自全国烟草界的供需方代表聚集一起，看着国家烟草物资公司副总经理刘培强与江宝全签订金拉线国产化生产协议，在国内烟草界树起了高大形象，金陵牌金拉线一下子畅销全国 120 多家烟厂。

江宝全趁热打铁，利用在金拉线上付出的销售成本，大做卷烟材料配套系列文章，连续开发成功铝箔衬纸、封签、接装纸、转移卡纸、复合卡纸等 5 种新产品后，他决定开发烟标产品。这个产品一枚价 9 厘钱不到，国内小厂生产不了，大厂不肯生产，在国内是兼代生产，长期没有专业厂，其原因除了价格低以外，主要是烟标生产设备技术国内难以寻求。江宝全心一横，"没人研制，金箔来做"。他组织专业技术人员，反复讲清自己认准开发的理由，充分表达他研制这绝无仅有设备的决心，要求技术人员千方百计设计出烟标图纸来。经过钻研，在机械及构造方面有了进展，但对只有火柴盒一半大小的烟标"切断"环节难以突破，单一横切再来一次竖切，重复劳动，成本浪费很大，只有同时横竖切才行，可是，专业技术人员绞尽脑汁百思不得其解。他向江总汇报，国内切纸横竖同时进行的设备还没有。江宝全说，没有，不能自己造吗？回答说，没见过，构思不出。存心已久的江宝全对工程技术人员说："我们平时看过的'切面条'，那不是横切竖切同时进行的吗？"经江宝全"切面条"原理的激发，技术人员茅塞顿开，烟标设备终于出世投产。1994 年，烟标投产当年见效，仅此一项创利润 400 多万元。3 年已发展成金箔集团重点企业，为全国 100 家卷烟厂各种烟标的生产解决了大难题。一下子成了全国特种包装材料产品最多、档次最高的企业。

几年时间，相继开发演绎出的烟箔、烟标、金卡纸、水松纸等 5 个卷烟材料分厂，后来全部成为国家烟草公司联营企业。

1998 年，金箔集团将自己研制的设备拉到了合肥订货会的现场，演示年度创新产品。在此之前，字母线和防伪金拉线等用于香烟拆封的产品大多依赖进口，在演示现场，金箔人用自己的设备演示了字母线和防伪金拉线生产的全过程。参会的厂商好奇之余，十分佩服金箔人能够在国内率先生产替代进口的金拉线，为烟厂减少高额的材料成本。演示的效果十分明显，现场拿到了不少订单。那一年，金箔集团荣获了"中国卷烟配套材料生产基地"的称号，一代烟王褚时健来了，烟草界的其他朋友也来了。订货会上展示的"三创"精神，折服了硝烟弥漫、纷扰四起的烟草界。金箔集团不仅在中国烟草配套材料国产化领域填补了空白，而且通过创新发展，树立了前所未有的自信："一包中华烟，金箔集团五个产品在上面。"

"富不富，在思路，思路决定出路。"改革大潮中奋勇搏击的江宝全越来越清醒地认识到观念领先的重要性。企业要发展，思维必超前。为了使员工认清改革开放的形势，把握自己的行为方向，江宝全又结合实际创造了轰动全国、通俗易懂的"转移理论""抢喜糖理论""鱼塘理论""篮球场理论""扑克牌理论"5 大土理论。员工们对市场经济、改革开放，了然于胸，豁然开朗，积极性、创造性陡然高涨，整个金箔厂一派生机勃勃的景象。

## 金箔锻艺 中华一绝

江宝全说："企业要发展，必须搞创新。"1993 年，江宝全与一位台湾客人交谈中偶然听说"在金箔上做画"的想法，他灵机一动，黄金自古名贵，将金箔与画结合，做出的"金箔画"必定高贵典雅。送走客人后，他连夜拍板，开发"金箔画"。

几个月后，第一幅金箔画成功面市。由于高贵典雅，一上市就深受好评。然而由于当时人们的消费层次不够，对黄金的认识也有偏差，产品看的人多，买的人少。员工们有些动摇了，但江宝全认定"只要是好产品，就不怕市场考验，关键要耐得住性子"。果然，到了1995年，随着黄金市场的放开和人民生活水平的提高，金箔画俏销了。到1998、1999年，金箔画在全国掀起强烈风暴，产品供不应求。金箔画成为南京地区致富一方最有名气的产品。

20世纪90年代，国内生活品艺术化、个性化需求明显增强，一些先富起来的地区和人们在装饰上有了高档、高贵、环保的需求，江宝全推出"蜜蜂计划"，实施"金箔艺术走向全国"的战略，让金箔艺术从皇宫殿堂走向千家万户。

实施战略之前，花3年时间培养贴金专业人才，多系列贴金艺术品开发投放试验成功，先办好大本营。随后，分别在全国省会城市及特别重要的地级市创办驻外机构，宣传"金陵"金箔品牌，开发贴金艺术品销售市场，延伸、丰富金箔深加工艺术应用品，建立金箔市场网络体系。至1995年高峰时，金箔的驻外厂已达到109个。他们所接的金字招牌和贴金装饰工程，市场影响大的有上海世贸大厦、西藏地区甘孜寺院、北京钓鱼台国宾馆金色大厅等。

金箔集团下属的宝玉金箔工艺公司又接连开发出堆金画、陶釉画、彩金画等金箔画的新品，产品高档精美，还未上市就在市场上引起轰动，另一场销售风暴已成定势。

为了解世界对金箔的需求度及其加工金箔的技艺和目前的市场状况，江宝全自1994年随国家科委科技服务中心组团赴意大利考察，1995年出访西欧德国、法国、比利时、卢森堡4国；1996年9月，随国家机电办组团赴澳大利亚学习；1996年12月，赴英国、意大利、德国考察市场，他每到一地，学的是技术，看的是市场，访的是行情，件件记在脑里，事事刻在心上。一次，江宝全在日本化妆品柜台前看到有衬金箔的茅胎纸卖，且价格不菲，当得知这种沾有金屑的茅胎纸是女孩子用来擦脸的，他又激动了好一阵子，回来立即组织上马。如今金箔集团自行开发生产的"金宝丽"金箔化妆品已走向市场，"香飘世界"。

## 创业不停 修炼不止

江宝全说："创业是人生的修炼，没有修炼的创业，就没有创业的成功。修炼必须伴随创业的全过程。"因此，他要求创业者"创业不停，修炼不止"。

修炼即修炼人性，磨炼意志。企业家有无人格魅力，往往决定能否调动积极性、产生凝聚力，从而决定一个企业的命运。

江宝全的为人之道是：仁、明、信、廉、忠、爱。

仁，讲仁义，施仁德。江宝全为人处事有仁德。金箔厂有位建厂元老，他技术精通，管理熟悉、就是脾气暴躁与他人难处，长期只能"当助手"。江宝全上任没多久，对他事事请教，百般尊重，仍然少不了吃他的"棍子"，却一让再让。干部职工说："江厂长大腹能容天下难容之事。"一次，江在干部职工大会上说："金箔厂近 30 年办成这个样子，就是领导班子折腾。关键是与元老没处好。这个教训我们要记取。"一席话，讲得元老愧疚不已。从此，元老使出全身解数，极力支持江宝全。

明，光明，贤明。江宝全光明磊落，赏罚分明。说话、做事都讲透明度。包括他自己的优点、缺点，都让手下人一目了然。他常在职工大会上、职代会上、黑板报上将群众最关心的事、喜欢议论的事，统统"曝光"，全部"兜底"。

信，诚信，讲信用。江宝全说到做到，取信于民，不放空炮。对上实打实，不说假话；对下也是一是一，二是二。弄虚作假之风盛行时，他仍坚持实事求是。1994 年上半年，上级组织产值大检查，正好抽查到金箔集团，结论："水分为零。"

廉，清廉，洁身自好。江宝全廉洁自律，分文不沾。在厂里他立下规矩，一切按程序办事，靠制度管理。基建"招标"，一个工程 4～5 家投标，哪家质量好、投标价格低，就由哪家干；员工宿舍分配按方案实施，张榜公布，对号入住；任用干部，能者上，庸者下；厂招工，个人报名，公开招聘。金箔集团分厂厂长收入普遍比江宝全高，职工中收入超过江宝全的也大有人在。江宝全岳母系一个闲散家属，为求谋生在厂外一角开了一个杂货小商铺。江宝全不准金箔厂任何部门在其岳母处购买一样物品。有人直言不讳问他："你这样做到底图什么？"江宝全说："我图的是堂堂正正做人。"

忠，忠诚，忠于职守。江宝全对党忠诚，忠心耿耿听指挥，尽心竭力干事业。有人劝他单干，他不止一次地说过："我是一心不二用，实心实意做金箔。"后来企业改制，县领导要他个人购买，他没同意，而将企业股权分给 1000 多人，人人参股，激起金箔人创业的热情。

爱，爱护，关心，送温暖。江宝全常说："领导心中有职工，职工心中才有领导。不爱员工的厂长，不是好厂长。"他刚进厂时，厂里非常困难，经常找职工唠嗑，为了鼓舞大家斗志，他借钱为金箔人在江宁树碑立传。金箔厂转机，每年评优，让优秀职工上北京看天安门的华表，人民大会堂前的国徽，人民英雄纪念碑上的金字，故宫的金銮殿，中央电视台的金字招牌和 CCTV 台标，以此增强职业的自信心和金箔人的自豪感。每年职工子女上大学，金箔集团给予每人奖学金 3 万，本科 5 万；职工老了，集团按月发养老金，职工非常感动。金箔集团还设立"职工心里话室"，让职工把意见、要求直接反映给总裁。每周一，总裁亲自接待职工来信、来访，及时解决员工反映的问题。江宝全爱员工，不只是关心他们的疾苦，更重要的是把每位员工都当人才看。金箔集团用人"十不分"准则：不分居民、农民，不分全民、集体，不分干部、职工，不分党员、群众，不分有无文凭，不分工龄长短，不分男女老少，不分岗位"贵贱"，不分感情深浅，不分有无过失，在职员工人人平等竞争，个个有施展才华的机会。

这样的领导谁人不爱，他说的话哪个不听，他下达的任务哪有干不好的？

金箔集团在做大做强金箔产品的同时，还不断涉及烟草材料、包装印刷、机电、食品、房地产、教育等多个领域，并不断推陈出新，在"新、特、奇、冷、稀、精"上做足文章，使企业保持强盛的后劲。1999 年金箔集团实现产值 5.4 亿元，利税 7000 万元。

金箔集团的金箔总销量占全国的 80%，占全世界的 40% 以上。金箔集团金箔名扬世界，整个东南亚都是用金箔集团的金箔，意大利、美国、日本不断有人找上门来谈金箔生意，金箔集团成为名副其实的世界金箔中心。李鹏总理来此视察时，欣然挥毫写下"金箔之光，灿烂辉煌"八个大字。

1998 年 5 月 1 日，江宝全被中华全国总工会授予"全国五一劳动奖章"。

2001 年 6 月，江宝全应邀参加在北京举行的中国企业高峰会；同年 9 月，他随中国企业家代表团出访日本、韩国。

2017 年 1 月 12 日，第四届"徽商奥斯卡"全球盛典在安徽合肥大剧院隆重举行，江宝全应邀出席此次盛典，荣获"徽商终身成就奖"和"十大商会会长"。

## 创新创造　永无止境

被录入国家非物质文化遗产的金箔古艺，不仅 12 道工序神奇，就连其生产使用的工具也十分绝妙。传统的金箔翻动，用人嘴吹风，裁切用竹刀，托板用羊皮裹，搬运用鹅毛挑。在黄金制成金箔的过程中，最离不开的一个装置材料叫乌金纸。这种纸自古以来由浙江生产，他们选临水向北的嫩竹子，放在水里沤泡后做成纸，涂上油，再用油烟熏黑，这一系列工序也全是由传统手工方式完成的。由于受到较多人为因素的制约，导致涂层厚薄不均，胶量有重有轻，固化的温度有高有低、时间长短不一，漏涂露空等现象较多，质量很不稳定，直接影响金箔生产的质量。2014 年 8 月，金箔集团首创的数据精准、程式优化、标准统一的乌金纸自动涂布机生产线正式投产，这个史无前例的创新成果，一直是金箔人的梦想，它的诞生和应用，为金箔工艺的长久发展，提供了强有力的保障。

无独有偶，2014 年金箔集团又研制出程序数字化全自动打箔机，彻底颠覆传统，取代人工，成倍成倍地提高产能，确保金箔走向更大、更远的市场。

## 著书立说　理论创新

38 年中，江宝全一边创业创新，一边总结提高，著书立说。他的十大土理论曾经刊发在《人民日报》头版，他的《二十一世纪最缺的是企业家》文章登在《新华日报》上，指出"和平发展成为世界的主流，经济实力是衡量一个国家世界地位的关键，中国发展经济最需要的最紧缺的就是企业家。企业家是企业的灵魂，是市场经济的主体力量，是发展经济的坚实基础，是中国赶上发达国家的希望所在。"言简意赅，情真意切，获理论界、企业界的赞赏。

2020 年，清华大学出版社出版发行江宝全 35 万字的《创业三字经》，从创业浅论、创业思维、创业修炼到创业运营、创业人文、创业省思，真实记录他跋山涉水的艰辛创业历程与刻骨铭心的感悟，是当代创业者的宝贵教材。书中明确要求确立创业"三观"是不忘"三心"：党心、民心、良心；坚持"三信"：信仰、信念、信心；去除"三不办"：高能耗不办、高污染不办、低技术不办；着眼"三大"：大视野、大格局、大手笔。通俗的解释，明白的阐述，真实的案例，让人感觉踏实、可行。表达了改革开放这一代老企业家的殷切希望。

## 敢闯敢创　实现梦想

1983 年，江宝全站在东山镇最东面的一片坟堆上，望着脚下肆虐的洪水，面对严重资不抵债、命悬一线的江宁金箔锦线厂，他憋足了气，决心要在东晋谢安指挥阳水大战的"东山再起"处，干一件大事，建一座"金箔王国"。

今天的江宁东山镇，建有金箔路，逛有金箔城，吃有金箔菜，喝有金箔酒，赏有金箔艺，学有金箔校……江宁的金箔集团已成为名副其实的"金箔王国"。

江宝全的梦想已经实现。

他向世人揭示出一条真理：人间的一切美好，不是想出来的，不是吹出来的，而是"敢闯敢创"干出来的。

（金绪道　撰稿）

# 好钢是这样炼成的
## ——记全国五一劳动奖章获得者林晓东

在 20 世纪 80 年代至 90 年代初，一提起林晓东的名字就如雷贯耳。他的先进事迹先后发表在《巢湖报》《安徽税务》《安徽日报》《中国税务报》和《人民日报》等报刊上，其浩然正气传遍了神州大地。

他 1974 年参军，1979 年入党，1980 年退伍，分配到和县税务局工作，分别在和县姥桥、功桥和乌江等税务所担任税收专管员，一干就是 16 年，直至病逝于岗位上。在这 16 年里，林晓东克服了妻子残疾、孩子幼小、自己患有严重肺结核病等多种困难，年年都出色地完成了上级下达的各项任务，用

林晓东

青春和热血谱写出一曲无私奉献的动人乐章，塑造出新时期基层税干的良好形象，炼成一块用特殊材料制成的好钢，成为新时期共和国税务工作者的优秀代表。自 1995 年起，他先后荣获优秀共产党员、巢湖（地区）十佳青年、江淮十大杰出青年、全省财税系统先进个人和全国五一劳动奖章等。为了弘扬他的爱岗敬业、无私奉献、公正廉洁的高尚精神，和县国税局（国税办〔1996〕099 号）、和县县委（和发〔1996〕38 号）、巢湖地委、巢湖地委宣传部和省国税局（皖国税教〔1996〕384 号）等文件，都相继作出决定，号召党员干部和广大职工群众开展向他学习的活动，形成一道亮丽风景，载入了和县发展的光辉史册。

## 干好工作，就是报答党的恩情

1983 年春夏之交，林晓东不慎患上了肺结核病。这种病，在当今医疗条件下依旧顽固难治。刚参加税务工作不久的他，没有将此病放在心上，仗着有在部队当过卫生员的经验，吃点药就能战胜病痛。当然他也知道，对小病的轻视，往往会酿成大病的。但他实在无暇顾及，因为既然挑起了税收工作的担子，就要牢记在部队入党时的誓言，专心致志地去干好工作，出色完成党和政府交给的税收任务。他在一次党组织生活会上说："我五岁时就离开了父母，是党送我上学、参军、入党、工作的，所以我活一天就要干好一天的工作，就是报答党的恩情！"

1985 年深秋的一天清晨，调到功桥税务所的林晓东在高烧多天后仅带上几片退烧药，就跨上了自行车，沿着一条崎岖不平的土路，去 15 华里外的王庄村收零散税收，直到傍晚时分才收完税回转。谁知突降大雨，林晓东骑着骑着就无法再骑了，因为土路上潮湿的烂泥将自行车的车轮给糊住了。起初他想返回王庄村，在队长家歇一夜，少受苦受累，可一想到第二天还要参与全所统一行动，转战到其他地方集中"打歼灭战"，只好咬着牙一步一步艰难地推着车往前走。可刚走不远，一不留神，脚下一滑，竟然连人带车跌倒在泥水中，自行车恰好压在他的身上。其时秋意正浓，凉风习习，林晓东既冷又饿，浑身直打哆嗦。艰难地爬起来，抬眼一看，天要黑了，知道不能耽搁了，干脆将自行车扛起来冒着大雨继续前进。走了大约 100 米，他就被雨水、泥水和汗水包裹起来。恰在此时，他的肺结核病又突然发作了，疼痛一阵连着一阵，走不了几步，就必须蹲下来咳嗽一阵。想寻求帮忙，路边没一户人家，也看不到一个行人。他想休息一下，却没处休息，真的是"叫天天不应，叫地地不灵"！怎么办？他突然非常镇静地将自行车慢慢放下来，将挎包里的税款和税票拿出来用手帕包好，塞进背心里，贴在胸前，并拍了又拍。他明白，不论在什么恶劣的环境下，即使牺牲生命，也不能让国家的税票和税款丢失！于是，他深深地吸了一口气，将车子扛起来，继续往回赶，先后跌倒了六七次。成为泥人的他走进功桥税务所将税款和税票交给所长时，就一头栽倒在地上起不来了，当即就被所长等人抬进了医院。一连两天吊了 8 瓶药水后才止住了病痛，医生透露他两年前就患上了肺结核病，现在正处于发作期。

1987 年 4 月，林晓东被分配到和县张集乡收税。7 月的一天上午，骄阳似火。林晓东旧病复发，躺在床上准备喝煨好的中药，可听一个同事说街上某屠商向来不肯缴税，于是，他强撑起身子下了床，颤颤巍巍，顶着酷暑，赶到现场。

面对膀大腰圆的某屠商，他毫不畏惧地将现场开出的税票放在他的肉案上威严地说："缴税！"该屠商根本不把身材瘦弱的他放在眼里，只见他蛮横地将杀猪刀"嗖"地一下插在税票上："哼，想收我的税，先要问问这把刀！"林晓东气得怒睁双眼："别说是刀，就是拿枪对着我，这税也得现在缴！""啊？"这个屠商立即在他的怒目逼视下心虚地低下了头，并在别人的规劝下乖乖地交了税款。林晓东终于露出笑容："这才对头，依法纳税，是每个公民应尽的义务！"说完便缓缓而去，围观的群众望着他在烈日下远去的背影，都钦佩地竖起了大拇指："还是林税官有杀气！"可谁会知道，这林税官为了区区一头猪的税收，几乎是拼了命赶来的。

在林晓东以顽强的毅力忘我工作之际，肺结核病魔正悄悄地向他逼近。为了不耽误工作，他只好大剂量地服药，实在顶不住时，就一边打针吃药，一边坚持工作。有一次，他在某企业查账时，突然疼痛得晕了过去，同事把他唤醒时，他却憨憨地笑着说："没啥，是天气太热中暑了吧。"还有一次，他在去某企业征集"两金"的途中，因浑身无力，扶不住胯下的轻骑，忽然从车上摔了下来，脸皮被划破了几处，鲜血淋淋，还是一位过路的好心人将他慢慢扶起来……

在 1988 年严冬的某天夜晚，许多人都已进入了梦乡。可林晓东却在认真地搜集整理和分析企业所得税等相关资料，因为第二天他要给工作区域内的企业财会人员作一次专题授课。可病情却不理会他，依然令他咳嗽不止，且一次比一次严重，使他心跳加快，气喘吁吁。此时，他那冻得红肿得像个馒头的手，开始流血流脓了。他只好找块布条将钢笔缠在手上，写一行字，稿纸上就印下几滴血水印，一直挑灯夜战到第二天的凌晨时分。

白桥镇工作时，林晓东分管个体税收。白桥是一个闻名遐迩的蛋糕生产大镇，市场上经常出现许多蛋糕袋零售贩子，他们没有固定摊点，始终是流动销售，明目张胆地和税务人员打起了逃避税收的"游击战"，如果税务人员或跟他们屁股转，或采取前堵后追，就会顾此失彼。针对这一实际状况，林晓东经过反复考察后，终于开出了一剂根治顽症的"处方"：一是挨个下发文字通知，定时定点集中，以会代训，增强他们依法纳税意识，改按次征收为按月核定征收；二是集中力量，勇拔偷逃税的钉子户，及时查处了四人，以儆效尤。此举非常有效，按零售贩子的话说："林税官用一根绳子将我们紧紧地拴住了！"当年，该镇仅蛋糕袋的税收就从上年的 8000 元增长到 27000 元。

1993年初冬的一天晚上，原乌江税务所所长司家喜因为白天发现林晓东的脸色不好，估计是他持续不断地超负荷工作，长时间的过度劳累而导致的，就利用晚上时间去他家看望。一进门，司所长就发现门口拐角的痰盂里有不少鲜血，便问正趴在桌上做作业的林敏（林的女儿）是咋回事。林敏起初不肯说，可在司所长的一再追问下，她才说出实情，原来这些鲜血都是她爸爸下班后咳出来的，并说："爸爸咳完血后，将妈妈和我都叫到床前，一再叮嘱我们要保密，千万不要告诉你们，否则他就上不成班了！"司所长听到此话后，不禁鼻子一酸，两眼涌出热泪来。

第二天，司所长派人强行将林晓东送到了南京大医院治疗。经详细诊断后，医生对林晓东说，你的病情非常严重，建议立即住院治疗，时间不能少于半年，然后至少休息两年，等病情稳定好转后才能上班。林晓东心想，治病固然重要，可我怎能长期待在医院里呢？我的工作谁干？我的家庭也离不开我呀！所以他在医院治疗期间如坐针毡，度日如年。等病情稍有好转，就提前一个月悄悄出了院。第二天就出现在税收征管一线上。身体虚弱，不能骑车，他就步行上班。虽然家里到所里只有半里路，他却要走半个多钟头。司所长发现他气喘吁吁，一脸汗水，就劝他回家休息，可是再劝，他也不肯。此事被县局领导得知后，在多次劝说无效的情况下，便决定勒令他休息，且待遇和奖金一分不少。林晓东听后非常感动，他说："我打心眼里感谢领导的关心，可不让我上班就等于拿刀戳我的心，我的身体就垮得更快！"县局领导见他如此执着，就只好让他继续工作，且专门为他配备了一辆轻骑，并特许他不受上下班时间的约束，可以迟到早退，也可以随时休息。可林晓东却倔强得出奇，不但像以往一样按时上下班，而且还提前到，推迟走，因为他一工作起来就容易超负荷、超限度。他在搞好税法咨询的同时，又主动将税收申报检查和规范填票等工作揽了过来，工作依然那样卖力，导致多次咳嗽，恶心呕吐，他都立即服药，咬牙挺住，持续干活不止。

## 宁可负家庭，不可负工作

林晓东在白桥镇工作时，曾与一个姑娘相爱。一天傍晚，那姑娘在与他散步到街后的牛屯河大坝上时，忍不住吐露心声："只要你放了我二舅一马，少罚款或不罚款，以后我啥都听你的，否则……"林晓东立即生气地说："我俩的事和国家的税收是一码归一码的，怎么能掺和在一起呢？"说完，头也不回地走了。

1986 年，林晓东调到乌江镇工作后，经人介绍，认识了身患心脏病和先天性小儿麻痹症的姑娘曾瑞平。若是其他人，可能掉头就走，但林晓东非常善良，立即心生一股阳刚之气，决心好好陪护她，伴她走进神圣的婚姻殿堂。可婚后不久就发现，曾瑞平没有丝毫隐瞒，她行动不便，生活不能自理。另外不能受到任何刺激，声音稍大一点，也会吓得发抖。平时在家里，她只能顺着墙根摸着走路，在外面必须有人搀扶才能慢慢走动，林晓东总是无怨无悔地热情陪伴她，令街坊邻居都夸赞不已。可自从林晓东先后调到姥桥和功桥后，他的家庭就出现问题了。一是妻子曾瑞平无人照顾，二是女儿林敏无人接送上下学，导致家庭生活十分艰难，他家因无人购买蔬菜，就经常喝着稀饭，吃着萝卜干。但林晓东依然没有向组织上提过任何要求，直至组织上主动将他调回乌江工作。

1993 年 11 月正值一年一度的乌江镇查补税期间。一天，小林敏突患感冒，林晓东立即给她服了点药就匆匆上班了。谁知，他走后不久，女儿竟然发起高烧，妻子急得像热锅上的蚂蚁也无济于事，因无法联系到他，只好将湿毛巾搭在女儿额头上……晚上，林晓东刚跨进家门，曾瑞平就冲他嚷道："你拼命工作，我不管；可你不能不管生病的女儿呀！"林晓东这才发现自己对女儿的感冒太大意了，他望着妻子埋怨的眼神，摸着女儿被烧得通红的小脸，内疚的泪水夺眶而出："真的对不起你们，我不是个好丈夫，也不是个好爸爸……"是的，对待家庭，他多有大意，心存内疚，可对待工作，他却兢兢业业，问心无愧。小林敏曾在作文里这样写道："爸爸总是天不亮就出门了，直至很晚才回来。爸爸走时，我还没醒；爸爸回来，我却睡着了……"在她的眼里，爸爸的确是个忙人，一个与时间赛跑的人。

1994 年盛夏的一个周日，林晓东难得尽一回丈夫和父亲的义务，特意送妻子和女儿走亲戚。可半路上，迎面开来的货车司机正是他寻找多日的逃税者，便立即站立路中，拦下车，要求司机必须补税，司机只好将车子停下。林晓东立即将妻子和女儿丢在路旁，自己驾着轻骑赶回所里取来税票和保证金收据时，竟然发现该货车不见了。他立即骑上车一路打听，拼命追赶，最后终于找到了该司机，责令其补缴了 247 元税款，该司机接到他开出的税票后不由得生气地说："你何苦这样呢？自己也不多得一分钱！"

是的，他的言行的确坑苦了妻子和女儿。母女俩站在路边，既不敢走，又没水喝，汗流浃背，嗓子冒烟。林晓东看到这样的镜头后心疼不已："真的对不起哟，谁想到在半路上会遇到逃税的人！"是的，他就是这样一个"很轴"的人，宁可负家庭也不可负工作，只要涉及税收，他就会毫不犹豫冲上工作一线！

## 常在河边走，就是不湿鞋

林晓东为税16年，有一句出了名的口头禅："堂堂正正做事，清清白白做人。"他是这样说的，也是这样做的。他唯一的姨妹知道他调回乌江后，想通过他调动一下工作。不料她刚说出口就遭到他的拒绝，并语重心长地批评她说："今天我帮你调动，明天就有人来找我求情，以公情交私情，这笔交易能做吗？"姨妹想不到表哥会如此绝情，气得哭着走了，竟一走三年都不肯与他见面。人非草木，孰能无情？姨妹的误解虽然使林晓东感到很痛苦，但他没有半点后悔，他坚信，自己用实际行动摈弃了不正之风，维护了一名党员的威信和形象，姨妹以后肯定能理解的。

1994年底，林晓东到乌江粮油厂查账。发现该厂将一笔8万多元的销售收入放在营业外收入内，企图逃税。他立即向他的表哥、该厂的主办会计提出批评，可表哥对他说："我们厂的效益始终不好，你就给我面子高抬贵手，睁一眼闭一眼算了。"可他却斩钉截铁地说："不行！"表哥气得面红耳赤，甩袖就走。最终，林晓东还是不依不饶地叫该厂补缴了一万多元的增值税款。后来，这个表哥一见到他就绕开了，心生怨气很多年。

早在1992年时，林晓东的肺结核病就经常发作。住进乌江中心卫生院后，有一位姓杨的医生始终提供了热情周到的服务，妙手回春，使他很快就返回工作岗位。出院时，林晓东感激不尽地握着杨医生的手说："多亏你的热情关照，今后有困难可找我。"可时隔不久，杨医生真的找上门来，请他在征收房产税上给予照顾。明白杨医生的来意后，林晓东显得非常尴尬，满脸急得通红，最终还是党性战胜了私情，他笑着对杨医生说："真的对不起，违反政策的事，我不能做，也不敢做，否则我的工作就无法开展下去哟！"杨医生听后扑哧一笑，一是果然应验了关于他"铁面无私"的传说，二是打心眼里佩服他是个少有的公事公办的"绝情人"。

1994年春节前，林晓东去乌江镇一家皮革厂征税。交完税后，厂长从其办公室的柜子里拿出两双皮鞋递给林晓东说："我们厂连年被评为纳税先进单位，有你的一番心血。我知道你是个非常正直的人，从不接受纳税人的礼品，可今天这两双皮鞋是我私人送的，你应该接受吧。"林晓东立即笑道："感谢你的好意，可你看看我身上的税服，再看看我头上的国徽，这皮鞋我能要吗？"事后，该厂长逢人便夸道："林晓东真是一个少有的好税官，我真服了他！"

林晓东不但政治素质好，而且业务能力也很强，所以每年都有好几个单位想请他帮忙代账，有的甚至出高薪聘请他当会计，可都被他一一谢绝了。例如1994年，乌江有一家企业以每月300元的工资请他代账，并保证享受该企业职工的所有福利待遇。林晓东摇了摇头说："这活我不能干，帮助企业加强财务管理是我们税务工作者的应尽义务，平时多来看看账务是可以的，至于工资就免谈了。"此事被妻子曾瑞平得知后很生气地说："请你代账，也不是要你犯法。再说了，你代账是利用休息时间的，不影响工作呀，何况还能为我们这个穷家提供一点资助啊！"这个理，林晓东咋不知道呢？可他对自己"约法三章"了，做到"常在河边走，就是不湿鞋！"

## 好钢是这样炼成的

1991年的夏季，林晓东负责农药厂的税收征管。他在查账中发现该厂成本管理较乱，"杀虫双"产品定额原材料消耗过大，便决定利用晚上时间帮忙整理一下。7月的天气，晚上非常闷热，他汗流浃背地一连干了四个晚上，将每吨定额消耗氯丙烯由73公斤减少到65公斤，将定额消耗的二甲胺由每吨98公斤减少到95公斤，当年就为该厂减少原材料消耗达17.5万元。截至1997年，仅此一项，就为该厂减少原材料消耗共157万元，增加税收44万元。该厂老总激动地说："过去只认为税干是来查账补税要钱的，现在才体会到他们也会真心实意来帮助企业创收的。"

1994年冬，乌江税务所采取无记名投票的方式，评比先进个人。林晓东在唱票时，竟然几次把自己的名字读成他人的名字，所领导在监票时发现后要求补上，但林晓东强烈要求让出名额："感谢大家对我的关心，年年被评为先进个人，可先进个人的名额有限，应该多鼓励培养年轻人！"类似的例子，在他身上曾连续发生了两次。

在乌江税务所工作时，司家喜所长曾多次向县局反映了他的工作实绩，请求提拔他担任业务副所长。他知道后就主动找司所长说："我身体不好，会因病耽误工作的，不适合担任领导职务，能当一名合格的专管员就心满意足了！"

　　1995 年 4 月 17 日上午 9 时许，林晓东破例没来所里上班，所长预感到不妙，立即带领几位同事赶到他家。只见他躺在床上，脸色潮红，极度虚弱。曾瑞平噙着眼泪向大家汇报说："今早，他三次要我扶他起床上班，可一次也站不住哟！"所长立即吩咐大家将他急送南京结核病医院抢救。令人心焦的是，该院一位主治医生在进行认真诊断后，失望地摇了摇头说："太严重了，不能收！"同事们赶紧对医生说："求求你哟，他的病完全是忘我工作给耽误的！"该医生立即对这个高烧不止的特殊病人肃然起敬，就破例收下了他。其病历卡上填写道："林晓东，男，37 岁，身高 164CM，体重 40KG（含衣服），全肺 2/3 钙化，1/3 处于发病状态。"谁会知道，他在几天前就高烧不止，始终是 39 度多，可为了尽早完成一年一度的税收执法检查任务，他只好买了 20 盒退烧片临时应急。不能骑车，就提前上班步行或坐人力三轮车赶到某企业，检查时虚汗直淋，他就借口出去，大剂量地服药。有时还利用中午休息时间偷偷地赶到医院打针输液……经过全力抢救，南京的专科医生终于将林晓东从"鬼门关"拖了回来。

　　自 1997 年初春起，林晓东病情时常恶化的消息，引起省、地、县、镇各级领导的关注，纷纷前来探望，他始终闭口不谈自己的病情，只是反复打听所里的税收进度如何，征管上遇到哪些困难，等等，因为他的床头柜上不断更换着报纸和书籍，其中最多的是税收业务培训教材。为了让他安心治病，县局党组特意下了"死命令"，禁止他上班，保留正常待遇。他在由衷感谢各级组织对他的关爱后，似乎知道自己的"大限"将至，毅然从家中有限的积蓄中拿出 3000 元捐给和县希望工程，此举立即在全县城乡引起强烈反响，大凡知道他家境的人，都感动不已，纷纷夸赞他是党和国家培养的一名好税干，是一块用特殊材料炼成的好钢！

　　林晓东虽然英年早逝，但他的感人事迹将永远激励和鼓舞着和县人民，为实现中华民族伟大复兴作出更大的贡献！

（钱朝铸　撰稿）

# 初心鼓舞　奋斗不止
## ——记全国五一劳动奖章获得者许传华

　　许传华，1971 年 7 月生，安徽和县濮集乡濮集大队谭庄村人。和县第一中学 1990 届高中毕业生。1994 年毕业于河北地质学院水文地质工程地质专业，获学士学位。2001 年毕业于冶金工业部马鞍山矿山研究院采矿工程专业，获硕士学位。2004 年毕业于河海大学水工结构工程专业，获博士学位。

　　现为中共党员，正高级工程师，国务院特殊津贴专家，博士生导师，十二届安徽省政协委员，安徽省地质学会副会长，安徽省金属学会副理事长。先后获安徽省"特支计划"创新领军人才、安徽省战略性新兴产业技术领军人才、马鞍山市优秀青年

许传华

企业家等荣誉称号。现任中钢集团马鞍山矿山研究总院股份有限公司（以下简称"中钢矿院"）党委书记、董事长。全国五一劳动奖章获得者。

　　许传华参加工作以来，一直奋战在中央企业科技研发、产业化建设改革的第一线，他坚持以习近平新时代中国特色社会主义思想为指导，在马鞍山市委市政府和中钢集团的正确领导下，带领中钢矿院党政班子和全体员工，推动企业在创新转型高质量发展道路上取得了新的业绩。

## 对标世界一流，强化科技创新核心竞争力建设

　　许传华牢记习近平总书记关于"关键核心技术是要不来、买不来、讨不来的"教导，一直对标世界一流企业高度重视科技创新工作。

　　高性能空心玻璃微珠是一种中空的圆球粉末状超轻质无机非金属材料，是近年发展起来的一种用途广泛、性能优异的新型轻质材料，它将成为 21 世纪新型复合材料的主流。它上可以用于航天飞机，下可以用在深潜潜艇，是全球新兴材料，

也是我国紧缺的战略材料。它可广泛应用于复合材料、油田开采、航空航天、深海浮体、保温材料、新能源汽车等领域。该产品长期被全球行业巨头公司垄断，国内不仅没有生产而且每年需要花巨额外汇购买，一直是大国之痛。

2008 年，中钢矿院启动实施空心玻璃微珠产业化项目后，许传华毅然挑起这一重担。他带领团队通过引进、消化、吸收、再攻关等艰苦奋斗过程，于 2011 年成功实现了空心玻璃微珠产业化生产，一举填补国内空白，打破了国外垄断。经过广泛的性能测试后，产品很快得到市场认可。以前依靠进口产品的中海油、中石油等国内油田企业纷纷改用国内中钢矿院空心微珠产品，并且采购量一直多年持续稳定增长。

在矿山岩土工程领域，许传华应用非线性理论确定岩体破坏分析中岩体力学参数选取以及相应的突变破坏判据，从而形成一个相对较完整的岩体破坏分析的非线性模型。

他主持省部级重点研发项目 30 余项，获国家授权专利 15 项，其中发明专利 8 项。如：《空心玻璃微珠抗压强度测试仪》《空心玻璃微珠表面粗化——镀镍的方法》《一种空心玻璃微珠改性 PBT 复合材料及其制备方法》《软岩边坡滑坡治理的一体化组合加固结构》《一种高陡岩石边坡生态覆绿的一体化结构》等。获安徽省科技进步一等奖等省部级奖励 3 项，省部级科技进步二等奖项，出版专著一部《岩体破坏的非线性理论分析及应用》，在国内外科技期刊发表论文 20 多篇，其中 Using genetic algorithms method for the paramount design of reinforced concrete structures（《应用遗传算法进行钢筋混凝土结构的优化设计》）、Improving Performance of Retaining Walls Under Dynamic Conditions Developing an Optimized ANN Based on Ant Colony Optimization Technique（《基于蚁群优化技术的动态条件下挡土墙性能优化神经网络》）、《围岩稳定分析的熵突变准则研究》、《紫金山金铜矿初始地应力反演分析》等 8 篇论文被 SCI、EI 收录。

SCI，是美国《科学引文索引》（Science Citation Index）的简称，是由美国科学信息研究所（ISI）1961 年创办出版的引文数据库。SCI（科学引文索引）、EI（工程索引）、ISTP（科技会议录索引）是世界著名的三大科技文献检索系统，是国际公认的进行科学统计与科学评价的主要检索工具，其中以 SCI 最为重要，创办人为尤金·加菲尔德（Eugene Garfield，1925—2017）。

EI 是供查阅工程技术领域文献的综合性情报检索刊物。每年摘录世界工程技术期刊约 3000 种，还有会议文献、图书、技术报告和学位论文等，报道文摘约

15万条，内容包括全部工程学科和工程活动领域的研究成果。EI对稿件内容和学术水平的要求严格，工程论文必须具有较高的学术水平。对中国来说包括国家自然科学基金资助项目、科技攻关项目、"863"高技术项目等，论文要达到国际先进水平，成果要有创新。EI不收录纯基础理论方面的论文。能入选SCI、EI，反映学术成果是世界性和前沿性。

许传华还注重抓好创新平台建设，扩大对外科技交流，融入马鞍山市科技创新和"一带一路"建设。在他推动下，2019年马鞍山市与中钢矿院签署了《科技创新战略合作协议》，开启了中钢矿院助力马鞍山市科技创新的新篇章。在他主持下，金属矿山安全与健康国家重点实验室被国家科技部评为良好类实验室；安徽省企业优秀企业技术中心。组织申报的"矿产资源绿色高效利用安徽省技术创新中心"已正式授牌，获批建设，为马鞍山市科技创新贡献了力量。

此外，许传华面向"一带一路"沿线国家，围绕当地科技与民生需求，结合中钢矿院研究方向，积极开展科研合作。近三年，与"一带一路"沿线以及签署"一带一路"协议国家，开展了近40项科研合作项目，合作经费超过6000万元。典型代表项目有：蒙古国乌兰矿（高寒地区）尾矿库堆积坝堆积方案优化设计及冬季放矿项目，印度巴拉索尔合金有限公司露天采场内胶带运输可行性研究等。

作为冶金矿产资源高效开发利用产业技术创新战略联盟的盟主单位，许传华带领技术团队每年定期组织召开中国矿业科技大会，国内外冶金行业巨头云集、科研成果和项目交流精彩纷呈，一大批国际矿业公司参会交流，参会总人次达3000多人，为"一带一路"沿线国家以及我国国有、民营企业在"一带一路"沿线国家开发战略性矿产资源提供了广阔的交流平台和有力的技术支撑。

## 狠抓市场开拓，主业经营再上新台阶

近年来，冶金矿产、石油行业持续低迷，冶金矿山企业一度全面亏损，大面积减产、停产，石油价格跌到历史低位。特别是2020年初突然暴发的新冠疫情，对中钢矿院经营工作提出了严峻挑战。面对困难，许传华带领公司党政领导班子及时研判形势，实施"创新转型高质量发展"战略举措，采取了一系列有效对策措施。

疫情得到有效控制后，陆续拜访了国家相关部委，各级政府部门，行业协会以及包钢、重钢、首钢、西部矿业、铜陵有色、中石化系统等几十家大型企业，有效推动了中钢矿院在福建省合掌岩万佛石窟、内蒙古自治区包钢巴润分公司采场边坡靠界服务等一批大项目落地签约。

加快西北片区市场中心筹建工作，编制西北片区市场开拓管理制度，与包钢签订了长期战略合作框架协议，开展的采矿持续发展规划、选矿升级改造、自动化改造、微震监测等项目，奠定了西北片区市场开拓的基础。同时配合云南磷化集团在当地开展了科创中心的组建工作，为后续西南片区市场中心建设做好铺垫。未来还将继续谋划海外片区市场中心，这些片区的开辟已成为公司开拓市场、占位市场的"瞭望塔"和"补给站"。

陆续取得了工勘公司环保工程专业承包二级资质、爆破公司矿山施工总承包二级资质2项资质升级突破，为在环保工程和爆破工程领域承接大项目提供资质支撑；中钢矿院和子公司工勘公司获得3A信用等级认证殊荣（这是企业信用等级最高评价）。此外，还成功中标国家工信部2020年绿色制造系统解决方案供应商项目，新增了一个国家级技术服务平台，翻开了在绿色制造领域新篇章。资质突破进一步提高了公司的软实力和信誉度，为参与市场竞争提供了更加有利的准入条件。通过狠抓市场开拓，推动中钢矿院2018、2019和2020年连续三年实现经营绩效大幅增长，2020年各项经营指标均取得历史性突破。

## 深化体制改革，打造活力央企

长期以来，困扰中钢矿院持续高质量发展的一个深层次问题就是高端人才引进困难和市场化激励机制的缺失。许传华带领管理团队坚持做强做优主业，坚持全面深化改革，使中钢矿院顺利入选国务院国企改革"双百行动"行列，完成了首轮混合所有制改革、核心员工股权激励以及公司股份改制等重点改革任务，成为中钢集团旗下第一家实现"双突破"改革任务的企业，做成了几件中钢矿院一直想做的大事、好事，为企业持续向好发展奠定了坚实基础，有效解决了传统国企普遍存在的"一股独大""治理结构不健全""激励机制缺失""效率低下"等问题。在市委市政府和中钢集团的帮助支持下，在"双百"改革政策指引下，许传华还主持启动了多项改革：创建了中钢矿院首届董事会、监事会，构建了符合现代企业制度要求的法人治理结构，完成了股份公司设立，开启了中钢矿院新的发展历史。充分运用集团授予公司董事会的"中长期发展决策权"等11项"双百授权"，发挥自身技术优势，积极与马鞍山市地方政府合作开展"丁山矿区生态修复""II类固废填埋场"等项目，贯彻落实习近平总书记关于长江经济带"共抓大保护，不搞大开发"重要指示，履行央企担当。建立了事业部制市场开拓机制，破除传统课题组运营模式的束缚，推动经营业绩连年攀升。启动新材料产业园项目建设和碳气凝胶产业化建设，打造先进粉体材料研发生产基地。落实马鞍山市委市政府全面对接南京部署，完成了南京华忻公司工商注册登记和项目团队入驻，积极发挥"聚人才"作用。许传华带领企业管理团队，通过一系列深化改革举措，构建了企业与员工"发展共同体"，有效激发了全体员工积极性和创造性，大大提升了企业经济效益和发展活力，发挥了国有资本"放大"功能，进一步规范了企业内部管控，成功入选了《国务院国资委"双百企业"典型案例》，为企业实施更深层次改革奠定了稳固基础。

## 抓人才队伍建设，为公司持续发展奠定基础

近年来人才队伍建设取得显著成绩：2019 年，王运敏教授成功当选中国工程院院士，实现了马鞍山市院士"零的突破"；1 人获批安徽省战略性新兴产业技术领军人才；2 人获批安徽省第五批"特支"计划创新人才；2 人获批马鞍山市学术技术带头人。近三年共引进人才 100 余人，其中绝大部分为双一流高校毕业的硕士和博士。同时积极做好青年学术带头人培养、博士后工作站建设等工作，注重各项人才荣誉的申报和争取，不断强化管理、技术和技能人才的分级教育培训，企业的人才活力得到进一步增强。

许传华着力在强化人才制度建设方面下功夫，施行公平公正公开的人才培养和晋升制度，畅通了职务序列和技术序列的职业发展路径，进一步激发了全体员工的积极性和主动性。制定了公司副职后备人才、公司中层后备干部和优秀青年人才选拔制度，让人才有了脱颖而出的机会。此外，还制定了青年学术带头人选拔实施办法，一批政治坚定、业务突出的青年才俊脱颖而出，扛起了青年学术大旗，持续发挥企业在行业的影响力。

许传华始终坚持党管干部原则，任人唯贤、唯才是举。严格执行干部选拔任用和后备干部队伍建设的有关规定，大胆提拔重用想干事、能干事、干成事的同志。一批朝气蓬勃、阳光有力的优秀青年走上了领导岗位，发挥作用。通过多层次的人才建设，打造了一支和谐高效、阳光有力的中钢矿院人才队伍。

## 全面加强党的建设，以高质量党建引领公司创新转型高质量发展

许传华带领公司领导班子带头提高政治站位，组织各党支部和全体党员干部学习习近平总书记关于中央企业和钢铁行业重要讲话精神。坚决落实党中央打好

三大攻坚战决策部署，主动对接长江大保护项目，履行央企责任担当，推动公司转型发展。与马鞍山市政府开展"II类固废填埋场"项目合作，完成项目公司组建，并正式运营；与雨山区政府开展"丁山矿区环境综合治理"项目合作，成立了马鞍山市晟沃生态修复工程有限公司，完成污水处理站建设。不断深化供给侧结构性改革，持续推动"两金"压控、完成"三供一业"后续工作，有效巩固"三去一降一补"工作成效。

落实"三重一大"，防范风险，严格执行上级党委关于"两个责任"的实施意见，坚持每年由公司党委与所属支部签订《党风廉政建设责任书》，按照"谁主管、谁负责"的原则，把主体责任延伸到每个基层党组织，切实履行了党委书记抓党风廉政建设工作第一责任人的责任，公司惩治和预防腐败工作意识得到增强。严格对照"三重一大"决策制度，坚持重大问题决策、重要干部任免、重大项目投资决策、大额资金使用先经过党委会研究讨论，再提交股东会、董事会、监事会、经理层等各决策主体依法决策的原则，充分发扬了民主和团结的优良作风。

积极主动做好定远县朱湾镇雍圩村以及含山县昭关镇东兴村对口扶贫各项工作，巩固脱贫系列成果；坚持关心关爱困难职工，做好慰问帮扶等工作；公司信访稳定、综合治理、群团工作总体局面良好，企业和谐发展的凝聚力和向心力不断增强。多年以来，在马鞍山市委市政府和中钢集团的正确领导下，许传华始终以解决国家"卡脖子"关键核心技术、发挥中央企业顶梁柱作用，打造活力央企、服务地方经济为己任，以身作则、带头示范，团结带领中钢矿院全体员工迎难而上、攻坚克难，实现了新时代中钢矿院体制机制改革和企业生产经营新的发展，为钢铁行业和地方科技经济社会发展做出了积极贡献，为实现科技强国梦想履行了央企使命。

2021年1月召开的中钢矿院科技创新大会暨首届王运敏院士科技奖颁奖大会，吹响了许传华带领中钢矿院科技精英争做央企创新尖兵、助力科技强国的冲锋号，一项项成果就是源源不断的弹药，一条条措施就是烈马战车，一个个指标就是奋进的靶向，一张张年轻的面孔就是胜利的希望！许传华正带领这一支怀揣理想、勇于拼搏的队伍大步走在中国特色社会主义现代化强国建设的康庄大道上。

（薛从军　撰稿）

# 书写辉煌的人

## ——记全国优秀民营企业家庆祖森

金秋十月，天朗气清。坐落在驰名中外的历史名胜霸王祠西北角的安徽华星化工股份有限公司，敞开热情的怀抱欢迎一批国际客户来厂参观考察。

一幢幢蓝顶白壁的厂房掩映在绿树丛中，与现代化的办公大楼遥遥相对，辉映成趣；一台台反应釜巨人般地端立于净无尘埃的车间里，一排排管道整齐而有规则地排列，一双双巧手扳动阀门、操纵仪表，运用自如，一丝不苟；宽阔整洁的厂区大道上，一辆辆货车鱼贯而入，一列列满载农药的车队按时启动，秩序井然，有条不紊；四季常青的草坪与姹紫嫣红的花圃点缀其中，美不胜收。微风轻拂，

庆祖森

阵阵花香沁人心脾，人们无法想象这里就是一个生产农药的工厂。我在心里赞道：好一个现代化的民营企业，花园式的工厂。

接待室里，一幅"劲牛"图夺人眼球，两边配以"脚踏实地，笃行争光"的大标语，它明白无误地告诉我：这是华星的企业精神。

董事长庆祖森匆匆赶来，高兴地向我伸出了手，歉意地说："刚刚安排好接待东南亚的客户，让您久等了！"我端详着这位年近花甲、额头宽大、头发稀疏、皮肤黝黑、清癯而健朗的安徽省首届十大民营企业家，试图从他的眉宇间窥探出他的坚韧、顽强、博大与深邃来。

他的谦虚让我感动，他的业绩令人敬佩。

让我们顺着岁月的搏动，来体认这位在中国农药行业书写辉煌的人。

### "要办，就办一个为农业服务的企业"

20 世纪 80 年代，中国的大地上汹涌着一股势不可挡的改革大潮。

中共中央〔1984〕1 号文件如春风骀荡，动人心旌。"无工不富，无农不稳，无商不活"，一时间成了流行的歌谣。全国乡乡镇镇、村村寨寨，都沉浸在大办乡镇企业的热潮之中。

正是新春时节，残雪尚未消尽，扑面而来的依然是料峭的寒风。然而，安徽省和县乌江镇的会议室里却是灯火通明，热气腾腾。镇党委扩大会议开得如火如荼，大家正在为办什么样的企业进行认真的讨论。一番热烈的争论之后，镇党委书记把目光移向了镇企办室主任庆祖森。时年 35 岁的他心领神会地站了起来，用清亮的嗓音说出了自己的心里话："党中央十分关注农村、农业和农民的问题，连续几年发的一号文件，讲的都是农业。我们乌江是个农业大镇，以生产水稻、棉花为主，由于病虫害的原因，农民长期不能增产增收，不能脱贫致富。每当秋收季节，望着成片的稻田出白穗、成垄的棉花不结桃，我心里难过极了。现在中央号召大办乡镇企业，依我看，要办，就办一个为农业服务的企业——农药厂。"

庆祖森的建议，得到了与会同志的一致赞成。镇党委拍板决定：农药厂由庆祖森同志领办。

庆祖森如鱼得水，满心欢喜。这是他释放潜能、施展才华、实现自我价值的极好机会，他立志要把农药厂创办好。

## "别人能生产合格的'杀虫双'，我就不信我们不行"

虽说庆祖森是个老三届中学生，又在村镇工作了十几年，但办企业毕竟不是件容易的事，尤其是技术含量较高的农药厂。面对着一无资金、二无技术、三无人才的现实，他感到肩上的担子很沉重。

作为一名党员，庆祖森知道越是困难的地方越是要去，越是艰苦的工作越能锻炼人。他坚信只要有决心和毅力，就没有翻不过的"火焰山"，就没有跨不过的"流沙河"！

调研、立项、集资、借贷，庆祖森四处奔波，晴天一身汗，雨天两脚泥。

平整荒地、搬砖运瓦、搭盖厂房、架设电线、安装设备，庆祖森披星戴月，餐风饮露，领着员工拼命干。

硬是以对党的一片赤诚，凭着自己的聪明才智和感召力，庆祖森用筹集的 28 万元，花了 6 个月的时间，把农药厂给建了起来。这既让人十分赞赏，又让人不可思议。

安徽省和县农药厂 1984 年 10 月批准挂牌，1985 年 4 月正式投产。可连续 3

个月生产出来的农药产品"杀虫双"却令人揪心。返工回炉多，生产成本大，质量不好，销路狭窄。全年销售收入只有 17 万，年终一核算，亏了 20 多万。银行借款、利息还不了，赊欠的设备、材料款付不了，工人工资发不全，债主把庆祖森告上了法庭。干部情绪低落，员工人心惶惶，少数人另谋他业离厂而去，这是庆祖森始料不及的。

这时，外面又传来风言风语：

> 放着好端端的企办室主任不干，跑来办厂，自讨苦吃。
> 不是嫌企办室工资少了，就是想出风头。
> 盖厂房的水泥黄沙是赊的，机器也是赊的，生产的农药卖不掉，欠了那么多的债，看他怎么向大家交代。

庆祖森没有被舆论压倒，更没有向困难低头。他连夜召开党员干部会，统一思想，稳定情绪。他指出，干任何事，特别是创业，不可能是一帆风顺的，总会遇到这样那样的麻烦，只要我们树立信心，脚踏实地拼搏，困难是能够克服的。建厂时，我们遇到的困难与问题还少吗？但最终不是一一解决了！现在制约我们生产与销售的主要问题是技术，是质量，质量、技术不行是现象，内在的关键是缺人才，缺人才，我们可以"借脑"来生财。别人能生产出合格的"杀虫双"，我就不信我们不行。思想的火花一经点燃，大家就有了克服困难的勇气和力量。

庆祖森心里明白，事不宜迟，时不我待。他眼皮未眨，星夜登程。上合肥、下南京、奔上海，通过内线，瞒着国营厂方的领导，请来了"星期六工程师"。经几位专家会诊，确认是"蒸铵"与"氯化脱水"的毛病，收率不达标，产品不合格。于是，立即对胺化与酸氯化工段进行技改。一是控温增压，二是调酸增加蒸馏。科技一注入，质量立马上去了。产品合格了，市场畅销了，效益增加了，农药厂重新恢复了生机。

庆祖森并没有懈怠，他要建立一支自己的人才队伍，选派技工去安徽、贵州化工研究院学习培训。当时人才尚未市场化，他磨破嘴皮找地区领导调配技术力量，寻求关系聘请退离休高工，主动出击吸纳不统配的大学生，经过多方努力，花了几年时间，引进接收了百余名大中专学生，聘请了 10 余名专家、教授、研究员担任技术顾问，组建起一支合理的企业人才队伍。

庆祖森一面积极引进人才，一面注重培养使用人才，实行"推、压、扶、奖"

的用人机制，使一批青年技工三年成才、五年挑大梁，有力地促进了企业的快速发展，使农药厂由生产经营型逐步向经营生产型过渡。

## "不找米下锅，就得挨饿"

技术问题解决了，原材料短缺又严重威胁着农药厂的生产。商品经济时代，原材料依然是按计划分配的，且大多是给了国营企业。乡镇企业是三等公民，根本无计划。那一年，庆祖森跑了数趟，费了好多口舌，才从省厅要了 70 吨的甲醇计划，本想拿它到外省串换加工二甲胺，谁知起货时竟被卡了一半，一位国营企业的处长还振振有词地说：你乡镇企业停产有什么关系，我国营大厂要确保。

"巧妇难为无米之炊"，有人建议停产。庆祖森说：不！天上掉不下馅饼来，不找米下锅，就得饿饭。饿我一人可以，几百个工人和上百个家庭饿饭怎么行？更重要的是万村千乡的水稻、棉花正翘首以待，如果过了治虫期，给农民造成的损失就无法计算了，生产不能停！他发誓：在中国 960 万平方公里内，人能买到的我要买到，人买不到的我也要买到。一定要保证正常生产。

庆祖森到处跑，讲好话、做工作，先后采取高价买、暂时借、要计划、以物易物等办法，想天方搞来原料，维持农药的正常生产。

最让人难忘的是 1987 年，庆祖森获悉陕西省渭南红星化工厂有二甲铵，心里十分高兴。他不顾盛夏的骄阳似火，随即要了一辆货车上了路。驾驶员怕他吃不消，劝他不要去，庆祖森说："厂里生产没原料，我能歇得住吗？只要能把原材料弄到手，再苦再累也是值得的。"

从安徽到渭南要过大秦岭，山高、坡陡、路窄、急弯多，上山车子裹链条，下山轮毂要浇水，且不说酷热难当，一不小心还会掉进深谷，车毁人亡。庆祖森就是这样冒着生命危险，连续跑了两天两夜，吃的是干馍馍，喝的是自来水，驰骋 1000 多公里，才买回 5 吨二甲胺。

每当提起这件事，工人们都说，那 5 吨二甲胺是庆厂长用命换来的！

## 上马"棉安磷"花了血本，选项"杀虫单"绝处逢生

1993 年，农药厂为了发展，投资上马"棉安磷"。

在扩建上项目的日子里，庆祖森超负荷地工作，平均每天都在 16 小时以上。虽然家在本镇，也分不开身回去一下。当时正是午收季节，地里的麦子未割、油菜籽未收，爱人急得没办法，哭着到厂里找老庆。庆祖森赔着笑脸给妻子做工作，

家里的事全落在你一人身上，上有老，下有小，你确实很辛苦。我很想回去帮帮你，但厂里扩建上项目，没办法。家里损失点毕竟是小事，厂里一旦有什么闪失，那可就是个大问题了。你总不会叫我一心挂两头吧，是不是？

爱人看着自己的丈夫眼里布满了血丝，嘴上燎起了火泡，心里也舍不得，只好转身回去了。

作为父母的儿子，妻子的丈夫，儿女的父亲，庆祖森似乎确实失职失责了，然而谁能责怪他呢？他毕竟有他的事业，有他的追求。

庆祖森本以为拼命干，早投产，能抱一个金娃娃。谁知，他却栽了一个大跟头。

"棉安磷"是高毒、高残留的农药，一开始，市场销路极畅，产品供不应求。庆祖森见不少厂家上这个项目，他也随波逐流跟着干，投资 800 多万元。但等到投产时，国家明令禁用，他傻了眼。

全体员工辛辛苦苦白干了一年多，多年积攒的资本付之东流。这对一向视农药厂为命根子的庆祖森来说，简直就像拿着刀子剐他的心。

农药厂受挫，庆祖森也生了一场大病。他在痛苦中思索：这是缺少科学决策，盲目投资带来的失误啊！

1994 年是和县农药厂过坎的严峻时刻，全国农药企业萧条，市场饱和，产品滞销，许多大厂都岌岌可危，他们收敛的收敛，下马的下马，有的小厂已经关闭，庆祖森的农药厂更是危在旦夕。"古之立大事者，不惟有超世之才，亦有坚韧不拔之志。"苏轼的话让他坚强了起来。他跑市场搞调研，再次去北京、上海、沈阳、贵州等科研单位考察学习。

1995 年的春天，庆祖森果断提出投资 300 万元改造"棉安磷"车间，开发新产品"杀虫单"。当时有不少人担心：国有的大企业都不敢介入，我们何必再去冒这个险？可他却说："大家越是争着干的，我们不能干，干了吃亏，'棉安磷'就是一个教训。大家越不敢干的，我们越是要干，这叫逆向思维，风险决策。现在的市场空隙越来越小，竞争越来越激烈，而且企业外部环境的变化又越来越难以预测。就目前全国农药的形势看，上马新型、高效、低毒、低残留的'杀虫单'时机最好。我们就是要敢冒风险，抢抓机遇。机遇稍纵即逝，犹豫贻误战机，我们不能坐等，豁出去，搏一搏！"

庆祖森一番言之有理的分析判断，启动了大家的心智。改造工程在不露声色中紧张有序地进行着。

1996 年初，还未来得及从生产线上下来的第一批农药新产品"杀虫单"，就被商家抢购一空，接着是第二批、第三批……资金滚滚而来，农药厂绝处逢生。许多人激动地说，一个产品真能救活一个厂。老庆是属牛的，有一股牛劲，真的让他牛上了！没有这个"杀虫单"，我们厂就完蛋了。

"杀虫单"经检测质量全省第一。当技术部报告这一情况后，庆祖森说："省内先进不是目标，我们要创全国一流、世界一流！"喜悦、自豪与胆略，统统写在他的脸上。

## "华星是农字号企业，事事处处要为农民着想"

1998 年 2 月安徽省和县农药厂改制，担任董事长兼总经理的庆祖森为它命名："安徽华星化工股份有限公司。"在挂牌仪式上，庆祖森正式提出"争行业巨星，做中华明星，创环球卫星"的宏伟目标。

新体制激发出创新的新活力，管理的新水平，生产的新发展。

1998 年，华星公司成功开发出新型农药专利产品——杀虫双撒滴剂，被国家科技部等五部委联合确定为"国家重点新产品"，全国重点推广。该产品深受广大农民欢迎，赢得了广泛的市场，尽管当时农药市场相对过剩，但它始终保持供不应求的喜人景象。仅问世一年，就创下销售额 4000 多万元的佳绩。

1999 年，华星公司取得了实际生产规模、科技创新贡献率、综合经济效益三个全省同行业第一的好成果。

2001 年 12 月，庆祖森被授予第四届全国乡镇企业家。

2002 年 9 月，庆祖森又以骄人的业绩，获得了安徽省人民政府授予的劳动模范光荣称号。

面对成绩、荣誉、鲜花和掌声，庆祖森没有沾沾自喜，而是更加严格地要求自己，更加努力地干好工作。

庆祖森经常对他的员工说，中国是个农业大国，农业历来是国民经济的基础，党和国家领导人没有一个不关心农业的。农药是农业生产不可缺少的资料，高效、低毒、低残留的农药，直接关系着整个大农业的发展，关系着全人类，尤其是农民的切身利益。我是农民的儿子，华星人有半数以上来自农村，我们要事事处处为农民着想，为农民办实事，做好事。华星公司是农字号企业，一定要为农业大国多作贡献。

庆祖森是这样说的，也是这样去做的。

2000 年，华星公司投资 2500 万元，上马从沈阳化工研究院引进高效、低毒、低残留的旱地除草剂——精恶唑禾草灵、草除灵原药合成项目，填补了国内空白，解决了农民除草难的问题。2001 年投放市场，是国内外客商的抢手货，也是华星经济增长的新亮点。

2001 年 9 月，华星公司再次投资对"杀虫双""杀虫单"进行技改扩建，新增两条生产线和一套尾气吸收系统，新建一条"杀螟丹"生产线，实行微电子全流程自动化控制，使杀虫单出粉率超过 60%，原药纯度达到 98% 以上，年产量达到 12000 吨，成为世界最大、中国第一的"杀虫双""杀虫单""杀螟丹"生产基地和出口基地。现在华星公司的产品不仅覆盖全国（除西藏外），还出口印度、巴西、巴基斯坦、越南、阿根廷等十多个国家。

2002 年，庆祖森又做出一项惊人之举：投资 1.6 亿元，生产苯氧菌酯原药。这是 21 世纪世界农药最具代表性、方向性、前瞻性的高科技产品。它具有高效、低毒、低残留、安全、防效持久、杀菌谱广和不易产生抗性的特点，不仅使用安全效果好，而且用药量少，大大减轻了农民的负担。

2004 年，华星公司开发了"新型、环保、方便、经济"的多种农药新剂型和多种使用新方法，特别是草甘膦项目的上马，更使杀虫、杀菌、除草剂的比例趋于合理。"草甘膦"是一种重要的和常用的除草剂，可用来除去阔叶杂草、藻类等多种恶性杂草，应用广泛。庆祖森经过周密的市场调研，认准了这个项目，投资 2000 万元，年产"草甘膦"5000 吨，产品投入市场后，供不应求。进一步提高了农民的满意度。

## "创研新产品是企业发展的根基和动力"

每一位厂长经理都知道质量是企业的生命，是生存的保障，都十分注重抓产品的质量。庆祖森不但重视提高产品的品质，更注重研制新产品，打造新品牌，做到"人无我有，人有我精，超前研制，不断更新"。他说，创研新产品是企业发展的根基和动力，要提高企业核心竞争力，就必须持续创新。他建立了企业的技术中心、工艺研究所和博士后科研工作站，积极创研新产品。坚持"上市一代，储备一代，研制一代，构思一代"。不断创新，不断进取。采取"走出去，请进来"的办法，学习别人的先进科研思想和科研经验，从而不断丰富自己，提高自己。继续保持同十多家大专院校、科研单位及国际方面的密切联系，与他们进行多方位、多层面的交流与合作，不断开拓新领域，不断取得新成果。现在，华星公司已拥有杀虫剂、除草剂、杀菌剂三大系列，23种原药，60多个品种。有30多项科研新成果，其中已申报和获得国家专利28项。精骠、普净、草甘膦、18%撒滴剂、华星麦保、苯氧菌酯和草除灵乙酯等7项，被确定为国家级重点新产品，杀虫单、精恶唑禾草灵、精喹禾灵、氟虫腈、吡虫啉、高效氯氟氰菌酯、氟硅唑等7项，评为安徽省高新技术产品。

创研的新产品给企业带来了极大的经济效益，并为企业的发展增添了后劲。2003年销售收入20187万元，利税3361万元。是1985年的1000多倍。

经过四年筹划、三年运作，华星公司于2004年7月在深圳中小企业板块成功上市。现总资产8亿多元，年生产能力13520吨。

2005年华星公司年销售收入3.55亿元，综合实力在全国3000多家农药工业企业中进入前10强，在安徽省一直保持领先水平，成为70多家农药工业企业的排头兵。

20多年的历程，几多风雨，几多坎坷，庆祖森带领他的员工走过了一条十分艰辛的创业之路。

## "我没有三头六臂，靠的就是用人和发挥群体力量"

现代经营学理论指出，企业生存和发展的经营资源有四大类：人力资源、物质资源、财力资源和信息资源，其中最重要、最具决定意义的是人才资源。哪个企业能发现和培养人才、团结和吸引人才、尊重和优待人才、重用和储备人才，哪个企业就能聚集最好的人才。聚集了最多最好人才的企业，就一定能成为最好的企业。

伟大的希腊哲人阿基米德说："给我一个支点，我可以撬动整个地球。"庆祖森从创办和县农药厂的第一天起，就在悉心寻找这个支点——人才。他说，人力资源是第一资源，是企业生存发展的决定因素。系统论说得最清楚：1+1>2。企业是个团队，董事长、厂长经理是班长，其职责是谋划、决策和用人。我没有三头六臂，靠的就是用人和发挥群体力量。

庆祖森用人坚持三公（公平、公正、公开）、五不论（不论学历、职称、关系、条件和年龄），以德、以才、以业绩来考核用人。既搞"五湖四海"，也不避亲，唯才是用，不分亲疏。高管11人中只有2人是本镇的，其余9人均是外地的。分别掌管着生产、经营、管理、销售、财务的大权。2003年，庆祖森任用女婿谢平当总经理。谢平不仅专业对口，而且思维敏捷，组织协调能力强，又很务实。干过工人，当过车间主任、生产科长、供应科长、供销处长，是个复合型的人才。一步一步上台阶，最后由副总经理升为总经理。庆祖森的亲弟弟在厂里不好好干，被辞了，讲的就是公正。庆祖森说："不光是我的弟弟，就是我的舅老爹、市长的小舅子，不合格、不遵守厂规，也要辞！"

为了提高工作透明度，庆祖森专门设立了"董事长意见箱"，广纳良谋。对于员工提出的意见和建议，交办公室逐条登记，归类整理，然后他一一过目，亲自批示。对于重大方案的建议，他将建议者请到办公室，面对面地进行交谈，弄清情况后并在班子会上通报，这对他们改进工作、谋划决策，起到了重要的作用。

正是因为庆祖森知人善任，举贤选能，最大限度地调动了企业每一个员工的积极性，凝聚了他们的智慧、信心和力量，增强了主人翁责任感，形成了群体的合力，所以华星公司才闯过一道道难关、越过一个个险阻，一步步地发展壮大起来。

## "回报社会是企业的义务，也是企业家应有的美德"

企业不仅是社会生产力的载体，也是社会的细胞。企业的生存与发展，离不开社会的支持和帮助。一个成熟的企业家是非常乐意回报社会的。庆祖森对此认识颇为深刻，他说："回报社会是企业的义务，也是企业家应有的美德。"

和县乌江镇政府提供了这样一些数据——

1996年，镇安装程控电话，华星公司捐2万元；

1998年，为乌江灾区人民抗洪救灾，华星公司捐16万元；

1999年，建设二队与南庄村安装自来水，华星公司捐8万元；

2000年，修建村民路5条，华星公司捐40万元；

2001年，集镇改造下水道，华星公司捐20万元；

2002年，乌江小学扩建、乌江中学改造危房，华星公司捐15万元；

2003年，华星公司用80万元改造了一条生产线，生产华星牌消毒液——次氯酸钠80吨，免费送往机关、农村、厂矿抗击"非典"；

2004年，华星公司捐助希望工程12万元，解决122名失学儿童入学；

2005年，华星公司为了解决乌江镇居民饮用长江水，投资600多万元，建了一座自来水处理厂；

除此以外，每年的春节、"三八"妇女节、"六一"儿童节、助残日、敬老日以及防汛抗洪救灾，华星献爱心少则3万～5万元，多达20多万元，据不完全统计，这十几年间，华星公司支出了 800 多万元。

## "发展没有休止符，企业家必须志存高远"

法国著名经济学家让·莫内说："现代化首要是人的现代化。"厂长是企业之魂，厂长的素质决定着企业的素质。

庆祖森办公室的桌上摆着《中国企业管理百科全书》《经营管理秘诀》《孙子兵法》等一些书籍，他从管理学、运筹学到系统论、控制论，现代科技知识无不涉猎。现在，他正在系统攻读 MBA。

我问他："你工作那么忙，还有时间看书、学习吗？"

"没有时间也要挤，不学不行噢！没有现代科学理论作指导，这个公司我也干不了！"

学习对于庆祖森来说，已经成了生活的第一需要，他说，一天不学习就跟不上形势，跟不上形势就必然淘汰。1995 年，他在"杀虫单"生产线上马之后，报名上了合肥工业大学，学习经济管理专业。系统的理论学习，不仅提高了他的管理水平，增强了创新意识，而且还使他站得高，看得远，坚定了干大事业的信心。在他的极力主张和推动下，公司通过了 ISO9001 国际质量管理体系和 ISO14001 国际环境管理体系认证，并成功导入了 CIS 战略、ERP 工程和 OA 系统，建立了企业信息化平台，在生产和管理方面上了一个新台阶。

庆祖森说，发展没有休止符，企业家必须志存高远。虽然我们现在已是全国农药工业企业的前 10 强，省农药工业企业的排头兵，国家重点高新技术企业、在中国化工农药榜上有名，但我们的既定目标是争行业巨星、做中华明星、创环球卫星。要实现这个目标，我们还得加紧努力，不能躺在过去的成绩上沾沾自喜睡大觉。过去的农药厂是作坊式的生产，条件那么差，我们还一个劲地干，现在整个国家形势那么好，公司又拥有一定的资本和较强的技术力量，还有得力的领导班子和一支好的员工队伍，为什么不趁势大干一场？你愈发展，国家就愈支持，公司的好几个项目都进了国家的大笼子，列入"火炬""星火""双高一优"等重点项目，我们有什么理由不好好大干？

庆祖森告诉我，2005 年华星在沿长江边的石跋河一带开辟了一个化工工业园，占地 5000 多亩，作为华星发展的一块新基地。园内设农药化工区、基础化工区、精细化工区、化工新材料区、生物化工区、公用工程及基础设施区。一期工程 1000 亩，投资 5 亿元。这是适应国家产业规划，调整产业结构，优化资源配置，积聚产业集群，迎接长三角辐射，呼应安徽东向发展，搞好沿江开发的需要，为实现"绿色、人本、专业化、国际化"的发展战略，走高质量、高效益、低污染的科学发展道路打牢基础，进一步壮大特色，放大优势，错位发展，差别竞争，把企业做大、做精、做强。

庆祖森告诉我，2006 年 7 月他们与阿根廷阿丹诺公司在合肥稻香楼正式签约，组建"安徽华星—阿丹诺化工有限公司"，注册资金 1600 万美元，在华星化工工业园内建一条年产 4 万吨的双甘膦生产线和一条年产 1 万吨的 2，4-D 生产线，总投资 4526 万美元。项目达产后，年进出口贸易额 2 亿多美元。阿丹诺公司乃世界生产农用化学品主要公司，在全球专利后产品公司中排名第九。这个合作项目，是阿根廷第一次向中国投资的工业项目，是中阿经贸发展的一个里程碑，是华星化工公司与境外跨国资本的首次合作，是中国民营经济国际化发展的又一个新亮点。它将改变中国与世界农药产业竞争的格局，对推进中国和世界农药行业的发展具有战略意义。

庆祖森还告诉我，"十一五"期间，华星公司将围绕"做大、做强、做第一"的目标，实行资产运营、资本运作，实施品牌、人才、创新三大战略，积极引入新技术、新工艺、新材料，增加 S.C、WD.G、EW、ME 等环保新剂型的比重，提高产品竞争能力，实现产品产业结构调整、国内外市场占有率、销售收入和利税的 4 个新飞跃。

他成竹在胸，说得井井有条，我听得热血沸腾，激动不已。

志向远大，思路清晰；举步稳健，行进迅猛。这就是一位民营企业家的风采。

"发展没有休止符。"庆祖森锁定了更新更高的目标，他要继续用自己的智慧与汗水书写企业的辉煌，书写人生的辉煌！

（金绪道　撰稿）

# 三尺讲台的坚守者
## ——记新中国最美奋斗者叶连平

叶连平

和县乌江镇卜陈学校退休教师叶连平，退休不退岗，2000年7月，创办"留守儿童之家"。20年来，为2000多名留守儿童义务上课，补好农村英语教学的短板。2013年，他先后拿出退休金5万多元，设立"叶连平奖学金"，用于奖励资助留守儿童。决心用知识改变农村孩子的命运，为党的教育事业做出自己的一份贡献。

叶连平的事迹先后在《人民日报》、人民网、新华社、新华网、《光明日报》、光明网、凤凰网、共产党员网、央广网、中国文明网、中国新闻网、中央电视台及《安徽日报》、安徽电视台等主流媒体宣传报道，他先后被评为省优秀教师、省优秀共产党员、省道德模范，省关心下一代先进个人，被授予"安徽省五一劳动奖章""全国中小学德育先进个人""全国道德模范""全国离退休干部先进个人""中国好人"和"新中国最美奋斗者"等荣誉称号。如今95岁的他，依然坚守三尺讲台，生命不息，奋斗不止。无私奉献，不求回报。

## 二十三年重回讲台

叶连平，祖籍河北沧州。1928年9月出生于山东青岛。16岁时，因日寇侵华，高中辍学，后随当"洋厨"的父亲在南京国民政府的美国大使馆干了3年多的勤杂工，在那里学得一口流利的英语。新中国成立后，叶连平同几位居民一道办夜校，给南京琅琊路社区做扫盲工作，其间，还为棚户区贫困人家办起福利性的幼儿园，曾经受到南京市人民广播电台的表扬。

1954年的冬天，滴水成冰，十分严寒。叶连平因在美国大使馆当勤杂工的那段经历，在运动中被免去了教师职务，成了无业游民，到处流浪，吃了不少苦，遭了不少罪。

1965 年，经好心人介绍来到和县卜陈公社工农大队，先在窑场掼砖，起早贪黑，苦累不堪。承蒙当地干部、群众的关照，最后落户桃园生产队当了一名猪倌。

1978 年，九年一贯制的卜陈学校一个初中班，因语文老师考上大学，课程落下一大截没人接手。通过有识之士的举荐，叶连平被选调到卜陈学校当了民办教师，当时不拿工资，每天只在生产队记一个工。

叶连平在告别讲台 23 年之后再次执教，成全他教书育人的梦想，他心中无比激动。暗下决心，抓住机缘，站好三尺讲台，为国家培育更多的有用人才。

叶连平"救驾"上马，首先熟悉学生。班级点名册上 48 名学生，但每天来上课的却不到 20 人，叶连平用 45 天的时间，走村串户，进行家访，把逃学的孩子一一找回课堂。接着，他对被落下的课程采取应急措施，并根据学生的居住情况分成 5 个组，自己提着马灯，一晚一个组轮流辅导。一个雨夜，天黑路滑，他冒雨翻过沟坎时不慎跌倒，马灯灭了，浑身沾满泥水。当他出现在 4 里路外的石圩辅导小组时，学生们都惊呆了。见此情景，他连忙高声说："请同学们打开书本——"然后，按部就班地进行着他的精心辅导。

由于他的全身心投入，那年中考他的班有 11 人考上中专，成为全镇中考成绩最好的班级，受到了学校领导的肯定和同行们的称赞。

叶连平在教学中深感传统教法的弊端给学生带来的影响。于是，积极探索，大胆改革，一个崭新的中学语文"四步基本式"教学法终于形成，受到本县师生的一致好评，很快在巢湖地区得到了广泛推广，对中学语文教学产生了积极的影响。

叶连平以只争朝夕的精神苦钻业务，一心扑到教学上。有人问他："近 60 的人了，你哪来的这般劲头？"他说："我年富力强的 23 年浪费了，我得玩命找补回来。"

叶连平很倔强，虽然经历坎坷，但他从不认输，办事很执着，只要他认上的，往往是一条路走到底。他平生只流过两次泪，一次是 1986 年入党宣誓的那天晚上，他饱含激动的泪水说："我终于如愿以偿地加入了中国共产党，我要把自己的全部交给党，交给讲台，交给乡村的孩子们！"另外一次是 1991 年底，他在接到退休通知的那一刻，泪流满面，伤心至极，令身边人无不动容。因为他舍不得纯朴的乡村孩子，舍不得钟爱的三尺讲台。

后来，周边学校每遇教师病事假或人手不够时，他总是应招即来，短则几天，长则整年，从不推辞。

## 创办"留守儿童之家"

2000 年 7 月，叶连平针对农村孩子英语基础普遍薄弱、作业无人辅导的现状，决定把自家的一间房屋腾出来，设立"留守儿童之家"，义务给他们辅导补课。

这些留守孩子来自周边村庄，父母大多在外做生意，都由爷爷奶奶在家看护，可他们对功课帮不上一点忙。于是这些孩子总爱往叶连平家跑，有不懂的问题可以随时问，而且都能耐心地一一解答。不少英语成绩很差的孩子，经叶连平辅导后成绩提高很快。

在"留守儿童之家"上课的学生少则二三十，多则六七十。他们中有的学生离这里很远，为方便他们学习，叶老师就让他们免费食宿在自己家里。江明月同学母亲去世早，家里一贫如洗，初中三年就吃住在叶老师家，2009 年，她被南京理工大学录取，叶老师带她到马鞍山买了一台笔记本电脑送给她；2013 年，她考上研究生，第一时间向"叶爷爷"报喜，叶连平又塞给她一万元当学费，还把她的妹妹接到"留守儿童之家"，为她免费"开小灶"补课，直至妹妹也考上大学。江家俩姐妹每每谈起叶老师都很激动："叶爷爷就是我们的亲爷爷。"

叶连平把每周的时间都排得满满当当的：周一、周二改作业；周三印讲义、上书法课；周四、周五备课、家访；周六、周日给学生的辅导也排得满满的。他一个人要带四个班级的英语课，周六上午六年级，下午四年级。周日上午初中二年级，下午初中三年级。一共四个班，每节课大概 2 个半小时，一天忙到晚，像个陀螺团团转。来过"留守儿童之家"的老师都感叹："这样的教学量，不要说一名 90 多岁的老人，就是一名年轻教师也难以承受的。"

2013 年，叶连平因脑出血加脑膜炎不得不在南京住院，手术后的第 4 天，他就"闹着"要出院回家。当叶连平出现在教室里，尽管才分别几天，但孩子们围着他不禁放声大哭。

有一次，叶连平因患白内障做了手术。左眼手术，他就睁着右眼上课，右眼手术，他就睁着左眼上课，一节课也没落下。

2018 年 8 月 7 日，90 岁高龄的叶连平骑自行车到乌江镇为暑期来卜陈支教的大学生志愿者买菜，回来途中被骑电瓶车的人从后面撞倒。那人连忙将叶连平扶起，连声说对不起，叶连平见肇事者是一位 60 多岁的庄稼汉，就让那人走了。第二天叶老师腰痛得下不了床，被 120 送到和县人民医院，一检查第一腰椎骨折。8 月 9 日做的手术，8 月 13 日叶连平要求出院。他对医生说，家里还有几十名孩子等着他回去上课，我已 90 多岁了，没有多少时间了。医生拗不过这个"怪老头"，只好同意他出院，但要求他卧床休息 100 天。回家后，他只休息了 3 天，8 月 16 日一早，叶连平来到了他的"留守儿童之家"。孩子们看到叶老师都很兴奋，但看到叶老师脸上有伤，还拄着拐杖，又很难过，不少孩子哭了。"别哭，别哭，老师不是回来了嘛！"叶连平不能站着上课，就坐在椅子上给孩子们上课。看到这种场景，来接孩子的家长无不感慨：叶老师是真正的好人，打着灯笼也难找啊！

2018 年，中央电视台中文国际频道来给叶连平拍片子，耽误了他星期六上午给留守儿童上课。按原来的拍摄计划还要影响他下午的课程，他发飙拒拍。这是央视记者第一次遇到的情况。后来，经过学校和县委宣传部的同志做工作，在保证不影响他给孩子上课的情况下，记者们调整了原定的拍摄计划，从原定的 5 天延长到 9 天。记者们被叶连平爱岗敬业、无私奉献、与时间赛跑的拼搏精神深深折服。回到北京，记者们自己掏钱买了一把按摩椅，通过物流给叶连平寄了过来，发来微信说：叶老师太伟大了，送上一把椅子，希望能对他的腰有所帮助。

现在，叶连平的"留守儿童之家"里有 4 个班级的 70 多个孩子，他既教英语又教语文。他戏称自己没有寒暑假、没有周末，只有"黄金周"。有时，上午补习的孩子还没离开教室，下午补习的孩子就已经到了，为了给他们多上一会课，他就坐在教室门拐，随便扒几口饭，吃完就开课。

批改学生作业，是叶连平老师极为重视的教学环节。没课的时候，他早上 8 点就坐在教室里低头批改作业。即使在接受记者采访时，他也不时提醒记者抓紧时间，"还有好多作业等着批改"。

但凡看过他批改作业的人，无不为他严谨的工作态度所折服，他字斟句酌，认真推敲，一个标点都不放过，有的地方还加上批注。有细致的修改，也有严厉的评语，还不乏"你用作业本太浪费，而且还有损坏"这样的亲切提醒。

叶连平总是将每个学生每个单元的学习成绩都记在纸上，贴在教室的墙上，不及格的用红笔记录。定期更新成绩记录，让孩子掌握自己的学习情况，激励他们更加奋发努力。

当叶连平看着经他辅导的学生考上大学、或出国留学，总是欣慰地说："我看到孩子们的进步，就像农民喜获丰收一样的快乐。"

20多年来，叶连平累计辅导学生达2000多名，不仅分文不取，连学生的用纸、用笔、用墨及工具书等相关学习资料，都由叶老师自掏腰包。他为"留守儿童之家"倾注了自己的一切，书写着一名乡村教师满满的大爱，给祖国下一代的健康成长带来希望之光。

## "孩子有难，我能不帮吗？"

叶连平没有子女，他把教过的学生都当作了自己的孩子。只要谁有困难，他都会帮上一把。

杨鸿雁是叶连平早期资助过的学生。初中三年，她一直住在叶老师家，直到上高中住校。杨鸿雁考上大学，因父母在外地打工，是叶连平把她送到大学报到的。安顿好杨鸿雁，叶连平没有赶上回来的车，又舍不得花钱住旅馆，竟然在大桥墩下待了一夜。

在姥桥代课时，班长许政委家庭困难，叶老师拿出1000元，后来许政委在南京购房叶老师又送去5000元。他感动得双手合掌作揖。

洪瑞瑞是个孤儿，叶连平让她在自己家吃住2年多，瑞瑞考上大专，叶老师通过妇联帮她解决了上大专的学费。毕业后，瑞瑞在上海找了一份工作，告别前叶老师又掏出1000元给她，瑞瑞的眼泪夺眶而出，一下扑进叶老师怀里，哭着说："叶老师，您是这个世界上我最亲最亲的亲人。"

赵祖静同学考上大学，凑不齐报名费，叶老师送去1000元。像这样的例子很多，不胜枚举。

叶连平每月退休金只有4000多元。他一不抽烟，二不喝酒，三不打牌，一日三餐，粗茶淡饭。平时生活十分节俭，卜陈集菜价贵，他总是骑单车去7公里外的乌江镇采购。然而，时令的蔬果他不要，全拣便宜的挑。老伴抱怨他：舍不得吃，舍不得喝，也舍不得穿，一件衣服他要穿十几年，有的甚至几十年。他有一件棉背心，衣领都磨破了，还舍不得扔。煤气炉漏气，我花20元买个新的来，他说旧炉子还能用，干吗买新的，给我退了。但他带孩子出门一趟就是成百上千的花，眼眨都不眨一下。

叶连平老伴说的全是实话，舍得在留守儿童的身上花钱，对自己真的很抠。至今他和老伴还住在由旧教室改造的两间简易平房中，家里没有一件像样的家具。冬天阴冷，他还经常穿着60年前离开南京时姐姐给他做的一件棉坎肩。出门办事、参会、访友，20公里左右的，他全是骑自行车。即使再渴，也舍不得买一瓶饮料；任凭肚子饿着，也不肯下馆子。想不到对学生如此慷慨大方的叶连平，对自己却十分抠门，真的不可思议。

叶连平爱生如爱子，有的学生上了高中和大学后，他仍不时动辄成百上千地给予扶助。这么多年，叶连平花空了自己省吃俭用余下来的 30 多万元，前后资助了 100 多名学生。

2020 年 2 月，抗击新冠肺炎疫情，叶连平以"特殊党费"的形式捐出 2 万元。同时，他考虑到防疫期间很多家庭无法外出打工，生活困难，又跑到银行取出 1 万多，给卜陈学校筛选出来的 34 户孤儿、单亲家庭、特殊困难户，每户发放困难补助 400 元。

有好心人跟他调侃："叶老师，方圆十里的百姓都称赞你确实是个好心人，但杯水车薪，这不是你个人能解决了的问题。"

叶连平笑着说："我眼见孩子们有难，能不帮一把吗？"

## 重教书更重育人

教书育人是教育的本质。我国古代的教育家早就说过，"人者，德为先。未学文而先学文德，未学武而先重武德，学好文武，不光是光宗耀祖，最主要的是报效国民。"党的十八大强调，教育不但是为人立世之本，更是立国强国之本。叶连平深明此理，他说："当教师不仅仅是知识的传授，更重要的是学生品德的养成。立德树人是教师的天职，要教育学生遵纪守法，奉行社会公德。诚信守礼，知荣明耻。而严于律己，以身作则，则是引导学生立德树人的有效途径。"

叶连平始终把立德树人作为自己的根本任务。从 2000 年开始，每个暑假都自费包车带着他的学生去附近城市的博物馆、科技馆、烈士陵园参观。南京雨花台，侵华日军南京大屠杀纪念馆，南京青少年活动中心，安徽省科技馆，名人馆，渡江战役纪念馆等地都留下他和孩子们的足迹，看到孩子们在博物馆里专注的神情，他就知道又一颗爱国的种子正在萌芽。不仅如此，他在传播知识的过程中，常以净化心灵、提升境界的范例来提高学生的政治素质，激发他们的学习积极性，努力学好知识本领，引导他们走进社会，成为建设社会主义现代化的有用人才，自觉为国为民效劳。

## "共产党员应该是宣传员"

叶连平当选"中国好人"后，请他上课的单位越来越多。2016 年 7 月 1 日，为庆祝建党 95 周年，和县教育局第一党支部与卜陈学校党支部共同开展了一次活动，内容是请叶连平给党员上党课。活动结束后，教育局领导将 400 元讲课费交给叶连平。叶连平执意不收。"一名老党员给党员上党课还收劳务费，那他还是一名合格的党员吗？我不能收。"教育局领导执意将钱塞到他手里。几天后，叶连平骑自行车到县教育局里来，把 400 元讲课劳务费扔下就走了。

还有一次，叶连平给当涂县关工委系统作报告，回来后，陪同叶连平一道去的乌江镇关工委张广源主任交给叶连平一个信封，信封里装着当涂县关工委给叶连平的 1000 元讲课费。第二天叶连平冒着小雨骑自行车到马鞍山市关工委，说明来意，请市关工委将这 1000 元讲课费退给当涂县关工委。当时在场的市关工委两个主任都说这是当涂县关工委给你的钱，我们不好收。"你们不收，我今天就不走了，请两位领导让我叶连平保持一名老党员的晚节吧！"两位领导见叶连平态度如此坚决，话都说到这个份上了，就只能收下了。他们一再挽留叶连平吃饭后再走，但叶连平骑上他那辆已经掉了漆的自行车，慢慢消失在雨幕中。

叶连平每年作报告上党课少则十多场，多则数十场。他从来不收费，实在推不了的，就把它存到"叶连平奖学金"里。他说共产党员本应是宣传员，做个报告责无旁贷。叶连平最大的愿望就是在离开这个世界的时候，党组织能够肯定他是一名合格的中国共产党党员，他就死而无憾了。

## "叶连平奖学金"的设立

叶连平原来打算死后拿出所有的积蓄设立个人奖学金。2011 年，乌江镇召开全镇党员干部大会，请叶连平做报告。会后，乌江镇党委书记拉着叶连平的手说："叶老师，这些年您老太不容易了，镇上拿出 3 万元给您，以帮助更多的留守儿童。"在这种情况下，奖学金便提前启动了。2012 年，叶老师自己第一次拿出 2.1 万元设立"叶连平奖学金"。

近年来，叶老师又将逢年过节领导给的慰问费，生病住院后学生们给的慰问金，获得"中国好人""全国离退休干部先进个人""全国道德模范"等荣誉的奖金近 20 万元，都捐给了"叶连平奖学金"。在叶连平精神的感召下，叶连平的学生、好心人、有责任感的企业家、英雄模范人物都向"叶连平奖学金"献出了爱心。

时至今日，奖学金已发放了 9 届，共发放 19 万元。共有 250 多名学生获奖。奖学金的发放在社会上反响非常好。

叶连平希望"叶连平奖学金"一直延续下去。这是他心目中的第一个"死而不已"。另一个"死而不已"是他已立下遗嘱，死后将自己的身体捐献出来，供医学院进行医学研究或做标本。

教育家陶行知"捧着一颗心来，不带半根草去"。这句话用在叶连平身上那是最确当不过的了。叶连平一生只做一件事：三尺讲台育桃李，一枝粉笔写春秋。他的那句"我希望最后一口气是在讲台上呼出的"，感人肺腑，体现了一位人民教师对教育事业的无限忠诚，诠释了一位老党员全心全意为培育"四有"新人奋斗终身的革命情怀。

（艾　文　撰稿）

# "小巷总理"
## ——记中国好人潘策香

人们把长期走街串巷、处理大小事务的居民委员会主任称为"小巷总理"。今天给大家介绍的和县历阳镇华阳社区总支书记、居委会主任潘策香，35年如一日用真情服务居民，用爱心打造社区，扎扎实实书写"小巷总理"全心全意为人民服务的事。

### 开场白

潘策香 1950 年出生于和县历阳镇。1968 年 10 月，知青插队在和县城北公社龙桥大队河沿生产队。1977—1979 年任龙桥大队副书记、城北公社党委委员。1980 年元月—1983 年 2 月，任历阳镇花边工艺厂副厂长、历阳镇妇女副主任、历阳镇企业妇女主任。1983 年 3 月，调任历阳镇华阳社区党总支书记、居委会主任。

潘策香

华阳社区位于和县县城中心地带，总面积 3 平方公里，6000 多户、17000 多人，其中党员 243 名，下设 5 个党支部、15 个党小组。

　　经过一段时间的摸底，潘策香发现社区的事情不仅多，而且繁杂，虽然有些是属于"锅碗瓢勺""鸡毛蒜皮"之类的小事，但如果处理得不好，就可能变成大事。从中她也认识到，居委会工作是一项服务于千家万户、造福于广大百姓的崇高事业，是党和政府连接百姓的桥梁与纽带。因此她选择了坚守和奉献。

　　潘策香踏遍社区街巷的拐拐落落，走访男男女女，调查老老少少，摸清家家户户的情况，真心为他们办实事、做好事、解难事，不断提高人民群众的幸福感和满意度。她立足岗位锐意进取的扎实作风，恪尽职守奋发有为的担当精神，赢得基层居民的广泛赞扬；她不断探索社区自治建设的新途径，创建和谐幸福的新家园，获取上级领导的一致认可。在她任职的 35 年里，华阳社区获全国、省、市、县各类表彰 100 多项。潘策香也先后荣获"省劳动模范""省关心下一代先进个人""省扶残助残先进个人""省精神文明建设先进个人""马鞍山市优秀党员""马鞍山市十佳道德模范""马鞍山市先进基层党组织书记""全国志愿者服务工作先进个人"、2012 年"中国好人"等荣誉，并连续出席省、市、县党代会和人大会议。

## 艰苦创业的带头人

　　华阳社区是个老城区，存在着下岗失业人员多、贫困户多、残疾人多、遗留问题多的"四多"现象。2000 年前，居委会 3 名工作人员，3 间简陋的办公室，经费严重短缺，一块钱要当十块钱花。面对困难和问题，潘策香没有畏惧退却，而是坚定信心，迎难而上，千方百计地为社区的发展创造良好的条件。仅用 3 年时间，自筹资金分别在南北大街扩建两座门面楼房。2007 年，县委县政府提出要加强社区建设，着力实现社区有人管事、有钱干事、有阵地办事。她借此机会四处奔波，多方联系，吃尽了千辛万苦，在县镇两级组织的关怀下，给华阳社区解决了 1 亩 3 分建房用地，与"结队共建"单位协调解决了部分资金，转让原 3 间办公房，新建了 5 间 4 层、总面积 1215 平方米、造价 146 万元的办公大楼，彻底解决了华阳社区的办公场所和活动阵地问题。

　　大楼有了，如何把这座新的办公阵地打造成群众心目中美丽的家园？潘策香在心里盘算着，由外而内，先治外围。

　　昭明路，群众称它白天是脏路，晚上是黑路。这条路要改造，于是她向财政局报告，建起了绿化带；给住建局申请，硬化了路面，安装了路灯；与历阳镇反映，在南北进出口建社区大门楼，并在北头设置社区文化长栏。将旁边的风马山庄臭水塘改造成居民健身小广场，零散多点的小菜园统统改为停车位。

大楼内，先安排便民服务大厅，再装潢宽敞的会议室，然后是接待室、办公室、电话电脑，功能配套，一应俱全，整洁明亮。俨然成了一个具有时代特色的文明和谐的新型社区。

此外，借县城市规划、老旧小区改造之机，将阀门厂原来的脏、乱、差的小菜园和各户的小鸡窝，改建成居民健身广场，请县体育局为健身广场安置十几台健身器材；还有龙居苑、医药公司宿舍区、二轻工业供销公司等处的老旧小区改造、元真街段护城河环境治理、并将昭明路以西小许村臭水塘改建成大型停车场，所有这些都倾注了潘策香的诸多心血与汗水。

如今，在华阳社区看到的是洁白的墙裙，整齐的车位，清新的绿化带，亮眼的停车场，欢乐的健身广场，居民们翘起大拇指道："真是旧貌变新颜啦！"

## 人民群众的贴心人

潘策香用真情关照辖区内的孤寡老人，经常上门嘘寒问暖拉家常，在生活上给他们一些照顾。每逢节日自己掏钱买礼品送给她们，有的还认作干娘，甘愿做他们的一根拐杖，给孤寡老人精神上一个莫大的安慰。

五保老人陈正敏与青年邻居发生矛盾，潘策香得知消息后，便和居委会的王德琴立即赶来。经了解，这位青年妇女经常欺负陈正敏孤寡老人，她又伤心又气愤，便叫来这位青年妇女，一句话还没有说完，对方就上来撕坏了她的衣服，同事王德琴见此情况，一边抢下对方手中的剪刀，一边立即报警，派出所来人后，对方才放了手。为使老人今后少受气、不受气，潘策香委曲求全，不与她计较，和派出所干警共同做好对方的思想教育工作，这才使老人平安无事。

2003 年，孤寡老人孙仁琮因病卧床不起，居民告诉潘策香服侍孙老头的人今天没来，孙老头睡在床上大哭大叫，潘策香带了两位社区的工作人员去了他家，一推门，她立即退回门外，小声地告诉门外的两位女同志："孙老光着屁股，床上又脏又难看，今天我来当一次护士。"说完她一人进去帮孙老换掉尿垫，给他盖上一条小毯子，又跑到超市为他买了一些吃的、喝的，帮他渡过了一天的难关，并通知护理孙老的人明天到岗。几个月后，老人去世了，潘策香又来帮助处理后事，小区居民无不为之感动。

2005 年元月 15 日，五保老人仝志清临终前呼唤着潘策香的名字，于是他老伴拨通了潘策香的电话，潘策香还没来得及吃晚饭就赶来了，奄奄一息的仝老望着潘策香淌着泪水，讲不出话来，潘策香拉着他的手不停地安慰着，不一会儿他就离开了人世。这是她和居民间的一种亲情感，也是居民对她的一种信任感。

随着改革开放，人们的生活观念发生了改变，生活的自由空间越来越大，它所带来的负面影响使一些家庭婚姻与恋爱都经受着新的考验。一些妇女解决不了爱人在外面的风流债，为了孩子选择了苦守婚姻，长期承受着痛苦的煎熬，有口难言。一些单身母亲要独自承担对子女的教育和培养，生活的苦涩、孤独和无奈无法倾诉。

此外，一些"隐性"的性别歧视和对老人、妇女儿童的"违权"现象时有发生。沉积在社区的这些问题，需要关爱求助、心理疏导和依法维权的方式来帮助解决，因此，潘策香一直以宣传男女平等，促进两性和谐为抓手，把社区作为"知心姐妹的家园"。居住在元真街的青年妇女撒文霞已做过结扎手术，在一次与公婆的纠纷中，爱人提出要离婚。潘策香从保护妇女儿童的合法权益出发，在左邻右舍中认真进行调查，根据调查的情况，她主张调解。于是主动地联系和男女双方家庭有亲戚关系的龙桥行政村干部王德胜，请他参与调解。这年秋后，华阳社区召开了一次规模较大的调解会，为了调解顺利，她头天晚上准备调解发言，一夜没有睡好觉，爱人笑她工作有点痴迷了，睡在床上都进入了调解的角色。第二天在调解会上，她伸张正义，以情感人，以理服人，终于使一家人又重归于好。

2006 年前后，因国有企业改制，许多下岗人员由企业转入社区，个人痛苦，家庭迷茫。对此，潘策香感同身受。为他们四处奔波，找政策、想办法，千方百计解决下岗职工的就业问题。

她以元真小区为试点，创办"自谋职业一条街"，发展区街经济。首先将小巷铺平拓宽，改造好发展环境，动员元真居民广开思路，发挥专长，就近就便，自谋职业。

年近 50 的程百梅一度产生轻生念头，潘策香多次与她促膝谈心，针对她当过厂医的特长，帮她租房办证，建起"社区医疗室"，程医生在潘书记敬业精神的影响下，医疗服务十分周到。患者一个电话，立马上门就诊。不仅解决了她的就业问题，同时也方便了小区孤寡老小看病难的问题。

居民王叶斌祖传藤棕手艺，在潘策香鼓励下，办起了王氏藤椅棕床加工厂，年收入达 10 万多元。曾经走投无路的阮家两兄弟，也在家门口搞起花鸟虫鱼经营部，从此走上致富路。整个元真小区从北向南：理发、缝纫、幼儿园、家庭印刷厂、个体漆工、代客装修、花鸟虫鱼经销点、小吃部……总之，家家搞经营，人人有事干。

当年元真小区的"自谋职业一条街"影响不小，市委书记、市长分别来调研视察，潘策香还在巢湖市区街经济发展经验交流会上作了专题发言。

2012 年，华阳社区有 4 名特困高校学子，每个家庭都有一段催人泪下的故事，他们需要社会关爱。潘策香发动 10 位民营企业家与马立、韩伟、杨燕、施伟钢 4 名特困家庭的高校学子开展"结对帮扶"，每人每年获取 4000 元助学金，使这些特困家庭的孩子按时到校，安心就读，直至完成学业。教育他们学业有成，多为国家作贡献。

## 和谐社区引领人

华阳社区一直坚持社区建设多元参与、共同治理的原则，要求人人献策，个个参与，户户出力，家家享有。积极利用各种社会力量，组建起 300 多人的各类志愿者队伍。广大志愿者爱心涌动，乐于奉献，活跃在社区各个角落，做了大量"拾遗补缺"工作，协助社区给孤寡老人更多的关心帮助，给困难户更多的温暖鼓励，给心理失衡危机家庭更多的跟踪疏导服务。

每年春节前夕，爱心志愿者"联手结对"为辖区内 30 多户困难家庭送去慰问金，最多的每户 500 元，最少的每户 200 元，这些困难家庭在寒冷的冬天感受到春天般的温暖。

五老志愿者利用"两假一节"组织青少年开展"学习雷锋志愿者社会实践活动"。文艺志愿者积极参加社区的各项文娱活动，她们精彩的表演已成为和城文艺舞台一道亮丽的风景线。9 名出租司机志愿者，主动给每个网格留下手机号码，确保孤寡老人寻医问药，随叫随到，免费出车。潘策香经常和治安维稳志愿者义务巡逻打更，承担常规的法律法规宣传和调解民事纠纷，赢得广大居民赞扬。他们编出顺口溜："红袖标戴起来，巡逻队员转起来，群防意识强起来，小偷小摸躲起来，群众满意笑起来。"

此外，华阳创建和谐社区，给各文明户门前张贴匾牌，如敬孝家庭户是："父母养育恩，天高地又广，悠悠寸草心，敬孝慰高堂。"教育子女有方户是："知识是力量，百炼铁成钢，爱国更爱党，教子贵有方。"夫妻和谐、勤劳致富户是："夫妻连理枝，甘苦应共尝，勤劳奔致富，福泽绵久长。"优秀党支部书记是："葵花向太阳，人民心向党，党员聚民心，红旗永飘扬。"优秀党员是："一个党员一面旗，理想信念永不移，钟情社区作奉献，模范行为永看齐。"绿色环保示范户是："绿色小庭院，花香飘满堂，生态人增寿，福门喜洋洋。"社区大门口是："社区干部须廉政，坚守廉洁不贪赃，一心为民办实事，造福百姓在一方。"上百户人家皆因户而异。既是宣传表彰，又是鼓舞促进。

华阳社区每年至少组织 6 场以上文艺活动，内容来自社区，贴近身边的人和事，大多由潘策香组织编排，表演者有生活在这里的普通居民，也有前来助兴的县镇领导，为激励更多居民踊跃登台，社区要求干部带头参演。表演形式有演唱、舞蹈、小品、相声和讲故事等。每一次演出既是居民才艺、社区形象的展示，又是党的路线、方针、政策的宣传，还是伸张正义的先进表彰，无论是广场、礼堂，都是观众无数，掌声不断。

华阳社区是全县唯一的一个省"十大特色"文化社区，它的特色就是活动内容与众不同。新春佳节猜灯谜，把小街小巷的名字和好人好事及网格里的网格长名字编成谜面，激发更多的人参与；端午节，台上文艺演出，台下包粽子表演。县镇主要负责人亲临现场观看演出，与群众共同背诵《端午颂》；中秋节，拜月吟诗；重阳节，金婚牵手，讲述爱的故事。年年重阳节，活动内容不一样，但都是同一个开场白："人生易老，天难老，岁岁重阳，今又重阳。我们相约在重阳，欢乐在华阳。"通过丰富多彩的文化娱乐活动，让广大居民接受到理想信念的教育、精神力量的鼓舞、和谐友爱的熏陶。

文明创建既要面子美，又要里子实，不仅要把一些高层抛物、养犬不拴绳，猫、狗尿屎满地拉统统管起来，还要铺平群众出行的路，点亮百姓门前的灯，疏通各户的下水道，建美居民的小环境，这些既是人民对美好生活的迫切要求，也是牵一发而动全身、矛盾重重的"硬骨头"，需要协调工作紧紧跟上，潘策香是顶梁柱，遇到困难带头扛。

## 勇于创新的担当人

面对人口老龄化、家庭小型化、服务需求走高化的发展形势，潘策香认为社区最突出的问题就是要及时化解各类矛盾，畅通诉求渠道，倾听群众的意见，将满足居民的需求作为社区发展的终极目标。2013年下半年，在上级组织的指导下，潘策香按照"关爱全覆盖，服务全方位"的总体思路，设立"党员说事点"，不断探索社区自治建设的新途径，确保居民话有地方说，理有对象评，事有人去管。在15个网格内，布局了9个"党员说事点"，选择9名有能力、有经验、群众威望高的优秀党员担任"党员说事点"的责任人，利用他们家的房子作为"说事点"的平台，也由他们及时向社区反馈群众的意见和要求，再由他们跟踪协调处理，及时化解各类矛盾。

每个"党员说事点"门前挂一块牌子，一是明确承诺"倾听居民说事，做到事事有回音，件件有落实"；二是公布已经解决好的群众诉求，表明"党员说事点"为群众办实事，不讲假话。

居民说事，大多是路面损坏、路灯不亮、公厕改造、下水道不通，还有小区孤寡老人的生活去向、特困高校学子的救助等等。自"党员说事点"创办以来，成功地解决了群众反映的165件急、难、怨的问题，除了说事点负责人真情服务，做了大量的工作，件件有落实外，更重要的是它把居民的生活、感情与社区管理服务联系得更加紧密，社区服务居民，居民支持社区，处处充满温馨。

"党员说事点"是潘策香在全省首创，曾刊登在《安徽日报》头版头条；随后又刊登在《中国组织人事报》，被市、县作为示范点。

2017年，潘策香在建立"党员说事点"之后，又在网格设立了"小巷调解室"。解心结，化积怨，促和谐。充分发挥区域化的社区治理、社会服务的引领作用。让法官进社区坐堂接诊，社区干部、网格长、红袖标、志愿者等紧密配合，巧打组合拳，依法、以理、以情解心结，化积怨，每年调解结案各类矛盾纠纷约20余起，在社区营造了遇事讲法、办事依法、解难用法的良好社区法治氛围。通过"小巷调解室"为群众提供更加高效、方便、优质的司法服务，破解了"一代官司十代仇"的难点问题。

是年12月12日，省、市、县三级妇联的主要负责人前往华阳社区元真小区"小巷调解室"进行考察，随后不久，中央电视台前来元真小区"小巷调解室"分别对居民和潘策香进行现场采访。

社区工作既要关心国家大事，又要关注居民的小事。既要风风火火服务于社会的方方面面，又要亲亲热热把党心民心溶化在和谐之中。社区的"问题"和"需求"都带有社会的复杂性，要解决好社区中的小事，往往需要全面分析、系统思考，潘策香认认真真地处理每一个问题，不断总结成功的经验和失误的教训，这已形成社区良好的工作作风。

"小巷总理"上要为政府分忧，下要为百姓解难，需要注入更多的时间、精力和智慧。多年来，潘策香白天忙碌于社区的事务，晚上回家还要想想今天还有什么不足之处，明天的重点工作该怎么去安排，这已是她的生活常规，因为她肩上担的是使命，心中装的是人民。她常说，"只要胸中有群众，就不怕担子有多重"。

## 结束语

2018年9月，"小巷总理"潘策香正式退休，她恋恋不舍，饱含热泪说了这样一些话：

　　社区一没有多大的权，二没有多少的钱，工作事无巨细，纷繁复杂，靠的是全心全意为人民服务的人格魅力来凝聚人心，汇集力量，为党做好底层的群众工作。

　　35 年的坚守、进取和付出，换来一块块奖牌，一张张奖状和一个个奖杯，这些无疑是对社区工作的肯定，也是对自己生命价值的认可，但所取得的这一切都是与广大居民群众的支持分不开的，与社区全体党员干部的共同努力分不开，与县镇两级党委政府的关怀重视分不开的。我的决心是信仰、使命的召唤，我的力量是来自组织的支持和居民对我的信任。祝华阳的明天更美好！

　　"小巷总理"的简短讲话，是真情的表白，精彩的惜别，在经久不息的掌声中结束。她的同事含泪蜂拥而上，拥抱，紧紧地拥抱着。

（金绪道　撰稿）

# 心中有爱　行者无疆
## ——记中国好人刘琴

刘琴

　　作为记者，她一身正气，以柔弱之躯深入"虎穴龙潭"，揭露阴暗，鞭挞丑恶；作为一名母亲，她心怀慈善，情系弱势群体，为帮助困境儿童积极奔走呼吁并慷慨捐款；作为一名志愿者，她心系百姓，热心公益，视服务社会为大任，以一己之力聚微成光，点亮他人希望的心灯。她就是中国好人，和县融媒体中心总编室主任刘琴。

## 爱岗敬业，彰显新闻人本色

1997 年，刘琴从安徽广播电视学校毕业后，放弃了留校任教的机会，来到和县电视台从事新闻宣传工作，一干就是 20 多年。从业至今，她始终抱着强烈的责任感、使命感，全身心地投入工作。她曾担负《和县新闻》《五色广场》《休闲时光》栏目的采编、制作，以及《第七天》栏目的策划、采访、编制、播音、主持。尤其是 2003 年，因人手不够，她一个人承担《走进乡村》栏目整套工作达两年之久，2004 年该栏目荣获省、市"十佳栏目"。

多年的学习和实践，使她成为一名采、编、播一体化的复合型人才、成了和县新闻战线上的一名多面手，其作品先后获 80 多项国家、省、市电视节目大奖，其中一部作品《山河印记》获得中国广播影视大奖广播电视节目奖电视专题类提名奖，这在安徽省县级台尚属首次，也是马鞍山首获殊荣。

除了认真做好本职工作外，刘琴还先后参与报道了"抗击非典""关注两会""喜迎蔬博会"等重大活动的宣传报道工作。其中，在编制反映西梁山战役的专题片《天门作证》时，因为白天要做正常播出的新闻节目，她总是在晚上编辑制作，经常加班至深夜。在那段时间里，她已经没有了白天黑夜的概念，连续奋战了六天六夜，一部大型专题片《天门作证》终于问世，该片在省级评比中获得了一等奖，专家评价这是一部"大手笔"的制作。

2016 年夏，和县退伍军人刘安军连续工作多日倒在了抗洪一线。7 月 13 日，刘安军去世的当天上午，刘琴与同事第一时间赶赴英雄家中，从采访到撰稿、录音、编片，持续工作近 30 个小时。到 15 日中午，短短一天半时间，一部长达 20 分钟的电视专题片《用生命筑起不垮的堤坝》呈现在观众面前。因为报道影响力不断扩大，省市领导要求组建报告团。为了更多地挖掘英雄刘安军的事迹，刘琴又与同事冒着 39 摄氏度的高温，驱车 10 多个小时，赶往英雄生前所在的部队——江西吉安采访。在连续三天三夜的采访中，刘琴热了就吃几颗人丹，累了就席地而坐，部队领导连声赞赏刘琴的敬业精神值得每一位战士学习。到江西采制的节目《军魂永驻》获得了当年安徽省广播电视新闻奖一等奖。时隔近一年，由于刘琴全程参与报道了英雄刘安军的事迹报道，业务精、台风稳，2017 年 6 月 10 日，刘琴被选派代表军委国动部、安徽省军区，参加央视 7 套《强军故事会》，讲述英雄刘安军的故事，这是和县电视台工作人员第一次走进央视录制节目，实属难得。2018 年 8 月，刘琴又被选入代表安徽省，参与到由中宣部、中央网信办、国家新闻出版广电总局、中国记协联合主办的"好记者讲好故事"全国巡讲活动，先后赴北京、湖北武汉、河南郑州、陕西西安等地进行宣讲，将家乡好故事传播到了全国各地。2018 年 11 月 8 日记者节之际，马鞍山市新闻工作者协会号召全市新闻从业人员向刘琴同志学习。

## 关注弱势群体，帮助百姓排忧解难

刘琴出生于农民家庭，艰苦的环境锻炼了她吃苦耐劳、乐于助人的性格。一个叫浩浩的男孩罹患白血病，因为家庭困难，弱小的生命即将凋零。刘琴了解到真实情况后，以最快的速度赶制了专题片《托起生命之舟》。节目播出后，浩浩的不幸引起了社会各界的关注，大家纷纷慷慨解囊。刘琴不仅带头捐款，还找企业家为浩浩筹得了 4 万多元爱心款。

因刘琴而开启美丽人生的还有一位孤儿小玲。2012 年 12 月，刘琴在采访联合中学拾金不昧的学生小玲时得知，小玲竟然是一个孤儿。刘琴用母亲所特有的爱，无微不至地关心她、帮助她。刘琴先后联系马鞍山 1+1 爱心团队，为她捐款捐物，让她参加爱心团队组织的留守儿童夏令营，给小玲的内心送去了灿烂的阳光。刘琴又联系了县工商联、县妇联、团县委等有关部门，为小玲办理了孤儿证，领取了孤儿费。在好心人的共同努力下，一位爱心企业家资助了小玲高中至大学的所有费用。如今，小玲已大学毕业就职于上海的一家公司，她早已把刘琴当成了亲人，生活和工作上的事总是第一时间与她分享。

刘琴对弱势群体的关爱故事，还有很多，被她的同事一一发现。如资助 97 岁抗战老兵赵绍祥；为山东、南京、河北、马鞍山等几十家寻亲人搜集线索，帮忙寻找亲人；成功帮南京的侯孝喜找到了失散 60 年的和县亲人；帮河北牛江生、安徽凤台史庆朝找到了失散 60 多年的和县乌江亲人；帮一名叫婷婷的女子找到了分别 20 多年的亲生母亲；几经周折找回离家出走的女孩永倩；为少年犯的母亲办理低保；先后资助两名贫困小学生完成学业；还有欣欣、洋洋、宗青、小来子、双胞胎姐妹、三胞胎兄妹、邓家姐弟、居霞、小梅、东平大姐、爷孙俩等……

她用镜头了解和帮助那些需要帮助的人，让他们感受到社会大家庭的温暖。

## 揭露社会丑恶，维护百姓利益

刘琴在关注弱势群体的同时，还把镜头对焦社会上的一些阴暗面。虽然是一位女同志，但每当遇到一些突发事件时，她也是从不畏惧，不止一次拿着包里的暗访机记录下第一现场，揭露事件真相，维护百姓利益。

她曾报道过非法彩票促销活动，当时近千人围在促销现场，四周还有几个主谋的同伙在把风，吵闹声、喧哗声连成一片，场面十分混乱。面对当时的情形，刘琴没有退缩，假装挤上前去购买彩票，用包里的暗访机记录下了现场，回去后制作播出了专题片《促销活动有名堂》，警示人们不要上当受骗。

她还曾配合警察办案，独自一人带着暗访机走进犯罪窝点——南京市一处废品收购场所。她假装找厕所，尽管所要走的路线是个死胡同，尽管有人警觉地盘问她，但是机智的她还是淡定自如地拍摄下了很多证据，帮助警方成功实施抓捕。尽管女性身份不容易招致犯罪分子怀疑，但深入犯罪窝点还是很危险的，可刘琴还是毫不犹豫地主动请战。在刘琴的心中，她早已把自身的工作与关心百姓疾苦、关注弱势群体、揭露丑恶现象、弘扬社会正能量紧密结合起来，尽自己的全力，更好地帮助需要帮助的人，维护人民群众的切身利益。

## 热心公益，视服务社会为大任

2020年新春，新冠肺炎疫情突起，在这场没有硝烟的战"疫"中，刘琴深知责任重大，她积极捐款捐物，积极主动地参与到抗击疫情的战斗中。她先后将口罩、肥皂以及酒精沿路送给了环卫工人、快递小哥等，并组建好人志愿服务队投身小区执勤、帮助种植大户分装滞销辣椒；和爱心伙伴一起为34位贫困学生筹款18600元购买手机，帮孩子们实现"网课梦"；她积极联系了多名理发师，奔赴一线为抗疫"逆行者"免费理发；向中国福利基金会发出申请，为和县人民医院和中医院募集到口罩、护目镜等用品；为和县企业家们赠送蔬菜到达武汉，她及时与武汉方面取得联系，确保和县蔬菜顺利到达武汉并妥善有序地送到一线人员和居民手中，刘琴所付出的细致努力受到了武汉电视台及武汉鄂州市政府的赞赏，特此写来感谢信。在当年7月防汛期间，她第一时间参与到安置点等地的各类志愿服务中，帮助转移群众，与群众拉家常，了解他们的需要，缓解他们的紧张情绪，还帮忙辅导孩子们的文化课，并为安置点孩子送上书籍。

"您好，请告诉我具体位置，明天一早我们把您家乡捐来的菜送过去。"2022年4月23日上午，在上海市宝山区杨行镇"跑船"的安徽和县人唐从俊收到电话。此前，因为防疫需要，他和另外40余名一起在上海"跑船"的老乡已在水上滞留一个多月，船上蔬菜等物资告急。"我的爱人在家乡和县做防疫志愿者。那天，她碰到同样在做志愿者的刘琴，说到我在上海没菜吃了，刘琴便想办法牵线把菜送了过来。真的太及时了！"唐从俊有些激动地说。

那次的蔬菜捐赠，是由上海和县商会的一名和县籍企业家匿名发起的，在此前，和县也曾多次组织或协调本地优质蔬菜无偿送往上海。而每次捐赠，刘琴都会扮演一名"牵线人"的角色，协调各方关系，打通蔬菜运送通道。同时，她也端着相机从田间地头拍起，记录下"千里相送"的感人瞬间。这一忙，便是好几个星期。

在公益的路上，刘琴付出了真心，收获的是老百姓对她的赞许。一位 80 多岁的大妈，在临终前嘱咐远在英国的女儿，一定要找到刘琴，当面表达感谢，也就是在见到老人女儿的那一刻，刘琴才知道，这位大妈在世时常默默祝福刘琴身体健康。

## 战胜病魔，展现新闻人风采

就是这样一个敬业奉献的刘琴，2012 年却曾经差点被癌症击倒，但她以忘我的工作热情和豁达善良的品性最终战胜了病魔。参加工作二十多年来，刘琴先后荣获"中国好人""安徽好人""安徽省防汛抗洪抢险救灾先进个人""安徽省学术技术带头人后备人才""安徽省三八红旗手""马鞍山市先进工作者""马鞍山市道德模范"等荣誉。

作为一名站在时代潮流下的新闻人，作为一名党员，一位参政议政的市人大代表，刘琴率真而谦和、正直而善良。她用忘我的职业操守展现着人生价值，她把自己活成了一束光，照亮了身边的人，给了他们雪中送炭的温暖和战胜困难的勇气，传播着社会正能量；刘琴良好的职业素质、高尚的人格品行，让她的魅力如同深谷里的幽兰，由内而外散发着持久的清香！

（程　悦　郭彤彤　撰稿）

# 后　记

　　《踔厉奋发　和县印记》是编纂《中国共产党安徽省和县历史》（第二卷）之后才着手组稿的。

　　全书55万多字，分上、下两编：上编"艰难岁月　光辉历程"重点述史，系统记述五四运动之后，中国共产党和县支部诞生的情况，和县人民在党的领导下，历经抗日战争、解放战争，不怕牺牲，英勇奋斗，取得一个又一个的胜利；新中国成立后，广大党员和人民群众在和县县委、县政府领导下，积极投身各项建设，特别是改革开放以来，大胆创新创造，经济建设、社会事业硕果累累。下编"初心不忘　群星璀璨"主要记人，展示和县中共党员的英模风采，颂扬他们在改革开放和社会主义现代化建设中创造的感人业绩。他们中，有抗日烈士、渡江英雄、绿化模范，有舍身救人的胡业桃，有中国奥运第一枚金牌获得者许海峰，有中国共产党全国代表大会代表，有全国人大代表，有五一劳动奖章获得者，有科学家，有企业家，有社区主任、乡村教师、广电女杰，还有少数民族代表。

　　《踔厉奋发　和县印记》既是一部革命史，也是一部创业史；既是一卷英雄谱，也是一座功德碑。全书回顾了和县各族人民在中国共产党领导下，为实现民族独立、人民解放和国家富强、人民幸福而不懈奋斗的光辉历程，进一步坚定了走中国特色社会主义道路的信心。

　　浩浩历史川流不息，建党精神代代相传。我们要继续弘扬光荣传统、赓续红色血脉，做到初心不改、根基永固，这样我们党的第二个百年奋斗目标就一定会实现。

本书的前言、后记由金绪道撰写。上编中的"红色记忆篇"为金林撰写，"基础建设篇""文化教育篇"系金绪道、张必潮撰写，"邮政广电篇"由金绪道撰写，"医疗保健篇"为金绪道、薛从军撰写，"改革发展篇"由金绪道、薛从军、金林、陈亮撰写；下编在各篇文后分别注有撰写人。

本书在编写过程中得到和县县委、人大、政府、政协、县委宣传部、县统计局、国土局、水利局、住房和城乡建设局、交通运输局、农业农村局、科技局、教育局、文化旅游体育局、医疗保障局、疾控中心，以及供电公司、邮政公司、电信公司、移动公司、联通公司、乌江镇等单位的大力支持和帮助，在此一并表示感谢。

由于时跨百年，涉及面广，资料搜索难度大，书稿中如有疏漏和不足，敬请读者指正。

2023 年 5 月 18 日

**图书在版编目（CIP）数据**

踔厉奋发：和县印记 / 安徽省和县档案馆编 . ——
北京：中国文史出版社，2023.12
ISBN 978-7-5205-4339-2

Ⅰ . ①踔… Ⅱ . ①安… Ⅲ . ①和县—地方史 Ⅳ .
① K295.44

中国国家版本馆 CIP 数据核字（2023）第 186942 号

责任编辑：王文运　　　　装帧设计：蒲　钧　程　跃

出版发行：**中国文史出版社**
社　　址：北京市海淀区西八里庄路 69 号　邮编：100142
电　　话：010-81136606　81136602　81136603（发行部）
传　　真：010-81136655
印　　装：廊坊市海涛印刷有限公司
经　　销：全国新华书店
开　　本：787×1092　　1/16
印　　张：31　　　　彩插：0.75
字　　数：555 千字
版　　次：2024 年 1 月北京第 1 版
印　　次：2024 年 1 月第 1 次印刷
定　　价：128.00 元